担保法
前沿问题与判解研究

（第三卷）

Research on Frontier Issues and Judgments of Security Law

高圣平 · 著

非典型担保 · 担保登记

人民法院出版社

图书在版编目（CIP）数据

担保法前沿问题与判解研究．第三卷／高圣平著．
—北京：人民法院出版社，2019.2
ISBN 978－7－5109－2418－7

Ⅰ.①担…　Ⅱ.①高…　Ⅲ.①担保法—研究—中国
Ⅳ.①D923.24

中国版本图书馆 CIP 数据核字（2019）第 022677 号

担保法前沿问题与判解研究（第三卷）
高圣平　著

责任编辑	王　婷
执行编辑	陈　思
出版发行	人民法院出版社
地　　址	北京市东城区东交民巷 27 号（100745）
电　　话	（010）67550617（责任编辑）　67550558（发行部查询） 65223677（读者服务部）
客 服 QQ	2092078039
网　　址	http://www.courtbook.com.cn
E－mail	courtpress@sohu.com
印　　刷	三河市国英印务有限公司
经　　销	新华书店

开　　本	787×1092 毫米　1/16
字　　数	554 千字
印　　张	35
版　　次	2019 年 2 月第 1 版　2019 年 2 月第 1 次印刷
书　　号	ISBN 978－7－5109－2418－7
定　　价	107.00 元

序　言

市场经济是法治经济，同时以信用为王，以担保为重。担保制度越发达，债权越有保障，金融安全越能实现，资金融通更为便利，正因为这一原因，各国法律十分重视担保制度的构建。我国在 20 世纪 90 年代就颁布了《担保法》，近些年，随着市场经济的迅速发展，以及经济全球化的影响，担保制度也发生了重大的变化。《物权法》在原来担保法的基础上系统地规定了担保物权制度，无论从体系上还是从具体规则的设计上都对《担保法》做了重大的完善，《物权法》扩大了担保物的范围，允许原材料、半成品、产品、应收账款、基金份额等作为担保财产；完善了担保物权体系，明确规定了浮动抵押权、最高额质权等各种新的担保形式；完善了担保物权的实现规则，明确规定担保物权人可以请求人民法院拍卖或者变卖担保财产，简化了担保物权实现程序。此外，《物权法》在规定抵押物的范围时采取了反面排除法，即“法律、行政法规未禁止抵押的其他财产”都可以抵押，保持了抵押财产范围的开放性，有效地协调了物权“法定主义”和“意定主义”两种基本调整手段的关系，缓和了物权法定的僵硬性。这些制度设计都给资本市场带来了更大的确定性，为市场主体提供了更多的担保融资工具，从而促进了信用的授受，为经济的发展注入了活力。世界银行和国际金融公司 2008 年 4 月 22 日联合发布的《2008 全球营商环境报告》中指出，中国大陆 2007 年因《物权法》的颁布大大改善了中国的商业环境，并因此将中国大陆列为商业环境改革前10位之一。而在2018年10月底，世界银行集团发布了《2019年营商环境报告》，中国营商环境排名从上期的第78位跃升至第46位，首次进入前50！其重要原因在于，中国在合同履行、投资者保护、商业纠纷解决等方面表现良好，显而易见，一套完整的担保法律制度及其有效实施，对营商环境的改善功不可没。

“法与时转则治”。《物权法》虽然亮点很多，但随着我国市场经济的发展，在担保制度方面仍有不少需要完善之处，在民法典编纂过程中，如何在总结物权法及相关司法实践经验的基础上，进一步完善担保物权制度，是当前民法学研究的重大问题。长期以来，圣平博士一直潜心于担保法领域的研究，成果颇丰。他不仅深度参与物权法担保物权编、民法典物权编的起草和论证，先后承担全国哲学社会科学规划办、教育部、司法部、世界银行集团国际金融公司以及其他部门委托的担保法研究课题十余项，而且还深入担保登记实践、信贷实践和司法实践，广泛了解担保法以及物权法的实施现状，并撰写了百余篇调研报告和专题论文，得到了学界和业界的广泛认同。在本书中，圣平博士选取目前实践中和理论上争议较大的百余个问题从学理上展开了充分的研讨，对于公司法定代表人越权担保的效力、混合共同担保中的内外关系、农地金融化的实践发展与制度建构、非典型担保的实践与展望、担保登记的效力与统合、特殊抵押权的创新与规制以及担保物权的实现程序等均作了颇有见地的深入研究。这些专题研究都较好地回应了登记实践、信贷实践、司法实践和民法典物权法编编纂中的疑难问题。

圣平从中国政法大学毕业后，进入中国人民大学法学院博士后流动站，在我的指导下从事博士后研究工作，出站后先后在本校商学院、法学院从事教学科研工作，逐渐在担保法、土地法等领域崭露头角，2017

年还获聘教育部长江学者奖励计划特聘教授。看到他不断有专论和新作问世，我感到由衷的高兴。我衷心希望圣平在今后的研究工作中取得新的进步，也热切期望更多的年轻一代的学者投身于民法学的研究，为我国民法学的繁荣和发展作出贡献。

是为序。

王利明*

二〇一八年十二月十九日

* 王利明，中国人民大学常务副校长、一级教授、博士生导师，教育部长江学者奖励计划特聘教授，国务院学位委员会法学学科评议组成员兼召集人、中国法学会副会长、中国法学会民法学研究会会长等。

目 录

非典型担保专题

担保登记专题

中国担保法制的解释适用与展望

域外担保法制观察

非典型担保专题

股权让与担保效力的解释论[①]

——基于裁判的分析与展开

股权让与担保在交易实践中得到了广泛应用，司法实践对当事人间达成的股权让与担保安排应持肯定态度。如无其他无效事由，当事人间基于股权让与担保目的达成的协议合法有效。流质条款的无效不影响股权让与担保整体的协议效力；尽管流质条款无效，但法院仍应课予当事人清算义务。尽管现行法未明确规定股权让与担保，但股权让与担保的实务操作模式使得担保权人达到了就股权优先受偿的法律效果。基于股权让与担保的经济目的和股权转让、公司变更的操作流程，原则上担保权人不享有股东资格、不得行使股东权利。当公司债权人请求名义股东（即担保权人）对公司债务承担补充责任时，名义股东可基于其仅为担保权人的地位对抗公司债权人。

让与担保，是指债务人或第三人为担保债务的履行，将担保物的所有权移转于债权人，债务清偿后，担保物应返还于债务人或第三人；债务不获清偿时，债权人得就该担保物受偿的一种担保形式。[②] 尽管理论上就让与担保是否成文化并进入民法典存在争议，但交易实践中让与担保这一所谓“非典型担保”一直保持着强大的生命力。一项对于让与担保标的物的统计研究发

① 本文系与曹明哲合作，原载《人民司法·应用》2018年第28期。

② 参见王利明：《物权法研究》（第四版），中国人民大学出版社2016年版，第1267页。

现，在司法实践中，股权是较房屋等不动产之外应用最为广泛的标的物。[①]与不动产让与担保不同的是，股权让与担保中因股权的特性和公司这一主体的加入使得问题的展开与分析更为复杂。因而，在让与担保未被法律明确规定之前，司法实践亟需统一股权让与担保的解释规则，以在裁判中定纷止争。

本书作者在中国裁判文书网以“让与担保”“股权”为关键词进行全文检索，截止2018年8月26日共有民事案件280件。通过裁判文书的检索可以发现，涉及股权让与担保的案件数量逐年上升。在经剔除和筛选后，本书作者选取了62件涉及股权让与担保的案件作为研究样本。以下，本书作者将从司法实践中的裁判案件出发，对股权让与担保对内效力和对外效力的相关问题进行解释论角度的分析。

一、股权让与担保的对内效力

在本书作者研究的62件关于股权让与担保的纠纷中，约有40件案件均是在让与人（担保人）与受让人（担保权人）之间发生。其中，让与人诉讼请求主要表现为以下四种：请求确认让与人与受让人之间签订的股权转让合同无效（或撤销）；请求受让人返还经由股权转让协议转让的标的股权；请求目标公司协助办理股权转让的变更登记；请求受让人支付股权转让对价款。相对的，受让人的诉讼请求主要表现在：请求让与人清偿基于双方借款合同等基础合同关系而产生的债权，并要求对标的股权优先受偿。基于上述诉讼请求而生的纠纷在上述40件中约占90%。

当事人的前述诉讼请求能否得到支持，涉及当事人间所设定的股权让与担保安排的法律关系性质，而当事人关于股权让与担保的交易操作模式则为分析基础。经过对司法实践中裁判案件的梳理，当事人间对于股权让与担保的操作安排，主要分为以下三个阶段：首先，债务人或第三人（让与人）与债权人（受让人）签订股权转让合同或者让与担保合同（以股权转让合同居

---

① 姚辉、李付雷：《“理性他者”的依归——让与担保实践争议探源与启示》，载《中国人民大学学报》2018年第5期。

多），约定让与人将目标公司股权转让给受让人作为对债权人债权的担保，债权人无需支付股权转让对价，或者为配合工商登记虚构股权转让对价；其次，办理股权变更登记手续，主要是将股东资料在工商登记进行变更，由受让人成为目标公司名义股东；最后，在债务人清偿债务后，可以无偿或以极低的价格回购让与的股权，亦或者在股权转让合同中约定了股权回购的条款，即债务人在清偿债务后，可以以与主债务数额相同（或附加利息）的价格回购股权，以便使得让与股份在债务清偿后得以回转。

结合前述当事人的诉讼请求，让与人主张请求确认让与人与受让人之间签订的股权转让合同无效、受让人返还经由股权转让协议转让的标的股权、目标公司协助办理股权的变更登记，系基于股权转让合同在性质上并非真正的股权转让，而系股权让与担保；而让与人请求支付股权转让对价款则系基于股权转让合同生效；受让人主张就股权优先受偿亦基于合同所设定的让与担保。因此股权让与担保协议的性质界定成为首要争议。

在本书作者所研究的裁判案例样本中，股权让与担保的协议安排得到了绝大多数司法裁判的肯定，“债务人与债权人以股权转让方式为债权实现担保的，属于市场经济发展中的特殊担保类型，其能够弥补典型担保和其他非典型担保方式之缺陷，为股权质押方式之有益补充。债权人与债务人签订的明为股权转让实为股权让与担保的合同，系双方当事人真实意思表示，未违反法律及行政法规的强制性规定，此种担保方式为合法有效。债务人未按约定归还债务的，不能以股权转让无效为由要求返还股权。但借款协议中的流质条款系无效条款，债务人依法清偿债务后，有权要求债权人归还股权。”①此种观点为多数司法裁判的态度。实践中仅有少数裁判认为，股权让与担保的安排应属无效，其理由主要为违反物权法定、法律和行政法规的强制性规定。②

在司法裁判对股权让与担保持肯定态度之下，若股权让与人未清偿债务，对于其确认合同无效、返还股权以及支付股权转让款的诉讼请求均未得

① 刘龙：《本案股权让与担保合同应认定有效》，载《人民司法·案例》2014年第16期。

② 辽宁省高级人民法院〔2016〕辽民申1115号民事裁定书、宁夏回族自治区银川市兴庆区人民法院〔2017〕宁0104民初1737号民事判决书。

到法院的支持，如在“李君、黑龙江凡奇房地产综合开发有限公司股权转让纠纷案”中，法院指出，“在担保的主债权未受清偿的情况下撤销股权转让行为，导致变相解除了债务人提供的担保”①；而若债务人已经清偿债务，则债务人请求返还股权、变更登记的请求应当得到支持，如在“江苏亿豪房地产发展有限公司与南京中医药大学股权转让纠纷案”中，法院指出“中医药大学如期收回全部借款并拿到约定数量的商品房，被担保债权已全部消灭，中医药大学所持有的让与担保股权应当返还。”②

本书作者认为，如无其他无效事由，各方当事人之间所设定的股权让与担保安排合法有效。违反物权法定、法律或行政法规的强制性规定的理由无法成立。人民法院在认定当事人之间的股权让与担保安排时，应综合当事人之间达成的协议、目的等判定当事人之间的真意。

第一，股权让与担保不违反物权法定原则。让与担保本身并未创设新的物权类型，也未新设物权的内容，与物权法定原则并不冲突。③ 物权法定原则至多约束物权效力，却不能对当事人之间自由达成股权让与担保协议产生效力阻碍。基于《物权法》第 15 条的区分原则以及理论界和实务界对于非典型担保效力的共识，股权转让协议亦或股权让与担保协议本身并无效力瑕疵。“在合同效力认定方面，人民法院应依契约自由原则，只要不存在合同法第五十二条规定之情形，便不宜轻易否定让与担保等非典型担保合同的效力，以此促进非典型担保的顺利发展，满足担保实践之需要。但在物权变动效力方面，人民法院应依物权法定和物权公示原则，不宜承认让与担保等非典型担保的物权效力，即让与担保仅为债权担保方式，不具有对抗第三人的效力。”④ 更何况，所谓物权法定原则亦有缓和之理。⑤

第二，股权让与担保非通谋虚伪表示。值得注意的是，在《民法总则》施行后，有裁判认为，应基于《民法总则》第 146 条进行裁判。如在“李云

---

① 黑龙江省高级人民法院〔2018〕黑民终 47 号民事判决书。

② 江苏省高级人民法院〔2014〕苏商终字第 0205 号民事判决书。

③ 庄加园：《“买卖型担保”与流押条款的效力——〈民间借贷规定〉第 24 条的解读》，载《清华法学》2016 年第 3 期。

④ 王闯：《关于让与担保的司法态度及实务问题之解决》，载《人民司法·案例》2014 年第 16 期。

⑤ 可参见高圣平：《物权法定主义及其当代命运》，载《社会科学研究》2008 年第 3 期。

香与徐忠相、卢振东等股权转让纠纷案”中，法院认为，“股权转让协议的双方当事人之间并无真实的转让股权之意，该虚假的意思表示系双方共同有意为之，故应认定股权转让协议系双方以虚假的意思表示实施的民事法律行为，依法应属无效……就以转让股权形式对相应借款进行担保的意思表示真实、一致；就股权设定的让与担保不违反法律、行政法规的禁止性规定。”[①] 理论上，也曾有观点认为，让与担保设立之时，设定人将标的物的所有权移转于债权人仅仅只是形式，实质上双方并没有移转标的物所有权的意思，因此，让与担保属于当事人通谋而为虚伪移转所有权的意思表示。[②]

就此，本书作者认为，根据《民法总则》对于通谋虚伪表示表示的规定，可以将实务中股权让与担保的操作理解为名为股权转让实为让与担保，即股权转让为假，让与担保为真。即便如此，根据《民法总则》第 146 条第 2 款“以虚假的意思表示隐藏的民事法律行为的效力，依照有关法律规定处理”的规定，虚假意思表示（股权转让协议）无效，但隐藏行为（股权让与担保）不违反法律、行政法规强制性规定，仍然有效，当事人之间的股权让与担保安排并无效力瑕疵。此外，股权让与担保当事人以真意进行股权的让与行为，尽管当事人移转股权的意思旨在实现担保的经济目的，但该意思确系真正的效果意思，并非欠缺效果意思的通谋虚伪表示。在通谋虚伪表示中，当事人之间故意为不符真意的表示而隐藏他项法律行为，其意思表示无效，当事人仅能主张隐藏的法律行为，并无援用虚假意思表示的余地。换言之，“让与担保当事人恰恰希望其所表示的行为成立生效，藉此当事人才可据以转移标的物所有权来担保债权的实现，与通谋虚伪表示存在根本差异。”[③] 因而，并不能以股权让与担保属于虚伪意思表示而认定其无效。

因而，无论是结合当事人之间的协议安排综合认定股权让与担保，还是以通谋虚伪表示认定股权让与担保，股权让与担保协议本身均无效力瑕疵，在当事人之间产生效力。

---

① 江苏省南京市中级人民法院〔2018〕苏 01 民终 3411 号民事裁定书。

② 参见王利明：《抵押权若干问题的探讨》，载《法学》2000 年第 11 期。

③ 姚辉、李付雷：《“理性他者”的依归——让与担保实践争议探源与启示》，载《中国人民大学学报》2018 年第 5 期。

二、股权让与担保中的流质条款

在让与担保中，“主张让与担保违反法律禁止流质的规定而无效的见解，因巨大的制度惯性而长期占据优势地位”。[①] 但经过对司法实践的考察，司法实践鲜有因股权让与担保存在流质条款而径行认定股权让与担保无效，而是仅认定流质条款无效。如在“张秀文与陈林生保证合同纠纷案”中，法院认为，“流质抵押、流质质押条款违反《担保法》第 40 条的规定只会导致该条款本身无效，并不影响案涉股权让与担保合同的效力”。[②] 在“深圳市淞瑞贸易有限公司、郑能欢股权转让纠纷案”中，法院亦认为，“让与担保本身并不必然无效，但其中规定的流质条款因违反法律禁止性规定，应认定无效。”[③]

本书作者认为，基于《物权法》第 186 条、第 211 条的规定，即在债务履行期届满前，当事人不得约定债权人未受清偿时，担保财产的所有权转为债权人所有，裁判判定股权让与担保协议中的流质条款无效并无指摘之处。《合同法》第 56 条规定：“合同部分无效的，不影响其他部分效力的，其他部分仍然有效。”采部分无效的观点亦手段与目的相契合，即“禁止流质契约在性质上属于（效力性）强制性规定，自始无效，但担保物权设定本身的效力并不受影响，仅流质契约无效。”[④] 尽管如此，流质条款无效后股权让与担保仍然面临后续的担保物权实现问题，为保护让与人的利益，让与担保需经清算方可实现。

第一，法院应注意当事人在协议中是否约定了清算条款，无论该清算条款是归属清算型还是处分清算型。如在“港丰集团有限公司、深圳市国融投资控股有限公司合同纠纷案”中，各方当事人在合同对于债务人不履行债务时，担保权人处置股权做出如下约定，“如长城担保公司和国融公司直接处

---

① 王闯：《关于让与担保的司法态度及实务问题之解决》，载《人民司法·案例》2014 年第16 期。

② 江苏省高级人民法院〔2016〕苏民申 1430 号民事裁定书。

③ 广东省高级人民法院〔2017〕粤民申 8926 号民事裁定书。相同观点还可参见：云南省昆明市中级人民法院〔2015〕昆民五终字第 86 号民事判决书；江西省南昌市中级人民法院〔2015〕洪民二初字第 587 号民事判决书；江苏省盐城市中级人民法院〔2015〕盐商终字第 00093 号民事判决书。

④ 高圣平：《论流质契约的相对禁止》，载《政法论丛》2018 年第 1 期。

置港丰房地产公司的股权，则在还清长城担保公司、国融公司债务及扣除合理的处置费用后将剩余款项无条件返还给港丰集团公司或其指定的第三人”。① 最高人民法院认为，“长城担保公司、国融公司亦并非当然取得港丰房地产公司的股权，而是以处置港丰房地产公司资产或股权的方式优先清偿长城担保公司、国融公司享有的债权后，再将剩余款项返还给港丰集团公司。这表明长城担保公司、国融公司对担保物享有的是优先受偿权，而非所有权，并不因此产生流质的法律后果，因而并不违反目前我国物权法和担保法的相关规定。”② 实际上此案中的约定即属处分清算条款。此外，法院还应尽可能地对合同条款进行解释，使股权让与担保的实行进入清算的路径。

第二，当事人未约定清算条款，也无法解释将合同条款解释为清算条款时，法院仍应将股权让与担保推定为清算型让与担保，课予当事人清算义务。“对于在担保物权可得实现之前达成流质契约所可能给担保人带来的不利益，可以通过强制性地课予担保物权人以清算义务加以解决。”③ 因为，若法院承认股权让与担保有效与合法，但却否定流质条款的效力，导致“立法一方面禁止流质契约，实务见解却承认让与担保契约有效，二者显然矛盾”，④ 导致股权之担保作用无法实现。因此，“即使合同未约定债务不能清偿时具体的清算办法，法院亦可基于让与担保的机理平衡双方当事人之利益。”⑤ 如在“王惠莲与鲁鹏、鲁瑶、云南腾峰投资有限责任公司确认合同效力纠纷案”中，法院指出，“借款人不履行生效判决确定的金钱债务，出借人可以申请拍卖买卖合同标的物，以偿还债务。就拍卖所得的价款与应偿还借款本息之间的差额，借款人或者出借人有权主张返还或补偿。故本案债权人仅得就股权拍卖的对价享有优先受偿权，并无权直接处置该部分股权。”⑥

至于清算方式推定为归属清算还是处分清算，国内外理论界素有争议。

---

① 广东省高级人民法院〔2015〕粤高法民四终字第196号民事判决书。

② 最高人民法院〔2016〕最高法民申1689号民事裁定书。相同见解还可参见：江苏省无锡市中级人民法院〔2018〕苏02民终954号民事判决书。

③ 高圣平：《论流质契约的相对禁止》，载《政法论丛》2018年第1期。

④ 谢哲胜：《流质（押）契约自由与限制》，载《台湾本土法学杂志》2005年总第15期。

⑤ 刘贵祥：《〈物权法〉关于担保物权的创新及审判实务面临的问题（下）》，载《法律适用》2007年第9期。

⑥ 云南省昆明市中级人民法院〔2015〕昆民五终字第86号民事判决书。

本书作者认为，让与担保权的实行方法，既要把握其担保物权本旨，又要兼顾当事人及第三人的权益，在尽量发挥让与担保的社会作用以彰显其特色的同时，避免让与担保权人取得额外的利益。[①] 准此，应区分股权的类型，采取不同的清算方法。对于上市公司的股权而言，二级市场已经形成竞争充分的市场价格，采取归属清算有利于节约变价成本；对于非上市公司的股权而言，采取处分清算似更合于担保物权的变价法理。

三、股权让与担保中担保权人的优先受偿权

在股权让与担保协议有效的前提下，当事人间更为关注的是担保权人能否就股权让与担保的标的股权优先受偿问题。对此，司法实践中存在着争议。

一种观点认为，担保权人可就标的股权优先受偿。在“港丰集团有限公司、深圳市国融投资控股有限公司合同纠纷案”中，法院认为，“长城担保公司、国融公司有权依据上述协议的约定，通过处置港丰房地产公司的资产或股权的方式优先受偿”。[②] 在“丁玉灿、吴俊与福建渝商投资有限公司、丁建辉民间借贷纠纷”中，法院认为，“让与担保作为一种物的担保制度，担保标的物通常为设定人所直接占有，不发生物的留置效力问题，仅存在优先受偿问题。让与担保权人取得担保物的财产权，有排除第三人的优先效力，让与担保权人在债务人不履行债务时，可以以担保物获得优先受偿。”[③]

另一种观点认为，担保权人不得主张优先受偿。在“江苏悦达贸易股份有限公司与陈为民、盐城市嘉丰置业有限公司等企业借贷纠纷再审案”中，法院认为，“根据物权法定原则，当事人应当按照物权法和其他法律的规定设立担保物权，不得自由创设物权的种类和内容，因物权法明确规定物的担

---

① 对此详见高圣平：《动产让与担保的立法论》，载《中外法学》2017 年第 5 期。

② 最高人民法院〔2016〕最高法民申 1689 号民事裁定书。

③ 福建省高级人民法院〔2014〕闽民终字第 360 号民事判决书。相同观点还可参见：湖北省大冶市人民法院〔2017〕鄂 0281 民撤 2 号民事判决书；四川省泸州市江阳区人民法院〔2017〕川 0502 民初 4255 号民事判决书。

保方式为抵押、质押和留置等，故悦达公司主张就股权优先受偿缺乏法律依据。”①

本书作者认为，股权让与担保中担保权人取得优先受偿权的基础在于，当事人之间设定的担保权能够借助于一定手段为第三人所知悉。在不涉及案外第三人时，当事人约定担保权人可就标的股权的变价款受偿并无不可，即“如果在债务人没有其他债权人的情形下，将因交易所产生的权利认定为物权还是债权在实体处理结果上并无差别。因为只要担保合同有效，债权人就物本身执行的法律效果并无不同，是否具备优先性在单一债权人下并无意义。”② 在股权让与担保协议成立后，当事人间已经办理转让登记的，让与人在名义上已不享有标的股权，让与人的后手交易债权人基于对工商登记的审查，其无理由相信让与人为股权所有权人，主观上难谓善意，即“让与担保成立后，标的物所有权已移转于担保权人，设定人已无处分权，尤其是标的物为不动产时，因登记上之所有人为担保权人，故事实上不可能发生由设定人处分，而由第三人取得所有权或其他物权之问题”；③ 而让与人的一般债权人也不会就该股权价值对实现其债权有期待，自然不可能对标的股权有优先顺位。也正是因为如此，在实践中，有观点即将股权让与担保理解为股权质押。④

因此，尽管股权让与担保非物权法所明定的担保物权，但是，其现有操作模式在客观上亦实现了优先受偿的效果，此种情形非股权让与担保所独有。例如，《最高人民法院关于审理融资租赁合同纠纷案件适用法律问题的解释》第 9 条所允许的出租人自己抵押权，“主要针对出租人在其对租赁物的所有权无法定登记机关的情况下，通过委托承租人将租赁物抵押给自己的方式，将其所有权降低为抵押权，据此在抵押登记机关办理抵押登记，由此

---

① 江苏省高级人民法院〔2016〕苏民再 68 号民事判决书。持相同观点的还有：江苏省南京市中级人民法院〔2017〕苏 01 民终 8741 号民事判决书；江苏省高级人民法院〔2017〕苏民终 2205 号民事判决书。

② 高圣平：《担保物权司法解释起草中的重大争议问题》，载《中国法学》2016 年第 1 期。

③ 谢在全：《民法物权论》（下册），中国政法大学出版社 2011 年版，第 1118 页。

④ 如在“营口企业信用担保投资有限公司与中国银行股份有限公司营口渤海支行储蓄存款合同纠纷上诉案”中，当事人即认为，“这样的股权转让实质是质押担保”。详见辽宁省高级人民法院〔2012〕辽民二终字第 156 号民事判决书。

产生登记的物权效力。”[①] 二者的内在机理一致，均是通过一定的操作模式达到优先受偿的目的。故此，才有观点认为，“在当事人采取了相应的符合物权法规定的公示方法，主动采取防止意外风险的措施的情况下，法院当承认其既成事实，对其优先受偿权予以支持。如不动产让与担保，若办理了不动产过户登记手续，债权人可以凭借其对标的物形式上的所有权对抗第三人。”[②]

四、股权让与担保的对外效力：担保权人与公司的关系

当事人之间达成股权让与担保安排后，在有限责任公司场合，[③] 让与人往往根据股权转让合同办理了股权的变更登记，由此导致在工商登记中，担保权人（即受让人）就成为了名义股东。由此产生的问题是，担保权人是否具有了股东身份？其能否依据公司法对公司行使股东权利？

在司法实践中，多数裁判并不认为受让人具有股东资格。如在“王绍维、赵丙恒与赵丙恒、郑文超等股东资格确认纠纷案”中，名义股东王绍维即担保权人要求确认其具有河北金建房地产开发有限公司的股东资格。法院认为，“金建公司股权办理至殷子岚、王绍维名下系作为债权的担保，而非真正的股权转让；殷子岚、王绍维虽在工商登记中记载为金建公司的股东，但仅为名义股东，而非实际股东。此种通过转让标的物的所有权来担保债权实现的方式属于非典型担保中的让与担保，殷子岚、王绍维可以依据约定主张担保权利，但其并未取得股权……确认殷子岚、王绍维并非金建公司股东，而赵丙恒、郑文超为金建公司股东。”[④] 在“董家焜、福州盈兴房地产开发有限公司股东知情权纠纷案”中，名义股东请求行使股东知情权查询、复制公司会计报告及会计账簿，法院指出，“不能仅依据公司工商登记的股东

---

① 宋晓明、刘竹梅、原爽：《关于审理融资租赁合同纠纷案件适用法律问题的解释的理解与适用》，载《人民司法·应用》2014 年第 7 期。

② 刘贵祥：《〈物权法〉关于担保物权的创新及审判实务面临的问题（下）》，载《法律适用》2007 年第 9 期。

③ 案例中未见股份有限公司的股权让与担保，以下仅以有限责任公司为例进行分析。

④ 最高人民法院〔2015〕民申字第 3620 号民事裁定书。

情况作为判断标准，还应当考虑其是否实际作为公司股东行使股东权利……董家焜受让之股东性质系作为其投资之担保……案涉股权转让具有让与担保性质……应认定董家焜并未实际作为盈兴公司股东行使股东权利，其依法不享有股东知情权。”①

本书作者认为，受让人仅为名义股东，其并不具有股东资格，不得对公司行使股东权利。理由如下：

第一，基于担保物权的本质，受让人不享有股东权利。“担保物权是以确实优先支配担保物的交换价值为内容，以确保债权实现为目的的定限物权。担保物权不重在对担保物的直接支配，而重在对担保物的交换价值的直接支配。”② 在股权让与担保中，股权作为担保物仅起到担保债权的作用，受让人对于担保物的支配不能脱离此经济目的，即“担保权人虽取得标的物之债务，然担保权人仅得于此目的范围内行使其所有权……担保权人就其与设定人之内部关系言，应仅于担保债务清偿之经济目的范围内取得受让之所有权”。③“权利受让人对受让权利支配的目的性限制，是仅可以在担保的范围内完全优先受偿，而不能直接根据协议取得所有权并进行完全的支配。”④

准此，让与人并未丧失股东资格和股东权利，受让人不得行使股东权利。司法裁判中，有裁判持明确指出，“由于让与担保转移的只是权利，如无特别约定，担保人仍对担保标的物享有经营、收益、管理的权利。”⑤“股权转让后，张斌享有的并不是实质上的股东权利，而是以股权的名义享有担保权。”⑥ 在“营口企业信用担保投资有限公司与中国银行股份有限公司营口渤海支行储蓄存款合同纠纷上诉案”中，法院指出，“担保公司虽然在对外关系上取得了伟氏公司的股权，但在内部关系中取得的仅是担保权人的资格，依法只能在担保范围内行使权利。因为本案股权转让的目的是担保债权

① 福建省福州市中级人民法院〔2018〕闽01民终4421号民事判决书。

② 崔建远：《物权：规范与学说——以中国物权法的解释论为中心》，清华大学出版社2011年版，第736页。

③ 谢在全：《民法物权论》（下册），中国政法大学出版社2011年版，第1101页。

④ 杨立新、李怡雯：《让与担保的权利受让人对受让权利支配的限制》，载《中国应用法学》2018年第4期。

⑤ 宁夏回族自治区银川市中级人民法院〔2018〕宁01民终250号民事判决书。

⑥ 江苏省南京市中级人民法院〔2017〕苏01民终8741号民事判决书。

的实现，不是为了占有伟氏公司股权，更不是以取得伟氏公司的经营权为目的”。[①]

第二，基于股权转让、工商变更的程序，原则上受让人亦无法取得股东身份。依据公司登记管理条例，股东的变更登记，申请和办理主体是公司而非股东，也非受让人；同时，根据《公司法》第71条的规定，有限责任公司股权转让，其他股东享有优先购买权，公司在申请工商登记机关办理股东变更登记时，也需提交其他股东放弃优先购买权的材料。因而，在让与人进行股权让与担保操作时，一般均需向公司披露，否则无法完成工商变更登记。在让与人向公司与股东披露其“名为股权转让、实为股权让与担保”的操作方式和目的后，即便股东名册进行了记载、工商进行了变更登记，受让人仍然不享有股东资格，仅为担保权人，其不得对抗公司及其他股东。在一些案件中，当事人还对此进行特别约定，如在“郑海涛与刘明军、济宁阳光木业有限公司民间借贷纠纷案”中，当事人约定，“在借款未到期，刘明军未还清贷款前，郑海涛仅为名义股东，不享有上述两公司的任何权利，不参与经营和分红，亦不承担任何责任，公司股东的相关权利仍由刘明军享有。”[②]

但是，若让与人并未将其进行股权让与担保的操作向公司及其他股东披露，只是披露其为股权转让，则一旦受让人在公司股东名册进行了记载、进行了工商变更登记，则此时应推定让人具有股东资格，可以行使股东权利。但是，此种推定可由公司、让与人、其他股东以反证推翻，在诉讼中披露真实情况，由此导致名义股东仍不能行使股东权利。

五、股权让与担保的对外效力：与外部第三人的法律关系

在股权让与担保的协议安排下，担保权人在外观上成为名义股东，因此其亦与第三人发生法律关系。在股权让与担保之下，外部第三人与股权让与担保的内部当事人发生联系主要有以下两种情形。

---

① 辽宁省高级人民法院〔2012〕辽民二终字第156号民事判决书。

② 山东省高级人民法院〔2014〕鲁民一终字第107号民事判决书。

第一，对担保权人（名义股东）享有债权的债权人请求人民法院查封、执行标的股权，此时实际股东即担保人提出执行异议和执行异议之诉。

此种情形在司法实践中较为常见，主要发生在依约定而形成的代持股情形，在本书作者所研究的股权让与担保样本案件中未见此类案件。[①] 此类纠纷中，对于担保人（实际股东）能否阻却强制执行存在着争议，主要在于《公司法》第 32 条所述的第三人是否应为交易第三人。以“中国银行股份有限公司西安南郊支行申请上海华冠投资有限公司执行人执行异议之诉案”为代表的观点认为，商事外观主义原则的适用范围不包括非交易第三人；[②] 而以“王仁岐与刘爱苹等案外人执行异议之诉案”为代表的观点认为，《公司法》第 32 条第 3 款规定所称的第三人，并不限缩于与显名股东存在股权交易关系的债权人。[③]

第二，基于股东出资瑕疵需对公司债权人承担责任的规则，公司债权人在诉讼中以名义股东（担保权人）为共同被告，或者执行中追加名义股东（担保权人）为被执行人。

《最高人民法院关于适用〈中华人民共和国公司法〉若干问题的规定（三）》（以下简称《公司法解释（三）》）规定：“在某些情形下也规定债权人可以提出请求，要求未尽出资义务的股东在未出资本息范围内对公司债务不能清偿的部分承担责任，也可以要求公司发起人与该股东一起承担连带责任。债权人还可以要求抽逃出资的股东承担同样的责任。”[④] 如《公司法解释（三）》第 13 条 2 款规定：“公司债权人请求未履行或者未全面履行出资义务的股东在未出资本息范围内对公司债务不能清偿的部分承担补充赔偿责任

---

① 由于此问题非股权让与担保所独有，且对此问题已有诸多文献进行研究，本文对此问题不做深入论述。可参见王毓莹、李志刚、陈敦等：《隐名权利能否阻却强制执行——权利性质与对抗效力的法理证成》，载《人民司法·应用》2017 年第 31 期。

② 最高人民法院〔2015〕民申字第 2381 号民事判决书。持相同观点的还可参见张勇健：《商事审判中适用外观主义原则的范围探讨》，载《法律适用》2011 年第 8 期。

③ 最高人民法院〔2016〕最高法民申 3132 号民事判决书。持相同观点还可参见司伟：《有限责任公司实际出资人执行异议之诉的裁判理念》，载《人民法院报》2018 年 8 月 22 日。

④ 宋晓明、张勇健、杜军：《〈关于适用公司法若干问题的规定（三）〉的理解与适用》，载《人民司法·应用》2011 年第 5 期。

的，人民法院应予支持”。[①] 因此，公司股东能够成为债权人对目标公司诉讼案件的被告。同时，依据《最高人民法院关于民事执行中变更、追加当事人若干问题的规定》（以下简称《变更、追加当事人规定》）第 17 至 21 条的规定，股东未履行出资义务或抽逃资金、一人有限责任公司与其股东之间财产混同、公司未经清算即被注销，公司股东可被追加为被执行人；根据《变更、当事人追加规定》第 32 条的规定，被申请追加的股东对执行法院依据上述规定作出的变更、追加裁定或驳回申请裁定不服的，可以提起执行异议之诉。在这两种情形下，名义股东（担保权人）与第三人发生关联。在本书作者研究的股权让与担保纠纷样本案件中，此种类型为股权让与担保中的常见纠纷。但是在此种情形，对于公司债权人能否请求名义股东对公司债务承担补充责任，司法实践存在不同观点。

第一种观点认为，名义股东即担保权人不应承担责任。

理由一为名义股东非公司的开办单位。如在“孙良芬与绥芬河市澳普尔科技投资有限公司、绥芬河市澳普尔房地产开发有限公司民间借贷纠纷执行案”中，执行法院追加被执行公司的股东中信信托有限责任公司为被执行人，中信信托有限责任公司即提出，其受让股权系基于让与担保。法院认为，“根据《最高人民法院关于人民法院执行工作若干问题的规定（试行）》第 80 条规定，被执行人无财产清偿债务，如果其开办单位对其开办时投入的注册资金不实或抽逃注册资金，可以裁定变更或追加其开办单位为被执行人，在注册资金不实或抽逃注册资金的范围内，对申请执行人承担责任。本案中，中信公司不是被执行人澳普尔投资公司的开办单位，而是通过股权转让方式成为澳普尔投资公司股东。”[②]

---

① 《最高人民法院关于修改关于适用〈中华人民共和国公司法〉若干问题的规定的决定》（法释〔2014〕2 号）结合公司法的修正对公司法的司法解释条文和序号进行了调整。以下使用的《公司法解释（三）》的条文和序号均系此次调整之后的。

② 黑龙江省高级人民法院〔2016〕黑执复 57 号执行裁定书。

理由二为基于《公司法解释（三）》第18条，股权受让人尽到了注意义务。[①] 如在“李新、绥芬河市澳普尔科技投资有限公司追偿权纠纷案”中，法院认为，“中信公司通过审查上述公司文件已经尽到了注意义务，鉴于李新未能提供澳普尔公司原股东未履行出资义务，且中信公司受让股权时对此知道或应当知道的相关证据，一审法院驳回其要求中信公司承担责任的请求并无不当”。[②]

理由三为受让人地位为债权人。如在“无锡市任墅水泥有限公司与新华信托股份有限公司、中国金谷国际信托有限责任公司等借款合同纠纷案”中，法院认为，“金谷公司虽基于股权转让协议成为拥有工商登记上汇鑫公司100%股权的股东，但此并非实体意义上的股权买卖，而仅仅为形式意义上的变更登记，在汇鑫公司清偿债务后，其所有股权仍返还原股东或其指定的第三人。既然金谷公司仅仅是汇鑫公司的债权人而非股东，那么，对汇鑫公司的债务，金谷公司当然无需承担相应的责任。”[③]

理由四为受让人本身并未抽逃出资。如在“仙桃市新基业建材有限公司与湖北中亿房地产开发有限公司、武汉市百富勤置业有限公司买卖合同纠纷执行案”中，法院认为，“何建顺以自己90%股权担保中亿公司借款来清偿其个人债务，该行为未损害公司的偿债能力，何建顺仍应以自己的出资额对中亿公司承担有限责任。因无充分证据证实异议人（即担保权人）存在抽逃注册资金行为，故追加异议人为本案被执行人无充分事实根据，异议人的异议成立。”[④]

理由五为公司债权人非与登记股权直接进行交易的相对人。如在“新华信托股份有限公司与乔东辉执行异议之诉纠纷案”中，法院认为，“虽然新华信托经登记注册为博翔公司股东，但其实际上系博翔公司债权人，而乔东

---

① 该条规定：“有限责任公司的股东未履行或者未全面履行出资义务即转让股权，受让人对此知道或者应当知道，公司请求该股东履行出资义务、受让人对此承担连带责任的，人民法院应予支持；公司债权人依照本规定第十三条第二款向该股东提起诉讼，同时请求前述受让人对此承担连带责任的，人民法院应予支持。受让人根据前款规定承担责任后，向该未履行或者未全面履行出资义务的股东追偿的，人民法院应予支持。但是，当事人另有约定的除外。”

② 最高人民法院〔2018〕最高法民申1215号民事裁定书。

③ 江苏省无锡市中级人民法院〔2017〕苏02民终825号民事判决书。

④ 湖北省仙桃市人民法院〔2016〕鄂9004执异19号执行裁定书。

辉并非系就该登记股权而直接进行交易的相对人，而仅仅是普通债权人。”①

另一种观点则认为，名义股东不得对抗第三人。如在“湖北安开园林工程有限公司、钟建园与湖北九洲农牧发展有限公司、董仕华等建设工程施工合同纠纷案”中，法院认为，“覃平章在通过股权转让并修改公司章程进而在工商部门完成相关股东变更登记，公司章程及工商变更登记对股东身份认定具有证权功能，且具有公示力和公信力，应认定其已取得公司法规定的公司股东身份，其辩称不是真正股东及不承担股东责任的理由不能成立”。② 在“新华信托股份有限公司与湖州港城置业有限公司破产债权确认纠纷案”中，法院认为，“在名实股东的问题上要区分内部关系和外部关系，对内部关系产生的股权权益争议纠纷，可以当事人之间的约定为依据，或是隐名股东，或是名股实债；而对外部关系上不适用内部约定，按照《公司法》第三十二条第三款之规定，第三人不受当事人之间的内部约定约束，而是以当事人之间对外的公示为信赖依据。”故认定新华信托股份有限公司相对于破产公司的其他债权人而言，非债权人而系公司股东。③

本书作者认为，经由股权让与担保安排而受让目标公司股权的股东仅为名义股东，基于股权让与担保的目的，其并不取得股东资格，非真正意义上的股东，其不应对目标公司的债务承担责任。理由如下：

首先，《公司法解释（三）》相关规则的预设前提并未虑及股权让与担保。《公司法解释（三）》第 26 条规定：“公司债权人以登记于公司登记机关的股东未履行出资义务为由，请求其对公司债务不能清偿的部分在未出资本息范围内承担补充赔偿责任，股东以其仅为名义股东而非实际出资人为由进行抗辩的，人民法院不予支持。名义股东根据前款规定承担赔偿责任后，向实际出资人追偿的，人民法院应予支持。”该条所预设的前提是，“实际出资人与名义股东之间通过隐名投资协议约定‘名实分离’，名义股东行使股权，

① 吉林省松原市中级人民法院〔2017〕吉 07 民终 1218 号民事判决书。持相同观点的还有：江苏省无锡市中级人民法院〔2017〕苏 02 民终 825 号民事判决书。

② 湖北省云梦县人民法院〔2017〕鄂 0923 民初 1023 号民事判决书。

③ 湖州市吴兴区人民法院〔2016〕浙 0502 民初 1671 号民事判决书。

实际出资人享有投资权益。”[1] 故在这种情形下，因名义股东实际行使股东权利，名义股东对第三人承担责任，达到了权责平衡。同时，在上述代持股的情形中，按照名义股东与公司的最初的约定，名义股东本身即负有对公司承担出资的义务。所以，其不得以内部约定对抗第三人。

但是在股权让与担保中，由前述可知，基于担保目的和实际操作情形，担保权人大多数情况下并不享有、也不行使股东权利，公司亦不允许其行使股东权利，此时由其对第三人承担责任，是为权责失衡。而且，在前述多数案件中，名义股东往往是公司的债权人，若其一方面出借款项于目标公司，另一方面又成为目标公司债权人的追责主体，对担保权人不公。同时，对于公司而言，受让人不负有对公司出资的义务，其也就不应承担责任。

其次，名义股东实际地位为债权人，其不负有出资义务。股权让与担保安排中的股权受让人实际为有担保的债权人，其受让股权非真正意义上的股权转让。这就导致，名义股东一方面不可能完成抽逃出资的行为，另一方面其并未承受原股东对公司的出资义务，“股权转让所表达的，是转让方将其与有限责任公司之间的权利义务关系，概括地转让给受让人。”[2] 在此基础上，《公司法解释（三）》第 18 条关于股权转让中受让人承担责任的规则不应适用于股权让与担保情形。

最后，驳回债权人请求名义股东对公司债务承担责任的请求不损害公司债权人的利益。若查明公司实际股东存在未履行出资义务的情形，在驳回公司债权人追加名义股东为被执行人、要求名义股东承担责任的请求后，公司债权人追加实际股东为被执行人，要求实际股东承担责任即可，此不影响公司债权人债权的实现。

除了本文上述所言的名义股东被公司债权人追责之外，司法实践中，还有名义股东将其所持有的股权处分的情形。如在“许文胜、吴何文、张永坐为与周淑梅股权转让纠纷案”中，因股权让与担保安排，周君平所持香岛酒店 36％股权变更登记至吴何文名下，故该 36％股权并非吴何文单独所有，

---

① 最高人民法院民事审判第二庭：《最高人民法院关于公司法解释（三）、清算纪要理解与适用》（注释版），人民法院出版社 2016 年版，第 408～409 页。

② 叶林：《公司在股权转让中的法律地位》，载《当代法学》2013 年第 2 期。

法院认为吴何文转让股权系无权处分行为。[①] 我国台湾地区有观点认为，“让与担保之标的物系由担保权人处分时，担保权人在法律上因系所有人，故无论第三人是善意或恶意，第三人均取得标的物之所有权，担保权人就该标的物设定物权之情形亦同。”[②] 但是，由于《公司法解释（三）》第 25 条规定了对名义股东对其名下股份的处分适用善意取得制度，[③] 故司法解释认为此种情形属于无权处分，此时在裁判上应适用《公司法解释（三）》第 25 条的规定。

六、小结

在《物权法》第 15 条确立的合同效力和物权变动效力相区分原则的指引下，股权让与担保相关案件首先应分别其纠纷类型。如仅涉及股权让与担保合同的效力，应主要适用《民法总则》《合同法》等之上所规定的法律行为（合同）效力判断规则，不能仅因法律上没有明确规定让与担保这一交易类型而认定合同无效；至于股权让与担保合同中约定的流质契约条款，自应认定其违反强制性规定而无效，但该条款无效并不导致股权让与担保合同全部无效，此时，法院应课予债权人清算义务，分别不同情形采取归属清算或处分清算的方法，以实现债权。如仅涉及股权让与担保的外部效力，在对股权让与担保合同的效力进行认定之后，进一步查明当事人是否基于股权让与担保合同办理了股权转让登记。如未办理，股权让与担保合同的效力仅在当事人之间发生；如已办理，应把握其经济实质——担保，认定担保权人仅为形式意义上的股东，所让与的股权仅起担保作用，并不对公司债权人就公司债务承担补充责任，除非另有约定，担保权

---

① 浙江省金华市中级人民法院〔2017〕浙 07 民终 2074 号民事判决书。相同情况可参见：山东省邹城市人民法院〔2017〕鲁 0883 民初 1182 号民事判决书。

② 谢在全：《民法物权论》（下册），中国政法大学出版社 2011 年版，第 1115 页。

③ 该条规定，“名义股东将登记于其名下的股权转让、质押或者以其他方式处分，实际出资人以其对于股权享有实际权利为由，请求认定处分股权行为无效的，人民法院可以参照物权法第一百零六条的规定处理。

名义股东处分股权造成实际出资人损失，实际出资人请求名义股东承担赔偿责任的，人民法院应予支持。”

人不得向公司行使股权的全部或部分内容。在发生权利竞存的情形之下，判定担保权人就标的股权取得优先于让与人的其他债权人的效力，但设定在先的其他担保权人除外。

金融创新视角下的商铺租赁权担保：体系定位与法律效力 *

商铺租赁权担保是商圈融资中的金融担保创新品种。目前信贷实践中的商铺租赁权质押贷款模式临着诸多解释上的困境，商铺租赁权质权在商圈市场管理方办理登记的法律效力仍有待确定。虽然经由解释可以在一定程度上承认商铺租赁权质权的效力，但解释路径略显牵强。在权利担保物权的抵押、质押二分的体例之下，商铺租赁权设定担保之后，租赁权人仍须行使商铺租赁权，属于用益型担保，应定位于权利抵押权。商铺租赁权抵押权应以登记作为公示方法，且登记是商铺租赁权抵押权的生效要件。在不动产登记的先登记原则之下，商铺租赁权抵押权的登记以商铺租赁权先办理登记为前提。就此，应在中国民法典编纂之时予以明确。

"商圈"是集聚于一定地域内的商贸业经营群体。改革开放以来，我国以商品交易市场、商业街区、物流园区、电子商务平台等为主要形式的商圈发展迅速，已成为我国中小商贸服务企业生存与发展的重要载体。但是，由于商圈内多数商户属中小企业，担保财产少、信用记录不健全，融资难问题较为突出，亟需探索适应中小商贸服务企业特点的融资新模式。[①] 除了鼓励融资性担保机构参与商圈融资、推进银行业金融机构开展动产质押融资业

* 本书作者滥竽中国法学会民法典物权法编课题组成员，具体参与担保物权编的修订工作。感谢召集人崔建远、陈小君、尹田、王轶等诸位教授的提携；感谢刘保玉、孙鹏两位教授及课题组其他成员的评论。本文原载《山东大学学报（哲学社会科学版）》2017 年第 6 期。

① 《商务部、中国银行业监督管理委员会关于支持商圈融资发展的指导意见》（商秩发〔2011〕253 号）。

务、发展供应链融资等金融产品之外，“研究推动商铺经营权、租赁权质押融资试点”亦是其中主要一环。[①]《商务部、中国银行业监督管理委员会关于支持商圈融资发展的指导意见》（以下简称《商圈融资指导意见》）、《国务院关于深化流通体制改革加快流通产业发展的意见》（国发〔2012〕39号）（以下简称《流通意见》）发布之后，各银行业金融机构展开了商铺租赁权担保融资试点工作，但囿于物权法定原则，各试点模式存在较大差异，也反映出制度供给不足的问题。目前，中国民法典物权法编的编纂工作已经启动，如何经由立法将这一金融创新品种予以明文化，是摆在我们面前的一大话题。

一、商铺租赁权担保实践：在信贷与司法之间

商圈融资实践中，融资对象多为经工商行政管理部门登记，注册经营场所在商圈内的企业法人、个体工商户或其他经营组织（以下统称商户）。“在市场经济条件下，资金的获得是市场主体谋求自身发展的基本条件，而资金安全又是所有信用授予者提供资金的首要条件。因此，要使市场主体能够获得充分的资金，首先要解决的就是提高其融资能力，也就是增加其可用于担保的财产的范围。”[②]在商圈融资实践中，如商户已经取得商铺的所有权，其自可独立地将其商铺出卖、抵押，[③]但基于商圈交易模式和商户资金规模的限制，商户大多没有取得商铺的所有权，而是通过拍卖或受让方式一次性取

① 《商务部、中国银行业监督管理委员会关于支持商圈融资发展的指导意见》（商秩发〔2011〔253号）。

② 高圣平：《物权担保新制度新问题理解与适用》，人民法院出版社2013年版，第5页。

③ “中国邮政储蓄银行股份有限公司九江市分行与九江市海正贸易有限公司、周日成金融借款合同纠纷案”（江西省九江市中级人民法院〔2015〕九中民二初字第38号民事判决书）中，法院即认为，“（第三人）以自有房产（商铺）为（债务人）的上述借款提供抵押担保，并已办理抵押物权设立登记，（债权人）依法取得了（第三人）提供的抵押物的抵押物权。（债权人）主张对（第三人）提供的抵押物在上述债权范围内享有优先受偿权，符合法律规定，本院予以确认。”

得20～40年的商铺租赁权。[①] 在商户普遍缺乏足够担保财产的情形之下，商户与商铺所有人或管理者依租赁合同所取得的商铺租赁权开始进入金融担保创新的视野。实践中的“商铺经营权”“商铺使用权”“商铺承租权”“商铺续租权”“摊位使用权”“商位租赁权”等均与商铺租赁权同其意义，[②] 学说上多称之为不动产租赁权。各银行业金融机构商圈融资试点将其纳入担保创新时，有的称之为商铺租赁权质押；有的称之为商铺租赁权抵押；有的则径称为商铺租赁权担保，不区分其性质。[③]

《商圈融资指导意见》和《流通意见》将商铺租赁权担保定位为“质押”，金融机构在商圈融资担保创新中也多称之为“商铺租赁权质押”“商铺经营权质押”。信贷实践中大多由金融机构、借款人和商圈市场管理方（商铺所有权人或受权管理人）等三方共同签订协议，内容大致如下：借款人或第三人自愿以其向市场管理方承租的商铺的租赁权作为向金融机构借款的质押担保。在担保期间，借款人未经金融机构同意，不得转让或转租该商铺租赁权，市场管理方也不得协助借款人办理商铺租赁权转让过户手续。市场管理方擅自办理过户手续，造成金融机构损失的，市场管理方承担赔偿责任。在商铺租赁权质权实现条件成就时，金融机构将以书面方式通知借款人并抄送市场管理方。市场管理方可以应金融机构的书面请求，单方面决定提前终止原租赁合同，收回商铺租赁权，取消优先续租权。市场管理方并有权对该商铺租赁权进行公开处置，处置所得扣除有关费用后，优先偿还金融机构的贷款本息；不足部分，市场管理方不承担责任，由借款人继续负责清偿。就商铺租赁权质押登记问题，各地做法不一，有的是由借款人向市场管理方申请对借款人承租的商铺发放贷款监管登记卡；有的是由市场管理方就商铺租

① 参见江苏省苏州市中级人民法院课题组：《依法强化司法保障职能，积极服务小微企业新类型融资担保》，载《人民司法·应用》2012年第1期。由于《合同法》第214条将租赁期限作了最高20年的限制，商铺租赁实践中有的商圈在20年租赁期限的基础上再约定20年的优先续租权。

② 参见最高人民法院民二庭新类型担保调研小组：《关于新类型担保的调研：现象·问题·思考》，载最高人民法院民事审判第二庭：《商事审判指导》2012年第4辑（总第32辑），人民法院出版社2013年版，第95页。

③ 参见最高人民法院民二庭新类型担保调研小组：《关于新类型担保的调研：现象·问题·思考》，载最高人民法院民事审判第二庭：《商事审判指导》2012年第4辑（总第32辑），人民法院出版社2013年版，第95页。

赁权质押办理备案登记；有的是由金融机构直接在中国人民银行征信中心应收账款质押登记系统办理应收账款质押登记。

和其他金融创新品种一样，商铺租赁权担保创新同样面临着司法裁判是否支持的考验。从目前司法裁判的梳理来看，各地法院的处理结果并不一致。一种观点认为，“商铺经营权并非法律、行政法规规定可以出质的财产权利”，① “商铺的租赁权和使用权依照规定不能进行质押和抵押”，② 案涉“商铺并没有实际移交原告管理，亦没有办理出质登记，质权设立的条件尚未成就”，③ 故对债权人就商铺租赁权优先受偿的请求，法院不予支持。另一种观点认为，“租赁权本身具有经济价值和可让与性，具有变价可能，可以作为出质的标的物”，案涉“商铺租赁权出质经过商铺所有权人备案登记”，故“本案中质权依法设立，（债权人）有权以上述商铺租赁权拍卖、变卖后的价款优先受偿”。④ “（债务人）以向第三人承租的……营业用房的使用权及优先续租权向（债权人）提供质押担保，已经在出租方……办理质押登记手续，（债权人）按照质押合同约定请求对质押权利变现所得价款优先受偿符合双方合同约定，亦不违反强制性法律规定，相应请求应该予以支持。”⑤

针对实践中商铺租赁权抵押登记无法办理的问题，实践中出现了商铺租赁权的让与担保模式。借贷双方约定，借款人将其商铺租赁权转让或转租给

---

① “浙商银行股份有限公司上海嘉定支行与蒋克勤、周春凤等金融借款合同纠纷案”，上海市嘉定区人民法院〔2015〕嘉民二（商）初字第 875 号民事判决书。

② “林福星与王霞、云南普洱市王霞普洱茶业有限公司、卢思宇民间借贷纠纷案”，云南省昆明市中级人民法院〔2014〕昆民二终字第 344 号民事判决书。

③ “东莞银行股份有限公司虎门支行与卢柳婵、吴庆棠信用卡纠纷案”，广东省东莞市第二人民法院〔2016〕粤 1972 民初 9371 号民事判决书。

④ “海宁嘉丰担保有限公司诉吴明楚等追偿权纠纷案”，浙江省海宁市人民法院〔2015〕嘉海商初字第 492 号民事判决书。

⑤ “招商银行股份有限公司小企业信贷中心诉杨雄卫、朱连军、符丹萍、王荷秀金融借款合同案”，江苏省苏州市工业园区人民法院〔2012〕园商初字第 0913 号民事判决书。本案判决之后，常熟市人民法院大多承认商铺租赁权担保权的效力，判决表述上也与上述判决大致相同。参见“宁波银行股份有限公司常熟支行与郑昌受、杨将微金融借款合同纠纷案”，江苏省常熟市人民法院〔2013〕熟商初字第 1196 号民事判决书；“中信银行股份有限公司常熟支行与程军、钱雪云等金融借款合同纠纷案”，江苏省常熟市人民法院〔2015〕熟商初字第 00634 号民事判决书；“中信银行股份有限公司常熟支行与叶伟东、陈曦等金融借款合同纠纷案”，江苏省常熟市人民法院〔2016〕苏 0581 民初 10485 号民事判决书；“中国邮政储蓄银行股份有限公司常熟市支行与李苏美、吴焕荣金融借款合同纠纷案”，江苏省常熟市人民法院〔2016〕苏 0581 民初 13552 号民事判决书。

贷款人，作为借款清偿的担保，在借款期间，商铺的租赁权或经营管理权仍归借款人行使，借款届期不获清偿的，贷款人将商铺租赁权收回。实践中，这一模式大多签有两份合同：商铺租赁权转让合同和商铺租赁权抵押合同。就这一创新模式，法院的态度存在较大差异。有的法院认为，“（借款人）将涉案商铺的经营管理权抵押给（贷款人）应为双方的真实意思表示……但（借款人）的真实意思并非系将涉案商铺的经营管理权及合同的权利义务转让给（贷款人）”，借款人如约全额还款，请求贷款人将涉案商铺的经营管理权返还，应予支持。有的法院则认为，“协议中约定‘甲方将涉案商铺过户给乙方作抵押’、‘商铺抵押期内的经营管理权仍归甲方所有’的本意应是以涉案商铺的租赁权用作借款的担保。上述约定显然不符合《担保法》有关抵押担保的规定，因此不具有担保的法律效力。”“《转让协议书》并非是（借款人）与（贷款人）之间单独就涉案商铺的承租权转让而达成协议，而是（借款人）向（贷款人）借款1300000元事宜中其中一个环节。（贷款人）主张《转让协议书》属当事人的真实意思表示不足以证明其取得涉案商铺承租权的合法性。”①

这种情况在商铺租赁权质押模式中同样存在。借贷双方约定，借款人将其拥有面积约1760平方米商铺的40年使用权质押给贷款人，因商铺租赁权质押登记不易操作，借款人通过与贷款人签订《商位经营合同》将上述商铺以1000万元的租金出租给贷款人使用40年的方式，变相实现其提供1000万元质押担保的目的。但法院认为，“（贷款人）与（借款人）虽然在借款合同中约定了质押权条款，但是双方并未对……1760平方米商铺40年使用权办理过质押手续，（贷款人）也未实际对上述商铺进行占有，因此双方间的质押合同未生效。（贷款人）主张其通过签订租赁合同的方式变相实现质押权，本院认为租赁关系与质押关系系不同性质的法律关系，无法进行转化，故对（贷款人）享有质押权人优先受偿权的主张不予支持。”②

裁判实践中引发的争议主要体现在以下几个方面：商铺租赁权是否可以

① “冯景炽与胡松迪、广州市沙东有利来物业管理有限公司、广州市沙东有利投资有限公司、杨云平合同纠纷案”，广东省广州市中级人民法院〔2016〕粤01民终7060号民事判决书。

② “深圳市××地产集团有限公司与章某某企业借贷纠纷案”，浙江省杭州市江干区人民法院〔2011〕杭江商初字第1053号民事判决书。

充任担保财产？如可以，是设定抵押权还是质权？商铺租赁权担保权如何设定，交付还是登记？如是登记，登记机构和登记依据又是什么？

二、商铺租赁权担保的体系定位：抵押抑或质押

非如物权法定之下的各类物权均有其法定的名称，承租人基于租赁合同所取得的权利并无具体且成体系的名称。学说和实务有“租赁权”“承租权”“租赁物使用权”等称谓，其中以“租赁权”最为普遍。同时就“租赁权”一语的意义也存在较大分歧。[①] 该语存在三种可能的意义指向：承租人的“租赁债权”、[②] 承租人在租赁合同中的法律地位[③]以及承租人对租赁物的使用收益权利。[④] 对“租赁权”的不同理解将导致其所适用的各具体法律制度之间存在天壤之别，厘清其意义就成了一项无可逃避而不得不先行解决的工作。[⑤] 本文不拟就租赁权的概念进行辨析，而将本文所称的商铺租赁权界定为承租人依租赁合同所产生的占有、使用租赁物并取得收益的权利，从商法的角度，这一权利还包括了承租人的营业权、转让权和优先续租权。[⑥] 准此，商铺租赁权虽因租赁合同而生，却具有相对独立的财产价值，且较长期间的商铺租赁权可以转让，如此即达到了权利作为担保财产的两大前提：财产性和可让与性，[⑦] 自可作为担保财产。至于短期的商铺租赁权，如租金分期支

---

① 参见吴才毓：《“买卖不破租赁”中的权利建构——基于〈合同法〉第229条的重新解释》，载《云南大学学报法学版》2014年第3期。

② 租赁权是“承租人基于租赁契约所享有的一系列权利的总称，包括承租人请求出租人交付租赁物，请求出租人修缮租赁物的权利和对租赁物进行使用收益的权利等”。杨与龄：《民法概要》，中国政法大学出版社2002年版，第191页。

③ “由租赁契约决定的承租人的地位（各项权利义务的总体），通常被称为‘租赁权’”。[日]星野英一：《日本民法概论（契约）》，姚荣涛译，台湾地区五南图书出版有限公司1998年版，第174页。

④ 参见朱庆育：《“买卖不破租赁”的正当性》，载王洪亮、张双根、田士永主编：《中德私法研究》（2006年第1卷），北京大学出版社2006年版，第40页。

⑤ 参见张双根：《法政策判断与法律技术构造》，载王洪亮、张双根、田士永主编：《中德私法研究》（2006年第1卷），北京大学出版社2006年版，第57页。

⑥ 参见曾大鹏：《商铺租赁的权利与义务配置》，载《法学》2016年第3期。

⑦ 参见[日]我妻荣：《新订担保物权法》，申政武、封涛、郑芙蓉译，中国法制出版社2008年版，第167页；谢在全：《民法物权论》，中国政法大学出版社2011年版，第1011～1012页。

付，其商业价值受到限制，金融机构在做出信贷决策时自有其考量。①

不过，由于包括商铺租赁权在内的不动产租赁权是否可以充任担保财产，我国实定法上未置明文。就此，在开展商铺租赁权担保融资试点之时，各金融机构均采取了审慎的态度。如中国工商银行在《关于同意苏州分行试办常熟商业用房使用权质押贷款和个人账户托管业务的批复》中认为："采用商业用房使用权质押，目前还缺乏明确的法律依据，你行在试点时应参照法律审查意见，从严掌握质押比例和贷款期限，注意防范法律风险。"浦东发展银行在《关于苏州分行在常熟服装城开展以店铺经营权为质押物担保贷款的合规意见》中指出："经营权质押是一种权利质押，然而目前无任何法律、行政法规对经营权质押作出规定，因此，经营权质押处于于法无据状态，一旦要行使质权，经营权质押是否会被审判机关认可以及认可的程度均处于不确定状态。"②

在我国现行物权法之下，权利在法律明定的情况之下可以作为担保财产。③ 就权利作为担保财产时的体系定位，《物权法》上采取了抵押权和质权的二元化区分方法。就其中"建设用地使用权""以招标、拍卖、公开协商等方式取得的荒地等土地承包经营权"（第 180 条第 1 款第 2、3 项）的担保，明定为权利抵押权；就其中"汇票、支票、本票""债券、存款单""仓单、提单""可以转让的基金份额、股权""可以转让的注册商标专用权、专利权、著作权等知识产权中的财产权""应收账款""以招标、拍卖、公开协商等方式取得的荒地等土地承包经营权"（第 223 条第 1～6 项）的担保，明

① 例如，借款人以其在农副产品批发市场的两年期商铺租赁权向贷款人设立权利质权，借款人同意在未清偿贷款人的债务前，市场管理方有权协助贷款人对该权利进行监管，禁止借款人未经贷款人同意对质押的商铺租赁权进行质押、转让、赠与、出租、许可他人使用或用于其他目的；贷款人无须经过借款人同意，即可凭合同和所持的用于质押的权利凭证直接向市场管理方取得借款人所质押的而商铺租赁权或将该权利转让，所得价款优先用于偿还借款人向贷款人的借款及相关费用，剩余部分退还借款人。但在贷款人主张权利提起诉讼之时，该商铺租赁权期限已经届满，"现要求对对该经营权享有优先受偿权，无合同和法律依据，本院不予支持。""南京市江宁区日升隆农村小额贷款有限公司与刘志军、明光市三绿蔬菜种植有限公司、周加荣、池西虎、胡成斌、庆小松借款合同纠纷案"，江苏省南京市江宁区人民法院〔2015〕江宁商初字第 935 号民事判决书。

② 江苏省苏州市中级人民法院课题组：《依法强化司法保障职能，积极服务小微企业新类型融资担保》，载《人民司法·应用》2012 年第 1 期。

③ 我国《物权法》第 2 条第 2 款规定："本法所称物，包括不动产和动产。法律规定权利作为物权客体的，依照其规定。"

定为权利质权。同时，《物权法》各该条规定了两个兜底条款，为金融担保创新留下了制度空间。其中，第180条第1款第7项明定“法律、行政法规未禁止抵押的其他财产”可以抵押；第223条第7项规定“法律、行政法规规定可以出质的其他财产权利”可以出质。在解释上，第180条第1款第7项所称的“其他财产”即应包括“其他财产权利”在内，[①] 因为同款第1～6项既包括有形财产（如建筑物和其他土地附着物、生产设备、原材料、半成品、产品、交通运输工具等），又包括无形财产（财产权利），因此，第7项所称的“其他财产”应作广义理解，并不仅限于有形财产。商铺租赁权不属于《物权法》第180条第1款第1～6项、第223条第1～6项明定的担保财产类型。在物权法定原则之下，欲将商铺租赁权作为担保财产，即应从第180条第1款第7项或第223条第7项找到其适法位置。

金融创新实践中多将商铺租赁权担保定性为质押，[②] 也得到了学界和裁判实践的广泛支持。裁判实践中即有观点认为，当事人之间以商铺租赁权设定抵押的行为，实质上是以租赁权出质，属于一种权利质权。[③] 至于商铺租赁权质押的适法性，学说和实务中有两种解释路径：一是认为商铺租赁权属于《物权法》第223条第7项所定“法律、行政法规规定可以出质的其他财产权利”之一种，其主要理由在于：“为了盘活中小微企业的经济，此处应做宽范围的解释，即在不影响社会主义市场经济秩序、不影响法律秩序、不会产生恶劣后果的情况下，尽量将新出现的各种作为权利质押客体的权利解释进来。”[④] 二是认为商铺租赁权属于第223条第6项所定“应收账款”，其主要理由是，《应收账款质押登记办法》所界定的“应收账款”涵盖“出租产生的债权，包括出租动产或不动产”，据此，“可以把商铺租赁权视为出租产生的债权，并规定对未来拍卖商铺租赁权产生的收入作为质押权利优先

---

① 参见高圣平：《民法典中担保物权的体系重构》，载《法学杂志》2015年第6期。

② 参见最高人民法院民二庭新类型担保调研小组：《关于新类型担保的调研：现象·问题·思考》，载最高人民法院民事审判第二庭编：《商事审判指导》2012年第4辑（总第32辑），人民法院出版社2013年版，第95页。

③ “宜昌平湖投资担保有限公司与宜昌国宴休闲酒店有限责任公司等等追偿权纠纷案”，湖北省宜昌市夷陵区人民法院〔2014〕鄂夷陵民初字第00506号民事判决书。

④ 孟铂林：《商铺租赁权质押问题初探》，载《法制与经济》2016年第9期。

受偿。”[①]

金融创新实践中也有将商铺租赁权担保定性为抵押的，[②] 也有部分学者和裁判实践支持这一观点。[③] 在我国权利担保物权二元化的架构之下，权利质权人“以自己所为的意思而行使财产权就视为对该财产权的准占有”，[④]“仅就商铺租赁权设定担保之后商户仍然行使该权利的角度，商铺租赁权担保应属于用益型担保，当属抵押权的范畴。”[⑤]

我国担保物权法制承继传统大陆法系的固有体系安排，不动产抵押权和动产质权成为担保物权体系的基本教义。就财产权利的担保化，则多仿大陆法系诸国多将其纳入质权体系之中，名曰“权利质权”，就用益物权的担保化，则将其纳入抵押权范畴。这一体系安排虽不无检讨的必要，[⑥] 但中国民法典编纂中也不大可能加以改变。在维系这一体系安排的前提之下，尽可能地反映目前金融担保实践，就成了立法过程中的最佳选择。学说上以为，权利虽既可作为抵押权的客体，又可作为质权的客体，但只有与质权性质不相抵触的财产权利才能作为质权的客体，[⑦] 在解释上，“质权为非用益型担保，

---

① 潘任益：《商铺租赁权担保问题探析》，载《商》2016 年第 27 期。

② 参见最高人民法院民二庭新类型担保调研小组：《关于新类型担保的调研：现象·问题·思考》，载最高人民法院民事审判第二庭编：《商事审判指导》2012 年第 4 辑（总第 32 辑），人民法院出版社 2013 年版，第 95 页。

③ 《最高人民法院公报》上刊登的“汇通支行诉富利达公司用益物权抵押合同纠纷案”中，法院即认为，“本案当事人约定的担保合同，其标的是富利达公司对富利达地下商贸城享有的长期管理权、出租权，系用益物权。”“富利达公司不是富利达地下商贸城的所有权人，没有对该不动产的处分权。其抵押给汇通支行的仅仅是富利达公司地下商贸城的长期管理权和出租权。但是，该公司对富利达地下商贸城享有的长期管理权和出租权，是能够给权利人带来利益的财产权利，行使权利的结果完全能够达到保证债务履行的目的。将这种用益物权用于抵押，担保法虽然没有明文规定许可，但是也未明文禁止，而且富利达地下商贸城的所有权人对因该抵押引起的用益物权转移表示同意。”“富利达公司与汇通支行在自愿、公平、等价有偿的基础上签定的用益物权抵押合同，意思表示真实，既不违反法律规定，也不损害国家、社会公共利益和其他人的合法权益，应为有效合同。”本案中，虽然将“对富利达地下商贸城享有的长期管理权、出租权”定性为用益物权有欠妥当，但将用益型担保定性为抵押实值赞同。

④ ［日］田山辉明：《物权法》，陆庆胜译，法律出版社 2001 年版，第 151 页。

⑤ 高圣平：《担保物权司法解释起草中的重大争议问题》，载《中国法学》2016 年第 1 期。

⑥ 对这一体系安排的评议，参见朱岩：《物权法草案中“权利质权”规定内容评析》，载《中外法学》2006 年第 2 期；高圣平：《民法典中担保物权的体系重构》，载《法学杂志》2015 年第 6 期。

⑦ 参见谢在全：《民法物权论》，中国政法大学出版社 2011 年版，第 1012 页；高圣平：《担保法论》，法律出版社 2009 年版，第 498 页。

质权人、出质人均无权就担保物为使用、收益，质权设立后，担保物即被沉淀，但抵押权为用益性担保，抵押人仍可就担保物为使用、收益。”[①] 我国实定法上就权利抵押权和权利质权的分野即体现了这一点。

有观点认为，商铺租赁权系属债权，不应成为抵押权的客体。“抵押权的制度设计仍存有诸多内生性的缺陷，特别是租赁权这样的普通债权”，[②]“债权的抵押权设计将取得权能留给担保权设定人，且又仅以抵押权设定的登记和公告为公示的条件，因而极易出现因设定人向第三债务人请求给付而使作为抵押物的债权消灭，从而危及抵押权的存在。”[③] 这一观点就普通债权而言尚属的论，但商铺租赁权具有支配商铺这一不动产的效力和内容，在性质上已经不属于普通债权。尚存争议的是，商铺租赁权属于不动产债权性利用权，其上设定担保是否为抵押权所能涵摄？就不动产利用关系，民法上向有不动产物权性利用权——用益物权和不动产债权性利用权的区分，用益物权系属物权，受类型强制及内容固定之限制；不动产租赁等债权利用权，有较广泛自治空间，但不具物权性，当事人在两者之间可参酌选择。[④]商铺租赁权担保设定之后，担保设定人仍须占有、使用商铺并获取收益，准此，商铺租赁权担保仍然属于用益性担保，在体系定位上应属抵押权的范畴。准此，就我国实定法而言，似可得出以下结论：权利担保物权中以不动产权利为客体的为抵押权；以不动产权利之外的财产权为客体时为质权。[⑤] 商铺租赁权为不动产权利，应无疑问。

就前述商铺租赁权质押适法性的解释路径之一而言，《物权法》第 223 条第 7 项虽规定“法律、行政法规规定可以出质的其他财产权利”可以出质，但本项不宜作扩大解释。从《物权法》立法过程来看，立法者就入质财

---

① 高圣平、严之：《海域使用权抵押权的体系定位与制度完善》，载《当代法学》2009 年第 4 期。

② 江苏省苏州市中级人民法院课题组：《依法强化司法保障职能，积极服务小微企业新类型融资担保》，载《人民司法》2012 年第 1 期。

③ 钟青：《权利质权研究》，法律出版社 2004 年版，第 172 页。

④ 参见王泽鉴：《民法物权》，北京大学出版社 2010 年版，第 277 页；谢在全：《民法物权论》，中国政法大学出版社 2011 年版，第 426 页。

⑤ 赵英：《我国物权法中权利质权的公示问题》，载《山西省政法管理干部学院学报》2009 年第1 期。

产权利的范围采取了更为审慎的态度，[①] 一是采取了不同于同法第 180 条第 1 款第 7 项“法律、行政法规未禁止抵押的其他财产”可以抵押的立法方法；二是采取了不同于同法第 209 条“法律、行政法规禁止转让的动产不得出质”的立法表述；三是第 223 条第 7 项的文义至为清晰，仅在“法律、行政法规”明确规定的情况之下才允许出质。“根据现实需要，法律、行政法规可以规定其他权利可以出质，只要在法律、行政法规中明确规定可以出质的，也适用本节有关权利质权的规定”，[②] 明确否定了当事人在法律、行政法规规定之外自行创设权利质权的可能。商铺租赁权作为不动产权利如设定质权，应以权利让与的方式为之，则须经由登记始生效力，已与质权性质不合，且出质人经由权利设质而须交付本于该权利所占有的不动产，有发生质权存在于不动产的疑义，[③] 因此，商铺租赁权不宜作为权利质权的客体。

就前述商铺租赁权质押适法性的解释路径之二而言，《物权法》第 223 条第 6 项虽规定“应收账款”可以出质，但商铺租赁权并不能为“应收账款”所能涵盖。作为《物权法》配套行政规章的《应收账款质押登记办法》中指出，“应收账款是指权利人因提供一定的货物、服务或设施而获得的要求义务人付款的权利，包括现有的和未来的金钱债权及其产生的收益，但不包括因票据或其他有价证券而产生的付款请求权”，其中涵盖“出租产生的债权，包括出租动产或不动产”。准此，在商铺租赁关系中，仅有出租人对于出租人的租金债权可以定性为《物权法》第 223 条第 6 项所称之“应收账款”，而承租人在租赁关系成立之后对于商铺的占有、使用和收益的权利（商铺租赁权）并不能定性为“应收账款”，承租人提供了什么货物、服务或设施从而获得了要求谁付款的权利？

综上，虽然商铺租赁权担保的体系定位只是一个政策选择，但符合法理的体系安排无疑是政策选择中的主要考量因素。仅就不动产或不动产权利担

---

① 参见全国人大常委会法制工作委员会民法室：《〈中华人民共和国物权法〉条文说明、立法理由及相关规定》，北京大学出版社 2007 年版，第 404 页。

② 全国人大常委会法制工作委员会民法室：《〈中华人民共和国物权法〉条文说明、立法理由及相关规定》，北京大学出版社 2007 年版，第 404 页。

③ 参见郑冠宇：《民法物权》，台湾地区新学林出版社股份有限公司 2014 年版，第 638～639 页。

保化的一体调整而言，商铺租赁权抵押化就成了中国民法典编纂时的不二之选。

三、商铺租赁权担保的法律效力：基于解释论的分析

无论将商铺租赁权担保定性为抵押还是质押，均面临着如何公示的问题，因为商铺租赁权担保之所以使债权人就商铺租赁权取得可对第三人发生效力的优先受偿权，技术上的正当性基础即在于将商铺租赁权担保权予以公示，第三人可得知悉商铺租赁权之上的权利负担。前述裁判案例中法院认为，“商铺并没有实际移交（债权人）管理，亦没有办理出质登记”“商铺租赁权出质经过商铺所有权人备案登记”等均是就商铺租赁权质权是否经由公示而设立的论证理由，在一定程度上体现了商铺租赁权担保权公示方法上的不同认识。前述裁判案例中商铺租赁权让与担保模式的出现，也是法律上未就商铺租赁权担保登记做出规定的情况之下的无奈之举。

金融创新实践中将商铺租赁权确定为《物权法》第 223 条第 7 项“法律、行政法规规定可以出质的其他财产权利”，将商铺租赁权担保定位为质押，但《物权法》和其他法律中并未规定其公示方法。实践中鲜少到法定的担保登记机关（工商行政管理部门、中国人民银行征信中心以及政府其他管理部门）履行登记手续，而是采取在商铺市场管理方登记和/或备案的变通方法，但“是否具有法律效力仍有待确定”。[①] 裁判实践中即有观点认为，现行法上并未规定租赁权出质时权利质权的设立方式，因此，案涉商铺租赁权质权因不具有公示效力而未设定，并不产生优先受偿效力。[②]

金融创新实践中，有的当事人约定，商铺市场管理方登记的依据是

---

① 参见江苏省苏州市中级人民法院课题组：《依法强化司法保障职能，积极服务小微企业新类型融资担保》，载《人民司法·应用》2012 年第 1 期。

② “宜昌平湖投资担保有限公司与宜昌国宴休闲酒店有限责任公司等等追偿权纠纷案［湖北省宜昌市夷陵区人民法院〔2014〕鄂夷陵民初字第 00506 号民事判决书］”中，法院即认为，“现行法律没有规定以经营权出质的权利质权的设立方式，因此，被告国宴酒店与原告以经营权为内容约定设立的质权不具有公示效力，且该经营权已被他人实际占有和行使。故原告请求以被告国宴酒店的房屋经营权折价或者以拍卖、变卖该经营权的价款优先受偿的主张不能成立，本院不予支持。”

“《公司法》第 14 条及相关规定”。[1] 但《公司法》第 14 条规定的是“公司可以设立分公司。设立分公司，应当向公司登记机关申请登记，领取营业执照。分公司不具有法人资格，其民事责任由公司承担。”（第 1 款）“公司可以设立子公司，子公司具有法人资格，依法独立承担民事责任。”（第 2 款）。这里的“登记”实际上是分公司的设立登记，登记机关是“公司登记机关”（即工商行政管理机关），[2] 而商铺租赁权担保登记是权利设立登记，两者之间登记性质上迥异，无法为《公司法》第 14 条所涵摄。同时，商铺市场管理方作为商铺的所有权人或受托管理人，其“管理”也不具有工商行政管理性质，不是工商行政管理机关，也不宜受托履行工商行政管理职能。准此，“《公司法》第 14 条及相关规定”并不能作为商铺市场管理方办理商铺租赁权质押登记的法律依据。

本书作者以为，物权法定原则置重于物权的种类和内容须经由法律而规定，并不要求物权的公示方法也必须由法律作出规定。物权公示的目的在于对外显示物权之变动及其变动后的物权现状，[3] 只要当事人之间采取的手段达到了这一目的，即可认为物权变动已经公示，并依法取得公示之后的权利设定效力。就金融创新实践中出现的商铺租赁权质押而言，权利质权为我国实定法上明定的一类物权，商铺租赁权质权为其亚种类，经由《物权法》第 223 条第 7 项“法律、行政法规规定可以出质的其他财产权利”的目的性扩张解释，[4] 可将其纳入权利质权之范畴，自不违反物权法定原则。就商铺租赁权质权的设定，金融机构、借款人和商圈市场管理方签订三方协议，在担保期间，未经金融机构同意，借款人不得转让或转租商铺租赁权，市场管理方也有权拒绝办理转让过户手续。在担保权可得实现之时，市场管理方可应金融机构的请求，单方决定提前终止原租赁合同，收回商铺租赁权，并有权对该商铺租赁权进行公开处置。如此，经由三方协议，金融机构已就入质商铺租赁权实施了控制。第三人如欲在该商圈承租商铺或受让商铺租赁权，必

① “宁波银行股份有限公司常熟支行与郑昌受、杨将微金融借款合同纠纷案”，江苏省常熟市人民法院〔2013〕熟商初字第 1196 号民事判决书。

② 《公司登记管理条例》第 4 条第 1 款规定：“工商行政管理机关是公司登记机关。”

③ 参见谢在全：《民法物权论》，中国政法大学出版社 2011 年版，第 46 页。

④ 本书作者反对这种解释论，已如前述。

将与市场管理方联系，市场管理方依约应告知第三人某特定商铺租赁权已经设定质权的事实，商铺租赁权上的权利负担即为第三人知悉，商铺租赁权质权的公示目的即已达致。准此以解，自金融机构、借款人和商圈市场管理方三方协议成立生效之时，商铺租赁权质权也因（控制）公示而设定。在解释上，所谓商铺租赁权质权在市场管理方登记备案，只不过是因控制而公示的强化，并无法律上的独立效用。由此，本书作者赞成法院就商铺租赁权质权经由三方协议或登记备案而设定的判断。

本书作者同时认为，依控制而公示商铺租赁权质权面临着解释上的困境。商铺租赁权并不能解释为《物权法》第223条第7项“法律、行政法规规定可以出质的其他财产权利”，已如前述。此外，学说上认为，对权利的控制即为权利占有的移转，[①] 实现了权利质权人对入质权利的“准占有”，[②] 进而达到了质权设定须移转占有的基本条件。但准占有的构成以“事实上行使其权利”为前提，所谓“事实上行使权利”与占有之所谓“事实上的管领”，在观念上相当，通常只须依一般交易或社会观念，有使人认识其事实上支配该财产权利的客观事实存在即为已足。[③] 但商铺租赁权质权因控制公示而设定，并不使金融机构事实上行使商铺租赁权，金融机构也就并不构成对商铺租赁权的所谓“准占有”。正如前述，就体系定位而言，商铺租赁权实不应成为权利质权的客体，上述解释论上的努力无助于从根本上解决商铺租赁权担保的制度风险，唯有从立法上加以明确规定，才有利于金融机构控制相关风险，并进而促进担保交易的达成，在一定程度上解决商圈融资中的中小企业融资难的问题。

至于前述裁判案例整理中出现的商铺租赁权让与担保问题，当事人之间转让商铺租赁权仅仅只是为了担保，受让人（债权人）所取得的商铺租赁权除了担保作用之外，并无其他权能。商铺租赁权让与担保实为非典型担保的一种，我国实定法上就让与担保并无明文规定。最高人民法院就非典型担保的司法态度是，如果当事人创设的物权类型不符合法律规定，则物权不能设

---

① 参见陈小君、曹诗权：《质权的若干问题及其适用》，载《法商研究》1996年第5期。

② 蓝蓝、吕凯：《我国权利质权体系的反思与重构》，载《天津大学学报（社会科学版）》2010年第3期。

③ 谢在全：《民法物权论》，中国政法大学出版社2011年版，第1242页。

立，不能产生物权效力，但设定物权的合同如无法律无效事由即为有效，承认其合同债权效力。[①] 准此，就商铺租赁权让与担保而言，即不应承认其就商铺租赁权优先受偿的物权效力。前述商铺租赁权让与担保案例的裁判结果也体现了这一点。

四、商铺租赁权担保的公示方法：登记制度的构建

商铺租赁权在解释上属于《物权法》第180条第1款第7项“法律、行政法规未禁止抵押的其他财产”，商铺租赁权担保属于用益型担保，在体系定位上应属权利抵押权的范畴，已如前述。抵押权的设定无须移转标的物的占有，改以登记作为公示方法，但《物权法》第187～188条并未规定以“法律、行政法规未禁止抵押的其他财产”设定抵押时的公示方法及其效力。虽然商铺租赁权抵押权作为不动产权利抵押权的一种，应类比建设用地使用权抵押权、土地承包经营权抵押权，采取登记生效主义，但在登记机关未予明确的情形之下，商铺租赁权抵押登记无从办理，其设定即存疑问。在统一不动产登记的政策选择之下，商铺租赁权抵押权作为不动产权利，应由统一的不动产登记机关登记。从《物权法》第9条和第31条的整体解释可以得出我国不动产登记奉行先登记原则或连续登记原则的结论：不动产权利的各项变动均应以初始登记为基础，不动产未办理所有权初始登记的，除法律另有规定外，不得办理其他权利登记；因处分不动产而申请相应的处分登记的，被处分的不动产权利应当已经登记。[②] 准此，商铺租赁权抵押权登记的前提是商铺租赁权先登记，而商铺租赁权登记的前提是商铺所有权先登记。

商铺所在的建筑物一经竣工验收，即可依《不动产登记暂行条例》及其实施细则、《不动产登记操作规范（试行）》的规定，办理“国有建设用地使用权及房屋所有权登记”或“集体建设用地使用权及建筑物、构筑物所有权登记”，作为整体建筑物登记房屋所有权自无问题。在建筑物分属不同主体

---

① 刘贵祥：《物权法关于担保物权的创新及审判实务面临的问题（下）》，载《人民司法》2007年第9期。

② 参见孙宪忠：《不动产登记基本范畴解析》，载《法学家》2014年第6期。

所有的情况之下，商铺也可以成为建筑物的专有部分，作为建筑物区分所有权予以登记：其一，就构造上的独立性而言，虽然商铺彼此之间多无固定墙壁予以间隔，但随着建筑技术和登记技术的发展，在构造上独立性的认定上已经摆脱了严格的外观上有形的隔离的束缚，实现了向观念上的隔离的转变。[①] 亦即建筑物各部分能在观念上彼此区分即可。准此，商铺彼此之间能够明确区分，具有构造上的独立性；其二，就使用上的独立性而言，商铺的用途是从事经营活动，用途单一且具有排他性。商铺的出入有其共同通道和出入口，无须借助他人的专有部分，具有使用上的独立性。[②] 准此，无论是作为整体建筑物所有权还是建筑物区分所有权，商铺所有权的登记均无障碍。

商铺租赁权作为不动产租赁权的一种，目前并不具有登记能力，直接导致了商铺租赁权抵押权登记无从展开。不过，就赋予不动产租赁权以登记能力的问题，已有有力文献予以肯定，[③] 在中国民法典编纂过程中应予采纳。学说上以为，“并不一定只有物权才可以纳入登记”，[④] 只要具有对抗效力的不动产权利均应具有登记能力。[⑤] 依《合同法》第 229 条的规定，租赁物所有权的变动不得对抗承租人的租赁权。“权利对于第三人之对抗效力与权利之公示作用应相伴而生，乃法律之基本原则。”[⑥] “由于出租至买卖发生之间，必然存在一段期间，此时出租人基于投机行为或丧失了其享有该物的买卖让与收益（如受强制执行或破产），也许就会隐瞒或甚至假造租赁，买受人因此必须多花成本去过滤及达成交易，交易量自然减少。法律唯今之计，是采

---

① 参见高圣平：《住宅小区车位、车库的性质及其权利归属研究》，载《法学家》2008 年第 6 期。② 《最高人民法院关于审理建筑物区分所有权纠纷案件具体应用法律若干问题的解释》第 2 条第 1 款规定：“建筑区划内符合下列条件的房屋，以及车位、摊位等特定空间，应当认定为物权法第六章所称的专有部分：（一）具有构造上的独立性，能够明确区分；（二）具有利用上的独立性，可以排他使用；（三）能够登记成为特定业主所有权的客体。”

③ 参见孙宪忠：《不动产登记基本范畴解析》，载《法学家》2014 年第 6 期；高圣平：《不动产权利的登记能力——评〈不动产登记暂行条例（征求意见稿）〉第 4 条》，载《政治与法律》2014 年第 12 期；常鹏翱：《论可登记财产权的多元化》，载《现代法学》2016 年第 6 期。

④ 参见孙宪忠：《不动产登记基本范畴解析》，载《法学家》2014 年第 6 期。

⑤ 参见［德］鲍尔、施蒂尔纳：《德国物权法》（上册），张双根译，法律出版社 2004 年版，第 292～295 页。

⑥ 黄立主编：《民法债编各论（上）》，中国政法大学出版社 2003 年版，第 307 页。

取适当的公示制度，迫使出租人将租赁公之于世，始能减少此交易成本。”① 准此，通过公示外观让第三人知悉，使第三人能够预为准备规划，采取必要的措施趋利避害，从而决定自己为某种行为或不为某种行为，最终不致遭受无法预测之损害，保护交易的安全，② 真正补足了租赁权的对抗效力。否则，第三人无从得知租赁物上是否存在着租赁权利，只能通过自行调查的方式来控制交易风险，或干脆拒绝交易。这将大大地提高交易费用，不利于融通市场交易。③ 我国现行法赋予租赁权具有物权的效力却无必要的物权公示制度，是实务中发生规则滥用的主要根源。④ 执行实践中，债务人利用法律的漏洞签订虚假租赁合同，已然成为一种典型的规避执行行为。⑤

不动产租赁权公示方法的选择应减少交易成本，减少交易阻力，同时又要避免交易当事人花费过多的时间搜集资讯，提高交易效率和安全。⑥ 我国有学者主张，租赁权的对抗效力以“出租人已经将租赁物交付给承租人且承租人必须持续占有租赁物”为条件。⑦ 透过承租人占有租赁物的事实，起到了对第三人公示的作用，赋予租赁权以对抗效力既不会影响交易安全，又能维护占有关系的稳定。⑧《最高人民法院关于人民法院办理执行异议和复议案件若干问题的规定》采纳了这一观点，明确了不动产租赁权占有对抗主义的

---

① 简资修：《让与（买卖）不破租赁及其类推适用：长期投资保障观点之分析》，载《政大法学评论》第 78 期。

② 参见谢哲胜：《物权的公示》，载《变动中的物权法》，清华大学出版社 2004 年版，第 2 页。

③ 参见翟新辉：《我国立法应明确不动产租赁登记的效力——兼论物权化之债权及其公示》，载《学术交流》2008 年第 7 期。

④ 陈鸣：《“买卖不破租赁”的司法续造及其局限性———兼论〈民法典·合同编〉中租赁合同对抗力规则的重构》，载《西部法学评论》2017 年第 1 期。

⑤ 参见卢正敏：《执行程序中的虚假租赁及其法律应对》，《中国法学》2013 年第 4 期。因公示方法的欠缺给交易实践带来的影响，另见翟新辉：《租赁权公示是取得物权对抗效力的要件》，载《法律适用》2007 年第 9 期。

⑥ 参见祝建军：《房屋租赁权物权化研究——以不动产公示公信原则引入的必要性为视角》，载《法律适用》2006 第 1、2 期。

⑦ 参见王利明：《合同法研究》（第 3 卷），中国人民大学出版社 2012 年版，第 296 页；易军、宁红丽：《合同法分则制度研究》，人民法院出版社 2003 年版，第 215 页。

⑧ 参见黄文煌：《论租赁权的对抗效力——兼论〈合同法〉第 229 条的缺陷与修改》，载《清华法学》2010 年第 2 期。

立场。[1] 但占有是公示力最弱的物权公示类型，作为不动产权利的公示方法不具有权利推定功能，存在明显缺陷，[2] 占有对抗主义未必能解决实务中公示机制不足的问题。[3] 况且占有事实本身还需利害关系人去调查，在一定程度上影响到交易的效率。此外，有关占有事实的关键证据大多掌握在债务人及承租人手中，查实这些事实并作出理性的商事判断绝非易事。准此，只有经登记的不动产租赁权才具有对抗第三人的效力。

在我国实定法上，《海域使用权登记办法》第 11 条、《无居民海岛使用权登记办法》第 18 条第 1 项分别规定了海域使用权租赁权、无居民海岛使用权租赁权的登记，在解释上，不动产租赁权与海域使用权租赁权、无居民海岛使用权租赁权相当，应作同一处理。至于房屋租赁权的登记能力，《城市房地产管理办法》原第 53 条（现第 54 条）规定了房屋租赁登记备案制度，但登记备案并不是房屋租赁合同成立的要件，也不是房屋租赁权取得对抗效力的前提，而是一种管理手段，[4] 以规范房屋租赁市场秩序，完备房屋租赁税收监管体制，加强流动人口管理，实现社会治安的稳定。[5] 但相关地方立法做了不同的规定，如上海市将登记备案作为房屋租赁合同对抗第三人的要件（《上海市房地产登记条例》和《上海市房屋租赁条例》）。

本书作者认为，不动产租赁公示制度与租赁权的对抗效力实乃一体两面的关系。在政策考量之下，赋予租赁权对抗效力的目的，在于使承租人拥有一定地位，得以应对权利冲突，[6] 但赋予此种对抗效力，又须有最适宜于实践需求的权利表征，第三人可得及时、准确地获悉权利负担情况，以有效预防潜在的交易风险。在日益频繁的交易背景下，登记就成了我们的最佳选

---

① 该规定第 31 条规定："承租人请求在租赁期内阻止向受让人移交占有被执行的不动产，在人民法院查封之前已签订合法有效的书面租赁合同并占有使用该不动产的，人民法院应予支持。"

② 参见屈茂辉：《物权公示方式研究》，载《中国法学》2004 年第 5 期。

③ 参见陈鸣：《"买卖不破租赁"的司法续造及其局限性——兼论〈民法典·合同编〉中租赁合同对抗力规则的重构》，载《西部法学评论》2017 年第 1 期。

④ 参见房维廉主编：《中华人民共和国城市房地产管理法释义》，人民法院出版社 1994 年版，第 156 页。

⑤ 最高人民法院审判第一庭：《最高人民法院关于审理城镇房屋租赁合同纠纷案件司法解释的理解与适用》，人民法院出版社 2009 年版，第 57 页。

⑥ 吴才毓：《"买卖不破租赁"中的权利建构——基于〈合同法〉第 229 条的重新解释》，载《云南大学学报（法学版）》2014 年第 3 期。

择。值得注意的是，不动产租赁权的登记仅为其对抗第三人的要件，其是否设定取决于当事人之间的意志，已经设定但未经登记的不动产租赁权，在当事人之间仍生效力，只是不能对抗第三人。在登记对抗主义之下，是否登记，完全由当事人决定。即使是长期租赁，如果承租人认为此后不会出现相冲突的权利，也可以不谋求登记。这样，是否登记取决于当事人自己的选择，更好地体现了自治理念，[①] 同时又兼顾了交易安全。[②]

在赋予不动产租赁权登记能力的情况之下，商铺租赁权抵押权的问题随即迎刃而解。在物权公示法理之下，一如其他权利抵押权，商铺租赁权抵押权也采登记生效主义，未经登记，商铺租赁权抵押权不设定，不仅不能对抗第三人，而且在当事人之间亦不能主张抵押权的存在。由此，不动产租赁权采行登记对抗模式，但不动产租赁权抵押权却奉行登记生效主义，两者之间是否存在冲突？当事人之间基于自主意志形成的租赁关系彼此之间差异很大，不宜强求当事人将之予以登记，如当事人仅欲使其租赁关系在当事人之间发生效力，则无须登记。此际，就不动产租赁权采行登记对抗模式具有正当性。但在商铺租赁权抵押关系中，一则，商铺租赁权抵押权的设立登记以商铺租赁权先登记为前提；二则，就不动产抵押权和其他权利抵押权，均采行登记生效模式，为求得抵押权内部的统一，不动产租赁权抵押权作为权利抵押权的一种，采行登记生效模式具有正当性。由此可见，两种登记效力模式之间并不矛盾。

五、小结

发展商圈融资是缓解中小商贸企业融资困难的重大举措。商户以商铺租赁权作为担保向银行贷款，已成为商圈内小微企业重要的融资渠道之一。[③] 目前金融创新实践中广泛采行的商铺租赁权质押贷款模式面临着较大的制度

① 参见朱庆育：《“买卖不破租赁”的正当性》，载王洪亮、张双根、田士永主编：《中德私法研究》(2006 年第 1 卷)，北京大学出版社 2006 年版，第 40 页。

② 谢鸿飞：《合同法学的新发展》，中国社会科学出版社 2014 年版，第 591 页。

③ 江苏省苏州市中级人民法院课题组：《依法强化司法保障职能，积极服务小微企业新类型融资担保》，载《人民司法》2012 年第 1 期。

风险，其所采取的三方控制协议和市场管理方登记备案的公示方法也存在着解释上的障碍。商铺租赁权担保属于用益型担保，应定位于（权利）抵押。但商铺租赁权抵押已脱逸出解释论的范畴，而进入立法论的视野。

本书作者认为，在中国民法典编纂之时，应对相关法条做相应修改。

第一，将《物权法》第187条“以本法第一百八十条第一款第一项至第三项规定的财产或者第五项规定的正在建造的建筑物抵押的，应当办理抵押登记。抵押权自登记时设立。”修改为“以本法第一百八十条规定的财产抵押的，应当在不动产登记机构办理抵押登记。抵押权自登记时设立。”[①]

简要立法理由：《物权法》第180条规定：“法律、行政法规未禁止抵押的其他财产”都可以抵押，但登记的效力如何，登记机构如何确定，《物权法》上均未明确。本建议条文基于本节修正后的第180条规定的抵押财产均为不动产或不动产权利的事实，统一规定抵押登记机构为不动产登记机构，但不动产的债权性利用权抵押时，在利用权未登记的情况之下，基于先登记原则，将无从办理抵押登记。此时，应由不动产登记机构赋予债权性利用权以登记能力。值得注意的是，在不动产登记簿上登记的不动产权利，并不一定是物权，也就是说，在登记簿上的记载不能确定不动产权利的性质，已登记的不动产权利是物权还是债权，取决于法律的规定。

第二，将《合同法》第229条“租赁物在租赁期间发生所有权变动的，不影响租赁合同的效力”修改为“不动产租赁权未经登记，不得对抗第三人。”

简要立法理由：通说上认为，《合同法》第229条确立了“买卖不破租赁”规则，是租赁权物权化的体现。[②] 但租赁权物权化或租赁权的对抗效力并不仅限于租赁物所有权发生变动的情形，本建议条文将其适用范围予以扩

---

① 基于动产抵押权的特殊性，本书作者建议将动产抵押权从一般抵押权分离出去，作为特殊抵押权之一，相应登记规范亦应分开规定。抵押权章的第一节仅规定不动产抵押权，将现行《物权法》第180条修改为：“债务人或者第三人有权处分的下列不动产可以抵押：（一）建筑物和其他土地附着物；（二）建设用地使用权；（三）土地承包经营权和土地经营权；（四）宅基地使用权；（五）海域使用权；（六）正在建造的建筑物；（七）法律、行政法规未禁止抵押的其他财产。”“抵押人可以将前款所列财产一并抵押。”

② 参见王利明：《合同法研究》（第3卷），中国人民大学出版社2012年版，第296页；徐澜波：《“买卖不破租赁”规则的立法技术分析》，载《法学》2008年第3期。

大，将其适用的标的物局限于不动产，同时，明定不动产租赁权的公示方法为登记，登记的效力为对抗第三人。应予注意的是，本条就第三人的范围，未加“善意”的限定，以此增加不动产租赁权登记效力的确定性，并防免“善意”这一主观要素判断上的困难所带来的商事活动的不确定性。

所有权保留交易中的物权变动与权利冲突

所有权保留交易中，在与动产标的物所有权转移相关的合同条款所附生效条件成就前，出卖人向买受人进行的标的物交付行为，并不具有转移标的物所有权的意义。买受人在取得标的物所有权之前，就标的物为第三人设定抵押权的，准用物权法关于所有权善意取得的规定。

一、据以研究的案例[①]

（一）案例简介

2007年1月16日，中国长江航运集团红光港机厂（以下简称“红光港机厂”）与广州市穗林码头经营有限公司（以下简称“穗林码头公司”）签订一份《买卖合同》（合同编号：红厂销字［2007］—05号），约定：穗林码头公司以总金额1140万元向红光港机厂购买两台MQ4528门座起重机。其中设备的设计、制造、安装、调试等费用为1060万元，运输费用为80万元，运输采用江海联运方式由卖方代办，费用由卖方代垫。双方同意合同条款、技术规格书、有关合同补充条款的附件为本合同不可分割部分。

2007年9月10日，红光港机厂将合同约定的设备交由穗林码头公司使用，但设备存在一些需要整改的项目，设备没有验收。2007年11月24日，

① 广东省广州市中级人民法院〔2010〕穗中法民二终字第159号民事判决书。

红光港机厂、穗林码头公司达成《设备代管备忘录》，约定由于设备需要一段时间整改完善后才能交接验收，设备暂由穗林码头公司代管使用，代管期间穗林码头公司应按设备的使用维护要求进行使用，红光港机厂应尽快整改完毕，办理正式验收。穗林码头公司在合同签订后，仅向红光港机厂支付222万元，此后未向红光港机厂支付任何款项，经双方最后一次对账，穗林码头公司确认在截止至2008年12月31日止，尚欠红光港机厂货款918万元未付。在诉讼中，穗林码头公司工作人员陈述设备已整改完毕，已符合合同标准，但双方没有进行验收。穗林码头公司一直在使用设备。

2008年12月，穗林码头公司向大华银行（中国）有限公司广州分行借款，并向大华银行提供了28台机器设备作为抵押担保，并办理了动产抵押登记，设备中包含了本案的两台MQ4528门座起重机。穗林码头公司的法定代表人郭泽铭于2009年3月下落不明导致公司经营陷入混乱，员工因欠薪问题出现不稳定情况，码头的出租方广东省鱼珠林产集团有限公司现暂时接管了公司，并应政府要求垫付了工人的基本生活费。一审法院在2009年3月31日查封了涉案的两台MQ4528门座起重机。此前，广州市中级人民法院也在2009年3月27日先行查封了这两台起重机。在大华银行（中国）有限公司广州分行起诉穗林码头公司一案中，经广州市中院主持调解，该案的双方当事人达成调解协议，协议确认大华银行对包括本案争议标的物在内28台机器设备享有抵押权，可以优先受偿。

（二）主要分歧与争议观点

在本案中，案涉两台MQ4528门座起重机的所有权是否发生转移？双方所有权保留买卖的标的物在交付后被买受人未他人设定抵押权的，出卖人保留的所有权是否可以对抗第三人的抵押权？对此，存在不同观点。

第一种观点认为，红光港机厂与穗林码头公司签订的《买卖合同》是双方当事人真实意思表示，不违反国家法律法规强制性规定，依法予以确认。红光港机厂已依约向穗林码头公司交付设备，虽设备至今没有办理验收，但根据穗林码头公司工作人员的陈述，可以证实设备经整改后已达到合同要求，穗林码头公司已实际使用了设备，因此可以确认红光港机厂已按约交付了符合合同标准的设备。因穗林码头公司没有依约支付货款，红光港机厂可依《合同法》第 167 条的规定行使合同解除权，请求穗林码头公司返还设备。但穗林码头公司已将案涉设备抵押给大华银行，在买卖合同中没有特别约定诸如价款付清后所有权才转移的情况下，红光港机厂对穗林码头公司享有的权利只是普通债权，案涉设备交付后，所有权已转移给穗林码头公司。穗林码头公司已在案涉设备上设定了抵押，并办理了抵押物登记。由于动产抵押权的法律性质属于物权，按照物权优先于债权的法律原则，本案红光港机厂也不可能越过抵押权人优先取回设备。

第二种观点认为，我国《物权法》关于动产物权的变动，系采用意思主义与交付相结合的立法模式，动产物权设立和转让，一要有当事人之间的债权合意，二要进行交付。在转移占有的情况下，物权是否发生变动，主要取决当事人之间的债权合意的内容，如当事人合意的内容为所有权保留，则虽有占有转移的事实，也不发生物权变动的效果。红光港机厂与穗林码头公司签署的《设备代管备忘录》，约定设备在验收交接前，暂时交由穗林码头公司代管使用。该备忘录无论是从字面还是从实质上都清楚无误的表明了双方当事人的真实意思，即设备在验收交接前所有权不发生变动，惟其如此，才有代管一说。因此虽然存在设备转移占有的事实，但所有权并未发生变动。由于两台设备所有权仍属于红光港机厂，而红光港机厂并未参与抵押关系中作为抵押人，也未表示同意以这两台设备为穗林码头公司的债务提供担保，穗林码头公司在对两台设备无处分权的情况下，以其作为担保财产，所设定的抵押应当认定为无效。

（三）法院裁判观点

二审法院认为，本案的争议焦点在于被上诉人是否应向上诉人返还涉案的两台起重机。依照法律规定，合同解除后，已经履行的，当事人可以根据履行情况和合同性质，要求恢复原状、采取其他补救措施，并有权要求赔偿损失。本案中，上诉人诉请要求被上诉人返还涉案设备即属于恢复原状，但因为在本案中，上诉人将涉案的设备交付给被上诉人后，被上诉人已将涉案的两台设备设定了抵押，并办理了抵押物登记，涉案的两台设备已不具备返还的客观条件，在此情形下，原审法院驳回上诉人要求返还涉案两台设备的诉请，并无不当，本院予以维持。因涉案设备已不能向上诉人返还，那么上诉人的该项损失仅限于设备货款，所以上诉人要求被上诉人向其支付设备使用费以及运输费用，没有事实依据，本院不予支持。

二、所有权保留及其性质

所有权保留，是伴随着信用经济的兴起而产生和发展的一项非典型担保制度。在此制度之下，买受人依买卖合同先占有、使用标的物，但在双方当事人约定的特定条件（通常是价款的一部或全部清偿）成就之前，出卖人仍然保留标的物所有权，待条件成就后，再将所有权转移给买受人。[①] 在这里，出卖人以其保留的所有权而获得充分的保护，买受人在价金没有（足额）支付的情况下获得对物的用益，其实质是出卖人以其保留的所有权为其价金债权或其他权利的实现提供担保，从而以制度设计的内在合理性为契机，一经运用，即发挥了巨大的信用供给功能，[②] 为现代大陆法系和英美法系国家所明文规定。

与典型担保相比，所有权保留不是在他人之物上为债权人的权利实现所提供的担保，而是在自己之物上为自己权利的实现所提供的担保。因此，与典型担保的定限物权之构成不同的是，所有权保留是权利本身移转之构成。[③] 同时，典型担保是一种变价权，仅得于实现条件成就时就担保物的变价款优先受偿，严格禁止当事人在合同条款中约定流质条款，但所有权保留买卖交易并不受此种限制，有买卖双方自行约定。所有权保留与让与担保制度共同组成非典型担保的两种主要形式，虽在法律构造和规则内容与典型担保上存在一些区别，但它却是交易实践的精巧安排，使得非典型担保在资金融通市场上具有独特的功用。

我国《合同法》第 134 条明文规定："当事人可以在买卖合同中约定买受人未履行支付价款或者其他义务的，标的物的所有权属于出卖人。"所有权保留买卖交易在我国法上得以确立。从这一规定中，大抵可以看出我国所

① 参见王泽鉴：《附条件买卖买受人的期待权》，载氏著：《民法学说与判例研究》（第 1 册），中国政法大学出版社 2003 年版，第 159 页。

② 参见王轶：《论所有权保留的法律构成》，载《当代法学》2010 年第 2 期，第 21 页。

③ 参见［日］近江幸治：《担保物权法》，祝娅等译，法律出版社 2000 年版，第 7 页。

有权保留买卖交易的基本内容：

第一，虽然我国《合同法》上并没有将所有权保留的客体限定为动产，但依《最高人民法院关于审理买卖合同纠纷案件适用法律问题的解释》（以下简称《买卖合同解释》）的规定，[①] 所有权保留买卖不能以不动产为标的物。其主要理由在于：我国法上不动产物权变动模式已经比较好地衡平了出卖人和买受人的利益，在价款未足额清偿之前，不办理移转所有权的登记，出卖人仍享有所有权，买受人可以借助于预告登记来保护自己取得所有权的期待利益；同时，出卖人也可以在移转不动产所有权于买受人之时在其上设定抵押权，完全可以达到所有权保留的效果。[②]

第二，出卖人应依约定将标的物的占有移转予买受人，但在买受人未依约定履行支付价款或其他义务时，可以拒绝向买受人移转标的物的所有权，并可基于所有权向买受人主张取回标的物。[③] 出卖人行使取回权是基于所有权人的地位而重新恢复其对标的物的占有，在性质上属于物上请求权。出卖人取回标的物的目的在于保全价金债权，而不在于对标的物的使用、收益。

第三，在买受人清偿全部价款或其他义务之前，买受人享有占有标的物的权利，并为有权占有。买受人可自由使用标的物，并从中获益。但是，双方对标的物的使用、收益有特别约定的，买受人应当依其约定。此时，出卖人不得请求返回占有物。只有在买受人未依约定履行支付价款或其他义务时，其占有即变为无权占有。

关于出卖人保留之所有权的性质，学界主要从所有权的移转与债的担保两个视角而展开分析。

从所有权移转的角度观察，有以下两种观点：第一，附停止条件移转说，主张出卖人的保留所有权是一种附停止条件的所有权移转，标的物虽已

---

① 第 34 条规定：“买卖合同当事人主张合同法第一百三十四条关于标的物所有权保留的规定适用于不动产的，人民法院不予支持。”

② 参见最高人民法院民事审判第二庭编著：《最高人民法院关于买卖合同司法解释理解与适用》，人民法院出版社 2012 年版，第 526 页。

③ 《买卖合同解释》第 35 条进一步指出：“当事人约定所有权保留，在标的物所有权转移前，买受人有下列情形之一，对出卖人造成损害，出卖人主张取回标的物的，人民法院应予支持：（一）未按约定支付价款的；（二）未按约定完成特定条件的；（三）将标的物出卖、出质或者作出其他不当处分的。取回的标的物价值显著减少，出卖人要求买受人赔偿损失的，人民法院应予支持。”

先移转予买受人占有、使用，但其所有权是否移转或消灭，则取决于当事人所约定之条件成就与否。① 第二，部分所有权移转说，主张出卖人将标的物交付给买受人的同时，所有权的一部也随之移转于买受人，于是形成出卖人与买受人共有一物的所有权形态，这种部分性的所有权是随着各期价金的给付而逐渐移转于买受人的。②

从债的担保角度观察，有以下几种观点：第一，特殊质押关系说，主张出卖人所保留的所有权在性质上与质权相同，买受人因标的物的交付而取得所有权，出卖人所取得的是不占有标的物，附有流质契约的质权，并藉此以担保未获清偿之价金债权。③ 第二，担保物权说，主张出卖人以延迟移转标的物的所有权为手段，担保其全部价金的清偿，此时出卖人手中的所有权，就成为其实现其价金请求权这一债权的担保物权。④ 所有权保留实质上是担保权的保留，而担保权则是设定在标的物上以担保价款或义务履行的权益。出卖人保留标的物的所有权，就是在其出卖的标的物上设定担保权。⑤ 第三，担保性财产托管说，认为所有权保留实质上是一种担保性财产托管的适用方式。出卖人此时只享有一定条件下请求买受人返还标的物的权利，标的物所有权的其他权能完全由买受人行使。⑥

上述分析在一定程度上和限度内均具合理性。其中，从所有权移转角度的分析侧重于所有权保留买卖中的物权变动，以“附停止条件移转说”为通说，“部分所有权移转说”因与所有权的整体性有违而成少数说；从债的担保角度的考察侧重于所有权保留买卖的经济目的和实质，以“担保物权说”为通说，它从所有权保留制度的目的出发，在承认出卖人享有所有权的基础上，认为所有权保留是担保价金债权清偿的担保手段，并以标的物本身作为

---

① 王泽鉴：《附条件买卖买受人的期待权》，载氏著：《民法学说与判例研究》（第 1 册），中国政法大学出版社 2003 年版，第 133 页。

② 参见刘得宽：《民法诸问题与新展望》，中国政法大学出版社 2002 年版，第 6 ～ 7 页。

③ 参见王泽鉴：《附条件买卖买受人的期待权》，载氏著：《民法学说与判例研究》（第 1 册），中国政法大学出版社 2003 年版，第 159 页。

④ 参见孙宪忠：《德国当代物权法》，法律出版社 1997 年版，第 345 页。

⑤ 参见余能斌、侯向磊：《保留所有权买卖比较研究》，载《法学研究》2000 年第 5 期，第 74 页。

⑥ 参见尹田：《法国物权法》，法律出版社 1998 年版，第 332 页。

担保物，当买受人违约时，出卖人可以凭借所保留的所有权行使取回权，并可再出卖，从再出卖的价金中优先受偿，以实现担保目的。但依体系解释，所有权保留买卖中的“所有权”亦是完全物权，在这里却仅具担保作用，与物权法定主义有违。

三、所有权保留交易中的物权变动

本案中，红光港机厂与穗林码头公司虽然在《买卖合同》中没有保留所有权约定，但在《设备代管备忘录》中约定设备在验收交接之前，暂时由买受人穗林码头公司代管使用。其义自明：设备在验收交接之前所有权仍然属于红光港机厂。本案关涉所有权保留，自无疑问。但这一约定对于案涉设备的所有权转移有何影响？

根据我国《物权法》第 23 条的规定：“动产物权的设立和转让，自交付时发生效力，但法律另有规定的除外。”由此可见，动产物权自交付时起设立和转让，但《物权法》第 25 条、第 26 条以及第 27 条确认的简易交付、指示交付以及占有改定等三种替代交付方式除外。[①] 这里排除了当事人就物权变动的时点做出相反约定。而在所有权保留交易中，正好是当事人就物权变动的时点另有约定：“买受人未履行支付价款或者其他义务的，标的物的所有权属于出卖人”，也就是说，标的物所有权自买受人履行支付价款或其他义务时才发生转移。《物权法》第 23 条的规定似乎也就排除了所有权保留制度的存在可能性。[②]

就此，有学者精辟地分析道：“尽管在一般情况下，买卖合同中动产标的物现实交付或拟制交付行为的完成，就伴随着标的物所有权的转移。但当事人完全可以基于自身的特殊需作出特别的约定。所有权保留约款即是当事人特别约定的一种类型。基于当事人之间的约定，尽管出卖人已将标的物交

① 《物权法》第 23 条所谓“法律另有规定”，主要是指《物权法》规定的这三种方式，参见王轶：《论所有权保留的法律构成》，载《当代法学》2010 年第 2 期，第 23 页。也有学者认为，这里的“法律”还包括《合同法》第 134 条，参见韩强：《论动产物权变动规则的“约定例外”》，载《政治与法律》2009 年第 6 期，第 47 页。

② 参见田士永：《物权行为理论研究》，中国政法大学出版社 2002 年版，第 168～171 页。

付给买受人，但在买受人支付完毕合同价款或履行完毕其他合同义务之前，标的物的所有权不发生转移。这样的约定，就意味着出卖人在买受人支付完毕合同价款或履行完毕其他合同义务之前，基于买卖合同向买受人进行的标的物的现实交付，并非是在履行转移标的物所有权的义务，而是服务于买受人对于标的物直接占有、提前使用的需要。标的物所有权在双方当事人约定的特定条件满足时，方发生转移。在《物权法》认可替代交付方式的背景下，由于买受人已提前取得标的物的直接占有，这时，标的物所有权的转移只需借助简易交付的方式即可完成。”①

这一论证值得赞同。我国采行债权形式主义的物权变动模式，双方就所有权移转所附生效条件仅仅只影响到物权变动，对双方的买卖合同的效力并不发生影响。所有权保留的法律构成体现为：所有权保留买卖中，除与动产标的物所有权转移相关的合同条款附有生效条件外，其他条款自依法成立时生效。在与动产标的物所有权转移相关的合同条款所附生效条件成就前，出卖人向买受人进行的标的物交付行为，并非履行其转移标的物所有权于买受人的合同义务；一旦该生效条件成就，买受人即可基于简易交付取得标的物的所有权。② 准此，本案当时约定以“验收交接”为移转所有权的生效条件，在“验收交接”之前，所有权仍然归属于红光港机厂。

四、所有权保留买卖中的权利冲突及其解决

如本案所示，所有权保留买卖中，标的物之上出现了出卖人红光港机厂的所有权和第三人大华银行的抵押权的竞存，两者之间的优先顺位如何判断？这里，首先要分析的是，就出卖人保留所有权之物，买受人为第三人设定抵押权，第三人是否可依善意取得制度取得抵押权。在认定第三人的抵押权已然设定的情况下，才进而又讨论所有权和抵押权竞存时的优先顺位问题。

所有权保留交易中，标的物实际由买受人占有，虽然标的物的所有权属

① 王轶：《论所有权保留的法律构成》，载《当代法学》2010年第2期，第23页。

② 参见王轶：《论所有权保留的法律构成》，载《当代法学》2010年第2期，第21页。

于出卖人，但买受人占有标的物的事实却不能告诉人们出卖人才是标的物的所有权人。这种权利的外观表象与标的物的实际权属状态不符，极容易诱发双方当事人及第三人之间的权利冲突，也给第三人善意取得物权提供了前提。

我国《物权法》第106条第3款规定："当事人善意取得其他物权的，参照前两款规定。"这一准用条款清晰地表明了抵押权的善意取得参照该条第1款的规定，而第1款规定的要件包括："受让人受让该不动产或者动产时是善意的""以合理的价格转让""转让的不动产或者动产依照法律规定应当登记的已经登记，不需要登记的已经交付给受让人"。但这些要件如何准用于动产抵押权的善意取得不无疑问。首先，抵押权人在设定抵押权时不知道买受人无权处分。在所有权保留买卖中，买受人在履行支付价款或其他义务之前，仅得占有、使用标的物，并可从中取得收益，但并无处分标的物的权利，至此，买受人构成无权处分，可堪确认。对于动产，第三人只能根据其占有事实来判断其归属，占有的移转即推定适法权利的移转。抵押权人接受买受人提供的其并不享有处分权的标的物设定抵押权时，仅能依标的物的占有来推断买受人是否有处分权，这是占有公信力的必然。只要抵押权人不知道买受人没有处分权，其善意均可堪确认。其次，抵押权人无需为设定抵押支付"合理的价格"，担保本身的无偿性①决定了抵押权与所有权的善意取得要件在此点上的不一致。"以合理的价格转让"是基于有偿转让的所有权善意取得的要件，但无法适应于以无偿为特征的抵押权设定。最后，关于动产抵押权的善意取得是否需以登记为要件，依《物权法》第106条第1款第3项的文义，只有"法律规定应当登记的"才需登记，但就动产抵押权的设定，我国《物权法》上采取登记对抗主义，并未规定"应当登记"。② 但依该项后段"不需要登记的已经交付给受让人"，不登记就得交付，但动产抵押权又不能交付标的物，余下就仅有登记一途了。就本案而言，由于穗林码头公司购买并占有案涉设备，大华银行基于对占有公信力的信赖，有理由相信

---

① 关于担保无偿性的争议与讨论参见高圣平：《担保法论》，法律出版社2009年版，第87页。

② 《物权法》第188条规定："以本法第一百八十条第一款第四项、第六项规定的财产或者第五项规定的正在建造的船舶、航空器抵押的，抵押权自抵押合同生效时设立；未经登记，不得对抗善意第三人。"

穗林码头公司即为案涉设备的有权处分人，大华银行与穗林码头公司签订了抵押合同，且双方已办理了抵押登记，大华银行对案涉设备的抵押权符合善意取得的构成要件，应受法律保护。

至于出卖人的所有权与第三人的抵押权之间的冲突，虽然我国法上并无明文规定，但依抵押权的对抗效力即可解决上述问题。在登记对抗主义之下，已经登记的动产抵押权可以对抗标的物上的其他物权负担，包括所有权。但这里尚需证成的是，除了法定优先的权利之外，动产之上的竞存物权依其取得对抗效力的先后定其优先顺位，① 那么，出卖人的所有权设定在先，所有权的绝对性决定了它足以对抗所有人，第三人的抵押权设定在后，即使登记了，也只能对抗在其后设定的具有对抗力的物权，为何要使第三人的抵押权优先于出卖人的所有权？这恐怕只能从所有权保留交易所保留的所有权的性质去寻找答案。正如前述，所有权保留交易中的所有权仅具担保作用，在解释上自不能赋予其完全的权能和效力。所有权保留是以合同对物权所做的安排，占有标的物本身缺乏公示性，所有权保留约定在效力范围上也就仅具有相对的法律效力，出卖人并不能以其保留的所有权对抗第三人。也就是说，买受人在未履行支付价款或其他义务时，出卖人对标的物享有所有权，但这一约定仅对买卖双方具有法律效力，买卖双方并不得对第三人主张该约定具有法律效力。在涉及第三人利益时，出卖人也就不能以其与买受人之间关于所有权保留的约定对抗第三人。本案中，红光港机厂也就不能以其保留的所有权对抗第三人大华银行的抵押权了。

五、小结

所有权保留是以所有权作担保的交易形态，与让与担保、融资租赁等一起共同构成了所谓“所有权担保”（Title Finance）。我国法在物权法定的框架下，维系了所有权本身内容和效力的完整性，但却忽略了所有权在这几类交易中的真正目的。《买卖合同解释》虽然用 4 条规定了所有权保留，但却以 3 条的篇幅规定出卖人所有权的当然效力，司法解释中并未回答所有权保

① 参见高圣平：《动产担保交易制度比较研究》，中国人民大学出版社 2008 年版，第 363 页以下。

留交易中的权利冲突及其处理，给以后的司法实践同样留下了很多疑问。诸如所有权保留交易中，出卖人是否可以直接依 2012 年《民事诉讼法》第七节“实现担保物权案件”的规定向人民法院申请许可拍卖、变卖标的物的裁定？在固守所有权完整性之下，答案应是否定的；但如果认可此时所有权的担保性质，则应将“实现担保物权案件”作扩大解释，包括实现所有权保留交易中的所有权在内。不过，这些仰赖于物权法司法解释、民事诉讼法司法解释中去明确。

动产让与担保的立法论[①]

经由实践、学说、判例发展起来的动产让与担保制度，在我国信贷实践中得到了广泛的采用，裁判实践就相关纠纷并未形成相对一致的解释结论，其隐蔽性、与实定法上物权法定原则和禁止流质契约规定的冲突、实行时可能损及债务人的利益等弊端，已广受诟病。为使让与担保在金融担保交易实践中发挥正面作用，矫正让与担保制度及其实施效果的偏差，应当在本次中国民法典编纂之际，将其成文化，明定让与担保权的法律构成和公示方法。动产抵押和动产让与担保各有其法律构成、实行方法等制度特点，两者之间可以并存，在中国民法典中可以同时规定这两种制度。在登记已经作为动产抵押权的公示方法的前提之下，动产让与担保的公示方法亦应选择登记。声明登记制之下，登记的内容较少，采行登记公示不会过分暴露当事人的经济状况，同时可起到公示的作用。在登记系统电子化改造之后，登记成本亦在可控范围，不会增加担保交易的总体成本。动产让与担保权的实行方法应由当事人约定，未作约定或约定不明的，应采行归属清算的方法。

在过去二十余年里，构建完善的动产担保交易制度一直是各国际组织倡导法制改革的焦点之一，[②] 举凡联合国国际贸易法委员会、国际统一私法协

① 本文原载《中外法学》2017 年第 5 期，发表时有删节。

② See Alejandro Alvarez de la Campa，Santiago Croci Downes and Betina Tirelli Hennig，*Making Security Interests Public*：*Registration Mechanisms in* 35 *Jurisdictions*，New York：World Bank and International Finance Corporation，2012，p. 2.

会、美洲间国家组织、欧洲复兴开发银行等等，[①] 莫不例外。伴随着金融交易市场的发展，物权法定主义之下的定限物权担保模式已经无法满足实践的需求，在定限担保物权之外，移转标的权利的担保模式渐受重视，于是出现了权利移转型担保（title finance）。由此，形成了物的担保的两种形态："为担保而转移作为标的权利自身"和"为担保而设立结构特殊的限制物权"，[②] 并表现为定限担保和所有权担保[③]两种不同的法律构成。所有权担保形式包括让与担保、所有权保留、融资租赁等，学说上又将之称为非典型担保。[④] 在我国实定法上，所有权保留和融资租赁交易已在《合同法》中得以确立，让与担保交易虽未见明文，但实务中已经广泛采用。值此中国民法典物权法编编纂工作启动之际，本文拟就立法中动产让与担保争议问题展开讨论。

一、动产让与担保可否法典化

让与担保是指债务人或第三人为担保债务的履行，将担保物的所有权移转予担保权人，债务清偿后，担保物应返还予债务人或第三人；债务不获清偿时，担保权人得就该担保物优先受偿的一种担保形式。[⑤] 近世以来，基于融资的需要，所有权转变为观念性的利用权，[⑥] 亦即资本化，其和各种债权契约相结合而发挥其重要作用。[⑦] 此际，所有权的债权化（担保化）至为明显，让与担保之产生，亦属当然。就作为定限物权的动产抵押权和作为权利

---

① 动产担保交易制度的国际化，参见高圣平：《动产担保交易制度比较研究》，中国人民大学出版社 2008 年版，第 130 页以下。

② 参见［日］我妻栄：《新訂担保物權法（民法講義Ⅲ）》，岩波書店 1968 年版，第 7～9 页。

③ 严格来讲，权利移转型担保所移转的权利并不限于所有权，例如移转债权、知识产权以为担保，同样亦属权利移转型担保。本文以下为分析方便，将权利移转型担保局限于所有权移转型担保（简称所有权担保）。特此叙明。

④ 参见［德］鲍尔、施蒂尔纳：《德国物权法》（下册），申卫星、王洪亮译，法律出版社 2006 年版，第 582 页；［日］近江幸治：《民法講義Ⅲ担保物権（第 2 版補訂）》，成文堂 2014 年版，第 8～9 页。

⑤ 参见王利明：《物权法研究》，中国人民大学出版社 2013 年版，第 1270 页；王闯：《让与担保法律制度研究》，法律出版社 2000 年版，第 20 页；郭明瑞：《担保法》，法律出版社 2000 年版，第 254 页；黄宗乐：《现代物权法之原理及发展——以台湾法为例》，载《辅仁法学》1986 年第 15 期，第 181 页。

⑥ 参见史尚宽：《民刑法论丛》，作者 1973 年自版，第 96 页。

⑦ 参见［日］我妻栄：《近代法における債権の優越的地位》，有斐閣 1997 年版，第 9 页。

移转型担保的动产让与担保而言，债权人取得的权利在两者之间并无多大差异。就前者而言，虽在解释上担保权人并未取得标的物的所有权，但就标的物交换价值的支配使得担保权人成为标的物担保价值（货币价值、资本价值）的专有者，担保权人实际上即取得“资本所有权”；[①] 就后者而言，债权人虽然取得标的物的所有权，但标的物仍然由设定人占有、使用，债权人并不得为担保之外的处分，此际，债权人所取得的仍然也是“资本所有权”。准此，两者之间仅仅在于法律上的表现形式。

考诸担保权的发展轨迹可见，移转标的物所有权实为物上担保的原初形态，[②] 经由不移转标的物所有权仅移转占有的占有质（质押），演变至标的物的所有权和占有均不移转的不占有质（抵押）。[③] 在近代法典化进程中，大多数国家均未将这种所有权担保方式作为典型担保物权。比较法上所见的让与担保，多是实践、判例、学说共同作用的产物。[④] 我国物权立法过程中，学术界就让与担保的成文化问题展开了激烈的讨论。虽然曾经有将让与担保为纳入担保物权法体系的动议，《民法（草案）》（2002 年 12 月）中甚至就让与担保专章作了规定（物权编第 26 章），但最终否定观点占据了主流，我国《物权法》亦未将让与担保法典化。不过，在该法通过后，让与担保的司法实践不断展开，学说争议不断。

我国司法实践中大多将以移转动产所有权的形式担保债务履行的情形称之为“让与担保”，并明确其为“非典型担保方式”或“非典型的物的担保——所有权担保”。至于其效力，主要有以下几种模式：其一，让与担保约定有效，其主要理由在于：法律上并未对这类担保的效力作出规定，不违反

---

① 参见［日］我妻栄：《近代法における債権の優越的地位》，有斐閣 1997 年版，第 85 页。

② 参见［英］巴里·尼古拉斯：《罗马法概论》，黄风译，法律出版社 2000 年版，第 159 页。

③ 参见谢在全：《民法物权论》，中国政法大学出版社 2011 年版，第 1102 页。

④ See Study Group on a European Civil Code, Research Group on EC Private Law (Acquis Group), *Principles, Definitions and Model Rules of European Private Law: Draft Common Frame of Reference* (DCFR), *Full Edition*, *Volume* 6. Munich: sellier. european law publishers GmbH, 2009, pp. 5391－5392; United Nations Commission on International Trade Law, *UNCITRAL Legislative Guide on Secured Transactions*, United Nations, 2010, pp. 51－52. 另参见徐同远：《担保物权论：体系构成与范畴变迁》，中国法制出版社 2012 年版，第 186 页；［日］内田貴：《民法Ⅲ債権総論·担保物権》，東京大学出版会 2015 年版，第 521 页。

法律及行政法规的禁止性规定。[①]“这是一种集担保性和让与性于一身的行为，属于特殊担保类型，并未违反法律强制性规定，不抵触物权法定原则，此种担保条款并非流质条款，应合法有效。”[②] 第二，让与担保约定无效，其主要理由在于：“我国法律只承认所有权保留作为非典型担保方式，并不承认让与担保，让与担保违反了物权法定的原则，应当认定无效。”[③]“让与担保合同关系，违反了物权法定原则和流抵（押）禁止原则，应认定为无效”。[④] 第三，让与担保约定不生物权效力，因为让与担保所导致的物权变动不符合法律规定，导致物权不能设立，债权人依据让与担保享有的动产所有权处于不确定状态。[⑤]

学说上反对动产让与担保成文化的理由主要有以下几点：其一，让与担保属虚伪表示。动产让与担保设立之时，设定人将标的物的所有权移转于债权人仅仅只是形式，实质上双方并没有移转标的物所有权的意思，因此，让与担保属于当事人通谋而为虚伪移转所有权的意思表示。[⑥] 其二，让与担保系脱法行为。动产让与担保依占有改定而设定，在外部无公示方法可予以认识，掩盖了当事人间的财产关系，并造成设定人信用可靠的假象，[⑦] 有规避物权公示原则等物权法既定制度之嫌。[⑧]同时，让与担保实际上是一种变相

---

① 最高人民法院〔1999〕经终字第 496 号民事判决书；浙江省宁波市中级人民法院〔2016〕浙 02 民终 218 号民事裁定书等。

② 浙江省象山县人民法院〔2015〕甬象商初字第 1004 号民事判决书。

③ 江苏省盐城市盐都区人民法院〔2014〕都大民初字第 0308 号民事判决书。类似判决还有：江苏省南通市崇川区人民法院〔2014〕崇民初字第 1335 号民事判决书；河北省邯郸市中级人民法院〔2015〕邯市民一终字第 00737 号民事判决书；江苏省南通市崇川区人民法院〔2015〕崇民初字第 00824 号民事判决书；江苏省南通市中级人民法院〔2016〕苏 06 民终 467 号民事判决书等等。

④ 江苏省苏州市中级人民法院〔2014〕苏中民终字第 04464 号民事判决书。

⑤ 湖北省宜昌市葛洲坝人民法院〔2015〕鄂葛洲坝民初字第 00406 号民事判决书等。

⑥ 参见王利明：《抵押权若干问题的探讨》，载《法学》2000 年第 11 期；

⑦ 参见［德］赖纳·施罗德：《德国物权法的沿革与功能》，张双根译，载《法学家》2000 年第2 期。

⑧ 参见薛启明：《中国法语境下的动产让与担保体系定位与功能反思》，载《法学论坛》2016 年第 2 期。

的流质（抵）契约，[①]有违实定法上禁止流质契约的规定。[②] 其三，让与担保的承认构成体系冲突。在担保物权定位于定限物权的情况下，插入一个“完全所有权”性质的让与担保制度，破坏了物权法体系的完整性，与物权的公示性、种类强制、特殊性、抽象性相矛盾，也使得该担保制度与其他担保物权制度在逻辑上难以协调。[③] 其四，既无比较法的先例，也无实践需求。在比较法上，让与担保制度是弥补民法典不承认非移转占有型动产担保物权（动产抵押）之法律续造，[④]“作为商业实践中产生出来的一种非典型的、灵活变通的特殊担保制度”，“没有一个国家将它规定在制定法的典型担保制度中”。[⑤] 同时，“让与担保是在特定历史条件下为了解决特定的问题而产生的一种法律制度，由于在我国并不存在这一特殊的社会问题，因此也无需创设或引进为解决这一问题而演化出来的制度。”[⑥]“从客观的立法需求来看，无论是动产还是不动产，实践中并没有产生对一般意义上的让与担保制度的立法需求。”[⑦] 总之，让与担保具有形式与目的相背离的特性，且缺乏有效的公示方法，易发生信用风险；所有权直接归属的实现方式，易发生道德风险，[⑧]不宜在立法上加以承认。

本书作者认为，在丰富动产担保方式的大背景之下，应当将动产让与担

---

① 我国《物权法》第 186 条、第 211 条分别规定了在抵押和质押关系中，担保权人在债务履行期届满前，不得与担保人约定债务人不履行到期债务时担保财产归债权人所有，学说上多分别称之为流抵（押）契约、流质契约。以下为论述方便，迳称流质契约。

② 参见全国人民代表大会常务委员会法制工作委员会民法室：《物权法立法背景与观点全集》，法律出版社 2007 年版，第 649 页；王利明：《抵押权若干问题的探讨》，载《法学》2000 年第 11 期；孟祥沛：《论中国式按揭》，载《政治与法律》2013 年第 5 期。

③ 参见胡绪雨：《让与担保制度的存在与发展——兼译我国物权法是否应当确认让与担保制度》，载《法学杂志》2006 年第 4 期。

④ 参见［德］鲍尔、施蒂尔纳：《德国物权法》（下册），申卫星、王洪亮译，法律出版社 2006 年版，第 583 页以下；［日］我妻荣：《新訂担保物權法（民法講義Ⅲ）》，岩波書店 1968 年版，第 571 页；Christian von Bar and Eric Clive（eds），*Principles，Definitions and Model Rules of European Private Law*，*Volume* 6. Munich：sellier. european law publishers GmbH，2009，p. 5395.

⑤ 王卫国、王坤：《让与担保在我国物权法中的地位》，《现代法学》2004 年第 5 期。

⑥ 石水根、曹亚峰、胡志清：《关于让与担保在我国物权法中地位的思考》，载《法律适用》2006 年第 9 期。

⑦ 王卫国、王坤：《让与担保在我国物权法中的地位》，载《现代法学》2004 年 5 期。

⑧ 参见叶朋：《法国信托法近年来的修改及对我国的启示》，载《安徽大学学报（哲学社会科学版）》2014 年第 1 期。

保成文化，[①] 理由如下：

第一，让与担保当事人以真意进行所有权的让与行为，尽管当事人移转所有权的意思旨在实现担保的经济目的，但该意思确系真正的效果意思，并非欠缺效果意思的通谋虚伪表示。[②] 就后者而言，当事人之间故意为不符真意的表示而隐藏他项法律行为，其意思表示无效，当事人仅能主张隐藏的法律行为，并无援用虚假意思表示的余地。[③] 由此观之，两者迥然不同。在法制史上，让与担保中移转所有权的意思曾因被解读为双方通谋虚伪表示而无效，但此种解释不久便在德国遭到摒弃。德国根据罗马法的信托（fiduzia），借助于信托的法律行为，在学说上解决了让与担保有效性问题。[④]

第二，无论采取所有权构成说和担保权构成说（动产让与担保的法律构成问题，容后详述），让与担保均存在公示不足的问题。学说上试图以占有改定这一间接占有方法解决动产让与担保的公示问题，实务中也多以明认或登记作为公示方法的补充。从比较法来看，日本为了解决动产让与担保权无法进行登记的难题，2004 年通过了《动产·债权让与特例法》，针对一般动产导入了“登记”这一新的公示制度。该法所称的“登记”，有别于不动产登记，并非是为了公示动产之上的所有权以及其他权利，而是为了公示动产让与这一物权变动。[⑤] 在我国实定法之下，登记已经成为动产抵押权的公示方法，动产让与担保的公示完全可以借助动产登记簿加以解决。不过，让与担保在公示方法上的难题，单纯依据解释论无法加以解决，端赖于立法始竟

① 应当注意的是，本书作者此前并不赞成让与担保的成文化，参见高圣平：《美国动产担保交易法与我国动产担保物权立法》，载《法学家》2006 年第 5 期；高圣平：《大陆法系动产担保制度之法外演进对我国物权立法的启示》，载《政治与法律》2006 年第 5 期；载《民法典中担保物权的体系重构》，载《法学杂志》2015 年第 6 期。本文改变了此前的观点，特此叙明。

② 参见谢在全：《民法物权论》，中国政法大学出版社 2011 年版，第 1105 页；[日] 道垣内弘人：《担保物権法（第 3 版）》，有斐閣 2013 年版，第 300～301 页。

③ 我国《民法总则》就此定有明文。其第 146 条规定：“行为人与相对人以虚假的意思表示实施的民事法律行为无效。”（第 1 款）“以虚假的意思表示隐藏的民事法律行为的效力，依照有关法律规定处理。”（第 2 款）

④ 参见谢在全：《民法物权论》，中国政法大学出版社 2011 年版，第 1105 页。

⑤ 但值得注意的是，其仅限于法人让与财产的情形。参见 [日] 内田贵：《民法Ⅰ総則·物権総論》，東京大学出版会 2015 年版，第 464～465 页。

其功。[①]

比较法上，多数学说与判例均认为，禁止流质契约的规定属于普遍性的法律规则，当然适用于让与担保等非典型担保。[②] 但是，课予债权人以清算义务即可避免流质契约广受诟病的问题。[③] 担保权作为价值权，以支配标的物的交换价值为其实质特征，担保权之实行亦以清算标的物为其基本方法。典型担保权如此，如抵押权、质权就标的物变价款优先受偿即包含着清算的意义；让与担保等非典型担保亦应如此。与买卖合同等双务契约只强调主观等价并不存在清算制度不同，让与担保虽以移转所有权为其形式，但实质意思是担保，这决定了让与担保的实现应强调给付均衡，须受清算法理的支配，以免发生恃强凌弱的情事，从而维护契约正义。

第三，大陆法系物权体系的形式理性和法典的内在逻辑一致性确应坚持。有学者认为，让与担保的原理“是基于契约自由的方式，根据所有权的变动，以达到债权担保的经济目的”“让与担保本身并未创设新的物权类型，也未新设物权的内容，与物权法定原则并不冲突。所以，立法者无须为让与担保量身定制一套规则，完全可以根据现行法对其解释”，并进而认为，“让与担保有悖于物权法定原则的认识多半源于误解”。[④]本书作者认为，姑且不论让与担保是否与禁止流质契约的规定相冲突，并进而是否有违物权法定原则，此见至少并未说明让与担保让与之“所有权”，为何“不超过担保目的的范围”。亦即，此时的“所有权”缘何与所有权的法定内容不一致？“用于担保的转移所有权的外部手段显然已经超越了它的目的……（传统物权的）经典的体系有其内在的逻辑自足性，构成了一个较为完美的统一体。在此基础之上，形成了包括物权法定在内的各种原则，具有较强的稳定性和连续性。而让与担保的产生却破坏了这种稳定性，对物权法定原则构成了冲击。”

---

① 参见王泽鉴：《“动产担保交易法”30年》，载氏著：《民法学说与判例研究》（重排合订本），北京大学出版社2015年版，第1497页。

② 参见［德］鲍尔、施蒂尔纳：《德国物权法》（下册），申卫星、王洪亮译，法律出版社2006年版，第614页。

③ 参见［日］柚木馨、高木多喜男：《担保物権法（第3版）》，有斐閣1982年版，第549页。

④ 庄加园：《“买卖型担保”与流押条款的效力——〈民间借贷规定〉第24条的解读》，载《清华法学》2016年第3期。

[1]由此可见，为了防杜争议及贯彻物权法定主义，宜将让与担保成文化。只有如此，才能使让与担保摆脱违背物权法定主义之嫌。

第四，他国立法例仅仅是我国立法时的参考，不能以他国未就动产让与担保做出成文规定就否定我国让与担保制度的法典化。更何况，法国已经将让与担保植入其民法典之中；[2] 我国澳门地区《澳门商法典》也设专章规定了让与担保；[3] 日本颁布《假登记担保法》对已由判例承认的假登记担保权加以立法调整；韩国也已通过特别法专事规制让与担保。[4] 在欧洲统一私法的进程中，《欧洲示范民法典草案》（DCFR）第 9－1：102 条第 3 款规定："依物权担保合同移转或拟移转动产的所有权，意在担保债务的履行或达到担保债务履行的效果的，仅能在该动产上为受让人设立担保物权"，旨在将动产让与担保纳入动产担保物权，一体适用该法典第九卷的规定。而联合国国际贸易法委员会《动产担保交易立法指南》认为，在法制改革的过程中，基于动产让与担保的制度优势，立法者应明确承认让与担保权的效力，只不过可以采取不同的法政策选择。[5]

第五，实践中，动产让与担保的运用已非少数。例如，信托收据等手段

---

① 王卫国、王坤：《让与担保在我国物权法中的地位》，载《现代法学》2004 年第 5 期。

② 2007 年《信托法案》虽然采用了统一的信托制度体系，却没有对担保信托的特殊规则作出规定。2009 年《关于信托措施的法令》和 2009 年 5 月《关于程序减负以及法律清晰与简化的法律》增补了这一漏洞。《关于信托措施的法令》中增加了"担保信托"的内容，将其放在民法典第四卷《担保》中，其中"动产担保信托"内容编入第四卷第二副编《动产担保》之第四章《以担保名义留置或让与所有权》，"不动产担保信托"内容编入第三副编《不动产担保》之第八章《以担保名义让与所有权》。"动产担保信托"与"不动产担保信托"共同构成担保信托的特殊规则。《关于程序减负以及法律清晰与简化的法律》对《关于信托措施的法令》中若干不合理规定继续进行了完善。参见叶朋：《法国信托法近年来的修改及对我国的启示》，载《安徽大学学报（哲学社会科学版）》2014 年第 1 期。

③ 《澳门商法典》，中国政法大学出版社 1999 年版，第 256～259 页。

④ 日本、韩国让与担保成文化的介绍，参见高圣平：《日本、韩国让与担保制度之比较研究——兼及我国让与担保制度的法典化》，载冯俊主编：《亚洲学术（2008）》，人民出版社 2009 年版，第 315 页以下。

⑤ See United Nations Commission on International Trade Law, *UNCITRAL Legislative Guide on Secured Transactions*, United Nations, 2010, pp. 52－53.

在商业银行国际业务中的广泛运用，[①] 实际上采行的就是民法中让与担保的法理。[②] 面对让与担保纠纷，学说和实务的各种解释都尝试赋予债权人优先受偿权，或者使得这种交易具有担保的机能，但“站在解释论的角度，以上解说完全突破了现行法的担保体系，在并无法律漏洞的前提下擅自造法，不宜获得司法实践的认可”。[③]司法实践就大量动产让与担保纠纷形成统一的解释结论，亟待立法给予回应。“在我国现阶段，确有必要考虑在立法上将让与担保上升为一种法定的担保制度或工具，实现物的担保手段的扩充，满足现实经济生活的需要。”[④]

有学者认为，我国法上欲将让与担保与定限担保物权同质化，在立法技术上还存在一定的障碍，让与担保的诸多制度设计与抵押权、质权和留置权并不相同，在民法典物权法编中规定让与担保并不现实。若以所有权构成理论对待让与担保，最好采取单行法的形式予以规定。[⑤] 本书作者认为，动产让与担保是针对所有动产，是普遍化的制度，并非针对特定动产（如船舶、航空器、机器设备等），为了避免各种担保物权散落于不同法律，似宜规定在民法典之中，且正值中国民法典编纂之际，如能纳入物权法编，不失为一妥当的时机。加之我国立法程序的复杂性，将让与担保单独立法，恐难实现。

值得注意的是，中国民法典合同法编极有可能维系目前我国合同法中所有权保留、融资租赁的规定。果若如此，所有权保留、融资租赁交易中的“所有权”，与动产让与担保一样，实质上也仅起担保作用，皆可被归入到非

① 如《中国银行国际结算业务基本规定》（1997 年 3 月 6 日）第六章“国际结算融资业务”第三节“信托收据”即规定：“信托收据实质上是客户将自己货物的所有权转让给银行的确认书，持有该收据即意味着银行对该货物享有所有权。客户仅为银行的受托人代银行处理该批货物（包括存仓、代购保险、销售等）。客户向我行申请叙办进口押汇时，需向我行出具一份信托收据，将货物的所有权转让给我行，我行凭此将货权凭证交予客户，并代客户付款。”

② 参见薛启明：《中国法语境下的动产让与担保：体系定位与功能反思》，载《法学论坛》2016 年第 2 期。

③ 庄加园：《“买卖型担保”与流押条款的效力——〈民间借贷规定〉第 24 条的解读》，载《清华法学》2016 年第 3 期。

④ 邹海林、常敏：《论我国物权法上的担保物权制度》，载《清华法学》2007 年第 4 期。

⑤ 参见邹海林：《让与担保的价值定位与制度设计》，载刘保玉主编：《担保法疑难问题研究与立法完善》，法律出版社 2006 年版，第 94 页。

典型担保之中。[①] 而且，这些类型的交易同样存在着与同一部法典中所有权的法定内容不一致的问题，皆存在违背物权法定主义之嫌。换言之，法典的形式理性固应坚守，但反映交易现实的功能主义方法亦属重要。只不过，在路径依赖之下，当下中国民法典的编纂拒绝强制性的制度变迁，不拟将所有权保留、融资租赁交易重构为动产担保交易。而动产让与担保作为新设的制度，不存在所谓路径依赖的问题。让与担保的担保权构造渐成主流学说（容后详述），将动产让与担保规定于中国民法典物权法编，使之成为典型担保物权，应为妥适的选择。同时，将让与担保立法化，为其他权利移转型担保的准用或类推适用提供基础，还可解决目前就权利移转型担保无法可依的问题。

二、动产让与担保与动产抵押：并存抑或择其一

在中国民法典物权法编起草讨论的过程中，还存在另外一个争议问题：在坚持动产担保化的法政策选择之下，除了动产质权之外，动产之上设立的非移转占有型担保权如何在法律上得以表达。虽然有学者主张应当借鉴美国经验采取意定动产担保物权法的一元化，以涵盖所有形式的动产担保权，[②]但在类型化上仍然需要考虑动产担保权之下的亚分类，以规制不同类型的动产担保权，在中国民法典编纂目前采取的立法政策之下，鉴于对既有的担保物权体系作革命性的调整不大可能，我们的思路就应转向是否完善动产担保权的类型之上。

动产让与担保和动产抵押两者功能相当，均为规制动产之上的非移转占有型担保物权的制度。就动产让与担保和动产抵押两者之间的取舍，目前学说上存在以下三种观点：

第一，进一步完善动产抵押制度，而不移植动产让与担保制度。大陆法系让与担保制度的产生主要是在其法律制度中缺乏动产抵押制度，但现实生

① 参见［日］内田贵：《民法Ⅲ債権総論・担保物権》，東京大学出版会2015年版，第519～520页。

② 参见董学立：《我国意定动产担保物权法的一元化》，载《法学研究》2014年第6期。

活又迫切需要动产非移转占有型担保的情况下出现的。然而，我国实定法已经承认并规定一般意义上的动产抵押制度，无须再规定动产让与担保制度，[①]“可以说动产的让与担保是动产抵押化的一种形式”。[②]动产让与担保制度与动产抵押制度相比，“并不存在显著的优越性”，不具备“通过立法或司法解释正式承认前者并加以特别规制的有力理由”。[③]就《民法（草案）》中有关让与担保的制度架构而言，其与抵押权、权利质权在性质、功能、公示方法、效力等方面发生重合，不具有与已有的担保物权类型相区别的类别特点，不具有独立的适用价值与适用范围。[④]“两项制度的实行已无高下之分”，“最佳的解决方法是进一步完善我国的动产抵押制度，而不移植动产让与担保”。[⑤]

第二，废除动产抵押制度，以让与担保制度取而代之。动产抵押是动产让与担保的成文化，它与让与担保在功能、设立方法、公示方法和效力等方面完全相同，两者之间没有共存的必要。废除动产抵押制度，使抵押权回归不动产物权的范畴，并以特别法的形式规定动产让与担保制度，可以维系所有权和定限物权构筑的物权体系，消除现行法上不动产抵押权和动产质权采公示生效模式、动产抵押权采公示对抗模式带来的体系冲突，同时也与其他国家和地区的法制经验相合。“从日本和我国台湾地区的动产抵押实践看，动产抵押不仅在适用范围上远不及让与担保，而且实施效果也不理想”，废除动产抵押制度，转而规定动产让与担保，有利于更好地发挥让与担保制度

---

① 参见中国政法大学物权立法课题组：《关于〈民法草案·物权法编〉制定若干问题的意见》，载《政法论坛》2003年第1期；陈信勇、徐继响：《论动产让与担保与动产抵押之雷同——兼评我国民法（草案）对动产让与担保与动产抵押的规定》，载《法学论坛》2004年第4期；张长青、席智国：《让与担保之妥适性研究——我国物权法是否应当确立让与担保制度》，载《政法论坛》2005年第2期；黄芬：《以商品房买卖（合同）设定的担保的法律属性与效力——兼评最高人民法院公报案例“朱某与山西某房地产开发公司商品房买卖合同纠纷案”》，载《河北法学》2015年第10期。

② 姜军、黄文芳：《论动产抵押制度之历史脉络》，载《法学杂志》2010年第9期。

③ 薛启明：《中国法语境下的动产让与担保体系定位与功能反思》，载《法学论坛》2016年第2期。

④ 参见刘保玉：《关于动产抵押权的几个问题——兼及让与担保制度的取舍》，载邹海林主编：《金融担保法的理论与实践》，社会科学文献出版社2004年版，第115～116页。

⑤ 陈信勇、徐继响：《论动产让与担保与动产抵押之雷同——兼评我国民法（草案）对动产让与担保与动产抵押的规定》，载《法学论坛》2004年第4期。

媒介融资的功能。[①]

第三，动产抵押制度与动产让与担保制度可以并存。两者在权利构造上不同，实行机制也不一样，两者之间不具有相互替代性。[②]“让与担保制度有其独立存在的价值，即使保留现行的动产抵押制度，也不妨碍其独立的价值。”[③]让与担保在现代融资中的作用是其他担保制度无法代替的，在其所担保的债权消灭之时，债权人仍保有担保物的所有权，只是负有返还义务；其实现方式可以避免质权及抵押权实现程序的呆板、繁琐，依当事人之意思确定标的物的变价方法，可以估定担保价值。[④]这样，一方面保护了设定人的利益，另一方面也真正体现了担保的实际效用，不至于使债权人面临“权利失效”的尴尬境地。[⑤]在一些特定的交易中，如押租、融资融券等，在动产抵押制度之外，另行规定让与担保制度实有必要。[⑥]这一观点并得到了《民法（草案）》的支持，该草案除了在抵押权中明定动产抵押权之外，专章规定了让与担保。

本书作者赞同第三种观点并重申以下理由：

首先，较之于动产抵押，动产让与担保交易更具多样性和灵活性，可以充分利用动产的金融价值。[⑦]而且，就实行方法而言，动产让与担保亦更为便捷自由。我国《物权法》虽然规定“抵押权人可以与抵押人协议以抵押财产折价或者以拍卖、变卖该抵押财产所得的价款优先受偿”，但将协议实行的条件和时点局限于“债务人不履行到期债务或者发生当事人约定的实现抵

---

① 参见赍寒（陈本寒）：《动产抵押制度的再思考——兼评我国民法（草案）对动产抵押与让与担保之规定》，载《中国法学》2003 年第 2 期。

② 参见曾大鹏：《商事担保立法理念的重塑》，载《法学》2013 年第 3 期。

③ 姜战军：《动产抵押制度质疑——以质疑动产抵押的公示及效力为中心》，载《法律科学（西北政法学院学报）》2005 年第 6 期。

④ 参见史尚宽：《物权法论》，中国政法大学出版社 2000 年版，第 425 页。

⑤ 参见关涛：《作为动产担保方式之一的让与担保》，载《政法论丛》2008 年第 2 期。

⑥ 参见茆荣华、王佳：《论押租》，载《法学》2003 年第 6 期；陈红：《我国证券信用交易风险控制的几个法律问题研究》，载《法商研究》2008 年第 5 期；薛智胜、马淑亚：《我国金融衍生品发展的法律困境解析》，载《法学杂志》2008 年第 4 期；胡毕军、柴艳：《我国融资融券交易的法律问题探析》，载《河北法学》2009 年第 6 期。

⑦ 在解释上，只要具有可让与性的动产均可设定让与担保权。在我国现行法上，集合动产无法作为动产（固定）抵押权的标的，但作为让与担保权的标的并无障碍。同时，引入集合物的概念，更有利于充分发挥担保物的交换价值，其融资金额明显大于分散的动产抵押。

押权的情形”。这种基于事后协议的“私的实行”在动产抵押权的实现条件成就之后不易展开，实践中采行不畅。就“公的实行”而言，虽然我国《民事诉讼法》增设“实现担保物权案件”特别程序，但该程序的展开以当事人之间没有实体权利义务争议为前提，抵押人动辄以主债权数额等存在争议而轻易排除该程序的适用。① 旷日持久的诉讼和执行程序，无疑增加了抵押权的实行成本。而让与担保权的实行可依当事人的事先约定而展开，相较动产抵押权的实行更为便捷，无论是处分清算型还是归属清算型（容后详述），标的物的清算价值均会高于“公的实行”，如此，节约了动产让与担保权的实行成本，促进了担保物价值的最大化。② 由此可见，两者之间不存在非此即彼的关系。同一法典中同时规定两者，增加动产担保的形式，以供当事人参酌具体情形加以选择，有利于促进动产担保交易的达成。“立法者应知当事人才是其利益的最佳判断者，切不可因立法者的一时不放心，而阻断了人们利用财产的一种新的方式的诞生。”③

其次，动产抵押权和动产让与担保权同样存在体系背反的问题。不出意外，中国民法典物权法编将会沿袭我国物权法的体例和结构，在抵押权中规定动产抵押制度。但动产抵押无须移转占有也无须登记即可导致生效的动产物权变动，与我国物权法坚守的债权形式主义的物权变动模式直接冲突，也已经影响到了物权体系的严谨性。大多数大陆法系国家或地区之所以未在民法典中规定动产抵押制度，也大抵是基于上述原因。④ 中国民法典物权法编既欲规定动产抵押这一具有体系异质性的制度，再规定一个同样具有体系异质性的制度又有何妨？“动产抵押面临的问题让与担保也不能幸免，所以即使废除动产抵押移植让与担保也无助于问题的解决。”⑤ 在中国民法典编纂并

① 实现担保物权案件特别程序的运行现状，参见浙江省高级人民法院民二庭课题组：《审理实现担保物权案件若干实务问题探析》，载《法律适用》2014 年第 2 期；刘璐：《实现担保物权案件特别程序的适用范围——从实体法与程序法交错的视角》，载《山东社会科学》2015 年第 5 期。

② 参见谢在全：《民法物权论》，中国政法大学出版社 2011 年版，第 1105 页。

③ 申卫星：《我国物权立法中论争焦点问题探讨》，载《法学杂志》2006 年第 4 期。

④ See United Nations Commission on International Trade Law, *UNCITRAL Legislative Guide on Secured Transactions*, United Nations, 2010, pp. 18、51.

⑤ 陈信勇、徐继响：《论动产让与担保与动产抵押之雷同——兼评我国民法（草案）对动产让与担保与动产抵押的规定》，载《法学论坛》2004 年第 4 期。

不坚守形式理性而采实用主义的立场之下，将实践中同时并存的动产抵押和动产让与担保均加以规定，不失为妥适的立法选择。

最后，从比较法的经验来看，《法国民法典》担保卷在规定不移转占有的有体动产质押（即动产抵押）之外，[①] 同时规定了让与担保。[②] 我国台湾地区“动产担保交易法”创设了信托占有与动产抵押制度之后，实践中也广泛存在让与担保，在其“民法”物权编修正时也有让与担保法典化的动议。[③]《欧洲示范民法典草案》第九卷将“动产担保物权”界定为“动产之上的定限物权，担保权人依此可就担保财产使其担保债权优先受偿”，在其外延上，将包括动产让与担保在内的“其他依本卷规则被视为担保物权的权利”与“普遍认为具有物权担保作用的那些定限物权”“依物权担保合同所设定的，当事人意在使担保权人有权就担保财产使其担保债权优先受偿，或依合同可以达到这一效果的定限物权”相并而称。[④] 在该草案的起草者看来，动产担保物权的所有法律形式必须同等对待，因为它们都发挥着相同的经济作用；其具体的法律方式或结构，则非所问。[⑤] 所有权效力上的完全性足以发挥其担保作用，[⑥] 在规定非移转占有的动产担保物权（动产抵押权）之外，起草者同时也规定了让与担保，均将两者作为定限物权看待。

---

① 参见李世刚：《法国担保法改革》，法律出版社 2011 年版，第 88 页。

② 参见叶朋：《法国信托法近年来的修改及对我国的启示》，载《安徽大学学报（哲学社会科学版）》2014 年第 1 期。

③ 参见陈荣隆：《让与担保之研究——现制之检讨及立法之展望》，台湾地区辅仁大学法律学系 1999 年博士论文，第 2～3 页。

④ 参见欧洲民法典研究组、欧盟现行私法研究组：《欧洲私法的原则、定义与示范规则：欧洲示范民法典草案》，高圣平译，中国人民大学出版社 2012 年版，第 355～360 页。

⑤ Study Group on a European Civil Code，Research Group on EC Private Law (Acquis Group)，*Principles，Definitions and Model Rules of European Private Law：Draft Common Frame of Reference (DCFR)，Full Edition，Volume* 6. Munich：sellier. european law publishers GmbH，2009，p. 5405.

⑥ Study Group on a European Civil Code，Research Group on EC Private Law (Acquis Group)，*Principles，Definitions and Model Rules of European Private Law：Draft Common Frame of Reference (DCFR)，Full Edition，Volume* 6. Munich：sellier. european law publishers GmbH，2009，p. 5396.

三、动产让与担保的法律构成：所有权构造抑或担保权构造

动产让与担保的特征在于手段（移转所有权）大于目的（担保债权的实现），[①] 如何调整其手段和目的之间的不平衡关系，将之溶入民法体系，实有考量其法律构成的必要。让与担保的不同法律构成也决定着其在当事人间的内部效力和对第三人的外部效力。动产让与担保的法律构成，向有重视其形式上的所有权移转之所有权构造说与重视其实质内涵之担保权构造说之争。[②] 就让与担保的演进过程，早期的学说和实务，多置重于移转所有权之形式，将其定性为所有权构造（信托让与担保）；晚近的发展则考虑到其经济实质，采取担保权构造，认为其所移转的并非所有权，而系担保权，着重通过清算义务的构建以实现当事人之间的利益平衡。

动产让与担保的所有权构造说认为，设定人为担保债务履行的目的将其所有的标的物以信托的方式让与债权人，但债权人不得为超过担保目的的处分，[③] 由此，动产让与担保的基本构造是“信托法律行为＋移转标的物所有权”。当事人设定动产让与担保系利用了担保物权之外的现有制度，并未创设法律没有规定的担保物权，[④] 担保权人所取得的是一般的所有权，只不过应受到内部信托行为的限制，在其违反内部约定对外进行处分时，仅发生债务不履行的违约责任，该处分行为仍然有效。[⑤] 以所有权之移转在内外部关系上的不同体现为基础，所有权构造说之下还有所谓相对的所有权构造说和绝对的所有权构造说之分。二者的区别在于由谁享有内部的所有权，但所谓

---

① 参见［日］近江幸治：《民法講義Ⅲ担保物権（第2版補訂）》，成文堂2014年版，第294页。

② 参见陈荣隆：《让与担保之研究——现制之检讨及立法之展望》，台湾地区辅仁大学法律学系1999年博士论文，第65～66页。

③ 让与担保的设定人向担保权人移转了超过经济目的的所有权，为防免担保权人超过经济目的行使所有权，当事人间通常约定担保权人行使所有权应受限制的条款。此与一般信托行为中委托人授予受托人超过经济目的的所有权，而仅许可受托人在经济目的范围内行使所有权相似。学说和实务中通称为信托的让与担保。参见谢在全：《民法物权论》，中国政法大学出版社2011年版，第1101～1102页。

④ 参见谢在全：《民法物权论》，中国政法大学出版社2011年版，第1107页。

⑤ 参见陈荣隆：《让与担保之研究——现制之检讨及立法之展望》，台湾地区辅仁大学法律学系1999年博士论文，第73页。

的内部关系基本上是由当事人之间的合意所决定。[①] 所有权构造说目前仅具学术史的价值。[②]

动产让与担保的担保权构造说认为，债权人在债权额的限度内取得对标的物的价值进行支配的担保权（物权），但标的物所剩余的价值的物权仍归属于担保设定人。换言之，债权人仅是享有一种担保物权，而设定人所享有的则是标的物的所有权。[③] 担保权构造说又因学者立论的不同分为授权说、二阶段物权变动说、期待权说和抵押权说（担保权说）等。其中，授权说认为，让与担保权设定时所移转的并不是标的物的所有权，而是为达到担保目的所必须的权限（即担保性质的处分权），担保权人取得对担保物的优先受偿权，是基于设定人授予担保权人标的物上的处分权，当事人之间的所有权移转行为实为通谋虚伪意思表示。二阶段物权变动说（设定人保留权说）认为，让与担保权设定时，所有权并不完全归属于设定人或担保权人，观念上的标的物所有权移转予担保权人，但标的物所有权除去担保价值的剩余部分（即设定人保留权）应返还予设定人，担保权人实际上仅取得相当于担保权的部分。期待权说认为，让与担保权的设定，系设定人将标的物的所有权附解除条件让与担保权人，一旦债务人清偿债务，解除条件成就，标的物的所有权即回复至设定人。亦即担保权人所取得的仅为“得取得标的物所有权的地位”，即期待权，而设定人享有于债务将来得以清偿时回复标的物所有权的物权性期待权。抵押权说（担保权说）认为，让与担保权的设定，应被理解为单纯的担保权的设定，或是将其直接理解为抵押权的设定。[④]

本书作者赞同担保权构造说，理由如下：

第一，学说上以为，担保物权系以优先支配担保物的交换价值为内容，

---

① 参见内田贵：《民法Ⅲ债権総論・担保物権》，東京大学出版会 2015 年版，第 522 页。

② 参见向逢春：《让与担保制度研究》，法律出版社 2014 年版，第 15～16 页。关于所有权构造说的演进和发展，详见王闯：《让与担保法律制度研究》，法律出版社 2000 年版，第 152～163 页。

③ ［日］高木多喜男：《担保物権法（第 4 版）》，有斐閣 2005 年版，第 333 页。

④ 参见［日］近江幸治：《民法講義Ⅲ担保物権（第 2 版補訂）》，成文堂 2014 年版，第 295 页；谢在全：《民法物权论》，中国政法大学出版社 2011 年版，第 1108 页；陈荣隆：《让与担保之研究——现制之检讨及立法之展望》，台湾地区辅仁大学法律学系 1999 年博士论文，第 73～76 页；王闯：《让与担保法律制度研究》，法律出版社 2000 年版，第 165～184 页。

以确保债务清偿为目的，其最为重要的特性为价值权性，[①] 其他所谓从属性、不可分性和物上代位性等均植根于价值权性。学者间有观点认为，让与担保虽有担保目的，疑似担保物权，但在法的形式上采取所有权移转方式，并无物上变价可言，不属于价值权。[②] 本书作者对此不敢苟同。在动产让与担保交易中，当事人之间移转标的物所有权仅仅只是手段，当事人之间的真实意思在于这一所有权的移转仅起担保作用，债权人仅独立占有全部担保价值，不得为担保目的之外的利用和处分，债权人所取得之所有权即受限制。当债务得以清偿之时，担保即为终止，标的物所有权必须回复于设定人之处；当债务不获清偿之时，债权人确定地取得标的物所有权，但基于衡平当事人利益的需要，课予债权人以清算义务，或变价清算，或归属清算，债权人所取得的所有权即受到实质上的限制。由此可见，让与担保权的价值权性尤为明显，准此，担保权构造说更具说服力。

第二，定限担保物权（权利限制性担保权）通说上系属所有权之上设定的权利负担，是对所有人行使其所有权的一种限制。基于所有权的整体性，所有权的权能（使用价值权能和交换价值权能）不可分离。担保物权仅仅只是所有权行使的一种方式，是所有人授权他人行使对自己之物的变价处分权利，[③] 是从所有权中派生的一种权利，担保权人行使他人的所有权受到设立目的（担保债务清偿）的限制。[④] 实际上，设定人只是将标的物的变价权能转让给了担保权人。[⑤] 无论是定限担保物权，还是动产让与担保，担保权均只是所有权派生出的具有担保性质的独立权利，两者之间在实质内容上并无差异，不同的仅仅只是法律上的客观表现形式。采行担保权构造说，在担保物权体系内部取得了统一。

值得注意的是，学者间有观点认为，担保权构造说“事实上完全忽略了让与所有权之形式，已经名不副实”“将所有权实质化为担保权，就混淆了

① 参见郭明瑞：《担保法》，法律出版社 2000 年版，第 76 页。

② 参见刘得宽：《担保物权之物权性与债权性》，载氏著：《民法诸问题与新展望》，1979 年作者自版，第 340 页。

③ 参见孙宪忠：《德国当代物权法》，法律出版社 1997 年版，第 177 页。

④ 参见谢在全：《民法物权论》，中国政法大学出版社 2011 年版，第 1101 页。

⑤ 参见［德］鲍尔、施蒂尔纳：《德国物权法》（下册），申卫星、王洪亮译，法律出版社 2006 年版，第 582 页。

担保权（定限物权）与所有权（完全物权）的区别”“这种将上位概念（属概念）用于概括让与担保的性质的做法，是不妥当的。”[①] 本书作者对此不敢苟同，在担保权构造说之下，将仅起担保作用的所有权依其实质确定为一种别异于其他担保物权的“让与担保权”，以及在实现让与担保权之时，尊重债权人已经取得让与标的物的所有权这一形式，允许以归属清算的方式实现当事人间的利益平衡等内容，均表明担保权构造说并没有忽略“所有权让与”这一形式，并以此形成与其他担保物权的区分。让与担保权与抵押权、质权虽同属约定担保物权，但各有其彼此的区别的权利内容，属于相互并列的权利。相较于所有权构造说对所有权内容的改造，担保权构造说将仅起担保作用的所有权抽象为担保权，给物权体系带来的冲击更小，更有利于照顾到债权人、债务人以及第三人的利益。

第三，从设定人权利保护的角度出发，所有权构造说过分重视所有权移转的形式，而忽略了当事人间设定担保的目的，致使设定人在对外关系上毫无权利，地位过于薄弱。而且，在当事人内部关系上，债权人与债务人之间有关所有权移转的相关约定也仅具有债法上的拘束力，无法对抗第三人。因而，此说颇受诟病。[②]在担保权构造说之下，依据当事人之间的经济目的，将债权人取得的所有权构造为担保权，在实行时对债权人课以清算义务，避免担保权人取得超过其经济目的的额外利益，从而保护了设定人及其他债权人的利益。

第四，担保权构成说符合比较法趋势。英美法系国家采行功能主义立法方法，只要在具有担保功能的交易，均应适用相同的规则，就动产让与担保交易，明显采取担保权构造说。[③] 日本学说和判例面对金融实践中的让与担保这一创新品种，先以所有权构造说证成其适法性，但自《国税征收法》修正公布之后，依据新设立的第 24 条规定，在让与担保设定者滞纳租税的场合下，允许就让与担保标的物征收租税。该条规定将让与担保与抵押权、质

---

① 向逢春：《让与担保制度研究》，法律出版社 2014 年版，第 30～31 页。

② 参见［日］越智通：《譲渡担保の法的構成に関する若干の考察（二）》，载《私法学研究》1986 年第 11 号，第 4 页。

③ See United Nations Commission on International Trade Law, *UNCITRAL Legislative Guide on Secured Transactions*, United Nations, 2010, p. 53.

权等量齐观，在当时具有划时代意义，以此为契机，学说也逐渐由所有权构成走向担保权构成。[①] 及至《假登记担保法》实施，基于让与担保的社会作用与目的的合理性，让与担保基本构造之担保权构造说渐成多数说。[②] 在我国台湾地区，“动产担保交易法”中规定的“信托占有”以让与担保的法理为其构造逻辑，在较小的范围内将让与担保成文化。[③]在该法中，明显采取了担保权构造。但除此之外的实务发展，以信托的让与担保为其构造逻辑，采取所有权构造理论，[④] 也就是说，在成文化之前，让与担保系习惯法所生的非典型担保，以所有权的移转加上信托行为的债的关系为其法律构造。在“物权编”修正明定物权可依习惯创设（第 757 条）的情况之下，让与担保将成为民法上的一种担保物权。[⑤] 这也在一定程度上预示着，我国台湾地区已经无需借由信托的所有权移转（所有权构造）来解释让与担保的有效性，在第 757 条之下可直接采取担保权构造。[⑥]

《欧洲示范民法典草案》第 9－1：102 条第 4 款第 1 项明确将动产让与担保作为动产担保物权的一种，并采行担保权构造说。该草案强调，依合同移转或拟移转动产的所有权，意在担保债务的履行或达到担保债务履行的效果的，仅能在该动产上为受让人设立担保物权。这里，在将所有权的移转类型化为担保物权的设立时，采纳了两种功能方法，即主观上有担保债务履行的意图或客观上有担保债务履行的效果。“让与担保”一语已经表明了当事

---

① 参见［日］田高寛貴：《担保法体系の新たな展開》，勁草書房 1996 年版，第 143 页。

② 参见［日］柚木馨、高木多喜男：《新版注釈民法（9）物権（4）（改訂版）》，有斐閣 2015 年版，第 661 页；陈荣隆：《让与担保之研究——现制之检讨及立法之展望》，辅仁大学法律学系 1999 年博士论文，第 71～73 页；王闯：《让与担保法律制度研究》，法律出版社 2000 年版，第 163～164 页。

③ 参见刘春堂：《动产让与担保之研究》，载氏著：《民商法论集（一）》，作者 1985 年自版，第 331 页。

④ 参见陈荣隆：《让与担保之法律构造（下）》，《月旦法学杂志》2003 年第 6 期；谢在全：《民法物权论》，中国政法大学出版社 2011 年版，第 1108 页注［16］。

⑤ 参见谢在全：《民法物权论》，中国政法大学出版社 2011 年版，第 1110～1111 页。

⑥ 在我国台湾地区“民法典”物权编修法过程中，学者所提出的让与担保条文明显亦属改采担保权构造。参见陈荣隆：《让与担保之研究——现制之检讨及立法之展望》，台湾地区辅仁大学法律学系 1999 年博士论文，第 232 页以下。

人之间的主观意图。[①] 实际上，在该草案的起草者看来，动产让与担保等同于非移转占有型的动产担保物权（抵押权）。[②] 联合国国际贸易法委员会《动产担保交易立法指南》虽然表明在法政策上可以有所有权构造和担保权构造，但倡导功能主义的立法方法，采行担保权构造。[③] 其中明确建议："法律应当采取功能主义方法，全面涵盖依约定在动产之上设定的担保偿付金钱债务或以其他方式履行债务的一切权利，而不论交易的形式如何或当事人使用何种术语（包括动产让与担保交易之下受让人的权利、应收账款让与担保交易之下受让人的权利，以及各种形式的保留所有权交易和融资租赁交易之下出卖人或出租人的权利）。除购置款融资之外，采行功能主义方法时，应当将担保债务履行的一切权利统一归类为担保权，并对这些权利实行一套共同的规则。"[④]

总之，就动产让与担保交易而言，担保权人在设定时取得标的物的所有权（实质上为担保权），在让与担保权可得实现之时，经过清算，担保权人可就标的物优先受偿（处分清算型），或确定取得标的物的所有权（归属清算型）。在有完备的公示方法的前提之下，当事人的约定具有了物权效力，担保权构造说即取得支配性地位。实际上，动产让与担保的法律构成上不同学说的分歧，关键并不在于所有权是否发生移转，而在于设定人的清算请求权和返还请求权是否给予物权性的保护等，因此，只要具备完善的公示方法，两说之间并无本质的区别。

四、动产让与担保的公示方法：登记抑或其他

动产让与担保权置于民法典物权编之中，当属物权，紧接着面临的就是

---

① 特定动产的所有权的移转就是为了实现担保目的，在实践中，这一目的通常在两方面得以确认和证明：第一，被转让的财产仍由"转让人"占有；第二，当事人约定了所有权回复的相应条款，即相关债务清偿后，担保权人应将财产转回担保人。

② See Christian von Bar and Eric Clive (eds), *Principles, Definitions and Model Rules of European Private Law*, Volume 6 (Munich: sellier. European law publishers, 2009), p. 5395.

③ See United Nations Commission on International Trade Law, UNCITRAL Legislative Guide on Secured Transactions, United Nations, 2010, pp. 52—53.

④ See United Nations Commission on International Trade Law, UNCITRAL Legislative Guide on Secured Transactions, United Nations, 2010, p. 62.

公示问题，因为既属物权，则其存在和得丧变更须有足由外部可以辨识的表征，始可透明其法律关系，避免第三人遭受损害，维护交易安全。[①] 物的关系只能对抗受公示而知情之人，而如何体现对世性，使他人知情，即为物权公示要解决的问题。[②] 但动产让与担保权的设定不以移转标的物的占有为必要，标的物仍由设定人占有，造成所有权与占有相分离而欠缺公示表征，如此即改变了传统物权法上动产物权以移转占有为物权变动的公示方法的基本法原则，容易导致利益冲突。由此，公示方法是动产让与担保成文化的关键之所在。[③]

动产让与担保之广受诟病，在于其创设并无任何外部表征，债权人无法确定在债务人占有的财产中其权利的归属，[④] 存在隐存的危险。[⑤] 在采行让与担保所有权构成说的德国，以占有改定取得对标的物的间接占有来解释动产让与担保的公示，至少从形式上并未创设出一种新类型的物权，并被认为“是在既有的民商法体系内进行的，是实现了体系和谐、逻辑自洽的”。[⑥]但德国民法上以占有改定作为动产物权变动的形式，实际上已经丧失了形式意义的公示价值。[⑦] 在日本法上，也有学者认为，“以占有改定作为非移转占有型让与担保的公示方式，是动产让与担保的最大弱点，占有改定几乎等于完全没有公示的机能。”[⑧]“在设定人持续占有担保财产的让与担保中，无需特别的意思表示，即可将其解释为占有改定。由此，不得不说对抗要件主义已经沦为形式，且事实上接近于纯粹的意思主义。”[⑨] 可见，占有改定的方法，

---

① 参见王泽鉴：《民法物权》，北京大学出版社 2009 年版，第 18 页。

② 参见［英］劳森、拉登：《财产法》，中国大百科全书出版社 1998 年版，第 3 页。

③ 参见张英：《关于让与担保登记制度的法律思考》，载《法制与社会发展》1999 年第 6 期；石水根、曹亚峰、胡志清：《关于让与担保在我国物权法中地位的思考》，载《法律适用》2006 年第 9 期。

④ 参见［德］罗伯特·霍恩、海因·科茨、汉斯·G·莱塞：《德国民商法导论》，楚建译，中国大百科全书出版社 1996 年版，第 204 页。

⑤ 参见［德］鲍尔、施蒂尔纳：《德国物权法》（下册），申卫星，第 603 页；谢在全：《民法物权论》，中国政法大学出版社 2011 年版，第 1104 页。

⑥ 参见向逢春：《动产让与担保公示问题研究》，载《求索》2013 年第 5 期。

⑦ 参见［日］我妻荣：《近代法における債権の優越的地位》，有斐閣 1997 年版，第 173 页。

⑧ ［日］柚木馨、高木多喜男：《担保物权法》（第三版），有斐阁 1994 年版，第 591 页。

⑨ ［日］槇悌次：《譲渡担保の意義と設定》，一粒社 1976 年版，第 79 页。

并非解决动产让与担保公示的理想方法，[①] 因此须有新的公示方法加以替换或者作为补充，如明认法理、登记法理，以使其更能符合担保化之需求。

明认是登记和占有之外经由习惯法和判例承认的一种公示方法，是指以标识等足以使第三人知悉标的物所有权人或其他权利人的一种方法。日本法上，明认方法在林木物权公示中具有特殊的地位及效用，与登记具有同等效用，后扩展至温泉泉源利用权。[②] 在实践中，很早就存在通过明认方法而公示让与担保权的存在的做法。[③] 我国学者间亦有观点认为，动产让与担保应以明认作为公示方法。[④] 但明认方法存在其固有缺陷，无法像登记簿一样记载复杂的物权变动。

反对以登记作为动产让与担保的公示方法的主要理由在于：第一，让与担保的制度优势之一在于“保守秘密”，[⑤] 登记公示会暴露当事人的经济状况，恰恰排除了保守债务人秘密之利益。[⑥] 第二，动产价值量小、易移动，以登记为公示方法，登记和查询将使得当事人不堪重负，难免会增加让与担保的交易成本，有得不偿失之嫌。[⑦] 本书作者以为，在中国已推行动产抵押登记多年的背景之下，应以登记作为动产让与担保的公示方法。理由如下：

第一，让与担保广为学界批评的理由之一在于其隐蔽性，正如前述，占有改定的方法无法达致公示机能。债务人的商业秘密固然属于应予保护的一大利益，但债务人绝不仅与让与担保权人从事商事交易，在其财产上已经存在权利负担的情况之下，第三人即无从得知，从而形成对债务人责任财产的虚假期待，如此即损及让与担保关系之外的第三人的利益，危及交易安全。在商业秘密和第三人利益、公共利益之间应寻求相应的平衡，而不能顾此

---

① 参见季秀平：《物权法确认让与担保制度的几个疑难问题》，载《烟台大学学报（哲学社会科学版）》2002 年第 4 期；屈茂辉：《物权公示方式研究》，载《中国法学》2004 年第 5 期。

② 参见［日］我妻荣/有泉亨：《新訂物権法（民法講義Ⅱ）》，岩波書店 1983 年版，第 200 页。

③ 参见［日］近江幸治：《民法講義Ⅲ担保物権（第 2 版補訂）》，成文堂 2014 年，第 314 页。

④ 参见刘保玉：《关于动产抵押权的几个问题——兼及让与担保制度的取舍》，载邹海林主编：《金融担保法的理论与实践》，社会科学文献出版社 2004 年版，第 114 页。

⑤ ［德］鲍尔/施蒂尔纳：《德国物权法》（下册），申卫星、王洪亮译，法律出版社 2006 年版，第 583 页。

⑥ 参见王闯：《让与担保法律制度研究》，法律出版社 2000 年版，第 249 页；向逢春：《动产让与担保公示问题研究》，载《求索》2013 年第 5 期。

⑦ 参见向逢春：《让与担保制度研究》，法律出版社 2014 年版，第 72 页。

失彼。

不动产抵押登记同样暴露当事人经济状况，同样危及抵押人商业秘密。相比不动产抵押登记，动产担保登记的程度要低得多。但就不动产抵押登记，鲜少有学者质疑登记对当事人商业秘密的影响，“举重以明轻”，不宜以披露商业秘密为由否定动产让与担保登记的正当性。实际上，对于保护债务人的商业秘密这一诉求，可以通过登记制度的设计而加以解决。暴露当事人经济状况主要由登记内容和登记事项决定，只要简化登记内容和登记事项，该项担忧和诘难即可排除。① 在比较法上我们注意到，关于动产登记的内容历来有“文件登记”（document filing）和“声明登记”（notice filing）两种立法例。前者登记簿登记的是当事人创设担保权的合同（文件），而后者登记簿登记的仅仅只是当事人创设担保权之后的一个仅载明基本信息的声明，不登记创设担保权的合同。声明登记制之下，没有必要披露当事人之间担保交易关系的细节，声明中要求记载的内容越少，对当事人商业秘密的保护也就越周全。美国声明登记制的特色之一就是担保声明书这一唯一公开的文件披露给查询者的内容仅仅只包括担保人、担保物。其法制经验告诉我们，若将登记内容和事项局限在相应的范围之内，既可使第三人周知标的物之上的权利负担，又能在一定程度上保护债务人的商业秘密。②

第二，在声明登记制之下，仅要求登记极少的登记事项，且多记载于标准格式的声明之中而不是提交并登记创设担保权的合同，极大地降低了登记机关的管理成本和存档成本，便捷了登记系统的有效运作。而且，声明登记也极大地降低了交易当事人和检索者的交易成本。对于交易当事人而言，声明登记实质性地降低了其持续的登记负担。例如，根据情况的变化，当事人会不断地修改担保合同的条款，此时，只要担保合同的修改没有影响到登记事项，担保权人不用担心登记记录的妥当性问题。而这在文件登记系统中是不可能的，只要担保合同修改，即应进行变更登记。实际上，声明登记可以在担保权设定之前即可进行，也可以以单一登记涵盖相同当事人之间的持续

---

① 参见高圣平、秦鑫：《应收账款出质登记制度研究》，载《烟台大学学报（哲学社会科学版）》2009 年第 2 期。

② 参见高圣平：《动产抵押登记制度研究》，中国工商出版社 2007 年版，第 269 页。

交易。对于查询者而言，其不用再去浏览复杂冗长的交易合同，而通过检索登记系统即可快速而高效地得到担保权的基本内容。[①]

第三，随着电子化登记技术的不断成熟和统一动产担保登记制度的构建，登记成本必将降低。交易成本的大小，尚需结合登记系统的具体情形加以判断，与其计算机化程度直接相关。允许以纸面形式向登记机关传送登记数据的登记系统涉及人工处理与数据输入，其成本必然高于电子登记系统。高昂的登记费用往往会使当事人采取自我防范措施以规避优先顺位风险问题，这一风险将反映在交易成本中并最终由一方或双方当事人承担。电子化登记系统的目标应当是付出降低的代价即可降低信贷交易的成本。[②] 相关国家的实践经验表明，统一的电子化动产担保登记系统有利于降低担保交易的成本。[③] 中国目前已经启动了动产抵押登记系统的电子化改造。根据新修订的《动产抵押登记办法》的规定，动产抵押登记系统将借助已经上线运行的企业信用信息公示平台实现电子化；基于互联网的完全电子化的登记公示系统——中国人民银行征信中心“动产融资统一登记系统”也已经上线运行。虽然这些系统的设计与运行都有待改善，[④] 但登记成本确实已经大幅降低。

第四，比较法上已有先例可循。《美国统一商法典》第九编采纳了功能主义的一元化担保概念，[⑤]“担保权”一语几乎涵盖了债权人所有“在担保物上的权利”，诸如让与担保、附条件买卖中的所有权等，[⑥]登记即为其中公示

---

① See Asian Development Bank, *Law and Policy Reform at the Asian Development Bank* , 2002 Edition, p18.

② 参见高圣平：《动产抵押登记制度研究》，中国工商出版社 2007 年版，第 269 页。

③ See United Nations Commission on International Trade Law, *UNCITRAL Guide on the Implementation of a Security Rights Registry*, United Nations, 2014, p. 30.

④ 参见高圣平：《动产抵押登记之法理——以〈动产抵押登记办法〉的修改为中心》，载《法学》2016 年第 2 期；《应收账款质权登记的法理》，载《当代法学》2015 年第 6 期。

⑤ 就美国法上功能主义下一元化担保权概念的分析，参见高圣平：《动产担保交易比较研究》，中国人民大学出版社 2008 年版，第 162 页以下；董学立：《我国意定动产担保物权法的一元化》，载《法学研究》2014 年第 6 期。

⑥ 《美国统一商法典》第 1－201 条第 37 项对担保权作了界定，即“对动产或者不动产附着物所享有的用以担保债务之清偿或者履行的权利”；第 9－109 条规定，本编适用于“依合同在动产或不动产附着物之上创设担保权的交易，其形式若何，在所不问”；第 9－202 条规定，“不管动产所有权归属于担保权人还是债务人”，本编均适用之。很明显，在确定是否存在担保权并进而决定是否受第九编调整时并不仰赖于动产所有权的归属和交易的形式。具体分析参见高圣平：《美国动产担保交易法与我国动产担保物权立法》，载《法学家》2006 年第 5 期。

方法之一。《法国民法典》为解决让与担保的公示难题，规定了详细且严格的公示规则：让与担保合同必须进行税务登记，否则不生效力（第 2019 条第 1 款）；依据让与担保合同进行的所有权转移必须以书面形式进行登记公示（第 2019 条第 3 款）。[①] 韩国《有关动产・债权担保的法律》创设了动产、债权担保登记制度，并构成韩国动产及债权担保制度改革的核心，其中，让与担保、所有权保留以及金融衍生品均可在该登记系统中登记。[②]《澳门商法典》规定让与担保应在商业登记局登记，让与担保的标的物须登记的，还应在各有权限的登记局登记，否则，不得对抗第三人。[③]《欧洲示范民法典草案》第九卷“动产担保物权”中将学说上的定限担保物权以及让与担保一体规定，意在统一具有物上担保功能的交易的法律适用，同样将登记作为让与担保权的公示方法。[④] 其中，第 9—3：107 条规定：“（1）所有权担保方式[⑤]只有通过登记，才能取得对抗效力。”“（2）在交付相关财产之日起 35 日内进行登记的，所有权担保方式自其设立之时起即具有对抗效力。”“（3）在交付相关财产之日起 35 日之后进行登记的，所有权担保方式仅从登记时起才具有对抗效力，且不具有第 9—4：102 条（超优先顺位）所规定的超优先顺位。”“（4）向消费者发放的贷款由所有权担保方式所担保的，该担保物权无需登记即具有对抗效力。这一例外规定不能适用于收益以及所提供的财产之外的其他财产之上的担保物权。”这些都给了我们有益的启示。

综上，动产让与担保与动产抵押是功能类似的制度，其公示方法亦应作同一处理。我们在制度重建之时，无须另行构建动产让与担保登记簿，统一

---

① 参见叶朋：《法国信托法近年来的修改及对我国的启示》，载《安徽大学学报（哲学社会科学版）》2014 年第 1 期。

② 参见［韩］金载亨：《韩国〈动产・债权担保法〉的基本结构》，金香花译，载《山东大学法律评论》（2014），第 6～8 页。

③ 《澳门商法典》第 918 条。见《澳门商法典》，中国政法大学出版社 1999 年版，第 257 页。

④ Christian von Bar and Eric Clive（eds），*Principles，Definitions and Model Rules of European Private Law*，*Volume* 6. Munich：sellier. european law publishers GmbH，2009，p. 5395.

⑤ 在《欧洲示范民法典草案》中，“所有权担保方式”包括：（a）保留所有权交易；（b）财产的所有权移转予买受人时，该财产之上担保以下权利的担保物权：（i）出卖人根据买卖合同所享有的给付价款请求权；（ii）贷款人对于其发放给买受人支付价款且确实已支付给出卖人的贷款的返还请求权。（c）任何以担保上述第（a）、（b）项所述款项返还为目的，而受让第（a）、（b）项所述权利的第三人所享有的权利。

现有的动产担保登记系统，将动产让与担保涵盖其中，实为最佳的路径。

五、动产让与担保的实行：归属清算抑或变价清算

学说上，担保物权的实行方法有所谓私的实行和公的实行之分，其中前者无须经过强制执行程序，而后者则相反。[①] 让与担保的制度优势即在于私的实行，直接由让与担保权人确定地取得标的物的所有权，无须公权力机构的干预，以达到简速实现权利的目的。当然，让与担保权作为民事权利自可借助民事诉讼程序得以实现。在比较法上，《澳门商法典》明文规定让与担保中的流质条款无效，在让与担保权可得实现之时，债权人不能直接取得标的物的所有权，其可在合同约定的期限（如未约定，则债务人可指定不少于30日的期限）内出售标的物并以变价款优先受偿，无须拍卖、事先估价或其他司法或非司法措施；如未在上述期限实现权利，债权人仅能依司法途径就标的物进行变价。这里，未在约定或法定的期间内私的实行的，即应依公的实行方式实现权利。

动产让与担保广受批评的原因之一，是其实行时直接由债权人取得所有权，与禁止流质契约的规定有违，对债务人及其他利害关系人保护不周，已如前述。就此，有学者提出不同意见认为，让与担保在缔结合同时即转移标的物的所有权，而流质契约是在主债务不能清偿时由债权人直接取得标的物的所有权，并进而认为让与担保与流质契约存在本质区别，让与担保并不与禁止流质契约的规定发生冲突。[②] 本书作者以为，让与担保以所有权的让与作为担保的形式，由债权人取得标的物的所有权，即已进入流质契约禁止的规制范畴。禁止流质契约的主要原因并不在于流质契约在具体情形下存在着暴利而使债务人受到损害，而在于流质契约典型地适用于盘剥、诓骗债务人的滥用场合，在合同订立时作为“危险的合同”尤应被否定。当事人约定的担保形式并不重要，起决定作用的乃是该担保形式是否使债务人面临着暴利

---

① 参见高圣平：《担保物权实行途径之研究》，载《法学》2008年第2期。

② 参见李媚：《流质契约解禁之反思——以罗马法为视角》，载《比较法研究》2013年第5期。

盘剥的抽象威胁，[①] 由此，禁止流质契约的规定同样适用于让与担保。如此，在让与担保权可得实现时直接由担保权人取得标的物所有权，排除设定人的清算请求权的归属型（实际上是归属无清算型）实行方法应予否定。

比较法上，禁止流质契约原则的松动为我们提供了可资参照的例证。为避免流质契约侵害到债务人或其他债权人利益，法国对让与担保的实行方式作出了谨慎且灵活的处理。立法上否定了“直接取得担保物所有权”的传统方式，规定在债务人不能履行债务时，权利人并不能直接取得担保财产的完全所有权，而只能取得在债务额度内的自由处分权和变价权。[②] 我国台湾地区“民法”第873条之1第1项明定流抵契约仅于当事人间发生效力，该约定须经过登记才能成为抵押权内容，在抵押权可得实现之时，抵押权人并不当然取得抵押物的所有权，而仅取得抵押物所有权移转登记请求权。抵押权人实现其抵押权时仍然负有清算义务，就抵押物价值超过担保债务的部分未予返还的，抵押人可行使同时履行抗辩权，拒绝同意移转登记。[③]

如此看来，我国《物权法》上禁止流质契约的规定即应重新检讨。当事人约定在担保权可得实现之时，由担保权人不经法定公力救济程序而直接取得担保物所有权的，自应解释为当事人之间就担保权实行方法（私的实行）的约定，但为防止担保物价值远超担保债权额的过度担保，衡平当事人之间的利益，应强制性地课以担保权人以清算义务。如此，负有清算义务的流质契约作为广义的自力救济即具有了正当性，当事人约定无清算义务的流质契约，自应部分无效，担保权人虽可确定地取得标的物的所有权，但仍负有清算的法定义务。当事人约定无清算义务的流质型让与担保自应做相同解释。如此，通过清算义务加以修正的让与担保，实无必要将其解释为违反流质契约禁止义务。[④]

让与担保权的清算型实行方法尚有归属清算与处分清算之分。所谓归属

---

① Vgl. Gaul, Lex commissoria und Sicherungsilbereigung, AcP 168, 372、380. 转引自庄加园：《“买卖型担保”与流押条款的效力——〈民间借贷规定〉第24条的解读》，载《清华法学》2016年第3期。

② 参见叶朋：《法国信托法近年来的修改及对我国的启示》，载《安徽大学学报（哲学社会科学版）》2014年第1期。

③ 参见谢在全：《民法物权论》，中国政法大学出版社2011年版，第785页。

④ 参见［日］柚木馨、高木多喜男：《担保物権法（第3版）》，有斐閣1982年，第549页。

清算，是指在让与担保权可得实现之时，担保权人确定地取得标的物的所有权，但须在标的物估价额与担保债权额之间进行清算；所谓处分清算，是指在让与担保权可得实现之时，担保权人须将标的物变价处分，并以其价款优先受偿。[①] 其中，归属清算型还可进一步区分为当然归属清算型和请求归属清算型，前者系指担保权人当然地、确定地取得标的物的所有权，无须先为一定的意思表示，而后者须担保权人请求以标的物充当清偿之后，该标的物才确定地归属于担保权人。[②]

让与担保权的实行方法究系归属清算还是处分清算，原则上应由当事人约定，未予约定或约定不明的，让与担保权人究以何种实行方法实现其权利，在学说上存在争议。在日本法上，对于动产让与担保，虽然进行归属清算或是处分清算皆可，但在当事人之间无特别约定时，以归属清算为原则。[③] 我国已有学者认为，让与担保的社会作用之一即在于避免繁琐的标的物变价程序，在归属清算与处分清算之间应以归属清算为原则，[④] 但亦有观点认为，处分清算更有利于明确当事人之间的关系，且合于让与担保权担保债务清偿的经济目的。[⑤]

本书作者以为，让与担保权的实行方法，既要把握其担保物权本旨（担保权构造），又要兼顾当事人及第三人的合法权益，在尽量发挥让与担保的社会作用以彰显其特色的同时，避免让与担保权人取得额外的利益。学说上认为，担保物权以担保债务清偿为目的，是变价权、价值权，在担保物权可得实现之时，应对标的物进行变价，并就变价款优先受偿。[⑥] 准此，处分清

① 参见［日］近江幸治：《民法講義Ⅲ担保物権（第2版補訂）》，成文堂2014年版，第300页；谢在全：《民法物权论》，中国政法大学出版社2011年版，第1109～1110页；陈荣隆：《让与担保之研究——现制之检讨及立法之展望》，辅仁大学法律学系1999年博士论文，第167～168页。

② 参见刘春堂：《动产让与担保之研究》，载氏著：《民商法论集（一）》，1985年作者自版，第325页；陈荣隆：《让与担保之研究——现制之检讨及立法之展望》，台湾地区辅仁大学法律学系1999年博士论文，第168页。

③ 参见［日］近江幸治：《民法講義Ⅲ担保物権（第2版補訂）》，成文堂2014年版，第315页。

④ 参见陈荣隆：《让与担保之实行》，载《法令月刊》第51卷第10期。

⑤ 参见谢在全：《民法物权论》，中国政法大学出版社1999年版，第921页（谢老师在新版中已改采归属清算型）；刘春堂：《动产让与担保之研究》，载氏著：《民商法论集（一）》，作者1985年自版，第324页。

⑥ 参见高圣平：《担保法论》，法律出版社2009年版，第241页。

算似更合于担保物权的变价法理。但让与担保权与其他定限担保物权不同，其实行方法所受限制并不如其他定限担保物权那么严格。让与担保权人在交易中有取得标的物所有权的期待，设定人亦有以标的物代物清偿的心理准备。让与担保的价值之一，即在于避免标的物变价的繁琐程序，[①] 在当事人就归属清算与处分清算未作约定或约定不明时，应以归属清算为原则。在比较法上，《法国民法典》规定以“归属清算”为原则，以“处分清算”为例外。即受托人是债权人时，债权人取得担保信托财产的自由处分权；受托人是债权人以外的第三人时，债权人取得信托财产的自由处分权，在有约定情形下，债权人可取得受托人出卖信托财产获得的价金（第 2373－3 条、第 2488－3 条）。[②]

至于当然归属清算型与请求归属清算型之间，如当事人之间未作约定或约定不明，在让与担保权可得实现之时，担保权人请求以标的物抵充债务，给予设定人清偿债务取回标的物的机会，对于担保权人并无不利，故应以请求归属清算型为原则。[③]

在担保法上，清算是担保权的实行方法；在动产让与担保交易中，清算是就标的物的价值与被担保债务余额之间进行评价，“多退少补”，其目的在于通过确定标的物的公正合理价格寻求当事人之间的利益平衡。如此，在让与担保权可得实现之时，标的物的鉴价就显得尤为重要，如任由让与担保权人主观认定，则易害及利害关系人的利益。为此，清算人应具有相应资质，其产生应体现当事人的共同意志。在我国，资产评估已渐成专门的行业，资产评估师亦为专门之职业，由让与担保权人与设定人事先或事后从注册资产评估师中合意选择清算人，有利于避免当事人之间的清算争议，也有利于保护设定人的其他债权人的利益。至于清算的标准，自有专业的评估标准可资利用。在比较法上，《法国民法典》规定，无论是“归属清算”还是“处分

① 参见谢在全：《民法物权论》，中国政法大学出版社 2011 年版，第 1104 页；陈荣隆：《让与担保之研究——现制之检讨及立法之展望》，台湾地区辅仁大学法律学系 1999 年博士论文，第 174 页。

② 参见叶朋：《法国信托法近年来的修改及对我国的启示》，载《安徽大学学报（哲学社会科学版）》2014 年第 1 期。

③ 参见陈荣隆：《让与担保之实行》，载《法令月刊》第 51 卷第 10 期。

清算”，都必须对财产价值进行客观评估，评估可由双方协商或者由法院指定的鉴定人进行，如果财产在市场中存在官方牌价或是金钱的，以市场价为准。在被担保债权得以实现后，剔除掉财产管理和保管而发生的债务数额，超过部分的价值应返还给债务人（第 2373－4 条，第 2488－4 条），[①] 可资参照。

六、小结

让与担保经由德国、日本判例及学说的长期发展，已经渐趋成熟，学者间已有立法化之呼吁及努力。[②] 诚如德国学者 Joachim Kilger 所言：“让与担保系商事交易之‘私生子’，因其不能主张确认制定法为其‘生父’。”[③]我国已有采行让与担保的大量实践，法院裁判中多以违反禁止流质契约规定、违反物权法定等否定让与担保的物权变动效力。如何为让与担保找到其立法上的“生父”，将这一日益典型化的非典型担保成文化，建构一个公平合理、周延完善的规则体系，以引导担保市场，并统一司法裁判尺度，裨益资金融通及经济发展，是我们在立法化上所肩负的使命。

在担保权构造说之下，让与担保的概念应当重构为：债务人或第三人为担保债务的履行，将担保物的所有权移转予担保权人，而使担保权人在不超过担保目的的范围内，取得担保物的所有权，债务清偿后，担保物应返还予债务人或第三人；债务不获清偿时，担保权人得就该担保物优先受偿的担保物权。[④] 如此，不超过担保目的的所有权即为一新类型的担保物权——让与担保权，在物权法定主义之下，唯有通过立法对之加以明文规定，才能解决其手段与目的之间的冲突。准此，本书作者建议在中国民法典物权法担保物权编中设专章予以规定，并就具体条文试拟如下：

---

① 参见叶朋：《法国信托法近年来的修改及对我国的启示》，载《安徽大学学报（哲学社会科学版）》2014 年第 1 期。

② 参见陈荣隆：《让与担保之研究——现制之检讨及立法之展望》，台湾地区辅仁大学法律学系 1999 年博士论文，第 2 页。

③ 转引自吴光明：《动产让与担保制度之研究——美德两国及我国现行制度之检讨》，台湾地区台湾大学法律学系 1992 年博士论文，第 204 页。

④ 参见谢在全：《民法物权论》，中国政法大学出版社 2011 年版，第 1100 页。

章名：第××章 动产让与担保权[①]

简要立法理由：在担保权构造说之下，舍弃学说上基于所有权构造说之下的“信托让与担保”或“担保信托”的称谓。动产让与担保系以“让与”为手段达致“担保”之目的，为使其名实相符，通说上的“让与担保”称谓实为上选。同时，“动产让与担保”既可以指称一种交易形态，也可以理解为一种制度，还可以是一种权利类型，而担保物权编其他各章均从权利的视角界定章名——“抵押权”“质权”和“留置权”，故将本章章名定为动产让与担保权，位于“抵押权”“质权”章之后，“留置权”之前。值得注意的是，《民法（草案）》将“让与担保”置于“抵押权”“质权”和“留置权”等章之后，但从《物权法》担保物权编的章节安排顺序来看，“抵押权”“质权”为意定担保物权，“留置权”为法定担保物权，采先意定后法定的结构，“动产让与担保”为意定担保物权，将其置于“留置权”之前，使之与“抵押权”“质权”一起共同构成意定担保物权体系，更具合理性。

第××条（定义）

为担保债务的履行，债务人或者第三人将其动产转让给债权人的，债务人履行全部到期债务，债权人应当将该动产返还债务人或者第三人；债务人不履行到期债务或者发生当事人约定的实现让与担保权的情形，债权人有权就该动产优先受偿。

前款规定的债务人或者第三人为让与担保人，债权人为让与担保权人，提供担保的财产为让与担保财产。

简要立法理由：作为独立的担保物权类型，让与担保权与同编中其他担保物权（如抵押权、质权等）不同之处在于：让与担保系以移转标的物所有权为其手段。本条即对此予以明定。同时，为免生疑义，本条另明定动产让与担保权的两种法律效果：主债务消灭时的返还请求权；让与担保权可得实现时的优先受偿权。本条的条文表述参考了《物权法》第 179、208 条关于抵押权、动产质权的定义的规定。

---

① 本书作者以为，不动产让与担保的法律构成和制度内容与动产让与担保之间存在较大差异，本文仅及于动产让与担保权。就不动产让与担保，本书作者另有专文论述。

第××条（设定与登记对抗）

动产让与担保权自书面让与担保合同生效时设立；未经登记，不得对抗第三人。

简要立法理由：学说上，动产让与担保权虽有移转占有型和非移转占有型之分，但以后者为常态，本条因此明定动产让与担保权以登记为其公示方法，但并不强制性地要求当事人办理登记手续。本条仿《物权法》第188条关于动产抵押权设定的规定，明确采行债权意思主义，当事人之间书面让与担保合同生效时，动产让与担保权即为设定；与动产抵押权的登记对抗规则相一致，本条将登记仅作为让与担保权的对抗要件。值得注意的是，本条就第三人的范围，未加“善意”的限定，以此增加让与担保权效力的确定性，并防免“善意”这一主观要素判断上的困难所带来的商事活动的不确定性。[①]

第××条（让与担保财产的占有、使用和收益）

动产让与担保权存续期间，让与担保财产由让与担保人占有、使用、收益，但当事人另有约定的除外。

简要立法理由：动产让与担保权的设定，以“非移转占有型让与担保”为原则，以“移转占有型让与担保”为例外。虽然前条明定，所有的动产让与担保权均以登记为公示方法，不因形式上移转标的物的占有而例外，但为保全让与担保财产的价值，本条明定，在当事人之间无例外安排的情况（移转占有型让与担保）下，由让与担保人占有、使用、收益，自是明确让与担保人在占有让与担保财产期间应善尽注意义务。

第××条（让与担保权的实行方法）

债务人不履行到期债务或者发生当事人约定的实现让与担保权的情形，除当事人另有约定外，让与担保权人可以经估价后取得让与担保财产的所有权。让与担保财产的估价额超过担保债权额的，让与担保权人应将超过部分返还让与担保人；让与担保财产的估价额不足担保债权额的，让与担保权人有权请求让与担保人清偿。

---

① 《欧洲示范民法典草案》和联合国国际贸易法委员会《动产担保交易立法指南》均建议对第三人无须限定为善意第三人。本书作者同时主张，《物权法》第188条动产抵押权登记对抗范围的规定，亦应删除“善意”。

前款所称让与担保财产的估价，除当事人另有约定外，应由当事人共同指定的资产评估机构依据相应的评估规则确定。

简要立法理由：就动产让与担保权的实行，有归属清算型和处分清算型两种方法。本条明定以归属清算型为原则，但允许当事人约定适用处分清算型。当事人就此未作约定或约定不明的，适用归属清算型。同时，为明确让与担保权的实行效果，规定让与担保财产估价后的两种不同情形。让与担保财产的估价应为公允，本条允许当事人约定估价的方法，当事人就此未作约定或约定不明的，应由当事人共同指定的资产评估机构依据相应的评估规则进行估价。

第××条（让与担保财产的交付）

债务人不履行到期债务或者发生当事人约定的实现让与担保权的情形，未占有让与担保财产的让与担保权人，可以请求让与担保人交付让与担保财产。

简要立法理由：非移转占有型让与担保是动产让与担保的常态，让与担保权可得实行之时，让与担保权人就让与担保财产优先受偿，得请求让与担保人交付让与担保财产，以确保让与担保权人实现担保权的效力。①

第××条（流质契约的限制）

当事人约定债务人不履行到期债务或者发生当事人约定的实现让与担保权的情形时，让与担保财产不经第××条规定的清算程序直接由让与担保权人所有的，该约定无效，让与担保权人应依第××条的规定实现其让与担保权。

简要立法理由：让与担保交易中约定流质契约的情形较为常见。在担保权构造说之下，清算法理当然适用于让与担保。为防免动产让与担保的流弊，本条明定流质契约无效，对当事人的意思自由进行限制，以保护让与担保人及其一般债权人的利益。值得注意的是，在担保物权编“一般规定”中如就流质契约做出统一安排，可以删除本条。

---

① 参见陈荣隆：《让与担保之研究——现制之检讨及立法之展望》，台湾地区辅仁大学法律学系1999年博士论文，第237页。

第××条（让与担保权实行的通知）

动产让与担保权人依第××条规定实现让与担保权时，应于实现之前30日通知让与担保人。让与担保人可在收到通知之后30日内清偿债务，取回让与担保财产。但债务履行期不足30日的，不在此限。

简要立法理由：归属清算型有所谓当然归属清算型和请求归属清算型之分，本条明定采取请求归属清算型立场，以使让与担保人有清偿债务、取回担保物的机会。本条系仿《日本假登记担保法》第2条所作的规定。①

第××条（动产抵押权和动产质权规定的准用）

动产让与担保权除适用本章有关规定外，参照本法第××章第××节动产抵押权的规定。但让与担保权人占有担保物的，参照本法第××章第××节动产质权的规定。

简要立法理由：非移转占有型让与担保权的性质与动产抵押权相似；移转占有型让与担保权的性质与动产质权相若。为使立法简约，本条专设准用条款。

第××条（权利让与担保权的准用）

为担保债务的履行，债务人或者第三人将其权利转让给债权人的，参照本章规定。

简要立法理由：让与担保权以供作担保的财产的不同，有不动产让与担保、动产让与担保、权利让与担保之分。由于本书作者主张不动产让与担保另有专章加以规定，本章仅及于动产让与担保。通说以为，权利作为交易标的时视为动产，准用动产交易规则。本条因此规定，权利让与担保权准用动产让与担保权的规定。在解释上，这里的“权利”不包括不动产权利，不动产权利的交易规则准用不动产的相关规定。

---

① 《日本假登记担保法》第2条规定：“在假登记担保契约系以土地或建筑物（以下称‘土地等’）的所有权移转为目的的场合下，在完结预约之意思表示日、停止条件成就日等契约所约定的所有权移转日之后，债权人应将第3条所规定的清算金的评估额（在其认为没有清算金的情形下，是指将该情形加以通知）通知作为契约相对人的债务人或是第三人（以下称‘债务人等’），且自该通知到达债务人等之日起未经2个月，不发生所有权移转的效力。”“依前款规定所进行的通知，应明确表明该款所规定的期间届满时，土地等的评估价额，以及当时之债权与虽已由债权人代付、但应由债务人负担的费用（土地等有2个以上时，系指通过移转土地等之所有权而消灭的债权及其费用）的金额。”

担保登记专题

纳税担保登记制度研究①

纳税担保权为担保税法上的金钱给付义务的履行而设，为确保其成立或其优先顺位，自应有公示的必要，公示方法之一即为登记。无论对纳税担保的性质采取哪种观点，纳税担保权均可在一般民事登记簿上登记，但相应税务机关应尽相应审查义务，以防担保欺诈。

一、问题的提出

我国现行税收法律上所称的纳税担保，既包括纳税保证，又包括纳税抵押、纳税质押。② 我国理论界关于纳税担保性质上认识不大统一，相关法律规范的意旨不大明确，直接导致了纳税担保制度在实践中的贯彻落实。虽然《纳税担保试行办法》第 20 条规定纳税抵押自抵押物登记之日起生效，③ 但实践中，有些登记机关认为，它们所管辖者系属民事担保，所依据的是调整平等主体之间因物的归属和利用而产生的民事法律关系的《物权法》，而纳

① 本文系与陈文学博士合作，发表于《求索》2010 年第 5 期。

② 参见《税收征收管理法实施细则》第 61 条、《纳税担保试行办法》第 2 条。本文所考量者为纳税抵押和纳税质押。纳税保证属于纳税担保中人的担保，自无登记的必要。除非特别指明，本文所称纳税担保仅指纳税抵押和纳税质押而言。

③ 《物权法》施行后，该条即面临着修改。同时，《物权法》上规定了诸多权利质权情形，纳税担保自无排斥之理，相关规章修改之时应予增补。其中，大多数权利质权的设定应当办理登记手续。因此，虽然《纳税担保试行办法》没有规定纳税质权的登记，本文亦将纳税抵押、纳税质押一并予以考虑。

税担保双方主体地位不平等，属于公法上的担保，是行政担保，所依据的是调整税务机关和纳税人、纳税担保人之间的行政法律关系的《税收征收管理法》，超出了其职责范围。据此，对纳税人等相关当事人提出的登记申请不予登记，直接阻滞了《税收征收管理法》上相关规定的贯彻落实。例如，该法第 88 条将纳税担保作为纳税人等就纳税争议提起行政复议的选择性条件之一。如果纳税人无法依纳税决定缴纳或解缴税款及滞纳金，以他人财产向税务机关作为纳税担保，但登记机关对此不予登记，则纳税人无法提起行政复议。[①] 对于纳税担保而言，尚有争议的是，纳税担保是否要登记？如何办理登记？在现行制度框架下有何解决路径？目前，《税收征收管理法》《纳税担保试行办法》的修改已经纳入议事日程。本文拟就此一陈管见，以求教于同仁。

二、不同纳税担保性质学说之下的登记观

纳税担保权是为担保税法上金钱给付义务的履行，在纳税人或第三人的财产上所设定的，就该财产优先受偿的权利。对纳税担保性质的不同认识，直接导致了纳税担保设立的不同理解。

受权力关系说影响的学者认为，包括纳税担保具有强制性，是国家为了保护税收而凭借公权力加诸于纳税人的一项法定义务。纳税担保是“税务机关对由于纳税人的行为或者某种客观因素造成的应征税款不能得到有效保证或难以保证的情况，所采取的确保税收收入的措施”。[②]

受债务关系说影响的学者认为，纳税担保是税务机关与担保人之间的担保合意，纳税担保具有私法属性。纳税担保是民法的债权保障制度在税法中的移用，在法律性质上应当是一种私法意义上的担保，是一种民事法律行为。[③] 在此说之下，纳税担保自依《物权法》的规定予以公示。对于纳税抵

① 虽然《税收征收管理法》第 88 条为行政复议设定诸多前置性条件有重新考量之余地，参见刘新林：《新〈税收征管法〉第 88 条第 1 款之研讨》，载《武汉理工大学学报（社会科学版）》2004 年第 1 期。但在现行法的框架下，解释论的研究则是本文考量的重点。

② 宗和平：《推行纳税担保制度势在必行》，载《涉外税务》1998 年第 8 期。

③ 陈敏：《租税法之提供担保》，载《政大法律评论》1994 年第 12 期。

押权和大多数纳税权利质权而言，登记是其公示方法。

本书作者认为，无论对税收法律关系采取权力关系说和债务关系说，就纳税担保而言，其法律适用均是相同的。

在权力关系说之下，虽然纳税担保具有公法的性质，但仍有私法适用的空间和可能。公法能否援引或类推适用私法制度以达到其公法目的，一直是缠绕行政法学界的一大难题。私法中有关担保的规定，只要不违背纳税担保的公法属性，即可直接适用于纳税担保，以明确纳税担保相关主体的权利义务关系。不过，有学者认为，纳税担保是否援用私法上的担保制度，应有两个标准：第一，税法未做规定，且与纳税担保的公法属性相容；第二，援用的相关事项应当具备相同性或类似性，在法律价值判断上必须相当，且援用不会造成税法内部体系的矛盾和冲突。[①] 就纳税担保的登记，《税收征收管理法》未作规定，为维护税收债权的优先受偿地位，纳税担保自应与一般担保作相同处理。准此以解，纳税担保的登记，应当适用《物权法》的规定。

在债务关系说之下，纳税担保即属私法契约。就纳税担保，《税收征收管理法》及其实施细则上的规则属于特别规定，《物权法》《担保法》上的规则属于一般规定，在法律适用上自应依循“特别法优于一般法”的规则，优先适用《税收征收管理法》等的规定，《税收征收管理法》上未作规定的，适用《物权法》的规定。由此可见，就纳税担保的登记，《税收征收管理法》等未作明文规定[②]的情况下，自应适用《物权法》的规定。

由此可见，无论采取哪种学说，纳税担保登记均属必要。

三、纳税担保登记的基本法理

在解释上，纳税担保权应为物权的一种，而物权的变动（得丧变更）须有足由外部可辨认的表征，才能透明其法律关系，避免第三人遭受损害，保

① 张榕：《纳税担保制度研究》，厦门大学法学院 2005 年度民商法学硕士学位论文，第 41 页。

② 《纳税担保试行办法》在规范性质上属于部门规章，规范层次较低，本文在此未将其纳入考察之列。就理论上而言，在《税收征收管理法》及其实施细则未作明文授权的情况下，纳税担保问题已超出国家税务总局的立法权限。

护交易安全,[①] 这种“足由外部可辨认的表征”即为物权的公示。物权的公示方法有两种：占有（交付）与登记。前者多适用于动产，因动产具有流动性，且可随时为现实的占有。因此，人们可以通过人对动产的事实上的管领来判断物权归属，占有者即被推定为权利拥有者；后者多适用于不动产，因不动产不能随时为现实的交付，且现代经济的发展，使不动产权利多样化，以占有为其公示方法已难以使权利的内容为公众所知，登记制度遂之而生，由登记资料的查阅便可知悉物权的变动情况。就纳税抵押权和大多数纳税权利质权而言，占有已无法公示担保财产之上的权属情况，只能寻求登记以为公示。登记在私法上的功能即为公示担保财产上的权利状态，登记簿上载明的权利人即推定为担保财产的权利人。

纳税担保权属于在纳税人或纳税担保人的特定财产之上所设定的权利负担，就该特定财产，其上可能存在众多相竞存的权利，如果不顾这些权利的性质以及设定的先后，概允税务机关在其上取得绝对优先权，不利于保护担保财产之上其他权利人的利益。纳税担保登记的功能之一，即为确立税务机关在担保财产之上的优先顺位。

依《物权法》的现行规则，纳税担保登记的效力类型有以下两种：

第一，登记生效主义，即纳税担保权自登记之日起生效。登记生效主义，是指物权的设定以登记为发生效力的要件，换言之，未经登记，物权不仅不能对抗第三人，而且在当事人之间也无约束力。此种立法主义适用了纳税人或纳税担保人以其不动产作为担保物设定纳税抵押权的情形，以及以基金份额、股权等作为担保物设定纳税质权的情形。

第二，登记对抗主义，即纳税担保权自当事人之间担保合同成立之日起生效，但未经登记不得对抗第三人。登记对抗主义，是指物权依当事人间的合意即设定，但未经登记，不得对抗第三人。易言之，当事人间依合意成立物权后，对于第三人而言，未经登记者并非无效，只是当事人不能主张其有效。此种立法主义仅仅适用于纳税人或纳税担保人以动产作为担保物设定纳税抵押权的情形。为维系纳税动产抵押权的对抗力，税务机关自应将其纳税抵押权办理抵押登记。

① 王泽鉴：《民法物权》（第一册），台湾地区 1996 年版，第 75 页。

四、纳税担保登记制度的具体设计

依我国法上的现行规则，担保登记的程序大体是当事人提出申请、登记机关审查、登记机关登记发证等几个步骤。在纳税担保登记的情形，担保权人的特殊性，自然也就决定了登记程序和内容的特殊性。

（一）纳税担保登记的申请

为保护当事人双方的利益，多数国家立法在权利登记方面采取双方申请主义，即由双方当事人共同完成登记过程。[①] 在比较法上，德国允许由有关登记的当事人一方直接为登记申请，但另一方当事人须为书面登记承诺，其申请才是合法的。[②] 依我国现行规则，担保登记均采取双方申请主义，即担保登记均应由担保双方当事人共同提出申请。[③] 但就纳税抵押登记申请，《纳税担保试行办法》并未予明确，但该试行办法第 19 条和第 20 条的解释而言，似乎税务机关没有申请义务，在税务机关确认纳税担保书和纳税担保财产清单之后，由抵押人申请抵押登记，并向税务机关提供登记部门出具的抵押登记的证明及其复印件。这一规定与担保登记的现行规则相悖，也是造成登记部门对纳税担保登记不予配合的原因之一。本书作者认为，既然纳税担保登记的作用是公示纳税担保物之上的权利负担，且确定纳税担保权的优先顺位，税务机关和纳税担保人自应依担保登记的现行规则办理，且由税务机关取得相应的担保权证书，《纳税担保试行办法》所确立的规则自应修改。

在实际操作层面，有以下几个问题还需明确：

第一，税务机关是否可以委托纳税人或纳税担保人办理纳税担保登记？囿于税务机关的管理（或交易）成本，应当允许税务机关委托纳税人或纳税担保人办理纳税担保登记。《房屋登记办法》第 15 条第 2 款中规定："委托

---

① ［日］月冈利男：《登记请求权——其根据与发生原因》，载星野英一：《民法讲座 2・物权(1)》，有斐阁昭和 63 年版，第 233 页。转引自许明月：《抵押权制度研究》，法律出版社 1998 年版，第 221 页。

② 参见张龙文：《论登记请求权》，载郑玉波主编：《民法物权论文选辑》，台湾地区五南图书出版公司 1984 年版，第 98 页。

③ 《房屋登记办法》第 12 条、《土地登记办法》第 7 条、《动产抵押登记办法》第 2 条第 2 款。

代理人申请房屋登记的，代理人应当提交授权委托书和身份证明。”《土地登记办法》第 11 条第 1 款规定：“委托代理人申请土地登记的，除提交本办法第九条规定的材料外，还应当提交授权委托书和代理人身份证明。”《动产抵押登记办法》第 2 条第 2 款规定：“动产抵押登记可由抵押合同双方当事人共同向动产抵押登记机关办理，也可以委托代理人向动产抵押登记机关办理。”这些规定都为委托办理抵押登记提供了制度支撑。但委托登记在这里又面临着《民法通则》所禁止的“自己代理”的问题。本书作者认为，此处的登记在性质上系属行政行为（行政确认行为），自不应受《民法通则》上禁止自己代理规定的约束。即使认为登记属于民事行为，就禁止自己代理的立法意旨而言，登记申请本身并不必然导致登记行为的成立，且在登记申请之税务机关已对纳税担保书和纳税担保财产清单作出审查并予确认的情况之下，自可防范或减少其中可能出现的欺诈情事。

第二，纳税担保登记的申请文件。根据《房屋登记办法》第 43 条、《土地登记办法》第 36 条的规定，申请房屋、土地使用权抵押登记应当提交主债权（债务）合同、抵押合同等文件。就纳税抵押而言，税务机关和纳税人之间虽存在税收债权债务关系，但并不属于私法上因合意而生的债权债务关系，自无主债权（债务）合同可言。本书作者认为，担保物权所担保的对象并非仅限于因合同而生的债权债务关系，因侵权行为、无因管理、不当得利等所生的债权债务关系（法定之债）亦属被担保债权之列，[①] 上引规则自有考量余地。本书作者建议将上述“主债权（债务）合同”修改为“证明被担保债务存在的文件”，果若如此，相关问题即可迎刃而解。税收之债自属法定之债，应与侵权行为之债等法定之债作同样处理，只需提交被担保之税收债务存在的法律文件即可，在实践中，即是税务机关所下达的“税收决定”。

第三，纳税担保书的性质及其与登记申请书之间的关系。实践中，税务机关难以把握纳税担保书上“签字”（盖章）同意的实质，因为根据国家税务总局有关文件，它既不属于行政许可，又不属于行政审批，[②] 与纳税服务

---

① 详见曹士兵：《中国担保制度与担保方法——根据物权法修订》，中国法制出版社 2008 年版，第 17 页；高圣平：《担保法新问题与判解研究》，人民法院出版社 2002 年版，第 22 页。

② 国家税务总局行政审批制度改革之作领导小组办公室：《税务行政许可与行政审批工作手册》，中国税务出版社 2004 年版，第 102～111 页。

事项也截然不同。因此，税务机关往往回避或怠于使用纳税担保这一本来很好的预防税款流失的制度。[①] 由《纳税担保试行办法》的相关规定可见，纳税担保书是由纳税人或纳税担保人出具，并由税务机关确认的要式文书。《纳税担保试行办法》第 19 条规定："纳税人提供抵押担保的，应当填写纳税担保书和纳税担保财产清单。纳税担保书应当包括以下内容：（一）担保的纳税人应缴纳的税款及滞纳金数额、所属期间、税种名称、税目；（二）纳税人履行应缴纳税款及滞纳金的期限；（三）抵押物的名称、数量、质量、状况、所在地、所有权权属或者使用权权属；（四）抵押担保的范围及担保责任；（五）税务机关认为需要说明的其他事项。纳税担保财产清单应当写明财产价值以及相关事项。纳税担保书和纳税担保财产清单须经纳税人签字盖章并经税务机关确认。"第 24 条第 1 款规定："纳税担保人以其财产为纳税人提供纳税抵押担保的，按照纳税人提供抵押担保的规定执行；纳税担保书和纳税担保财产清单须经纳税人、纳税担保人签字盖章并经税务机关确认。"由此可见，可将纳税担保书视为税务机关与纳税人或纳税担保人之间的抵押合同。应当注意的是，根据《土地登记办法》第 43 条、《动产抵押登记办法》第 3 条的规定，申请抵押权登记应提交登记申请书或动产抵押登记文书，由双方当事人签字或者盖章。如何协调纳税担保书与登记申请书（或动产抵押登记书）之间的关系？就两者的内容来看，纳税担保书应当包括以下内容：担保的纳税人应缴纳的税款及滞纳金数额、所属期间、税种名称、税目；纳税人履行应缴纳税款及滞纳金的期限；抵押物的名称、数量、质量、状况、所在地、所有权权属或者使用权权属；抵押担保的范围及担保责任。动产抵押登记书应当载明下列内容：抵押人及抵押权人名称（姓名）、住所地；代理人名称（姓名）；被担保债权的种类和数额；担保的范围；债务人履行债务的期限；抵押财产的名称、数量、质量、状况、所在地、所有权归属或者使用权归属。由此可见，两者之间的内容大体相当，是否可以将纳税担保书既作为担保合同，又作为登记申请书？这还有待进一步明确。

---

① 张榕、郑丽清：《我国现行纳税担保制度的缺陷与完善》，载《福建金融管理干部学院学报》2006 年第 3 期。

（二）登记机关对纳税担保登记申请的审查

在比较法上，登记机关对登记申请的审查主要采取了两种主张：实质审查主义和形式审查主义。所谓实质审查，是指登记机关对登记的物权的存在状况进行实质的审查。与实质审查权相对应，登记机关如因审查疏忽，使登记的物权与该权利的现实状态不符，就应对因此而受到损害的人承担赔偿责任。所谓形式审查，登记机关仅就当事人提供的有关书面文件材料以及当事人的陈述进行表面上的审查，物权的变动过程与登记之状态是否相符，登记机关不负调查职责，当物权的真实状况与登记的状况不符而登记机关对此无过错时，登记机关不对此承担责任。

主张采取实质审查主义的学者认为，要使登记的内容与实际的权利相一致，就应当对登记的内容进行实质审查，实行实质性审查，是登记具有公信力的必要前提。[①] 我国正处于市场经济发展初期，整个社会面临着从计划经济向市场经济的转型，在这个过程中秩序比较混乱，信用低下，欺诈行为时有发生。如果对登记的事项不进行实质审查，极易造成欺诈现象。在实践中，由于登记机关不实行实质审查，常常发生登记错误，而使交易当事人蒙受损害，如果建立实质审查制度，就可极大地减少交易当事人的损害，保护交易当事人的合法权益。同时，采取实质审查制度，因登记机关的故意或重大过失导致登记错误，造成相对人的损失时，登记机关有义务加以赔偿，以强化登记机关的责任感，消除登记错误。实行实质审查主义还有利于强化登记的公示和公信功能。如果登记内容经常发生错误，交易当事人就会经常依据错误信息发生交易，而过多的登记错误会使人们越来越不愿意去查阅登记簿，从而降低登记的公示和公信功能，造成交易的极大妨碍，并使真正的权利人受到损害，尤其是使没有过错的无辜的人遭受损害。[②]

《物权法》第 12 条规定了不动产登记机关的审查义务，从中可以看出，我国对于不动产登记并未单独采纳任何一种模式，而是采取了折中的办法，既不是完全的实质审查，也不是完全的形成审查，而是以形式审查为主，实

① 崔建远等：《中国房地产法研究》，中国法制出版社 1995 年版，第 266 页。

② 参见王利明：《试论我国不动产登记制度的完善（下）》，载《求索》2001 年第 6 期。

质审查为辅的一种模式。[①] 由此可见，不同类型的担保物登记机关的审查标准不尽相同。但有一点是可以明确的，即登记机关对纳税担保物的权属状况、交换价值等并不承担实质审查责任。由此可见，纳税担保中的大多数风险均由税务机关作为担保权人来承担，这在一定程度上增加了税务机关的行政成本，也增加了税务机关的风险。按《纳税担保试行办法》的规定，税务机关只是对“纳税担保书”“纳税担保财产清单”予以“确认”，并未明确规定税务机关的相应审查责任。在《物权法》现行审查体制之下，对担保物的权属状况、价值多寡等的审查之责多由税务机关承担。

四、小结

纳税担保对于国家税款的足额征缴深具意义，在制度重建时，应在公法和私法之间架起沟通的“桥梁”，一则便于税务机关和相关登记机关的实际操作，二则利于立法简约，避免无意义的重复。担保登记制度设计无疑是纳税担保制度发挥作用的重要一环，在我国担保登记理论研究不足和制度构建多有失当的现实状况之下，明确纳税担保的性质对于相关制度的设计起着关键的作用。

① 王利明：《物权法研究》，中国人民大学出版社 2007 年版，第 104 页。

应收账款出质登记制度研究[①]

出质登记是应收账款质权设立的生效要件，对于质权人保全其质权至为重要。出质登记申请应坚持单方申请主义，但应设计相应救济手段以弥补相应的登记错误。在登记生效主义之下，应收账款质押登记机构对登记资料应负高于形式审查但低于实质审查的责任。出质登记应采声明性登记，但登记期限不应作为登记内容。

一、问题的提出

我国《物权法》明确规定应收账款可以作为融资担保的工具，这无疑为我国金融市场注入了新的活力，为解决中小企业融资难的问题提供了另外一条路径。质权本以占有（交付）为公示方法，但应收账款无法移转占有，应收账款质权的公示方法改以登记进行。[②] 登记制度若不完备，将使应收账款质权窒碍难行，失却其融通资金、保障交易安全的作用。我国《物权法》第228条第1款规定："以应收账款出质的，当事人应当订立书面合同。质权自信贷征信机构办理出质登记时设立。"这里的"信贷征信机构"即为中国人民银行征信中心。[③]

① 本文系与秦鑫合作，原载《烟台大学学报》2009年第2期。

② 我国《物权法》上的应收账款应属一般债权之一种。就一般债权质权的公示方法，他国有交付债权凭证和通知第三债务人（出质债权的债务人）等方法，我国法上均未采纳。

③ 参见全国人大常委会法制工作委员会民法室：《〈中华人民共和国物权〉法条文说明、立法理由及相关规定》，北京大学出版社2007年版，第411页。

为了配合《物权法》的贯彻实施，中国人民银行发布了《应收账款质押登记办法》（中国人民银行令〔2007〕第4号）[①]；中国人民银行征信中心也依据该办法制定了《应收账款质押登记操作规则》，建立了应收账款质押登记公示系统，并于2007年10月1日上线运行（www. pbccrc. org. cn）。应收账款质押登记公示系统是《物权法》授权的所有登记机构中，第一个也是唯一一个在《物权法》实施之日即按《物权法》构建的登记系统，同时，也是第一个和唯一一个完全采行电子化、基于互联网的登记系统。运行以来，共有1400多个机构注册成为登记用户，累计发生的登记数量超过3万笔，查询量突破4万笔。应收账款担保融资在我国研究逐步开展起来，并成为解决中小企业融资难问题的重要措施。[②]

《应收账款质押登记办法》是否准确反映了《物权法》的立法原意，其制度设计是否兼顾了质权当事人的利益，无疑是我们应当着力去研究的。

二、应收账款出质登记程序的启动模式：单方申请主义抑或双方申请主义

应收账款出质登记程序的启动模式有单方申请主义和双方申请主义之分。依单方申请主义，出质登记只需当事人一方申请即可启动相关登记程序；依双方申请主义，出质登记必须由当事人双方共同提出申请才能启动登记程序。在纸面登记系统和电子登记系统中均存在这两种模式的区分。

为保护当事人双方的利益，有些国家立法在登记方面采取双方申请主义，只有在双方当事人共同参与的情况下才能完成登记过程，[③] 我国也有学者主张应收账款出质登记亦应采取双方申请主义。[④] 有些国家并不要求当事人共同向登记机构申请登记，而只由质权人提出申请即可。为防止质权人恶意在他人财产之上登记担保负担，上述各国均设计了不同的制度，如《阿尔

① 《应收账款质押登记办法》已于2017年10月25日修订（中国人民银行令〔2017〕第3号）。

② 参见阎岳：《应收账款融资方兴未艾》，载《证券日报》2008年10月9日。

③ 参见许明月：《抵押权制度研究》，法律出版社1998年版，第221页。

④ 参见葛力伟、段维明、张芳、吴中明：《析应收账款质押登记制度的立法缺陷》，载《金融论坛》2008年第2期。

巴尼亚动产担保法》即规定，登记机构在受理登记申请，并录入数据库之后要向担保人、担保权人和登记代理人各发出一份确认通知书，允许相关当事人将登记系统中记载的信息进行核对，如发生错误，即可立即向登记机构报告。①

如此看来，在我国广为接受的当事人共同提出申请的模式②实有考量的必要。由当事人共同提出申请，可以防止质权人借单方申请登记之机侵害出质人的合法权益，但由此而生的问题也相当明显，一则登记的目的在于保护质权人的利益，如须与出质人共同实施登记，则易于迟延时日，势必损害质权人的利益；③ 二则本来可以一方办理的事，却由两方去办理，徒增成本，登记实践中，往往也多是由出质人委托质权人一方办理登记；三则若出质人不予配合，则出质登记不能办理，质权不能设立，由此又产生了登记请求权这一理论上争议颇大、实务中较难运作的问题。

《应收账款质押登记办法》坚持了单方申请主义，其第 8 条规定："应收账款质押登记由质权人办理。质权人也可以委托他人办理登记。委托他人办理登记的，适用本办法关于质权人办理登记的规定。"同时该办法采取了三种方法来防止质权人对出质人合法权益的侵害：第一，要求质权人与出质人

① 参见高圣平：《动产抵押登记制度研究》，中国工商出版社 2007 年版，第 156 页。

② 在《物权法》施行之后出台的登记规则中，大多坚持了双方申请主义。如《房屋登记办法》第 12 条规定："申请房屋登记，应当由有关当事人双方共同申请，但本办法另有规定的除外。有下列情形之一，申请房屋登记的，可以由当事人单方申请：（一）因合法建造房屋取得房屋权利；（二）因人民法院、仲裁委员会的生效法律文书取得房屋权利；（三）因继承、受遗赠取得房屋权利；（四）有本办法所列变更登记情形之一；（五）房屋灭失；（六）权利人放弃房屋权利；（七）法律、法规规定的其他情形。"《土地登记办法》第 7 条规定："土地登记应当由当事人共同申请，但有下列情形之一的，可以单方申请：（一）土地总登记；（二）国有土地使用权、集体土地所有权、集体土地使用权的初始登记；（三）因继承或者遗赠取得土地权利的登记；（四）因人民政府已经发生法律效力的土地权属争议处理决定而取得土地权利的登记；（五）因人民法院、仲裁机构已经发生法律效力的法律文书而取得土地权利的登记；（六）更正登记或者异议登记；（七）名称、地址或者用途变更登记；（八）土地权利证书的补发或者换发；（九）其他依照规定可以由当事人单方申请的情形。"《动产质押登记办法》第 2 条第 2 款规定："动产抵押登记可由抵押合同双方当事人共同向动产抵押登记机关办理，也可以委托代理人向动产抵押登记机关办理。"

③ 参见刘春堂：《动产担保交易法研究》，作者自版，第 7 页。

签订《应收账款质押登记协议》,[①] 并应将该协议作为登记附件提交登记公示系统;[②] 第二，质权人只有注册为登记公示系统的常用户后，才能践行登记手续，而对于常用户的身份资料的真实性，中国人民银行征信中心有形式审查之责;[③] 第三，出质人或者其他利害关系人认为登记内容错误的，可以要求质权人变更登记或注销登记，如质权人不同意变更或注销的，出质人或其他利害关系人可以申请办理异议登记,[④] 以警示查询人。

但这三种方法的并用是否可以有效防止损害出质人利益的发生呢?

第一，签署并提交登记协议能在一定程度上说明质权人单方申请的正当性，从登记协议的内容可以看出，其性质属于出质人对质权人登记申请的委托，旨在克服采纳单方申请主义可能遇到的问题。但是，该协议因在互联网上远程提交，登记系统并不对其真伪进行审查，其真实性不得而知。同时，在质权合同之外，当事人还须就登记事项单独作出特别约定，无疑增加了当事人的负担，使得登记程序显得繁琐。[⑤]

第二，虽然设计了异议登记以为救济，但登记簿上所载明的名义出质人以及其他利害关系人很难发现相应的登记错误。因为，其一，只有在注册为登记公示系统的用户之后才能查询应收账款质押登记信息。对于少量交易或小额贷款的信贷客户而言，他完全没有必要成为系统的用户，也就无从发现

---

① 《应收账款质押登记办法》第 6 条规定:“质权人办理质押登记前应与出质人签订协议。协议应载明如下内容:(一) 质权人与出质人已签订质押合同;(二) 由质权人办理质押登记。”《应收账款质押登记操作规则》第 13 条规定:“进行初始登记时，用户应当按登记公示系统提示完整填写出质人信息、质权人信息、质押财产信息和登记期限，并以影像格式在‘质押财产描述附件’栏目中上传《应收账款质押登记协议》(以下简称《登记协议》),否则，登记无效。《登记协议》至少应载明以下内容:(一) 质权人与出质人已签订质押合同;(二) 由质权人办理质押登记;(三) 出质人已经告知质权人自质押登记起过去四个月之内所有有效的出质人名称，或出质人已经告知质权人所有有效及曾经有效的身份证件号码;(四) 协议双方的签字或签章。”

② 《应收账款质押登记办法》第 10 条第 1 款规定:“登记内容包括质权人和出质人的基本信息、应收账款的描述、登记期限。质权人应将本办法第八条规定的协议作为登记附件提交登记公示系统。”

③ 《应收账款质押登记操作规则》第 4 条第 3 款规定:“常用户在登记公示系统互联网页面进行注册、通过征信分中心身份资料真实性形式审查后完成用户注册。常用户可以进行登记和查询操作。”

④ 《应收账款质押登记办法》第 19 条第 1 款规定:“出质人或其他利害关系人认为登记内容错误的，可以要求质权人变更登记或注销登记。质权人不同意变更或注销的，出质人或其他利害关系人可以办理异议登记。”

⑤ 参见何正启、韩晓莹:《银行如何应对〈应收账款质押登记办法〉》，载《银行家》2007 年第 12 期。

相关的登记错误，也就无从对可能出现的登记错误采取相应的救济措施。《应收账款质押登记办法》第19条的规定实际上是强加给我们日常生活中的每个人都要定期去查询登记系统，以明确自己是否被不当地登记为出质人。其二，作为一种事后救济途径，异议登记发生作用还端赖于生效裁判的最后确定。其三，依《应收账款质押登记办法》第19条第1款和《应收账款质押登记操作规则》第4条的规定，只有注册成为登记公示系统的常用户之后，才能践行异议登记，而申请成为常用户，还需向所在地中国人民银行征信分中心提交相关材料，由征信分中心对其身份资料的真实性进行形式审查后才能完成用户注册。[①] 此一过程肯定会耗费时日，如此与异议登记及时维护出质人或者其他利害关系人的设立本旨相违背。同时依《应收账款质押登记操作规则》之规定，似乎只有单位才能成为常用户，[②] 才能登记和查询，而普通用户只能进行查询操作，如出质人为个人，以上异议登记即无从进行。

两相比较，上引他国立法例更为可取。单方提出申请后，登记机构发出确认通知书，一则可以由质权人斟酌情事，具体确定是否予以登记；二则双方当事人可及时发现登记系统的错误，及时纠正，以维持出质登记的公示效力。

应当注意的是，《应收账款质押登记办法》将应收账款质权登记的申请人局限于登记公示系统的注册常用户，[③] 在一定程度上限制了登记系统的应有使用，前引报道中该系统至今也仅有1400多个注册用户即为例证。虽然应收账款质权人多为金融机构，但在其他交易关系中亦有应收账款质权之发生，对于这些少量、小额应收账款担保交易，也应给予其适当的登记路径，

① 参见《应收账款质押登记操作细则》第4～7条。

② 《应收账款质押登记操作规则》只规定了单位申请成为常用户应提交的材料，对个人申请成为常用户应提交的材料付之阙如，这似乎是说，个人无法成为登记公示系统的常用户，无法作为质权人申请登记，其规则设计至为可议。

③ 《应收账款质押登记办法》第9条规定："质权人办理应收账款质押登记时，应注册为登记公示系统的用户。"《应收账款质押登记操作规则》第4条规定："登记公示系统的用户分为普通用户和常用户。普通用户自行在登记公示系统互联网页面完成用户注册。普通用户可以进行查询操作。常用户在登记公示系统互联网页面进行注册、通过征信分中心身份资料真实性形式审查后完成用户注册。常用户可以进行登记和查询操作。"

而不应强制性要求其成为系统注册常用户之后才能登记其质权。在比较法上我们可以看到，只有大量、大额担保交易的担保权人才会与登记系统签约成为系统的用户，少量、小额担保交易的担保权人往往是通过登记系统设在全国各地的办公室的计算机终端上践行登记手续的。[①] 同样的道理，在查询应收账款质押登记信息时，亦不应绝对地要求以注册为系统用户为前提条件。

三、应收账款出质登记机构的审查责任：实质审查抑或形式审查

所谓实质审查，是指登记机构对登记的质权的存在状况进行实质的审查。在进行登记之前，登记机构应对质权的存在以及质权的类型和形成过程进行全面的核实。与实质审查权相对应，登记机构如因审查疏忽导致登记的质权与该权利的现实状态不符，应对因此而受到损害的人承担赔偿责任。所谓形式审查，是指登记机构仅就当事人提供的有关书面文件材料以及当事人的陈述进行表面上的审查，质权的设立过程与登记之状态是否相符，登记机构不负调查职责，当质权的真实状况与登记的状况不符而登记机构对此无过错时，登记机构不对此承担责任。

应收账款出质登记究竟是采取实质审查主义，还是采取形式审查主义，理论上和登记实践中均存在争议。主张采取实质审查主义的学者认为，要使登记的内容与实际的权利相一致，就应当对登记的内容进行实质审查，是登记具有公信力的必要前提。[②] 我国正处于市场经济发展初期，整个社会面临着从计划经济向市场经济的转型，在这个过程中秩序比较混乱，信用低下，欺诈行为时有发生。如果对登记的事项不进行实质审查，极易造成欺诈现象。

本书作者认为，应收账款出质登记不能实行实质审查主义，主要理由如下：第一，登记机构无权对主合同和出质合同的效力进行判断。根据我国《合同法》《民法通则》及最高人民法院司法解释的规定，对合同效力的判断

---

① 参见高圣平《动产抵押登记制度研究》，中国工商出版社 2007 年版，第 88 页。

② 参见崔建远等：《中国房地产研究》，法律出版社 1995 年版，第 266 页。

是人民法院和仲裁机构的职责。如登记机构对主合同、出质合同进行实质审查并判断其效力，实际上等于充当了人民法院、仲裁机构的角色。在比较法上，我们注意到，即使是在实行实质审查制度的德国，对权利人与相对人的关于实体法律关系的意思表示也不予审查。[①] 第二，登记机构无权对应收账款的真实性和价值进行实质审查。就应收账款设定质权达成出质合同本是质权人与出质人之间的事情，本着我国《合同法》所体现的私法自治理念，登记机构无权对之进行干预。登记机构只是通过一定的程序将既存的质权内容（事实状态）予以记载并予公示，登记机构并不是出质合同的当事人，不应当介入出质合同关系中去审查应收账款的真实性和价值。有关立法支持了本书作者的观点，《商业银行法》第 36 条规定："商业银行贷款，借款人应当提供担保。商业银行应当对保证人的偿还能力，抵押物、质物的权属和价值以及实现抵押权、质权的可行性进行严格审查。"由此可见，对应收账款权属、价值进行审查，应是质权人在应收账款出质关系成立之前所应置重的事情，不能因存在应收账款出质登记制度而减轻或免除。[②] 第三，从经济效益和行政效率的角度，登记机构实行实质审查制度不足取。应收账款出质登记如实行实质审查，则不仅要审查主合同和出质合同的有效性、审核应收账款的权属关系，还要通过应收账款债务人验明应收账款的"正身"以判断应收账款是否存在，其现状若何，是否与登记申请中记载的实际名称、数量、价值相符。如此宽泛的审查范围、如此强大的审查力度，必然使登记机构的审查费用居高不下，最终这些审查费用仍要由当事人承担（主要由出质人承担），加上登记机构、当事人为审查和配合审查所付出的人力成本和时间成本，使得出质人借应收账款融资的成本急剧增加，人为地设置了市场调配资源机制的障碍，由此可见，实质审查制度与经济效益原则不符。第四，从登记错误、遗漏的赔偿责任的角度，登记机构实行实质审查制度亦不足取。实行实质审查制度，登记机构如因审查疏忽，使登记的权利与该权利的现状不一致，即应承担赔偿责任。实质审查制度对于登记机构而言将是一个沉重的

① 参见孙宪忠：《德国当代物权法》，法律出版社 1997 年版，第 144 页。

② 参见李颖琳：《抵押物登记中的审查责任》，载《工商行政管理》2003 年第 5 期。

负担，对登记机构的人员素质和办公条件有相当高的要求。[1] 目前，我国登记机构收取很少的登记费，却要承担如此重的责任，如果登记人员没有较强的业务能力以保证登记质量的话，登记机构不仅可能诉讼缠身，而且恐怕还会有更大的麻烦。[2]

同时，本书作者认为，应收账款质押登记机构的审查责任至少要高于形式审查。《物权法》根据登记对不同物权的设立的不同意义，分别采取了登记生效主义与登记对抗主义两种不同的模式。通说认为，登记生效主义之下，物权非经登记，不得设立，登记具有公信力和权利推定力，登记机构实行高于形式审查低于实质审查的审查标准；[3] 而登记对抗主义之下，物权非经登记，不得对抗第三人，登记没有公信力，登记机构只实行形式审查。《物权法》对应收账款质权采取了登记生效主义，非经登记，应收账款质权不得设立。在此模式之下，应收账款质权登记机构的职责应当同于同属登记生效主义的不动产登记中登记机构的职责。依《物权法》第 12 条的规定，“登记机构应当履行下列职责：（一）查验申请人提供的权属证明和其他必要材料；（二）就有关登记事项询问申请人；（三）如实、及时登记有关事项；（四）法律、行政法规规定的其他职责。申请登记的不动产的有关情况需要进一步证明的，登记机构可以要求申请人补充材料，必要时可以实地查看。”在这里，登记生效主义之下的登记机构对登记材料的真实性和合法性虽无完整保障，但依这些审查职责也在一定程度上起到了防杜欺诈交易的作用。但纵观《应收账款质押登记办法》及中国人民银行征信中心的相关操作规则与问题解答，看不出来“登记审查”的影子。登记信息录入由质权人通过可访问互联网的电脑终端自行操作进行。[4] 征信中心在应收账款质押登记业务中的责任是建立应收账款质押登记公示系统，采取必要的措施，维护登记公示系统的安全、正常运行；制定应收账款质押登记操作规则，维护应收账款质

---

① 参见黄辉：《中国不动产登记制度的立法思考》，载《北京科技大学学报（社会科学版）》2001 年第 3 期。

② 实践中即有登记机构承担 870 万元赔偿责任的事例。参见《南方周末》2003 年 7 月 10 日。

③ 参见王利明：《物权法研究》（修订版·上卷），中国人民大学出版社 2007 版，第 316 页。

④ 参见《应收账款质押登记公示系统常见问题》第 4 问，http：//ar. pbccrc. org. cn/include/answer. jsp. 访问日期：2008 年 7 月 3 日。

押登记的正常进行。对于由应收账款质押登记公示系统原因造成的登记错误，由征信中心负责。[①] 由此可见，中国人民银行征信中心对登记资料不进行任何审查，连形式审查都谈不上，很明显违背了《物权法》的相关规定。

如此漠视登记机构的审查职责，必有其原因。我们来看看中国人民银行征信中心自己的解释吧。官方网站上的“常见问题解答”第1问“为什么要进行应收账款质押登记?”的解释是：“首先，是法律要求。《物权法》第228条规定：‘以应收账款出质的，当事人应当订立书面合同。质权自信贷征信机构办理出质登记时设立。’因此，以应收账款作质押进行融资，需要进行登记。其次，是对抗第三人的需要。应收账款作为一种无形财产，具有不可直接控制的特点，将其作为担保物进行融资，需要了解是否存在在先权利，即该笔应收账款之上是否已经设立质权。登记公示的目的在于向公众告知质权人对出质人某一担保物之上存在担保物权或其他权利，并根据登记时间先后确定优先受偿顺序。”在这里，中国人民银行征信中心将登记的目的仅限于“向公众告知质权人对出质人某一担保物之上存在担保物权或其他权利，并把握登记时间先后确定优先受偿顺序”，很明显采纳了登记对抗主义之下的登记观念。在登记生效主义之下，登记并不仅仅具有上述作用，而更为重要的是，登记具有创设应收账款质权的作用，在性质上属于“设权登记”。只要是设权登记，登记机构的审查职责即应重视，否则，社会公众如何相信一个已经设定的权利的登记？登记维护交易安全的功能和确定权利存在的公信力又作何体现？“中国人民银行及其征信中心在一定程度上对法律赋予其公共管理职能的懈怠，弱化了国家登记机构的管理职能，弱化了法律的权威和尊严。”[②]

不管是否承认，中国人民银行征信中心所构建的应收账款质押登记公示系统是效仿了美国、加拿大的动产担保公示系统。应收账款质押“登记公示系统是我国第一个基于现代动产担保登记理念建设的登记系统”“应收账款

---

① 参见《应收账款质押登记公示系统常见问题》第10问，http：//ar. pbccrc. org. cn/include/answer. jsp. 访问日期：2008年7月3日。

② 葛力伟、段维明、张芳、吴中明：《析应收账款质押登记制度的立法缺陷》，载《金融论坛》2008年第2期。虽然此语以“管理职能”来概述征信中心的登记审查职能有欠妥当，但其论述却是一语中的。

质押登记公示系统是现代动产担保制度重要的组成部分”[①] 由此可见一斑。[②] 但应当注意的是，以美国为代表的先进国家的现代动产担保制度，皆以登记对抗主义为其逻辑推演的基础，[③] 在我国采取登记生效主义的模式之下，直接植入登记对抗主义的登记系统，是否妥适？同时，即使在美国、加拿大，登记机构也不是没有形式审查职责的。[④]

四、应收账款出质登记的内容：文件登记抑或声明登记

在比较法上我们注意到，关于登记内容历来有“文件登记”（document filing）和“声明登记”（notice filing）两种立法例。所谓“文件登记”，是指登记机构登记的是当事人创设担保权的合同（文件），而所谓“声明登记”，是指登记机构登记的只是当事人创设担保权之后的一个仅载明基本信息的声明，不登记创设担保权的合同，甚至该合同也不用向登记机构提交。

《美国统一商法典》采取的是声明登记制，登记的担保声明书非如担保协议，只要求记载很少的内容，即债务人的姓名或名称、担保权人或其代理人的姓名或名称、担保物。由此最大限度地避免了对当事人经济状况的暴露，利害关系人可以通过以债务人姓名或名称为序所编制的索引直接检索担保声明书的内容，在电子化的登记系统中，只需键入债务人的姓名或名称，即可快速地查知特定债务人的特定财产之上已有担保负担，以此警示利害关系人。

声明登记比文件登记存在诸多优势，为绝大多数登记系统所采纳，我国亦宜采声明登记制，其主要理由在于：第一，由于声明登记仅要求登记极少

---

① 《应收账款质押登记公示系统简介》，http：//ar. pbccrc. org. cn/include/about. Jsp. 访问日期：2008 年 7 月 3 日。

② 上引葛力伟等文章同时批评应收账款质押登记系统依现代动产担保登记理念而构建的观念，认为应收账款质押不属于动产质押，因而上述论断缺乏基本的逻辑前提。这可能是一个误解与误读。在比较法上，动产担保是可以涵盖权利担保的。因此，在比较法上探讨现代担保制度之时，动产担保包括了动产抵押、动产质押、权利质押等不同的形态。我国与美国、加拿大等国不同的是，同属动产担保却采取了不同的登记理念，在动产抵押，我国采取的是登记对抗，但在动产质权、权利质权，我国又采取的是登记（公示）生效，两者之间颇不谐调，自应注意。

③ 参见高圣平：《动产担保交易制度比较研究》，中国人民大学出版社 2008 年版，第 258 页。

④ 参见高圣平：《动产抵押登记制度研究》，中国工商出版社 2007 年版，第 91 页。

的登记事项，且多记载于标准格式的声明之中而不是提交并登记创设担保权的合同，所以声明登记极大地降低了登记机构的管理成本和存档成本，便捷了多语种登记系统的有效运作，简化了从纸面声明登记系统转向电子系统的程序。第二，声明登记也极大地降低了担保当事人和检索者的交易成本。对于担保当事人而言，声明登记实质性地降低了其持续的登记负担。例如，根据情况的变化，当事人会不断地修改担保合同的条款，此时，只要担保合同的修改没有影响到登记事项，担保权人不用担心登记记录的妥当性问题。而这在文件登记系统中是不可能的，只要担保合同修改，即应进行变更登记。实际上，声明登记可以在担保权设定之前即可进行，也可以以单一登记涵盖相同当事人之间的持续交易。对于检索者而言，其不用再去浏览复杂冗长的担保合同，而通过检索登记系统即可快速而高效地得到担保权的基本内容。[①] 第三，声明登记还有效地回应了担保人和担保权人所共同关注的商业秘密问题。登记系统中所记载的内容的多少与相关当事人商业秘密的保护之间存在反比例关系，亦即，登记内容越多，则披露的商业秘密也就越多，受保护的商业秘密越少；相反，登记内容越少，则披露的商业秘密也就越少，受保护的商业秘密也就越多。

为保证登记系统高效运转，登记内容应简化，不必要或过长的信息应予排除。在声明登记制之下，应收账款出质登记应当包括以下事项和内容：

1. 当事人

当事人是所有登记系统均需登记的内容。当事人包括出质人和质权人。登记系统的检索和查询将依出质人的姓名或名称而进行，一旦输入出质人的姓名或名称，即可立即显示该出质人已设定的所有权利负担。由此可见，当事人姓名或名称记载必须准确。对于自然人而言，由于我国同名同姓者很多，同时记载其居民身份证号码则可防杜重复；[②] 对于法人和其他组织而言，从理论上讲，其名称均是唯一的、相互区别的，只需记载其全称即可，为更

---

① Asian Development Bank，*Law and Policy Reform at the Asian Development Bank*，2002 Edition，p. 18.

② 目前系统支持的个人身份证件包括居民身份证、军官证、士兵证、港澳居民来往内地通行证、台湾同胞来往大陆通行证、警官证和护照。

好地识别，可记载其注册号或登记证号。[1] 特别值得注意的是，当出质人姓名或名称发生变更时，登记系统应将所有相同债务人的相应记载相互连接。

出质人的住所是否也是登记事项？一种观点认为，出质人的住所应当属于登记事项，因为，它能帮助识别出质人的身份，同时也能使利害关系人找到出质人以便进一步了解相应信息。另一种观点认为，登记系统中只需记载出质人的姓名或名称即可，无须记载住所。本书作者同意第一种观点，我国疆域辽阔，虽然居民身份证号码等辅助识别因素可以协助使出质人特定化，但登记出质人的住所有助于更好地识别出质人，同时，也为相关程序的设计和转换提供了前提条件，如由地方登记制转换为中央登记制等。在声明登记制度之下，所登记的声明披露的内容极少，检索者不能从中了解更多的信息。所以，采行声明登记制度的国家均设计有相应的程序以使检索者在检索登记系统之后能够从质权人那里获得质权的确切信息。因此，质权人的姓名或名称以及住所也属于登记事项之一。对于第三人而言，担保权人是担保权关系的真实内容的可靠来源。

2. 担保物：应收账款

担保物也是声明登记制度中的基本登记内容。在有些国家，登记申请者只须指明应收账款的一般属性，例如“销售存货的应收账款”，即使质权只涉及该类财产中的某一特定应收账款（如销售机动车的应收账款），亦无不然。在有些国家，登记申请者必须披露应收账款的特定种类和数量，如“销售五辆机动车的应收账款 120 万元”。

本书作者认为，较少的描述要求，减少了质权人的登记负担，降低了描述失误的风险。但是，对于第三人而言，其公示价值受到了限制，为了确认质权的精确范围，检索人必须直接从质权人或出质人那里取得相应细节。因此，适中的规定是我们的首选。第一，允许对设定质权的应收账款作一般性描述，例如“出质人的所有应收账款”“出质人未来一年销售存货的应收账款”；第二，在债务人或应收账款数额特定的情况下，也允许对应收账款作特定描述，如“出质人对某债务人享有的 400 万应收账款”。

关于应收账款的描述，登记实践中问题较大，由于登记系统对当事人的

---

① 对企业而言，均有执照注册号，对社会团体、单位而言，均有登记证号。

登记申请根本不作审查，导致现有的登记系统的公示作用大为降低。实践中对应收账款有以下描述：“省医科大学附属第二医学院为省重点医科院校，为合理承贷主体。经调查该校目前各项收入稳定，还款来源充足，发现前景广阔，对其提供信贷支持，符合国家产业政策，符合我行信贷投向。”还有一些企业直接把广告文案作为应收账款描述录入到登记系统之中。[①] 这些描述根本无法确定出质的应收账款。

依现行规则，应收账款的描述可分为具体描述、类型性描述和概括性描述。其中，对于已发生的某笔或某几笔应收账款，可以使用产生应收账款的合同号、发票号、账期、到期日、金额等要素来描述，达到界定应收账款的效果，是对应收账款具体性描述；对于出质人一定时间内针对特定付款人的所有应收账款，通过列出时间、付款人等要素实现对质押财产的界定，是对应收账款的类型性描述；对于出质人现在和将来所有的应收账款，使用“××现在和将来所有的应收账款”这种概括性的文字描述就能界定质押财产的范围，是对应收账款的概括性描述。[②] 这些规则与美国、加拿大等国的登记实践相合，颇值赞同。

3. 是否应当登记“担保债权”的性质和数额

登记系统中是否应记载担保债权（主债权）?《美国统一商法典》第九编对此作了否定的规定。如果声明中应记载主债权，预告登记即不可能，更重要的是，在当今交易日益频繁的前提下，诸如系列贷款和持续性贷款中，要求记载主债权在融资实践中不大可能。此外，随着时间的推移，主债权的数额不断发生变化，要求质权人不断地更新登记内容在管理上也是不切实际的。因此，无论从哪个方面来看，登记主债权的实益极为有限。[③] 本书作者赞同这一看法。

但是，也有些国家要求登记中披露主债权的最高限额，旨在便于债务人

---

① 参见蒋云翔：《10 亿应收账款质押登记亟须法律补白》，载《21 世纪经济报道》2008 年 1 月 3 日。

② 参见《应收账款质押登记公示系统常见问题》第 23～25 问，http：//ar. pbccrc. org. cn/include/answer. jsp. 访问日期：2008 年 7 月 3 日。

③ Asian Development Bank，*Law and Policy Reform at the Asian Development Bank*，2002 Edition，p. 21.

利用担保物的剩余价值向其他担保权人取得信贷。否则，其后的质权人无从依应收账款的剩余价值决定放贷的数量。这是因为第一个已登记的质权人此后可能会基于同一质权向债务人进一步发放贷款。在允许涵盖相同当事人之间的多项安排的单一登记的制度中，即使第一个已登记的债权人与债务人之间的合同没有明确授权该担保权可以担保此后的信贷的情况下，这一风险仍然存在。要求登记主债权的最高限额最终会极大地降低当事人根据具体情况调整其信贷安排的灵活性。如果没有这一强制性的要求，第一个质权人可以与债务人达成协议提高贷款数量，甚或签订全新的担保合同，而不用担心因新合同中的贷款数量而丧失其优先顺位，也不用交纳额外的登记费用。当事人总是能就主债权的最高额度达成一致，这一最高限额高到足以满足未来主债权增加的可能需要。但是，如果登记了这一过度预估的数额，就有效地突显了这一要求的目标——阻止债务人利用同一应收账款为其后的债权人提供担保。

《应收账款质押登记办法》对此作了灵活规定，其第 10 条第 4 项规定："质权人可以与出质人约定将主债权金额等项目作为登记内容。"颇值赞同。

4. 是否应当登记"登记期限"

关于登记内容的另外一个值得研究的问题就是"登记期限"的问题。《应收账款质押登记办法》于第 10 条明确将"登记期限"列为登记内容之一，同时在第 12 条中明确规定："质权人自行确定登记期限，登记期限以年计算，最长不超过 5 年。登记期限界满，质押登记失效。"这一规定明显采自美国、加拿大，但在我国《物权法》之下是否妥适，尚值研究。

担保物权人行使担保物权是否有期间限制？一直是学术界和实务界争论不休的问题。《物权法》第 202 条规定："抵押权人应当在主债权诉讼时效期间行使抵押权；未行使的，人民法院不予保护。"《最高人民法院关于适用〈中华人民共和国担保法〉若干问题的解释》第 12 条规定："当事人约定的或者登记部门要求登记的担保期间，对担保物权的存续不具有法律约束力。担保物权所担保的债权的诉讼时效结束后，担保权人在诉讼时效结束后的二年内行使担保物权的，人民法院应当予以支持。"虽然就《物权法》第 202 条规定的期间性质，学界存在不同认识，但本书作者认为，《物权法》第 202 条实际上规定的是主债权诉讼时效对抵押权行使的影响，是抵押权从属性的体现，并不是抵押权的诉讼时效，也不是抵押权的除斥期间。同时，本书作者主张《物权法》第202条可以适用于质权和留置权。[①]《物权法》公布实施后，有学者即认为："司法解释第12条第1款的规定系对物权法定原则的具体化，与物权法不相抵触，在物权法生效后仍得继续适用，应无疑问。"[②] 本书作者深表赞同。准此以解，登记机构登记的担保物权（行使）期间以及当事人关于担保物权行使期间的约定，无论长短，均属无效。

五、小结

我国《物权法》中明定应收账款质权制度，在略显僵硬的物权法定主义之下，颇具积极意义，但该制度是否发挥其积极作用仍然仰赖于相关制度的配合，登记制度无疑是至关重要的一环。虽然他国先进登记经验值得重视，但在我国奉行应收账款质权登记生效主义之下，引进登记对抗主义模式之下的登记理念与制度设计，则颇值研究。准确把握立法原意，并加以贯彻，无疑是相关规章制定中的基本点，我们遗憾地看到，《应收账款质押登记办法》及《应收账款质押登记操作规则》并没有很好地做到这一点。

① 参见高圣平：《担保物权的行使期间研究——以〈物权法〉第202条为分析对象》，载《华东政法大学学报》2008年第6期。

② 参见曹士兵：《中国担保制度与担保方法——根据物权法修订》，中国法制出版社2008年版，第276页。

应收账款质权登记的法理[①]

应收账款质权以登记为公示方法，通知应收账款债务人对于应收账款质权的设定没有意义，但构成应收账款质权人保全其权利的方法。同样以应收账款作为融资工具的应收账款转让（保理），并不以登记作为公示方法，目前相关规则中的登记规定仅具有倡导意义。在单方申请主义之下，应收账款质权设立登记仍应上传登记协议，以防杜恶意登记和虚假登记。我国应收账款质权登记采声明登记制，但登记内容可以包括主债权金额以及主债权合同有关的其他信息，不包括登记期限。就登记系统中的登记错误，不应采取异议登记模式，而直接赋予利害关系人涂销或修正登记请求权，这些请求权可以以司法途径行使，也可以在登记机构的协助下行使。

"应收账款已被广泛用作融资担保工具"，[②] 我国《物权法》亦明定将应收账款作为担保财产。为贯彻《物权法》关于应收账款质权登记的规定，中国人民银行制定了《应收账款质押登记办法》。基于互联网的电子化"应收账款质押登记公示系统"，也于 2007 年 10 月 1 日《物权法》实施之日正式上线运行；2013 年 1 月 14 日，登记系统完成改造升级，原应收账款质押登记公示系统和融资租赁登记公示系统整合到"中登网"框架下的中征动产融资统一登记平台；2015 年 9 月 18 日原"中征动产融资统一登记平台"更名

① 本文原载《当代法学》2015 年第 6 期。

② United Nations Commission on International Trade Law, *UNCITRAL Legislation Guide on Secured Transactions*, New York: United Nations, 2010, p. 91.

为“动产融资统一登记系统”，域名也改为 www. zhongdengwang. org. cn。

《应收账款质押登记办法》的实施，在一定程度上促进了应收账款融资的发展，但由于相关规则的设计并没有全面贯彻《物权法》的指导思想，[①]应收账款质押登记公示系统的运行也引发了一些争议，不少法院就此提出了一些司法建议，直指《应收账款质押登记办法》的制度设计和登记实践。为了适应应收账款融资业务的发展，更好地提供应收账款融资登记服务，中国人民银行适时启动了《应收账款质押登记办法》的修订工作，形成了《应收账款质押登记办法（修订征求意见稿）》（以下简称《征求意见稿》），[②] 并向社会公开征求意见。中国人民银行对《应收账款质押登记办法》（中国人民银行令〔2007〕第 4 号）进行了修订，经 2017 年 8 月 24 日第 8 次行长办公会议通过，2017 年 10 月 25 日发布，自 2017 年 12 月 1 日起施行。

一、登记之于应收账款质权设定的意义

在我国《担保法》之下，担保财产的范围较受限制，使得部分社会财富的金融价值难以发现，在一定程度上影响到了融资实践的发展。[③] 我国物权法立法过程中充分注意到了这一现实与法律之间的紧张关系，扩大了担保财产的范围：就抵押财产不再限制，只要是“法律、行政法规没有禁止抵押的其他财产”均可抵押（《物权法》第 180 条第 1 款第 7 项）；就质押财产而言，由于实践中生长的新类型权利不易确认和把握，出于对担保交易风险的关注，仅允许“法律、行政法规规定可以出质的其他财产权利”可以设定质权（《物权法》第 223 条第 7 项）。[④] 其中，就比较法上普遍承认但我国《担保法》未予明确的一般债权质权，我国《物权法》上以应收账款质权加以表达。作为会计学术语的“应收账款”在《物权法》上得以确立颇费周章，为

---

① 参见葛力伟、段维明、张芳、吴中明：《析应收账款质押登记制度的立法缺陷》，载《金融论坛》2008 年第 2 期；高圣平、秦鑫：《应收账款出质登记制度研究》，载《烟台大学学报（哲学社会科学版）》2009 年第 2 期。

② 《应收账款质押登记办法（修订征求意见稿）》，http：//www. pbc. gov. cn/rmyh/105208/2878708/index. html，访问日期：2015 年 6 月 1 日。

③ 参见邹海林、常敏：《论我国物权法上的担保物权制度》，载《清华法学》2007 年第 4 期。

④ 参见胡康生主编：《中华人民共和国物权法释义》，法律出版社 2007 年版，第 481 页。

了避免“债权”“一般债权”“普通债权”等词语过于宽泛所可能带来的市场风险，立法者选取了美国法上的“account”（通译为“应收账款”）这一相对狭窄的概念，并将其界定为：“权利人因提供一定的货物、服务或者设施而获得的要求义务人付款的权利，不包括因票据或者其他有价证券而产生的付款请求权。”[①]

接下来的问题就是，在将应收账款质权定位于担保物权的情形下，[②] 依“合同+公示”的物权变动模式，如何践行应收账款质权的公示？比较法上存在两种不同的立法例：以德国、瑞士和我国台湾地区为代表的“债权让与通知”模式；[③] 以美国、加拿大、新西兰、澳大利亚为代表的“登记”模式。[④] 我国《物权法》选择了登记模式，明定应收账款质权自登记于信贷征信机构时设立。就此，有学者认为，应收账款质权的公示方法未能与应收账款转让的方式相一致，值得商榷。[⑤] 本文作者不敢苟同。

其一，论者认为：我国《合同法》上“既未规定登记的质押债权不得转让，也未规定第三人在受让出质债权时有查阅征信中心登记信息的义务，因此，通过债权质押登记，是无法达到控制出质人将出质后的债权擅自转让的目的的。”[⑥] 姑且不论登记公示的目的是否仅限于“防止出质人在质押期间再

---

① 虽然这仅仅只是参与立法者的解读，但却真切地表达了立法时的考量。参见全国人大常委会法制工作委员会民法室：《〈中华人民共和国物权法〉条文说明、立法理由及相关规定》，北京大学出版社 2007 年版，第 404 页。该定义并被《应收账款质押登记办法》（2007）第 2 条和《中国银行业保理业务规范》第 4 条定为明文。

② 亦有学者反对将应收账款质权归属于物权，参见唐勇：《债权质权：物债二分体系下的“骑墙者”》，载《中外法学》2013 年第 6 期。但即使认为应收账款质权属于仅为披着物权“外衣”的债权，在物债二分体系下，仍旧适宜归入债权而非物权，仍有公示之必要。英美法并无物债的区分，但置重于登记公示，处于混合法系的《魁北克民法典》，更是直接以统一的“债权与动产物权登记簿”称之。

③ 《德国民法典》第 1274 条第 1 款就规定：“权利质权根据关于权利转让的规定加以设定。”《瑞士民法典》第 900 条也规定：“（1）无契约证书或者仅有债务证书的债权，须以书面形式订立质权契约，始得出质。有债务证书的债权，并应移交该证书。（2）质权人及出质人可将质权的设定通知债务人。（3）其他权利设质，除需书面质权契约外，还需遵守规定的有关权利转让的形式。”我国台湾地区“民法”第 902 条同样规定：“质权之设定除本节有规定外，应依关于其让与之规定为之。”

④ 这些国家均规定登记为应收账款担保的公示方法，且未经登记，不得对抗第三人。参见《美国统一商法典》第 9－109 条、第 9－310 条；《加拿大萨斯喀彻温省动产担保法》第 3 条、第 19 条、第 24 条、第 25 条；《新西兰动产担保法》第 17 条、第 41 条；《澳大利亚动产担保法》第 12 条、第 21 条。

⑤ 参见陈本寒：《我国〈物权法〉上权利质权公示方法之检讨》，载《法学》2014 年第 8 期。

⑥ 参见陈本寒：《我国〈物权法〉上权利质权公示方法之检讨》，载《法学》2014 年第 8 期。

擅自将出质债权转让给第三人”，在《物权法》已就应收账款质权登记作出规定的情形下，潜在的交易相对人（如意欲受让该应收账款的人）为控制交易风险，自应查询应收账款质权登记簿，以探知拟交易的应收账款之上是否存在权利限制。否则，受让人在受让已设质应收账款之时，并不构成善意，无法取得该应收账款。交易相对人的查询义务并不因应收账款质权登记规定于《物权法》而非《合同法》而受到影响。

其二，论者认为，《应收账款质押登记办法》是中国人民银行颁布，“主要是解决与商业银行有借贷关系的企业或个人的债权质押的公示问题”“如果借贷融资关系发生于普通企业之间或自然人相互之间，与商业银行无关，那么债务人采用债权质押的担保方式，有无必要到银行设置的征信中心办理质押登记?”[①]《应收账款质押登记办法》在性质上虽然属于中国人民银行发布的行政规章，但中国人民银行是作为《物权法》所规定的应收账款质权登记机构——信贷征信机构的主管机关，为履行《物权法》所赋予的职责而制定、发布该办法的，只要是应收账款质权登记行为均适用《应收账款质押登记办法》，并不以商业银行（质权人）为限。其他应收账款质权人同样可以在应收账款质押登记公示系统（现动产融资统一登记系统）进行登记。不仅《物权法》和《应收账款质押登记办法》没有限定应收账款质权人的身份，而且《中征动产融资统一登记平台操作规则》将登记平台的用户分为“机构和个人”（第5条），同时明确指出，机构包括了“金融机构”“企业”“事业单位”和“其它机构”（第8条），明显未将应收账款质权人限定为商业银行。至于“征信中心又是否会为民间借贷的债权质押登记承担审查义务?”，登记机构的审查义务并不因质权人的不同而采取各别的标准。在《应收账款质押登记办法》之下，登记机构除了在质权人登记为系统常用户之时对其身份进行审查[②]之外，几无审查义务。就此，已有学者提出，在应收账款质权采取登记生效主义之下，漠视登记机构的审查义务实为不当，[③] 但这一质疑

① 参见陈本寒：《我国〈物权法〉上权利质权公示方法之检讨》，载《法学》2014年第8期。

② 参见《中征动产融资统一登记平台操作规则》第8条、第9条。

③ 参见高圣平、秦鑫：《应收账款出质登记制度研究》，载《烟台大学学报（哲学社会科学版）》2009年第2期；参见葛力伟、段维明、张芳、吴中明：《析应收账款质押登记制度的立法缺陷》，载《金融论坛》2008年第2期。

针对的是应收账款质权登记的所有情形，并不因质权人的身份不同而有分别。

其三，在我国应收账款转让实践中，债权凭证并未形成交易习惯，所谓“交付债权凭证+通知出质债权的债务人”的公示方法自无适用余地。我国《合同法》也仅要求“通知债务人”，通说认为，通知并不构成应收账款转让的生效要件，即使未经通知，应收账款转让亦在当事人之间发生效力，只不过不能对债务人主张应收账款已经转让，①“通知债务人”也就成了应收账款转让对抗债务人的要件。在将“通知债务人”适用或准用于应收账款质权时，一则，在主张物权法定原则包括物权的公示方法法定②的情形之下，“通知债务人”是否构成登记和交付之外的第三类公示方法，不无疑问。依物权公示的本意，公示即为“公之于众”，让不特定多数人均知道或可以知道该应收账款之上存在权利负担。但仅仅“通知”应收账款债务人并不能起到公示的作用。“究其实质，不过是在转让人这一私人信息来源之外另增一个私人信息来源（债务人）而已，无法有效提供作为公共品的权利信息。”③ 上述大陆法系国家以“通知”作为一般债权质权的公示方法，大体是因为没有践行一般债权质权的登记公示之下的无奈选择。在我国，改采以“登记”为应收账款质权的公示方法的情况下，“通知”对于应收账款质权的设立即无意义。二则，在权利质权定位于物权的背景下，权利质权的公示方法的效力也就一体地采取了动产质权中的公示生效主义。准此，在将应收账款质权的公示方法确定为登记的时候，登记也就成了应收账款质权的生效要件，这与“通知债务人”仅为应收账款转让的对抗要件大相径庭。由此可见，在传统民法之下，“一般债权质根本就缺乏公示，或者说不可能进行公示，如果法律强行将通知第三债务人视为质权之公示方法，显然会损害交易安全。”④“以形式决定于功能论，最适宜的公示方法应该是最能实现公示价值的方

---

① 参见王利明：《合同法研究（第二卷）》，中国人民大学出版社 2011 年版，第 215～216 页；崔建远：《合同法总论（中卷）》，中国人民大学出版社 2012 年版，第 419、452～454 页。

② 参见王利明：《物权法研究》，中国人民大学出版社 2013 年版，第 167 页。

③ 李宇：《债权让与的优先顺序与公示制度》，载《法学研究》2012 年第 6 期。

④ 范雪飞：《论应收账款质权及其公示》，载《中南大学学报（社会科学版）》2010 年第 4 期。

法。”[①] 登记能使潜在的交易相对人知悉应收账款之上的权利负担，以预估和规避风险；在应收账款之上出现权利冲突之时，也能以之作为确立优先顺位规则的明确标准。登记作为一种技术工具，也就成了应收账款融资中的最为理想的公示方法。

应当注意的是，虽然“通知债务人”对于应收账款质权的设立没有意义，但它是应收账款质权人保全其质权的一种方法。在应收账款质权因登记而设立后，应收账款债务人本无义务查询应收账款质押登记公示系统，其仍可向应收账款出质人清偿债务而使应收账款消灭。果若如此，应收账款虽可及于该清偿的款项，但因该款项与出质人的其他款项相混合而失去特定性，质权人的权利即成“无矢之的”。[②] 因此，质权人在应收账款质权设立之后，为保全其质权，可以通知应收账款债务人。如未通知，在应收账款质权可得实现时，质权人则应及时向应收账款债务人主张其质权，要求其清偿应收账款。应收账款债务人负有核实质权，并仅在质权所担保的债权范围内清偿债务的义务。

不过，我国法上就应收账款转让与应收账款质权这两种相同性质的行为，做了两种完全不同的制度安排，确实造成了应收账款融资时的权利冲突。“对于第三人来说，如果财产权利的设质方法与财产权利的流转方式不一致，就无法起到应有的公示作用。”[③] 比较法上，应收账款转让、应收账款质权、应收账款让与担保适用相同的规则，正在形成一种趋势。[④] 相关国际公约和立法指南均体现了这一趋势，如《联合国国际贸易中应收账款转让公约》（第 2 条）、《联合国国际贸易法委员会动产担保交易立法指南》（第 23 条建议）。我国在制度重建之时，将登记让位于通知，或由登记取代通知，可能都是备选方案之一。但基于登记本身的确定性，“兼顾公平与效率，其

① 刘保玉、孙超：《物权法中的应收账款质押制度解析》，载《甘肃政法学院学报》2007 年第 4 期。

② 在比较法上，英美法对此尚有“中间余额规则”可资采纳，但我国法上并无此制度，且我国金融管制并不严格，在实务中判断款项的特定性实际上是难上加难。

③ 参见陈本寒：《我国〈物权法〉上权利质权公示方法之检讨》，载《法学》2014 年第 8 期。

④ United Nations Commission on International Trade Law, *UNCITRAL Legislation Guide on Secured Transactions*, New York: United Nations, 2010, p. 92.

首要优点是能够充分保护作为交易安全之代表的第三人”，[①] 本文作者主张将公示方法统一于登记。

同时，值得研究的是，我国《物权法》将登记作为应收账款质权的生效要件，此时登记机构的审查责任（高于形式审查、低于实质审查），又是保障登记簿公信力的基本前提。但学者间认为，不应将应收账款质权的设立要件与公示要件相混淆：应收账款质权的成立仅关涉出质人和质权人的利益，而应收账款质权的公示则涉及第三人利益，攸关交易安全。只要当事人双方订立应收账款质权设立协议，质权即应成立，但未采取法定公示方式的，应收账款质权不具有对抗善意第三人的效力。[②]《物权法》所要求的应收账款质押登记公示系统是一个“信息准确、快速及时、查询便捷、操作简单、成本低廉和使用安全”的“现代的、集中化的和基于互联网的技术系统”，[③]《应收账款质押登记办法》（2007）也就完全在登记对抗主义（声明登记制或通知登记制）之下展开其登记逻辑。无论是登记程序的设计，还是登记规则的建构，均体现了互联网背景之下登记机构的登记职能：“登记，是指权利人或其代理人根据法律法规规定或出于保护自身权利的需要，在登记平台将有关动产权属信息予以记载，并通过登记平台进行公示的行为”，[④] 而登记机构对于登记内容不作审查，“发起登记的当事人应如实登记动产权属信息，确保登记内容真实、完整、准确。如因登记内容填写错误，导致登记不能查得或不能正确公示权利的，或因虚假或不实登记给他人造成损害的，由发起登记的当事人承担全部责任。”[⑤]《应收账款质押登记办法》（2007）出台后，其登记理念已受质疑，[⑥]《应收账款质押登记办法》（2017）对此也未作修改。这一做法虽未能准确传达《物权法》关于应收账款质权的登记功能，但却已

---

① 李宇：《债权让与的优先顺序与公示制度》，载《法学研究》2012年第6期。

② 参见郭明瑞：《关于应收账款质权的三个问题》，载《江淮论坛》2011年第6期，第84页。

③ 参见全国人大常委会法制工作委员会民法室：《〈中华人民共和国物权法〉条文说明、立法理由及相关规定》，北京大学出版社2007年版，第411页。

④ 《中征动产融资统一登记平台操作规则》第3条。

⑤ 《中征动产融资统一登记平台操作规则》第13条。

⑥ 参见葛力伟、段维明、张芳、吴中明：《析应收账款质押登记制度的立法缺陷》，载《金融论坛》2008年第2期；高圣平、秦鑫：《应收账款出质登记制度研究》，载《烟台大学学报（哲学社会科学版）》2009年第2期。

反映出了我国统一动产担保规则的趋势，部分矫正立法上的偏差。[①] 如今想逆转《应收账款质押登记办法》（2017）的基本登记法理，在登记生效主义之下展开，实为不易。值得注意的是，在欧洲统一法发展过程中，《欧洲示范民法典草案》就包括应收账款在内的动产担保物权的设定，普遍以登记作为公示方法，且登记为取得对抗第三人的要件；[②] 欧洲动产担保物权登记簿亦是采取电子形式，由用户直接在互联网上访问，登记事项亦由担保权人直接填写，登记机构几无审查责任。[③]

二、《应收账款质押登记办法》的立法权限与应收账款转让的登记

《征求意见稿》增设第 32 条规定："权利人在登记平台办理保理业务当中的应收账款转让登记，参照本办法有关规定"，并相应将第 1 条的制定依据修改为"根据《中华人民共和国民法通则》《中华人民共和国合同法》《中华人民共和国物权法》等"；将《应收账款质押登记办法》（2007）中的"应收账款质押登记公示系统"修改为"基于互联网的登记平台"。这些修改是对目前动产融资统一登记系统已经开展的应收账款转让登记规则的反映。权利人在登记公示系统办理以融资为目的的应收账款转让登记，参照本办法的规定。《应收账款质押登记办法》（2017）最终于第 33 条规定："权利人在登记公示系统办理以融资为目的的应收账款转让登记，参照本办法的规定。""应收账款转让以登记的方式进行公示，可以透明交易关系，避免同一应收账款先转让后质押，或者先质押后转让产生的权利冲突，保护交易安全。"[④]

---

① 《最高人民法院关于审理担保物权纠纷案件适用法律若干问题的解释》（2012 年讨论稿）即拟就应收账款质权采取登记对抗主义，以与动产抵押登记的效力相一致。

② 参见《欧洲示范民法典草案》第 9—3：102 条，中译本见欧洲民法典研究组、欧盟现行私法研究组：《欧洲示范民法典草案：欧洲私法的原则、定义与示范规则》，高圣平译，中国人民大学出版社 2012 年版，第 367 页。如无特别指明，本文所引用或提及的《欧洲示范民法典草案》条文均出自该译本。

③ 参见《欧洲示范民法典草案》第 9—3：302 条、第 9—3：305 条。

④ 动产融资统一登记系统《系统简介》，http：//www.zhongdengwang.org.cn/zhongdeng/ptjj/column_common.shtml，访问日期：2015 年 6 月 1 日。

截至2014年底，应收账款质押登记公示系统记载了59.5万余笔应收账款转让登记，占应收账款融资登记总量的45%。目前，21家全国性商业银行，300多家保理公司都是登记系统的主要用户。[①] 但这一系列的修改没有上位法的支撑，僭越了行政规章的立法权限。

第一，应收账款的转让和担保确实在功能上相似，也都有登记公示的需要。但是，我国法律将这两种制度分别规定于《合同法》和《物权法》，采取了两种不同的安排。在《合同法》之下，应收账款的转让只需通知应收账款债务人，一经通知即对该债务人发生效力；未经通知，应收账款转让在转让人和受让人之间已经生效，只不过不能对抗应收账款债务人。《征求意见稿》将应收账款转让纳入登记系统，将登记作为应收账款转让的公示方法，并通过“参照本办法有关规定”，赋予已经登记的应收账款转让的对抗效力（参见《征求意见稿》第6条等），违背了《合同法》的既定安排。就同一应收账款数次转让、应收账款转让与质权之间的权利冲突，不仅涉及当事人（应收账款转让人和受让人）之间的利益，还关乎潜在交易相对人的利益，属于基本民事制度，按照《立法法》关于立法权限的划分的规定，应属于全国人大及其常务委员会的立法权限，在没有上位法规定的情况下，《应收账款质押登记办法》（2017）作为行政规章自无权规定。统一应收账款的转让和担保的公示方法，仅有通过修改现行法律加以解决。在全面推进依法治国方略的指引下，要“实现立法和改革决策相衔接，做到重大改革于法有据、立法主动适应改革和经济社会发展需要”“对不适应改革要求的法律法规，要及时修改和废止。”[②]

第二，虽然《联合国国际贸易中应收账款转让公约》《联合国国际贸易法委员会动产担保立法指南》《美洲国家组织动产担保示范法》和受《美国统一商法典》影响的国家，就应收账款转让登记都做了相应规定，但不能据

---

① 参见《〈应收账款质押登记办法〉修订说明》，http://www.pbc.gov.cn/rmyh/105208/2878708/index.html，访问日期：2015年6月1日。

② 《中共中央关于全面推进依法治国若干重大问题的决定》之“二、完善以宪法为核心的中国特色社会主义法律体系，加强宪法实施”。

此认为“开展应收账款转让登记已成为目前世界诸多国家以及国际通行实践”。[①] 其他许多国家（尤其是大陆法系国家）均不要求应收账款的转让登记。每个国家的法制传统不同、既有法律体系不同，在引入他国“先进”制度时的考量因素也不同。《欧洲示范民法典草案》仍坚守交易的类型化方法，区分应收账款质权与应收账款转让，虽然确认应收账款质权的登记对抗主义，但就应收账款的转让并未规定以登记为公示方法，仍然将让与通知作为对抗应收账款债务人的要件。不过，应收账款的让与担保优先适用动产担保物权的规则，亦即仍采行登记对抗主义。[②] 我国秉承大陆法传统，在应收账款融资的体系安排上采取了大陆法系的通行做法，将应收账款的转让规定于债法，将应收账款的质押规定于物法，但与其他大陆法系国家不同的是，我国就应收账款质权规定了登记制度，同时采行登记生效主义。而其他大陆法系国家是将应收账款质权的公示方法准用应收账款转让，均不要求登记。《应收账款质押登记办法》（2017）欲将应收账款的转让准用应收账款质权规则，在《合同法》未作修改的情况之下，实际上是为民事活动的当事人设定了一个全新的行为规则。

第三，虽然《中国银行业保理业务规范》倡导应收账款转让登记、[③]《商务部关于香港、澳门服务提供者在深圳市、广州市试点设立商业保理企业的通知》（商资函〔2012〕1091 号）要求商业保理企业办理应收账款转让登记、[④]《天津市金融工作局、中国人民银行天津分行、天津市商务委员会关于做好应收账款质押及转让业务登记和查询工作的通知》（津金融局〔2014〕8 号）（以下简称《通知》）明确辖区各银行、商业保理公司等开展应收账款转让登记与查询，但这些创新均只是针对特定的对象（如各银行、商业保理公司等）、特定的地域范围（如天津），尚不足以影响到其他交易相对人，其作用范围较受限制。例如，《通知》指出：“各机构在办理应收账款质押、转让

① 参见《〈应收账款质押登记办法〉修订说明》，http：//www.pbc.gov.cn/rmyh/105208/2878708/index.html，访问日期：2015 年 6 月 1 日。

② 参见《欧洲示范民法典草案》第 3—5：119 条、第 3—5：103 条。

③ 该规范第 11 条规定：“银行根据内部管理要求决定保理业务是否在中国人民银行‘应收账款质押登记公示系统’进行转让登记。”

④ 该通知第 7 条规定：“商业保理企业应在人民银行征信中心的应收账款质押登记公示系统办理应收账款转让登记，将应收账款权属状态予以公示。”

等业务时，应登录统一登记平台，查询应收账款的权属状况。该查询是办理应收账款质押、转让等业务的必要程序。对已在统一登记平台办理登记公示的应收账款，未经质权人、受让人同意，不得办理质押、转让业务。”① 天津市高级人民法院进一步认为：《通知》中“所列主体受让应收账款时，应当登陆中国人民银行征信中心动产融资统一登记平台，对应收账款的权属状况进行查询，未经查询的，不构成善意。《通知》中所列主体办理应收账款质押、转让业务时，应当对应收账款的权属状况在中国人民银行征信中心动产融资绕一登记平台予以登记公示，未经登记的，不能对抗善意保理商。”② 这里，经登记的应收账款转让只能对抗天津市辖区内的“各银行、商业保理公司、金融资产管理公司、信托公司、财务公司、汽车金融公司、消费金融公司、金融租赁公司、外商投资融资租赁公司、内资融资租赁试点企业、典当行、小额贷款公司、融资性担保公司”，也就是说，即使登记了，应收账款受让人对抗效力的范围也较为有限，如不能对抗上述主体之外的受让人。

但是，《应收账款质押登记办法》（2017）将应收账款转让登记上升为一个一般规则，要求所有参与应收账款转让交易的当事人（包括潜在的交易相对人）均应在动产融资统一登记系统中登记和查询，实际上就是为当事人增加了一个行为规则，不登记或不查询会直接导致对其不利的法律后果。

第四，《征求意见稿》将《民法通则》《合同法》增设为制定依据，意在解决将应收账款转让纳入登记平台的法律依据问题。但是，将《民法通则》《合同法》作为《应收账款质押登记办法》的制定依据，就不能得出应收账款转让登记的结论。相反，因为无论是《民法通则》，还是《合同法》，均不要求办理应收账款转让登记，以《民法通则》《合同法》为依据制定《应收账款质押登记办法》，就不应该规定应收账款转让登记。换而言之，登记在两法之下并不构成应收账款转让的法定公示方法。即使主张应收账款的转让登记准用应收账款的质权登记，其法律依据也不是《民法通则》《合同法》。因此，这一增设制定依据的做法有欠妥当。应当注意的是，虽然《民法通

① 《天津市高级人民法院关于审理保理合同纠纷案件若干问题的审判委员会纪要（一）》（津高法〔2014〕151号）第3条。

② 《天津市高级人民法院关于审理保理合同纠纷案件若干问题的审判委员会纪要（一）》（津高法〔2014〕151号）第9条。

则》《合同法》均对应收账款的转让做了相应规定，但在《立法法》“新法优于旧法”的规则之下，人民法院审理相关纠纷案件的法律依据是《合同法》，而不是《民法通则》。也就是说，如果一定要增设一个制定依据将应收账款转让纳入其中的话，也只能是增加《合同法》，而无须将《民法通则》也包括在内。

综上，《应收账款质押登记办法》(2017) 第33条增设的规定值得商榷。考虑到应收账款转让登记对于保护交易安全、促进应收账款融资的重大意义，有必要借此次《应收账款质押登记办法》修订对应收账款转让登记予以规范。本书作者建议将该条修改为：“应收账款的转让，可以在动产融资统一登记系统中登记。具体登记规则由中国人民银行征信中心制定实施细则。”主要理由在于：其一，“可以在动产融资统一登记系统中登记”，表明应收账款的转让登记只是倡导性的，当事人可以登记，也可以不登记。如果经过长期的惯行，业界或相应当事人均将登记作为一种交易习惯，人民法院即可在同一应收账款上出现权利冲突时据以判断相关当事人的善意或恶意，并据此对善意当事人的权利给予相应的保护。由此可见，这一倡导性规定虽然没有为民事活动的当事人增设新的行为规则，但却有利于形成交易惯例，为下一步《合同法》的修改或相关司法解释的起草提供实践依据。其二，删除“参照本办法有关规定”，是为了避免将《应收账款质押登记办法》(2017) 的有些规范适用于或准用于应收账款转让登记，防止超越行政规章的立法权限。《应收账款质押登记办法》(2017) 不仅规定了应收账款质押的登记规则，还规定了应收账款质权人行使其权利的规则（如第6条），这些规则都是基于《物权法》的授权而制定的，有其合理性。但将第二部分规则准用于应收账款转让的相关当事人，缺乏上位法的支撑，如不能将应收账款质权人按照登记的先后顺序行使质权的规定参照适用于应收账款受让人，因为登记并不是应收账款转让的公示方法，相关当事人并无登记和查询动产融资统一登记系统的法定义务，同一应收账款之上的竞存权利之间自不能依登记的先后顺序来确定顺位。其三，“具体登记规则由中国人民银行征信中心另行制定实施细则”，主要是考虑到应收账款转让登记毕竟与应收账款质权不同，例如登记事项、当事人称谓等等，如果仅仅使用“参照适用”或“准用”的表述，不便于明确哪些规则可以适用。由中国人民银行征信中心另行制定实施细则无疑可以解决这一问题。

三、登记程序的启动与登记协议的上传

担保物权登记涉及在担保财产上设定权利负担，我国的登记规则在登记程序的启动上均采取双方申请主义，动产抵押权、不动产抵押权、应收账款质权、知识产权质权等莫不例外。在电子化的登记系统中，登记内容由担保权人自行在线填写，如何防止未经担保人同意的恶意登记或虚假登记即成疑问。《应收账款质押登记办法》（2007）第7条采取了应收账款质权登记时的质权人单方申请主义，但为了达到双方申请主义的规范目标，《应收账款质押登记办法》（2007）在采行单方申请主义的情况下，要求上传登记协议（第7条）。《征求意见稿》拟删去上传登记协议的要求，本书作者对此不敢苟同。

第一，从保证登记效率的视角，单方提出登记申请有其正当性，强制要求双方申请，不仅会减缓登记的进程，而且可能产生额外的交易费用。但未经担保人同意即登记对其财产之上的权利负担，必将影响到担保财产金融价值的发挥，至少担保人在以该财产担保融资时会受到担保登记的消极影响。在比较法上，采行北美式声明登记制的国家虽然允许担保权人未经担保人同意即可登记，但担保人可以高效地寻求法院救济，以涂销其财产之上的担保登记，并可就错误登记主张损害赔偿请求权。[①] 但欧洲各国均无法达到这一标准，有必要在诉讼程序之外为担保人预防性保护措施。基于此，《欧洲示范民法典草案》设计了“经担保人同意”这一程序要件，作为担保登记的前提，[②] 试图克服电子化登记制之下单方申请登记所可能带来的弊端，而且，

① See Study Group on a European Civil Code & Research Group on EC Private Law (Acquis Group), Principles, Definitions and Model Rules of European Private Law: Draft Common Frame of Reference, Volume 6. Munich: sellier. european law publishers GmbH, 2009, pp. 5507－5508.

② 《欧洲示范民法典草案》第9－3：309条规定：“(1) 只有担保人通过向登记簿提交声明同意登记，登记事项才能被记载于登记簿。此种同意可因担保人自由地向登记簿提交终止声明而终止。终止同意不影响在终止声明提交登记簿之前已经登记内容的效力。(2) 担保人同意登记的声明是依物权担保合同设立担保物权的必要条件的，担保权人可以要求担保人提交同意声明。(3) 本条不影响担保人与担保权人之间的担保协议的有效性、条件及效力，但同意登记的声明除外。”

这一要件并未过分地妨碍登记的程序和效率。[①] 我国诉讼程序法上与目前欧洲的情形相似，而与北美洲的制度供给判然有别，自应在诉讼程序之外规定担保人的预防性保护措施。

第二，单方申请模式下，为了防止担保权人恶意登记或虚假登记，各国均设计了不同的担保人的预防性保护措施。如有的国家即规定，登记机构在受理登记申请，并录入数据库之后要向担保人、担保权人和登记代理人各发出一份确认通知书，允许相关当事人将登记系统中记载的信息进行核对，如发生错误，即可立即向登记机构报告。[②] 我国采取的模式是签署并提交登记协议，登记协议在性质上即属于出质人同意质权登记，在解释上属于出质人对质权人登记申请的委托。与《欧洲示范民法典草案》不同的是，我国在登记程序上是由质权人上传登记协议，但《欧洲示范民法典草案》认为，仅有担保权人声明或确保担保登记已经担保人同意，并不足以说明单方登记的正当性，在登记程序设计上选择了另外一个方案，即由担保人通过单独的登记申报作出已经同意登记的声明。即使担保合同中已经约定了同意登记的内容，但电子化的登记系统无法核查当事人之间担保合同的法律效力，也无法登记该担保合同，因此，担保登记时如果没有担保人就登记作出特别声明，原担保合同中的同意登记并不足以满足"经担保人同意"这一要件。[③] 本文作者曾经主张，相比第一种立法例，我国上传登记协议的制度设计"增加了当事人的负担，使得登记程序显得繁琐"，[④] 但应注意的是，本文作者同时主张引进上述立法例来弥补单方申请模式的缺陷，两者之间以上述立法例为上选。如果这两种制度都没有，担保权人的登记申请权利就毫无限制，自是不当。如不引进他种立法例，维持目前上传登记协议的模式实为次优的选择。

---

① See Study Group on a European Civil Code & Research Group on EC Private Law (Acquis Group), Principles, Definitions and Model Rules of European Private Law: Draft Common Frame of Reference, Volume 6. Munich: sellier. european law publishers GmbH, 2009, pp. 5508.

② 参见高圣平：《动产抵押登记制度研究》，中国工商出版社 2007 年版，第 155～156 页。

③ See Study Group on a European Civil Code & Research Group on EC Private Law (Acquis Group), Principles, Definitions and Model Rules of European Private Law: Draft Common Frame of Reference, Volume 6. Munich: sellier. european law publishers GmbH, 2009, pp. 5509.

④ 高圣平、秦鑫：《应收账款出质登记制度研究》，载《烟台大学学报（哲学社会科学版）》2009 年第 2 期。

第三，从《应收账款质押登记办法》（2007）第8条的规定来看，登记协议需要记载质权人与出质人已经签订应收账款质权设立合同、由质权人办理质权登记等内容。虽然“在电子登记系统中，质权人、出质人及其他利害关系人通过计算机终端自行录入登记内容，根据‘谁登记谁负责’的原则，其应对登记行为及登记内容的合法性、真实性和完整性负责”，而且登记机构“实际上也无法就用户是否上传或者上传协议信息的真实与否进行审核”，[①] 但是，上传登记协议在一定程度上能够遏制和解决恶意登记或虚假登记的问题，便于法院在审理当事人之间的应收账款质权法律关系时调取证据或当事人举证，也便于第三人在查询登记簿时了解当事人之间的交易关系。也就是说，登记协议虽然只是应收账款质权法律关系当事人之间的事情，但因上传登记系统却具有了对抗第三人的效力，贸然取消这一要求，理由并不充分。其实，更为稳妥的制度设计，应是由出质人上传担保协议，而不是由质权人作为附件上传。

综上，上传登记协议，是在应收账款质押登记公示系统不采取登记生效主义、不登记基础交易关系的一个变通要求。从这个意义上讲，我国应收账款质押登记公示系统是具有中国特色的制度设计，不一定要照搬国外的所谓“先进做法”或“通行实践”。各国制度各有其特定的经济和社会背景，在我国目前信用状况不是太令人满意的情形下，不宜取消上传登记协议这一要求。《应收账款质押登记办法》（2017）最终采纳了本书作者的建议，于第10条第1款规定：“登记内容包括质权人和出质人的基本信息、应收账款的描述、登记期限。质权人应将本办法第八条规定的协议作为登记附件提交登记公示系统。”

四、声明登记制与登记事项的修改

在电子化的登记系统中，登记事项和内容应当尽量简化，以利于系统的高效运转，声明登记制就成了必要的选择。基于此，《应收账款质押登记办

---

① 参见《〈应收账款质押登记办法〉修订说明》，http：//www.pbc.gov.cn/rmyh/105208/2878708/index.html，访问日期：2015年6月1日。

法》（2007）第10条中规定："登记内容包括质权人和出质人的基本信息、应收账款的描述、登记期限。""质权人可以与出质人约定将主债权金额等项目作为登记内容。"《征求意见稿》拟将"主债权金额以及主债权合同有关的其他信息"增加为必载登记事项，同时延长登记期限。

第一，在比较法上，但凡采取声明登记制的国家或地区，登记系统并不保证其上的记载是真实的，仅仅只是提醒查询者担保财产之上可能存在着担保权。由此，在登记程序的设计上，登记系统中无须登记主债权金额及主债权合同有关的其他信息，但潜在的交易相对人有权从登记权利人处免费获取相应交易内容的信息。[①]《应收账款质押登记办法》（2007）未将主债权金额等作为登记必载事项，但并未配套地规定质权人应潜在的交易相对人的要求提供主合同交易信息的义务，使得声明登记制并未得到彻底地贯彻，并未发挥登记系统的公示价值。《征求意见稿》增加"主债权金额及主债权合同有关的其他信息"作为必载登记事项，主要原因在于："鉴于主债权合同与质押合同是主从关系。因此，有必要对主债权合同中关于主债权金额等相关信息予以适当公示，有助于更好地描述和公示质权。"这是在一定程度上矫正了声明登记制下原有制度的弊端，值得赞同。正如前述，我国法上就应收账款质权采取登记生效主义，但在登记公示系统的构建上却采取登记对抗主义，而且在登记对抗的公示系统中虽然简化了登记内容，但没有规定配套的措施，我国的制度构建只取其一，而略去其二，应属不当。同时，我国同样采行声明登记制的动产抵押登记系统，登记事项就保留了主债权的数额等相关信息。[②] 但令人遗憾的是，《应收账款质押登记办法》（2017）第10条第1款最终规定："登记内容包括质权人和出质人的基本信息、应收账款的描述、登记期限。质权人应将本办法第八条规定的协议作为登记附件提交登记公示系统。"这一规定维系了《应收账款质押登记办法》（2007）的规定。

① 参见徐洁：《简评美国〈统一商法典〉第九篇担保制度》，载《当代法学》2007年第4期；另参见《美国统一商法典》第9－523条；《欧洲示范民法典草案》第9－3：319条至第9－3：324条。

② 《动产抵押登记办法》第4条即规定："《动产抵押登记书》应当载明下列内容：（一）抵押人及抵押权人名称（姓名）、住所地；（二）代理人名称（姓名）；（三）被担保债权的种类和数额；（四）担保的范围；（五）债务人履行债务的期限；（六）抵押财产的名称、数量、质量、状况、所在地、所有权归属或者使用权归属；（七）抵押人、抵押权人签字或者盖章。"

第二，将“登记期限”延长至30年，是否妥适，值得研究。《征求意见稿》第10条明确将“登记期限”列为应收账款质权登记簿的必载事项之一，同时在第12条中明确规定：“质权人自行确定登记期限，登记期限以年计算，最长不超过30年。”担保物权人行使担保物权是否有期间限制，一直是学术界和实务界争论不休的问题。《最高人民法院关于适用〈中华人民共和国担保法〉若干问题的解释》第12条中规定：“当事人约定的或者登记部门要求登记的担保期间，对担保物权的存续不具有法律约束力。”这一规定的法理基础在于，担保物权具有从属性，尚需与其担保的主债权同时消灭，在法律未就担保物权是否依担保期间的经过而消灭的情况下，自应否定担保期间对担保物权存续的法律意义。从公共政策的角度，登记机构要求登记的担保期间届满，担保权人虽然可以申请续展登记，但还是加大了担保的成本，不利于债权的保护。[①] 这一规则系物权法定主义（物权消灭的原因法定）的具体化，“与物权法不相抵触，在物权法生效后仍得继续适用，应无疑问。”[②]

《应收账款质押登记办法》（2007）原定登记期限为5年，其目的是“为了保证登记系统的高效运行，使查询人在查询时能够对近期质权情况有更确切的了解，督促权利人及时行使权利，避免查询时因辨别已实现的质权和未实现质权引发的低效率。”[③] 由于公路、桥梁、隧道、渡口等不动产收费权被纳入《应收账款质押登记办法》的应收账款之列，从而进入动产融资统一登记系统，这些收费权的期限较长，最长可达30年，在5年的最长登记期限之下，此类登记尚需多次展期才能维系应收账款质权的效力，增加了登记的复杂程度。《征求意见稿》拟将登记期限由目前的5年增加至30年，同时明定登记期限届满，质权人可以申请展期，每次展期期限不得超过30年。但“30年”的登记期限是否还能合于该制度的设定目的，颇值怀疑。此外，《应收账款质押登记办法》（2007）第12条后句规定：“登记期限界满，质押登记失效。”《征求意见稿》中，“由于登记期限仅是对登记公示时限的限制，

---

① 参见李国光等：《最高人民法院〈关于适用中华人民共和国担保法若干问题的解释〉理解与适用》，吉林人民出版社2000年版，第87～88页。

② 曹士兵：《中国担保制度与担保方法》（第三版），中国法制出版社2015年版，第302页。

③ 参见《〈应收账款质押登记办法〉修订说明》，http：//www.pbc.gov.cn/rmyh/105208/2878708/index.html，访问日期：2015年6月1日。

并不对质权设立的法律效力产生影响，因此删除登记期届满登记失效的规定。”如应收账款质权登记期限届满，“并不对质权设立的法律效力产生影响”，也就是应收账款质权仍然有效，只是在登记系统中没有记载了，这显然自相矛盾，那规定或者登记“登记期限”还有什么意义？《应收账款质押登记办法》（2017）第12条规定：“质权人应根据主债权履行期限合理确定登记期限。登记期限最短6个月，超过6个月的，按年计算，最长不超过30年。”

五、登记错误与异议登记

对于可能出现的登记错误，《应收账款质押登记办法》（2007）第19条第1款规定：“出质人或其他利害关系人认为登记内容错误的，可以要求质权人变更登记或注销登记。质权人不同意变更或注销的，出质人或其他利害关系人可以办理异议登记。”为了避免当事人随意践行异议登记，影响登记的严肃性，《应收账款质押登记办法》（2007）第21条规定，出质人或其他利害关系人自异议登记之日起15日内不起诉的，登记机构撤销异议登记。《征求意见稿》拟在保留异议登记制度的前提下删去《应收账款质押登记办法》（2007）第21条关于登记机构依职权撤销异议登记的规定，理由是：“登记系统中的异议登记的作用在于提醒第三人注意登记文件中所载的异议内容，不否定原登记效力。在形式审查制度下，登记机构无权对担保合同的效力、担保物的价值和权属进行实质审查，当然也无权主动撤销异议登记。因此，《办法》中采用类似不动产登记机构撤销异议登记的规定不符合动产担保物权登记机构的职责。”[①] 本书作者不赞同这一观点。

第一，《应收账款质押登记办法》（2007）关于异议登记制度的规定本来就是个“不伦不类”的规定。我国《物权法》仅在不动产登记制度中规定了异议登记制度，其法理基础在于：不动产登记簿具有公信力，[②] 但出现登记

① 《〈应收账款质押登记办法〉修订说明》，http://www.pbc.gov.cn/rmyh/105208/2878708/index.html，访问日期：2015年6月1日。

② 关于不动产登记簿公信力的介绍，参见鲁春雅：《论不动产登记簿公信力和不动产善意取得制度的区分》，载《当代法学》2012年第1期。

簿登记错误之时，如名义权利人不同意更正登记，利害关系人只能通过诉讼程序解决这一实体争议，而登记簿的错误仅得依生效裁判得以纠正，为防止冗长的诉讼程序可能给利害关系人造成的损害，《物权法》上特设异议登记，以暂时切断不动产登记簿的公信力，异议登记本身也不否定不动产登记簿原登记的效力。[①] 我国《物权法》就应收账款质权本来采取的就是登记生效主义，同于不动产登记，也就是说，应收账款质押登记系统亦应在登记生效主义之下进行制度设计，登记簿亦具公信力。但是，《应收账款质押登记办法》（2007）对于应收账款质押登记系统却是在登记对抗主义之下构建。学说上认为，登记对抗主义之下登记簿并无公信力，就无所谓切断公信力的异议登记制度了。也就是说，既然采取了登记对抗主义，应收账款质押登记系统就不应该规定异议登记制度。

第二，《征求意见稿》仅仅认为"《应收账款质押登记办法》中采用类似不动产登记机构撤销异议登记的规定不符合动产担保物权登记机构的职责"，并不够。较为妥适的做法是，"《应收账款质押登记办法》中采用类似不动产异议登记的规定不符合动产担保物权登记机构的职责"，也就是说，应全面废止《应收账款质押登记办法》（2007）中的异议登记制度。应当注意的是，《征求意见稿》的起草者认为，《应收账款质押登记办法》（2007）中的"异议登记与不动产制度中的异议登记不同，其本身不具有否定原登记的效力"。[②] 本文作者对此不敢苟同。既然《应收账款质押登记办法》明确其制定依据是《物权法》，《应收账款质押登记办法》所使用的概念术语就应当与《物权法》的含义相同。不能认为《应收账款质押登记办法》中规定的异议登记与《物权法》中的异议登记不同。更何况，《物权法》上的异议登记亦不具有否定原登记的效力。

第三，《应收账款质押登记办法》（2007）所设计的异议登记制度运行不彰，实施效果并不好。根据《中征动产融资统一登记平台操作规则》的规

---

① 参见王利明：《物权法研究》，中国人民大学出版社 2013 年版，第 343、348～349 页；崔建远：《物权：规范与学说——以中国物权法的解释论为中心》，清华大学出版社 2011 年版，第 189～190 页。

② 《〈应收账款质押登记办法〉修订说明》，http：//www. pbc. gov. cn/rmyh/105208/2878708/index. html，访问日期：2015 年 6 月 1 日。

定，只有登记平台的用户才能登录应收账款质押登记公示系统，其中普通用户仅具有查询资格，而不具有登记资格。该规则第 18 条第 2 款规定："相关权利人或利害关系人进行异议登记，应当注册为登记平台用户。"虽然未明确登记平台用户的类型，但从该规则第 5 条关于只有常用户才具有登记资格的规定来看，"异议登记"亦属登记之一种，也只有注册为登记平台的常用户才能办理。在该规则之下，只有"机构"（包括金融机构、企业、事业单位和其它机构）才能注册为常用户，申请机构尚需通过其住所地的征信分中心身份审查后才能取得用户资格。如此，如出质人（应收账款债权人）或应收账款债务人是自然人，虽然其可以注册为普通用户而查询、发现登记错误，但因其无法注册为常用户而无法办理异议登记。就小额、少量交易的当事人而言，注册为登记平台的普通用户的机会和可能本身就比较少，更是无从发现登记系统中的登记错误从而办理异议登记了。

综上，既然《应收账款质押登记办法》旗帜鲜明地传达了登记对抗主义的立法观念，还不如将这一观念贯彻到底，全面废除异议登记制度。本来登记对抗主义之下，登记簿并无公信力，也就是说，应收账款质押登记公示系统本来就不向世人保证其中的记载内容是真实的，具体情形如何，潜在的交易相对人还应通过其他途径探知担保交易的内容。这样，就没有必要规定一个切断登记簿公信力的异议登记制度了。许多示范法中均未规定异议登记制度。如《欧洲示范民法典草案》规定，相应的担保物权并不存在的，担保人有权向担保权人请求涂销或修正登记事项（第 9—3：315 条）。担保人在向担保权人主张涂销登记请求权或修正登记请求权时，可以向法院提出，也可以申请登记机构协助。登记机构收到担保人的申请后，应当询问担保权人是否同意担保人的请求，担保权人在 2 个月内未提出反对意见的，登记事项将依担保人的请求予以涂销或修正；担保权人提出反对意见的，登记机构将在担保人请求的范围内作为争议事项进行标注。该标注一直存续至担保人向登记机构发出声明撤回申请、担保权人向登记机构发出声明同意担保人的请求、担保权人涂销了登记事项或相关法院或仲裁机构已依担保人的请求作出了终局裁决。令人遗憾的是，《应收账款质押登记办法》（2017）仍然维系了异议登记的规定。其中第 19 条规定："出质人或其他利害关系人认为登记内容错误的，可以要求质权人变更登记或注销登记。质权人不同意变更或注销的，出质人或其他利害关系人可以办理异议登记。”“办理异议登记的出质人或其他利害关系人可以自行注销异议登记。”第20条规定：“出质人或其他利害关系人应在异议登记办理完毕之日起7日内通知质权人。”第21条规定：“出质人或其他利害关系人自异议登记之日起30日内，未将争议起诉或提请仲裁并在登记公示系统提交案件受理通知的，征信中心撤销异议登记。”第22条规定：“征信中心应按照出质人或其他利害关系人、质权人的要求，根据生效的法院判决、裁定或仲裁机构裁决撤销应收账款质押登记或异议登记。”和《应收账款质押登记办法》（2007）相比，新办法就出质人或其他利害关系人在异议登记办理完毕后通知质权人增加了“7日内”的时限要求，但并未规定违反这一规定的法律效果。新办法并将征信中心依职权撤销异议登记的情形，由“出质人或其他利害关系人自异议登记之日起15日内不起诉”修改为“出质人或其他利害关系人自异议登记之日起30日内，未将争议起诉或提请仲裁并在登记公示系统提交案件受理通知”，明显修改了《物权法》上15日起诉的基本规则，至为可议。

六、小结

“金融市场的发展日新月异变动不居，金融与社会的相互渗透也日益深入，金融法也应紧密联系社会变迁与时代发展而不断进化，以符合时代特征的要求。”[①] 非移转占有型动产担保从不承认，到仅承认个别特殊类型（如机动车、船舶），最后到普遍承认，即体现了这一点。接下来，“增进动产担保权的确定性和透明度是现代担保交易制度的一个关键目标”，而为达致这一目标，最为重要的即为声明登记制的构建。[②] 应收账款融资的发展，直接影响到了本具隐蔽性的应收账款之上权利公示制度的更新。传统民法上的“通知债务人”因无法起到公示作用，而为现代动产担保法制所弃用，晚近的法制发展莫不在声明登记制之下展开。我国《物权法》上就应收账款质权采取

① 冯果、袁康：《社会变迁与金融法的时代品格》，载《当代法学》2014年第2期。

② United Nations Commission on International Trade Law, *UNCITRAL Legislation Guide on Secured Transactions*, New York: United Nations, 2010, p. 149.

登记生效主义，虽然能够在权利质权的体系中找到其位置，但却与动产抵押制度等的公示效力迥异。目前，已有学者提出统一我国动产担保交易制度的动议。[①] 然而，应收账款质权登记制度已经先行，完全按照声明登记制构建的动产融资统一登记系统，符合由美国统一商法典所引领的动产担保登记制度的发展趋势，其中的关键元素切合了动产担保登记的基本法理。不容否认的是，该登记系统中尚有一些值得改进之处，但《应收账款质押登记办法》（2017）的一些修改之处缺乏法理支撑，不值支持。

① 参见董学立：《我国意定动产担保物权法的一元化》，载《法学研究》2014年第6期。

统一动产融资登记公示制度的建构[①]

各国际组织所倡导的动产担保登记制度是以声明登记制为基础而构建的电子化登记系统，意在提醒潜在的交易相对人特定的动产之上可能存在权利负担，并确定竞存权利之间的优先顺位。声明登记制下登记内容很少，登记申请便捷，登记机构仅需对登记申请进行形式审查，登记流程快速可控。目前我国动产担保登记高度分散，且多为纸质化登记系统，相关规则的设计并未体现声明登记制的特点，亟待统一。基于特殊动产管理上的需要，我们的政策选择只能导向特殊动产登记系统与统一的动产融资登记系统并存。这些登记系统应采取基于互联网的电子系统，由当事人自助登记，减少登记机构的人工介入，登记类型亦应涵盖在功能上起担保作用的各类交易。

一、问题的提出

随着工业化进程的加快，动产代替不动产渐趋构成社会财富的主要形态，[②] 动产的担保化和金融化旋即成为担保法制改革的核心。全面、高效的动产担保法制的欠缺，增加了动产融资的难度，提高了动产融资的成

① 本文原载《环球法律评论》2017 年第 6 期。

② See Grant Gilmore, *Security Interests in Personal Property*, Little, Brown and Company, 1965, p. 25. 本文所及的动产，包括被视为动产的权利，特此说明。

本，在一定程度上阻碍了经济的发展。[①] 基于动产担保交易在跨境融资中的重要地位，各国际组织倡导统一各国千差万别的相关法制，以提高交易的确定性并保障交易的安全。在统一动产担保实体法进程中，动产担保登记制度的建构是其中重中之重，目前已通过的各国际公约、示范法和立法指南，无不将其作为法制改革的重心。其中，《移动设备国际利益公约》（以下简称《开普敦公约》）及航空器设备特定问题议定书[②]所奉行的完全电子化的动产担保登记制度，被认为是契合现代交易形态的国际最佳交易实践。[③] 联合国国际贸易法委员会公布的《动产担保交易立法指南》和《动产担保交易登记落实指南》也主张构建基于互联网的统一动产担保登记公示系统。[④]

我国动产担保登记制度肇始于《海商法》《民用航空法》《担保法》的施行，定型于《物权法》的实施，业已形成了以工商行政管理部门负责的企业、个体工商户、农业生产经营者的一般动产抵押登记和非上市公司股权质权登记、公证机关负责的其他民事主体的一般动产抵押登记、中国民航管理总局负责的民用航空器抵押登记、海港监督管理部门和农业渔政管理部门负责的船舶抵押登记、公安交通行政管理部门中车辆车籍管理部门负责的机动

---

① See World Bank Group, *Secured Transactions Systems and Collateral Registries*, International Finance Corporation, 2010, pp. 6—7.

② 我国是《开普敦公约》和《航空器设备议定书》的缔约国，于2001年11月16日签署了《开普敦公约》和《航空器议定书》，并于2008年10月28日由第十一届全国人民代表大会常务委员会通过了《关于批准〈移动设备国际利益公约〉和〈移动设备国际利益公约关于航空器设备特定问题的议定书〉的决定》，批准了《开普敦公约》和《航空器设备议定书》，对其中相应条款作了声明。关于该公约和议定书的介绍，参见［英］罗伊·古德：《国际航空器融资法律实务——移动设备国际利益公约及航空器设备特定问题议定书正式评述》（第三版），高圣平译，法律出版社2014年版，第3页以下。

③ See Roy Goode, The International Interest as an Autonomous Property Interest, 12 *European Review of Private Law*, 24—25 (2004); B. Patrick Honnebier, The Fully—computerized International Registry for Security Interests in Aircraft and Aircraft Protocol that Will Become Effective towards the Beginning of 2006, 70 *Journal of Air Law and Commerce*, 65, 71 (2005); Ronald C. C. Cumming, The International Registry for Interests in Aircraft: An Overview of its Sructure, 11 *Uniform Law Review*, 20—24 (2006).

④ See United Nations Commission on International Trade Law, UNCITRAL Legislative Guide on Secured Transactions, United Nations, 2010, p. 159; United Nations Commission on International Trade Law, *UNCITRAL Guide on the Implementation of a Security Rights Registry*, United Nations, 2014, pp. 31—33.

车辆抵押登记、中国人民银行征信中心负责的应收账款质押登记、证券登记结算机构负责的基金份额、上市公司股权质权登记、各知识产权主管部门负责的知识产权质押登记等以标的物行政归口管理为特征的多元化动产担保登记体系。[①] 这种以地方登记制、分散登记制为特点的动产担保登记制度已广受诟病，统一动产担保登记的呼声一直不断。[②] 在世界银行集团发布的《全球营商环境报告》中，我国在“获得信贷”（Getting Credit）指标排名中表现一直不太理想，[③] 主要原因在于我国动产担保交易法的架构与国际趋势还有相当差距。2017 年 6 月 30 日中国人大网上公布的《中小企业促进法（修订草案二次审议稿）》第 19 条指出：“国家健全完善动产担保融资制度建设，推动建立全国统一的动产融资登记互联网公示系统，支持金融机构为中小企业提供以应收账款、存货、机器设备等为主要担保品的动产担保融资。”这一规定反映了统一动产融资登记公示制度的趋势，但最终通过的文本中删去了该条前段的部分规定。[④] 时值中国民法典物权法编纂工作启动，如何重构我国动产担保登记制度，完备金融基础设施建设，是无法回避的重大问题。

---

① 参见刘萍：《应收账款担保融资创新与监管》，中信出版社 2009 年版，第 53 页。

② 参见吴晓灵：《建立统一的公示制度推动动产融资创新》，载《金融时报》2013 年 8 月 10 日；赵洋、杜斌、李庶民（记者）：《全国人大代表林铁钢建议：建立统一的抵质押登记信息公开制度》，载《金融时报》2014 年 3 月 3 日；刘春永（记者）：《张红力委员：建立全国动产统一登记制度》，载《人民政协报》2015 年 3 月 6 日；胡晓帆：《中国动产权属统一登记制度建设模式的探索与思考》，载《征信》2013 年第 12 期；汪路、金剑锋：《构建动产权属统一登记公示制度》，载《中国金融》2014 年第 2 期。

③ 2012 年第 67 名、2013 年第 70 名、2014 年第 73 名、2015 年第 71 名、2016 年第 79 名、2017 年第 62 名。See The World Bank，*Doing Business* 2012：*Doing Business in a More Transparent World*，World Bank Group，2011，p. 88；The World Bank，*Doing Business* 2013：*Smarter Regulations for Small and Medium－size Enterprises*，World Bank Group，2012，p. 156；The World Bank，*Doing Business* 2014：*Understanding Regulations for Small and Medium－size Enterprises*，World Bank Group，2013，p. 184；The World Bank，*Doing Business* 2015：*Going Beyond Efficiency*，World Bank Group，2014，p. 178；The World Bank Group，*Doing Business* 2016：*Measuring Regulatory Quality and Efficiency*，International Bank for Reconstruction and Development / The World Bank，2016，p. 194；The World Bank Group，*Doing Business* 2017：*Equal Opportunity for All*，International Bank for Reconstruction and Development / The World Bank，2017，p. 199.

④ 可能的原因在于，全国人大常委会委员之间就应收账款是否属于动产，是否能为统一的动产融资登记互联网公示系统所能涵盖尚存争议。参见全国人民代表大会法律委员会：《全国人民代表大会法律委员会关于〈中华人民共和国中小企业促进法（修订草案三次审议稿）〉修改意见的报告》（2017 年 9 月 1 日）。

本文拟就此一陈管见，以求教于同仁。

二、可予登记的动产担保交易类型

各国传统担保制度为因应不同发生原因、不同担保物类型和不同融资需求，发展出各具特色的担保物权体系。大陆法系诸国深受物权法定主义的影响，担保物权法制大多不能满足现实融资需要，在一定程度上限制了当事人的创新。晚近以来，动产担保交易的类型化方法有了功能主义和形式主义的分野。功能主义强调特定交易在经济上的作用，只要在功能上具有担保作用的交易均应纳入动产担保交易法的规制范畴。美国在统一商法运动的过程中，摒弃依形式的不同分别适用不同法律的做法，只要是当事人之间的交易安排置重于担保作用，即应适用统一的担保权设立、公示、效力、顺位、实现规则，开启了功能主义的先河。[①] 形式主义强调当事人就交易安排的表象，依交易的形式归属不同的法域予以调整。绝大多数大陆法系国家置重于形式上的权利类型区分，权利限制型担保符合他物权的设定逻辑，多依发生原因、公示方法的不同被定性为抵押权、质权、法定担保物权（如留置权、优先权等），但就所有权担保方式而言，权利人所享有的是所有权，而不是担保物权这种定限型权利。所有权担保方式通常由合同法（债法）总则或分则调整，并无特殊的公示要件。这些所有权担保方式分散规定于民法典的不同部分或特别法之中，彼此之间规则存在较大差异。[②]

联合国国际贸易法委员会《动产担保交易立法指南》采纳了功能主义的立法方法，建议将依约定在动产上设定的旨在担保债务履行的一切权利统一归类为“担保权”（security right）。不论交易的形式如何，也不论当事人使用何种术语来界定彼此之间的权利义务，均适用共同的规则，不再区分名称，举凡动产让与担保、应收账款让与担保、保留所有权交易、融资租赁交

---

① 参见高圣平：《美国动产担保交易法与我国动产担保物权立法》，载《法学家》2006 年第 5 期。

② See Eva－Maria Kieninger（ed.），*Security Rights in Movable Property in European Private Law*，Cambridge University Press ，2004，pp. 54 ff. Jan－Hendrik Röver，*Secured Lending in Eastern Europe*，Oxford University Press，2007，pp. 172 ff.

易，莫不例外。[①] 基于保留所有权和融资租赁等融资的特殊性，《动产担保交易立法指南》指出各国可根据本国法制现状采取统一或非统一的处理方法，但即使采行后者，将保留所有权交易之下出卖人的权利和融资租赁交易下出租人的权利定性为所有权，也应使之平等地适用与购置款担保权功能等同的规则。[②] 该指南以北美式动产担保交易制度为核心，融合大陆法系固有的担保交易传统和惯例，是为现代立法的重要参考。

《欧洲示范民法典草案》深受《美国统一商法典》的影响，也采取了功能主义的立法方法。其第九卷"动产担保物权"将定限担保物权和保留所有权交易一体规定，[③] 意在统一具有物上担保功能的交易的法律适用。[④] 起草组遵循了保留所有权交易[⑤]的传统方法，并允许使用以所有权担保方式为目的的担保物权这一更为现代的概念。同时认为，保留所有权交易与传统的担保交易之间存在着广泛的相似性，为便于法律适用，应尽量规定统一的规

---

① See United Nations Commission on International Trade Law, *UNCITRAL Legislative Guide on Secured Transactions*, United Nations, 2010, p. 62.

② See United Nations Commission on International Trade Law, *UNCITRAL Legislative Guide on Secured Transactions*, United Nations, 2010, p. 63.

③ 该草案第 9－1：101 条规定的"适用范围的一般规则"即指出："本卷规定适用于动产之上依物权担保合同所发生的以下权利：(a) 担保物权；(b) 依保留所有权交易所保留的所有权。"（第 1 款）"本卷所定担保物权规则准用于：(a) 依担保目的的信托所发生的权利；(b) 依单方法律行为所设立的动产担保物权；(c) 财产法上的法定动产担保物权，不过应合于法律的规范意旨。"（第 2 款）第 9－1：102 条"动产之上的担保物权"更是明确规定："（1）动产担保物权是动产之上的定限物权，担保权人依此可就担保财产使其担保债权优先受偿。（2）"担保物权"一语包括：(a) 普遍认为具有物权担保作用的那些定限物权，典型的如质权；(b) 依物权担保合同所设定的，当事人意在使担保权人有权就担保财产使其担保债权优先受偿，或依合同可以达到这一效果的定限物权，至于名称如何，则非所问；(c) 其他依本卷规则被视为担保物权的权利，例如第 9－2：114 条（留置权）所规定的权利以及本条第（3）款所规定的权利。(3) 依物权担保合同移转或拟移转动产的所有权，意在担保债务的履行或达到担保债务履行的效果的，仅能在该动产上为受让人设立担保物权。(4) 本条第（3）款的规定特别适用于：(a) 有形动产所有权的担保移转；(b) 担保让与；(c) 出卖并租回；(d) 出卖并转卖。"本文所引用的《欧洲示范民法典草案》条文均出自欧洲民法典研究组、欧盟现行私法研究组：《欧洲示范民法典草案：欧洲私法的原则、定义与示范规则》，高圣平译，中国人民大学出版社 2012 年版。

④ See Christian von Bar , Eric Clive (ed.), *Principles, Definitions and Model Rules of European Private Law*, *Volume* 6. Sellier European Law Publishers, 2009, p. 5395.

⑤ 在《欧洲示范民法典草案》中，保留所有权交易系采广义，用来指称提供动产的所有权人保留所有权，以担保债务的履行的情形，涵盖买卖合同项下出卖人保留的所有权、分期付款买卖合同项下供应人所享有的所有权、租赁合同项下租赁物的所有权、意在实现担保目的或达到实现担保目的效果的寄售合同项下供应人的所有权。参见该草案第 9－1：103 条。

则，就保留所有权交易的例外规则再作特别规定。[①] 基于此，该草案明确，除非另有明文规定，保留所有权交易适用担保物权的设立、登记、优先顺位、违约前的救济、实行、消灭等规则。[②]

《开普敦公约》创设了一个既不来源于又不依赖于国内法的新型的、独特的利益——“国际利益”，涵盖担保人依担保协议所赋予的利益、附条件出卖人依所有权保留协议所享有的利益、出租人依租赁协议所享有的利益，且赋予动产之上的物权人依在国际登记处登记而保护自己权利的方式。[③] 该公约兼顾了两大法系的不同类型化方法，将在功能上起担保作用的交易形态均纳入公约的调整范围。[④] 这一规制模式明显受到了北美式动产担保交易法的影响，但并没有采行北美式的统一担保权概念，所有权保留交易和融资租赁交易并未当然归入动产担保交易，而是作为彼此独立的交易，但基于前两者在功能上的经济作用，仍得适用公约的登记公示、优先顺位和实行规则，在一定程度上克服了不同交易类型的人为安排给同一标的物上竞存权利的确定性带来的不利影响，得到了广泛的好评。[⑤]

由此可见，动产担保交易立法的核心问题并不在于如何宽泛地界定动产担保权的范围，而在于所有在功能上起着担保作用的交易工具（非典型担保交易）怎样适用公示、优先顺位和实行规则。亦即，采行功能主义立法方法并不意味着所有的担保交易规则均适用于所有非典型担保交易类型。在将非典型担保交易全部排除于担保交易之外，和将其全部纳入担保交易一体调整

---

① See Ulrich Drobnig, Ole Böger (ed.), *Proprietary Security in Movable Assets*, Oxford University Press, 2015, pp. 243—245.

② 参见《欧洲示范民法典草案》第 9—1：104 条。

③ 参见［英］罗伊·古德著：《国际航空器融资法律实务——移动设备国际利益公约及航空器设备特定问题议定书正式评述》，高圣平译，法律出版社 2014 年版，第 22～23 页。

④ 参见［英］罗伊·古德著：《国际铁路车辆融资法律实务——移动设备国际利益公约及卢森堡铁路车辆特定问题议定书正式评述》，高圣平译，法律出版社 2014 年版，第 8、18 页。

⑤ 国外的文献，参见 B. Patrick Honnebier, The Convention of Cape Town on International Interests in Mobile Equipment: The Solution of Specific European Property Law Problems, 10 *European Review of Private Law*, 394 (2002); Ronald C. C. Cuming, “The Characterisation of Interest and Transactions under the Convention of International Interests in Mobile Equipment 2001”, in Iwan Davies (ed.), *Security Interests in Mobile Equipment*, Dartmouth Publishing Company, 2002, p. 377. 国内的文献，参见高圣平：《中国融资租赁法制：权利再造与制度重塑——以〈开普敦公约〉及相关议定书为参照》，载《中国人民大学学报》2014 年第 1 期。

之间，应有中间路线可循。在中国民法典编纂过程中，基于物债两分的体系是法典形式理性的基本要素，由自物权和他物权构建的物权体系也已成为我国物权法的基本架构。如此，在植入动产担保交易制度之时，中国民法典自无须采行功能主义的立法方法，将所有在功能上起着担保作用的交易工具均构造为动产担保交易，但在维持现有制度框架的同时，明定非典型担保交易应依担保权之公示要求而为权利之公示，并具有因公示所确立的优先顺位。①

我国就动产交易的类型化，仍然坚守大陆法系的传统，例如，就他人动产之上设定抵押权的，定位为动产抵押交易，又依抵押物的不同分别规定于《物权法》《民用航空法》《海商法》等法律之中，但就出卖人保有动产所有权直至买受人支付全部价金的，则定位为所有权保留交易，规定于《合同法》买卖合同章；就出租人根据承租人的指令购买租赁物，并出租给承租人，由承租人分期支付相当于租赁物购置成本和合理利润的租金的，则定位为融资租赁交易，规定于《合同法》融资租赁合同章。很明显，在所有权保留交易和融资租赁交易中，出卖人或出租人所保留的所有权也仅起担保价金或租金清偿的作用，并不是经典意义上的所有权，而是借助所有权的强势效力来保障出卖人、出租人债权的实现。准此，所有权保留交易和融资租赁交易在功能上即为担保交易，相关交易规则应作一体处理。《开普敦公约》和相关议定书即为如此，《魁北克民法典》的安排亦是如此。融合了两大法系的《魁北克民法典》拒绝在概念上将所有权保留交易和融资租赁交易等所有权担保构造为担保物权，所有权的效力得到了完全的承认，不必再概念化为在所有权上创设担保物权，但明确规定这些非典型担保交易应适用担保交易的登记和优先顺位的规则，使得当事人之间同一功能但不同形式的交易安排具有相同的效力，避免了潜在交易相对人的交易风险，也明确了权利冲突时的解决规则。②

在比较法上，有些欧陆国家就所有权保留买卖规定了一些形式要件，有的甚至规定应经登记，但这些形式要件的形式和效力并不清晰，且存在巨大

① 参见高圣平：《民法典中担保物权的体系重构》，载《法学杂志》2015 年第 6 期。

② See Michael G. Bridge，Roderick A. Machonald，Ralph L. Simmonds and Catherine Walsh，Formalism，Functionalism，and Understanding the Law of Secured Transactions，44 *McGill Law Journal* ，658—659（1999）.

差异，[①] 无法形成相对一致的规则。许多国家事实上承认了所有权保留的担保性质。在德国法上，所有权保留条款的效力可以及于标的物出售时的未来应收账款和以标的物制造的未来产品的，在买受人破产时即被视为担保权。[②] 在我国实定法上，所有权保留交易虽然关涉物法因素，但仍作为一种债的交易类型予以规定。在此类交易中，出卖人保留动产的所有权，但此时动产已由买受人占有。动产公示方法——占有在此类交易中无法发挥作用，有学者即据此认为，此时出卖人的动产所有权应予登记，[③] 但囿于《合同法》调整范围的限制，其中无法就所有权保留交易下的特殊物权变动规则作出规定，这一主张并未得到立法机关的回应。令人遗憾的是，《物权法》同样就此未置明文，在一定程度上增加了交易的不确定性。及至最高人民法院买卖合同司法解释起草，可能是限于司法解释的立法权限，也未就此予以明确。如由买受人占有出卖人仍保有所有权的标的物的外观，极易使交易相对人误信其为标的物的所有权人，如基于此误信，买受该标的物，或在该标的物上设定抵押权，原出卖人的权利即与受让人或抵押权人的权利发生冲突，基于《物权法》第 106 条的规定，受让人或抵押权人可能善意取得标的物的所有权或抵押权，原出卖人所保留的所有权旋即丧失殆尽，仅得向买受人主张损害赔偿。也就是说，所有权保留交易中，出卖人所保留的所有权仅得对买受人主张，不得对抗善意第三人。如出卖人所保留的所有权具有登记能力，则交易相对人可从登记簿上查知该动产之上的权利负担，出卖人的权利即得到有效保护，但我国实定法上，就一般动产的所有权保留交易，出卖人并无法办理其所保留的所有权登记，其权利保护上的缺憾实为制度供给不足所致。

融资租赁交易中的情形也是如此。[④] 出租人虽然保有租赁物的所有权，

---

① 例如，意大利法上规定，所有权保留条款只有采取书面形式，才能对抗其他竞存的债权人，同时，只有再经登记，才能对抗其后的买受人。详细讨论参见 A. Veneziano，“Italy”，in Harry C. Sigman，Eva—Maria Kieninger（ed..），*Cross—Border Insolvency over Tangibles*，Sellier European Law Publishers，2007，pp. 167 ff；最高人民法院民事审判第二庭：《最高人民法院关于买卖合同司法解释理解与适用》，人民法院出版社 2012 年版，第 533 页。

② Vgl. K. Reinicke，D. Tiedtke. *Kreditsicherung*，Vahlen，2006，pp. 289 ff.

③ 参见王轶：《所有权保留制度研究》，载梁慧星主编：《民商法论丛》第 6 卷，法律出版社 1997 年版，第 593 页以下。

④ 融资租赁物不以动产为限。本文的论述专指动产融资租赁而言，特此说明。

但租赁物由承租人占有使用，依法定动产公示方法（占有）所公示出来的权利现状与真实的情况并不一致，如此，亦增加了出租人的交易风险。为保全自己的权利，出租人采取了各种方法，例如，在法国，融资租赁（*crédit—bail*）应在特定的登记簿上登记（1972 年 7 月 4 日法令第 8 条），未经登记，不得对抗第三人。不过，出租人可以其他方式证明其所有权的，也可对抗其他债权人。[①]《魁北克民法典》规定，出租人须登记公示其所有权才能取得对抗第三人的效力。[②] 在涉及第三人时，若出租人的所有权未经登记公示，承租人即基于占有租赁物的事实而被视为所有权人。由此，承租人在租赁物上设定的担保物权有可能优先于出租人的所有权。在《魁北克民法典》的起草者看来，交易的定性不重要，但公示其内容以维护交易安全才是应予置重的。在我国，在标的物上加盖烙印，办理动产抵押登记等等，最高人民法院在融资租赁司法解释中均予确认。[③] 但应注意的是，上述“加盖烙印”的方式极易为不诚信的承租人所涂销，而动产抵押登记在工商行政管理部门办理时并不容易，在目前的登记实践中，许多登记机构需要申请人提交主合同、抵押合同以及抵押物的所有权或使用权证书，[④] 而融资租赁交易本身并无所谓主合同、抵押合同，实践中出租人为将其所有权登记于动产抵押登记簿，不得不与承租人又签订主合同、抵押合同等以满足登记的要求。如此，据以办理动产抵押登记的基础交易即为虚假。《最高人民法院关于审理融资租赁合同纠纷案件适用法律问题的解释》第 9 条第 2 项规定“出租人授权承租人将租赁物抵押给出租人并在登记机关依法办理抵押权登记的”，第三人不得

---

① L. Aynés，P. Crocq，*Les sûretés. La publicité foncière*，Paris，2006，p. 347.

② 《魁北克民法典》第 1847 条。该条于 1999 年起修正。该条规定，有效成立的融资租赁在当事人之间生效，但未经登记不得对抗第三人。

③ 参见《最高人民法院关于审理融资租赁合同纠纷案件适用法律问题的解释》第 9 条。

④ 《担保法》第 44 条规定：“办理抵押物登记，应当向登记部门提供下列文件或者其复印件：（一）主合同和抵押合同；（二）抵押物的所有权或者使用权证书。”虽然《动产抵押登记办法》试图改变这一规则，但《担保法》本身又是《动产抵押登记办法》的制定依据之一，且作为《动产抵押登记办法》的附件《动产抵押登记须知》要求当事人填写的《动产抵押登记书》与主合同、抵押合同的记载相一致。如此，登记实践中大多要求当事人提交主合同和抵押合同等相关基础交易文件。裁判实践中的多数观点对此予以支持，如“日立租赁（中国）有限公司诉江门市蓬江区市场监督管理局等工商行政登记纠纷上诉案”（广东省江门市中级人民法院〔2015〕江中法行终字第 137 号行政判决书）等。但这些实务观点颇值检讨。

依据《物权法》第106条的规定取得租赁物的所有权或者其他物权。这一规则虽然尊重了实践中在欠缺融资租赁登记公示制度的情况之下的变通做法，[①]但却缺乏明确的上位法依据，有僭越立法权限之嫌。

如此看来，就功能上具有担保作用，但并没有被类型化为担保物权的非典型动产担保交易，实有登记的必要。当事人就某项财产主张无明显表征的物权之时，即产生了"隐蔽担保"这一古老的问题。[②] 英美法上经由1601年Twyne案[③]发展起来的"在他人占有财产之上的隐蔽权利无效"的基本规则，历经400余年，型塑了整个动产担保法。[④]为克服占有在动产担保权公示力上的缺陷，法制史的演进逐渐朝向登记方向发展。[⑤] 学说上认为，登记制度可以有效避免债务人欺诈——债务人未周知每一债权人即在同一财产之上设定后续的担保权，这是真正的隐蔽担保，也是登记制度正当性的基础。[⑥]在现代动产担保交易法制中，作为公示手段之一的登记本身并不是目的，而仅仅只是担保权人据以控制交易风险的工具。[⑦]准此，在中国民法典编纂之时，虽因无法彻底贯彻功能主义立法方法，将在功能上具有担保作用的非典

① 参见最高人民法院民事审判第二庭：《最高人民法院关于融资租赁合同司法解释的理解与适用》，人民法院出版社2014年版，第155页。

② See Jonathan C. Lipson, Secrets and Liens: the End of Notice in Commercial Finance Law, 21 *Emory Bankruptcy Developments Journal*, 424 (2004—2005).

③ Twyne's Case, 3 Coke's Reports 80b (1601). 在该案中债务人Pierce将其一群羊让与给债权人Twyne作为偿还贷款的担保，但仍然保持占有。另一胜诉债权人就该群羊采取执行措施，由此引发与Twyne之间的争议。法院认为，Pierce与Twyne之间的交易构成虚假让与，不得对抗胜诉债权人。该案支持了未移转占有的所有权转让不得对其他债权人主张的观点。该案的简介参见Anthony Duggan, A PPSA Registration Primer, 35 *Melbourne University Law Review*, 868 (2011).

④ See Douglas G. Baird, Notice Filing and the Problem of Ostensible Ownership, 12 *Journal of Legal Studies*, 53—54 (1983); Peter F. Coogan, Public Notice Under the Uniform Commercial Code and Other Recent Chattel Security Laws, Including " Notice Filing", 47 *Iowa Law Review*, 289 (1962).

⑤ See Harry C. Sigman, "Perfection and Priority of Security Rights", in Horst Eidenmueller and Eva— Maria Kieninger (ed.), *The Future of Secured Credit in Europe*, De Gruyter Recht, 2008, p. 149.

⑥ See Peter A. Alces, Abolish the Article 9 Filing System, 79 *Minnesota Law Review*, 703 (1995).

⑦ See Harry C. Sigman, "Perfection and Priority of Security Rights", in Horst Eidenmueller and Eva— Maria Kieninger (ed.), *The Future of Secured Credit in Europe*, De Gruyter Recht, 2008, p. 149.

型动产担保交易均规定于物权法编担保物权分编之中，但应就未纳入其中的交易规定登记的对抗效力。本书作者建议，在中国民法典合同法编买卖合同章中规定："所有权保留交易中，出卖人对标的物的所有权应当在统一的动产融资登记公示系统中办理登记。未经登记的，不得对抗第三人，但法律另有规定的除外。"这里将特殊动产所有权保留的公示问题排除于外。在中国民法典合同法编融资租赁合同章中规定："融资租赁交易中，出租人对租赁物的所有权应当在统一的动产融资登记公示系统中办理登记。未经登记的，不得对抗第三人，但法律另有规定的除外。"这里，将不动产和特殊动产融资租赁的公示问题排除于外。

三、动产融资登记机关之整合建构

"增进动产担保权的确定性和透明度是现代担保交易制度的关键目标之一。就实现这一目标而言，最核心者莫过于建立声明登记制度。"① 目前，大多数国家依据担保财产的类别、担保人或担保权的性质分设登记机关，② 直接影响到了登记资料和数据的整合和编排，增加了交易相对人的征信成本。

我国实定法上依担保财产类别分散登记的方式建构动产担保登记制度，各担保登记制之间多采行地方登记制和纸质登记制。这一模式与1995年《担保法》立法之时的社会经济背景相关，其时考虑到了担保财产行政管理的需要，将登记事务视为行政管理职能，使之与行政管理事务相衔接。"确定抵押物登记部门的一个总的原则是，抵押物登记由抵押物的产权管理部门或者证照登记部门负责。"③ 但时至今日，这一模式的弊端日益显现。其一，分散登记制增加了交易相对人的查询困难。潜在的授信人如欲了解借款人的整体动产担保情况，则需向各登记机关查询。目前各登记机关的登记规则之

---

① See United Nations Commission on International Trade Law, *UNCITRAL Legislative Guide on Secured Transactions*, United Nations, 2010, p. 149.

② See United Nations Commission on International Trade Law, *UNCITRAL Legislative Guide on Secured Transactions*, United Nations, 2010, pp. 150, 154.

③ 全国人大常委会法制工作委员会民法室编著、孙礼海主编：《中华人民共和国担保法释义》，法律出版社1995年版，第60页。

间并不统一，各担保权之间的优先顺位尚不确定，增加了担保交易的不确定性。其二，地方登记制更是增加了登记申请人和查询者的登记、查询难度。各担保登记机关主管部门在确定具体登记管辖之时，有的以债务人所在地为据，有的以担保财产所在地为准，就同一担保人而言，担保财产不同，不仅登记机关不同，登记管辖也存重大差异。例如，《物权法》明确浮动抵押权由抵押人所在地的工商行政管理部门登记（第189条），但《担保法》规定的动产抵押权的登记机关是财产所在地的工商行政管理部门（第42条），由此产生了地方登记制之下动产（固定）抵押权究竟是在抵押人所在地还是在财产所在地工商行政管理部门登记的问题。其三，纸质化的登记系统不仅带来了登记机关的存档成本，而且增加了查询的时间，由于人工的介入，也增加了登记人员的失误概率。这些都危及担保权效力的确保、公示效果以及交易安全的保障。

在我国，随着行政体制改革的日益深化，对动产担保登记功能的认识也逐渐清晰。动产担保登记的功能在于为市场主体公示、查询相关财产之上的权利负担提供服务，并不确认动产之上担保权的真实存在，无须借助于所谓行政管理职能。就目前的动产担保登记机关而言，有些已不再是行政机关。例如办理应收账款质押登记的机关是中国人民银行征信中心，具体负责的则是中征（天津）动产融资登记服务有限责任公司，[①] 在性质上属于国有企业；非企业动产的抵押权登记机关是公证部门，而“公证机构是依法设立，不以营利为目的，依法独立行使公证职能、承担民事责任的证明机构”，[②] 并不属于国家机关。即使登记机关属于国家机关的，其中也有些并不具有管理担保财产的行政职能，例如，工商行政管理部门虽然是企业、个体工商户等市场主体的监管机关，但并无管理企业动产的职能。如此即出现不属于工商行政管理部门监管范畴的主体所设定的动产抵押权，即无法在工商行政管理部门

① 中征（天津）动产融资登记服务有限责任公司是经中国人民银行总行批准设立，中国人民银行征信中心出资建设的全资子公司，主要承担协助中国人民银行征信中心建设运营动产融资统一登记系统和中征应收账款融资服务平台两大国家金融基础设施等职能。

② 《公证法》第6条。

动产抵押登记簿上登记的情形。[①] 由此可见，以标的物的管理职能而划分动产担保登记系统的做法实有检讨的必要。

比较法上，采行联邦制的美国，商事立法权属于各州。由此，基于州法构建的动产担保登记机关并未实现全国的统一，已广受诟病。[②] “遍布全美且彼此独立的登记机构，实为落后于现代技术发展的例证。”[③]《动产担保交易立法指南》建议，所有的动产担保权应集中在统一的电子化登记系统中进行登记，并提供全天候不间断的登记、查询服务。[④]《欧洲示范民法典草案》起草组认为，应当建立统一的、电子化的登记系统，一体登记动产担保权。[⑤] 现代动产担保法制的发展似乎已经指向与国际标准更为一致的道路，有充分理由认为动产担保统一登记公示将是私法演进的一大原则。[⑥] 在我国，动产担保登记的统一化也成了金融基础设施建设的重要目标。“考虑到公开及查询动产抵押、权利质押登记信息的便捷、统一、低成本和高效的要求，建议采取互联网的电子登记系统模式，搭建全国统一的登记信息公开平台。”[⑦]

在中国民法典的立法方法上，就动产担保登记的统一可以采取两种方法。第一种是在民法典中只原则性地规定国家实行动产担保登记制度的统

---

① 《动产抵押登记办法》第 2 条规定：“企业、个体工商户、农业生产经营者以现有的以及将有的生产设备、原材料、半成品、产品抵押的，应当向抵押人住所地的县级工商行政管理部门（以下简称动产抵押登记机关）办理登记。未经登记，不得对抗善意第三人。”企业、个体工商户、农业生产经营者之外主体的动产即无法在工商行政管理部门办理抵押登记。

② See, e. g. , Peter A. Alice, Abolish the Article 9 Filing System, 79 *Minnesota Law Review*, 679 (1995); Lynn M. LoPucki, Why the Debtor's State of Incorporation Should Be the Proper Place for Article 9 Filing: A Systems Analysis, 79 *Minnesota Law Review*, 577 (1995); Steven L. Harris and Charles W. Moony, Negotiability, Electronic Commercial Practices, and a New Structure for the UCC Article 9 Filing System: Tapping the Private Market for Information Technology, 31 *Idaho Law Review*, 835 (1995).

③ Michael I. Spak , A Modern Proposal:" Suggested Pefection" —for the 21st Century, 63 *UMKC Law Review*, 79 (1994—1995).

④ See United Nations Commission on International Trade Law, *UNCITRAL Legislative Guide on Secured Transactions*, United Nations, 2010, p. 144.

⑤ See Ulrich Drobnig, Ole Böger (ed.), *Proprietary Security in Movable Assets*, Oxford University Press, 2015, p. 437.

⑥ See Ulrich Drobnig, Ole Böger (ed.), *Proprietary Security in Movable Assets*, Oxford University Press, 2015, p. 433.

⑦ 赵洋、杜斌、李庶民（记者）：《全国人大代表林铁钢建议：建立统一的抵质押登记信息公开制度》，载《金融时报》2014 年 3 月 3 日。

一，具体的统一方法留待其他法律或行政法规去解决。例如，中国社会科学院民法典工作项目组民法典分则立法建议稿规定："国家对动产担保物权实行统一登记制度。统一登记的范围、登记机构和登记办法，由法律、行政法规规定。"[①] 这一处理模式与《物权法》不动产统一登记的方法相当，但这种搁置争议的方法只是推后了问题解决的进程，并没有从根本上解决问题。第二种是在民法典各部分分别规定动产担保登记及其效力，如在物权法编抵押权章规定："以交通运输工具或正在建造的船舶、航空器抵押的，在运输工具的登记部门办理抵押登记。""以其他动产抵押的，在统一的动产融资登记公示系统办理登记。"质权章中规定："以上述财产权利出质的，在各该权利的管理或登记部门办理登记。""以其他财产权利出质的，在统一的动产融资登记公示系统中办理登记。"同时明确："统一的动产融资登记公示系统由国务院负责组建。"这里有三个争议问题需要明确：

第一，如何处理机动车、船舶、航空器等特殊动产的融资登记问题。这些特殊动产的一个共同特点是，基于管理的需要，各国已经构建了相应的登记系统，[②] 其中既登记带有公法性质的内容（例如国籍登记），同时登记所有权和担保物权的变动。就此，国际上的处理模式有三种：其一，尊重既有特殊动产登记制度，统一的动产融资登记公示系统只及于这些特殊动产之外的其他动产，未在特殊动产登记系统中登记公示者，不具有对抗第三人的效力；其二，统合既有登记制度，建立统一的动产融资登记公示系统，涵盖所有动产，未在统一的动产融资登记公示系统中登记公示者，不具有对抗第三人的效力；其三，现有的特殊动产登记系统与统一的动产融资登记公示系统均可登记特殊动产的担保权，但在特殊动产登记系统中公示者，具有优先于在统一的动产融资登记公示系统登记者的效力，不过，在统一的动产融资登记公示系统登记者仍然具有对抗担保人的破产管理人或胜诉债权人的效力。[③]

---

① 中国社会科学院民法典工作项目组：《中国民法典分则立法建议稿》（2017 年 7 月），第 30 页。

② See United Nations Commission on International Trade Law, *UNCITRAL Legislative Guide on Secured Transactions*, United Nations, 2010, pp. 119、150.

③ See United Nations Commission on International Trade Law, *UNCITRAL Legislative Guide on Secured Transactions*, United Nations, 2010, pp. 119—121.

《动产担保交易立法指南》建议采取第三种方案。[①]

就此，我国如何取舍涉及法政策选择。从法制史上，特殊动产登记制度之建立，大多基于行政管理、国家安全的考量，并未虑及融资的需要，许多并未采行声明登记制，也未开放供第三人查询。各国实定法之下已经规定或允许特殊动产之上担保权的登记，这些登记系统大多同时登记这些特殊动产的所有权。例如英国就已存在船舶、航空器、某些知识产权登记系统中登记担保权。[②] 我国实定法上也是如此，机动车、船舶、航空器、知识产权等的登记制度中均涵盖担保登记。制度重建之时首先应予考量的是，是否有必要统一担保登记系统？统一的动产融资登记系统功能有限，仅登载动产融资中的担保权，无法同时起到登记动产所有权移转或其他物权变动的功用。如动产融资登记均在统一的系统中登记，但公法性质的登记（如国籍登记）、非担保交易登记等仍然在各别登记系统中登记，如此，同一特殊动产之上的不同权利现状或负担分别记载于不同的登记系统，增加了交易相对人的征信成本。目前我国登记机关众多，若要采行集中统一登记，记载所有的动产物权变动，将会发生机构、权责的重大改动，兹事体大，集中统一登记尚不是目前的现实选择。[③]

在特殊动产登记系统和统一动产融资登记系统并存的情形之下，是否有必要同时在两个登记系统中登记？《动产担保交易立法指南》建议由当事人自行选择是否在两个登记系统中都登记担保权，不提倡在所有情形下均对同一担保权进行双重登记。在不大可能出现其他担保权人在特殊动产登记系统登记等情形下，担保权人在统一动产融资登记系统中登记即可；在相反的情形下，担保权人有必要在特殊动产登记系统中登记；还有些情形下，担保权人须在两个登记系统中进行登记，例如，最初的担保权在担保人的所有财产之上设定，已在统一动产融资登记系统予以登记，就其中的特殊动产，又在

---

① See United Nations Commission on International Trade Law, *UNCITRAL Legislative Guide on Secured Transactions*, United Nations, 2010, pp. 143、144、230.

② See Hugh Beale, Michael Bridge, Louise Gullifer, Eva Lomnicka, *Law of Personal Property Security*, Oxford University Press, 2007, p. 361.

③ 在主要涉及两个职能部门的不动产登记统一过程中，“三定”方案和机构、人员的调整，登记资料的移交和整合，都遇到了非常大的困难。而动产登记的集中统一，至少关涉 15 个职能部门，其统合难度可想而知。

相应的特殊动产登记系统登记中登记。[①] 本书作者认为，如此设计最终的结果必将导向：为控制风险、增加交易的确定性，担保权人在两个登记系统中均予登记，查询者均得检索两个登记系统。但这无疑增加了担保交易的总体成本，降低担保交易的效率。由此，本书作者并不赞成在两个登记系统中登记，特殊动产融资担保应仅在特殊动产登记系统予以登记。

为克服统一动产融资登记系统不登载特殊动产担保权的弊端，使交易相对人一次查询即得到特定担保人全部动产的权利现状，应创建两类系统之间的电子链接，在特殊动产登记系统中登记的数据将会自动导入统一动产融资登记系统。[②] 这一系统关联的构想在我国尚存实施上的技术障碍。其一，我们目前特殊动产登记系统之间存在较大差异，有的基于登记生效主义的立法安排采行文件登记制，如著作权出质登记系统；有的虽然采取登记对抗主义，并未惯行声明登记制的立场，如船舶登记系统。在两大系统协调之时，我国尚需如《动产担保交易立法指南》建议的那样，即使保留特殊动产登记系统，也要对相关法律、法规和规章进行修改，使之符合声明登记制的基本法理。[③] 其二，我国特殊动产登记系统采行物的编成主义，登记簿以标的物为基础而编制，而统一动产融资登记系统采取人的编成主义，登记簿以担保人为基础而展开。在将特殊动产登记系统的登记数据导入统一动产融资登记系统之时，需要特殊动产登记系统也同时按照担保人予以编成。[④] 其三，特殊动产登记系统中就担保人的登记事项、内容和格式应在声明登记制之下作出与统一动产融资登记系统相同的修改，否则将导致登记数据在导入统一动产融资登记系统时的困难。总之，虽然允许特殊动产登记系统和统一动产融资登记系统并存，但就动产担保登记而言，其基本法理相同，制度内容应作统一化的处理。

---

① See United Nations Commission on International Trade Law, *UNCITRAL Legislative Guide on Secured Transactions*, United Nations, 2010, p. 168.

② See Hugh Beale, Michael Bridge, Louise Gullifer, Eva Lomnicka, *Law of Personal Property Security*, Oxford University Press, 2007, p. 361.

③ See United Nations Commission on International Trade Law, *UNCITRAL Legislative Guide on Secured Transactions*, United Nations, 2010, p. 168.

④ See United Nations Commission on International Trade Law, *UNCITRAL Legislative Guide on Secured Transactions*, United Nations, 2010, p. 169.

第二，如何处理有体动产和权利充任担保财产时的登记统一问题。我国物权法上就有体动产担保依公示方法的不同区分为动产抵押权和动产质权，同时在权利交易准用动产交易规则的法理之下，将大部分权利担保置于质权之下作为其亚类型——权利质权，例外地将用益型权利作为抵押权的标的，成为抵押权的亚类型——权利抵押权，这一体系安排广受批评。[①] 较为典型的体系冲突在于，同为动产担保权且同以登记作为公示方法的动产抵押权、应收账款质权、股权质权、知识产权质权之间，登记在其中的法律意义迥异，对于动产抵押权而言是对抗要件，对于应收账款质权等而言是生效要件。在学理上，登记对抗主义之下，登记系采声明登记制，登记簿的记载对查询者而言仅起提示作用，并不表明担保权的真实存在；但在登记生效主义之下，登记奉行文件登记制，登记簿的记载具有推定担保权真实存在的效用，登记制度的设计在两者之间也就存在较大差异。我国动产融资登记系统的构建首先涉及的实体法问题是统一登记在动产担保权中的法律意义。

在维系大陆法系“不动产-抵押权-动产-质权”的担保物权体系的基础上，我国物权法将公示作为约定担保物权的生效要件，无一例外地对以登记作为公示方法的权利质权采取登记（公示）生效主义，因为同属一章的动产质权、票据质权等虽以占有为公示方法，但采取公示生效主义，这样，在质权一章内部取得了统一。但我国却植入具有体系异质性的动产抵押权（登记仅为其对抗要件），直接导致抵押权章和质权章之间就动产担保权的体系冲突，因为，就动产抵押权，公示仅为对抗要件，但无论是动产质权还是权利质权，公示均为生效要件。从以简单高效方式设定担保权、增强确定性和透明度并确立明晰的优先顺位规则的政策目标出发，《动产担保交易立法指南》建议，针对所有类型的动产（包括权利），法律均应区分担保权的设定效力与对抗效力，统一采行登记对抗主义，担保权依当事人的合意而设定，但未经登记不得对抗第三人。[②] 这一建议值得中国民法典编纂时采纳。就我国目

---

① 参见高圣平：《民法典担保物权的体系重构》，载《法学杂志》2015年第6期。

② See United Nations Commission on International Trade Law, *UNCITRAL Legislative Guide on Secured Transactions*, United Nations, 2010, p. 24; United Nations Commission on International Trade Law, *UNCITRAL Legislative Guide on Secured Transactions Supplement on Security Rights in Intellectual Property*, United Nations, 2011, p. 35.

前的登记实践而言，应收账款质权虽采登记生效主义，但应收账款质押登记系统的构建却是在声明登记制之下展开，反与登记对抗主义相契合。

如此，在《物权法》修改之时，明定权利质权的登记对抗主义，将权利质权纳入统一动产融资登记系统的登记范畴。至于其中知识产权担保是否维系目前的国家版权局、国家知识产权局和国家工商行政管理总局商标局的登记系统，尚值研究。《动产担保交易立法指南知识产权补编》建议知识产权担保权在统一动产融资登记系统登记，如已就某种知识产权构建了专门的知识产权登记系统，也可在该系统中登记。就后者而言，各国在选择专门的知识产权登记系统时，应对本国的知识产权相关法律进行审查，考虑其是否准许在知识产权登记系统中登记担保声明并使其取得对抗第三人的效力。[①] 我国《著作权法》《专利法》《商标法》等法律中并未明确登记在知识产权质权设定中的意义，仅有《物权法》中规定了知识产权质权的登记生效主义，尚需修改为登记对抗模式。我国实践中的知识产权登记制度并未有效建立。例如，我国奉行著作权自愿登记制，著作权自作品创作完成之日起即为发生，登记在其中并无法律意义。再如，专利证书、登记、公告之间究竟何者对于专利权的生效具有决定性意义，在相关法律规范之间并不明确。如此，将知识产权担保纳入统一动产融资登记系统应无问题，系统中可同时登载知识产权转让、许可使用等。注册商标专用权因登记而生，专利权因公告而生，维系目前的特殊登记系统，亦无不可。

第三，是否构建基于互联网的完全电子化的登记系统。相关国家的实践经验表明，统一的电子化动产担保登记系统有利于降低担保交易的成本。[②] 在完全电子化的登记系统中，登记由担保权人在线完成，登记程序便捷，登记成本低廉。这一制度为新西兰所首创，[③] 运行良好。登记系统只需少量的维护费用，登记申请人支付的登记费用也较为适当，登记系统运行 6 个月之

---

① See United Nations Commission on International Trade Law, *UNCITRAL Legislative Guide on Secured Transactions Supplement on Security Rights in Intellectual Property*, United Nations, 2011, pp. 54—56.

② See United Nations Commission on International Trade Law, *UNCITRAL Guide on the Implementation of a Security Rights Registry*, United Nations, 2014, p. 30.

③ New Zealand Personal Property Security Act 1999.

后即足以支付运营成本，此后登记费用降至 3 新西兰元。查询亦可网上进行，费用也相当低廉。[①]《开普敦公约》所构建的登记系统是电子化的，在线即可进入，登记申请的核查、登记本身以及对查询的回复均由计算机自动办理，无需人工干预。[②]《欧洲示范民法典草案》倡导构建的欧洲担保物权登记簿也是基于互联网的电子登记系统，其主要政策考量在于减少成本，“以电子方式运行并且可以在上网访问，相比于传统的纸质登记系统，欧洲担保物权登记簿运行更为迅速，成本也更低。”[③]

我国目前已经建立的动产担保登记系统中，仅有应收账款质押登记系统实现了完全电子化，新修改的《动产抵押登记办法》试图借助目前已经上线运行的企业信用信息公示平台实现动产抵押登记的电子化，且采取纸质和电子相结合的混合模式，但这一努力并不成功。[④] 在电子化的自主登记模式下，申请人可以通过计算机终端即时办理动产抵押登记，且不受登记机构营业时间的限制，极大地增强了登记的便捷性；同时，申请人通过电子方式直接进行登记，无须登记机构的人工介入，大大降低了登记机构运营的人力成本及其他日常开支，减少了登记机构工作人员从事欺诈或腐败行为的机会，并相应减轻了登记机构对用户的潜在赔偿责任。[⑤] 在我国目前的社会经济发展现状之下，构建基于互联网的完全电子化登记系统正合时宜。我国互联网技术已广泛运用于金融基础设施建设，在我国目前电力形势良好的背景下，作为主要担保权人的金融机构早已实现计算机化，由其主导的自主登记已惯行于应收账款质押登记实践。即使非金融机构充任担保权人时，亦可经登记为常用户，在登记系统中自主登记其担保权。对于少量欠缺计算机手段的担保权人，还可借助于遍布全国的登记机关计算机网络自主办理登记。

---

① See Hugh Beale, Secured Transactions, 14 *Juridica International*, 102 (2008).

② 参见［英］罗伊·古德著：《国际航空器融资法律实务——移动设备国际利益公约及航空器设备特定问题议定书正式评述》，高圣平译，法律出版社 2014 年版，第 51 页。

③ See Ulrich Drobnig, Ole Böger (ed.), *Proprietary Security in Movable Assets*, Oxford University Press, 2015, p. 464.

④ 参见高圣平：《动产抵押登记的法理——以〈动产抵押登记办法〉的修改为中心》，载《法学》2016 年第 2 期。

⑤ See United Nations Commission on International Trade Law, *UNCITRAL Guide on the Implementation of a Security Rights Registry*, United Nations, 2014, p. 32—33.

四、声明登记制之下的登记内容和登记程序

（一）声明登记制与文件登记制

在比较法上，担保登记存在文件登记制和声明登记制两种立法例。[①] 文件登记制之下，当事人除提交登记申请书之外，尚需提交基础交易文件以供登记机关审查，并需在登记簿上填写与基础交易文件一致的事项，以确认登记簿所记载内容的准确性和合法性。声明登记制之下，当事人仅需提交记载有当事人的身份及担保财产等少量内容的担保声明书，无须提交基础交易文件，登记机关并不详细核查动产担保权的具体内容。在英语表述中，习惯于将“registration”一语与担保权人须将借款合同、担保合同等基础交易文件提交登记机构审查的登记制度相联系，而在“filing”所指称的制度中，担保权人仅需提交记载有少量内容的格式化的登记表格，登记机构即将该表格导入登记数据库，无须进行审查。[②]

如此，声明登记制之下的动产担保登记与文件登记制之下的不动产登记存在较大区别：其一，不动产登记以所有权（权属）登记为核心，不动产登记簿具有绝对公信力。由此，登记簿上所记载的不动产信息必须绝对准确，例如相关不动产必须精准描述，甚至需要公证，登记机构起着“警惕的看门人”的作用，不动产抵押权只是简单地加载于所有权登记簿之上。但就动产而言，并不存在一般意义上的所有权登记系统，尚需建立独立于所有权登记的担保登记系统，也无法排他地识别动产，无法对动产进行像不动产那样的

---

① See United Nations Commission on International Trade Law, *UNCITRAL Legislative Guide on Secured Transactions*, United Nations, 2010, pp. 151－152；另参见［英］罗伊·古德著：《国际航空器融资法律实务——移动设备国际利益公约及航空器设备特定问题议定书正式评述》，高圣平译，法律出版社2014年版，第50页。

② See, e. g., United Nations Commission on International Trade Law, *UNCITRAL Legislative Guide on Secured Transactions*, United Nations, 2010, p. 179；The Law Commission (England and Wales), *Registration of Security Interests: Company Charges and Property Other Than Land* (*A Consultation Paper*), Consultation Paper No 164, 2002, p. 62.

精准描述。[①] 其二，文件登记制之下，登记申请的审查费时费力，登记材料的保管和存档尚需支付相应成本。声明登记制中，登记机构几无审查责任，且降低了登记机构的管理成本和存档成本，尤其是在纸质登记系统之下。虽然电子化的登记系统之下，基础交易文件的电子化存档至少在技术上是可行的，但海量的文件在登记系统中的存储仍然是个问题。其三，在声明登记制之下，登记簿上披露的信息远远少于文件登记制，更加契合保护商业秘密的政策目标。[②] 其四，在声明登记制之下，一经查询，查询者即可得知特定债务人的特定财产之上是否存在担保负担，如不存在，查询者无须进一步探知交易细节，如存在，查询者则需进一步向担保权人了解交易的细节。在文件登记制之下，查询者尚需查阅所有基础交易文件才能确定特定财产之上是否存在担保权。也就是说，在不存在担保负担的情形之下，声明登记制有利于节约查询成本。在查询结果显示存在担保负担的情形之下，声明登记制增加了信息收集成本，因为其他的信息在文件登记制之下系存储于登记系统，但声明登记制之下是在登记系统之外。这些区别在一定程度上证成了，动产担保登记机构无须践行“警惕的看门人”角色，与作为现代化的动产担保法制所要求的快速高效、低成本的登记和查询相悖的特征，均应在动产担保登记制度设计之时予以祛除。[③]

声明登记制克服了文件登记制的弊端且将登记信息维持在最少的内容，降低了成本与管理需要，也有助于登记申请人保守关于其交易细节的商业秘密。[④] 声明登记制的法理基础在于：登记对抗主义之下区分担保权的设定与登记，担保权的设定取决于担保交易当事人的合意，其证据是当事人之间的

---

① See Harry C. Sigman, “Perfection and Priority of Security Rights”, in Horst Eidenmueller and Eva－Maria Kieninger (ed.), *The Future of Secured Credit in Europe*, De Gruyter Recht, 2008, p. 156.

② See Asian Development Bank, Law and Policy Reform at the Asian Development Bank, PART 2: A Guide to Movables Registries, 2002, pp. 17－18; Anthony Duggan, A PPSA Registration Primer, 35 *Melbourne University Law Review*, 873－874 (2011).

③ See Harry C. Sigman, “Perfection and Priority of Security Rights”, in Horst Eidenmueller and Eva－Maria Kieninger (ed.), *The Future of Secured Credit in Europe*, De Gruyter Recht, 2008, p. 156.

④ 参见［英］罗伊·古德著：《国际航空器融资法律实务——移动设备国际利益公约及航空器设备特定问题议定书正式评述》，高圣平译，法律出版社2014年版，第50页。

担保交易文件；登记并不是担保权设定的生效要件，并不具有证明担保权已经设定的功用。换而言之，担保权的设定与登记相互独立，各有其不同的效力，彼此不构成对方的证明，设定担保权并不表明当事人已就担保权办理登记，登记担保权也并不意味着当事人已经设定担保权。如此，在担保合同订立之前或之后，当事人均可登记担保权；在担保人取得担保财产所有权之前或之后，当事人亦可登记担保权。依登记的时间确定担保权的优先顺位，不考虑担保权的设定时间，以促进担保交易的确定性和透明度。

声明登记制由美国首开其端，"《美国统一商法典》的基础就是声明登记制。"① 美国声明登记制的政策目标主要有三个：构建担保权人在竞存担保权之间的确定性；② 保护受让人免受担保人虚假陈述和欺诈让与的损害；促进统一的登记公示系统的建立。③《美国统一商法典》规定，担保权人可以在登记机构登记一份简要的担保声明书以记录其在担保人的特定财产之上的担保权，自其全面确立声明登记制以来，尽管其目标和优势一直广受争议，但普遍承认声明登记制是解决隐蔽担保的有效路径。④ 大多数关于商法典第九编的讨论均集中于如何将登记系统的负担维持在合理的限度之内，从而促进融资交易的开展。⑤

声明登记制自此成为现代动产担保登记的主要特征，被越来越多的国家所承认，《欧洲复兴开发银行动产担保交易示范法》《亚洲开发银行动产担保登记指南》《美洲国家组织动产担保交易示范法》《联合国国际贸易法委员会动产担保交易立法指南》《欧洲示范民法典草案》《移动设备国际利益公约》

① Douglas Baird, Notice Filing and the Problem of Ostensible Ownership, 12 *Journal of Legal Studies* , 60, 65 (1983) .

② See Grant Gilmore, *Security Interests in Personal Property*, Little, Brown and Company, 1965, p. 465 ; Douglas G. Baird, Notice Filing and the Problem of Ostensible Ownership, 12 *Journal of Legal Studies* , 55, 60, 64—65 (1983); James J. White, Work and Play in Revising Article 9, 80 *Virginia Law Review*, 2096 (1994) .

③ See Grant Gilmore, *Security Interests in Personal Property*, Little, Brown and Company, 1965, pp. 463—465.

④ See Jonathan C. Lipson, Secrets and Liens: the End of Notice in Commercial Finance Law, 21 *Emory Bankruptcy Developments Journal*, 421 (2004—2005) .

⑤ See Douglas Baird, Notice Filing and the Problem of Ostensible Ownership, 12 *Journal of Legal Studies* , 55 (1983) .

等国际文件纷纷予以支持，声明登记制已然成为动产担保登记的国际趋势。[①]英国目前尽管登记系统是电子化的，但仍然要提交纸质文件，尚需公司登记局审查之后才能签发无争议的登记证书。改革建议显示：将改采声明登记制，“登记担保声明而不是担保本身”，电子化的登记将替代纸质登记，不再要求提供担保文件，登记机构不再负责审查登记材料。[②]

我国现行动产担保登记制度，除了应收账款质押登记系统和动产抵押登记系统之外均采行文件登记制，要求当事人提交主合同和担保合同，[③] 将之纳入审查范围，[④] 不仅有碍高效率登记程序之展开，且有妨害当事人商业秘密之虞，应予统一为声明登记制，只要求当事人提交担保声明书，删除各登记规章中提交基础交易文件的要求。

（二）登记内容与担保权人的回复义务

担保声明书的登记仅在于提醒拟发放担保贷款（有时也可能是大额的信用贷款）的债权人、信贷评估机构等第三人注意相应标的物上可能存在担保负担，以使第三人及时评估交易风险、尽早采取防范措施。[⑤] 声明登记制之下，动产担保登记系统不是所有权登记系统，并不记载动产所有权的取得或转让，也不确保声明中具名的担保人就是真正的所有权人。它只是记录担保权人由于未予记录的交易或事件而对声明中所述动产享有或可能享有动产担

---

① See United Nations Commission on International Trade Law, *UNCITRAL Legislative Guide on Secured Transactions*, United Nations, 2010, p. 152.

② The Law Commission (England and Wales), *Company Security Interests* (Presented to the Parliament of the United Kingdom by the Secretary of State for Constitutional Affairs and Lord Chancellor by Command of Her Majesty), LAW COM No 296, 2005, pp. 4, 8, 49—50.

③ 参见《机动车登记规定》第 23 条；《民用航空器权利登记条例》第 7 条（就基础交易文件仅需提交民用航空器抵押合同）；《船舶登记办法》第 48 条、《渔业船舶登记办法》第 27 条、《著作权质权登记办法》第 6 条；《注册商标专用权质权登记程序规定》第 4 条；《专利权质押登记办法》第 7 条（就基础交易文件仅需提交专利权质押合同）；《证券质押登记业务实施细则》第 4 条（就基础交易文件仅需提交经公证的质押合同原件）等等。

④ 《动产抵押登记办法》本已不要求当事人提交主合同和抵押合同，但裁判实践中多以《担保法》第 44 条为依据认定动产抵押登记机关违法行使职权。详细评论参见高圣平：《动产抵押登记的法理——以〈动产抵押登记办法〉的修改为中心》，载《法学》2016 年第 2 期。

⑤ The Law Commission (England and Wales), *Registration of Security Interests: Company Charges and Property Other Than Land (A Consultation Paper)*, Consultation Paper No 164, 2002, pp. 46—47.

保权。[①] 在登记系统具有记载所有权功能之时，登记申请人应当提交相关基础文件以供核查。其正当性在于，登记簿的记载被视为所有权和他物权的推定证据。声明登记制并不要求对基础交易文件办理登记，甚至并不要求提交担保文件以供登记机构核查；需要登记的只是一则记载了必要的基本信息的声明，以提醒查询者注意在声明所述财产之上可能存在担保权。准此，登记并不意味着担保权必然存在，而仅仅表明担保权在办理登记之时可能存在或此后可能存在。[②]

准此，担保声明书的内容应当简单明了，只需达到提醒第三人的目的即可，当事人无须详细描述合同的具体内容。[③]《美国统一商法典》上规定的登记内容仅包括当事人的身份以及担保财产；《动产担保交易立法指南》倡导的最基本的登记内容包括：当事人的姓名或名称、其他身份识别信息及其地址，担保财产的描述，各国可根据具体情况弹性规定登记有效期和最高担保债权限额。[④]《欧洲示范民法典草案》规定的登记内容的最低要求包括：特定的担保人、关于担保财产的最低声明（该声明只需说明担保权人将在担保人的财产之上设立担保物权，或将保留担保财产的所有权以供担保）、从财产类型表中指明担保财产所属的种类、经担保人同意并附有担保权人的声明，表明他将承担因错误登记而给担保人或第三人所造成损害的责任；还可以包括以下附加内容：债权人提供的有关担保财产或担保物权内容的补充信息、登记有效期、担保的最高数额。[⑤]

由于担保说明书并非担保权设定的证明，记载内容简略，并不涵盖所有

---

① See United Nations Commission on International Trade Law, *UNCITRAL Legislative Guide on Secured Transactions*, United Nations, 2010, pp. 151—152; United Nations Commission on International Trade Law, *UNCITRAL Guide on the Implementation of a Security Rights Registry*, United Nations, 2014, p. 22.

② United Nations Commission on International Trade Law, *UNCITRAL Guide on the Implementation of a Security Rights Registry*, United Nations, 2014, pp. 22—23.

③ See Grant Gilmore, *Security Interests in Personal Property*, Little, Brown and Company, 1965, pp. 471—480; Peter F. Coogan,, Public Notice Under the Uniform Commercial Code and Other Recent Chattel Security Laws, Including " Notice Filing", 47 Iowa Law Review, 317—319 (1962) .

④ See United Nations Commission on International Trade Law, *UNCITRAL Legislative Guide on Secured Transactions*, United Nations, 2010, p. 151.

⑤ See Ulrich Drobnig, Ole Böger (ed.), *Proprietary Security in Movable Assets*, Oxford University Press, 2015, pp. 479、486.

交易细节，不足以使潜在的交易相对人了解在先交易的全部内容。采行声明登记制的国家大多规定，交易相对人通过担保声明书知悉当事人的身份之后，可进一步通过担保权人了解该笔未尽交易的现状。[1] 实务中，并不是所有的查询者均需要了解这些信息，他们可能只需要确定相应财产之上是否存在担保负担，经查询如发现存在，即可能不会基于其第二顺位向债务人进一步提供融资，其对具体的交易细节可能并不感兴趣。如其确实想在同一财产上设定第二顺位的担保权，他就得联系担保权人或担保人以确定担保债务的具体数额。通常认为，少量需要了解详细信息的查询者所增加的成本，比起在登记簿上不记载大多数交易不需要的额外信息所节约的成本，显以后者为高。[2] 在大多数情况下，意欲寻求新的信贷支持的担保人，愿意提供这些详细信息，问题在于，新的信贷提供者并不相信担保人提供了充分、准确的信息，由登记簿上具名的担保权人提供此类信息，在一定程度上可以解决这一问题。在比较法上，向查询者提供了错误信息（如担保债务少于实际数额）的担保权人，不得主张与其提供的信息不一致的权利，但担保权人不一定愿意提供此类信息。《美国统一商法典》规定，担保人可以请求担保权人直接向查询者提供此类信息，未予提供者将受到惩罚。[3]

我国现行动产担保登记制度中，除应收账款质押登记系统之外，均要求登记较多的内容，与声明登记制背道而驰。基于互联网的电子化登记系统之中，在公示的程度和速度、效率之间应当寻求妥适的平衡。即使现代信息技术可资利用，要求担保权人在登记簿中记载担保交易的所有内容，并不符合效率要求。其一，汇集所有相关交易文件需要时间和成本；其二，如相关交易文件没有高度标准化，其中无意的疏漏可能导致登记因不适当而无效。因此，登记一份简要的声明就成了最可能的方案。登记簿中无需记载第三人所需要的全部信息，但确实起到了提醒相应财产之上可能存在担保负担的作用，同时，记载担保权人或其代理人，第三人可向其了解其他信息。如此，登记簿只需简单地列明担保人及其创设的担保权，记载担保权人的姓名或名

① See Floyd R. Self, Secured Transactions Filings Under the Florida Uniform Commercial Code: A Call for Procedural Notice, 13 *Florida State University Law Review*, 117 (1985-1986).

② See Hugh Beale, Secured Transactions, 14 *Juridica International*, 102 (2008).

③ UCC § 9-210.

称、地址，简要描述担保财产。[①] 就当事人而言，为避免因自然人同名同姓而引发的无法确定担保当事人的问题，担保声明书应设置相应栏目记载担保当事人的身份证号码等其他身份识别信息；就法人或非法人组织而言，相应的组织机构代码证即为其他身份识别信息。就担保财产而言，应当允许担保财产的概括描述和具体描述。

尚存争议的是，是否有必要登记担保债权数额。奉行声明登记制的国家以及相关国际文件均未将担保债权数额纳入登记内容，尚需由该财产之上的物权人或潜在的交易相对人[②]向担保权人去探寻，担保权人有法定义务予以回复。但这一程序设计也受到一些学者的质疑，[③] 在我国是否能够得到实行更值怀疑。担保权人将其担保权登记于登记簿，如此降低了后顺位权利人的征信成本，[④] 否则，后顺位权利人需要花费更高的成本去探知特定财产之上的权利负担。[⑤] 实际上，登记系统采行基于互联网的电子化系统，为登记担保债权数额提供了技术前提，为了避免担保权人不断回复潜在的交易相对人可能提出的问题，应在登记簿上事先予以记载，如此使得相对人通过一次查询即可了解动产担保交易的基本细节，无须再向担保权人去探知。虽然这一做法更多地披露了当事人的商业秘密，但确实是在我国目前社会文化背景之下的理性选择。

（三）单方申请模式之下欺诈登记和虚假登记的规制路径

动产担保登记对于其中载明的担保人的融资能力产生重大影响，如登记内容不真实，将直接危及担保人的利益。尽管登记本身并不为所谓担保权人

---

① See Hugh Beale, Secured Transactions, 14 *Juridica International*, 101 (2008).

② 各国就有权向担保权人请求披露相应交易细节的人，做了不同的限制，有的仅限于声明中载明的担保财产的物权人，有的扩及至潜在的买受人或担保权人，有的还包括担保人。See United Nations Commission on International Trade Law, *UNCITRAL Guide on the Implementation of a Security Rights Registry*, United Nations, 2014, pp. 23—24.

③ See Lynn M. LoPucki, Computerization of the Article 9 Filing System: Thoughts on Building the Electronic Highway, 55 *Law & Contemporary Problems*, 37 (1992); Todd C. Nelson, Article Nine Goes Online, 32 *Arizona Attorney*, 35 (1996).

④ See Robert E. Scott, The Politics of Article 9, 80 *Virginia Law Review*, 1802 (1994).

⑤ See Jens Hausmann, The Value of Public—Notice Filing under Uniform Commercial Code Article 9: A Comparison with the German Legal System of Securities in Personal Property, 25 *Georgia Journal of International and Comparative Law*, 432 (1995—1996).

设定担保权，但一旦登记，担保人进一步的融资能力即受到消极影响。同时，不当的登记还可能会毁坏担保人的商誉。声明登记制之下，由担保权人单方自主登记可能引发的主要问题在于登记错误，例如误将未纳入担保交易的财产登记为担保财产。[①]

为防免欺诈登记和虚假登记，比较法上的规制路径有三种：一是采取双方共同申请登记的模式。二是采取单方申请登记模式，但要求单方登记之时应征得对方当事人的书面同意，否则无效。[②] 不过，不需要取得担保人单独的书面同意，因为当事人订立担保合同这一事实即构成默示授权。[③] 登记机关不应核查登记人是否取得对方当事人的同意。[④] 但《开普敦公约》的处理方式与此不同。办理登记需要经过同意时，该同意书应事先以电子形式传输至国际登记处；相关当事人事先就同意登记，例如在设定或规定国际利益的协议中事先同意登记，往往是不够的，因为，没有办法将此记载于国际登记处。[⑤] 三是，采取单方申请登记模式，但担保人可获得担保声明书的副本，如其发现登记内容不真实，即可采借由相应程序变更或撤销登记。但担保人获得担保声明书的副本并非登记生效的必经程序，究由担保权人还是登记机关履行通知义务，《动产担保交易立法指南》建议采前者，一则可以减轻登记机关的负担，二则令违反该义务的担保权人承担行政责任和民事赔偿责任，可在一定程度上敦促担保权人履行通知义务。对于担保人涂销或更正登记的，登记机关应将副本转送担保权人，以确保其合法性，亦可以电子邮件的方式自动转发担保权人，以减轻人工成本和操作失误的风险。担保权人须在收到担保人书面请求后向登记系统提交涂销登记声明或更正登记声明，担

① See Hugh Beale, Secured Transactions, 14 *Juridica International*, 102 (2008).

② 《动产担保交易立法指南》建议 71 指出："法律应当规定，未经担保人书面授权，登记的通知无效。给予授权的时间可以在登记之前，也可以在登记之后。书面担保协议足以构成登记授权。登记的效力不取决于登记人的身份。" See United Nations Commission on International Trade Law, *UNCITRAL Legislative Guide on Secured Transactions*, United Nations, 2010, p. 182.

③ See United Nations Commission on International Trade Law, *UNCITRAL Legislative Guide on Secured Transactions*, United Nations, 2010, p. 176.

④ See United Nations Commission on International Trade Law, *UNCITRAL Legislative Guide on Secured Transactions*, United Nations, 2010, p. 179.

⑤ 参见［英］罗伊·古德著：《国际航空器融资法律实务——移动设备国际利益公约及航空器设备特定问题议定书正式评述》，高圣平译，法律出版社 2014 年版，第 50 页。

保权人未在特定期间内提供充足的理由（例如法院裁判）不予涂销或更正的，登记机关即依债务人的请求予以涂销或更正。① 担保人也可以通过简易司法程序或行政程序寻求涂销登记或修正声明。②

我国现行动产担保登记制度大多采取双方申请模式，例外的情形仅有应收账款质押登记采取质权人单方申请模式，但为防止欺诈登记和虚假登记，采取了登记之前签订并上传登记协议的办法，协议中必须载明由质权人办理质押登记。③ 值得注意的是《动产抵押登记办法》第 3 条第 1 款规定："动产抵押登记的设立、变更和注销，可以由抵押合同一方作为代表到登记机关办理，也可以由抵押合同双方共同委托的代理人到登记机关办理。"但从第 4、6、7 条所规定的申请文件"抵押合同双方指定代表或者共同委托代理人的身份证明"来看，动产抵押登记虽然可以一人办理，但该人必须是抵押合同双方指定的代表或者共同委托的代理人。由此可见，动产抵押登记仍然是采行双方申请主义。

在登记对抗主义之下，基于当事人合意的担保合同一经生效，动产担保权即为设定，但仅在当事人之间发生效力，唯有额外补充登记公示行为，才能使已经设定的动产担保权产生对抗第三人的效力。如此看来，担保权的登记与担保权的设定无关，当事人同意设定担保权，并不能当然地被解释为同意登记。为了确保登记系统的运行效率，确应承认担保权人单方自主登记，但应采取一定的技术手段防止欺诈登记和虚假登记。登记须经担保人同意是可选路径之一，虽然要求担保权人与担保人之间就登记事项事先达成协议会在一定程度上减缓登记进程，同时要求双方当事人都必须提交内容一致的声明也会产生额外的交易成本，但在诉讼程序之外规定保护担保人的预防性方法仍属必要。④ 在比较法上，虽然很多实行声明登记制的国家允许不经担保人同意而登记，担保人可以通过请求法院涂销登记以及对不当登记行使损害

① See, e. g. , Saskatchewan Personal Property Security Act 1993, § 50.

② See United Nations Commission on International Trade Law, *UNCITRAL Legislative Guide on Secured Transactions*, United Nations, 2010, pp. 180、182—183.

③ 《应收账款质押登记办法》第 7、8 条。

④ See Ulrich Drobnig, Ole Böger (ed.), *Proprietary Security in Movable Assets*, Oxford University Press, 2015, pp. 490—491.

赔偿请求权而获得保护，但这种保护系以快速高效的诉讼程序保障为前提。我国目前社会信用状况不佳，冗长的诉讼程序已令人望而却步，实难达到这一标准。准此，在统一动产融资登记系统构建之时仍应坚持同意“登记须经担保人同意”这一条件。不过，这一条件的满足可以采取多种方法，上传登记协议或担保人同意登记的声明只是其中一种。担保人可以在登记系统中事先声明，同意某一或某些担保权人（例如其主要的融资提供者）就其财产办理担保登记。① 在互联网通讯技术高度发展的今天，担保权人也可以在提交登记申请之前取得担保人的电子签名。②

五、小结

工商业迅速发展导致交易的信用扩张，中小企业的融资需求难以经由直接吸引股东投资加以解决，端赖于借款等间接金融手段。根据实证调查，“较优的担保交易法就意味着较少的违约及更多的信贷”，③ 因此，动产担保交易法制的现代化，与经济发展息息相关。建构基于互联网的统一动产融资登记系统，无疑是其中重要一环。声明登记制在交易安全和效率之间取得了较好的平衡。担保权人无须提交基础交易文件，只需填写内容极少的担保声明书，即可直接在线自主登记，登记内容的真实性和合法性全由当事人自行判断，登记机关几无审查责任。如此，既增加了交易的透明度，提高了交易的效率，也在一定程度上维护了交易的安全。我国现行动产担保登记制度多为文件登记制下的纸质登记系统，登记程序的展开费时费力，虽然在一定程度上维系了交易安全，但却与日益频繁的动产交易的效率需求相悖，实有重构的必要。

---

① See Ulrich Drobnig, Ole Böger (ed.), *Proprietary Security in Movable Assets*, Oxford University Press, 2015, p. 492.

② See Hugh Beale, Secured Transactions, 14 *Juridica International*, 102 (2008).

③ World Bank Group, *Secured Transactions Systems and Collateral Registries*, International Finance Corporation, 2010, p. 8.

中国担保法制的解释适用与展望

不动产抵押物转让规则的解释论：《物权法》第191条及其周边[①]

抵押权设定后，抵押人并不丧失抵押物的处分权。在抵押权人同意抵押物的转让的情形下，抵押权人可依抵押权的物上代位性，就抵押物的转让价金提前清偿或者提存；在抵押权人不同意抵押物的转让的情形下，抵押权人可追及至抵押物而行使抵押权，抵押物受让人自可代为清偿债务而消灭抵押负担。抵押权人的同意只是其主张抵押权的物上代位抑或追及效力的分界。无论抵押权人是否同意，均不影响抵押物转让合同的效力。

一、引言

抵押人在其物之上为抵押权人设定抵押权，一则以物之担保的优先受偿性保障抵押债权的实现，二则抵押人并不丧失抵押物的占有，仍可就抵押物创造价值以充分利用社会资源，实为周全的制度安排，抵押权并因之被誉为“担保之王”。在传统民法上，抵押权的上述特征和不动产的公示方法相契合，与基于动产交付的公示方法而架构的质权相对而称，形成了不动产——抵押权、动产——质权的约定担保物权二分格局。[②] 学说上，抵押权是抵押物之上所设定的权利负担，抵押人仍保有抵押物的所有权，抵押人转让抵押物也就有了逻辑前提。但抵押物之上毕竟有了权利负担，其转让规则与一般

① 本文系王琪博士合作，发表于《法律科学（西北政法大学学报）》2011年第5期。

② 参见〔日〕近江幸治：《担保物权法》，祝娅等译，法律出版社2000年版，第60页。

物的转让规则自有不同，同时，抵押物的转让，除了关乎转让行为的当事人（抵押人与受让人）的利益之外，还涉及抵押权人和其他利害关系人的利益，这无疑增加了抵押物转让规则设计时利益衡量的难度。各国均采取不同的方法规定了上述各方的权利和义务，[①] 我国《物权法》亦不例外。

我国《物权法》第191条规定："抵押期间，抵押人经抵押权人同意转让抵押财产的，应当将转让所得的价款向抵押权人提前清偿债务或者提存。转让的价款超过债权数额的部分归抵押人所有，不足部分由债务人清偿。"（第1款）"抵押期间，抵押人未经抵押权人同意，不得转让抵押财产，但受让人代为清偿债务消灭抵押权的除外。"（第2款）这一规定语焉不详，引发了学界的广泛争论，[②] 诸如抵押权是否具有追及效力？未经抵押权人同意，抵押物转让合同是否有效？学界观点众说纷纭，不一而足。本处拟就其中不动产抵押物转让规则的解释问题一陈管见。[③]

二、抵押人是否丧失抵押物的处分权？

抵押权设定后，抵押人是否丧失对抵押物的处分权，是分析相关问题的第一步。如果抵押人保有处分权，抵押人自可转让抵押物，而无须践行其他相关手续；如果抵押人欠缺处分权，抵押权人则须使其处分权事先或事后得

---

① 比较法上的详细分析，参见孙鹏、王勤劳、范雪飞：《担保物权法原理》，中国人民大学出版社2009年版，第165页～170页；高圣平：《物权法与担保法：对比分析与适用》，人民法院出版社2010年版，第7页。

② 物权法通过之后的文献主要有：王利明：《物权法研究（下卷）》，中国人民大学出版社2007年版，第464页以下；梁慧星、陈华彬：《物权法》（第四版），法律出版社2007年版，第318页；许明月：《抵押物转让制度之立法缺失及其司法解释补救——评〈中华人民共和国物权法〉第191条》，载《法商研究》2008年第3期；王闯：《冲突与创新——以物权法与〈担保法〉及其解释的比较为中心而展开》，载梁慧星主编：《民商法论丛》（第40卷），法律出版社2008年版；罗思荣、梅瑞琦：《我国一般抵押权的体系构建——以抵押物转让的效力考察为视角》，载《杭州师范大学学报（社会科学版）》2008年第5期；廖焕国：《我国不动产抵押物流转的制度安排——以物权法第191条为中心的考察》，载《法学》2009年第4期；陈永强、王建东：《论抵押物转让的法律效果》，载《政治与法律》2009年第9期；赵鲜：《抵押物转让效力问题之我见——以物权法第191条为中心的解释论》，载《研究生法学》2010年第5期。

③ 我国物权法在抵押权的体系安排上采取了一般抵押权和特殊抵押权的类型化方法，虽然将不动产抵押权和动产抵押权规定在一起，但就其制度设计而言，大抵沿着不动产抵押权的路径展开其逻辑。因此，本文仅讨论不动产抵押权，就动产抵押物的转让，本书作者另有专文探讨。

以圆满。

就《物权法》第191条的解释论，一种观点认为，抵押权是对抵押物交换价值的支配权，抵押权设定后，即将抵押物的交换价值让渡给了抵押权人，如果抵押人可以自由转让抵押物，无异于鼓励“一物二卖”。① 其言下之意在于，抵押物上一旦抵押权，抵押物即丧失交换价值，抵押人对抵押物自无处分权可言。

本书作者对此不敢苟同。

第一，依《物权法》第40条、第170条、第179条的体系解释，抵押权作为担保物权的一种，在性质上属于在他人之物上所取得的定限物权，亦即，抵押权设定后，抵押权人并不丧失其对抵押物的所有权。依《物权法》第39条所定所有权的内容和效力，抵押人作为抵押物的所有权人自可对其抵押物为使用收益或法律上的处分，并可在抵押物正常使用收益的范围内对抵押物进行事实上的处分。抵押人的上述权利“实为抵押权本质上之当然结果，且可依物权优先效力定其效力之先后，应不待法律之明文规定。”② 准此以解，抵押人并不因为抵押权的设定而丧失抵押物的法律上的处分权，抵押人无须等待抵押关系消灭后再转让抵押物，抵押权人亦不得因此而主张抵押人与第三人之间的买卖合同无效或所有权移转无效，且在其他债权人就该抵押物申请强制执行时，抵押权人亦不得阻止其执行，而仅能就抵押物变价款主张优先受偿。

第二，在承认物权的支配性以及抵押权的物权性之下，抵押权具有支配性成了符合逻辑的推论，由此而形成了抵押权支配抵押物的交换价值之学理通说。虽然有学者已对包括抵押权在内的担保物权的“物权性”提出了质疑，③ 但本书作者无意在此就抵押权乃至担保物的性质展开研究。仅就《物权法》第179条而言，抵押权人的效力主要体现在“债务人不履行到期债务或者发生当事人约定的实现抵押权的情形，债权人有权就该财产优先受偿”。

---

① 参见王胜明：《物权法制定过程中的几个重要问题》，载《法学杂志》2006年第1期。

② 参见谢在全：《民法物权论》（中册），2007年修订四版，第471页。

③ ［日］加贺山茂：《担保物权法的定位》，于敏译，载梁慧星主编：《民商法论丛》（15卷），法律出版社2000年版，第482页；孟勤国、冯桂：《论担保权的性质及其在民法典中的地位》，载《甘肃社会科学》2004年第5期。

由此可见，抵押权人对抵押物交换价值的实际支配的时点在于“债务人不履行到期债务或者发生当事人约定的实现抵押权的情形”，而并非前述论者所称抵押权设定后，抵押物的交换价值即让渡给了抵押权人。交换价值是物与物之间的交换关系或比例，在交换之前只可能预测而没有实际发生，因此，抵押权人不可能在此前支配本来不存在的东西。[①]

第三，抵押权设定后，抵押物仍有转让的必要和可能。在我国信贷实践普遍低估抵押物价值的情况下，除去贷款本息，仍有剩余，抵押人与受让人之间仍有可能就此进行磋商谈判，达到转让合意，以求最大限度地利用抵押物的使用价值。此时，当事人之间的转让价金已经考虑到了标的物之上的抵押负担，自无所谓“一物二卖”。至于抵押人隐瞒标的物已经设定抵押的事实，最终导致转让价金高于标的物剩余价值的，受让人本可以通过查询相应登记簿而知悉标的物之上的权利负担，从而控制交易风险但却怠于查询，疏于知悉，由此引发的风险自应由其承担，而不应归咎于抵押权人。

综上所述，抵押权设定后，抵押人并不丧失对抵押物的处分权，抵押人处分抵押物与抵押权人的抵押权之间并无冲突，只是抵押权人在实现抵押权的条件成就时直接追及至抵押物之所在实现抵押权而已。

三、抵押权是否具有追及效力？

抵押权设定后，抵押权人转让抵押物，抵押权人仍然可以对抵押物主张抵押权，此所谓抵押权的追及效力问题。关于《物权法》第 191 条是否承认抵押权的追及效力，存在不同看法。第一种观点认为，该条并未承认抵押权的追及效力，该条第 2 款的文义至为清晰；[②] 第二种观点认为，从体系解释的角度，《物权法》上承认了抵押权的追及效力。《物权法》第 189 条第 2 款规定，浮动抵押权不得对抗正常经营活动中已支付合理价款并取得抵押财产的买受人。这一规定显然否认了浮动抵押权人的抵押权追及效力，从而该规

① 参见孟勤国、黄莹主编：《中国物权法的理论探索》，武汉大学出版社 2004 年版，第 359～361 页。

② 参见王利明：《物权法研究（修订版·下卷）》，中国人民大学出版社 2007 年版，第 468 页。

定构成了第 191 条第 2 款的一种例外。[①] 第三种观点认为，《物权法》并未正面否定抵押权有追及效力，只不过因为同意转让提前实现抵押权也好，代为清偿也罢，均以抵押权消灭为转让前提，故要不要追及、能不能追及已不重要。[②]

本书作者认为，《物权法》上已经承认抵押权的追及效力，主要理由如下：

第一，抵押权的追及效力是物权公示公信原则符合逻辑的推论。《物权法》第 6 条、第 9 条、第 14 条、第 16 条已就不动产物权公示、公信原则定有明文。不动产抵押权以登记为公示方法，且登记是不动产抵押权设定并对抗第三人的要件。《物权法》第 191 条"对抵押权的追及效力仍未具明文。在此法律背景下，抵押人维护自身权利则需诉诸抵押权的对抗效力，依赖抵押登记的公示作用，对抗抵押物的受让人。"[③] 登记作为不动产抵押权的公示方法，依法具有公信力，第三人可信赖登记簿，并与登记簿载明的权利人进行交易，第三人此时的信赖应受法律和其他人的尊重。由此可见，就受让人而言，其知道或应当知道抵押物已有担保负担，而仍与抵押人从事交易，其权利的保护应劣后于抵押权人，此时，依抵押权的对抗效力即可解决问题。抵押权设定在前，抵押物转让在后，抵押权自可以其在前设立的抵押权对抗抵押物的受让人，抵押权的追及效力自属当然之理。

第二，抵押权的追及效力是物权优先效力符合逻辑的推论。同一物上有多数能相容的物权存在时，成立在先的物权优于成立在后的物权。[④] 《物权法》第 170 条规定："担保物权人在债务人不履行到期债务或者发生当事人约定的实现担保物权的情形，依法享有就担保财产优先受偿的权利，但法律另有规定的除外。"第 179 条第 1 款规定："为担保债务的履行，债务人或者

① 罗思荣、梅瑞琦：《我国一般抵押权的体系构建——以抵押物转让的效力考察为视角》，载《杭州师范大学学报（社会科学版）》2008 年第 5 期。

② 廖焕国：《我国不动产抵押物流转的制度安排——以物权法第 191 条为中心的考察》，载《法学》2009 年第 4 期。

③ 曹士兵：《中国担保制度与担保方法——根据物权法修订》，中国法制出版社 2008 年版，第 244 页。

④ 参见谢在全：《民法物权论》（上册），台湾地区 2004 年修订 3 版，第 44 页；王利明：《物权法研究（修订版·上卷）》，中国人民大学出版社 2007 年版，第 45 页。

第三人不转移财产的占有，将该财产抵押给债权人的，债务人不履行到期债务或者发生当事人约定的实现抵押权的情形，债权人有权就该财产优先受偿。”准此，在抵押物上先存在有抵押权人的抵押权，后有抵押物受让人的所有权，抵押权优先受偿。在《物权法》第170条之下，抵押权的优先受偿性只受法律特别规定的限制，第170条所定“法律另有规定的情形”并不包括《物权法》第191条，而主要包括：特定情形下未清偿的职工债权（《企业破产法》第109条）；建筑工程承包人的优先受偿权（《合同法》第286条）；船舶、航空器优先权（《海商法》第22条、第25条、《民用航空法》第19条、第22条）；担保财产承租人的优先购买权（《物权法》第190条）；特定情形下的国家税收债权（税收征收管理法第45条、第46条）、划拨土地出让金收取权（《担保法》第56条）、被执行人的基本生存权（《民事诉讼法》第220条）、司法费用的优先权（《民用航空法》第21条）。[①] 同时，第189条第2款又特别规定了抵押权无追及效力的例外情形，从另一个角度证成了抵押权追及效力的一般性。

第三，就《物权法》第191条的文义而言，尚无法得出抵押权无追及效力的结论。该条第1款明确规定了抵押权人同意转让抵押物时抵押权的效力及于抵押物的转让价金，此时，自无所谓追及效力可言。该条第2款但书规定“但受让人代为清偿债务消灭抵押权的除外”，如果没有抵押权在已经转让的抵押物上的继续存在，亦即抵押权没有追及效力，又何来受让人代为清偿债务从而消灭抵押权？反而推之，抵押权必有追及效力。

第四，我国相关规范已经承认了抵押物转让时抵押权的追及效力。《最高人民法院关于适用〈中华人民共和国民事诉讼法〉若干问题的意见》第102条规定：“人民法院对抵押物、留置物可以采取财产保全措施，但抵押权人、留置权人有优先受偿权”；《最高人民法院关于人民法院执行工作若干问题的规定（试行）》第40条规定：“人民法院对被执行人所有的其他人享有抵押权、质押权或留置权的财产，可以采取查封、扣押措施。财产拍卖、变卖后所得价款，应当在抵押权人、质押权人或留置权人优先受偿后，其余额

① 参见王闯：《冲突与创新——以物权法与〈担保法〉及其解释的比较为中心而展开》，载梁慧星主编：《民商法论丛》（第40卷），法律出版社2008年版，第299页。

部分用于清偿申请执行人的债权。”由此可见，即使抵押物被法院采取强制措施，抵押权人仍可依法追及至抵押物，并享有优先受偿权。举重若轻，抵押物被强制转让时，抵押权尚有追及效力，抵押物被协议转让时，抵押权亦应有追及效力。也就是说，抵押物被强制转让当属转让之一种，本着相同情况作同一处理的基本法治原则，抵押物合意转让时亦应作相同的解释。

综上，抵押权具有追及效力，这也是物权追及效力符合逻辑的推论。① 抵押权的追及效力表现为“不论抵押物的所在，追及抵押物的交换价值而优先受偿”。②

四、抵押物转让时，抵押权人同意有何法律意义？

《物权法》第 191 条第 2 款规定，未取得抵押权人的同意，不得转让。值得注意的是，这里回避了转让效力问题，③ 学者间就抵押权人同意的法律意义见解纷呈。第一种观点认为，第 191 条第 2 款属于效力性规定，违反此款转让抵押物的，合同无效，④ 或处分行为无效。⑤ 第二种观点认为，“对此，我们显然不能将其解释为有效。那么，是否可以认为，抵押人违法本规定转让抵押物的行为无效呢？从理论上说，这样解释并非不可行，但考虑到本条规定抵押人转让抵押物需经抵押权人同意，将其解释为未发生效力更为恰当。”⑥ 第三种观点认为，“第 191 条并没有明文规定抵押人未经抵押权人同意而转让抵押财产的行为无效，在解释和适用该条文时，也不应当认为抵押人转让抵押财产的行为无效。”⑦

---

① 虽然学说上对物权是否具有独立的追及效力尚存争议，但物权具有追及效力应无争议。

② 刘清波：《民法概论》，台湾地区开明书店 1979 年版，第 498 页。

③ 许明月：《抵押物转让制度之立法缺失及其司法解释补救———评〈中华人民共和国物权法〉第 191 条》，载《法商研究》2008 年第 2 期。

④ 参见杨明刚：《新物权法——担保物权适用解说与典型案例评析》，法律出版社 2007 年版，第 118 页；温世扬：《物权法要义》，法律出版社 2007 年版，第 281 页。王利明：《物权法研究》（修订版下卷），中国人民大学出版社 2007 年版，第 467～468 页。

⑤ 参见陈永强、王建东：《论抵押物转让的法律效果》，载《政治与法律》2009 年第 9 期。

⑥ 许明月：《抵押物转让制度之立法缺失及其司法解释补救———评〈中华人民共和国物权法〉第 191 条》，载《法商研究》2008 年第 2 期。

⑦ 王利明主编：《物权法名家讲坛》，中国人民大学出版社 2008 年版，第 391 页。

本书作者赞成第三种观点。

第一，就《物权法》第 191 条两款之间的关系而言，第 1 款规定的是抵押权人同意转让的情形；第 2 款规定的是抵押权人未同意转让的情形。就抵押权人同意转让者，抵押人经抵押权人同意可以转让抵押财产，受让人取得无抵押负担的所有权，同时坚持物上代位，[①] 抵押人“应当将所得价款提前清偿或者进行提存”，并未损及抵押权人的利益，又兼顾了买受人的交易安全，很好地实现了三方利益之平衡。[②][③] 在抵押权人同意转让的情况下，物上代位即足以保护抵押权人的利益，自无须借道于抵押权的追及效力。就抵押权人未同意转让的情形，抵押人与受让人之间的转让行为自不得使受让人取得无抵押负担的所有权，此时，受让人也不能依《物权法》第 106 条规定的善意取得制度主张其已取得无权利负担的所有权，抵押权人自得依抵押权的追及效力向受让人主张抵押权，但为维护抵押物受让人的利益，受让人亦可在抵押权人向其主张抵押权时代为清偿主债务而涂销抵押物上的担保负担，取得清偿的抵押物所有权。“追及效力可以有力地保障抵押权人的利益，涤除权制度实现了对买受人权益的保护，从而实现抵押权人与买受人之间的利益平衡。”[④]

第二，将《物权法》第 191 条第 2 款解释为效力性规定，抵押权人的同意界定为抵押人转让抵押物的前提条件，损害了抵押人作为所有人的处分权。抵押权设定后，抵押人仍然享有对抵押物的所有权，已如前述。抵押人受让人之间的转让行为本属抵押人行使处分权的正当行为，如缺乏抵押权人

---

① 也有学者认为，本款仅仅只是对抵押人法定义务的规定，并不能当解释为抵押权人的物上代位权。参见孙鹏、王勤劳、范雪飞：《担保物权法原理》，中国人民大学出版社 2009 年版，第 181 页。但本书作者认为，转让价金与物权法第 174 条所规定的保险金、赔偿金或补偿金等代位物并无二致，均是在抵押物不存在（抵押权人同意转让后，受让人取得无抵押负担的抵押物的所有权，抵押物对于抵押人而言即不存在）的情况下保障抵押人的权利的手段。

② 参见王闯：《冲突与创新——以物权法与〈担保法〉及其解释的比较为中心而展开》，载梁慧星主编：《民商法论丛》（第 40 卷），法律出版社 2008 年版，第 299 页。

③ 不过，也有学者对此提出了不同观点，认为本款提前清偿的规定使抵押人丧失期限利益；提存的规定造成抵押人的资金闲置，浪费社会资源。参见崔建远：《物权法》，中国人民大学出版社 2009 年版，第 505 页。

④ 参见王闯：《冲突与创新——以物权法与〈担保法〉及其解释的比较为中心而展开》，载梁慧星主编：《民商法论丛》（第 40 卷），法律出版社 2008 年版，第 299～300 页。

的意思表示，则抵押物转让不生合意，必然以抵押权人的意志左右所有人自由处分，违背了所有权人可以自由处分所有物的应有之义。[①]“一个正常的经济制度下，财产的流通性或曰财产权的让与性是健康的社会范围的经济流转所必需的，也是财产权名副其实甚至增值的前提和表现。”[②] 同时，在抵押物价值小于担保债权时，理性的受让人绝对不会代位清偿担保债权而消灭抵押权，如将抵押权人的同意理解为抵押物转让的前提。此时，抵押物的转让完全取决于抵押权人的意志。在抵押权人不同意的情况下，抵押物几无转让的可能。

第三，将《物权法》第 191 条第 2 款解释为效力性规定实际上是建立在一个基本预先前提之上的：抵押物转让必然会影响抵押权的行使，损及抵押权人的利益。因此，其转让必须经抵押人同意。[③] 实际上，抵押权设定后，抵押权人所置重的并不是抵押物的转让，而是抵押物的价值是否有贬损之虞。因为抵押是典型的物的信用，抵押物价值的变化影响着抵押权最终的实现，而抵押物的转让并不当然影响抵押权的价值，只是被请求实现抵押权的对象不同而已。未经抵押权人同意时，将抵押物转让行为认定为无效相对于认定为有效并无效果上的优势。[④] 在抵押权人的角度，转让行为有效抑或无效并无实质上的区别，客观上都表现为抵押权人可就抵押物主张抵押权；从受让人的角度，转让行为有效抑或无效也无实质上的差别：在主债权未获充分清偿的情况下，抵押物均可被抵押权人追夺。

综上，抵押权人的同意仅仅是抵押物不受抵押权追及之要件，并不构成对抵押物转让行为效力的独立影响。抵押权人同意转让时，在第 191 条第 1 款之下，受让人取得的是无抵押负担的抵押物的所有权；未经抵押权人同意时，在第 191 条第 2 款之下，转让行为并不因此而无效，只是受让人所取得的是有抵押负担的抵押物的所有权，在物权公示公信原则之下，受让人知道

---

① 参见廖焕国：《我国不动产抵押物流转的制度安排——以物权法第 191 条为中心的考察》，载《法学》2009 年第 4 期。

② 崔建远：《物权法》，中国人民大学出版社 2009 年版，第 503 页。

③ 参见许明月：《抵押物转让制度之立法缺失及其司法解释补救——评〈中华人民共和国物权法〉第 191 条》，载《法商研究》2008 年第 2 期。

④ 参见孙鹏、王勤劳、范雪飞：《担保物权法原理》，中国人民大学出版社 2009 年版，第 171 页。

或应当知道抵押物上存在担保负担而仍愿意受让，自应受抵押物之上既有担保负担的约束。

五、《物权法》第191条第2款是否规定了受让人的涤除权

抵押权追及效力的承认无疑强化了对抵押权人的保护，也无疑减损了受让人对抵押物的所有权，① 抵押物的受让人如何对抗抵押权的行使，国外立法例规定有四种办法：其一，瑕疵担保请求权。抵押物受让人可以依照权利瑕疵担保，请求抵押物的出卖人除去抵押权，即善意第三人享有权利瑕疵担保请求权；② 其二，代位清偿或替代清偿。抵押物受让人可代替主债务人向抵押权人清偿全部债务，通过消灭主债权的方式消灭抵押权；③ 其三，代价清偿。抵押物受让人经抵押权人的请求以其受让抵押物的代价（代价金）向抵押权人清偿；④ 其四，涤除权。抵押物受让人估定抵押物的价值，并以此向抵押权人清偿，从而使抵押权消灭的权利。⑤

有学者认为，《物权法》第191条规定了涤除权制度；⑥ 也有学者对此提出不同意见，受让人是必须在代为清偿债务消灭抵押权后，抵押人方可转让抵押物。这种规定更像一种义务的赋予，而非权利的授予，因此这种所谓的权利并非真正意义上的涤除权。⑦

---

① 参见张巍：《日本的抵押权涤除制度》，载梁慧星主编：《民商法论丛》（第24卷），法律出版社2001年版，第521页。

② 参见费安玲：《比较〈担保法〉》，中国政法大学出版社2004年版，第190页。

③ 参见孙鹏、王勤劳、范雪飞：《担保物权法原理》，中国人民大学出版社2009年版，第165～168页；

④ 参见〔日〕近江幸治：《担保物权法》，祝娅等译，法律出版社2000年版，第173页；郑谷晨：《抵押物转让模式比较：利益平衡与制度选择》，载《研究生法学》2009年10期。

⑤ 参见〔日〕我妻荣：《新订担保物权法》，申政武等译，中国法制出版社2008年版，第345页。2003年7月日本对其《担保法》进行了修改，以往在修改前的民法中有争议的涤除制度（修改前的民法第381条）的名称被改为“抵押权消灭请求”，可以提出抵押权消灭请求的只限于取得了抵押不动产所有权的第三人（新民法第378、379条）。参见［日］汤浅道男：《日本〈担保法〉制度改革的动向》，李又又译，载渠涛主编：《中日民商法研究》（第二卷），法律出版社2004年版，第219～220页。

⑥ 最高人民法院物权法研究小组：《〈中华人民共和国物权法〉条文理解与适用》，人民法院出版社2007年版，第572～573页。

⑦ 参见蔡文军：《论抵押财产转让的法律规定及其适用》，载王利明主编：《判解研究》2009年第5期。

本书作者认为，这里首先需要厘清的是涤除权以及代位清偿之间的区别，就前引涤除权的概念，我国法上自无所谓涤除权的规定，相关论述实际上说明的是代位清偿，因为第 191 条第 2 款的表述是“代为清偿债务消灭抵押权”。代价清偿制度“一般来讲抵押权人通常是不选用的，当不动产抵押的债权额大幅度上升时，根据拍卖得到受偿，当债权额下降时，在代价偿还中收回债权也是不能预料的。所以，抵押权人在拍卖几乎不能期待满足的情况下，想用这种价格来满足的时候才被使用”。[①] 而涤除权则是挑战抵押权人的制度，一方面，买受人有机会取得无负担之标的物；抵押权人也可以涤除价不合理为由，拒绝买受人的不合理低价涤除；另一方面，涤除权关于增价拍卖的规定，既可以防止买受人以不合理低价涤除，又可以防止抵押权人滥用拍卖申请权。有学者据此认为涤除权是最为合理的制度。[②]

本书作者不以为然。就前文所述，在未经抵押权人同意的情况下，受让人所取得的是附抵押负担的抵押物的所有权，对于受让人而言，其欲取得清洁的、完全的所有权，自是需要清偿抵押物所担保的债务以涂销其上的权利负担。如仍需要按涤除权模式支付抵押物价值，在我国通常在抵押权设定时均低估抵押物价值的情况下，就意味着受让人需在清偿担保债务之外再行支付抵押物价值超过担保债务的部分，显然不利于受让人利益的保护。就抵押物的转让，受让人可能已经支付以下款项：第一，受让人不知道抵押负担情形下抵押物的交换价值；第二，受让人知道抵押负担及情形下抵押物超过担保债务的价值。无论属于上述哪种情形，要求受让人清偿担保债务之外的款项，均对受让人不利。

应当注意的是，抵押物受让人的代位清偿，是法律赋予其的一种保全自己权利的权利，而非义务。如果抵押物的价值小于担保债权时，受让人完全可以不行使代位清偿权，但由抵押权人行使抵押权（追及）即可。

六、小结

在解读《物权法》第 191 条时，大量的论述均集中于抵押物的自由转让

① 〔日〕近江幸治：《担保物权法》，祝娅等译，法律出版社 2000 年版，第 173 页。

② 参见王冬明：《抵押权追及效力的立法证成》，吉林大学法学院 2006 年度硕士论文。

将损及抵押权人的利益，并认为坚持抵押权的追及效力将破坏抵押物受让人的交易安全。这实际上是关注了问题的一面，但却忽视了另一面。在由物债两分而构建的民法体系之下，否认抵押权的追及效力，限制抵押物的流转，貌似保护了抵押权人和抵押物受让人的利益，保护了受让人的交易安全，但不可否认的是，否认抵押权追及效力本身，也否定了抵押权的优先受偿性在抵押物转让中的应有内涵，违背了“物尽其用”的立法宗旨，破坏了由物权公示公信原则所构建起来的交易秩序，从另一个方面损及了交易的安全。由此看来，唯有在体系解释、利益衡量解释等多种解释方法的合力之下，才能合理地破解《物权法》第191条之谜，还抵押物转让规则的应有内容。

流质契约的相对禁止[①]

——基于裁判分歧的思考

流质契约能够降低担保物权的实行成本，最大程度地保障债权人实现债权，虽然《物权法》上予以明文禁止，但实践中仍然得以广泛采用，裁判中也出现了解释上的分歧。作为担保物权实行方法的约定，流质契约本属当事人意思自治的体现，法律不应过多干涉。但为实现当事人之间的给付均衡，应对担保物权人课以强制性的清算义务：担保物价值超过担保债权部分，应返还担保人；不足清偿担保债权者，仍得请求债务人清偿。为保护第三人利益，对于以登记为公示方法的担保物权，流质契约应经登记才能取得对抗第三人的效力。

流质契约（*lex commissoria*）是当事人在担保物权可得实现之前，约定由担保物权人不经公力救济程序而直接取得担保物所有权的约定，由于其极易成为债权人借债务人的窘迫需要而压榨债务人的工具，学说上一直视其为契约自由的例外而否定其效力。[②] 自罗马法确立禁止流质契约制度以来，大陆法系国家（地区）保持着禁止流质契约的传统。[③] 我国《担保法》第 40

① 本文原载《政法论丛》2008 年第 1 期。

② 参见高圣平：《动产让与担保的立法论》，载《中外法学》2017 年第 5 期。为方便论述，除特别指出外，下文所称流质契约为广义上的概念，包括流抵契约和狭义的流质契约两种形式。就流抵契约，学说与实务尚有“绝押契约”“流押契约”等称谓；也有将流抵契约和流质契约合称“流担保契约”者。特此叙明。

③ See Ulrich Drobnig，Ole Böger（ed.），*Proprietary Security in Movable Assets*，Oxford University Press，2015，pp. 619－620.

条、第 66 条即遵循此传统，均规定当事人在合同中不得约定债务履行期届满前债权人未受清偿时，担保物的所有权转为债权人所有。《物权法》立法之初，虽有关于删去禁止流质契约的动议，[①] 但《物权法》最终仍然保留了禁止流质契约的规定。随着金融交易市场的发展，流质契约之禁止在一定程度上已成为交易实践的障碍。近十余年来，解禁流质契约的呼声一直不断，反对之声亦有。

一、流质契约的司法观察

欲对流质契约解禁与否做出妥当的立法选择，须首先对司法实践中所揭示的流质契约问题进行梳理，并从中得出客观的事实判断。本文将对涉及流质契约条款的案件进行类型化分析，从以物抵债、回购条款、让与担保等三个角度对实务中的流质契约条款进行整理，借此探究实践中流质契约的“生存状态”及发展趋势。

（一）以物抵债中的流质契约问题[②]

在法律行为的层面，所谓以物抵债，是指当事人之间达成的以他种给付替代原定给付的协议。大抵可以分为两种类型：一是仅有以他种给付替代原定给付的合意，尚无债权人受领债务人他种给付的事实，为诺成合同；二是当事人不但达成了以他种给付替代原定给付的合意，而且债权人受领了债务人的他种给付，即为代物清偿。[③] 实践中，引起是否违反禁止流质契约规定争议的多为第一种类型。

在以物抵债协议能否认定为流质契约的问题上，司法实践中存在两种态

---

① 参见全国人大常委会法制工作委员会民法室：《〈中华人民共和国物权法〉条文说明、立法理由及相关规定》（第二版），北京大学出版社 2017 年版，第 385 页。

② 就当事人签订买卖合同为借贷合同提供担保的性质，在理论上存在争议。第一种观点认为这是一种正在形成的习惯法担保物权，即后让与担保，参见杨立新：《后让与担保——一个正在形成的习惯法担保物权》，载《中国法学》2013 年第 3 期；第二种观点认为这是一种对未来物的抵押，参见董学立：《也论“后让与担保”——与杨立新教授商榷》，载《中国法学》2014 年第 3 期；第三种观点主张这是一种以物抵债的协议，参见庄加园：《“买卖型担保”与流押条款的效力——〈民间借贷规定〉第 24 条的解读》，载《清华法学》2016 年第 3 期。本文采纳第三种观点，特此说明。

③ 参见崔建远：《以物抵债的理论与实践》，载《河北法学》2012 年第 3 期。

度：其一，以物抵债协议构成流质契约，应认定为无效。如在“董某某诉毛某某等房屋买卖合同纠纷案”中，法院认为，当事人双方虽不存在抵押合同或质押合同，但双方直接以房屋抵偿债务的约定与《物权法》所禁止的流抵契约的情形相同，且担保物权人尚不得约定债务人到期不履行债务时担保物直接归担保物权人所有，普通债权人当然也不能与债务人作出类似约定。[①]该案中，法院同时对禁止流质契约的原因作出阐释——“法律作出该些规定的原因之一是债务人可能因为经济上困难所迫，会自己提供或请求第三人提供高价值的财产担保价值较小的债权，如果不禁止作上述约定，债权人可能乘人之危获取暴利，有违民法的公平、等价有偿原则。”[②] 其二，以物抵债协议并非流质契约，应认定为有效。如“深圳市怡亚通供应链股份有限公司与山东汉泰石油化工股份有限公司、青岛绎惠德国际贸易有限公司仓储合同纠纷案”（以下简称“怡亚通与汉泰、绎惠德仓储合同纠纷案”）中，法院在肯定以物抵债协议效力的同时指出：“禁止流押的立法目的是防止损害抵押人的利益，以免造成对抵押人实质上的不公平。本案合同‘（债权人）销售完原合同及本合同约定货物后或者由双方协商后进行结算，在 3 个工作日内多退少补，不足部分仍由（债务人）承担’的约定，并非法律上禁止的流押条款……但（债权人）收取涉案货物后应履行清算程序，对涉案货物进行折价或者拍卖、变卖，拍卖、变卖价款如果高于原债权，多余部分应返还给（债务人）。”[③]

---

① 参见“董某某诉毛某某等房屋买卖合同纠纷案”，浙江省杭州市江干区人民法院〔2012〕杭江民初字第 79 号民事判决书。

② 同上注。持同类观点的案件还有“敖日高等诉陈横合同纠纷案”，浙江省乐清市人民法院〔2013〕温乐民初字第 722 号民事判决书；“牟勇、惠州市昆嘉电力工程安装有限公司与黄伟强、刘明民间借贷纠纷上诉案”，广东省深圳市中级人民法院〔2014〕深中法民终字第 2173 号民事判决书；“白建武诉周红卫、伊川县远洋线材有限公司借款合同纠纷案”，河南省伊川县人民法院〔2013〕伊四民初字第 141 号民事判决书。

③ 广东省深圳市福田区人民法院〔2015〕深福法民二初字第 7615 号民事判决书。相似案例还有“山西羽硕房地产开发有限公司与山西智海房地产开发有限公司买卖合同纠纷再审案”，最高人民法院〔2009〕民申字第 1600 号民事判决书；“朱俊芳与山西嘉和泰房地产开发有限公司商品房买卖合同纠纷再审案”，最高人民法院〔2011〕民提字第 344 号民事判决书（最高人民法院提审认为，嘉和泰公司对履行商品房买卖合同还是借款合同具有选择权，即使履行商品房买卖合同对其不公也可依《合同法》“显失公平”条款予以撤销，不会造成实质上的不公平，本案不应适用禁止流抵契约的规定）。

（二）回购协议中的流质契约问题

回购协议，是指债权人与债务人订立买卖合同，但并不移转占有，只约定于一定期限内备价回赎，此种合同形式上虽为买卖，实则为原债务设定抵（质）押权，而回赎期间为清偿期间。[①]

司法实践中，回购协议的效力分歧在于是否被认定为流质契约。若回购协议被认定为流质契约，则被认定为无效，[②] 反之则有效。如在“海南国盛建工集团有限公司与刘益成、洋浦东泰房地产开发有限公司确认合同无效纠纷案”中，二审法院认为涉案合同无效的理由在于，依据约定，债务人如在回购期内不按期回购房屋，债权人并不能直接获得涉案商铺的所有权，而只是依据房屋买卖合同取得债权，故不属于流抵条款。[③] 而在“蔡金某等诉余某房屋买卖合同纠纷案”中，法院进一步认为：债权人虽然通过“以房抵债”方式，取得房屋产权，但其赋予了债务人的回购权，即债务人通过偿还本金及相应利息可重新取得系争房屋产权，此种情形与流质条款并不能等同。债务人可以在双方约定的期限内自行决定是否行使回购权，而债权人则须负担因市场波动导致房屋价值贬损的风险，故该约定对于双方均属公平。此外，债务人所欠的债务及利息与所争议的房屋的市场价格基本持平。再者，因债务人不能归还债务，致使房屋归债权人所有，若认定房屋买卖合同无效，则债权人必将另案起诉债务人归还债务及利息，不仅对债权人不公平，也会造成司法资源的极大浪费，也违背了法律维护经济活动稳定和效率的目的。[④] 由此案的裁判理由可知，法院会从流质契约适用的实际结果上来判断是否会造成法律所禁止的不公平现象的发生，这也是司法裁判对立法目

---

① 参见谢在全：《民法物权论》，中国政法大学出版社 2011 年版，第 784 页。

② 相关案件参见“代庆容与重庆市尧舜房地产开发有限公司商品房预售合同纠纷案”，重庆市彭水苗族土家族自治县人民法院〔2015〕彭法民初字第 01217 号民事判决书；“李晓辉与赤峰五甲万京置业有限公司管理人请求确认债务人行为无效纠纷案”，内蒙古自治区赤峰市中级人民法院〔2015〕赤商终字第 192 号民事判决书；“刘连田与张爱花执行异议案”，山东省青州市人民法院〔2014〕青法执异字第 31 号执行裁定书。

③ 参见海南省高级人民法院〔2016〕琼民再 11 号民事判决书。本案再审法院则认为《物权法》第 186 条是基于平衡双方当事人利益的考虑，防止居于优势地位的债权人牟取不当暴利，损害债务人特别是其他债权人的利益，如按双方约定的价款履行合同，亦损害了东泰公司其他债权人和东泰公司的合法利益，涉案买卖合同因违反禁止流质的规定而无效。

④ 上海市闸北区人民法院〔2012〕闸民三（民）初字第 1578 号民事判决书。

的和现实的反思。

（三）让与担保中的流质契约问题

司法实践中，让与担保是与流质契约冲突最为明显的制度。让与担保，是债务人或第三人为担保债务的履行，将担保物的所有权移转于债权人，债务清偿后，担保物应返还于债务人或第三人；债务不获清偿时，债权人得就该担保物受偿的一种担保形式。[①] 否认让与担保的合法性者多以违反物权法定原则为由，而与禁止流质契约规定相冲突的是在债务不获清偿时，担保物的所有权移转于债权人的约定。

对此条款的效力，司法实践也存在不同的意见：其一，买卖合同违背禁止流质契约的规定而无效。如“叶阿国、蔡晓申为与刘莹莹房屋买卖合同纠纷案”中，法院认为原被告间的房屋买卖合同本质上是原、被告之间在债务履行期届满前，变相约定将担保财产归被告所有，该约定违反法律规定，属于“流质契约”，应认定为无效。[②] 其二，该条款为流质条款而无效，但合同其他部分仍有效。如“胡登科与宁波东来日盛置业有限公司破产管理人请求确认债务人行为无效纠纷上诉案”中，法院认为，本案中要平衡双方当事人利益及确保破产债务人的其他债权人的公平受偿，关于债务人未按时退回购房款则视为自动放弃解除涉案房屋买卖合同权利的约定实质为无效的流质条款，但该条款无效不影响该非典型担保的其他效力，在债务人不按约归还本息情形下，债权人可以通过拍卖或变卖案涉房屋的方式担保其债权的实现。[③] 其三，该条款非流质契约条款而有效。如“贵州中烟工业有限责任公司与刘

---

① 参见郭明瑞：《担保法》，法律出版社 2000 年版，第 254 页；黄宗乐：《现代物权法之原理及发展》，载台湾地区《辅仁法学》1986 年第 15 期。

② 参见“叶阿国、蔡晓申与刘莹莹房屋买卖合同纠纷案”，浙江省瑞安市人民法院〔2014〕温瑞民初字第 4101 号民事判决书。类似案件参见“赵勤生、王云芳与陈海彬民间借贷纠纷再审案”，浙江省金华市中级人民法院〔2016〕浙 07 民再 60 号民事判决书；“高乐冰诉郭小娇、郭薇、郭强案外人执行异议之诉案”，内蒙古自治区巴彦淖尔市（盟）中级人民法院〔2016〕内 08 民终 1209 号民事判决书。

③ 参见“胡登科与宁波东来日盛置业有限公司破产管理人请求确认债务人行为无效纠纷上诉案”，浙江省宁波市中级人民法院〔2014〕浙甬商终字第 1356 号民事判决书。类似观点请参见“朱延凯诉韩先进股权让与、担保合同纠纷案”，江苏省淮安市淮阴区（县）人民法院〔2013〕淮商初字第 0295 号民事判决书；“秦莉，何艳，刘立坤返还原物纠纷案”，黑龙江省哈尔滨市中级人民法院〔2015〕哈民二民终字第 904 号民事判决书。

国梁所有权确认纠纷案”中，二审法院认为，“流质条款是建立在抵押权、质权存在的基础上的，而本案（债务人）和（第三人）之间并未设定抵押权和质权”[①]，即该案中担保方式为让与担保，而非设定抵押权或质押权，《物权法》所规定的禁止流质契约的基础并不存在，故不应适用流质条款而认定买卖合同无效。

（四）司法实践的发现

由上述案例整理可以看出，法律禁止流质契约的目的是“基于平衡双方当事人利益的考虑，防止居于优势地位的债权人牟取不当暴利，损害债务人特别是其他债权人的利益”[②]，此已成为司法裁判的共识。禁止流质契约在性质上属于（效力性）强制性规定，自始无效，但担保物权设定本身的效力并不受影响，仅流质契约无效。但司法实践中，法院并不一定认同流质契约会造成有失公平的后果——法院认可的是立法时的假设，但对假设的对象“流质契约”在实际中是否会造成立法者所担忧的不公却各有所见。例如在“蔡金某等诉余某房屋买卖合同纠纷案”中，法院认为，若考虑到市场价格的波动和债权人另案起诉债务人归还债务及利息下等因素所带来的成本，就难以得出债权人暴利盘剥债务人的结论。司法续造之时应直面现实生活中的各种情况，妥善衡量各方的利益关系，以实现个案正义。

裁判实践的发展表明，法院对流质条款的认定日趋严格化。流质契约的适用轻则使该条款无效，重则使整个合同无效，有碍于当事人的意思自治和交易效率。在认定流质契约时裁判者也多持慎重态度：其一，从形式上排除流质条款的适用。如“贵州中烟工业有限责任公司与刘国梁所有权确认纠纷

① “贵州中烟工业有限责任公司与刘国梁所有权确认纠纷案”，贵州省高级人民法院〔2016〕黔民终144号民事判决书。相似观点请参见“李世发诉王军民间借贷纠纷案”，辽宁省沈阳高新技术产业开发区人民法院〔2013〕沈高开民初字第00003号民事判决书；“许国力与卓盛军、唐山顺达房地产开发有限公司张家口分公司等民间借贷纠纷案”，河北省张家口市桥东区人民法院〔2015〕东商初字第276号民事判决书。

② “麦虞庆与珠海市绿庭雅苑房地产开发有限公司民间借贷纠纷案”，广东省珠海市中级人民法院〔2016〕粤04民终2758号民事裁定书。其余可参见“大足县金龙房地产开发有限公司与蒋玲商品房预售合同纠纷案”，重庆市第一中级人民法院〔2016〕渝01民终5755号民事判决书；“林启鹏与南澳县恒生富通房地产开发有限公司民间借贷纠纷案”，广东省汕头市中级人民法院〔2016〕粤05民终653号民事裁定书。

案”中，法院认为流质条款规制的是抵押权和质押权的设定，并不针对让与担保中债务人不清偿债务则担保物所有权归债权人所有的情形。其二，从实质上排除流质条款的适用。如“怡亚通与汉泰、绎惠德仓储合同纠纷案”中，法院认为双方结算并多退少补的方式并不是流质条款，理由是此方式并不会造成不公平的结果。实际上将约定了清算义务的流质契约作有效处理。其三，从形式与实质两个方面排除流质条款的适用。如“蔡金某等诉余某房屋买卖合同纠纷案”中，法院认为形式上买卖合同赋予了债务人回购权，债务人可以选择行使回购权已重新取得房屋所有权，与债务人届期不清偿债务即取得担保物所有权的流质契约并不相同；实质上债务人可以在双方约定的期限内自行决定是否行使回购权，而债权人则须负担因市场波动导致房屋价值贬损的风险，故该约定对于双方均属公平。法院在本案中不仅仅依据形式推理来判断流质契约的适用是否会有损公平，更关注实质结果上的公平正义，且这种公平正义不独是对债务人而言，对债权人是否公平正义也是法院裁判时所予以考虑的。

流质契约的司法实践显示，禁止流质契约的规定已经阻碍了金融担保创新的发展。一方面，法院认可让与担保“方便当事人融资、有利于市场经济的繁荣，应视为当事人在商业实践中的创新活动，属于商业活力的体现”①等优点；另一方面，法院又不得不通过各种方式规避禁止流质契约规定的适用，从而出现了各种解释歧见。同时，对让与担保的肯定见解，与禁止流质契约之间，在法体系上并未实现有效贯通，更不无逐渐松动绝对禁止流质契约效力的法规取向。

综上，僵化的立法和现实的需求之间的断裂已经造成了司法裁判上的分歧，无法形成统一的解释结论，尚需经由立法解决——这也是此次民法典编纂所要面对的现实。

二、流质契约解禁的理论之争

传统上认为，流质契约之禁止旨在保护债务人利益，防止债权人利用债

① “亿仁投资集团有限公司、深圳市亿仁控股有限公司等与北京安鼎信用担保有限公司、曹建华股权转让纠纷案”，广东省珠海市中级人民法院〔2013〕珠中法民二终字第400号民事判决书。

务人的窘迫状态，以契约自由之名，逼迫订立流质契约，以期于债务人届期不能清偿债务时，取得价值高于债权额的担保物所有权。① 对于是否要解禁流质契约，学界一直存在肯定说与否定说之争。

否定说的主要理由在于：

第一，流质契约的签订是否是出于意思自治实质上很难判断。“抵押权人与抵押人签订流押合同，从形式上看好像是自愿，但实质上是否自愿，是否没有胁迫是很难判断的。就像消费者与某些具有垄断地位的生产者、经营者签订的合同，形式上消费者都是自愿接受，但他不接受又能如何呢？真正的意思自治必须通过制度保障。”② 禁止流质契约体现了民法的公平原则，有利于保护债务人及其他债权人的利益。③ 一方面，禁止流质契约体现了对债务人的公平，使债务人不必应一时急需而以价值较高的担保实现价值较低的债权，于不能清偿债权时失去担保物的所有权；另一方面，禁止流质契约有利于保护债务人的其他债权人，保障担保物的剩余价值能用来清偿其他债权，而非直接归于享有该特定担保物权的债权人。④

第二，禁止流质契约可以使担保物权的实现方式更加透明和公正。“严格来说，禁止流押的主要意义就在于，要求当事人严格按照法定程序来实现抵押权，使得整个程序更加公开透明。”⑤ 现有制度下，有多种手段可以实现担保物权，可以满足低成本实现担保物权的目标。⑥“抵押权的实现是可以低成本的。当债务人不履行或者发生当事人约定的实现抵押权的情形时，抵押人与抵押权人可以就实现抵押权的方式协议，抵押财产的价格可以参照当时的市场价格确定，比流押合同依订立时的抵押财产价格确定更公平合理，因

---

① 参见谢在全：《民法物权论》，中国政法大学出版社 2011 年版，第 784 页；梁慧星、陈华彬：《物权法》，法律出版社 2010 年版，第 304 页。

② 参见全国人大常委会法制工作委员会民法室：《〈中华人民共和国物权法〉条文说明、立法理由及相关规定》（第二版），北京大学出版社 2017 年版，第 385 页。

③ 参见李媚：《流质（抵）契约禁止之反思——以罗马法为视角》，载《比较法研究》2014 年第 5 期。

④ 参见王利明：《物权法研究》（下），中国人民大学出版社 2013 年版，第 1199 页。

⑤ 王利明：《物权法研究》（下），中国人民大学出版社 2013 年版，第 1200 页。

⑥ 参见李媚：《流质（抵）契约禁止之反思——以罗马法为视角》，载《比较法研究》2014 年第 5 期。

而也更容易为双方当事人所接受。”[①]

第三，若允许流质契约，则与担保物权变价求偿权之价值权属性相违背。持此观点的学者认为，担保物权是基于物的交换价值而设定的物权，若承认流质契约，将使债权人在债务人届期不能清偿债权时而直接取得担保物的所有权，此与担保物权的价值权性质有违。[②] 担保物未经变价程序即预先约定直接移转于担保物权人所有，不符合担保物权先经变价程序的本质，如此极有可能造成价值失衡，损害债务人利益。

第四，禁止流质契约可以有效保护国有资产，防止国有资产流失。目前我国国有经济占主导地位，市场经济活动的主体中国有经济也占据相当大的比例，以国有财产担保的情形极为普遍。若赋予流质契约法律效力，则只要债务人不能清偿债务，则不须经任何评估手续，担保物的所有权就归属于债权人，某些国企领导人利用流质契约逃避国有资产的监管打开了方便之门，从而造成国有资产的大量流失。因此，有必要否定流质契约的法律效力。[③]

本书作者赞成肯定说，认为应当在民法典物权法编中有限地肯定流质契约效力，并重申以下观点：

第一，流质契约旨在以当事人约定的方式实现担保物权，维护主体的自由，体现当事人意思自治之精神，法律不应干涉。[④] 在市场交易中，当事人被假定为自身利益的最佳判断者，有权依自由意志订立契约，只有在关涉国家利益和社会公共利益时才得对意思自治予以限制。[⑤] 债务人身为理性经济人，是否订立流质契约均是基于对自身利益的判断而做出，在只涉及双方当事人利益的情况下，法律应当充分尊重意思自治原则，而不宜直接认定为无效。至于反对者所提出的难以判断流质契约是否出于当事人意思自治的问

---

① 全国人大常委会法制工作委员会民法室：《〈中华人民共和国物权法〉条文说明、立法理由及相关规定》（第二版），北京大学出版社 2017 年版，第 386 页。

② 参见魏淑君：《流质（抵）契约禁止的原因和必要性》，载《政法论丛》1998 年第 3 期。

③ 参见王利明、尹飞、程啸：《中国物权法教程》，人民法院出版社 2007 年版，第 454 页。

④ 参见孙鹏、王勤劳、范雪飞：《担保物权法原理》，中国人民大学出版社 2009 年版，第 67 页；刘俊：《流质约款的再生》，载《中国法学》2006 年第 4 期；季秀平：《论流质（抵）契约的解禁》，载《河北法学》2005 年第 4 期；吴光明：《新物权法论》，台湾地区三民书局股份有限公司 2009 年版，第 631 页。

⑤ 参见王轶：《论民法诸项基本原则及其关系》，载《杭州师范大学学报（社会科学版）》2013 年第 3 期。

题，本书作者认为，从法制史上考察，罗马法上禁止流质契约是基于当时贫富差距、阶层固化的社会情况，为防止债权人利用高利贷盘剥债务人，而由国家法律强制干预经济生活。[①] 但随着工商业的变迁，债权人与债务人的关系已经发生改变，立法者对债务人进行如此充满道德色彩的保护实是多虑。同时，真正造成债务人蒙受不利益的，是担保物价值与担保债权额之间的失衡。只要能避免这一情形的发生，即可达到保护债务人的目的，不宜以偏概全地认为流质契约均属无效。此外，如流质契约的约定较为公平，或担保物在担保物权可得实现时价值大幅下降，由担保物权人直接取得担保物所有权以抵偿债务，对担保人并无不利。此际，仍然认定流质契约无效，实有法律过度干预当事人私法自治之虞。[②]

第二，流质契约与折价协议虽同为担保物权私的实行方法的约定，但两者并不相同，流质契约有其存在的独立价值。所谓折价，是指债务履行期届满后或者发生当事人约定的实现担保物权的情形，担保物权人与担保人经协议，由担保物权人以确定的价格取得抵押物所有权，以清偿被担保的债权。[③] 因此，折价是一种事后的协商，会给交易增加新的成本。[④] 更何况，在债务人不履行债务从而发生纠纷后，对当事人以协商方式折价实现担保物权的期待可能性本就不高，债权人往往只能请求人民法院拍卖、变卖担保财产。但请求人民法院拍卖、变卖担保物以实现担保物权成本之高，是反对流质契约解禁的学者也无法否认的。因此，以流质契约来实现担保物权所具有的低成本、高效率的制度优势仍是通过折价来实现担保物权所不能比拟的。允许流质契约有利于降低担保物权实现成本，保证债权人最大限度实现债权。[⑤] 从迅捷实现担保物权、促进市场交易的目的出发，属于私力救济的流质契约自然是当事人的上优选择。

第三，就流质契约与担保物权的价值权属性之间的关系而言，虽然担保

---

① 参见付栋：《罗马法中流担保条款的变迁》，载《西安社会科学》2011 年第 6 期。

② 参见陈荣隆：《新普通抵押权法之评析（下）》，载《月旦法学杂志》2007 年第 7 期。

③ 参见唐义虎：《担保物权制度研究》，北京大学出版社 2011 年版，第 74～75 页。

④ 参见王明锁：《禁止流质约款之合理性反思》，载《法律科学（西北政法学院学报）》2006 年第 1 期。

⑤ 参见程啸：《中国抵押权制度的理论与实践》，法律出版社 2002 年版，第 403 页；孙鹏、王勤劳、范雪飞：《担保物权法原理》，中国人民大学出版社 2009 年版，第 67 页。

物权是以担保物的交换价值为基础而设定的他物权，目的在于确保债权的清偿，而不在于取得担保物的所有权或取得担保物的使用价值，[①] 但“价值权性”是由担保物权的权能、功能发展出来的概念，不必将之作为担保物权立法的指针。[②] 对于价值权的解释，应置重于使担保债权优先获得清偿的效用。[③] 流质契约的实行虽在表象上系由担保物权人取得担保物的所有权，但其目的自是以该担保物的所有权抵偿担保债务，使得担保债务优先受偿。在强调流质契约实行时担保物权人的清算义务时尤为如此。担保物权作为价值权，以支配标的物的交换价值为其实质特征，担保物权之实行亦以清算标的物为其基本方法。典型担保物权实现方式如此，以流质契约实现担保物权时亦应如此。流质契约虽以移转所有权为其实现形式，但其实现仍应强调给付均衡，须受清算法理的支配，以免发生恃强凌弱的情事，从而维护契约正义。[④] 此外，流质契约是否与价值权属性相合，与流质契约是否有效无关，除了纯粹是概念上自我设限之外，也无法说明和证成为何担保物权可得实现之后可以约定担保物权人取得担保物的所有权。[⑤]

第四，国有资产流失不是流质契约的必然后果，保护国有资产也不是禁止流质契约的应有之义。在国有资产监管不完善的情况下，禁止流质契约对国有资产的保护确有一定意义，但流质约款并不必然伴随国有资产的转移，即使国有资产经营管理者旨在通过流质条款规避国有资产的监管，也完全可以通过《民法通则》《合同法》上“恶意串通，损害他人合法利益”或者“以合法形式掩盖非法目的”的合同无效之规定加以防范，而不必宣布一切流质契约均为无效。[⑥] 与此同时，为防止国有资产流失却造成其他交易主体成本的提高，往往得不偿失。[⑦]

至于流质契约可能造成不公平的后果，有学者指出，可以借由《合同

① 参见王明锁：《禁止流质（抵）契约之合理性反思》，载《法律科学（西北政法学院学报）》2006年第1期。

② 参见谢在全：《民法物权论》，中国政法大学出版社2011年版，第619～621页。

③ 参见黄健彰：《流担保契约应否禁止》，载《台湾本土法学杂志》2006年第8期。

④ 参见高圣平：《动产让与担保的立法论》，载《中外法学》2017年第5期。

⑤ 参见谢哲胜：《流质（押）契约自由与限制》，载《台湾本土法学》2005年第8期。

⑥ 参见孙鹏、王勤劳、范雪飞：《担保物权法原理》，中国人民大学出版社2009年版，第64页。

⑦ 参见程啸：《中国抵押权制度的理论与实践》，法律出版社2002年版，第406页。

法》显失公平规则请求撤销。[①] 但此种情形下，当事人或承受显失公平的后果，或撤销合同使合同自始无效——此对促进市场交易的目的而言显然不利。更何况，司法实践中就适用流质契约是否构成显失公平难以判断，且债务人对该事由应负举证责任，如若举证不能，则其变更或撤销的主张即得不到法院支持，[②] 也就难以对流质契约的弊端进行充分有效的衡平。因此，现行法并未给消除流质契约的风险提供有效的制度保障。由此，中国民法典编纂之时尚不能完全承认流质契约的效力，在绝对禁止和绝对放开之间应有中间道路可循，即采相对禁止态度，以清算义务的存在为前提而有限度地承认流质契约的效力。就此，有关流质契约晚近发展的比较法经验为我们提供了可资参照的例证。

三、流质契约绝对禁止模式松动的比较法观察

不同于英美法系对与流质契约的容忍态度，[③] 大陆法系主要国家或地区受罗马法的影响，大多对流质契约采绝对禁止主义。[④] 如《德国民法典》[⑤]

---

① 参见钟维：《流质（抵）契约法律制度的应然构造——以利益分析方法为视角》，载《法律方法》2015年第2期，第366页。

② 参见高圣平：《担保法论》，法律出版社2009年版，第304页。

③ See Study Group on a European Civil Code，Research Group on EC Private Law（Acquis Group），*Principles，Definitions and Model Rules of European Private Law：Draft Common Frame of Reference*（*DCFR*），*Full Edition*，*Volume* 6. Munich：sellier. european law publishers GmbH，2009，p. 5574. 其中最为典型的表现是《美国统一商法典》。美国《统一商法典》第9－501条第1款规定："受担保方……可以就其权利主张获得法院判决，也可以断赎担保物，或者以其他方式通过可行的法律程序兑现担保权益。"第9－505条第2款规定："在涉及消费品的任何情况下或涉及任何其他担保物时，占有担保物的受担保方克在发生违约后提出保留担保物以抵偿债务的建议……涉及消费品时，仅须作出上述通知即可。"美国法学会、美国统一州法委员会：《美国〈统一商法典〉及其正式评述》，高圣平译，中国人民大学出版社2006年版，第310～312页。

④ See Ulrich Drobnig，Ole Böger（ed.），*Proprietary Security in Movable Assets*，Oxford University Press，2015，p. 619.

⑤ 《德国民法典》第1149条规定："只要债权对所有人未到期，所有人就不得将为清偿的目的而请求转让土地所有权的权利或以强制执行以外的方式实施土地的让与的权利给与债权人。"第1229条规定："出卖权发生前所做出的，规定质物所有权在质权人不受清偿或不适时地受清偿情形下应归属于质权人或被转让给质权人的约定，无效。"

《瑞士民法典》[1]《意大利民法典》[2]《荷兰民法典》[3] 均明确禁止流质契约。比较特殊的是日本，其虽对流质契约采取否定态度，[4] 但并不禁止流抵契约，“无登记的流抵押的效力，并不可以对抗第三人，对后顺位抵押权人、抵押不动产的第三人的关系，根据拍卖法中的拍卖，只能说是接受优先受偿。”[5]即使就流质契约，日本民法也规定，动产质权人若有正当理由，可以向法院提出按鉴定人评估以质物直接抵充清偿的请求，但动产质权人须事先将其请求的内容通知债务人。[6] 所谓正当理由，主要是指质押物的价格过低，适用拍卖程序可能出现成本过高的情形；其次是指存在法定的市价，不需要拍卖等情形。[7] 不过，随着社会经济的发展，在比较法上禁止流质契约已非金科玉律，在部分国家和地区已出现了松动趋势。

《法国民法典》沿袭罗马法的传统，于原第 2078、2088 条规定禁止流质契约，但在实务中，法院常常根据禁止流质条款的目的来缓和流质条款无效的适用范围，若此类条款并不危及债务人的利益，则可认定为有效。[8] 同时，法国法院判例的倾向是既然法典中没有禁止流抵契约，禁止流质的规定也不

---

① 《瑞士民法典》第 816 条第 2 款规定：“关于债权人在未获清偿时即取得担保不动产之所有权的一切约定，均为无效。”

② 《意大利民法典》第 2744 条规定：“当约款约定，在确定期间内债权未实现则抵押财产的所有权或质押财产的所有权将转移给债权人时，该约款无效。尽管约款是在抵押或质押之后形成，该约款依然无效。”

③ 《荷兰民法典》第 235 条规定：“任何有关质押权人或者抵押权人有权取得质押财产或者抵押财产的约定无效。”

④ 《日本民法典》第 349 条规定：“质权设定人不能在设定行为或债务清偿期前的契约中与质权人约定：许诺质权人以取得质物的所有权作为清偿，或以其他非依法律规定的方法处分质物。”

⑤ 我妻荣：《新订担保物权法》，申政武、封涛、郑芙蓉译，中国法制出版社 2008 年版，第 281 页。

⑥ 《日本民法典》第 354 条规定：“动产质权人，在债权未得到清偿时，以具有正当理由为限，可以向法院提出，按鉴定人评估以质物直接抵充清偿的请求。此时，动产质权人须事先将其请求的内容通知债务人。”

⑦ 参见我妻荣：《新订担保物权法》，申政武、封涛、郑芙蓉译，中国法制出版社 2008 年版，第 132 页。

⑧ 参见李世刚：《法国担保法改革》，法律出版社 2011 年版，第 102 页。

被类推适用到抵押领域。[①] 2006 年担保法改革后，《法国民法典》明确允许当事人订立流质契约，但为防免流质契约之流弊，法国作了谨慎且灵活的处理。首先，立法否定了“直接取得担保物所有权”的传统方式，规定在债务人不能履行债务时，债权人并不能直接取得担保财产的完全所有权，而只能取得在债务额度内的自由处分权和变价权。其次，法律规定以“归属清算”为原则，以“处分清算”为例外，即原则上由担保物权人取得担保财产的所有权，但亦不排斥担保物权人通过处分担保财产并以变价款优先受偿。最后，无论是“归属清算”还是“处分清算”，都必须对财产价值进行客观评估，评估可由双方协商或者由法院指定的鉴定人进行，如果财产在市场中存在官方牌价或是金钱的，以市场价为准。在被担保债权得以实现后，除去财产管理和保管而发生的债务数额，超过部分的价值应返还给债务人。[②]

在 2007 年我国台湾地区修正“民法”物权编担保物权之前，明令禁止当事人设定流抵契约。为修正流抵契约过于僵化，不利于降低抵押权实现成本的弊病，同时为兼顾抵押人、债务人、债权人各方利益，修正后的我国台湾地区“民法”对流抵契约采取“约定自由+清算义务”的模式。其一，流抵契约有效，但仅于当事人间发生效力，该约定必须经过登记才具有物权效力，即得以对抗三人。其二，抵押权人负有清算义务，并不当然取得抵押物的所有权。抵押权人请求抵押人移转抵押物所有权时，抵押物价值超过担保债权部分，应返还抵押人；不足清偿担保债权者，仍可请求债务人清偿。抵押权人在请求移转抵押物登记时，若就抵押物价值超过部分的债务未予返还，抵押人可行使同时履行抗辩权，拒绝同意移转登记。其三，债务未获清偿时，抵押权人取得的为抵押物的所有权移转请求权，在抵押物所有权移转

---

① 法国最高法院的典型判决有 1957 年 3 月 25 日作出的（Cass. 1er civ.，25 mars 1957，Bull. civ. I，n 149）和 1961 年 12 月 26 日作出的（Cass. 1er civ.，26 déc. 1961，Bull. civ. I，n622，D. 1962，381，note VOIRIN）。这种倾向曾遭到权威学者的批判，比如 Philippe Simler & Philippe Delebecque，Droit civil ：les sûretés，la publicité foncière，4e éd.，Dalloz，2004，p. 412. 转引自李世刚：《关于法国担保制度的改革》，载《政治与法律》2007 年第 3 期。

② See Ulrich Drobnig，Ole Böger（ed.），*Proprietary Security in Movable Assets*，Oxford University Press，2015，pp. 621－622. 另参见叶朋：《法国信托法近年来的修改及对我国的启示》，载《安徽大学学报（哲学社会科学版）》2014 年第 1 期。

于抵押权人之前，抵押人可清偿债务以消灭抵押权。[①] 为维系立法体例的一致，我国台湾地区“民法”规定，流质契约准用流抵契约的规定。这里，动产质权与部分权利质权不以登记为生效要件，即使是以登记为生效要件的质权，在流质契约下取得的也非所有权。

《欧洲示范民法典草案》（DCFR）虽然维系了大陆法系禁止流质契约的既有安排，[②] 但对此设置了若干例外。对于担保财产是在公认的市场上以公开的价格进行交易的可替代物，以及当事人事先约定了便于确定合理市场价格的其他方法的，可以承认流质契约的效力。同时，该草案赋予了担保物权人的强制清算义务：担保物权人也仅有权在以物抵债时公认的或同意的市场价格的范围内，取得担保财产的所有权；担保人有权要求返还超过担保债务的剩余部分，债务人对不足部分仍应承担清偿责任。在程序上，担保物权人以担保财产抵偿债务时必须履行通知义务，说明未受清偿的担保数额和意欲以担保财产抵偿的债务数额，方便债务人或担保人计算，同时要求一定期间内该通知未受书面形式的异议。[③]

纵观上述比较法经验，流质契约有效与否，并非法本质问题，实系各国不同立法政策选择的结果，尚难绝对论断其是非或妥当性。[④] 在禁止流质契约松绑之后如何平衡债权人、债务人和其他债权人之间的利益关系给我们带来了诸多有益启发。首先，在认可流质契约效力的同时，对债权人课以清算义务，强制性地改变当事人之间就担保权可得实现时直接取得标的物所有权的合意安排，担保物权人仅在债务额度内取得标的物的所有权（处分权和变价权）。这样，在当事人意思自治的同时，既降低了担保物权的实行成本，实现了交易效率，又平衡了债权人、债务人、债务人的其他债权人等多方利益。其次，对于以登记作为公示方法的担保物权，要求当事人在设定担保物

---

① 参见谢在全：《民法物权论》，中国政法大学出版社 2011 年版，第 785～786 页；郑冠宇：《民法物权》，台湾地区新学林出版股份有限公司 2014 年版，第 521～522 页。

② 《欧洲示范民法典》第 9－7：105 条第 1 款规定：“违约前所达成的，在违约后由担保物权人取得担保财产所有权的协议，或有类似效果的协议，均属无效。”本文所引用的《欧洲示范民法典草案》条文均出自欧洲民法典研究组、欧盟现行私法研究组：《欧洲示范民法典草案：欧洲私法的原则、定义与示范规则》，高圣平译，中国人民大学出版社 2012 年版。

③ 参见《欧洲示范民法典》第 9－7：105 条、第 9－7：216 条。

④ 参见蔡明诚：《绝押契约禁止之问题》，载《台湾本土法学杂志》2001 年 4 月总第 21 期。

权时对流质契约予以登记，否则不能对抗第三人。登记之后，第三人基于对登记簿的信赖，仍可与担保人进行交易，此属风险自担行为，法律不应干涉。通过登记，可使担保物权的实现达到公正和透明的程序要求。再次，在对担保物进行清算时，应以请求标的物所有权转移时的市场价格为标准进行清算，以求公允。最后，赋予担保人以最后清偿权。在债务届期未获清偿或发生当事人约定的实现担保物权的情形下，依流质契约实行担保物权使担保物的所有权移转于债权人之前，担保人可以清偿债务以消灭担保物权，为担保人保有担保物的所有权提供回旋余地。

综上，立法例和学说上对流质契约损及债务人及其他债权人利益，有违公平正义原则的担忧不无道理，但流质契约确实约定了担保物权的便捷实现方法，且比较法的发展趋势表明，在流质契约相对禁止主义之下，通过一定的程序控制即可克服流质契约的弊端。若以流质契约存在本可通过制度设计予以避免的弊端否定流质契约存在的价值，依然禁止流质契约，无异于因噎废食，更难以回应现实生活的发展和需要。

四、流质契约相对禁止的具体路径：清算及登记

以流质契约实行担保物权，可以有效避免公的实行方法手续繁杂、程序冗长的困扰，在一定程度上充分实现了担保物的价值，防免拍卖担保物往往低于市价的弊端，[①] 有利于促进担保交易的展开。由此，绝对禁止主义实不足采。但就流质契约对债务人及其他债权人保护不周的流弊，在立法上应采取一定方法予以规制，其主要路径在于清算和登记。

（一）清算义务

担保物权的实行方法上有“公的实行”和“私的实行”之分，我国实定法上置重于公的实行，就私的实行仅有协议实行一种，且该协议仅限于担保物权可得实行之后达成方为有效。如此，担保物权的实行成本居高不下。学

① 从理论上讲，以拍卖方式处分担保物有利于充分实现其价值，但实务中，拍卖的价格往往低于市价。如此看来，拍卖对于担保交易当事人而言并非最好的方式。参见吴光明：《新物权法论》，台湾地区三民书局股份有限公司 2009 年版，第 636 页。

界一直呼吁承认和允许担保物权的私的实行（自力救济）方法，[①] 在兼顾当事人权利及公共利益的范围内，追求明确、简易及效率化，才能最大限度地实现担保物的价值。[②] 禁止流质契约的松绑在一定程度上完备了担保物权的实现方式，能有效疏解法院执行程序的负担、缩短担保物权的实行时间，得以促进担保交易当事人双赢局面的形成。[③]

担保物权之设定旨在担保债权之确实受偿，非使担保物权人因此获得额外利益，流质契约的自由亦应以此为度。[④] 以流质契约实行担保物权之时，担保物权人直接取得担保物的所有权，如担保物的价值超过其担保债权额，担保物权人即受有不当利益。此际，担保物权人就担保物价值超过担保债权的部分（清算金）应返还担保人，此即学理上所称担保物权人（即流质契约债权人）的“清算义务”。[⑤] 借由对担保物权人课以强制性的清算义务在一定程度上可以防免流质契约的流弊。

在承认流质契约作为私的实行方法的前提之下，归属清算自为其应有之义，即由担保物权人取得担保财产的所有权的同时，须支付清算金。但并不排斥处分清算，担保物权人可以在取得担保物所有权，并通过拍卖、变卖等方式处分担保物后，才支付清算金。同时，流质契约仅为一种担保物权实行方式，但担保物权人可以自行选择实现担保物权的方式，解释上担保物权人自可依流质契约请求移转担保物的所有权，亦可径行申请法院拍卖、变卖担保物并就变价款优先受偿。

在比较法上，归属清算型实行方法可以进一步区分为当然归属清算型和请求归属清算型，前者系担保物权人当然地、确定地取得标的物的所有权，无须先为一定的意思表示，而后者须担保物权人请求以标的物充当清偿后，该标的物才确定地归属于担保物权人。[⑥] 当然归属型清算和请求归属型清算

① 参见高圣平：《担保物权实行途径之研究》，载《法学》2008 年第 2 期。

② 参见谢在全：《民法担保物权之新风貌》，载《法学丛刊》2006 年第 4 期。

③ 参见谢在全：《民法物权编修正经纬》，载《台湾本土法学杂志》2007 年总第 100 期。

④ 参见谢在全：《民法物权论》，中国政法大学出版社 2011 年版，第 783～784 页。

⑤ 参见［日］柚木馨、高木多喜男：《担保物権法（第 3 版）》，有斐閣 1990 年版，第 520 页。

⑥ 参见刘春堂：《动产让与担保研究》，载式著：《民商法论集（一）》，1985 年作者自版，第 325 页；陈荣隆：《让与担保之研究——现制之检讨及立法之展望》，台湾地区辅仁大学法律学系 1999 年博士论文，第 168 页。

的区别决定担保人在何时可以清偿债务从而请求标的物的返还。[①] 若采当然归属清算型的实行方法，则发生约定的实现担保物权的事由时，担保物权人可径直取得担保物的所有权，担保人至此即丧失清偿债务从而消灭担保物权的权利。如此处理，从法益衡量上看对担保人来说未免失之武断。而采请求归属型的清算方法，则可给予担保人清偿债务以保留标的物所有权的机会，且对担保物权人并无不利。以流抵契约为例，在担保债权清偿期届至时，担保债权若未受清偿，抵押权人依流抵契约仅得为抵押物所有权移转之请求；而抵押物所有权移转于抵押权人前，抵押权及其担保债权尚未消灭，债务人或抵押人仍可清偿债务以消灭抵押权，从而解除移转抵押物所有权的义务。[②] 因此，从公平保护担保物权人与担保人利益的角度考虑，在流质契约实现时应采请求归属型清算方法。

作为以流质契约实行担保物权的清算，是就担保物的价值与担保债权余额之间进行评价比较。如此，公平合理地确定担保物的价值就显得尤为重要。对此有如下几点要求：其一，确定担保物价值的基准时点。在市场经济条件下，可流通物的价格会随市场变化而频繁波动，[③] 在担保物权实现时担保物价值也有可能低于设定担保时担保债权额，此时反而使担保物权人遭受不公平的结局。[④] 因此，确立担保物价值的时间应为担保物权人请求移转担保物所有权之时，担保物权人应以此为时点计算标的物价格与债务余额的差异。若标的物价格超过担保债权的部分，应返还担保人，不足清偿担保债权的，仍可以请求债务人清偿。其二，确定担保物价值的标准。就担保物已有成熟的公开二手市场的情形之下，以市场价格确定担保物价值，无须进一步鉴价；就担保物没有公开二手市场的情形之下，由担保物权人与担保人事先

---

① 参见我妻荣：《新订担保物权法》，申政武、封涛、郑芙蓉译，中国法制出版社 2008 年版，第 573 页。

② 参见谢在全：《民法物权论》，中国政法大学出版社 2011 年版，第 786 页。

③ 参见房绍坤、王洪平：《论担保物权法上的意思自治及规范选择——以担保法和物权法草案（建议稿）的比较分析为中心》，载刘保玉主编：《担保法疑难问题研究与立法完善》，法律出版社 2006 年版，第 421 页。

④ 参见孙鹏、王勤劳、范雪飞：《担保物权法原理》，中国人民大学出版社 2009 年版，第 64 页；程啸：《中国抵押权制度的理论与实践》，法律出版社 2002 年版，第 405～406 页；房绍坤、王洪平：《论担保物权法上的意思自治及规范选择——以担保法和物权法草案（建议稿）的比较分析为中心》，载刘保玉主编《担保法疑难问题研究与立法完善》，法律出版社 2006 年版，第 421 页。

或事后合意指定的专业资产评估师进行鉴价。其三，计算担保物价值时，应扣除相应税收负担、前顺位抵押权所担保的债权数额以及其他应负担的费用。①

值得注意的是，此种清算义务应当是法律课以担保物权人的强制性义务，非由当事人可约定排除。有学者提出，清算义务为任意性义务，可由当事人以特约予以排除，其理由是：清算义务的增订是为保护债务人的利益，债务人自可放弃这项利益；同时，清算义务只是债权人的义务，债权人是否履行这项义务，不影响流质契约成就之效力。② 本书作者认为，这种理解有待商榷。所谓“债权人是否履行这项义务，不影响流质契约成就之效力”是指，此项义务为担保物权人依法应负之义务，若担保物权人不履行清算义务，则担保人享有同时履行抗辩权，③ 可以拒绝移转标的物的所有权，自然不影响流质契约的效力。流质契约的相对禁止主义系以清算义务的存在为前提而有限度地承认流质契约的效力，若清算义务可由当事人约定排除，与立法放宽的意旨不合，④ 极有可能架空清算义务的强制性规定，则法律为平衡当事人利益而规定清算义务的努力旋即丧失殆尽。

（二）登记

禁止流质契约的立法意旨在于保护债务人的利益，防免债务人为一时急迫而蒙受重大不利益。⑤ 以流质契约实行担保物权，担保物权人可不经公的实行程序即获得担保物的所有权，还可能会对担保人的其他债权人不利。流质契约为物上担保合同中的条款，承认流质契约的效力，究竟置重于当事人之间基于意思自治约定的实质担保目的，还是该约定只是担保物权效力之变

---

① 参见郑玉波：《民法物权》，黄宗乐修订，三民书局股份有限公司 2012 年版，第 353 页；郑冠宇：《民法物权》，台湾地区新学林出版股份有限公司 2014 年版，第 522 页；刘春堂：《判解民法物权》，台湾地区三民书局股份有限公司 2010 年版，第 477 页。

② 参见谢哲胜：《流押契约》，载《月旦法学教室》2010 年第 12 期，第 12 页；李浩然：《论流担保契约的理论与发展——以我国台湾地区 2010 年物权编修正为基点》，载《青海社会科学》2013 年第 5 期。

③ 参见谢在全：《民法物权论》，中国政法大学出版社 2011 年版，第 786 页。

④ 参见古振晖：《论流抵约款之比较适用——以“民法”第 873 条之 1 规定的适用为中心》，载《财产法暨经济法》2010 年 6 月总第 22 期。

⑤ 参见全国人大常委会法制工作委员会民法室编著、孙礼海主编：《中华人民共和国担保法释义》，法律出版社 1995 年版，第 59～60、86～87 页。

形？若是前者，则须尊重当事人的意志，流质契约是否经公示于外，并不重要；若是后者，则流质契约本质上仍属担保物权的内容，基于我国奉行的物权法定主义和“合意+公示”的物权变动模式，尚须公示始生效力。[①]

本书作者以为，流质契约系当事人间基于担保的目的而约定取得所有权的条款，仅依契约外观即生效力，当事人自应受其约束。仅以流抵契约为例，虽然其在形式上属于物上担保合同的条款，但因其所涉担保物权的实行采取移转担保物所有权的方式，并以此与其他担保物权实行方式相区别，属于担保物权效力之变形，从而并不当然构成担保物权的内容。也就是说，即使担保物权经设定登记，在物权法定原则之下，担保物权的效力也仅为变价权和优先受偿权，并不能当然地认为担保物权人可以取得担保物所有权而实行担保物权。由此，即使基于契约自由承认流抵契约的效力，因其在性质上为债的关系，也仅在当事人之间发生债权效力。[②] 流抵契约以移转担保物的所有权实现担保物权的目的，仅依担保物权的登记尚无法达致，当事人间关于流抵契约的约定构成担保物权的内容，必以担保物权的登记为前提。[③] 经由流抵契约之登记，可使潜在的交易相对人事先了解流抵事项，以贯彻物权公示效用，维护交易安全。[④] 流抵契约之登记不同于抵押权的设定登记，仅有抵押权的设定登记不足以涵盖流抵契约的登记，但在统一登记的径路之下，同一担保物上抵押权的登记和流抵契约的登记记载于同一登记簿，仅在抵押权登记页上注记或附记流抵契约即可。

至于流抵契约登记的效力，由于我国法上就不动产抵押权采行登记生效模式，未经登记者，不仅不能对抗第三人，在担保当事人之间亦不生效力。如此，即与基于契约自由承认流抵契约在当事人之间发生效力的法政策有违。我国台湾地区就此采取“未经登记，不得对抗第三人”的立法态度，据此，流抵契约有效性的基础，不仅依凭契约自由原则，而且囿于登记效力的

---

① 参见古振晖：《论流抵约款之比较适用——以“民法”第873条之1规定的适用为中心》，载《财产法暨经济法》2010年6月总第22期，第12页。

② 参见谢在全：《民法物权论》，中国政法大学出版社2011年版，第785页。

③ 参见谢在全：《民法物权论》，中国政法大学出版社2011年版，第785页；古振晖：《论流抵约款之比较适用——以“民法”第873条之1规定的适用为中心》，载《财产法暨经济法》2010年6月总第22期，第11页。

④ 参见程才芳：《流抵及流质契约之解禁》，载《台湾本土法学杂志》2009年第134期。

现况及公益之兼顾，而必须以抵押权的设定为前提，换言之，应同等看待当事人约定的自主意思及抵押权规定所生之强行法秩序，且互为补充解释的依据。[①] 这一规则尚属周延，可资借鉴。就流抵契约“未经登记，不得对抗第三人”，虽有学者提出商榷意见，认为将流质契约的物权效力系于当事人是否选择登记，容易使物权关系陷于不确定状态，如欲以登记作为公示方法达到保护交易相对人的利益，似采登记生效主义更为妥当，[②] 但登记生效主义使得流抵契约在当事人之间也不生效，过于刚性，应不足采。

依法被定位为具有对抗第三人的效力的登记，通常被称为“债权物权化”之登记。[③] 与动产抵押权等登记对抗效力不同的是，流质契约的登记并不属于物权及其权利变动的登记。[④] 仅以附有流抵契约的不动产抵押权为例，登记本属不动产抵押权的生效要件，既已登记，抵押权人已就特定担保物取得优先受偿效力，亦足以对抗第三人，更进一步在不动产登记簿上注记流抵契约，表明抵押权人将以取得该担保物所有权的方法实行抵押权。两个登记之间在效力上的区别主要体现为：其一，抵押人转让抵押物时，[⑤] 如仅有抵押权设立登记，当事人之间流抵契约的约定不能对抵押物受让人主张，抵押权人仅得向抵押物受让人行使抵押权，就抵押物进行变价，无法取得抵押物

---

① 参见古振晖：《论流抵约款之比较适用——以“民法”第873条之1规定的适用为中心》，载《财产法暨经济法》2010年6月总第22期。

② 参见蔡明诚：《民法担保物权修正对于未来理论及实务的影响及再思考》，载《月旦法学杂志》2007年第7期。

③ 参见朱伯松：《民法登记对抗效力规定适用疑义解析——以流押契约登记之对抗效力为讨论中心》，载《世新法学》2010年第1期；陈明灿、何彦陞：《我国不动产法上债权物权化及其登记相关问题探讨》，载《台北大学法学论丛》2010年第74期。

④ 参见朱伯松：《民法登记对抗效力规定适用疑义解析——以流押契约登记之对抗效力为讨论中心》，载《世新法学》2010年第1期。

⑤ 我国《物权法》第191条限制抵押物的转让，与抵押权的追及效力不合，影响到了抵押物的流通。可以预见的是，中国民法典编纂之时将修改这一规则。中国法学会民法典编纂项目领导小组物权法编课题组提交的《民法典物权法编修订条文及立法理由》将第191条第2款修改为：“抵押期间，抵押人未经抵押权人同意，仍可转让抵押财产，但抵押权的效力不因此受到影响。受让人也可以支付对价而消灭抵押权。”中国社会科学院民法典工作项目组编撰的《中国民法典分则立法建议稿》物权编第199条第1款规定：“抵押期间，抵押人可向他人转让抵押财产，但抵押权不受影响。”中国政法大学民商经济法学院民法研究所“中国民法典研究小组”编撰的《中华人民共和国民法物权编（专家建议稿）》第221条第1款规定：“抵押权设定后，抵押人可以转让抵押物。抵押物转让的，抵押权的效力不受影响。”

的所有权；如有流抵契约的登记，抵押权人即可向抵押物受让人主张移转抵押物所有权，抵押权人仅负清算义务，此时，抵押物受让人仅能代偿债务而保有抵押物所有权。其二，抵押人为他人设定负担（如设定第二顺位抵押权）时，如仅有抵押权设立登记，当事人之间流抵契约的约定不能对第二顺位抵押权人主张，抵押权人仅得基于其顺位主张变价权和优先受偿权，无法取得抵押物的所有权；如有流抵契约的登记，抵押权人即可向抵押人主张移转抵押物所有权，且免受第二顺位抵押权的约束，抵押权人仅负清算义务，第二顺位抵押权仅得就清算金主张优先受偿。由此可见，这里的“对抗”，是指第三人有妨碍担保物权人行使流抵权利的行为时，担保物权人可主张其设定附有流抵契约的担保物权的效力在先，该行为对其不生优先受偿效力。[①]

至于动产质权的设定不以登记为生效要件，其中流质契约也无须登记。在质权可得实现之时，质物虽由质权人占有，但质物所有权并不当然由质权人取得，[②] 尚须质权人向出质人请求，并可依简易交付为质物所有权的移转。出质人在质权人未履行清算义务之前，可行使同时履行抗辩权，拒绝同意移转质物的所有权。[③] 流质契约的其余效力与流抵契约相同。部分不以登记为公示方法的权利质权，亦应作同一解释。

五、小结

流质契约的制度优势在于由债权人直接取得担保物的所有权以清偿债务，避免了担保物权实现时繁琐的变价程序、降低了担保物权实行成本。为贯彻民法契约自由之上位原则，消弭学说和实务上对于禁止流质契约是否能够达到真正保护债务人的争议，立法上应承认流质契约的效力。但若完全放开流质契约也存在当事人利益失衡的风险，对此可以效仿比较法上的经验，对债权人课以强制性的清算义务，“多退少补”；同时对以登记为公示方法的担保物权，约定以流质契约为实行方法时应采登记对抗主义，即流质契约未

---

① 参见古振晖：《论流抵约款之比较适用——以“民法”第 873 条之 1 规定的适用为中心》，载《财产法暨经济法》2010 年 6 月总第 22 期。

② 参见谢在全：《民法物权论》，中国政法大学出版社 2011 年版，第 1002 页。

③ 参见郑冠宇：《民法物权》，台湾地区新学林出版股份有限公司 2014 年版，第 630 页。

经登记，不得对抗第三人。由此，在流质契约的绝对禁止和绝对开放之间，应有中间道路可循，即以清算义务的存在为前提而有限度地承认流质契约的效力。

本书作者建议在中国民法典物权法担保物权编中有限承认流质契约的效力，并就具体条文试拟如下：

第一百七十三条之一【流抵契约、流质契约的效力】

抵押权人在债务履行期届满前，与抵押人约定债务人不履行到期债务或者发生当事人约定的实现抵押权的情形时抵押财产归债权人所有的，非经登记，不得对抗第三人。

抵押权人请求抵押人移转抵押财产所有权之时，抵押财产价值超过担保债权的部分，应返还抵押人；不足清偿担保债权的，仍可以请求债务人清偿。

抵押人在抵押财产所有权移转于抵押权人之前，可以清偿抵押权担保的债权，以消灭该抵押权。

质权人在债务履行期届满前，与出质人约定债务人不履行到期债务或者发生当事人约定的实现质权的情形时质押财产归债权人所有的，准用上述规定。

简要立法理由：

第一，为立法简约，本建议稿建议将分别规定于抵押权章和质权章的流抵契约和流质契约合并规定，置于担保物权编的一般规定，并对流质契约采取相对禁止主义。流质契约只是担保物权实行方式的约定，意在简化实行程序、降低实行成本。我国现行法上既已允许在担保物权可得实现之时以担保物抵偿债务（折价协议），自应承认流质契约的效力，以达到尊重当事人意思自治的效益。对于在担保物权可得实现之前达成流质契约所可能给担保人带来的不利益，可以通过强制性地课予担保物权人以清算义务加以解决。

第二，本条第 1 款规定流抵契约的定义和效力。就流抵契约的界定，《物权法》第 186 条的表述是“与抵押人约定债务人不履行到期债务时抵押财产归债权人所有”。但《物权法》就抵押权的实现条件，在“债务人不履行到期债务”之外，增加规定了“发生当事人约定的实现抵押权的情形”

（第 195 条）。为使本条规制的对象更为周延，本建议稿于本条第 1 款完备了流抵契约的概念，将抵押权的两种实现条件均规定其中。

就流抵契约的效力，《物权法》第 186 条采绝对禁止主义，明定当事人之间不得约定流抵契约，“由于该条为禁止性规定，当事人违反该条规定而订立流押合同或流押条款，按照《合同法》第 52 条第 5 项的规定，该流押合同或流押条款无效。”[①] 本建议稿改采相对禁止主义。在涉及第三人时，流抵契约的约定是否可得对之主张即生疑问，为使流抵契约取得物权效力，本建议稿仿比较法的成例规定，流抵契约“非经登记，不得对抗第三人”，亦即该流抵契约必须经过登记才能成为抵押权内容。值得注意的是，本款就第三人的范围，未加“善意”的限定，以此增加流抵契约效力的确定性，并防免“善意”这一主观要素判断上的困难所带来的商事活动的不确定性。[②]

第三，本条第 2 款规定抵押权人的强制清算义务。清算抵押财产价值的强制性规定旨在平衡当事人之间的利益，防免流抵契约所可能带来的不利后果，本款将清算义务表述为：“抵押财产价值超过担保债权的部分，应返还抵押人；不足清偿担保债权的，仍可以请求债务人清偿。”在承认流质契约在当事人之间发生效力的情形下，在归属清算与处分清算之间，本款明确采取归属清算立场。在抵押关系存续期间，抵押财产由抵押人占有、使用，其所有权并不能当然归属于抵押权人，在抵押权实行条件成就之时，抵押权人仅取得抵押财产所有权之移转占有或登记请求权。抵押权人取得抵押财产的所有权，尚待抵押人的配合：抵押财产为动产的，尚需移转抵押财产的占有；抵押财产属于不动产或不动产权利的，尚需办理抵押财产的移转登记。如此，在当然归属清算和请求归属清算两大模式之间，本款明确采取请求归属清算，表述为“抵押权人请求抵押人移转抵押财产所有权之时”。至于抵押财产价值的估算，应以抵押权人请求移转抵押财产所有权之时的客观交易价值为准。值得注意的是，抵押权人在请求移转抵押财产所有权之时，就抵

① 崔建远：《物权：规范与学说——以中国物权法的解释论为中心》，清华大学出版社 2011 年版，第 777 页。

② 《欧洲示范民法典草案》和联合国国际贸易法委员会《动产担保交易立法指南》均建议对第三人无须限定为善意第三人。本书作者同时主张，《物权法》第 188 条动产抵押权登记对抗范围的规定，亦应删除“善意”。

押财产价值超过担保债权的部分未予返还抵押人的，抵押人有同时履行抗辩权，但不动产登记机构在受理上述移转登记之时，对清算义务是否履行并无审查义务。[①]

第四，本条第 3 款规定担保债务的最后清偿权。在债务人不履行到期债务或者发生当事人约定的实现抵押权的情形时，担保债务未获清偿，抵押权人仅取得移转抵押财产所有权的请求权，在抵押财产的所有权移转于抵押权人之前，抵押权及其所担保的债权均未消灭，抵押人仍然可以清偿担保债务以消灭抵押权，据以免除移转抵押财产所有权的义务。[②] 本条第 3 款对此予以明定，旨在传达抵押权人不得拒绝受领清偿之意。在解释上，本款“抵押人在抵押财产所有权移转于抵押权人之前”，应为抵押人移转动产的占有或当事人共同提出移转登记申请之前，以维护法律关系的安定性。

第五，本条第 4 款规定流质契约的准用规则。就流质契约而言，动产质权以及部分权利质权不以登记为公示方法，其本身并不借助于登记簿予以公示，无法适用上述“未经登记，不得对抗第三人”的规则，但本条第 2、3 款的规则自可适用于流质契约。因此，本条第 4 款明定，流质契约准用流抵契约的规定。所谓准用，仅在性质许可时才予适用。[③] 对于以登记为公示方法的权利质权虽可直接适用本条第 1 款“未经登记，不得对抗第三人”的规则，但权利质权人在流质契约之下所取得者非为担保财产的所有权，而是直接取得入质权利，仍然是准用于本条第 1、2、3 款的规定。

---

① 参见谢在全：《民法物权论》，中国政法大学出版社 2011 年版，第 786 页。

② 参见谢在全：《民法物权论》，中国政法大学出版社 2011 年版，第 786 页。

③ 参见蔡明诚：《民法担保物权修正对于未来理论及实务的影响及再思考》，载《月旦法学杂志》2007 年第 7 期。

动产抵押登记的审查责任

——基于裁判分歧的分析和展开[①]

登记只是动产抵押权的对抗要件，动产抵押登记簿不登记所有权的取得或转让，并无公信力，其作用仅在于提请第三人注意特定标的物上可能存在抵押权负担和确立同一标的物上竞存权利之间的优先顺位。由此而决定，登记机关对动产登记申请仅负形式审查责任。从形式上核对当事人的身份证件，法律上禁止充任担保人的主体不能作为动产抵押人。就抵押物而言，登记机关只需审查该抵押物是否属于其登记职责范围即可，无须进一步审查抵押物的所有权或使用权归属。依据《物权法》和《担保法》，无法得出动产抵押登记机关需负实质审查责任的结论。

随着工业化进程的加快，动产代替不动产渐趋构成社会财富的主要形态，动产的担保化和金融化随之成为无法回避的话题。在动产担保交易中公示的作用至关重要，正如《美国统一商法典》的主要起草者吉尔摩（Grant Gilmore）所言，“深植于普通法的基本教义之一”，就是“债权人的利益不应受到财产上隐蔽利益的侵害”。[②] 在大陆法上，物权公示法理强调物权的存

① 本文原载《法学评论》2018 年第 1 期。

② See Grant Gilmore, *Security Interests in Personal Property*, Boston: Little, Brown and Company, 1965, p. 274.

在及其变动须有一定的公示方法表示于外，以使他人知悉。[①] 为克服占有在动产抵押权公示力上的缺陷，法制史的演进逐渐朝向登记方向发展。在现代动产担保交易法制中，作为公示手段之一的登记本身并不是目的，并不是动产抵押权设定的生效要件，而仅仅只是抵押权人据以控制交易风险的工具，[②] 由此，声明登记制渐趋主流。我国动产抵押登记也经历了从文件登记制到声明登记制的转变，但囿于我国社会信用和行政管理的现状，我国基于纸质登记系统对声明登记制作了相应改造，已与国际上倡导的相关法制存在较大差异，也直接导致了动产抵押登记的审查责任上的分歧，在登记实践和司法裁判上争议不断。

一、声明登记制之下的形式审查

增进动产担保权的确定性和透明度为现代动产担保交易制度的关键目标之一。[③] 动产抵押化的需求直接导致了公示方法的革新，其间，明识方法（在动产上树立、粘贴标识）作为占有的替代而出现，但标识极易被移除，且担保债权人必须现场检查才能确定担保物上的权利现状，已背离了日益快捷的交易实践。[④] 于是，登记公示债权人在特定财产之上的担保权利，以代替占有或明识，就成了过去 200 余年来动产担保法的发展主流。[⑤]

动产担保登记法制向有“文件登记制”（document filing or transaction

---

① 参见王利明：《物权法研究（上卷）》（第四版），中国人民大学出版社 2016 年版，第 156 页；崔建远：《物权：规范与学说——以中国物权法的解释论为中心》，清华大学出版社 2011 年版，第 172 页；谢在全：《民法物权论》（上卷），台湾地区新学林出版有限公司 2014 年修订 6 版，第 47 页。

② See Harry C. Sigman, Perfection and Priority of Security Rights, in Horst Eidenmueller and Eva－Maria Kieninger eds, *The Future of Secured Credit in Europe*, Berlin: De Gruyter Recht, 2008, p. 149.

③ 参见台湾地区辅仁大学：《建构现代化动产担保交易法制之研究》（期末报告），我国台湾地区“行政院”经济委员会 2012 年版，第 21 页。

④ 声明登记制的形成，参见 Jonathan C. Lipson, Secrets and Liens: the End of Notice in Commercial Finance Law, 21 *Emory Bankruptcy Developments Journal*, 421 (2004－2005), pp. 429－445.

⑤ Douglas Baird, Notice Filing and the Problem of Ostensible Ownership, 12 *Journal of Legal Studies* , 53 (1983), p. 54；对《美国统一商法典》之前登记法制的演进的介绍，参见 John Hanna, The Extension of Public Recordation, 31 *Columbia Law Review*, 617 (1931) . pp. 638－639.

filing）和“声明登记制”（notice filing）[①] 之分。[②] 文件登记制要求提交担保合同，登记机关对之进行审查并将之编入登记簿；查询之时，登记机关回溯该担保合同，并向查询者提供该担保合同或其主要内容。这不仅有碍高效率登记程序的展开，且有不当披露当事人商业秘密之嫌。但声明登记制下，登记申请人无须提供担保合同等基础交易文件，只需提交载有当事人、担保物等基本细节的担保声明，极大地简化了登记流程，降低了登记系统的管理和存档负担，避免了披露当事人过多的商业秘密，同时因减少了登记人员的介入所可能引发的登记错误损害赔偿责任。[③]

声明登记制由 1933 年《美国统一信托收据法》开始得以广泛采用，当事人为公示自己的权利，仅需提交一份简明扼要的文件，其中表明当事人已经或者即将就担保财产从事担保交易。这一过程一步即可完成，无需提交原始交易文件或系列清单。[④] 此后的债权人为控制交易风险，尚需查询登记文件，并向其上载明的当事人了解此前的交易细节。在性质上，声明登记制并不表彰担保财产之上的权利现状，而仅仅只是提供了查明权利现状的线索。[⑤]《美国统一商法典》的起草者在第九编中承继了这一声明登记制，并将其作为商法典的核心概念之一。[⑥] 其中，以法定的担保说明书代替了登记文件，载明当事人的姓名或名称以及住所，简要描述担保财产，并由债务人签名。潜在的交易相对人通过这些信息了解到了当事人的身份，并可进一步通过担

---

① “notice filing”还被翻译为“通知登记制”。参见联合国国际贸易法委员会：《贸易法委员会担保权登记处落实指南》，联合国 2014 年版，第 1、5 页。

② See Grant Gilmore, *Security Interests in Personal Property*, Boston: Little, Brown and Company, 1965, pp. 466—471; Asian Development Bank, Law and Policy Reform at the Asian Development Bank, PART 2: A Guide to Movables Registries, 2002, p. 17; Anthony Duggan, A PPSA Registration Primer, 35 *Melbourne University Law Review*, 865 (2011), p. 873.

③ See Asian Development Bank, Law and Policy Reform at the Asian Development Bank, PART 2: A Guide to Movables Registries, 2002, p. 17; United Nations Commission on International Trade Law, *UNCITRAL Legislative Guide on Secured Transactions*, United Nations, 2010, pp. 151ff.

④ See Barkley Clark, *The Law of Secured Transactions Under the Uniform Commercial Code*, Boston: Warren, Gorham & Lamont, 1980, 2. 9.

⑤ See Floyd R. Self, Secured Transactions Filings Under the Florida Uniform Commercial Code: A Call for Procedural Notice, 13 *Florida State University Law Review*, 111 (1985—1986), p. 117.

⑥ See Meghan M Sercombe, Good Technology and Bad Law: How Computerization Threatens Notice Filing Under Revised Article 9, 84 *Texas Law Review*, 1065 (2005—2006), p. 1066.

保权人获知该笔未尽交易的现状。[①]

美国声明登记制之下，担保声明书除了记载当事人及担保物之外，无须披露其他商业秘密和既存担保权的细节。[②] 声明登记的交易成本包括：登记费用，此部分成本相对而言并不重要；[③] 担保权人意欲获得担保财产之上第一顺位的地位，尚须查询登记簿以探知是否存在先顺位担保权；此外，准备登记材料需要律师的协助，这些都增加了担保权人的成本。[④] 但担保权人将其担保权登记于登记簿，如此降低了后顺位债权人的征信成本，[⑤] 否则，后顺位债权人需要花费更高的成本去探知特定财产之上的权利负担。[⑥] 由此，在成本一效益分析之下，声明登记制取得了正当性。担保声明书虽然不是担保权的设权文件，但确实使得担保权具有了物权的效力——足以对抗大多数权利竞存者的效力。如此，担保声明书的登记被视为物权与被担保债权之间的关键连接点，而其他对债务人信息的归集均无此种效力。[⑦] 声明登记制之所以能够取得成功，是因为据此取得物权效力的人不仅获得了利益，而且也承担了义务——他得将其权利在登记系统中登记，以使潜在的当事人能够得

---

① See Floyd R. Self, Secured Transactions Filings Under the Florida Uniform Commercial Code: A Call for Procedural Notice, 13 *Florida State University Law Review*, 111 (1985—1986), p. 117.

② See Jens Hausmann, The Value of Public—Notice Filing under Uniform Commercial Code Article 9: A Comparison with the German Legal System of Securities in Personal Property, 25 *Georgia Journal of International and Comparative Law*, 427 (1995—1996), p. 440; Julian B. McDonnell, The Floating Lienor as Good Faith Purchaser, 50 *Southern California Law Review*, 129 (1977), p. 129.

③ See Report of the Uniform Commercial Code Article 9 Filing System Task Force to the Permanent Editorial Board's Article 9 Study Committee (May 1, 1991), in appendices to Permanent Editorial Board (PEB) Study Group Uniform Commercial Code Article 9, Report (December 1, 1992), p. 23.

④ See James J. White, Revising Article 9 to Reduce Wasteful Litigation, 26 *Loyola Los Angeles Law Review*, 823 (1993), pp. 830—31.

⑤ See Robert E. Scott, The Politics of Article 9, 80 *Virginia Law Review*, 1783 (1994), p. 1802.

⑥ See Jens Hausmann, The Value of Public—Notice Filing under Uniform Commercial Code Article 9: A Comparison with the German Legal System of Securities in Personal Property, 25 *Georgia Journal of International and Comparative Law*, 427 (1995—1996), p. 432.

⑦ See Jonathan C. Lipson, Secrets and Liens: the End of Notice in Commercial Finance Law, 21 *Emory Bankruptcy Developments Journal*, 421 (2004—2005), p. 447.

以知悉。[①]

声明登记制受到了加拿大、澳大利亚、新西兰等国的追随，《联合国国际贸易法委员会动产担保交易立法指南》等国际文件纷纷予以提倡，《移动设备国际利益公约》更是将之定为明文，声明登记制已然成为动产担保登记的国际趋势。在比较法上，声明登记制主要体现为三大特色：其一，登记并不必然与某一具体的交易相联系，但却声明债权人在某一或某类特定的财产上已经或即将设定非移转占有型的担保权；其二，担保权人因此可以在担保权设定之前或之后登记一份声明以保护其担保权，并依登记的时点确定其优先顺位（在满足其他取得对抗效力条件的情况下）；其三，为降低登记负担并考虑到完全自主登记的需要，基础交易文件无须登记，登记内容保持到最小限度，以使查询者了解到足够的信息。[②]

从《担保法》到《物权法》，我国动产抵押登记法制发生了根本性的改变。虽然《担保法》上一改大陆法系不承认一般意义上的动产抵押权的传统，因应金融实践的需要一体承认了企业动产抵押权，但并没有就此作出不同于不动产抵押权的制度安排，将登记同时作为动产抵押权与不动产抵押权的生效要件，甚至是抵押合同的生效要件。在此基础上构建的动产抵押登记系统，也一如多数欧陆国家一样，照搬了不动产登记“文件登记制”的基本规则。例如登记机关应就登记申请进行实质审查等等。及至《物权法》起草，原有动产抵押法制的弊端不断显现，立法者在最终通过的文本中依循现代动产担保法制的基本趋势，采取了登记对抗主义的基本安排，动产抵押登记也就改采“声明登记制”的立场，[③] 但仍然采行纸质登记的传统做法。

基于我国社会信用现状，我国在植入声明登记制之时，做了相应改造。声明登记制之下的登记内容局限于当事人和担保财产，至于具体的交易细

① See Douglas G. Baird, Thomas H. Jackson, Information, Uncertainty, and the Transfer of Property, 13 *Journal of Legal Studies* , 292 (1982), p. 312.

② See The Law Commission (England and Wales), *Registration of Security Interests: Company Charges and Property Other Than Land* (*A Consultation Paper*), Consultation Paper No 164, 2002, pp. 61—62.

③ 参见高圣平：《动产担保交易制度比较研究》，中国人民大学出版社2008年版，第315页。

节，尚需由该财产之上的物权人或潜在的交易相对人[①]向担保说明书中载明的担保权人去探寻，担保权人有法定义务向其披露。但如此少的登记内容，已经使得声明登记制“提供信息的功能”大为减弱，以至于有学者认为：“具有讽刺意味的是，声明登记的真正意义并不在于其提供信息的价值，而是在于其警示效果：其声明存在瑕疵时担保权人将承受不利的法律后果。”声明登记制只是“部分替代了占有等公示方法等的提供信息功能”。[②] 动产担保交易的具体细节不在公示内容之列，留由潜在的交易相对人依其他路径去探知，在一定程度上增加了潜在债权人的信息搜寻成本，也增加了担保权人的负担。这一程序性设计在我国是否能够得以贯彻，颇值怀疑。我国动产抵押登记摒弃了文件登记制不适当的登记程序安排，但并未完全照搬声明登记制的全部内容，例如，在登记内容的设计上，除了当事人和担保物之外，增加“被担保债权数额和范围”等登记事项，使得查询者通过一次查询即可了解动产抵押交易的基本细节，无须再向抵押权人去进一步的探知。这一做法虽然披露了当事人更多的商业秘密，但确实是在我国目前社会文化背景之下的理性选择。同时，我国为防止登记权利的滥用，采取双方申请登记模式，要求当事人均须在《动产抵押登记书》上签章。这一纸质登记系统之下的选择也构成了电子化登记系统再造时的障碍。

登记机关对登记申请材料的审查向有实质审查与形式审查之分。实质审查，是指登记机关应就登记申请人所提供的登记申请材料的真实性、合法性负担实质调查和验收的义务，[③] 对物权的存在以及物权的类型和形成过程进行全面的核实；而在形式审查，登记机关仅就登记申请人所提交的登记申请材料进行形式上的比对，至于物权的变动过程与登记之状态是否相符，登记

① 各国就有权向担保权人请求披露相应交易细节的人，做了不同的限制，有的仅限于声明中载明的担保财产的物权人，有的扩及至潜在的买受人或担保权人，有的还包括担保人。See United Nations Commission on International Trade Law, *UNCITRAL Guide on the Implementation of a Security Rights Registry*, United Nations, 2014, pp. 23—24.

② Jonathan C. Lipson, Secrets and Liens: the End of Notice in Commercial Finance Law, 21 *Emory Bankruptcy Developments Journal*, 421 (2004—2005), p. 447—448.

③ 参见朱岩：《形式审查抑或实质审查——论不动产登记机关的审查义务》，载《法学杂志》2006 年第 6 期。

机关不负调查职责。[①] 在声明登记制之下，登记缺乏真实权利支撑，不具有登记公信力，动产抵押登记并不意味着已登记的内容必定具有法律效力，登记的作用在于提醒潜在的交易相对人注意标的物上的竞存抵押权。准此，动产抵押登记并不创设抵押权，也不是抵押权存在的证明，甚至在担保合同订立之前即可办理抵押登记，动产抵押权可在现有或将来的动产之上设定，依登记簿的记载并不能确定抵押物是否真实存在或是否由抵押人享有所有权或处分权。[②] 总之，“动产抵押登记并不构成既存抵押权的登记，而仅仅只是一种警示（类似于担保人丧失占有）和公告；它仅仅表明在抵押人其时或此后取得所有权或处分权的财产之上在其时或此后可能存在抵押权。”[③] 由此可见，声明登记制之下，登记申请材料的真实性、准确性和合法性完全由当事人自行判断，登记机关并无职权或责任就此进行实质审查。登记机关的作用主要体现在：只要登记信息是以可为登记系统接受的表格提交，登记机关即应将该登记信息导入登记数据库。仅在没有按照规定的表格提交登记信息、没有缴纳登记费用以及提交的登记信息不完整、难以理解或辨认，或未遵守办理登记的其他条件的情形之下，登记机关才能拒绝登记。除此之外，登记机关并无须对登记材料的内容进行另外的审查。如若登记机关尚须对登记申请材料进行认真审查并确认其有效性，将会直接导致登记程序的延迟、登记成本和登记错误的增加，这一结果与各国际组织所倡导的高效、低成本的登记制度背道而驰。[④]

我国在植入声明登记制之时，并未考虑电子化登记系统构建的国际趋势，仍然采行纸质化的登记系统。《动产抵押登记办法》虽未就动产抵押登

① 参见高圣平：《动产担保交易制度比较研究》，中国人民大学出版社 2008 年版，第 332 页以下。

② See Harry C. Sigman, Perfection and Priority of Security Rights, in Horst Eidenmueller and Eva－Maria Kieninger eds, *The Future of Secured Credit in Europe*, Berlin: De Gruyter Recht, 2008, p. 151.

③ Harry C. Sigman, Perfection and Priority of Security Rights, in Horst Eidenmueller and Eva－Maria Kieninger eds, *The Future of Secured Credit in Europe*, Berlin: De Gruyter Recht, 2008, p. 152.

④ United Nations Commission on International Trade Law, *UNCITRAL Guide on the Implementation of a Security Rights Registry*, United Nations, 2014, pp. 38－39；《美洲国家组织动产担保交易示范法示范登记规则》第 5 条及其评述；John M. Wilson, Model Registry Regulations under the Model Inter－American Law on Secured Transactions, 15 *Uniform Law Review*, 515 (2010), p. 524.

记申请的审查标准作出明文规定，但从《动产抵押登记办法》原第5条及该办法的附件1《动产抵押登记办理须知》来看，登记机关对当事人提交的登记申请仅作形式审查。[①] 2016年《动产抵押登记办法》第8条规定登记机关办理登记的条件是："当事人……提交材料齐全，符合本办法形式要求"，更是明确了形式审查的立场。登记机关在形式上审查当事人提交的《动产抵押登记书》是否填写了相应内容，并就当事人的身份信息进行表面审查，以判断该登记机关是否有权登记该动产抵押权。无独有偶，在继受法国家中，洪都拉斯动产担保交易法也规定，登记机关的责任也实际上局限于是否提供了所有法定信息，并无权审查登记表格的内容，也无权验证其中所填写信息的准确性。[②]

令人遗憾的是，在《动产抵押登记办法》（2007）出台之后，地方登记行政主管部门对此的把握并不一致。大部分赞成形式审查，如《吉林省工商行政管理局关于贯彻国家工商总局〈动产抵押登记办法〉的实施意见》（2007年12月3日）指出："根据《物权法》和《办法》的立法精神，动产抵押登记具有备案登记的性质，登记机关要尊重当事人的意思自治，对抵押财产状况不做勘验，对抵押财产再次抵押、将有的抵押财产情况以及所有权和使用权的归属只作形式审查。根据《办法》关于抵押登记当场办理的规定，凡符合《办法》第3条、第6条、第8条[③]规定提交材料齐全的，必须即时办理抵押登记，同时在登记书上签字、标明登记日期，不得以任何理由拖延办理登记。对不属于本登记机关管辖或不符合动产抵押登记要求的，要当场告知当事人。登记机关可

① 参见高圣平：《〈物权法〉之下的动产抵押登记制度——〈动产抵押登记办法〉的理解与适用》，载王利明主编：《物权法名家讲坛》，中国人民大学出版社2008年版，第642页。

② 《洪都拉斯动产担保交易法》第42条第5款。See Marek Dubovec，UCC Article 9 Registration System for Latin America，28 *Arizona Journal of International & Comparative Law*，117 (2011)，p. 134.

③ 这里的条文是2007年《动产抵押登记办法》的条文，对应于2016年《动产抵押登记办法》第4条、第6条、第7条，未作实质性修改。

以对再次抵押和变更登记的，进一步简化手续。”[①] 也有地方登记行政主管部门并未明确登记机关的审查责任，但其文件精神有实质审查之嫌。如《四川省工商行政管理局动产抵押登记实施办法》（2016年8月23日）规定，当事人办理登记时还应当提交主债权合同和担保合同：“登记机关应当从登记管辖、抵押当事人主体资格和身份、动产类型、登记书记载事项等方面审查其合法性、完整性，符合受理条件的，当场办理登记。不符合受理条件的，说明理由，退回登记资料。”[②] 这些规定都在一定程度上扩大了《动产抵押登记办法》所定审查范围和审查标准，在一定程度上导向了实质审查。

在与动产抵押登记相关的行政诉讼之中，有的法院以《动产抵押登记办法》为依据认可了登记机关的形式审查责任。如在“仲利国际租赁有限公司诉东莞市工商行政管理局动产抵押登记行政纠纷案”[③] 中，法院认为：“被告（动产抵押登记机关）在受理案涉动产抵押登记申请后，对申请人提供的相关材料进行了审查，认为申请人提交的申请文件材料齐全，符合法定形式，同日作出了登记编号为……《动产抵押登记书》符合上述规定。”有的法院还参照了各地方就动产抵押登记的规范性文件，如在“惠州同兴信用担保有限公司诉博罗县工商行政管理局等工商行政登记行政纠纷案”[④] 中，法院认为：“根据广东省工商局粤工商市字（2008）28号《关于贯彻实施〈动产抵押登记办法〉若干问题的意见》第1条规定，动产抵押登记是形式审查的登记，非实质性审查登记。根据《行政许可法》第31条规定，申请人申请行政许可，应当如实向行政机关提交有关材料和反映真实情况，并对其申请材

① 《广东省工商行政管理局关于贯彻实施〈动产抵押登记办法〉若干问题的意见》（2008年1月14日）、《福建省工商行政管理局办公室关于进一步规范我省动产抵押登记工作的通知》（2008年1月22日）、《海南省工商行政管理局贯彻国家工商行政管理总局〈动产抵押登记办法〉的意见》（2008年3月31日）《四川省工商行政管理局关于贯彻〈动产抵押登记办法〉的意见》（2016年9月7日）等表达了大致相同的观点。

② 《临沂市工商局关于动产抵押登记的若干规定》（2009年1月4日）第11条的规定与本条相同。类似的情况还有，《青岛市工商行政管理局关于进一步规范动产抵押登记工作的通知》（2008年3月24日）要求严格审查“抵押物是否属于《物权法》第184条禁止抵押的动产”。《青岛市工商行政管理局动产抵押登记实施办法》（2010年6月12日）规定，“办理动产抵押登记，当事人可以提交主合同（借款合同、担保合同等）、抵押合同及动产评估或价值确认有关材料，以便审查核对。”对于“合同违法的”的情形，登记机关不予受理。

③ 广东省东莞市第一人民法院〔2015〕东一法行初字第333号行政判决书。

④ 广东省博罗县人民法院〔2013〕惠博法行初字第32号行政判决书。

料实质内容的真实性负责。行政机关不得要求申请人提交与其申请的行政许可事项无关的技术资料和其他材料。”

但更多的法院以《物权法》《担保法》和《动产抵押登记办法》为依据，认为登记机关应基于当事人提交的“主合同和抵押合同”“抵押物的所有权或者使用权证书”进行审查，这实际上已经超出了形式审查的范畴。例如，在“资源县大屋电力有限公司诉资源县工商行政管理局动产抵押登记纠纷案”① 中，法院认为：“根据《动产抵押登记办法》附件1动产抵押登记须知中‘二、申请人应当保证其所提供的材料及信息真实有效。登记书内容应当与抵押合同以及主合同相关内容一致。’的规定，被告（动产抵押登记机关）应该对其登记书内容与抵押合同以及主合同相关内容是否一致进行全面审查，而本案被告在（抵押人）没有提供自己公司与银行之间的抵押合同、第三人……与银行之间的借款合同以及自己公司的财产被法院查封的证据的情况下，对（抵押人）的财产予以登记，存有一定瑕疵，但不足以认定被告作出的动产抵押登记无效。”这里，虽然法院认可了动产抵押登记的效力，但同时认为登记机关应要求当事人提交主合同、抵押合同，并进行审查。

在“日立租赁（中国）有限公司诉江门市蓬江区市场监督管理局等工商行政登记纠纷上诉案”② 中，二审法院认为：“所有权、使用权不明或者有争议的财产依法不得抵押。本案中，在办理涉案动产抵押登记时，（动产抵押登记机关）仅对（抵押人）及（抵押权人）提交的《动产抵押登记书》、抵押合同双方当事人主体资格证明、代理人身份证明文件和授权委托书进行审查，未对涉案抵押物所有权或使用权归属证明材料进行核查，对涉案动产抵押登记时未尽到审慎审查义务，作出的登记行为事实和法律依据不足，依法应予以撤销。”这里，扩大了登记机关在办理动产抵押登记之时的审查范围。在“江苏泰宝工业炉有限公司与泰兴市市场监督管理局等动产抵押登记纠纷上诉案”③ 中，一审法院认为：“登记机关在适用《动产抵押登记办法》时也应适用该法的上位法《物权法》和《担保法》的相关规定，进行实质审查，

---

① 广西壮族自治区资源县人民法院〔2012〕资行初字第17号行政裁定书。

② 广东省江门市中级人民法院〔2015〕江中法行终字第137号行政判决书。

③ 江苏省泰州市中级人民法院〔2017〕苏12行终51号行政判决书。

（动产抵押登记机关）在办理动产抵押登记时应审查抵押人提供的购买单据或转让合同等抵押财产权属证明。”二审予以维持。

由前文论述所见，在声明登记制之下，登记机关仅对当事人提交的登记申请材料进行形式审查，上述裁判分歧更多地体现在：登记机关登记行为的合法性应以何法律依据作为判断标准。

二、动产抵押登记审查的法律依据

目前，学界普遍认为，动产抵押登记属于行政确认行为，具有可诉性。如此，工商行政管理部门作为登记机关，其登记行为的合法性随即进入司法审查的范围。其中司法审查的依据是“法律和行政法规、地方性法规”，并可以“参照规章”（《行政诉讼法》第 63 条）。

我国实定法上调整动产抵押登记的“法律”有《物权法》和《担保法》，其中，《物权法》第 180 条、第 181 条规定：“债务人或者第三人有权处分的”“生产设备、原材料、半成品、产品”“正在建造的……船舶、航空器”“交通运输工具”“法律、行政法规未禁止抵押的其他财产”（当然包括动产）“可以抵押”；第 184 条规定：“学校、幼儿园、医院等以公益为目的的事业单位、社会团体的教育设施、医疗卫生设施和其他社会公益设施”“所有权、使用权不明或者有争议的财产”“依法被查封、扣押、监管的财产”“法律、行政法规规定不得抵押的其他财产”“不得抵押”；第 188 条规定：动产“抵押权自抵押合同生效时设立；未经登记，不得对抗善意第三人”；第 189 条规定：“企业、个体工商户、农业生产经营者”设定动产浮动抵押权的，“应当向抵押人住所地的工商行政管理部门办理登记。抵押权自抵押合同生效时设立；未经登记，不得对抗善意第三人”。这里，只是明确了动产浮动抵押权的登记属于工商行政管理部门的职责范围，并明确登记管辖是“抵押人住所地”，但就动产固定抵押权，只是规定采取登记对抗主义，但并未规定其登记机关和登记管辖。同时，《物权法》除了规定登记对于动产抵押权的效力（登记对抗）之外，并未明确登记机关的登记审查标准和其他登记程序。但《物权法》施行后，并未废止《担保法》，《物权法》只是规定：“担保法与本法的规定不一致的，适用本法。”（第 178 条）由此，《担保法》的相关规则在判断登记机关登记行为的合法性之时仍然具有适用可能性。

《担保法》第 34 条规定："抵押人所有的机器、交通运输工具和其他财产""抵押人依法有权处分的国有的机器、交通运输工具和其他财产""依法可以抵押的其他财产""可以抵押"；第 37 条规定："学校、幼儿园、医院等以公益为目的的事业单位、社会团体的教育设施、医疗卫生设施和其他社会公益设施""所有权、使用权不明或者有争议的财产""依法被查封、扣押、监管的财产""依法不得抵押的其他财产"不得抵押"；第 41 条规定："抵押合同自登记之日起生效"；第 42 条规定："以航空器、船舶、车辆抵押的，为运输工具的登记部门""以企业的设备和其他动产抵押的，为财产所在地的工商行政管理部门"；第 43 条规定："当事人以其他财产抵押的，可以自愿办理抵押物登记，抵押合同自签订之日起生效。当事人未办理抵押物登记的，不得对抗第三人。当事人办理抵押物登记的，登记部门为抵押人所在地的公证部门。"第 44 条规定："办理抵押物登记，应当向登记部门提供下列文件或者其复印件：（一）主合同和抵押合同；（二）抵押物的所有权或者使用权证书。"第 45 条规定："登记部门登记的资料，应当允许查阅、抄录或者复印。"在这里，第 34 条、第 37 条、第 41 条已为《物权法》所取代，第 42～43 条关于登记机关和登记管辖的规定、第 44～45 条关于登记申请材料和登记查询的规定，《物权法》上并未规定，在《物权法》第 178 条之下，这些规定是否适用，取决于其是否"与本法的规定不一致"。

我国实定法上调整动产抵押登记的"规章"有《动产抵押登记办法》，于 2007 年 10 月 17 日国家工商行政管理总局令第 30 号公布，并于 2016 年 7 月 5 日国家工商行政管理总局令第 88 号修订，其制定依据是"《担保法》《物权法》《企业信息公示暂行条例》等法律、行政法规"，其中对动产抵押登记的程序作了详细的规定，并明令废止了根据《担保法》制定的《企业动产抵押物登记管理办法》（国家工商行政管理局第 35 号令）。

在"日立租赁（中国）有限公司诉江门市蓬江区市场监督管理局等工商行政登记纠纷上诉案"[①] 中，二审法院认为："《物权法》《担保法》是制定《动产抵押登记办法》的依据，在办理动产抵押登记程序中，动产抵押登记

① 广东省江门市中级人民法院〔2015〕江中法行终字第 137 号行政判决书。

部门适用《动产抵押登记办法》的同时，还应适用《物权法》《担保法》中的相关规定进行审查。”并进而认为，登记机关应要求登记申请人提交“抵押物所有权或使用权归属证明材料”，并进行审查，以判断是否存在“所有权、使用权不明或者有争议的”情形。这一司法观点在裁判实践中较为普通，[①] 几成通说。

本书作者主张，上述观点并未考虑到《物权法》就动产抵押登记效力对于《担保法》的重大改变，简单地解读《物权法》与《担保法》之间的关系，与动产抵押登记的基本法理相悖，将直接导致动产抵押制度运行不彰，在一定程度上影响到动产抵押交易的展开。

第一，《担保法》就登记在动产抵押权设定中的意义，与不动产抵押权做了同一处理，采取登记生效主义，登记不仅是动产抵押权的生效要件，而且还是动产抵押合同的生效要件。由此，动产抵押登记的制度设计与不动产抵押并无二致，要求登记申请人提交“主合同和抵押合同”“抵押物的所有权或者使用权证书”，以供登记机关审查。但《物权法》就动产抵押权改采登记对抗主义，登记的法律意义已经发生了改变，登记只是将当事人之间已经设定的抵押权公示于外，并不表明已登记的动产抵押权在设定上是否存在瑕疵。如此，登记机关的作用仅仅只是提供一种公示平台，以供当事人将其已经设定的抵押权在其中予以记载，并供他人查询，登记机关实际上是提供服务，其中并不涉及对登记申请材料是否真实合法、是否准确地反映了当事人之间的真实担保交易关系等的审查和判断。正是基于这一点，《动产抵押登记办法》第 8 条才规定“当事人……提交材料齐全，符合本办法形式要求，登记机关应当当场予以办理”。

第二，就《担保法》和《物权法》之间的关系而言，虽然前者是第八届全国人民代表大会常务委员会第十四次会议通过的，后者是第十届全国人民代表大会第五次会议通过的，但两者之间并不构成“上位法”与“下位法”的关系，因为两者在性质上均属法律，不属于《立法法》第 88 条所定情形；

---

① 江西省赣州市中级人民法院〔2012〕赣中行终字第 64 号行政判决书；广东省江门市中级人民法院〔2015〕江中法行终字第 137 号行政判决书；湖南省长沙市中级人民法院〔2016〕湘 01 行终 786 号行政判决书；江苏省泰州市中级人民法院〔2017〕苏 12 行终 51 号行政判决书等等。

两者之间也不构成“特别规定”与“一般规定”，因为两者就担保物权而言都是一般规定。实际上，两者之间属于《立法法》第92条所称“同一机关制定的法律……，新的规定与旧的规定不一致的”的情形，依该条，应“适用新的规定”。此点也反映在《物权法》第178条之中。《物权法》作为“新的规定”，已经改变了“旧的规定”——《担保法》中动产抵押登记的效力，依据“旧的规定”所作出的登记申请材料的规定（《担保法》第44条），虽然在《物权法》中没有作出相反规定，但亦应不予适用。对此，不宜绝对化地将《物权法》第178条理解为，只要《担保法》有规定，而《物权法》没有规定的，就得适用《担保法》。例如，《担保法》上禁止重复抵押，其第35条第1款规定：“抵押人所担保的债权不得超出其抵押物的价值。”《物权法》就此未作规定，但不能简单地理解为该款仍然有效，《物权法》仍然禁止重复抵押。《物权法》第199条规定了“同一财产向两个以上债权人抵押”时的优先顺位规则，实际上就允许了重复抵押，否则就不存在抵押权竞存的问题。正是基于这一点，《动产抵押登记办法》第4条才规定“当事人设立抵押权……应当持下列文件向登记机关办理设立登记：（一）抵押人、抵押权人签字或者盖章的《动产抵押登记书》；（二）抵押人、抵押权人主体资格证明或者自然人身份证明文件；（三）抵押合同双方指定代表或者共同委托代理人的身份证明。”删除了原《企业动产抵押物登记管理办法》所要求的“主合同和抵押合同”“有关动产抵押物的所有权或者使用权证书”“有关动产抵押物存放状况资料”等申请文件的要求。

第三，《物权法》就登记规则不作具体规定，有其特殊的背景。其时，就不动产统一登记，已经达成共识，但其中涉及各主管部门的职能调整，兹事体大，因此，《物权法》只是就此做了原则规定：“国家对不动产实行统一登记制度。统一登记的范围、登记机构和登记办法，由法律、行政法规规定。”在原则性规定了登记的效力、登记机关的职责和赔偿责任等之外，就登记程序性规范留待以后通过另行制定“法律、行政法规”来解决。这一处理也涉及到了不动产抵押权，在《物权法》第四编担保物权中就不动产抵押权的登记问题未作规定，但这一处理模式并未考虑到动产抵押登记的问题，直接导致了相关规则之间的冲突。例如，《物权法》第189条规定了动产浮动抵押权这一《担保法》上未明文规定的物权，同时将其抵押人限定为“企业、个体工商户、农业生产经营者”，将其登记管辖明确为“抵押人所在地的县级工商行政管理部门”，但《担保法》第 42 条规定的抵押人为“企业”，动产抵押登记管辖是“抵押财产所在地”的工商行政管理部门。裁判中即有观点认为，《物权法》第 189 条仅及于动产浮动抵押权，并不涵盖动产固定抵押权，因《物权法》未就动产固定抵押权的登记管辖作出规定，应直接适用《担保法》第 42 条的规定。[①] 正如前述，不宜绝对化地理解《物权法》与《担保法》之间的关系，就动产抵押权的登记管辖，《物权法》经由动产浮动抵押权的特别规定已然修改了《担保法》的规定，无论固定抵押权还是浮动抵押权，抵押人均可为“企业、个体工商户、农业生产经营者”，均应依抵押人所在地确定登记管辖。就此，《动产抵押登记办法》第 2 条中规定“企业、个体工商户、农业生产经营者以……动产抵押的，应当向抵押人住所地的县级工商行政管理部门（以下简称登记机关）办理登记。”这里并未区分固定抵押和浮动抵押，将登记机关一体规定为“抵押人所在地的县级工商行政管理部门”，[②] 将在工商行政管理部门登记的动产抵押人扩展至包括“企业、个体工商户、农业生产经营者”在内。

综上，《物权法》与《担保法》之间关于动产抵押登记的功能变迁已经准确地反映在《动产抵押登记办法》之中，在动产抵押登记行政纠纷中可以参照适用《动产抵押登记办法》。“《动产抵押登记办法》作为一部规范工商

---

① 在“中国融资租赁有限公司与淄博五湖陶瓷科技有限公司、第三人齐商银行股份有限公司高青支行、第三人联合创业担保集团有限公司取回权纠纷案”（山东省高青县人民法院〔2013〕高商初字第 182 号民事判决书）一案中，中国融资租赁有限公司与淄博五湖陶瓷科技有限公司从事售后回租业务，融资租赁公司取得陶瓷公司的涉案动产的所有权，融资租赁公司其后将涉案动产抵押给了第三人，并在抵押人所在地工商行政管理部门办理了抵押登记。后来，陶瓷公司又与齐商银行高青支行签订借款抵押合同，就相同的动产在财产所在地工商行政管理部门办理了抵押登记。就这两个动产抵押权之间的关系，法院认为：“根据《担保法》第 42 条和《物权法》第 189 条的规定，本案中争议财产属于普通动产，不属于浮动抵押。因此，本案争议财产部分的抵押，应适用担保法的规定，即由财产所在地高青县工商行政部门进行抵押登记。本案中，原告就争议财产在大连市工商行政部门进行抵押登记的行为不发生对抗善意第三人齐商银行高青支行的效力。”

② 在“湖南双峰农村商业银行股份有限公司诉新永茂科技有限公司等破产债权确认纠纷上诉案”（浙江省丽水市中级人民法院〔2016〕浙 11 民终 1380 号民事判决书）中，一审法院即认为：“根据上述规定（《物权法》第 189 条和《动产抵押登记办法》第 2 条），可以得出企业以现有的生产设备作抵押的登记机关是抵押人住所地的县级工商行政管理部门。上述两条法律法规，不仅仅是对浮动抵押登记的规定，也包括了法律对企业以机器设备进行抵押，办理动产抵押登记机关的规定。”

部门动产抵押登记行为的部门规章，已经明确规定要求当事人应当提交的文件材料，不包含双方签订的合同和抵押物所有权或使用权证书等文件。根据职权法定原则，行政机关应当在法定的权限内，依据法定程序实施行政行为。没有法律、法规、规章依据，行政机关不得作出减损公民、法人和其他组织合法权益或者增加其义务的决定。因此，（动产抵押登记机关）根据该规章办理动产抵押登记时无权要求当事人提交对涉案抵押物所有权或使用权属证明材料，也不存在对涉案抵押物所有权或使用权属证明材料进行核查的法定职责。”[①]

三、动产抵押登记中对当事人身份的审查

动产抵押权作为一项物权，其效力及于他人（抵押人）的特定物，虽然其设定取决于当事人（抵押权人和抵押人）之间的合意，为防止未经抵押人授权的随意登记、欺诈登记等现象的大规模发生，即使在电子化的登记系统中，也应采取适当措施现场或远程验证登记申请人的身份。[②] 比较法上的既有经验表明，登记机关应当要求登记申请人出示身份证明并予留存，以协助担保声明书中的具名抵押人在其未授权办理登记的情况下确定登记申请人（抵押权人）的身份。在电子化登记系统中，登记申请人通过在登记系统中注册用户账户，并通过该账户在登记系统中自助登记和查询，但在最初注册该账户时登记机关尚需就登记申请人提出的身份证据进行审查。[③] 我国应收账款质押登记平台设定了更为严格的身份识别审查标准：只有注册为登记平台的用户，才能在登记平台办理登记与查询业务。申请机构通过其住所地的征信分中心身份审查后取得用户资格。申请常用户的机构应首先登录登记平台互联网页面填写注册信息，完成在线注册后，应向征信分中心提交有关身

---

① 广东省江门市中级人民法院〔2015〕江中法行终字第137号行政判决书中，动产抵押登记机关蓬江区监管局的主张。

② See Marek Dubovec，UCC Article 9 Registration System for Latin America，28 *Arizona Journal of International & Comparative Law*，117 (2011)，p. 124.

③ See United Nations Commission on International Trade Law，*UNCITRAL Guide on the Implementation of a Security Rights Registry*，United Nations，2014，p. 37.

份证明材料，征信分中心就此进行审查，并在规定时限内将审查结果录入登记平台，并告知申请机构。[①] 这一做法在一定程度上解决了电子化登记系统构建中登记申请人的身份识别问题。[②] 虽然我国《动产抵押登记办法》修订之时，已经按照《企业信用信息公示管理暂行条例》的要求，将动产抵押登记信息导入企业信用信息公示平台做了规定，但该规定仅仅只是工商行政管理部门内部就已经发生登记对抗效力的动产抵押登记书的内容上传企业信用信息公示平台，并未改变动产抵押登记系统的纸质登记性质。

在纸质化的动产抵押登记制之下，《动产抵押登记办法》第 4 条明确要求，当事人办理动产抵押权设立登记之时，应向登记机关提交抵押人、抵押权人主体资格证明或者自然人身份证明文件。由此，这些材料即进入登记机关的审查范围，但应属形式审查。国际机构也建议："登记机关可不必核实登记申请人提供的身份证据"。[③] 在"方继光诉莱阳市工商行政管理局工商行政登记纠纷上诉案"[④] 中，二审法院认为：抵押人"刘淑芹办理抵押登记时提交的是已过期 10 年的身份证，莱阳市工商行政管理局以该身份证作为有效证件来进行抵押登记，未尽到审慎审查义务，属程序违法。"这一对当事人身份的审查尚在形式审查之内。

与其他国家的动产担保登记制度不同的是，我国动产抵押登记采取分散登记制，不是在一个登记机关登记所有的动产抵押权，即使在一个登记机关内部，也存在遍布全国的各基层登记机关在具体践行着登记职责。在将动产抵押登记界定为一种行政行为的情况之下，职权法定就成了判断动产抵押登记行为合法性的一大要素。由此，哪些抵押人的动产设定抵押之时在哪个地方的动产抵押登记机关办理登记，就成了当事人身份审查时的内容之一。

第一，审查抵押人是否适格。我国《担保法》上禁止国家机关、学校、幼儿园、医院等公益事业单位充任担保人。由此，这些组织不能作为抵押

---

① 参见《中征动产融资统一登记平台操作规则》（2014 年 6 月 30 日）第 6、8、9 条的规定。

② 参见高圣平：《动产抵押登记的法理——以〈动产抵押登记办法〉的修改为中心》，载《法学》2016 年第 2 期。

③ United Nations Commission on International Trade Law, *UNCITRAL Guide on the Implementation of a Security Rights Registry*, United Nations, 2014, p. 38.

④ 山东省烟台市中级人民法院〔2014〕烟行终字第 9 号行政判决书。

人，当事人以“学校、幼儿园、医院等以公益为目的的事业单位、社会团体的教育设施、医疗卫生设施和其他社会公益设施”抵押的，不予办理登记。[①]但目前我国事业单位体制改革尚未完成，实践中具有经营资格和能力的事业单位不在少数，因此，“只要有营业执照的都可以办理抵押登记。”[②]

第二，审查抵押人是否属于“企业、个体工商户、农业生产经营者”。我国动产抵押登记法制根据标的物的不同分属不同的登记机关予以登记。在《动产抵押登记办法》第2条之下，只有具有“企业、个体工商户、农业生产经营者”身份的抵押人以其“生产设备、原材料、半成品、产品”为抵押权人设定动产抵押（含浮动抵押）之时，才属于工商行政管理部门的登记职权范围。这里，企业是指依法登记领取《中华人民共和国企业法人营业执照》《企业法人营业执照》《中华人民共和国营业执照》或《营业执照》的企业法人或分支机构；个体工商户是指依法登记领取《营业执照》的自然人；农业生产经营者，主要指农村承包经营户，也包括其他从事规模化经营的农业、渔业、养殖业、畜牧业的农业生产的自然人。[③]农村生产经营者以农村户口簿、村委会出具的住所地证明、土地承包、租赁协议和个人身份证证明其主体身份。[④]地方登记行政主管部门就此规定了相应的审查要求，如《青岛市工商行政管理局动产抵押登记实施办法》规定，“超出登记范围，抵押人为国家机关、社会团体、事业单位、非从事农业生产经营的自然人”的，登记机关不予受理。《西安市工商行政管理局动产抵押登记操作规范》也指出，“企业、个体工商户、农业生产经营者以外的其它单位或自然人设立动产抵押的”，登记机关不予办理动产抵押登记。

第三，审查抵押人是否处于登记机关的辖区。我国动产抵押登记法制实行地方登记制，各登记机关之间依“抵押人住所地”为区分标准确定其地域管辖。企业、个体工商户均属经登记的营业主体，依其《中华人民共和国企

---

① 《四川省工商行政管理局动产抵押登记实施办法》第5条第（1）项。

② 江苏省工商行政管理局《关于贯彻国家工商总局〈动产抵押登记办法〉的意见》第3条第（2）项。

③ 《吉林省工商行政管理局关于贯彻国家工商总局〈动产抵押登记办法〉的实施意见》；《海南省工商行政管理局贯彻国家工商行政管理总局〈动产抵押登记办法〉的意见》。

④ 《四川省工商行政管理局动产抵押登记实施办法》第3条；《广东省工商行政管理局关于贯彻实施〈动产抵押登记办法〉若干问题的意见》。

业法人营业执照》《企业法人营业执照》《中华人民共和国营业执照》或《营业执照》上的记载即可判断其是否处于登记机关的辖区。至于农业生产经营者，则以其身份证明载明的户籍所在地是否位于登记机关的辖区为判断标准。“农业生产经营者的公民身份证明与住所地不一致的，当事人提交住所地居委会（村委会）出据的证明其住所地为经常居住地的证明后，由住所地的工商部门办理动产抵押登记。”① 在“湖南双峰农村商业银行股份有限公司诉新永茂科技有限公司等破产债权确认纠纷上诉案”② 中，注册登记于湖南省缙云县的抵押人，以其设备为注册登记于湖南省双峰县的抵押权人设定动产抵押权，并在湖南省双峰县工商行政管理局办理了动产抵押登记。一审法院认为：“根据上述规定（《物权法》第189条和《动产抵押登记办法》第2条），可以得出企业以现有的生产设备作抵押的登记机关是抵押人住所地的县级工商行政管理部门。”“案涉生产机器系（抵押人）的生产设备，生产设备应在公司的生产经营场所作生产使用”。“综上，……抵押合同虽然真实、合法、有效，但未在法定的动产抵押登记机关办理动产抵押登记，其抵押权不享有对抗善意第三人的权利。”抵押权人上诉认为：“一审未区分动产浮动抵押和动产固定抵押，错误认为动产固定抵押中的设备等同于动产浮动抵押中的现有设备，进而认定应当由抵押人住所地的工商行政管理机关进行抵押登记，明显错误。”二审法院认为：“案涉设备虽然在湖南省双峰县工商行政管理部门办理了抵押登记，但上诉人并不能提供证据证明办理抵押登记时案涉设备在湖南省双峰县，且案涉抵押人住所地也不在湖南省双峰县，一审根据国家工商总局《动产抵押登记办法》规定，不予采纳上诉人提供的动产抵押登记书并无不当。”这一案件在一定程度上解决了确定动产抵押登记管辖的困境，为防杜解释冲突，应经由立法加以明定为宜。

第四，审查抵押权人是否适格。《物权法》和《动产抵押登记办法》并未就抵押权人的资格进行限制，动产抵押登记实践中也就鲜少涉及审查抵押权人的资格问题。正如《四川省工商行政管理局关于贯彻〈动产抵押登记办法〉的意见》在“抵押权人适用范围”中明确指出：“抵押权人为债权人或

① 《海南省工商行政管理局贯彻国家工商行政管理总局〈动产抵押登记办法〉的意见》。

② 浙江省丽水市中级人民法院〔2016〕浙11民终1380号民事判决书。

反担保中的第三人，具有合法民事主体资格的自然人、法人、其他组织均可依法成为抵押权人。”但《典当管理办法》禁止典当行从事动产抵押业务，由此引发了以典当行作为抵押权人的动产抵押登记是否合法问题的争议。在“邢纯运、赵振亚诉商丘市工商行政管理局梁园分局等企业抵押物行政登记纠纷案”[①] 中，法院认为：“第三人系特种行业，在目前法律、行政法规没有规定的情况下，应遵循国家商务部门和公安部门联合颁布的《典当管理办法》的规定。”“作为被告的（动产抵押登记机关）明知其为第三人……核发的企业法人营业执照上，该公司不具有从事动产抵押的经营范围，仍对第三人……和（抵押人）动产抵押登记申请予以受理，且对其申请未尽必要的审慎职责，为其办理……企业抵押物登记证的行为属超越职权。”《典当管理办法》上禁止典当行从事动产抵押业务，自有检讨的必要。但就动产抵押典当借款合同的效力，目前司法态度较为统一。最高人民法院民事审判第二庭2012年12月11日〔2012〕民二他字第18号函指出：“《典当管理办法》系行政规章，根据《最高人民法院关于适用〈中华人民共和国合同法〉若干问题的解释（一）》第4条规定，不能作为认定合同效力的依据。典当行与当户签订动产抵押借款合同，违法了《典当行管理办法》关于典当行经营业务范围的规定，但不应据此认定合同无效。典当行办理动产抵押借款业务，亦不属于《银行业监督管理法》第19条规定的须经国务院银行监督管理机构批准的银行业金融机构的业务活动。”“宿迁市苏润典当有限公司诉宿迁富士达搪瓷制品有限公司典当纠纷上诉案”[②] 也体现了这一点。由此可见，对于典当行作为抵押权人的动产抵押登记的效力尚须进一步研究。

四、动产抵押登记中对抵押物的审查

在功能上，动产抵押登记是借由在登记簿上记载特定物上的抵押权向不特定的第三人公示该物上的权利负担。动产抵押权作为一种物权，在特定物上所设定，此系物权特定原则在动产抵押权上的反映。在解释上，动产浮动

---

① 河南省虞城县人民法院〔2011〕虞行重字第01号行政判决书。

② 江苏省宿迁市中级人民法院〔2011〕宿中商终字第0285号民事判决书。

抵押权虽在设定之时抵押物并不特定，但抵押物的范围须可得特定，及至确定之时抵押物即特定化，为动产浮动抵押权效力之所及。[①] 由此，动产抵押登记的事项中必然包括抵押物。国家工商行政管理总局发布的 2016 年版《动产抵押登记书》样式中所设计的“抵押物概况”分三栏登记抵押物：“名称”“所有权或者使用权归属”“数量、质量、状况、所在地等情况”,[②] 旨在使抵押物特定化。但这一登记内容的设计存在固有的缺陷：就抵押物的描述只要能使查询者合理地识别该抵押物，即为已足,[③] 所谓“质量、状况、所在地等情况”“所有权或者使用权归属”等内容，实无必要记载于登记簿。[④] 在《动产抵押登记书》已经记载抵押物的相应信息的情况之下，登记机关是否以及如何就上述登记内容进行审查?

（一）审查抵押物是否属于登记机关的登记职权范围

我国目前并未采行统一的动产担保登记制度，而是基于抵押物的类型分别由各不同的登记机关予以登记，例如民用航空主管部门（民用航空器）、海事局（《海商法》调整的船舶）、渔政海港监督管理局（渔业船舶）、公安机关交通管理部门或车辆管理所（非农用机动车）、农机站（农用机械和设备）、工商行政管理部门（企业、个体工商户、农业生产经营者设备以及其他动产）、公证部门（非企业、个体工商户、农业生产经营者的设备和其他动产）等等。这些登记机关各有其登记职权范围，自不得登记超越其职能的动产抵押权。由此，登记机关应对抵押物是否属于其登记职权范围进行审

① 参见高圣平：《担保法论》，法律出版社 2009 年版，第 459 页。

② 2007 年版的《动产抵押登记书》就此的设计仅有第二栏不同，该栏原来的登记内容是“所有权归属”。

③ See United Nations Commission on International Trade Law, *UNCITRAL Legislative Guide on Secured Transactions*, United Nations, 2010, p. 181.

④ 参见高圣平：《动产抵押登记的法理——以〈动产抵押登记办法〉的修改为中心》，载《法学》2016 年第 2 期。

查。相关地方文件也支持了这一观点。[①]

在“拉赫兰顿融资租赁（中国）有限公司与桓台县工商行政管理局、淄博国泰起重吊装工程有限公司、桓台县农村信用合作联社工商登记行政纠纷上诉案”[②] 中，抵押人以“LTM1500－8.1 利勃海尔全路面起重机”为金融机构设定动产抵押权，争议的焦点即在于全路面起重机是机动车还是生产设备。如将其界定为机动车，则应由公安机关交通管理部门（车辆管理所）办理抵押登记；[③] 将其界定为生产设备，则应由工商行政管理部门办理抵押登记。二审法院最终认定：“上诉人不能提供相关证据证实特种设备属于生产设备范畴，因此，上诉人上诉称涉案抵押物属于设备范畴，桓台县工商局有权办理动产抵押登记，抵押登记合法有效的上诉理由不能成立”，并据此判决：“在该抵押登记中，（动产抵押登记机关）是将 LTM1500－8.1 利勃海尔全路面起重机作为生产设备办理的抵押登记，但（动产抵押登记机关）不能提供证据和相关法律规定确定 LTM1500－8.1 利勃海尔全路面起重机属于生产设备，据此，应认定（动产抵押登记机关）将 LTM1500－8.1 利勃海尔全路面起重机作为生产设备办理抵押登记无法律授权，属超越法定职权，依法应予以撤销。”

（二）是否应审查抵押物的所有权或者使用权归属?

《物权法》第 180 条明定只有抵押人有权处分的动产才能抵押，第 184 条进一步明确指出“所有权、使用权不明或者有争议的财产”禁止抵押，由

---

① 《广东省工商行政管理局关于贯彻实施〈动产抵押登记办法〉若干问题的意见》（粤工商市字〔2008〕28 号，2008 年 1 月 14 日）在登记程序的规定中即指出：“登记机关收到登记申请文件后，应当作如下形式审查：1. 当事人申请登记的抵押物是否属于工商部门登记的动产”。《西安市工商行政管理局动产抵押登记操作规范》也指出：“不属于登记管辖范围的”，登记机关不予办理动产抵押登记。《青岛市工商行政管理局动产抵押登记实施办法》规定，“不属于本部门管辖的”，登记机关不予受理。

② 山东省淄博市中级人民法院〔2014〕淄行终字第 16 号行政判决书，以下简称〔2014〕淄行终字第 16 号判决。

③ 《道路交通安全法实施条例》第 8 条规定：“机动车所有人将机动车作为抵押物抵押的，机动车所有人应当向登记该机动车的公安机关交通管理部门申请抵押登记。”《机动车登记规定》第 22 条规定：“机动车所有人将机动车作为抵押物抵押的，应当向登记地车辆管理所申请抵押登记。”《担保法》第 42 条第 4 项规定：“以航空器、船舶、车辆抵押的，办理抵押登记的部门为运输工具的登记部门。”

此引发了登记机关是否应就抵押物的权属进行审查，以及如何进行审查的争论。裁判实践中倾向于认为登记机关应就抵押物的权属进行审查，分歧主要体现在于是形式审查，还是实质审查。

第一种观点认为，登记机关应就抵押物的权属进行形式审查。在“惠州同兴信用担保有限公司与博罗县工商行政管理局等工商行政登记行政纠纷案”[①] 中，法院认为，基于动产登记申请材料中提交的抵押物发票上载明买受人为抵押人，登记机关在办理动产抵押登记时“已尽谨慎审查义务”，可以确认登记行为合法有效。在“仲利国际租赁有限公司与东莞市工商行政管理局动产抵押登记行政纠纷案”[②] 中，法院虽然认可了登记机关的形式审查责任，但基于原告提出的“被告没有审查案涉49套机器设备的买卖合同，未查清机器设备权属，属于未尽到谨慎审查的情形，被告作出案涉登记应予撤销”的主张，法院认为：“（抵押权人）与（抵押人）向被告申请动产抵押登记时，已提交了主合同、抵押合同及发票等材料，发票上记载的购货单位为（抵押人），且案涉49套机器设备为（抵押人）占有并使用，动产所有权是以占有为公示原则，买卖合同并非证明动产所有权的必要条件，被告已经尽到合理的审查义务。”这里，登记机关对于抵押物权属的形式审查义务，还在于就当事人提交的发票等材料审查涉案动产是否为抵押人所有。“孟庆坡与武城县工商行政管理局等工商抵押登记行政再审纠纷案”[③] 的处理与此相似。山东省高级人民法院在该案中首先确认登记机关已依《动产抵押登记办法》的规定履行了形式审查义务，同时认为：“孟庆坡称该动产抵押登记抵押物中的部分模具系自己所有，但其在一审法院审理时提交的五份证据不足以证明其系抵押物的所有人；且其没有证据证明本案动产抵押登记中涉及的公章及合同内容系伪造。故一审法院判决驳回其诉讼请求，二审法院判决予以维持并无不当。”似乎认为，登记机关应就抵押物的权属进行形式审查。

第二种观点认为，登记机关应就抵押物的权属进行“审慎审查”。“日立租赁（中国）有限公司与江门市蓬江区市场监督管理局等工商行政登记纠纷

---

① 广东省博罗县人民法院〔2013〕惠博法行初字第32号行政判决书。

② 广东省东莞市第一人民法院〔2015〕东一法行初字第333号行政判决书。

③ 山东省高级人民法院〔2017〕鲁行申89号行政裁定书。

上诉案”[①] 中，法院认为，《物权法》第 184 条明令“所有权、使用权不明或者有争议的财产”不得抵押。据此，登记机关对于“所有权、使用权不明或者有争议的财产”，不应进行抵押登记。本案中，“在《动产抵押登记书》中写明涉案机械设备的所有权属于汇昌印刷公司，但在汇昌印刷公司提交的《进口增值税专用缴款书》中，缴款单位为‘广州河广贸易有限公司（江门市蓬江区汇昌彩色印刷有限公司）’。因此，不足以证明涉案机械设备的所有权和使用权属于汇昌印刷公司。在办理涉案动产抵押登记时，蓬江区监管局仅依据《动产抵押登记办法》进行审查，未对涉案抵押物所有权或使用权归属证明材料进行审查，未尽到审慎审查义务，其作出的登记行为事实和法律依据不充分，依法应予以撤销。”在“法兴（上海）融资租赁有限公司与长沙市工商行政管理局雨花分局等工商登记纠纷上诉案”[②] 中，二审法院认为：“债务人或第三人仅能就其有处分权的财产进行抵押，所有权、使用权不明或者有争议的财产依法不得抵押。本案中，原审第三人（抵押人）仅能就其有权处分的财产进行抵押，而（抵押人）与（抵押权人）申请办理涉案动产抵押登记时提交的材料不足以证明（抵押人）对涉案设备享有所有权，且生产设备使用权不属于《物权法》规定的可以抵押的财产范围。（登记机关）作出涉案动产登记时未对涉案抵押物的所有权权属情况进行审查，未尽到审慎审查义务，作出的……动产抵押登记事实依据和法律依据不足，依法应予撤销。”在这两个案例中，法院实际上已经倾向于实质审查。

第三种观点认为，登记机关应就抵押物的权属进行实质审查。在“江苏泰宝工业炉有限公司与泰兴市市场监督管理局等动产抵押登记纠纷上诉案”[③] 中，二审法院详细论述了其裁判理由。首先，综合《动产抵押登记办法》第 2 条和《动产抵押登记办理须知》第 4 条可知，“工商登记部门在进行动产抵押登记时应当一并对抵押物的权属进行审查，以确定抵押人对抵押物具有合法的处分权。”其次，根据《动产抵押登记办法》第 2、4 条和《物权法》第 180、181 条的体系解释亦可知：“工商登记部门在审查当事人提交的《动产

---

① 广东省江门市中级人民法院〔2015〕江中法行终字第 137 号行政判决书。

② 湖南省长沙市中级人民法院〔2016〕湘 01 行终 786 号行政判决书。

③ 江苏省泰州市中级人民法院〔2017〕苏 12 行终 51 号行政判决书。

抵押登记书》以及身份证明文件的同时，还应当就当事人是否对抵押物具有合法处分权进行审查。”最后，“作为《动产抵押登记办法》的制定依据、上位法，《物权法》和《担保法》均要求在抵押登记应就抵押物的权属进行审查。”“《担保法》第44条与《物权法》第184条的规定，并无冲突，《物权法》虽然将动产抵押登记由登记生效改为登记对抗，但对于抵押物的归属的要求并未变动，仍然强调抵押物必须是抵押人具有合法处分权的物品，因此，在抵押登记中审查抵押物的权属，与《物权法》的立法原意并无冲突，故在《物权法》没有对办理抵押登记须提交的材料作出明确规定的情形下，工商登记部门在适用《动产抵押登记办法》的同时，还应当适用《担保法》第44条规定，一并审查抵押物的权属。”

本书作者认为，动产抵押登记机关不应审查抵押物的权属状况，理由如下：

第一，在登记系统具有记载所有权功能之时，登记申请人应当提交相关基础文件以供核查。其正当性在于，登记簿的记载被视为所有权和他物权的推定证据。但在声明登记制之下，并不要求就基础交易文件办理登记，甚至并不要求提交担保文件以供登记机关核查；需要登记的只是一则记载了必要基本信息的《动产抵押登记书》，以提醒查询者注意在登记书所述财产之上可能存在抵押权。动产抵押登记系统不是所有权登记系统，并不记载动产所有权的取得或转让，也不确保登记书中具名的抵押人就是真正的所有权人。它只是记录债权人由于未予记录的交易或事件而对声明中所述动产享有或可能享有动产抵押权。[①] 准此，登记并不意味着抵押权必然存在，登记机关也就无须就抵押物的权属问题进行审查。在声明登记制之下，抵押人是否就抵押物享有所有权或处分权，应是抵押权人在从事担保交易时应予审查的对象，[②] 登记机关仅仅只是提供公示服务，并不确保抵押人就抵押物享有所有

---

① See United Nations Commission on International Trade Law, *UNCITRAL Legislative Guide on Secured Transactions*, United Nations, 2010, pp. 151－152; United Nations Commission on International Trade Law, *UNCITRAL Guide on the Implementation of a Security Rights Registry*, United Nations, 2014, p. 22.

② 《商业银行法》第36条规定：“商业银行贷款，借款人应当提供担保。商业银行应当对保证人的偿还能力，抵押物、质物的权属和价值以及实现抵押权、质权的可行性进行严格审查。”

权或处分权。

第二，《物权法》与《担保法》就动产抵押登记的规定已经反映在《动产抵押登记办法》之中，登记机关仅需依据该办法进行形式审查即可。在该办法之下，登记机关仅需就当事人的身份、动产抵押登记书的记载是否完整等进行形式审查；当事人无须提交抵押物权属证明文件，登记机关也无须审查。有些地方规范性文件虽然规定在办理动产抵押贷款时，抵押人应提出书面申请，同时提交“抵押人对动产抵押物享有所有权或者依法处分权的权属证明文件”等，[①] 但这些文件均是向贷款银行（抵押权人）提交，在办理动产抵押登记时无须向登记机关提交。这进一步说明了抵押物的权属问题本是抵押交易当事人之间的事情，登记机关并无审查之责。《动产抵押登记办理须知》虽是《动产抵押登记办法》的附件，但其内容是重复《物权法》和《动产抵押登记办法》的规定，在功能上只是提醒登记申请人办理抵押登记时所应注意的事项，并不具有规范和调整登记机关的登记行为的作用。[②] 可能是考虑到这一点，《动产抵押登记办法》修订之时并没有再将《动产抵押登记办理须知》作为附件。

第三，抵押人是否对抵押物享有所有权或处分权，影响的只是动产抵押权是否设定，并不因登记而使其效力瑕疵得到补正。也就是说，若抵押人对抵押物并不享有处分权，在合同效力与物权变动相区分原则之下，抵押合同的效力并不因此发生影响，只是抵押权没有设定，即使已经登记，抵押权的效力瑕疵仍然存在，但抵押权人依善意取得规则取得抵押权的除外。由此可见，虽然《物权法》第 180 条明定只有抵押人有权处分的动产才能抵押，第 184 条进一步明确指出“所有权、使用权不明或者有争议的财产”禁止抵押，但这些规定影响的都只是动产抵押权是否设定，并不是登记机关办理抵押登记时所应考量的。声明登记制之下，登记公示的动产抵押权并不当然存在，也不当然有效，登记机关只是通过一定的程序将既存的抵押权的内容（事实状态）予以记载并予公示，登记机关并不是抵押合同的当事人，不应当介入

---

① 参见《邢台市股权注册商标专用权质押和动产抵押融资办法》第 44 条。

② 参见高圣平：《动产抵押登记的法理——以〈动产抵押登记办法〉的修改为中心》，载《法学》2016 年第 2 期。

抵押合同关系中去审查抵押物的权属关系。[①]

（三）是否有必要对抵押物是否查封、扣押进行审查？

《物权法》第184条第（5）项明确规定，“依法被查封、扣押、监管的财产”不得抵押，由此引发了登记机关是否有必要对抵押物是否查封、扣押进行审查的争议。《青岛市工商行政管理局动产抵押登记实施办法》规定：“抵押人财产被查封、扣押，并有法院协助执行通知书的”，登记机关不予受理。《西安市工商行政管理局动产抵押登记操作规范》也指出：“法律、行政法规规定不属于登记机关登记的其他动产”，登记机关不予办理动产抵押登记。

就此，“盘锦凯恒化工有限公司诉盘山县市场监督管理局等动产抵押登记纠纷案”[②] 中，法院认为：“抵押人及抵押权人在办理抵押登记时应当按照《中华人民共和物权法》第184条第（5）项‘依法被查封、扣押、监管的财产不得抵押’的规定，依法申请办理抵押登记。本案中，在我院对抵押物已经查封、抵押人及抵押权人于2015年12月22日在被告处办理了动产抵押注销登记的情况下，又于当日向被告隐瞒抵押物已被盘山县人民法院依法查封的事实，再次申请办理动产抵押登记，致使被告为抵押人及抵押权人错误的办理了登记编号为21112220150043号的动产抵押登记。”据此认为，该抵押登记依法应予撤销。

在“赵晓蓉诉江油市食品药品和工商质监管理局动产抵押行政登记纠纷案”[③]，法院认为：“被告对申请人提交的申请资料只作形式审查，不作实质审查，申请人提交的证据材料符合动产抵押登记的条件，被告作出动产抵押登记符合《动产抵押登记办法》的规定，尽到了合理审慎注意义务。”但同时认为：“本案第三人（抵押人）在向被告申请办理动产抵押登记时，故意隐瞒公司的发电机组设备已被人民法院查封的事实，导致被告作出的动产抵押登记违反了《物权法》第184条第（5）项关于依法被查封、扣押、监管

---

① 参见高圣平：《登记对抗主义之下的动产抵押登记制度——兼及〈企业动产抵押物登记管理办法〉的修改》，《法学家》2007年第3期。

② 辽宁省盘山县人民法院〔2016〕辽1122行初5号行政判决书。

③ 四川省江油市人民法院〔2015〕江油行初字第34号行政判决书。

的财产不得抵押的规定，认定（抵押人）的发电机组设备符合动产抵押登记条件的主要证据不足，该抵押登记行为依法应予撤销，由此产生的法律后果应当由（抵押人）承担。”这一判决实属前后矛盾。

与登记机关并无审查抵押物的权属状况一样，登记机关也无义务和责任审查抵押物是否受有查封、扣押限制。在解释上，查封、扣押抵押物，属于抵押物上的权利限制，也属于抵押物的权属状况，两者之间应作同一处理。工商行政管理部门作为登记机关所办理的动产抵押登记涉及的主要是普通动产，就这些动产本无所有权登记，也就无从进行查封、扣押登记。如主张登记机关还应就抵押物是否已经查封、扣押进行审查，已经超出了形式审查的范畴。

五、小结

商法的十大戒律之一就是，“高效的声明登记制度是支撑整个动产担保法制的核心支柱。”① 从裁判实践的梳理可见，虽然《物权法》实施已逾 10 年，但动产抵押登记的声明登记性质并未植根于法官的意识。同时，由纸质登记系统所引发的审查范围和标准的争议，更加带有本土化的色彩。我们处在信息时代，高效、快速地取得相应信息已经成为当代商事交易据以展开的基础。计算机和电子自动化技术的快速发展，彻底改变了信息存储模式，为登记系统的电子化改造提供了可能。在电子化的动产担保登记系统中，登记程序的展开全由当事人自主进行，登记机关没有审查义务和责任，登记机关的责任仅在于保障登记系统的正常运行。在美国法上，登记机关仅仅履行管理性的或行政性的职能。《美国统一商法典第九编示范管理规章》规定：“《美国统一商法典》之下，动产担保交易登记机关的责任和义务具有行政性。在依其登记规则接受或拒绝登记申请之时，登记机关并不查明申请人提交的担保声明书的记载是否充分，也不判定担保声明书所记载的全部或部分内容是否准确，也不推定担保声明书

① James J. White, Reforming Article 9 Priorities in Light of Old Ignorance and New Filing Rules, 79 *Minnesota Law Review*, 529 (1995), p. 530.

所记载的全部或部分内容是否准确。”[1] 可以说，在美国法上，登记机关几无审查职责。我国在相关法制的完善过程中，应还原声明登记制的原意，将登记机关的责任局限于是否提供了所有法定信息，并无权审查登记表格的内容，也无权验证其中所填写信息的准确性。

① Marek Dubovec, UCC Article 9 Registration System for Latin America, 28 *Arizona Journal of International & Comparative Law*, 117 (2011), p. 134.

海域使用权抵押权的体系定位与制度完善[①]

——兼及物权法上的类推适用

《海域使用管理法》和《物权法》对海域使用权抵押权均未置明文，但海域使用权属于“法律、行政法规未禁止抵押的其他财产”，可以设定抵押权。《物权法》上对海域使用权抵押权自何时设立未作规定，应当类推适用建设用地使用权抵押权和土地承包经营权抵押权设立的规定，海域使用权抵押权自登记之日起设立。现行海域使用权抵押权登记规则和实行规则应予完善。

海域使用权的性质仍然是目前一个颇具争议的话题，有学者认为，海域使用权是一种准物权或特许物权，[②] 因为其取得仍需经海洋行政主管部门审批[③]；也有学者认为，海域使用权是别异于准物权或特许物权的一种用益物权形态。[④] 无论海域使用权的性质若何，其应属一种财产（权利），当无疑问。既属财产，则有利用其交换价值以为融资的需要，在物权价值化趋势日

① 本文系与严之合作，原载《当代法学》2009年第4期。

② 参见王利明、尹飞、程啸：《中国物权法教程》，人民法院出版社2007年版，第293页以下；梅夏英、高圣平：《物权法教程》，中国人民大学出版社2007年版，第309页以下。

③ 《海域使用管理法》《海域使用权管理规定》对此作了明定，国家海洋局更是将“海域使用权许可”（具体包括“海域使用权审批”、“海域使用权转让”）作为“法律、行政法规设定，继续实施的行政许可项目”予以明确。参见《中国海洋报》2007年11月27日，另见 http://www.soa.gov.cn/hyjww/zwgk/xzxk/fl/webinfo/2007/11/1195468875643214.htm. 访问日期：2007年12月10日。

④ 参见尹田主编：《中国海域物权制度研究》，中国法制出版社2004年版，第75页以下；尹田主编：《中国海域物权的理论与实践》，中国法制出版社2004年版，所载王家福、陈苏、周珂、李永军、刘保玉、关涛、税兵、胡田野、张志华等学者的文章。

益明显的背景下，利用海域使用权的交换价值作为融资担保工具的需要亦日益紧迫。《海域使用管理法》虽对海域使用权的担保问题未置明文，但该法通过后，福建、广东、江苏、山东等沿海省份的海域使用权的抵押实践正好印证了这一点。《物权法》公布施行后，海域使用权抵押制度如何规范和调整，无疑是摆在我们面前的一大课题。

一、权利抵押权抑或权利质权——海域使用权作为担保工具的体系定位

我国《物权法》上担保物权以有体物为标的物，例外地允许权利充当标的物。权利担保物权有所谓权利抵押权和权利质权之分，大多数权利通过动产与不动产的区分方法被法律拟制地置入动产范畴，其上所设定的担保物权自然被归入质权，形成了所谓的权利质权，至于传统质权的公示方法，在权利质权中，则采取准占有制度来传递移转占有的意义，以此来证成权利质权的适法性。但并非所有的权利担保物权均能通过质权制度来构架。因为，依担保物权的基本法理，质权为非用益型担保，质权人、出质人均无权就担保物为使用、收益，质权设立后，担保物即被沉淀，但抵押权为用益性担保，抵押人仍可就担保物为使用、收益。

就海域使用权而言，若设定质权，在移转权利的“占有”之后，海域使用权人已无权行使海域使用权，债权人亦无法行使海域使用权，此际海域使用权即成为沉淀财产，未能达到该权利的设定目的。海域使用权人在海域使用权之上为债权人设定担保之后，仍得行使海域使用权以取得收益，达到通过设定担保促进生产，并进而活跃经济、增进社会财富的目标。准此以解，海域使用权之上应当设定抵押权，而不是质权。此外，依《物权法》第180条第1款的规定，“法律、行政法规未禁止抵押的其他财产”可以抵押，法律、行政法规中并未禁止海域使用权抵押。因此，海域使用权应当可以设立抵押权。但依《物权法》第223条的规定，“法律、行政法规规定可以出质的其他财产权利”可以出质，法律或行政法规中并未对海域使用权是否可以出质作出明文规定，在物权法定主义之下，海域使用权无法在权利质权中取得一席之地。

二、海域使用权抵押权的设立

海域使用权抵押权既属抵押权之一种，其设立自应受我国《物权法》上关于抵押权设立的一般规定的约束。例如，应由抵押权人与抵押人依法签订抵押合同，除合同另有约定外，抵押合同自合同成立时起生效；未办理抵押权登记的，不影响抵押合同的效力。但这里颇有疑问的是，我国《物权法》第187～189条对《物权法》上认可的各类抵押权的设立作了原则规定，如以建筑物和其他土地附着物、建设用地使用权、土地承包经营权以及正在建造的建筑物抵押的，抵押权自登记之时设立；以生产设备、原材料、半成品、产品、交通运输工具、正在建造的船舶、航空器抵押的，抵押权自抵押合同生效时设立，未经登记不得对抗善意第三人。但《物权法》并未对以"法律、行政法规未禁止抵押的其他财产"抵押时，抵押权自何时起设立作出明确规定，《海域使用管理法》上也未置明文，那么，海域使用权抵押权究竟是否以登记为公示方法？如以登记为公示方法，究竟是以登记为生效要件，还是以登记为对抗要件？

在物权法定主义[①]之下，物权的种类、内容、效力及公示方法应由法律明定，[②] 物权公示原则也要求公示的方法、公示的对象、公示的效力、公示的范围均得法定。[③] 而海域使用权抵押权究竟采取什么公示方法？公示的效力如何？在法律、行政法规均未作明文规定的情况下，其设立即不无疑问。在解释上，抵押权以不移转抵押物的占有为其特征，抵押权的公示方法自应以登记为之。海域使用权作为抵押权之一种，当然以登记为公示方法，但登记究竟是海域使用权抵押权的生效要件，还是海域使用权抵押权的对抗要件？

---

① 我国《物权法》第5条对此作了明文规定。

② 参见王利明：《物权法研究》（修订版·上卷），中国人民大学出版社2007年版，第161页；刘保玉：《物权法学》，中国法制出版社2007年版，第60页；马俊驹、陈本寒主编：《物权法》，复旦大学出版社2007年版，第17页以下。不过，对物权法定主义的内容尚存争议，参见高圣平：《物权法定主义及其当代命运》，载《社会科学研究》2008年第3期。

③ 参见王利明：《物权法研究》（修订版·上卷），中国人民大学出版社2007年版，第161页。

现有的相关文献对此均主张海域使用权抵押权自登记时设立，[①] 但均未说明其理由。本文作者认为，我国《物权法》对建设用地使用权抵押权、土地承包经营权抵押权均采登记生效主义，海域使用权作为与建设用地使用权、土地承包经营权同类的用益权利，本着同一事件作同一处理的法适用原理，应对海域使用权抵押权作同一处理，即亦应从登记之日起生效。在方法论上，这实际上涉及类推适用问题。类推适用，又称比附援引，是填补民法漏洞的基本方法之一，一般是指将法律于某案例类型 A 所明定的法律效果，转移使用于法律未设规定的案件类型 B 上。[②] 关于物权法上是否允许类推适用，学界素有不同意见。有学者认为："系争案件不属于禁止类推适用的私法领域，即不属于物权法定等基于其他优先原则的考虑而不许类推适用之情形。"[③] 有学者认为，第一，"原则不容许依类推适用的方法创设法律之未规定之物权"，第二，"关于某种物权的规定，亦可类推适用"，论者并以物权善意取得规定的类推适用为例，认为该规定的类推适用，是法律关于善意取得规定价值判断的延长，并非创设新物权，不违反物权法定原则。[④] 也有学者认为："合同自由原则在'内容设置自由'或者称之为'形成自由'原则的意义上，也只是受到物权类型的强制，而不会受到物权范围内的内容设置方面的限制"，[⑤] 这里也存在类推适用的可能。

本文作者认为，就物权法定主义，在类型强制领域不得类推适用，但在类型固定方面可以类推适用。亦即，物权的内容只要不违反物权本身的性质及强制性规定，在没有法律规定，出现漏洞时，就可以类推适用。类型固定主要规定了一个物权类型项下的权利义务关系、构成要件、法律效果、公示程序等。[⑥] "当事人在交易中所确定的物权的内容，必须按照法律所规定的内

---

① 参见桂静：《海域使用权抵押若干问题探析》，载《海洋开发与管理》2003 年第 6 期；兰岚、朱楠等：《论海域使用权抵押的成立和实现》，载《海洋开发与管理》2007 年第 1 期。

② 参见王泽鉴：《民法总则》，中国政法大学出版社 2003 年版，第 67 页。

③ 屈茂辉：《类推适用的私法价值与司法运用》，载《法学研究》2005 年第 1 期。

④ 参见王泽鉴：《民法物权》，中国政法大学出版社 2003 年版，第 26～27 页。

⑤ ［德］弗里德里希·克瓦克：《德国物权法的结构和原则》，孙宪忠译，载梁慧星主编：《民商法论丛》（第 12 卷），法律出版社 1999 年版。

⑥ 参见陈兴华、洪韬：《论物权法定原则与类推适用》，载《昆明理工大学学报（社会科学版）》，2007 年第 3 期。

容解释，而不能按照当事人自己的意思来解释。”[①] 准此以解，海域使用权抵押权的公示效力即可类推适用建设用地使用权抵押权和土地承包经营权抵押权的规定，即未经登记，海域使用权抵押权不设立。

三、海域使用权抵押权的登记

国家海洋局2006年10月13日印发的《海域使用权管理规定》《海域使用权登记办法》均对海域使用权抵押权登记作了原则规定，但在《物权法》颁行后，其中规则不无检讨必要。

第一，在《物权法》统一不动产登记，而通说认为海域使用权是不动产之上的权利的情况下，在不久的将来，海域使用权应在不动产登记簿上进行登记，但在《不动产登记法》或《不动产登记条例》出台之前，国家海洋局应完善相应登记规则。

第二，《海域使用权登记办法》将海域使用权抵押权登记放在“初始登记”一节中予以规定，颇值商榷。通说认为，初始登记是就某一不动产首次进行的登记，它是不动产权利登记的基础和开端，是其后进行的一系列登记的起始点。[②] 由于我国海域属于国家所有（《物权法》第46条），而国家对海域的所有权无须登记（《物权法》第9条第2款），因此，海域使用权的设立登记即具有初始登记的地位。但海域使用权抵押权属于海域使用权之上所设定的权利负担，其登记在性质上属于海域使用权抵押权的设立登记、海域使用权上的他项权利登记，放在“初始登记”一节显然不妥。相比较而言，我国《土地登记规则》将土地登记分为初始土地登记和变更土地登记。初始土地登记又称总登记，而变更土地登记包括土地使用权、所有权和土地他项权利设定登记，土地使用权、所有权和土地他项权利变更登记，名称、地址和土地用途变更登记，注销土地登记等；我国《城镇房屋权属登记管理办法》将房屋权属登记分为总登记、初始登记、转移登记、变更登记、他项权利登

---

① 孙宪忠：《中国物权法原理》，法律出版社2004年版，第145页。

② 参见李昊、常鹏翱、叶金强、高润恒：《不动产登记程序的制度建构》，北京大学出版社2005年版，第287页；许明月、胡光志等：《财产权登记法律制度研究》，中国社会科学出版社2002年版，第190页。

记和注销登记。由此可见，《海域使用权登记办法》中登记的种类及海域使用权抵押权登记的归属应作重新考量。

第三，《海域使用权登记办法》仅对海域使用权抵押权登记作了宣示性规定，缺乏可操作性，在制度设计时应当注意以下问题：

1. 登记机构的审查义务

《物权法》第12条规定了登记机构的审查义务。在比较法上，登记机构对登记申请的审查主要采取了两种主张：实质审查主义和形式审查主义。形式审查，是指登记机构仅对当事人提交的申请材料进行审查，只要当事人递交的材料符合形式要件，材料上记载的事项有无瑕疵，则在所不问。实质审查，是指登记机构不仅应当对当事人提交的申请材料是否符合形式要件进行审查，而且要对申请材料内容的真伪进行审查，在特殊情况下，还要对法律关系的真实性进行审查。两者之间的最大区别在于是否要对引起物权变动的债权关系加以审查。从我国《物权法》第12条关于登记机构的职责规定来看，《物权法》并未单独采纳任何一种模式，而是采取了折衷的办法，既不是完全的实质审查，也不是完全的形式审查，而是以形式审查为主、实质审查为辅的一种模式。[①] 修改《海域使用权登记办法》时，在确定登记机构的职责时应依此标准把握。

2. 登记机构的赔偿责任

《物权法》第21条规定了登记错误的赔偿责任，即：“当事人提供虚假材料申请登记，给他人造成损害的，应当承担赔偿责任。”“因登记错误，给他人造成损害的，登记机构应当承担赔偿责任。登记机构赔偿后，可以向造成登记错误的人追偿。”不过，这一规定比较原则，还有待具体化。[②] 这是在修改《海域使用权登记办法》时应当具体规定的。该条确定了两种责任，一是如果登记申请人弄虚作假，提供虚假材料申请登记给他人造成了损害，首先应由登记申请人对他人的损害进行赔偿；二是追究登记申请人的责任并不能免除登记机关的责任，如果登记机构没有尽到适当的审查义务，也要对第三人的损害承担责任。第1款属于过错责任，第2款属于严格责任。除了第

① 参见王利明、尹飞、程啸：《中国物权法教程》，人民法院出版社2007年版，第104页。

② 胡康生主编：《中华人民共和国物权法释义》，法律出版社2007年版，第64页。

1款规定的情况外，登记机关都应该赔偿，包括无正当理由拖延登记时间、应当办理登记而无正当理由拒绝办理登记、登记簿与权属证书不一致，登记机构对权属证书拒不更正、办理异议登记后又办理变更登记等，都属于登记错误，应当适用严格责任。① 至于登记机构赔偿责任的性质是民事赔偿责任还是国家赔偿责任，《物权法》对此并没有作出明确规定。一方面，我国目前的登记机构虽然是事业单位，但其人员基本上还是公务员编制，依靠财政拨款，《物权法》第22条又规定了不动产登记的收费原则，这使得民事赔偿根本无法实现；但另一方面，如果实行国家赔偿，囿于国家赔偿范围的限制，受害人的损失又得不到完全的补救。② 从国外立法实践看，德国和瑞士为了弥补可能造成的对真正权利人利益的损害，设立了登记赔偿金制度，也有的国家如阿尔巴尼亚采取了限额赔偿制度，③ 可资借鉴。

四、海域使用权抵押权的实现

作为抵押权的一种，在债务人不履行到期债务或者发生当事人约定的实现抵押权的情形时，自有海域使用权抵押权实现的可能。我国《物权法》第195条规定："债务人不履行到期债务或者发生当事人约定的实现抵押权的情形，抵押权人可以与抵押人协议以抵押财产折价或者以拍卖、变卖该抵押财产所得的价款优先受偿。协议损害其他债权人利益的，其他债权人可以在知道或者应当知道撤销事由之日起一年内请求人民法院撤销该协议。抵押权人与抵押人未就抵押权实现方式达成协议的，抵押权人可以请求人民法院拍卖、变卖抵押财产。抵押财产折价或者变卖的，应当参照市场价格。"海域使用权的特殊性决定了海域使用权抵押权实现的特殊性。实践中普遍存在海域使用权抵押权实现难的问题，例如在福建，虽然《福建省海域使用管理条例》明确规定了海域使用权在使用期限内可以依法继承、转让、抵押、出租，福建省海洋与渔业局也出台了《关于创新海洋与渔业工作机制的若干意

① 参见王利明、尹飞、程啸：《中国物权法教程》，人民法院出版社2007年版，第123页。

② 参见梅夏英、高圣平：《物权法教程》，中国人民大学出版社2007年版，第62页。

③ 参见高圣平：《动产抵押登记制度研究》，中国工商出版社2007年版，第148页。

见》，明确规定可以开展海域使用权公开招标拍卖和挂牌工作，海域使用权可以流转，但迄今没有具体的实施细则，缺乏可操作性，当海域使用权抵押权可得实现时，抵押权变现没有明确的法律依据，而且海域使用权价值难以确定，同时由于海域使用权抵押贷款业务尚处于试点推广阶段，海域使用权流转市场尚未建立，给抵押财产变现带来困难。[①]

第一，海域使用权人与海域使用权抵押权人协议以海域使用权折价时，应当符合《海域使用管理法》和《海域使用权管理规定》规定的海域使用权转让的条件，不能自由转让。我国对海域使用权的转让作了严格的限制，如转让海域使用权应当达到法定的条件，即：（1）开发利用海域满一年；（2）不改变海域用途；（3）已缴清海域使用金；（4）除海域使用金以外，实际投资已达计划投资总额百分之二十以上；（5）原海域使用权人无违法用海行为，或违法用海行为已依法处理。转让海域使用权并应报经原批准用海的人民政府海洋行政主管部门批准。[②] 如果在海域使用抵押权可得实现时，并未达到上述转让条件，当事人之间达成的实现海域使用权抵押权的协议的效力如何认定，不无疑问。

第二，海域使用权抵押权人是否可以直接向人民法院申请执行？我国《物权法》第195条第2款规定："抵押权人与抵押人未就抵押权实现方式达成协议的，抵押权人可以请求人民法院拍卖、变卖抵押财产。"此规定对抵押权的实现规则作了完善。如明确规定"请求人民法院拍卖、变卖抵押财产"，修改了《担保法》"向人民法院提起诉讼"的规则，这一修改明确了直接申请拍卖、变卖和提起民事诉讼之间的关系。与《担保法》相比，《物权法》更加关注了担保物权实现的便捷，意在降低担保物权的实现成本，应值肯定。[③] 不过，也有学者对此提出不同意见，认为《物权法》第195条文字上的变动并无实际意义。"只要向人民法院请求就必定是诉讼，因为法院要

---

① 参见张惠铃、张文强：《海域使用权抵押贷款问题探讨》，载《福建金融》2007年第5期。

② 不过，根据《海域使用管理法》的规定，"海域使用权可以依法转让。海域使用权转让的具体办法，由国务院规定。"但上述限制均由国家海洋局发布的《海域使用权管理规定》（属于部门规章）第38～42条作出，其适法性还值研究。

③ 参见高圣平：《物权法担保物权编》，中国人民大学出版社2007年版，第223～224页。

作出究竟是采取拍卖还是变卖的裁定”。[①] 实则，该款的立法原意是：

> 抵押权人与抵押人未就实现抵押权达成协议，主要有两种情形：一是双方就债务履行期届满债权未受清偿的事实没有异议，只是就采用何种方式来处理抵押财产的问题达不成一致意见；二是双方在债务是否已经履行以及抵押权本身的问题上存在争议，如双方对抵押合同的有关条款或者抵押权的效力问题存在争议，这些问题实际上是实现抵押权的前提条件，双方对此发生争议，也就根本谈不上协议以何种方式实现抵押权了。对于第一种情形，即抵押权人与抵押人仅就抵押权实现方式未达成协议的，为简便抵押权的实现程序，本条规定，抵押权人可以直接请求人民法院拍卖、变卖抵押财产。对于第二种情形，抵押权人仍应当采取向人民法院提起诉讼的方式解决。[②]

尽管我国《物权法》上有上述关于抵押权实现的规定，但在民事执行法上，抵押权人是否可以直接依抵押合同申请人民法院拍卖、变卖海域使用权？抵押权人是否可以直接依抵押合同申请人民法院作出许可拍卖、变卖海域使用权的裁定，再依裁定申请人民法院执行？前者回答的是抵押合同是否可以作为执行根据的问题，后者回答的是非讼案件中的申请拍卖、变卖海域使用权的程序问题。对这两个问题，我国《民事诉讼法》上均未置明文，颇值探讨。

1. 抵押合同是否可以作为执行根据？

执行根据是指执行机关据以民事强制执行的各类法律文书，又称执行依据、执行名义、债务名义等。根据我国《民事诉讼法》及最高人民法院相关司法解释的规定，我国目前的执行根据包括人民法院制作的法律文书（其中又包括民事判决书、裁定书、调解书、民事制裁决定书和支付令；经法院裁定承认其效力的外国法院作出的确定判决书、裁定书以及国外仲裁机构作出

① 江平主编：《物权法教程》，中国政法大学出版社 2007 年版，第 238 页。

② 胡康生主编：《中华人民共和国物权法释义》，法律出版社 2007 年版，第 428 页。

的生效裁决书；刑事附带民事判决书、裁定书、调解书；行政判决书、裁定书、调解书）以及其他机关或机构制作的且法律规定由法院强制执行的法律文书（其中又包括我国国内和涉外仲裁机构作出的仲裁裁决书和调解书；公证机构依法赋予强制执行效力的债权文书；行政处罚决定书和行政处理决定书）。[①] 很明显，抵押合同（经公证机关赋予其强制执行效力除外）或抵押权登记证书不属于上述各种执行根据之内，在我国现行法坚守执行根据法定原则的制度框架之下，抵押合同或抵押权登记证书无从作为执行根据。

通说认为，作为执行根据的法律文书应当符合以下条件：（1）实质要件，即必须表明法律文书已经生效并具有执行力；必须指明债务人应为特定给付以及给付的具体内容；给付的内容必须合法且适合于执行。[②]（2）形式要件，即必须是公文书；必须指明债权人和债务人；必须表明应执行的事项。[③] 我们姑且将实质要件搁置不论。抵押合同不是公文书。准此以解，抵押合同亦无从作为执行根据。

有学者认为，“对于部分内容明确，当事人在签订该文书时就有直接强制执行意向，从法理来说也可以直接强制执行的非诉讼文书，可以直接强制执行，以实现债权人的权利。”[④] 该学者进而认为具有物权效力的债权文书可以直接作为执行根据。由最高人民法院牵头起草的《民事强制执行法草案》也认为：“随着社会经济的发展，财产流转进度加快，一些未经审判、仲裁庭公证的文书也需要直接进入执行程序，如依建筑工程款结算凭证即可申请执行等”。[⑤] 为了适应这一需要，《民事强制执行法草案》第三稿第30条第1款第7项、第四稿第12条第8项均规定法律可以另行规定执行根据。从《民事强制执行法草案》开放而又谨慎的态度上，我们可以看出起草者的暧昧态度，他们也无法把握民事强制执行法上应当赋予哪些私权文书可以作为执行根据。由此我们可以推论，除了公证机关依法赋予强制执行效力的债权文书之外，私权文书在未来的《民事强制执行法》中也很难作为执行根据。

① 参见江伟主编：《民事诉讼法学》，复旦大学出版社2002年版，第558页以下。

② 参见谭秋桂：《民事执行原理研究》，中国法制出版社2001年版，第161页以下。

③ 参见杨荣馨主编：《民事诉讼原理》，法律出版社2003年版，第681页。

④ 江伟主编：《民事诉讼法专论》，中国人民大学出版社2005年版，第509页。

⑤ 参见《强制执行法起草与论证》（第2册），中国人民公安大学出版社2004年版，第29页。

2. 非讼案件中的申请拍卖、变卖海域使用权的程序问题

既然抵押合同不能直接作为执行根据，人民法院是否可以依申请人的申请直接作出许可拍卖、变卖海域使用权的裁定？对于海域使用权抵押权的实现，抵押权人原则上可以直接申请法院作出许可拍卖、变卖海域使用权的裁定，理由是：抵押权作为一种物权，权利人可直接对物的价值加以支配并排除其他一切人的干涉，而不需借助义务人的给付行为。抵押权人请求法院以拍卖海域使用权实现权利，正是将物权转化为法院对海域使用权实施的强制执行行为，仍然属于抵押权人依海域使用权价值直接取偿的一种表现，而无需依靠义务人来实施某种行为。法院作出的许可拍卖、出卖海域使用权的裁定即为执行根据。[①]《民事强制执行法草案》第三稿第 30 条第 1 款第 2 项关于“人民法院依留置权人、抵押权人或者质权人的申请，对留置物、抵押物或者质物所作的许可强制执行的裁定”作为执行名义的规定，第四稿第 12 条第 2 项关于“人民法院作出的许可对担保物进行拍卖的裁定书”、第 3 项关于“人民法院依据《中华人民共和国合同法》第二百八十六条作出的许可拍卖建设工程的裁定书”可以作为执行根据的规定，支持了上述观点，但起草过程中对此项内容一直存在争议。[②]

在比较法上，申请拍卖、变卖担保财产属于“非讼案件”或“非讼事件”的范畴，德国、日本和我国台湾地区相关法律对此作了明文规定。[③]“非讼”与“诉讼”相对，“诉”是指控告、指控；“讼”是指争辩、辩驳，依文义解释，“非讼”即没有民事权益争议，是有“控”无“辩”。[④]“按我国民事诉讼理论上的通常理解，所谓非讼案件，是指利害关系人在没有民事权益争议的情况下，请求人民法院确认某种事实是否存在，从而使一定法律关系发生、变更或消灭的案件。”[⑤] 民事实体法上所规定的事项在民事程序法上应有相应实施程序予以保障，但民事实体法上所规定的事项性质不一，民事程序

① 参见江伟：《民事诉讼法专论》，中国人民大学出版社 2005 年版，第 510 页。

② 参见：《强制执行法起草与论证》（第 2 册），中国人民公安大学出版社 2004 年版，第 212、270 页。

③ 参见江伟：《民事诉讼法专论》，中国人民大学出版社 2005 年版，第 431 页。

④ 刘海渤：《民事非讼审判程序初探》，载《中国法学》2004 年第 3 期。

⑤ 王强义：《民事诉讼特别程序研究》，中国政法大学出版社 2002 年版，第 422 页。

法上的程序保障也就有所差异。民事实体法上所规定的诉讼性质的事项，又称诉讼事件或诉讼案件，由民事程序法上的诉讼程序予以保障；民事实体法上所规定的无诉讼性质的事项，又称非讼事件或非讼案件，由民事程序法上的非讼程序予以保障。非讼案件与诉讼案件的分野直接形成了民事纠纷解决司法审判手段的诉讼、非讼二元化格局[①]。其中诉讼程序通过言词辩论，就实体权利义务关系的存在进行审理，适用处分权主义、辩论主义，并以判决形式公开宣示判决结果，使既判事项发生既判力，而非讼程序多为简便程序，不以实体权利义务存否为审理对象，适用职权主义、职权探知主义，以裁定不径公开宣示之方式，宣示其结果，非讼裁定仅具暂定性、未来性，当事人对实体权利义务本身仍有以诉讼形式再为争议的可能。不过，随着社会的发展和时代的演进，民事纠纷的类型日益多样化，司法权更被需求以监护地位介入，以处分权主义、辩论主义、对抗性为架构的诉讼制度，已不足以应对日益增加的纠纷类型，为节约司法资源及时间成本，将部分具有对立性，原属诉讼案件非讼化，合于社会大众的期待。因此，晚近德、日本及我国台湾地区相继修法，扩充非讼案件的范围。[②]

在我国，将申请拍卖、变卖担保财产作为非讼案件，在修改民事诉讼法或制定民事非讼程序法[③]时将其单列为一案件类型，充分发挥非讼程序迅捷、经济地解决纠纷的职能，实为上选。果若如此，信贷实践中广受诟病的担保物权实现问题即能迎刃而解。

---

① 即诉讼程序仅能且应当适用诉讼法理，而非讼程序仅能且应当适用非讼法理，又称程序功能二元分立及程序法理分离适用论。

② 参见魏大亮：《新非讼案件法总则问题解析》，载《月旦法学杂志》2005 年第 123 期。

③ 学者间已有制定民事非讼程序法的建议，参见廖中洪：《制定单行〈民事非讼程序法〉的建议与思考》，载《现代法学》2007 年第 5 期。

民法典中担保物权的体系重构①

民法典中担保物权应以公示方法的不同为其类型化基础，以下再依客体的不同进行亚类型化区分。以登记作为公示方法的抵押权涵盖不动产抵押权、动产抵押权和权利抵押权；以占有或准占有作为公示方法的质权包括动产质权以及权利质权。典当权的特殊性足以使之成为一类担保物权，在这一定范围内可以承认流质契约的有效性。以移转权利为基础的让与担保、所有权保留、融资租赁等所有权担保形式无须采取担保物权构造。

党的十八届四中全会通过的《中共中央关于全面推进依法治国若干重大问题的决定》提出要“加强市场法律制度建设，编纂民法典”。这是建设社会主义法治体系的重要步骤，也为我国未来民事立法工作指明了方向。[②] 担保物权法制是民法中最活跃的领域，[③] 在现代经济体系中扮演着不可或缺的角色，借由担保法制以创造信用降低授信风险，乃是现代社会中拓展经济活动的一大手段。[④] 我国担保物权法制肇始于 1986 年《民法通则》，经由《担保法》，成型于《物权法》，维系着传统大陆法上抵押权、质权和留置权的体

① 本文原载《法学杂志》2015 年第 6 期。

② 参见王利明：《民法典的时代特征和统筹步骤》，载《清华法学》2014 年第 6 期。

③ 参见窦玉梅：《探索于民法中最活跃的领域》，载《人民法院报》2000 年 12 月 15 日。

④ 参见王文宇：《建构资讯时代之担保权法制》，载《月旦法学杂志》2003 年第 4 期。

系结构。[①] 在物权法起草过程中及颁行之后，就担保物权体系的讨论，就一直没有停止过，[②] 相关学者建议稿和草案的结构安排也存在不少争议。

一、典当权的体系定位

典当权在我国固有法上由来已久，是最具有本土特色的物权制度。[③] 在近代法上，“典”以不动产为标的，兼具担保和用益两重功用；“当”以动产为标的，仅具担保性质（又称营业质）。[④] 我国目前所称的典当，实际上相当于近代法上的“当”，只不过将当物的范围扩大到不动产和财产权利。由此，我国实定法上所称的“典当权”要大于学说上和我国台湾地区所称的“营业质权”。

为满足信用授受的需要，曾一度被视为封建剥削制度残渣的典当业渐受重视。传统意义上的典当“乃一般民众筹措临时应急小额资金之简便方法，为我们源远流长之惯行，有其存在价值。”[⑤] 1996 年《典当行管理暂行办法》、2001 年《典当行管理办法》、2005 年《典当管理办法》先后就典当交易作了界定，使之成为不同于借贷担保交易的一种新类型交易。《典当行管理暂行办法》第 3 条规定：“典当行是以实物占有权转移形式为非国有中、

---

① 详细分析参见高圣平、张尧：《中国担保物权制度的发展与非典型担保的命运》，载《中国人民大学学报》2010 年第 5 期。不过，严格来讲，留置权在大陆法系国家的体系地位并无压倒性的立法例支持。参见蒋新苗、朱方毅、蔡唱等：《留置权制度比较研究》，知识产权出版社 2007 年版，第 25 页以下。

② 如刘保玉：《物权体系论——中国物权法上的物权类型设计》，人民法院出版社 2001 年版，第 263 页以下；邹海林、常敏：《论我国物权法上的担保物权制度》，载《清华法学》2007 年第 4 期；陈祥健主编：《担保物权研究》，中国检察出版社 2004 年版，第 32 页以下；王闯：《冲突与创新——以物权法与担保法及其解释的比较为中心而展开》，载梁慧星主编：《民商法论丛》（第 40 卷），法律出版社 2008 年版，第 267 页以下；董学立：《形在而神移——论〈物权法〉担保物权编的新发展》，载梁慧星主编：《民商法论丛》（第 41 卷），法律出版社 2008 年版，第 159 页以下。

③ 参见郑玉波：《民法物权》，黄宗乐修订，台湾地区三民书局股份有限公司 2008 年版，第 356 页；杨与龄：《民法物权》，台湾地区五南图书出版公司 1981 年版，第 213 页。

④ 关于我国典当制度的沿革以及“典”与“当”的区别，参见温世扬、廖焕国：《物权法通论》，人民法院出版社 2005 年版，第 508 页以下；胡宗仁：《典当业法律制度研究》，中国政法大学出版社 2012 年版，第 27 页以下。

⑤ 谢在全：《民法物权论》，中国政法大学出版社 2011 年版，第 1008 页。

小企业和个人提供临时性质押贷款的特殊金融企业。”这里，当物仅限于动产，[1] 形式也仅有质押一种，绝当时典当行仅得就拍卖当物的价款优先受偿，[2] 与《担保法》上质权的实现规则并无差异，此时的典当交易与借贷担保交易的区分还不是那么明显。及至《典当行管理办法》《典当管理办法》，典当交易均被界定为：当户将其动产财产权利作为当物质押或者将其房地产作为当物抵押给典当行，交付一定比例费用，取得当金，并在约定期限内支付当金利息、偿还当金、赎回当物的行为。[3] 从其中“质押”“抵押”等字眼似乎可以看出，典当行在典当交易中所享有的权利应属质权或抵押权，但两个办法就绝当时当物处理均明定“绝当物估价金额不足 3 万元的，典当行可以自行变卖或者折价处理，损溢自负”，[4] 明显与《担保法》第 40 条关于禁止流押契约、第 66 条关于禁止流质契约的规定相冲突。这两个办法均颁行于《担保法》之后，自应受《担保法》的约束。如此不同的规定，只能说明典当行在典当交易中所享有的典当权，不是或不完全是《担保法》中既定的担保物权。

典当交易与贷款担保交易（商业银行抑或小贷公司均无不可）均属信用授受行为，但仍是相互区别的交易，其主要区别在于：

第一，就法律关系的内容而言，典当是当户将其财产（权利）作为当物出当给典当行，典当行发放当金，收取综合费用，当户支付当金利息、偿还当金以赎回当物或者弃赎绝当的经营活动，是典当行与当户之间的法律关系。虽然在学说上有所谓典当是借款和（物上）担保的联立的观点，但在典当关系中，借款关系和担保关系共存、并行，缺一不可，典当行给付当金的对价是取得当物的交换价值，而当户取得当金的对价是丧失当物的交换价值。但贷款（物上）担保交易是由商业银行或小贷公司向借款人发放贷款，

---

① 胡宗仁：《典当业法律制度研究》，中国政法大学出版社 2012 年版，第 58 页。

② 《典当行管理暂行办法》第 34 条规定：“自典当期满之日起 10 日内，当户既不赎当，又不续当的当物，视为死当。”（第 1 款）；“死当物品，应委托当地拍卖行公开拍卖；当地无拍卖行的应当由公证部门现场监督公开拍卖。”（第 2 款）；“死当的金银饰品，应当交售中国人民银行或者中国人民银行指定的单位；属于文物的，应当交售文物管理部门，不得自行处理或者拍卖。”（第 3 款）；“拍卖的收入在扣除质押贷款本息和典当及拍卖的费用后，剩余部分应当退给当户。”（第 4 款）

③ 《典当行管理办法》第 3 条第 1 款；《典当管理办法》第 3 条第 1 款。

④ 《典当行管理办法》第 40 条第（二）项、《典当管理办法》第 43 条第（二）项。

借款人或第三人以其财产担保贷款的返还的经营活动，存在着借款法律关系和担保法律关系两个法律关系，其中担保法律关系是从法律关系，借款法律关系是主法律关系，这样就存在着主法律关系对从法律关系在效力等方面施以影响的可能。

第二，就法律关系的当事人而言，典当交易“因物称信”“以物质钱”的特点决定了典当交易的当事人仅有两方当事人：典当行和当户，不存在以第三人之物出当的情形。典当交易必须存在“当物”，典当行的放款不是基于当物的交换价值的，就不是典当交易。而贷款担保业务则可能出现第三人以其财产担保他人债务清偿的情形，亦即有可能出现三方当事人：债权人（担保权人）、借款人和担保人，此时，借款法律关系（主法律关系）的当事人是债权人和借款人；担保法律关系（从法律关系）的当事人是担保权人和担保人，两者间债权人同时又是担保权人。《典当管理办法》第 3 条[①]的文义所见，当物仅限于当户的“动产”“财产权利”和“房地产”，不宜将其扩大解释为包括第三人提供的“动产”“财产权利”和“房地产”在内。

第三，就权利的实现条件而言，典当权的实现条件以绝当（这里的绝当并不是传统法意义上的绝当，即不是典当行直接取得当物所有权意义上的绝当）为前提，逾期不赎当，也不续当的，为绝当。也就是说，典当行行使典当权的条件是当户逾期不赎当也不续当。但贷款担保交易中，担保权的实现条件是主债务履行期届满主债务人不履行债务或出现当事人实现担保物权的其他情形，[②] 与典当权判然有别。

第四，就权利的实现方式而言，在典当权可得实现时，典当权人仅能专就当物行使权利，不得请求当户清偿债务。典当之特性系“物之代当责任”，即当户纯负物之有限责任。[③] 但在贷款担保交易中，债权人既可就担保物主张担保物权，也可以不主张担保物权而迳向债务人主张债权，在第三人提供的物的担保是如此，债务人自己提供的物保亦是如此。

---

① 《典当管理办法》第 3 条规定：“本办法所称典当，是指当户将其动产、财产权利作为当物质押或者将其房地产作为当物抵押给典当行，交付一定比例费用，取得当金，并在约定期限内支付当金利息、偿还当金、赎回当物的行为。”

② 参见《物权法》第 179、195、208、219 条。

③ 参见谢在全：《民法物权论》，中国政法大学出版社 2011 年版，第 1009 页。

第五，就权利的实现途径而言，对于低值当物，允许典当行直接取得所有权。依《典当管理办法》第43条的规定，对于“绝当物估价金额不足3万元的”情形，可以径由典当行取得当物的所有权。若当物的价值超过当金，典当行无须返还金额；反之，若当物的价值不足当金的，典当行也无权要求当户偿还不足部分。而贷款担保交易中，担保权人须负担保物的清算义务，即就担保物的变价款，超过担保债务的，应予返还；低于担保债务的，不足部分仍可向债务人主张。不过，就超过规定数额的当物，绝当时典当行实现典当权的途径与贷款担保权的实现途径相似。

综上，典当权不同于抵押权、质权等约定担保物权，具有自己的特征，应在民法典担保物权编中占据一席之地。

在物权法起草过程中，一直存在规定典当权中营业质权的动议。王利明教授主持完成的《中国民法典学者建议稿》物权编（以下简称《王教授建议稿》）规定了营业质权；① 梁慧星教授主持完成的《中国民法典草案建议稿》物权编（以下简称《梁教授建议稿》）也规定了营业质权，② 其立法理由在于：“考虑到借款人通过当铺融通资金一般期限不长，借款数额和质物的价值也都不致太大，若严格要求按质权实行方法实现营业质权，显不经济、方

① “营业质权，是指当铺营业人出借款项，以占有借款人移交的动产为标的而设定的质权。”（第1072条）；“借款与当铺营业人可以约定当物的回赎期间。在回赎期间内，借款人可以偿还借款而取回当物。回赎期间届满经过5日，借款人仍不回赎当物的，当铺营业人即取得当物的所有权，被营业质权担保的债权同时消灭。”（第1077条第1款）；“借款人与当铺营业人未约定回赎期间的，借款人在质押合同中规定的还款期限届满而未偿还借款本息取回当物的，当铺营业人经催告后可直接取得当物所有权，也可以拍卖或者变卖当物，以当物折价或者变价所得的全部价款受偿。当物的变价超过营业质权所担保的债权的，质权人不予返还；不足清偿营业质权人的债权的，借款人也不再予以偿还。”（第1077条第2款），王利明主编：《中国民法典学者建议稿及立法理由·物权编》，法律出版社2005年版，第491页。

② “营业质权是指当铺营业人以约定的期限和利息向借款人出借款项，并以借款人交付占有的动产为标的而设定的质权。”（第594条第1款）；“当铺营业人与借款人在设定营业质权时可以约定，借款人在约定期限届满经过5日仍不能偿还借款本息的，当铺营业人即取得质物的所有权，其所担保的债权同时消灭。”（第4款）；“当铺营业人与借款人无前款约定的，借款人在约定期限届满时不能偿还债款本息的，当铺营业人得以拍卖或者其他方法变价质物。当铺营业人变价质物所得全部价款，归当铺营业人所有。变价质物所得价款不足清偿当铺营业人的债权时，当铺营业人不得向借款人追偿。”（第5款），梁慧星主编：《中国民法典草案建议稿附理由·物权编》，法律出版社2004年版，第391页。

便，且与当铺营业从来的习惯相悖。”[①] 但最终《物权法》没有采纳上述观点，未就营业质权的问题作出规定，我国现实生活中存在的典当行所开展的典当业务失去物权法的制度支持，而且《物权法》仍维系禁止流押（质）契约的规定（第186条、第211条），因典当业务所产生的对当物的“支配”关系不再属于物权关系。[②]

在物权法定原则之下，如果将典当权界定为质权或抵押权，则其允许流押、流质的内容与《物权法》的规定不合；如果将典当权界定为不同于质权或抵押权的新类型担保物权，则其内容可以另行规定，从而流质契约的规定与《物权法》的规定并不抵触，但现行《典当管理办法》是商务部和公安部联合发布的行政规章，通说上认为不属于物权法定之“法”的范畴，[③] 自无权限规定一种新类型的物权。国务院拟制定《典当行管理条例》，在这一行政法规中就典当权做出规定，但行政法规是否可以创设一种新类型物权，仍存争议。[④]

本书作者认为，基于典当交易的特殊性，民法典中实有必要对典当权的体系地位重作考量。虽然现如今的典当交易已经脱逸出了传统法上“以物质钱”、满足短期、小额融资需求的特色，但相应制度并无实质上的差异。快速地实现典当权，是典当行持续经营的“生命线”，流质（押）契约本身所具有的快速变现功能，就成了典当交易的重要特点。现行《典当管理办法》即就低值绝当物品承认了流质契约的效力，但国务院法制办公布的《典当行管理条例》（征求意见稿）规定：“典当行可以与当户协议以当物折价或者以拍卖、变卖当物所得的价款，就当金及其利息、综合费用受偿，超过部分返

---

① 梁慧星主编：《中国民法典草案建议稿附理由·物权编》，法律出版社2004年版，第392页。

② 参见邹海林、常敏：《论我国物权法上的担保物权制度》，载《清华法学》2007年第4期。

③ 参见高圣平：《典当的性质与流质契约的效力》，载氏著：《物权担保新制度新问题理解与适用》，人民法院出版社2013年版，第297页。

④ 参与物权立法的专家认为，物权法定主义的“法”仅指全国人大及其常委会通过的法律，参见全国人大常委会法制工作委员会民法室：《〈中华人民共和国物权法〉条文说明、立法理由及相关规定》，北京大学出版社2007年版，第6～7页。崔建远教授认为适当扩大物权法定主义的“法”的范围，将行政法规包含其中，具有现实意义，参见崔建远：《物权：规范与学说——以中国物权法的解释论为中心》，清华大学出版社2011年版，第26～27页；刘保玉教授认为宜采物权法定缓和说，许可行政法规、司法解释对新类型物权作出规定，参见刘保玉：《物权法学》，中国法制出版社2007年版，第63页。

还当户，不足部分由当户清偿。当物为动产的，经当户书面同意，典当行可以自行变卖。当户自接到典当行书面通知之日起满 30 日未答复的，视为同意，但在当物被处置前，当户可以向典当行支付当金及其利息、综合费用后，赎回当物。”（第 24 条）彻底否定了流质契约的效力，值得商榷。

流质（押）契约极易成为债权人借债务人的窘迫需要而危及债务人利益的工具，也使得流质（押）契约一直为法所不容。[①] 基于典当交易的特殊性，在低值当物的绝当规则中允许流质（押）契约有其正当性。至于高价值当物的处理，自应适用担保物权实现规则的一般规定。在民法典担保物权的体系安排上，由于典当权已经不是传统意义上的营业质权，在允许典当行从事动产抵押业务的背景下，低值当物不仅会出现了动产质押业务中，也可能出现在动产抵押业务中。因此，在动产质权中规定一类特殊的营业质权，无法涵盖动产抵押中亦可能允许流押契约的问题，可采的路径是，在担保物权的亚类型中，分别专门规定一类营业抵押权、营业质权，其中允许低值当物的流质契约。至于典当行从事的其他业务类型，例如房地产典当业务、财产权利典当业务，自应适用或准用相应的担保物权规则。

就典当权或营业质权的立法模式选择问题，有学者主张应在《典当法》中加以集中规范。“应允许典当成立之后以流质或流押的方式绝当，承认营业质权和营业抵押权的基本原理，但规制的重心是当物价值程序的公开化、折当比例的公平化，当户可以依据显失公平或乘人之危主张变更或撤销典当行为。”[②] 但在我国目前立法任务日益繁重的情况下，将《典当法》纳入全国人大常委会立法规划谈何容易。此外，在特别法中规定特殊物权，也存在着解释适用上的困境。在我国台湾地区，营业质原规定于“当铺业法”之中，但就营业质是否具有物权法上质权之效力，一直存在争议。实务中，有观点认为营业质是以行政命令而设定，既然物权不得任意创设，则营业质权即不具备物权法上质权的效力。“营业质权系学者所创设之名词，并不具物权法

---

① 在物权法立法过程中，即有观点认为应允许流质（押）契约，但物权法最终并未采纳。参见全国人大常委会法制工作委员会民法室：《〈中华人民共和国物权法〉条文说明、立法理由及相关规定》，北京大学出版社 2007 年版，第 340～341 页。

② 曾大鹏：《典当制度的完善：营业质权与营业抵押权的引入》，载氏著：《商事物权与商事债权制度研究》，中国法制出版社 2012 年版，第 83 页。

上之效力。”[①] 为期周延明确，我国台湾地区“民法”物权编修正时，增设营业质权的专门规定。有鉴于此，在民商合一的立法体例之下，我们宜在民法典中就典当权作出专门规定。

二、权利质权的体系地位

在我国，担保物权被定位为支配标的物的交换价值的定限物权，[②] 与用益物权一起共同架构了他物权体系。[③] 在体系化思维之下，物权客体的界定亦同样影响着担保物权。顾名思义，物权的客体是物，担保物权亦主要以物为客体，从而形成了以物的客体类型为划分标准的担保物权体系：动产因以转移占有为公示方法而成为质权的客体；不动产因以登记为公示方法而成为抵押权的客体，由此出现了“动产—质权”“不动产—抵押权”的担保物权二元化结构。但随着社会经济的发展，除动产、不动产等有体物之外的无体物（财产权利）在社会财富中所占比例日益增加，[④] 财产权利的交换价值亦渐受重视，其担保化或金融化也显得越发重要，于是出现了“物权的客体是物，权利在法律例外规定的情况下亦可以作为物权客体”的学界通说。[⑤] 就权利担保物权的体系地位，大陆法系诸国多将其纳入质权体系之中，名曰

---

① 参见我国“台湾高等法院高雄分院”1999年度上易字第135号判决。参见郑冠宇：《民法物权》，新学林出版社股份有限公司2014年版，第635页。

② 参见王利明：《物权法研究》，中国人民大学出版社2013年版，第58页；梁慧星、陈华彬：《物权法》，法律出版社2010年版，第73页；崔建远：《物权：规范与学说——以中国物权法的解释论为中心》，清华大学出版社2011年版，第32页。

③ 有学者反对将担保物权定性为物权，参见孟勤国：《物权二元结构论——中国物权制度的理论重构》，人民法院出版社2004年版，第225页以下。亦有学者对此作了有力回应，如郑冠宇、赵守江：《担保物权的物权属性解读——与孟勤国教授商榷》，载《河南省政法管理干部学院学报》2009年第1期。目前，担保物权仍属物权体系中的一员，实为通说。

④ 参见王利明：《物权法研究》，中国人民大学出版社2013年版，第81页；金剑锋：《权利质权法律与实务研究》，载《法律适用》2004年第6期。

⑤ 参见［德］鲍尔、施蒂尔纳：《德国物权法》（上册），张双根译，法律出版社2004年版，第12页；王利明：《物权法研究》，中国人民大学出版社2013年版，第81页；尹田：《物权法》，北京大学出版史2013年版，第34页。即使未明确说明此点的学者，也认为权利可以作为担保物权的客体，参见梁慧星、陈华彬：《物权法》，法律出版社2010年版，第352页以下；孙宪忠：《中国物权法总论》，法律出版社2014年版，第166页；崔建远：《物权：规范与学说——以中国物权法的解释论为中心》，清华大学出版社2011年版，第883页以下。

“权利质权”，并被称为“准质权”，[①] 而作为动产质权设立要件的“移转标的物的占有”，到了权利质权领域，也成了“移转权利凭证”或“权利证书的交付”，[②] 更多地体现为一种观念上的占有，也就是权利质权人对入质权利的“准占有”，[③] 因为以事实管领力为内容的占有，只能在有体物上成立，权利之上至多只有所谓“准占有”。[④] 针对权利而言，权利质权人“以自己所为的意思而行使财产权就视为对该财产权的准占有。”[⑤]

我国《担保法》《物权法》继受了这一体系安排，就权利作为担保物权客体时，除不动产用益物权之外，均定位于质权，并依入质财产权利的性质而进行下位阶类型化。我国实定法、《民法（草案）》（2002 年 12 月 17 日）第二编物权法第 293 条、《王教授建议稿》第 1079 条、[⑥]《梁教授建议稿》第 595 条[⑦]关于权利担保物权的体系定位都体现了这一点。学说上以为，只有与质权性质不相抵触的财产权才能作为质权的客体，[⑧] 举凡以登记作为公示方法的不动产物权，如设定质权，应以权利让与的方式为之，则须经由登记始生效力，已与质权性质不合，且出质人经由权利设质而须交付本于该权利所占有的不动产，有发生质权存在于不动产的疑义，因此，不动产物权不得为权利质权的标的物。[⑨]

就建设用地使用权以及以非家庭承包方式取得的土地承包经营权作为担

---

① 参见郑玉波：《民法物权》，黄宗乐修订，台湾地区三民书局股份有限公司 2008 年版，第 384 页；谢在全：《民法物权论》，中国政法大学出版社 2011 年版，第 1011 页；姚瑞光：《民法物权论》，中国政法大学出版社 2011 年版，第 206～207 页。

② 参见孙宪忠：《中国物权法总论》，法律出版社 2014 年版，第 314 页。

③ 参见蓝蓝、吕凯：《我国权利质权体系的反思与重构》，载《天津大学学报（社会科学版）》2010 年第 3 期。

④ 参见谢在全：《民法物权论》，中国政法大学出版社 2011 年版，第 1135 页；史尚宽：《物权法论》，中国政法大学出版社 2000 年版，第 604 页；郑玉波：《民法物权》，黄宗乐修订，台湾地区三民书局股份有限公司 2008 年版，第 439 页。

⑤ ［日］田山辉明：《物权法》，陆庆胜译，法律出版社 2001 年版，第 151 页。

⑥ 王利明主编：《中国民法典学者建议稿及立法理由·物权编》，法律出版社 2005 年版，第 495 页。

⑦ 梁慧星主编：《中国民法典草案建议稿附理由·物权编》，法律出版社 2004 年版，第 394 页。

⑧ 参见谢在全：《民法物权论》，中国政法大学出版社 2011 年版，第 1012 页；高圣平：《担保法论》，法律出版社 2009 年版，第 498 页。

⑨ 参见郑冠宇：《民法物权》，台湾地区新学林出版社股份有限公司 2014 年版，第 638～639 页。

保物时，其上所设定的是抵押权，[①] 至于《物权法》第 180 条第 1 款第 7 项所规定的“法律、行政法规未禁止抵押的其他财产”中可能包括的“其他财产权利”，在解释上亦仅以不动产权利为限。就所有权和不动产权利之外的财产权利作为担保物时，其上所设定的是质权。[②] 这一体系结构值得重新检讨。

第一，传统大陆法上抵押权与质权的区分以是否移转担保物的占有为标准。[③] 就发挥担保作用的机理而言，虽然两者就担保物均具优先受偿效力，但质权更是以留置效力足其担保作用：担保物上设定质权之后，担保人即丧失对担保物的利用权，“由质权人留置标的物，剥夺债务人之占有，造成债务人心理上之痛苦或生活上之不便，以压迫其从速清偿债务。”[④] 与此相反，担保物上设定抵押权时，担保人并不丧失对担保物的利用权。以此分析目前我国《物权法》上权利质权的相关安排，其中体系定位颇值商榷。就《物权法》第 223 条第 1 项“汇票、支票、本票”、第 2 项“债券、存款单”、第 3 项“仓单、提单”而言，这些证券债权[⑤]的凭证的移转占有（记名证券尚需背书），即意味着凭证所表彰的债权由出质人转移与质权人，此类权利作为担保物权的客体时，与动产作为质权的客体无异，适用动产质权的相关规则，亦无疑问。[⑥] 我国《物权法》第 224 条亦因此规定以证券债权出质的，质权自权利凭证交付质权人时设立。此时，在效力上，交付权利凭证即与移转有体物的占有相当，出质人已不得行使证券债权，与动产出质人丧失对担保物权的利用权同其意义，“其留置的作用，在于出质人权利行使之防止及

① 《物权法》第 180 条第 1 款第 2、3 项。

② 《物权法》第 223 条。

③ 参见谢在全：《民法物权论》，中国政法大学出版社 2011 年版，第 615 页；［日］我妻荣：《新订担保物权法》，申政武、封涛、郑芙蓉译，中国法制出版社 2008 年版，第 13 页；王利明：《物权法研究》，中国人民大学出版社 2013 年版，第 1114～1115 页；梁慧星、陈华彬：《物权法》，法律出版社 2010 年版，第 296 页。

④ 谢在全：《民法物权论》，中国政法大学出版社 2011 年版，第 946 页。

⑤ 郭明端：《担保法》，法律出版社 2010 年版，第 189 页。

⑥ 学说上就“仓单、提单”的性质，多界定为物权凭证，“仓单、提单”的占有即意味着其所表彰的货物的占有。此时，物权凭证的交付即足以达到移转标的物占有的作用。

其标的债权或其他权利之保存与价值之取得。”[①]。但以《物权法》第（4）～（6）项所称财产权利出质的，情况并非如此。如以股权出质时，质权自出质登记之时设定，移转股权凭证在质权设定上没有意义。出质后，出质人仍然行使着股权，包括共益权（如投票权、选举权等）和自益权（如红利分配请求权等），并不若动产出质人那样丧失对担保物的利用权。即使出质后，出质人转让股权受到限制，[②]但此规则本属担保物权设定后担保物处分限制的共通规则，在抵押权和质权之间并无差异。[③]由此可见，“在设立此类质权时，其原有的留置功能几乎完全丧失。”[④]“此类财产权没有以物理形式来使用的价值，它对任何人只具有客观上的交换价值。换句话来说，由于它对权利人不具有特别的主观价值，即使在其上设定了质权，禁止设立人处分，对于权利人也不会产生心理上的压力。因此，在设立此类质权时，其经济功能只在于依赖标的物的交换价值优先受偿。”[⑤]此时，“其担保的作用反近于抵押权，谓之介于一般质权与抵押权之中间区域，亦无不可”，[⑥]仍将此类权利担保物权定位于权利质权，过于牵强。

第二，“准占有”的既有规则和学说表明，准占有的构成以“事实上行使其权利”为前提。所谓“事实上行使权利”与占有之所谓“事实上的管领”，在观念上相当，通常只须依一般交易或社会观念，有使人认识其事实上支配该财产权利的客观事实存在即为已足。[⑦]至于“事实上支配该财产权利的主观事实”的认定，首要的应是像对有体物的占有一样，要求此等权利应有一个外在清楚可以辨识的表征，足以使外界认知该权利的存在。[⑧]就证

---

① 史尚宽：《权利质权之研究》，载郑玉波主编：《民法物权论文选辑》，台湾地区五南图书出版公司1984年版，第865～866页。

② 《物权法》第226条第2款中规定：“基金份额、股权出质后，不得转让，当经出质人与质权人协商同意的除外。”

③ 《物权法》第191条第2款即规定：“抵押期间，抵押人未经抵押权人同意，不得转让抵押财产，但受让人代为清偿债务消灭抵押权的除外。”。

④ ［日］我妻荣：《新订担保物权法》，申政武、封涛、郑芙蓉译，中国法制出版社2008年版，第104页。

⑤ ［日］我妻荣：《新订担保物权法》，申政武、封涛、郑芙蓉译，中国法制出版社2008年版，第104页。

⑥ 史尚宽：《物权法论》，中国政法大学出版社2000年版，第288页。

⑦ 参见谢在全：《民法物权论》，中国政法大学出版社2011年版，第1242页。

⑧ 刘昭辰：《占有》，台湾地区三民书局出版有限公司2008年版，第122页。

券债权质权而言，质权人持有证券债权凭证的表征，足以使人认知是质权人在行使凭证所表彰的证券债权，此际构成准占有，证券债权质权的体系地位即取得了正当性。但就其他权利质权而言，如专利权质权，质权设定后，专利权人（出质人）仍然行使着专利权，只不过，其以转让或许可他人使用的方式处分其专利权受到了限制。[①] 质权人在事实上并未行使专利权，实难将准占有适用于专利权质权，[②] 质权人无法借由质权的留置效力来督促债务人履行债务。如此，知识产权质权无须借由“准占有”来公示知识产权之上的权利负担，仅得以登记作为公示方法。[③] 学者间有将对权利事实上“管领之力”理解为“至少具有对权利之处分权，如以商标专用权、专利权、著作权中财产权出质的，法律规定，除订立书面合同并进行出质登记之外，还严格规定出质人不得对上述权利转让或许可他人使用，这对于维护质权人的利益起到了稳固安全的良好效果。”[④] 本书作者对此不敢苟同。正如前述，对权利事实上的管领，意指行使该权利，并非仅指享有该权利的处分权或限制担保人处分其权利。“在知识产权上设定的质权，留置效力体现为对标的权利的行使或收益。”[⑤] 知识产权设定担保后，除了当事人另有约定之外，担保人仍然继续行使着权利，并不因设定担保而丧失其使用权，担保权人也不当然取得担保物之使用权。[⑥] “从功能的角度来看，毋宁说它们近似于抵押权。”[⑦] 尤其是，此类质权人并无行使入质权利的权利，“设立质权与设立抵押权没有什么区别”。[⑧] 由此，包括专利权在内的知识产权担保物权，不应定位于

---

① 参见《物权法》第 227 条。

② 关于准占有与知识产权之间的关系，详见彭诚信：《智力成果、知识产权对占有制度的适用》，载江平主编：《中美物权法的现状与发展》，清华大学出版社 2003 年版，第 626 页以下；李鹊：《知识产权担保制度研究》，法律出版社 2012 年版，第 107 页以下。

③ 《物权法》第 227 条即规定，知识产权质权自有关主管部门帮你出质登记时设立。

④ 陈小君：《质权的若干问题及其适用》，载王利明主编：《物权法专题研究》，吉林人民出版社 2001 年版，第 1291 页。

⑤ ［日］我妻荣：《新订担保物权法》，申政武、封涛、郑芙蓉译，中国法制出版社 2008 年版，第 108 页。

⑥ 参见谢在全：《民法物权论》，中国政法大学出版社 2011 年版，第 1037 页。

⑦ ［日］我妻荣：《新订担保物权法》，申政武、封涛、郑芙蓉译，中国法制出版社 2008 年版，第 193 页。

⑧ ［日］我妻荣：《新订担保物权法》，申政武、封涛、郑芙蓉译，中国法制出版社 2008 年版，第 100 页。

质权。

第三，作为物权客体的“物”，通常被区分为“动产”与“不动产”，物权也被类型化为“动产物权”与“不动产物权”，分别适用不同的规则。[①] 及至权利作为担保物权的客体时，除了不动产物权作为客体可以无争议地归入不动产物权之外，其他权利担保物权如何定位即成问题。“基于新立财产的权利属性，也基于这些权利或权利凭证的可移动性，更基于动产的开放性体系”，[②] 多数大陆法系国家或地区将之纳入动产物权（动产质权）之中。但这种归类方法颇值怀疑。首先，以权利作为担保物权客体时不能完全等同于动产作为担保物权客体的情况，不同的权利，其行使或控制模式均不相同，无法统一以“准占有”的方式来公示其上的权利负担；其次，以动产作为担保物权客体时，权利类型化上本已依公示方法的不同区分为动产抵押权和动产质权，权利担保物权归入动产物权，为何独独归入动产质权，而不归入动产抵押权？此点，在立法上尚不承认动产抵押权的国家和地区，可能不存在疑问，但我国在制定《担保法》之时，即在继受大陆法系传统担保物权体系的基础上，大胆引入了具有体系异质性的动产抵押权，[③] 由此打破了“动产—质权”“不动产—抵押权”的传统担保物权二元化格局，形成了依公示方法的担保物权类型化方法，弱化了标的物的类别在担保物权类型化上的意义。自此，我国担保物权的体系是围绕着意定担保物权＋法定担保物权而展开，而意定担保物权依公示方法不同又区分为抵押权和质权。此时，就权利担保物权而言，亦应依公示方法的不同而加以重新定位，但遗憾的是，我国《担保法》仅将不动产用益物权作为担保物时的担保物权（以登记为公示方法）定位于抵押权，将以登记为公示方法的其他权利担保物权、如基金份额或股权担保物权、知识产权担保物权、应收账款担保物权，仍然定位于质权。这样，一方面仍然坚守大陆法上抵押权与质权之间的区分，另一方面又模糊了这种区分，在质权中亦有不移转占有的情形，直接导致抵押权与质权之间的

---

① 参见王利明：《物权法研究》，中国人民大学出版社 2013 年版，第 66～67 页。

② 李鹃：《知识产权担保制度研究》，法律出版社 2012 年版，第 103 页。

③ 参见江平：《制定民法典的几点宏观思考》，载氏著：《江平文集》，中国法制出版社 2000 年版，第 364 页；高圣平：《动产担保交易制度比较研究》，中国人民大学出版社 2008 年版，第 6 页。

界限日益模糊。[1]“在设计质押制度时，立法者仍然将动产质押作为质押制度的原型，而没有从一个全新的角度去考察权利质权在现实经济生活中的优先地位”，[2] 值得检讨。

第四，为立法的简约，因权利质权定位于质权，在立法方法上多适用或准用动产质权的规则。我国《物权法》第 229 条即规定：“权利质权除适用本节规定外，适用本章第一节动产质权的规定。”但权利质权适用动产质权规则时存在难以克服的障碍和困境。[3] 例如，因动产质权的设定尚需移转担保物的占有。因此，学说上认为担保物无法重复设质，[4] 如权利质权适用动产质权规则，也就无法重复担保，无疑降低了设质财产权利的交换价值，影响了财产权利的金融化。例如，评估价值为 1000 万元的财产权利而仅担保了 100 万元的主债权，在质权规则之下，该财产权利的剩余价值因无法设立第二顺位的担保权而无法被充分利用，无疑成为沉淀的资产，无法充分发挥其金融价值。反观抵押权规则，因担保物权人无须占有担保物，而改以登记作为公示其在担保物上的抵押权的方法，使担保物的重复担保成为可能，各担保物权人依其登记先后定其优先顺位，担保物的金融价值被充分发现。[5] 再如，《物权法》第 215 条规定了质权人妥善保管质物的义务，抵押权人则无此项义务，这一区分明显与抵押权与质权的公示方法不同有关。就以登记作为而公示方法的权利质权而言，质权人并不占有或准占有入质权利，保管义务更是无从谈起。如此，权利质权准用抵押权的规则更具有可行性。

综上，权利担保物权的体系定位尚无法得出统一的结论。如果仍然维系依公示方法不同的体系化方法，权利担保物权自应依登记和准占有的公示方

① 羊焕发：《质押若干问题研究》，载王利明主编：《物权法专题研究》，吉林人民出版社 2001 年版，第 1303～1304 页。

② 朱岩：《物权法草案中“权利质权”规定内容评析》，载《中外法学》2006 年第 2 期。

③ 参见李鹏：《知识产权担保制度研究》，法律出版社 2012 年版，第 111～113 页。

④ 虽然因担保物的间接占有，即存在动产质权的善意取得的情形，此际会出现同一担保物上出现两个动产质权的情形，但善意取得即原始取得，会产生消灭标的物上的此前权利的后果。此外，此种情形亦与发挥担保物的剩余交换价值的重复担保制度有异。

⑤ 学说上有观点认为，我国《担保法》禁止重复抵押，而《物权法》上又未明文允许重复抵押，则《担保法》中担保物权的规定几乎全部废止。参见孙宪忠：《中国物权法总论》，法律出版社 2014 年版，第 163 页以下。《物权法》第 199 条规定了竞存抵押权之间的优先顺位、第 194 条规定了抵押权人的顺位权的放弃和协议变更，在解释上即是承认了重复抵押。

法的区分，而分别定位于权利抵押权和权利质权。有观点认为，权利担保物权应当单独分类，使之与不动产担保物权、动产担保物权相并列而称，[①] 但权利担保物权内部仍得依公示方法的不同再次类型化为权利抵押权和权利质权。同时，动产担保物权依公示方法不同还得再分为动产抵押权和动产质权，相互之间的规则重复和冲突，无法在体系内部化解。与其这样，还不如维系以公示方法的不同所做的体系化区分——抵押权和质权，分别在抵押权和质权内部依客体的不同再作类型化，在规则设计上，可分别在抵押权和质权之下首先抽象出各自共同的规则，再在各自的亚类型中就其特殊的问题作出专门的规定。当然，民法典中的体系安排并不排斥学说上依客体不同的类型化。

四、所有权担保的法律构成

金融交易市场的发展，物权法定主义之下的定限物权担保模式已经无法满足实践的需求，在设立定限担保物权之外，以移转标的权利的担保模式渐受重视，于是出现了权利移转型担保（title finance），形成了物的担保的两种形态："为担保而转移作为标的权利自身"和"为担保而设立结构特殊的限制物权"，[②] 由此而出现了定限担保和所有权担保[③]两种不同的法律构成。

所有权担保形式包括了让与担保、所有权保留、融资租赁等，学说上又将之称为非典型担保。[④] 以下首先分析这些已经"典型化"了的交易[⑤]的担保机理，然后就其法律构造展开分析。

---

① 参见［日］近江幸治：《担保物权法》，祝娅、王卫军、房兆融译，法律出版社 2000 年版，第 64 页。

② 参见［日］我妻荣：《新订担保物权法》，申政武、封涛、郑芙蓉译，中国法制出版社 2008 年版，第 6～8 页。

③ 严格来讲，权利移转型担保所移转的权利并不限于所有权，例如移转知识产权以为担保，同样亦属权利移转型担保。本文以下为分析方便，将权利移转型担保局限于所有权移转型担保（简称所有权担保）。特此叙明。

④ ［日］近江幸治：《担保物权法》，祝娅、王卫军、房兆融译，法律出版社 2000 年版，第 9～10 页。

⑤ 在我国，所有权保留交易和融资租赁交易已在《合同法》中得以确立，让与担保交易虽未见明文，但实务中已经采用。

（一）让与担保的作用机理

让与担保是指债务人或第三人为担保债务的履行，将担保物的所有权移转予担保权人，而使担保权人在不超过担保目的的范围内，取得担保物的所有权，债务清偿后，担保物应返还予债务人或第三人；债务不获清偿时，担保权人得就该担保物受偿的非典型担保。① 在比较法上，让与担保是实践、判例、学说共同作用的产物，② 其法律构成充满着争议，③ 鲜少有将其成文化者。我国物权立法过程中，学术界就让与担保的成文化问题展开了激烈的讨论。④ 虽然曾经有将让与担保为纳入担保物权法体系的动议，《民法草案》中甚至就让与担保专章作了规定（物权编第 26 章），但最终否定观点占据了主流，我国物权法最终没有将让与担保法典化。此点与我国台湾地区的情形几近相同。在我国台湾地区“物权法”修法过程中，已有不少学者主张将让与担保制度成文化，但终未成功。⑤ 不过，在物权法通过后，仍有很多学者主张让与担保应当纳入我国担保物权体系之中。如有学者认为，“在我国现阶段，确有必要考虑在立法上将让与担保上升为一种法定的担保制度或工具，实现物的担保手段的扩充，满足现实经济生活的需要。”⑥

（二）所有权保留的作用机理

所有权保留，也是伴随着信用经济的兴起而产生和发展的一项非典型担保制度。在此制度之下，买受人依买卖合同先占有、使用标的物，但在双方当事人约定的特定条件（通常是价款的一部或全部清偿）成就之前，出卖人

---

① 参见谢在全：《民法物权论》，中国政法大学出版社 2011 年版，第 1100 页。

② 参见徐同远：《担保物权论：体系构成与范畴变迁》，中国法制出版社 2012 年版，第 186 页。

③ 参见［日］我妻荣：《新订担保物权法》，申政武、封涛、郑芙蓉译，中国法制出版社 2008 年版，第 544 页以下。

④ 重要的文献还有贲寒：《动产抵押制度的再思考——兼评我国民法（草案）对动产抵押与让与担保制度之规定》，载《中国法学》2003 年第 2 期，第 41～47 页；刘保玉主编：《担保法疑难问题研究与立法完善》，法律出版社 2006 年版；姚辉、刘生亮：《让与担保规制模式的立法论阐释》，载《法学家》2006 年第 6 期，第 63～69 页。

⑤ 参见陈荣隆：《非典型担保物权的立法化》，载《月旦法学杂志》1999 年第 5 期；蔡明诚：《民法担保物权修正对于未来理论及实务的影响及再思考》，载《月旦法学杂志》2007 年第 2 期。

⑥ 邹海林、常敏：《论我国物权法上的担保物权制度》，载《清华法学》2007 年第 4 期。

仍然保留标的物所有权，待条件成就后，再将所有权转移给买受人。[①] 在这里，出卖人以其保留的所有权而获得充分的保护，买受人在价金没有（足额）支付的情况下获得对物的用益权利，其实质是出卖人以其保留的所有权为其价金债权或其他权利的实现提供担保，从而以制度设计的内在合理性为契机，一经运用，即发挥了巨大的信用供给功能，[②] 为现代大陆法系和英美法系国家所明文规定，我国法上也将之定为明文。[③] 与典型担保相比，所有权保留不是在他人之物上为债权人的权利实现所提供的担保，而是在自己之物上为自己权利的实现所提供的担保。因此，与典型担保的定限物权之构成不同的是，所有权保留是权利本身移转之构成。[④]

关于出卖人保留之所有权的性质，学界主要从所有权的移转与债的担保两个视角而展开分析。

从所有权移转的角度观察，有以下两种观点：第一，附停止条件移转说，主张出卖人的保留所有权是一种附停止条件的所有权移转，标的物虽已先移转予买受人占有、使用，但其所有权是否移转或消灭，则取决于当事人所约定之条件成就与否。[⑤] 第二，部分所有权移转说，主张出卖人将标的物交付给买受人的同时，所有权的一部也随之移转于买受人，于是形成出卖人与买受人共有一物的所有权形态，这种部分性的所有权是随着各期价金的给付而逐渐移转于买受人的。[⑥] 从债的担保角度观察，有以下几种观点：第一，特殊质押关系说，主张出卖人所保留的所有权在性质上与质权相同，买受人因标的物的交付而取得所有权，出卖人所取得的是不占有标的物，附有流质

---

① 参见王泽鉴：《附条件买卖买受人的期待权》，载氏著：《民法学说与判例研究》（第1册），中国政法大学出版社2003年版，第159页。

② 参见王轶：《论所有权保留的法律构成》，载《当代法学》2010年第2期。

③ 我国《合同法》第134条明文规定："当事人可以在买卖合同中约定买受人未履行支付价款或者其他义务的，标的物的所有权属于出卖人。"

④ 参见［日］近江幸治：《担保物权法》，祝娅、王卫军、房兆融译，法律出版社2000年版，第7页。

⑤ 王泽鉴：《附条件买卖买受人的期待权》，载氏著：《民法学说与判例研究》（第1册），北京大学出版社2009年版，第133页。

⑥ 参见刘得宽：《民法诸问题与新展望》，中国政法大学出版社2002年版，第6～7页。

契约的质权，并藉此以担保未获清偿之价金债权。[①] 第二，担保物权说，主张出卖人以延迟移转标的物的所有权为手段，担保其全部价金的清偿，此时出卖人手中的所有权，就成为其实现其价金请求权这一债权的担保物权。[②] 所有权保留实质上是担保权的保留，而担保权则是设定在标的物上以担保价款或义务履行的权益。出卖人保留标的物的所有权，就是在其出卖的标的物上设定担保权。[③] 第三，担保性财产托管说，认为所有权保留实质上是一种担保性财产托管的适用方式。出卖人此时只享有一定条件下请求买受人返还标的物的权利，标的物所有权的其他权能完全由买受人行使。[④]

上述分析在一定程度上和限度内均具合理性。其中，从所有权移转角度的分析侧重于所有权保留买卖中的物权变动，以“附停止条件移转说”为通说，“部分所有权移转说”因与所有权的整体性有违而成少数说；从债的担保角度的考察侧重于所有权保留买卖的经济目的和实质，以“担保物权说”为通说，它从所有权保留制度的目的出发，在承认出卖人享有所有权的基础上，认为所有权保留是担保价金债权清偿的担保手段，并以标的物本身作为担保物，当买受人违约时，出卖人可以凭借所保留的所有权行使取回权，并可再出卖，从再出卖的价金中优先受偿，以实现担保目的。

（三）融资租赁的作用机理

融资租赁是另一种保留所有权交易的形式，是指出租人根据承租人对出卖人、租赁物的选择，向出卖人购买租赁物，提供给承租人使用，承租人支付租金的交易。在融资租赁交易中，出租人为承租人购置租赁物提供融资，同时保留租赁物的所有权，但出租人所保有的所有权仅仅只是名义上的，[⑤]

---

① 参见王泽鉴：《附条件买卖买受人的期待权》，载氏著：《民法学说与判例研究》（第 1 册），北京大学出版社 2009 年版，第 159 页。

② 参见孙宪忠：《德国当代物权法》，法律出版社 1997 年版，第 345 页。

③ 参见余能斌、侯向磊：《保留所有权买卖比较研究》，载《法学研究》2000 年 第 5 期。

④ 参见尹田：《法国物权法》，法律出版社 1998 年版，第 332 页。

⑤ Roy Goode and Ewan McKendrick，*Goode on Commercial Law*，4th ed. London：Penguin Books，2010，p. 767.

主要是用于担保租金债权的清偿，[1] 而这里的"租金"主要由购置成本构成。[2] 由此可见，就交易实质而言，融资租赁与所有权保留并无二致。[3] 融资租赁交易中，出租人享有租赁物的所有权，承租人享有租赁物的占有、使用权。其中，出租人的所有权的性质和权能迥异于传统民法上的绝对所有权的观念，并由此引发了融资租赁交易性质上的争议，"动产担保交易说""消费借贷说""附条件买卖说""非典型合同说"等等，[4] 不一而足。

在我国现行法之下，融资租赁交易结构被定性为"出租人—租赁物所有权""承租人—租赁物使用权（租赁权）"，租赁物的所有权权能发生了分离，但这种分离又带来了现行法上无法克服的矛盾，给出租人权利的保护形成了极大的桎梏。有学者即以所有极弱化理论、所有权区分化理论[5]来改造现有所有权概念，进而有了所谓功能区分所有权（即经济所有权和法律所有权的功能区分）、时间区分所有权[6]、价值区分所有权[7]的学说。出租人从事融资租赁交易的目的在于通过"租赁"来攫取"融资"的利润，取得租赁物的所有权不再是交易的目的，而仅为交易的手段。长期以来，物权是财富的表征，一切债权不过是取得物权的手段。但随着生产力的发展，物权与债权的地位也在转变。物，特别是资本性的物具有了资本的属性，从而具备了产生收益的功能，人们的经济目的发生了变化，物权不再是目的，而是手段；相

---

① 参见邸天利：《非典型担保共性解析》，载《政法论坛》2011 年第 1 期。

② 我国《合同法》第 243 条规定："融资租赁合同的租金，除当事人另有约定的以外，应当根据购买租赁物的大部分或者全部成本以及出租人的合理利润确定。"

③ 《欧洲示范民法典草案》将两者合二为一，统称保留所有权交易。该草案第 9－1：103 条界定的保留所有权交易包括：买卖合同项下出卖人保留所有权；分期付款买卖合同项下供应人所享有的所有权；租赁合同项下租赁物的所有权，以承租人依合同约定在租赁期间届满时，无需支付对价或仅须支付名义上的对价，即享有取得租赁物的所有权或继续使用租赁物的选择权为前提条件（融资租赁）；意在实现担保目的或达到实现担保目的效果的寄售合同 项下供应人的所有权。参见欧洲民法典研究组、欧盟现行私法研究组：《欧洲示范民法典草案：欧洲私法的原则、定义与示范规则》，高圣平译，中国人民大学出版社 2012 年版，第 356～357 页。

④ 梁慧星：《民法学说判例与立法研究》，中国政法大学出版社 1993 年版，第 194 页。

⑤ 程卫东：《国际融资租赁法律问题研究》，法律出版社 2002 年版，第 153 页以下。

⑥ 参见刘得宽：《民法诸问题与新展望》，中国政法大学出版社 2000 年版，第 58 页；王泽鉴：《民法学说与判例研究》(1)，北京大学出版社 2009 年版，第 161～163 页。

⑦ 程卫东：《国际融资租赁法律问题研究》，法律出版社 2002 年版，第 160 页。

反，债权的权利与利益的享有成了所有权的目的，而不再只是物权的手段。[①]也正是基于此，相关制度安排中将融资租赁交易与一般传统交易相区分，融资租赁交易中的出租人除了提供融资以取得租赁物以及保证承租人在租赁期间占有、使用租赁物之外，几无其他义务和责任，诸如一般租赁交易中的物的瑕疵担保责任、维修保养义务、对第三人的损害赔偿责任、租赁物毁损灭失的风险负担等，融资租赁交易中的出租人均没有。在这里，出租人所关注的是租金债权的实现，租赁物所有权被观念化，其积极权能皆由承租人行使，静态的归属让位于动态的利用。在融资租赁交易中，所有权被进一步退化为消极状态，仅在承租人违约或破产的情况下，出租人基于其所有权行使取回租赁物的权利；在租赁期届满后，基于合同的约定行使所有权返还请求权。

（四）分析与评价

在民法典担保物权编中，是否应将这些所有权担保“典型化”，就成了摆在我们面前的一大难题。《民法草案》《梁教授建议稿》中设专章规定了让与担保，但《王教授建议稿》对让与担保未做规定。就所有权保留和融资租赁，三部草案均未采取担保物权的法律构成。在比较法上，《美国统一商法典》第九编避开了大多数国家所采取的动产担保物权上的形式主义类型化方法，采纳了功能主义的一元化担保概念，[②] 它依务实的观点而展开，不管交易的形式如何，只要在市场上起着相同的功能，就应适用相同的法律，将受各别法律调整的多种担保手段均纳入该编的调整范围。在该编中，“担保权”一语涵盖了此前的几乎所有“债权人在担保物上的权利”，诸如让与担保、

① ［德］拉德布鲁赫：《法学导论》，米健、朱林等译，中国大百科全书出版社 1997 年版，第 64 页。

② 就美国法上功能主义下一元化担保权概念的分析，参见高圣平：《动产担保交易比较研究》，中国人民大学出版社 2008 年版，第 162 页以下；董学立：《我国意定动产担保物权法的一元化》，载《法学研究》2014 年第 6 期。

附条件买卖中的所有权、质权、留置权等。[①]《欧洲示范民法典草案》深受《美国统一商法典》的影响，在其第九卷“动产担保物权”中将学说上的定限担保物权以及所有权担保形式一体规定，[②] 意在统一具有物上担保功能的交易的法律适用。[③] 我国民法典如何回应这一立法趋势？本书作者认为，所有权担保不应作为担保物权予以构造，理由如下：

第一，所有权担保制度从根本上改变了传统担保物权和所有权的概念。大陆法传统下的担保物权机理是在债务人或第三人所有之物上设定定限物权以为担保，担保物权人对担保物只享有担保物权（定限物权）。而所有权担保的机理是以移转所有权的方式作为担保，其结果是担保权人在自己所有之物上设定担保，担保权人虽对担保物享有所有权，但此所有权只起担保作用，担保权人不能为担保权之外的处分。同时，我国法上虽然有所谓所有权社会化的限制，但通说以为，所有权是绝对化的自物权，是权能丰满的完全物权，[④] 构成了所有他物权的逻辑起点。我国物权体系的构造是以所有权为中心，然后推及至其他用益物权和担保物权等，换言之，即皆以所有权为前

① 《美国统一商法典》第1—201条第37项对担保权作了界定，即“对动产或者不动产附着物所享有的用以担保债务之清偿或者履行的权利”。第9—109条规定，本编适用于“依合同在动产或不动产附着物之上创设担保权的交易，其形式若何，在所不问”。第9—202条规定，“不管动产所有权归属于担保权人还是债务人”，本编均适用之。很明显，在确定是否存在担保权并进而决定是否受第九编调整时并不仰赖于动产所有权的归属和交易的形式。具体分析参见高圣平：《美国动产担保交易法与我国动产担保物权立法》，载《法学家》2006年第5期。

② 该草案第9—1：101条规定的“适用范围的一般规则”即指出：“本卷规定适用于动产之上依物权担保合同所发生的以下权利：(a) 担保物权；(b) 依保留所有权交易所保留的所有权。”（第1款）“本卷所定担保物权规则准用于：(a) 依担保目的的信托所发生的权利；(b) 依单方法律行为所设立的动产担保物权；(c) 财产法上的法定动产担保物权，不过应合于法律的规范意旨。”第9—1：102条“动产之上的担保物权”更是明确规定：“(1) 动产担保物权是动产之上的定限物权，担保权人依此可就担保财产使其担保债权优先受偿。(2)‘担保物权’一语包括：(a) 普遍认为具有物权担保作用的那些定限物权，典型的如质权；(b) 依物权担保合同所设定的，当事人意在使担保权人有权就担保财产使其担保债权优先受偿，或依合同可以达到这一效果的定限物权，至于名称如何，则非所问；(c) 其他依本卷规则被视为担保物权的权利，例如第9—2：114条（留置权）所规定的权利以及本条第(3)款所规定的权利。(3) 依物权担保合同移转或拟移转动产的所有权，意在担保债务的履行或达到担保债务履行的效果的，仅能在该动产上为受让人设立担保物权。(4) 本条第(3)款的规定特别适用于：(a) 有形动产所有权的担保移转；(b) 担保让与；(c) 出卖并租回；(d) 出卖并转卖。”

③ Christian von Bar and Eric Clive (eds), *Principles, Definitions and Model Rules of European Private Law, Volume* 6. Munich: sellier. european law publishers GmbH, 2009, p. 5395.

④ 参见王利明：《物权法研究》，中国人民大学出版社2013年版，第55页、第407页以下。

提而演绎其法律逻辑。在所有权担保中，权利人是以自己所有之物来担保自己债权的实现，背离了我国法上所有权的基本观念。在坚守担保物权的定限物权性质之下，植入一个“完全所有权”性质的担保制度，破坏了物权体系的完整性，与物权的所有基本原则——公示性、种类强制、特殊性、抽象性相矛盾，也使得该担保制度与其他担保物权制度在逻辑上难以协调。①

第二，以担保物权构造所有权担保制度，有违民法典的形式理性。在同一部法典之中，同一概念自当采行同一意义。在法典的前部“所有权”章，我们规定了“所有权”的含义，赋予了它“占有、使用、收益、处分”的权能，但到了法典的后部“担保物权”章，我们却将“所有权”的权能限制在仅具有担保作用，亦即仅能利用其交换价值。前后的意义大相径庭，无法再同一部法典中竞存。由此，让与担保的担保物权构造对我国民法的体系构造将造成极大的冲击。即使赞成将让与担保成文化的学者也认为，我国法上将让与担保与法定的担保物权同质化，在立法技术上还存在一定的障碍，让与担保的诸多制度设计与抵押权、质权和留置权并不相同，在民法典担保物权中规定让与担保并不现实。若以所有权构成理论对待让与担保，最好采取单行法的形式予以规定。② 从《民法（草案）》第 26 章让与担保权的内容来看，让与担保仍需公示且公示为其生效要件（第 313 条）；实行时仍需履行清算义务（第 318 条）。可见，这一成文化的尝试已经脱逸出了实践中让与担保的初衷——便捷设定、快速实行，与抵押权、质权等典型担保物权已无实质上的差异。

第三，在比较法上，让与担保制度是弥补民法典不承认非移转占有型动产担保物权（动产抵押）之法律续造，③ 主要大陆法系国家均因体系背反的

---

① 参见胡绪雨：《让与担保制度的存在与发展——兼议我国物权法是否应当确认让与担保制度》，载《法学》2006 年第 4 期。

② 参见邹海林：《让与担保的价值定位与制度设计》，载刘保玉主编：《担保法疑难问题研究与立法完善》，法律出版社 2006 年版，第 94 页。

③ 参见［日］我妻荣：《新订担保物权法》，申政武、封涛、郑芙蓉译，中国法制出版社 2008 年版，第 541 页；［德］鲍尔、施蒂尔纳：《德国物权法》（下册），申卫星、王洪亮译，法律出版社 2006 年版，第 9 页以下；Christian von Bar and Eric Clive（eds），*Principles，Definitions and Model Rules of European Private Law*，*Volume* 6. Munich：sellier. european law publishers GmbH，2009，p. 5395.

担忧未将其构造为担保物权。荷兰法上原由判例发展起来的让与担保制度，在制定新民法典时并未得到承认，相反，新民法典承认了非移转占有型动产担保物权，全面禁止了让与担保。[①] 融合了两大法系的《魁北克民法典》拒绝在概念上将所有权担保构造为担保物权，所有权条款的效力得到了完全的承认，不必再概念化为在所有权上创设担保物权，但为了使该所有权具有对抗第三人的权利，权利人还必须公示（登记）其权利。[②] 我国实定法上早已突破传统担保物权体系，明文规定了动产抵押制度，可以满足动产担保融资的需求。“我国物权法关于抵押权的概念内涵与外延已远非昔比——其已经演变成了今日之所有‘法律、行政法规不禁止的财产’都可以抵押的担保物被‘泛化’了的抵押权。由此，让与担保被涵盖在了‘抵押权’这一概念项下。也就是说，原来可以独名成章并可入‘典’的让与担保制度，因为抵押权概念内涵与外延的逐步扩展并最终被‘泛化’而涵盖在了抵押权概念项下。”[③]此时，再将所有权担保构造成担保物权，值得慎重考虑。

综上，本书作者认为，所有权担保没有必要构造为担保物权。即使在《美国统一商法典》和《欧洲示范民法典草案》上，所有权担保也只适用担保物权的部分规则（如公示规则、优先顺位规则），并不完全等同于一般担保物权。既然如此，不如仍维持其现有制度框架，但明定其应依担保权之公示要求而为权利之公示，并具有因公示所确立的优先顺位。果若如此，即可克服所有权担保广为学界批评的隐蔽性问题。[④]

---

① Hendrik J. Cornclis and Arjen J. P. Tillema, *Major Revisions in Netherlands Law: Adoption of New Civil Code and Interpretation of EC Directives*, 26 the International Lawyer, pp. 1083—1084.《荷兰民法典》第3：84条第3款规定：“以提供担保为目的而转让财产的法律行为，或者并非旨在转让后将该财产归入受让人财产的转让财产的法律行为，转让该财产所取得的权利不成立。”第3：94条规定：“在前条所规定的那些情形之外的情形中，以一个或多个特定人为相对人的权利，通过为此目的作成的契据和由让与人或受让人向上述特定人发出关于它的通知交付。”

② Michael G. Bridge, Roderick A. Machonald, Ralph L. Simmonds and Catherine Walsh, *Formalism, Functionalism, and Understanding the Law of Secured Transactions*, 44 McGill L. J. 567, pp. 658—659.

③ 董学立：《也论“后让与担保”——与杨立新教授商榷》，载《中国法学》2014年第3期。

④ 本书作者的观点已经发生改变，就动产让与担保的成文化，参见高圣平：《动产让与担保的立法论》，载《中外法学》2017年第5期。

五、小结

担保物权的体系构造是民法典编纂中的重要一环，如何在既有的体系框架下，植入现代化的元素，无疑是我们所要着力考量的。在两大法系日益融合的今天，既维系具有体系价值的大陆法传统，又植入普通法系灵活多变的市场化制度，是摆在我们面前的区大课题。我国实定法上的担保物权法制缺失之处不在少数，已经远远不能适应现代信息社会对金融担保创新的需求，只有在满足物权法定主义的类型强制的前提下，赋予当事人更多的意思形成自由，使我国担保物权法制呈现出一种开放的态势，才能充分发挥担保物权法制在我国市场经济发展中的应有作用。

担保物权司法解释起草中的重大争议问题研究[①]

公司法定代表人违反《公司法》第16条的规定，越权为他人债务提供担保的，非经公司追认，担保合同对公司不生效力，传统法上关于越权代表的相关规则并不适用于法定代表人越权为他人债务提供担保的情形。金融担保创新中属于人的担保的，应基于契约自由的原则，肯定创新模式的效力；属于物的担保的，在物权法定主义之下，不承认其产生担保物权的效力，但应肯定相关合同具有债法上的效力。人的担保与物的担保并存时，应当承认保证人与物上保证人之间的求偿权，求偿范围和数额应依因担保物的价值与物的担保债权额的关系而定。

一、问题的提出

我国当代担保物权法制，与社会主义市场经济构建和发展的历程相适应，先是《民法通则》，经由《担保法》，定型于《物权法》，无不反映着法

① 本文系作者参加最高人民法院担保物权司法解释起草讨论时草就，与会各位专家和法官的讨论激发了本文部分观点的形成，在此一并致谢。本文原载《中国法学》2016年第1期。

律与经济之间的关系。[①]《物权法》在《担保法》的基础上，丰富了担保物权的体系，扩充了担保财产的范围，修正了担保物权的实现规则，[②] 为信用的授受提供了更为充分的物上担保手段，但相关规则的不明晰给裁判中的法律适用造成了不小的影响，在一定程度上也影响到了担保交易实践的发展。例如，《物权法》第 180 条第 1 款第 7 项允许“法律、行政法规未禁止抵押的其他财产”设定抵押权，极大地扩大了抵押财产的范围，但同法本身并未就这些抵押权的公示方法以及公示效力作出规定，直接导致金融创新中以新类型财产设定抵押权时无从登记，也给相关纠纷的处理造成了困难。

物权立法过程中对《担保法》适用中的某些争议问题并没有给予回应。例如，就公司法定代表人越权为他人债务提供担保（包括物上担保）时的效力问题，《担保法》《公司法》没有作出规定，《物权法》也未对此予以明确，直接导致司法适用上的左右摇摆。《公司法》于 2005 年修订实施，其总则第 16 条将公司为他人债务提供担保和对外投资等行为专门作出了规定，但违反了该条后的法律后果并未作出规定，裁判实践中，有的法院认定为有效，有的法院认定为无效，[③] 直接影响了司法的统一。

就调整事项和时间效力而言，《物权法》虽就其与《担保法》之间的关系作出了规定，[④] 但法院裁判文书中同时援引两法的不在少数，具体制度或条文的解释适用也并不容易。《担保法》上的有些规则，《物权法》上并无对应规定，是不是就意味着《担保法》的相关规定仍应适用？例如，《担保法》

---

① 我国担保物权法制的发展，参见郭明瑞：《担保法律制度发展三十年》，载易继明主编：《私法》（总第 16 卷），华中科技大学出版社 2010 年版，第 47 页以下；邹海林：《透视我国现行法上的担保物权》，载邹海林主编：《金融担保法的理论与实践》，社会科学文献出版社 2004 年版，第 1 页以下；高圣平、张尧：《中国担保物权制度的发展与非典型担保的命运》，载《中国人民大学学报》2010 年第 5 期。

② 详细介绍参见王利明：《民法典体系研究》（第二版），中国人民大学出版社 2008 年版，第 558 页以下；邹海林、常敏：《论我国物权法上的担保物权制度》，载《清华法学》2007 年第 4 期；高圣平：《担保法论》，法律出版社 2009 年版，第 276 页以下。

③ 相关裁判的梳理，参见罗培新：《公司担保法律规则的价值冲突与司法考量》，载《中外法学》2012 年第 6 期。

④ 《物权法》第 178 条规定：“担保法与本法的规定不一致的，适用本法。”

上禁止重复抵押，[①] 而《物权法》上又未明文允许重复抵押，实践中的认识就存在分歧。就此，学者间认为《担保法》中担保物权的规定几乎全部废止。[②] 仅从解释论的视角，《物权法》第 199 条关于竞存抵押权之间的优先顺位的规定、第 194 条关于抵押权人的顺位权的放弃和协议变更的规定，无疑是承认了重复抵押。《担保法》上的有些规则，《物权法》已经作出了修改，[③] 在《物权法》第 178 条之下，相关法律适用应为清晰。例如，就《担保法》第 28 条关于保证人和物上保证人为同一债务提供担保时的权利行使和风险分配规则，[④]《最高人民法院关于适用〈中华人民共和国担保法〉若干问题的解释》（法释〔2000〕44 号，以下简称《担保法解释》）做了限制性解释，[⑤] 将“物的担保优先于人的担保”规则仅仅解释适用于债务人自己提供物上担保的情形，同时明确了保证人和物上保证人相互之间的求偿关系。[⑥]《物权法》尊重了司法实践的发展，明确规定了数担保人在涉及债权人时的外部关

---

① 《担保法》第 35 条第 1 款：“抵押人所担保的债权不得超出其抵押物的价值。”第 2 款：“财产抵押后，该财产的价值大于所担保债权的余额部分，可以再次抵押，但不得超出其余额部分。”通说上认为，本条是关于禁止重复抵押，允许余额抵押的规定。参见徐武生：《担保法理论与实践》，工商出版社 1999 年版，第 229 页以下。

② 参见孙宪忠：《中国物权法总论》（第三版），法律出版社 2014 年版，第 163 页以下。实际上，物权立法时对登记制度未作具体规定，而留待统一的不动产登记法去调整，由此，抵押权的登记问题亦未作规定。在统一的不动产登记规则出台之前，《担保法》中关于抵押登记的第 42 条、第 43 条第 2 款、第 44 条和第 45 条仍然有效，同法第三章（抵押）、第四章（质押）、第五章（留置）中的其他条文自《物权法》施行之日起，即告失效，对于《物权法》施行后实施的物上担保行为自无适用空间。

③ 相关条文参见全国人大常委会法制工作委员会民法室：《〈中华人民共和国物权法〉条文说明、立法理由及相关规定》，北京大学出版社 2007 年版，第 318 页。

④ 《担保法》第 28 条规定：“同一债权既有保证又有物的担保的，保证人对物的担保以外的债权承担保证责任。”（第 1 款）“债权人放弃物的担保的，保证人在债权人放弃权利的范围内免除保证责任。”（第 2 款）

⑤ 《担保法解释》第 38 条规定：“同一债权既有保证又有第三人提供物的担保的，债权人可以请求保证人或者物的担保人承担担保责任。当事人对保证担保的范围或者物的担保的范围没有约定或者约定不明的，承担了担保责任的担保人，可以向债务人追偿，也可以要求其他担保人清偿其应当分担的份额。”（第 1 款）“同一债权既有保证又有物的担保的，物的担保合同被确认无效或者被撤销，或者担保物因不可抗力的原因灭失而没有代位物的，保证人仍应当按合同的约定或者法律的规定承担保证责任。”（第 2 款）“债权人在主合同履行期届满后怠于行使担保物权，致使担保物的价值减少或者毁损、灭失的，视为债权人放弃部分或者全部物的担保。保证人在债权人放弃权利的范围内减轻或者免除保证责任。”（第 3 款）

⑥ 参见李国光等：《最高人民法院〈关于适用中华人民共和国担保法若干问题的解释〉理解与适用》，吉林人民出版社 2000 年版，第 160～161 页。

系，但并未提及担保人之间的内部求偿关系。虽然参与物权立法的专家认为，《物权法》不承认这种内部求偿关系，[①] 但司法实践中的理解并不一致。如此种种，亟待司法解释予以回应。

二、越权担保效力认定中的解释路径

公司法定代表人越权担保的效力问题主要涉及《公司法》第 16 条和《合同法》第 50 条的解释与适用。《公司法》第 16 条没有规定违反该条的法律后果，也无法从相关法条中依体系解释明确该法律后果，给该条的司法适用造成了很大的解释上的困难。虽然近几年关于公司担保的著述颇多，但是还没有形成基本共识。无论是在解释路径上，还是对《公司法》《担保法》《物权法》《合同法》的体系解释上碰到的冲突，究竟如何处理均没有形成一致意见，司法实践中的把握也颇不一致。

（一）解释基础：《合同法》第 50 条与《公司法》第 16 条之间

目前，担保物权司法解释起草过程中对此问题的处理主要有两种方案。第一种方案是公司法定代表人违反《公司法》规定为他人债务提供担保，担保合同无效。债权人请求债务人、担保人对损失承担连带赔偿责任的，人民法院应予支持，但债权人知道或者应当知道担保合同无效的除外；第二种方案是法定代表人违反《公司法》第 16 条的规定为他人债务提供担保的，如其公司对此不予追认，担保合同对公司不生效力，由法定代表人自己承担责任。这两种方案都驳斥了以下解释论：仅仅简单地从《公司法》第 16 条的规范性质出发，将之作为管理性强制性规定，违之并不当然导致合同无效。

方案一和方案二的解释路径相同，均避开《公司法》第 16 条在规范性质上的争议，把越权担保问题放在《合同法》第 50 条[②]越权代表规则下进行解释。此时，解释的径路是，首先判断该越权代表行为是否对公司发生效力，如对公司不生效力，公司自不应为该越权代表行为承担担保责任或赔

① 参见胡康生主编：《中华人民共和国物权法释义》，法律出版社 2007 年版，第 381～382 页。

② 《合同法》第 50 条指出："法人或者其他组织的法定代表人、负责人超越权限订立的合同，除相对人知道或者应当知道其超越权限的以外，该代表行为有效。"

偿，《公司法》第16条也就没有了讨论的必要和可能；如该越权代表行为对公司发生效力，亦即：该担保行为就是公司的行为，进一步地，才有必要讨论《公司法》第16条的规范性质，违反了该条之后，公司担保行为是否有效。准此，我们首先要做的解释工作就是寻找越权代表行为的规范基础。在我国实定法上，《合同法》第50条和《担保法解释》第11条[①]规制着法定代表人越权担保行为。[②] 依上述两条规定，法定代表人越权担保行为对公司是否发生效力，取决于担保权人（相对人）是否“知道或者应当知道”法定代表人超越了权限。如法定代表人越权提供担保时，担保权人怠于查阅公司章程，并根据公司章程关于公司担保决策机构的规定，进一步审查公司担保决议，很难认定担保权人此时的主观心理态度构成善意。此种情形大抵可以解释为上述两条规定中的“但书”——“相对人知道或者应当知道其超越权限”，担保权人自不得主张适用表见代表的法律后果——“该代表行为有效”。[③] 因而，在解释上，只需判断相对人——担保权人的善意、恶意（知道或者应当知道）即可。

方案一和方案二的解释结果上的差异，是《合同法》第50条越权代表行为效力的学说争议在越权担保上的反映。就担保权人知道或者应当知道法定代表人超越担保权限（即主观上构成恶意）时，该越权代表行为到底应归入哪种效力模式，该条并未作出明确规定，形成了法律漏洞。[④] 就此，一种观点认为越权代表行为无效，理由是“法律不宜保护恶意之人”；[⑤] 另一种观点认为越权代表行为效力待定，法人予以追认的，代表行为有效；法人不予追认的，代表行为无效，[⑥] 理由是，虽然越权代理和越权代表的法律性质存在差异，但两者在形式与效果归属等方面极其相似，在存在规范漏洞的情况

---

① 《担保法解释》第11条规定：“法人或者其他组织的法定代表人、负责人超越权限订立的担保合同，除相对人知道或者应当知道其超越权限的以外，该代表行为有效。”

② 《担保法解释》这一规定是对《合同法》第50条适用于担保领域时的解释，与《公司法》和《物权法》并不发生冲突，仍应予以适用。

③ 详细论证参见周伦军：《公司担保的法律解释论》，载陈洁主编：《商法规范的解释与适用》，社会科学文献出版社2013年版，第274页以下。

④ 参见朱广新：《合同法总则》（第二版），中国人民大学出版社2012年版，第308～310页。

⑤ 崔建远：《合同法总论》（上卷）（第二版），中国人民大学出版社2011年版，第433页。

⑥ 参见王利明：《合同法研究》（第1卷）（修订版），中国人民大学出版社2011年版，第611～615页。

下，参酌比较法上的经验，越权代表行为的效力模式应类推适用越权代理的相关规则。[①] 本书作者也以为第二种观点较为可取。当担保权人知道或者应当知道法定代表人超越权限提供担保时，越权担保行为类推适用《合同法》关于越权代理的规定，即该法第 48 条规定的“未经被代理人追认，对被代理人不发生效力，由行为人承担责任”。此际，越权担保行为是否对公司发生效力，尚不确定。这一解释结论将公司是否受越权担保行为的约束留由公司选择，而不是一概否定其效力，契合了合同自由的市场法则；在公司选择不受越权担保行为约束、对越权担保行为不予追认的情况下，“由行为人承担责任”的效果归属规则能够实现“对恶意之人不予保护”的规范目标。如此解释，也符合《公司法》与《合同法》相关规定体系解释的方向，较为妥适和可取。[②]

尤应注意的是，无论是越权代理中的“对被代理人不发生效力”（《合同法》第 48 条），还是越权代表中的“该代表行为有效”（《合同法》第 50 条），均只能解释为越权代理行为或越权代表行为的效果归属，即只能解决越权代理行为是否对本人或越权代表行为是否对法人产生效力的问题，上述规定的本身并不涉及相关合同的效力判断。也就是说，就越权担保而言，在担保权人恶意的情形下，未经公司追认，担保合同对公司不发生效力，但担保合同本身是否有效，不能一概而论。此时，主要涉及《合同法》第 48 条第 1 款“未经被代理人追认，对被代理人不发生效力，由行为人承担责任”的理解。这里的“责任”，是指由该越权代理人自己作为当事人履行该合同中本拟由被代理人承担的义务，或者不能履行该义务时对对方当事人承担损害赔偿责任。[③] 就越权担保而言，在越权保证的情形，保证合同虽对公司不生效力，但保证合同仍为有效，由行为人——法定代表人自己承担保证责任，当然，这里的保证责任可以是代为履行债务的责任，也可能是不能代为

---

① 参见王泽鉴：《民法总则》，北京大学出版社 2009 年版，第 352 页；朱广新：《法定代表人的越权代表行为》，载《中外法学》2012 年第 3 期。

② 参见周伦军：《公司对外提供担保的合同效力判断规则》，载《法律适用》2014 年第 8 期。

③ 参见梁慧星：《民法总论》（第四版），法律出版社 2012 年版，第 237 页；崔建远：《合同法总论》（上卷）（第二版），中国人民大学出版社 2011 年版，第 368～371 页。

履行债务时的赔偿责任；[①] 在越权抵押、质押等物上保证的情形，抵押合同、质押合同既不对公司发生效力，也不对法定代表人发生效力，由法定代表人承担赔偿责任。

本书作者同时认为，方案一在担保合同无效之后的责任分担问题上值得商榷。“债权人请求债务人、担保人对损失承担连带赔偿责任”，与《担保法解释》关于主合同有效而担保合同无效时的责任分担规则[②]的解释基础相一致。在连带责任之下，担保人承担的赔偿责任，与认定担保合同有效之下担保人本应承担的担保责任，几无差别，两者的后果均为在担保人应担保权人的请求承担责任（赔偿责任或担保责任）之后再向债务人追偿。这一解释结论值得商榷。根据《担保法》第 5 条和《物权法》第 172 条的规定，担保合同被认定无效后，债权人所受损失的分担机制，是基于担保关系当事人的过错。依方案一，在公司法定代表人越权为他人债务提供担保的情形下，担保合同被认定为无效，此时，债权人（担保权人）、债务人、担保人对担保合同的无效均存过错的，应由三者分担债权人的损失。即使在只有债权人和担保人存在过错的情况下，也不能以应《担保法解释》第 7 条的前段规定作为解释基础或参照，而应采纳《担保法解释》第 7 条的后段规定，由债权人和担保人分担损失，亦即担保人的赔偿责任不能超过债权人损失的 1/2。此外，方案一的“但书”语意不明，“债权人知道或者应当知道担保合同无效的除外”，但在债务人知道或者应当知道担保合同无效的情况下，是债务人、担保人无须对损失承担连带赔偿责任，还是债权人不得请求债务人、担保人承担（连带）赔偿责任，不甚明确。与其如此，在采行本方案时，不如就此时的法律后果不作规定，直接适用担保合同无效后法律后果的一般规定。

（二）公司越权担保与传统越权代表规则的区别

在《合同法》第 50 条之下，如何在越权担保中适用“但书”规则即成疑问，也就是，如何认定相对人知道或者应当知道代表人超越了担保代表权

---

① 参见《担保法》第 6 条。

② 《担保法解释》第 7 条规定：“主合同有效而担保合同无效，债权人无过错的，担保人与债务人对主合同债权人的经济损失，承担连带赔偿责任；债权人、担保人有过错的，担保人承担民事责任的部分，不应超过债务人不能清偿部分的二分之一。”

限。有观点认为，我国法上越权代表的效力经历了从无效到有效的发展历程，超越经营范围订立合同的效力即其著例，[①] 可将上述越权代表的解释论运用到公司越权担保之中，进而主张公司法定代表人超越了公司章程关于公司担保的授权而订立担保合同，并不当然导致合同无效。[②]

本书作者不赞成这种主张，主要理由在于公司为他人债务提供担保本身并不是公司正常的经营活动（担保公司例外）。公司是依法设立的以营利为目的的社团法人，[③] 除了国家限制经营、特许经营以及法律、行政法规禁止经营规定的业务之外，公司法定代表人可以代表公司从事任何经营行为，并不需要公司章程的特别授权。但公司为他人债务提供担保时，无法从担保合同相对人——担保权人处取得相应对价，在债务人未履行债务时，还要以公司财产为债务人承担代偿责任，由此而决定，公司为他人债务提供担保本身并不具有经营性质或营利性质，背离了公司的设立本旨和存在目的。[④] 有鉴于此，一些国家或地区原则上禁止公司为他人债务提供担保。[⑤] 但我国《商业银行法》规定，商业银行发放的绝大多数贷款必须是担保贷款而不能是信用贷款，[⑥] 如果全面禁止公司为他人债务提供担保，就会使得许多信贷资产无法取得合法的保障，直接影响到信用授受行为的展开。因而，《公司法》在允许公司为他人债务提供担保的前提下，将公司担保行为独立出来，使之不同于公司经营行为，在《公司法》总则中单独进行规定，由此而形成了两种不同的分权机制：就公司的经营行为，完全由股东基于公司章程自由安排，规定于《公司法》关于治理结构的相关各章；就公司的担保行为，关乎

---

① 《最高人民法院关于适用〈中华人民共和国合同法〉若干问题的解释（一）》第 10 条规定："当事人超越经营范围订立合同，人民法院不因此认定合同无效。但违反国家限制经营、特许经营以及法律、行政法规禁止经营规定的除外。"

② 参见冉克平：《论公司对外担保合同的效力》，载《北方法学》2014 年第 2 期。

③ 参见施天涛：《公司法论》（第二版），法律出版社 2006 年版，第 4 页；刘俊海：《现代公司法》（第二版），法律出版社 2011 年版，第 11 页。

④ 参见高圣平：《公司担保相关法律问题研究》，载《中国法学》2013 年第 2 期。

⑤ 我国台湾地区即为著例，参见陈长久：《论公司保证》，载《法令月刊》1981 年第 4 期。

⑥ 《商业银行法》第 7 条第 1 款规定："商业银行开展信贷业务，应当严格审查借款人的资信，实行担保，保障按期收回贷款。"第 36 条规定："商业银行贷款，借款人应当提供担保。商业银行应当对保证人的偿还能力，抵押物、质物的权属和价值以及实现抵押权、质权的可行性进行严格审查。经商业银行审查、评估，确认借款人资信良好，确能偿还贷款的，可以不提供担保。"

公司资产安全和股东利益，对其决策程序作出强行安排，并规定于《公司法》总则章。立法上将公司担保决策机构规定为董事会或者股东（大）会，直接剥夺公司法定代表人未经公司担保决策机构决议而对外签署担保合同的能力，以公司内部机构的民主决策来体现“公司治理的集体决定功能，从根本上遏制公司决定的独裁，扭转肆意担保的混乱局面”。[①] 基于此，本书作者认为传统的越权代表相关理论不能适用于越权担保。

（三）担保权人善意与恶意的判断

担保权人的善意或恶意，对于越权担保行为适用《合同法》第 50 条和《担保法解释》第 11 条的法律后果，具有实质性影响。有观点认为，基于公司章程的性质，其中关于法定代表人代表权限的规定并不具有对抗第三人的效力。在担保权人接受公司提供的担保时，要求其审查担保人的公司章程，既不符合实际，也有违公平，更增加了交易成本，因此，在一般情形下，不能认为担保权人知道或者应当知道公司章程中对法定代表人担保权限的限制。[②] 本书作者不赞同此观点。[③]

首先，担保权人在接受担保时对担保人法定代表人代表权限的关注，是考量其主观方面是否善意无过失的法定重要因素。在公司治理结构中，董事会作为执行机构，享有具体执行公司营业事务的职权，可以对外实施经营行为，签订交易合同。公司为他人债务提供担保已经脱逸出营业事务的范围，即使认为其属于营业事务，也非如一般营业事务一样概括委托董事会行使，而是基于对公司资产安全、股东权利保护的考量，强行将公司担保的决策权分配给股东（大）会在公司章程中作出安排，法律并直接规定在特定情形下仅有股东（大）会才享有决策权。在《公司法》第 16 条之下，无论是公司担保决策机构如何配置，就公司为他人债务提供担保而言，未经有权机构决

① 周伦军：《公司担保的法律解释论》，载陈洁主编：《商法规范的解释与适用》，社会科学文献出版社 2013 年版，第 303 页；华德波：《论〈公司法〉第 16 条的理解与适用——以公司担保债权人的审查义务为中心》，载《法律适用》2011 年第 3 期。

② 参见詹巍、杨密密：《公司越权担保效力之理论与实证分析》，载《金融法苑》2011 年总第 83 辑，中国金融出版社 2011 年版，第 172、174、178 页；冉克平：《论公司对外担保合同的效力——兼评〈公司法〉第 149 条第 3 款》，载《北方法学》2014 年第 2 期。

③ 鉴于实践中担保权人基本上都是商业银行，以下以商业银行为例展开分析。

定，法定代表人依法不享有代表公司的权限，不得对外签订担保合同。[①] 法律既已公布即具有公开宣示效力，[②] 在《公司法》第16条对公司对外提供担保作出法定限制的情况下，担保权人即应知道公司法定代表人并没有未经公司担保决策机构决议而对外签订担保合同的能力。此时，即使不查阅公司章程，担保权人也知道公司为他人债务提供担保，非为法定代表人所能擅自代表。对公司担保的法定限制自然不同于公司章程对法定代表人的权限限制，两者之间不能做同一解释。基于《公司法》第16条的规定，担保权人在接受担保时应善尽审查义务。这不是公司章程对外效力的体现，而是基于法律规定的注意义务。[③] 所谓公司章程不具有对抗第三人的效力，自不能适用于《公司法》已就担保决策程序作出法定限制的情形。

其次，就查阅公司章程本身而言，如果担保人为上市公司，通过网络便可查阅其公司章程，十分便捷；如果担保人为非上市公司，依《公司法》和《公司登记管理条例》的规定，利害关系人可以查询其公司章程。虽然实践中，在工商行政管理部门查询公司章程存在较大的困难，但这仅仅只是关涉登记机关如何改善其服务职能。商业银行在尽职调查或风险控制程序中，除了赴工商行政管理部门查询之外，要求担保人公司自行提交章程是最为普遍的做法。通说以为，担保权人对公司章程及公司担保决策机构的决议仅负形式审查之责。[④] 相关决议“存在的相关瑕疵必须经过鉴定机关的鉴定方能识别，必须经过查询公司工商登记才能知晓、必须谙熟公司法相关规范才能避免因担保公司内部管理不善导致的风险，如若将此全部归属于担保债权人的审查义务范围，未免过于严苛”。[⑤] 只要担保权人善尽注意义务并未发现公司

---

① 参见周伦军：《公司担保的法律解释论》，载陈洁主编：《商法规范的解释与适用》，社会科学文献出版社2013年版，第306页。

② 参见最高人民法院公司法司法解释小组：《最高人民法院关于适用〈中华人民共和国公司法〉若干问题的规定（三）研讨会综述》，载最高人民法院民事审判第二庭：《民商事审判指导》2008年第4辑，人民法院出版社2009年版，第14页。

③ 参见周伦军：《公司对外提供担保的合同效力判断规则》，载《法律适用》2014年第8期。

④ 参见梁上上：《公司担保合同的相对人审查义务》，载《法学》2013年第3期；周伦军：《公司对外提供担保的合同效力判断规则》，载《法律适用》2014年第8期；徐子良：《公司对外担保法律效力的司法认定》，载《人民司法》2009年第14期；华德波：《论〈公司法〉第16条的理解与适用——以公司担保债权人的审查义务为中心》，载《法律适用》2011年第3期。

⑤ 最高人民法院〔2012〕民提字第156号民事判决书。

章程及公司担保决策机构的决议存有瑕疵，并基于此与担保人公司签订担保合同，即使法定代表人在事实上构成越权代表，也不宜认定担保权人“知道或者应当知道其超越权限”，从而构成表见代表，该越权代表行为对公司发生效力。如此，以查询公司章程的困难来否定担保权人的风险控制模式和路径，缺乏正当性。

最后，借贷担保本身就是一项复杂的交易，其交易成本自是高于一般交易，不能以审查公司章程及公司担保决议增加了交易成本而否定相关制度设计的合理性。按照各商业银行的内部风险控制程序，担保人要提供企业法人营业执照副本复印件、法人代表人身份证明书、公司章程、公司担保决议、资产负债表和现金流量表等，以供审查，这就说明担保交易本身的成本就较大。由于《公司法》第 16 条的存在，公司章程的规定不仅成为判断公司担保决议效力的根据，而且将公司章程和公司担保决议引入担保权人的视野，“这样便将一个原本没有经过公示的暗箱里的一部分，通过层层指引而暴露于交易相对人，获得了一个类似于公示的效果，从而一方面赋予相对人必要的注意义务，另一方面此明确规定又减轻了相对人的审查成本。”[①]

综上所述，担保权人在接受担保时没有善尽注意义务，关注公司法定代表人的代表权限，就公司章程、公司担保决议等内部文件进行形式审查，即构成恶意。

三、对金融担保创新的司法态度

近年来，为了“改进和完善中小企业金融服务，拓宽融资渠道，着力缓解中小企业（尤其是小企业）的融资困难，支持和促进中小企业发展”，[②] 中国人民银行、中国银行业监督管理委员会、中国证券监督管理委员会等主管

---

① 郭志京：《中国公司对外担保规则特殊性研究——兼论民法商法思维方式的对立统一》，载《当代法学》2014 年第 5 期。

② 中国人民银行、中国银行业监督管理委员会、中国证券监督管理委员会、中国保险监督管理委员会《关于进一步做好中小企业金融服务工作的若干意见》（银发〔2010〕193 号，2010 年 6 月 21 日）。

部门积极推动了“适合企业需求特点的金融产品和信贷担保模式创新”,[①] 探索开展了土地承包经营权和宅基地使用权抵押贷款业务。[②] 这些金融担保的创新拓宽了金融服务范围，旨在运用多样化的金融工具管理和分散行业风险，但也不可避免地碰到了制度供给不足的问题。例如，我国《物权法》《担保法》对这些金融担保创新方式的效力、公示方式和权利实现的方式等问题没有明确规定，无论在金融信贷实践，还是在司法实践，都面临着不少法律适用上的困难。

（一）金融担保创新品种的类型化

我国金融担保可以分为人的担保和物的担保两种类型。其中，人的担保，是由债务人以外的第三人以其责任财产为主债务的清偿所提供的担保，在主债务不获清偿时，由担保人代为履行债务或承担赔偿责任，其担保的机理在于：通过扩大责任财产的范围，达到增加债权受偿机会的目的；[③] 而物的担保，是指债务人或第三人以其特定的财产为主债务的清偿所提供的担保，在主债务不获清偿时，由担保权人就该特定财产的变价款优先受偿，其担保的机理在于：通过将特定财产从担保人的责任财产独立出来，专门用于特定债务的履行保障，使得担保权人在担保权可得实现之时，可以行使对特定财产的变价权，同时，通过就变价款的优先受偿权，使得担保权人的债权取得强势保护。[④] 担保权人依人的担保所享有的权利，为债权请求权，保证是典型的人的担保；担保权人依物的担保所享有的权利，为担保物权，抵押、质押、留置属于物的担保。[⑤]

在我国物权法之下，物的担保方式受物权法定主义的约束，金融担保只

① 中国人民银行、中国银行业监督管理委员会、中国证券监督管理委员会、中国保险监督管理委员会《关于进一步做好中小企业金融服务工作的若干意见》。

② 中国人民银行、中国银行业监督管理委员会、中国证券监督管理委员会、中国保险监督管理委员会《关于全面推进农村金融产品和服务方式创新的指导意见》（银发〔2010〕198号，2010年5月19日）。

③ 参见郭明瑞：《担保法》，法律出版社2010年版，第2页。

④ 参见高圣平：《担保法论》，法律出版社2009年版，第3页。

⑤ 参见最高人民法院民事审判第二庭新类型担保调研小组：《关于新类型担保的调研：现象·问题·思考》，载最高人民法院民事审判第二庭：《商事审判指导》2012年第4辑（总第32辑），人民法院出版社2013年版，第104～105页。

能在法律规定的担保种类和内容中进行选择，创新较受限制；在契约自由原则之下，人的担保较为自由，当事人之间可以基于其自主的意思加以设定。如此，金融担保创新品种的类型化区分就显得尤为重要。只要创新品种属于人的担保，在没有充分理由的情况之下，就应当认可其效力；但如果创新品种属于物的担保，则只有在其符合物权法定原则的情况下，才能赋予其物权效力。在这一思路之下，金融信贷实践中出现的农户联户担保贷款，由符合一定条件的农户彼此之间提供担保，一旦出现违约，则各户均在约定的范围内承担连带责任，这种创新属于人保方式的创新，其效力应当得到法律的尊重。但像出租车经营权担保贷款，当事人约定以出租车营运证作为担保，如债务人届期不能偿还贷款，由担保权人对出租车经营权进行处分，所得款项用于清偿所担保的债权，这种创新属于物保方式的创新，[①] 其效力则需依据物权法定原则加以判断，如果属于物权法上的担保物权，则应承认其物权效力；如果不属于物权法上的担保物权，则不应承认其物权效力。

“在市场经济条件下，资金的获得是市场主体谋求自身发展的基本条件，而资金安全又是所有信用授予者提供资金的首要条件。因此，要使市场主体能够获得充分的资金，首先要解决的就是提高其融资能力，也就是增加其可用于担保的财产的范围。”[②] 就抵押财产的范围，《物权法》第 180 条第 1 款第 7 项明确规定“法律、行政法规未禁止抵押的其他财产”都可以设定抵押，“使得抵押财产不再受法律规定的种类限制”，[③] 为金融担保创新留下了巨大的空间。虽然《物权法》就出质权利的范围并未采取这种立法方法，仍在第 223 条第 7 项规定，只有“法律、行政法规规定可以出质的其他财产权利”才可以出质，但同条第 6 项规定了“应收账款”可以出质，该词的高度涵盖性为相应的金融担保创新品种提供了一条路径，只要是能够解释为可向他人请求给付一定数额的金钱，就都可以认定为“应收账款”，都可以设定权利质权。金融信贷实践中的主要担保创新品种中的担保财产，如公路收费权、电费或水费的收费权、学费收入、医疗费收入、租金收益、旅游景区收

---

① 就出租车经营权担保创新的分析，参见陈本寒：《新类型担保的法律定位》，载《清华法学》2014 年第 2 期。

② 高圣平：《担保物权编：经济发展的推进器》，载《法制日报》2007 年 3 月 25 日。

③ 邹海林、常敏：《论我国物权法上的担保物权制度》，载《清华法学》2007 年第 4 期。

费权、市政公用行业不动产收益、特许经营权、仓储用户的动产、票据池或应收账款池等同质的物或权利的结合等，大都可以归入“应收账款”之列。

（二）金融担保创新中独立担保的效力

人保部分创新主要涉及的是独立担保的效力。传统担保理论认为，担保权本身具有从属性，依附于主权利。“没有主合同、主债权，担保合同、担保权利就没有了实现的可能和存在的意义。”① 主从关系的存在也就成了担保交易的类型化基础。换而言之，只有具有从属性的权利，才能称之为担保权。准此，脱离了基础交易关系的独立性担保或者独立保函，就已经不是前述担保交易了。“考虑到独立担保责任的异常严格性，以及该制度在使用过程中容易滋生欺诈和滥用权利等弊端，尤其是为避免严重影响或动摇我国担保法律制度体系之基础，全国人大常委会法制工作委员会和最高人民法院在担保法司法解释论证过程中的态度非常明确：独立担保只能在国际商事交易中使用。”② 虽然最高人民法院最终通过的司法解释文本中并未就独立担保的适用范围作出规定，但参与起草者认为：“通过在司法解释稿中对独立担保不予规定的方式来体现如下态度：独立担保只能适用于涉外经济、贸易、金融等国际性的商事交易活动中。”③ 这一理解得到了最高人民法院的肯定，④ 最高人民法院倾向于承认独立担保在国际贸易中具有法律效力，但对于国内贸易中的独立担保采取保守态度。⑤

但是，《担保法》允许当事人就担保合同效力上的从属性作出例外安

---

① 曹士兵：《中国担保制度与担保方法》（第三版），中国法制出版社 2015 年版，第 40 页。

② 王闯：《冲突与创新——以物权法与担保法及其解释的比较为中心而展开》，载最高人民法院民事审判第二庭：《民商事审判指导》2007 年第 4 辑（总第 12 辑），人民法院出版社 2008 年版，第 71 页。

③ 王闯：《理论争鸣与制度创新——关于最高法院担保法解释的若干问题》，载梁慧星主编：《民商法论丛》（总第 19 卷），金桥文化出版（香港）有限公司 2001 年版，第 412 页。

④ 如最高人民法院 2007 年 5 月 30 日的《在全国民商事审判工作会议上的讲话——充分发挥民商事审判职能作用为构建社会主义和谐社会提供司法保障》即指出：“独立担保目前只能在国际商事交易中使用”，“对于独立担保的处理，应当坚持维护担保制度的从属性规则，在主合同有效的前提下，若当事人在非国际商事交易领域约定独立保证或独立担保物权，应当否定担保的独立性，并将其转换为有效的从属性连带保证或担保物权。”

⑤ 曹士兵：《中国担保制度与担保方法》（第三版），中国法制出版社 2015 年版，第 46 页。

排，[①] 最高人民法院的上述司法意见又没有体现在司法解释文本中，直接导致司法实践中法律适用上的问题。一些法院基于该款规定对担保合同从属性的例外约定予以认可。在《担保法》第 5 条第 1 款后段，至少是担保合同效力上的从属性可以通过约定来破除，此为契约自由的当然之意。在解释上，如果双方当事人约定担保合同独立于主合同，这种担保就不属于我国《担保法》和《物权法》中所规定的担保，而是另一个非典型的担保交易，自可因为系列交易而形成惯例，并经由立法而有名化。由欧洲民法典研究组和欧盟现行私法研究组共同编撰的《欧洲示范民法典草案》，[②] 在第四卷“有名合同”之第七编规定了保证合同。该编在规定了保证合同的一般规则（第一章）之后，分两章分别规定了从属保证和独立保证（第二章、第三章），最后规定了消费者提供保证的特别规则（第四章）。《欧洲示范民法典草案》将欧洲各国中的这种非典型保证有名化，直接将之作为与从属保证相并而称的另一种保证形态。[③] 它没有漠视商事实践的发展而固守保证交易的从属性，对于非典型的独立保证交易予以有名化，明定独立保证交易中当事人的主要权利和义务；在体系上，基于从属保证和独立保证的共同属性——担保他人债务的清偿，将这两者作为“保证”之下的亚类型予以定位，这样，使得独立保证成为别异于传统的从属保证的新一类有名合同。这无疑给我们承认独立担保这种非典型担保提供了最新的比较法资料。

应当注意的是，《物权法》第 172 条对《担保法》第 5 条进行了修改，第 172 条第 1 款后段规定“法律另有规定的除外”，即不允许当事人在担保物权方面作出独立于主合同的安排。目前担保物权司法解释起草中面临着上述不同观点带来的困境：一是如何解释《担保法》第 5 条和《物权法》的

---

① 《担保法》第 5 条第 1 款规定：“担保合同是主合同的从合同，主合同无效，担保合同无效。担保合同另有约定的，按照约定。”

② 关于本草案的介绍和评述，参见欧洲民法典研究组、欧盟现行私法研究组：《欧洲示范民法典草案：欧洲私法的原则、定义与示范规则》，高圣平译，中国人民大学出版社 2012 年版，第 3 页以下；陈自强：《欧洲立法发展的新动向》，载陈自强：《整合中之契约法》，2011 年作者自版，第 210 页以下；朱淑丽：《欧盟民法典化研究》，上海人民出版社 2013 年版，第 97 页以下。

③ 应当注意的是，《法国民法典》2006 年修改将“人之担保”区分为“保证”“独立担保”“安慰信”（又译为“意图书”或“意向书”）。但《欧洲示范民法典草案》将有约束力的“安慰信”界定为从属保证，将“备用信用证”作为独立保证的一种形态。参见《欧洲示范民法典草案》第 4.7—1：102 条第（1）款。

172条之间的关系，是一体规定还是分开规定？二是如果仅承认涉外贸易中的独立担保，国内贸易中的独立担保约定无效，那么如何界定所谓的国内贸易和涉外贸易？是直接采取《涉外民事法律关系适用法》上的判断标准，还是要对涉外贸易进行扩大解释？本书作者以为，司法解释中可以一体承认独立担保约定的效力，但专门就其中可能出现的欺诈和滥用权利问题作出相应安排，如此，既尊重了当事人之间的合意和交易习惯，统一了国内和涉外贸易的法律规制，又防免了因独立担保的严厉性所给担保人可能造成的利益失衡。

（三）金融担保创新模式的体系定位

目前，就物保方式的金融创新集中于以新类型财产权利作为担保财产，这些财产权利均为《物权法》及相关法律所未明确规定的标的。司法实践中能否承认其物权效力，相应的法理基础和法律依据又是什么？

以权利作为担保物权的客体，是物权以有体物为客体的一般规则的例外。就权利担保物权的体系地位，我国实定法上做了两种不同的安排，就建设用地使用权以及以非家庭承包方式取得的土地承包经营权作为担保财产时，其上所设定的是抵押权，至于《物权法》第180条第1款第7项“法律、行政法规未禁止抵押的其他财产”中可能包括的“其他财产权利”，在解释上亦仅以不动产权利为限。就所有权和不动产权利之外的财产权利作为担保物时，其上所设定的是质权。由此而形成了权利抵押权和权利质权的分野，两者在公示方法上大相径庭，权利抵押权以登记作为公示方法，且登记为其生效要件；[①] 权利质权以“移转权利凭证”或“权利证书的交付”为公示方法和设立要件，[②] 更多地体现为一种观念上的占有，也就是权利质权人对入质权利的“准占有”，[③] 因为以事实管领力为内容的占有，只能在有体物

① 详细论证，参见高圣平、严之：《海域使用权抵押权的体系定位与制度完善》，载《当代法学》2009年第4期。

② 参见孙宪忠：《中国物权法总论》（第三版），法律出版社2014年版，第314页。

③ 参见蓝蓝、吕凯：《我国权利质权体系的反思与重构》，载《天津大学学报（社会科学版）》2010年第3期。

上成立，权利之上至多只有所谓“准占有”。[①] 学说上以为，“质权为非用益型担保，质权人、出质人均无权就担保物为使用、收益，质权设立后，担保物即被沉淀，但抵押权为用益性担保，抵押人仍可就担保物为使用、收益。”[②] 上述担保创新品种即可沿此思路找到其合适的体系位阶。[③]

例如，在商铺租赁权担保创新模式中，由贷款银行与商铺所有者或管理者进行合作，由商铺所有者或管理者确认商铺租赁权的价值，并限制商户将商铺租赁权以任何形式进行转让、转租或重复质押，为商铺租赁权的担保提供登记或登记备案，如果商户到期不能归还贷款，则由商铺所有者或管理者处置该租赁权，所得价款用于优先清偿商户的贷款。[④] 此类担保在体系定位上就存在争议，有的地方将其界定为质押，有的界定为抵押。在我国权利担保物权二元化的架构之下，权利质权人“以自己所为的意思而行使财产权就视为对该财产权的准占有”，[⑤] 仅就商铺租赁权设定担保之后商户仍然行使该权利的角度，商铺租赁权担保应属于用益型担保，当属抵押权的范畴。但权利抵押权采登记生效主义模式，商铺租赁权担保登记尚无从办理，担保权的成立即成问题。再如出租车经营权担保创新方式中，出租车营运证是经特许所取得的权利，其是不是一种民事权利还值得研究；关键在于：出租车营运证是不是可以转让的权利？担保权实现时的受让人是不是有资格限制？如果以出租车营运证持有人对于各承运司机的应收账款（租赁费）设定质权是不是更具有安全性和创新价值？再如国内保理这种担保创新方式和我国物权法之下的应收账款质押和合同法之下的合同债权转让有什么区别？保理商是否

---

① 参见谢在全：《民法物权论》（修订5版），中国政法大学出版社2011年版，第1135页；史尚宽：《物权法论》，中国政法大学出版社2000年版，第604页；郑玉波：《民法物权》（修订15版），黄宗乐修订，台湾地区三民书局股份有限公司2008年版，第439页。

② 高圣平、严之：《海域使用权抵押权的体系定位与制度完善》，载《当代法学》2009年第4期。

③ 值得注意的是，我国权利质权制度中的股权质权、知识产权质权、应收账款质权等均以登记为其公示方法，而且，质权设定后，出质人仍得行使出质权利，已与传统法上的权利质权不再相容，而更接近于权利抵押。对此，本书作者拟专文讨论，此处不赘。

④ 参见江苏省苏州市中级人民法院课题组：《依法强化司法保障职能，积极服务小微企业新类型融资担保》，载《人民司法》2012年第1期；最高人民法院民事审判第二庭新类型担保调研小组：《关于新类型担保的调研：现象·问题·思考》，载最高人民法院民事审判第二庭：《商事审判指导》2012年第4辑（总第32辑），人民法院出版社2013年版，第94～95页。

⑤ ［日］田山辉明：《物权法》，陆庆胜译，法律出版社2001年版，第151页。

有追索权对这种创新模式的效力认定是否存在影响？在中国人民银行征信中心办理保理登记是不是表明这种担保权的设立？这些问题无疑均需在对金融担保创新品种进行适当的体系定位之后才能解决。[①]

（四）金融担保创新品种的登记问题

金融担保创新中的出质财产权利丰富多样，从登记机关和登记效力上，均难以统一，由此引发的问题是：是否需要规定统一的登记机关？如果不规定统一的登记机关，是否可以采取针对不同性质的财产权益，在不同登记机关分类登记的方式？此类登记是否产生物权的对抗效力？我国《物权法》对权利抵押权、证券债权质权之外的权利质权均采登记（公示）生效主义，上述金融担保创新方式均属于权利担保物权范畴，在规则设计上应本着同一事件作同一处理的法原理，一体规定自登记之日起生效。在方法论上，虽然关于物权法上是否允许类推适用，学界素有不同意见，但本书作者认为，在类型强制上不允许类推适用，亦即当事人不得创设法律不承认的物权，但在类型固定方面可以类推适用，亦即就一个物权类型项下的权利义务关系、构成要件、法律效果、公示程序等没有法律规定时，可以类推适用。[②] 准此，上述金融担保创新方式的公示方式和效力即可类推适用权利担保物权的规定，即未经登记，担保物权不设立。

（五）金融担保创新中非典型担保的效力

对于金融创新中所产生的这些非典型物上担保的效力应当如何认定，目前通说认为非典型担保不具有创设物权的效力，即就所涉标的物而言，债权人不能取得优先于其他债权人的效力，但这并不影响非典型担保合同在债法上的效力。[③] 因而，如果在债务人没有其他债权人的情形下，将因交易所产生的权利认定为物权还是债权在实体处理结果上并无差别。因为只要担保合同有效，债权人就物本身执行的法律效果并无不同，是否具备优先性在单一

---

① 陈本寒教授的《新类型担保的法律定位》（载《清华法学》2014 年第 2 期），以及最高人民法院民事审判第二庭新类型担保调研小组的《关于新类型担保的调研：现象·问题·思考》就各类创新品种展开了细致的分析。

② 参见高圣平：《物权法定主义及其当代命运》，载《社会科学研究》2008 年第 3 期。

③ 参见曹士兵：《对非典型担保的司法态度》，载《人民法院报》2005 年 8 月 31 日；刘贵祥：《物权法关于担保物权的创新及审判实务面临的问题（下）》，载《法律适用》2007 年第 9 期。

债权人下并无意义。而如果存在其他债权人，则会对债权人的权利实现产生实质影响。此时，非典型担保仅具债法效力，而无创设物权效力，并不因此取得标的物上的优先受偿权。从这个意义上说，虽然仅承认非典型担保在债法上的效力，不利于维护债权人的利益，但对于金融创新还是有所保护的。

非典型担保中的一个焦点问题是让与担保的效力问题。让与担保是指债务人或第三人为担保债务的履行，将担保物的所有权移转予担保权人，债务清偿后，担保物应返还予债务人或第三人；债务不获清偿时，担保权人得就该担保物受偿的非典型担保。① 在比较法上，让与担保是实践、判例、学说共同作用的产物，② 其法律构成充满着争议，③ 鲜少有将其成文化者。在《物权法》立法之时，就是否规定让与担保存在争议，最后基于体系背反的考虑，《物权法》中并未规定让与担保。让与担保中让与的“所有权”与《物权法》上所说的所有权不一致，因为《物权法》上所有权是权能最为丰满的权利，而让与担保中的所有权只能起到担保作用，缺乏物上利用价值和实体利益，这也成为主流学者反对让与担保的主要原因。④ 我国实定法上早已突破传统担保物权体系，明文规定了动产抵押制度，可以满足动产担保融资的需求。“原来可以独名成章并可入‘典’的让与担保制度，因为抵押权概念内涵与外延的逐步扩展并最终被‘泛化’而涵盖在了抵押权概念项下。”⑤此时，再将让与担保构造成担保物权，值得慎重考虑。但承认这种非典型担保具有债法上的效力，债权人便可以就标的物变价款受偿（虽然不是优先受偿），债权人的利益就有了保障的路径。

另外一种非典型的担保方式是典当。在我国实定法之下，典当是指典当行收取当物，发放当金，出具当票，当户支付当金利息和费用以赎回当物或

① 参见谢在全：《民法物权论》（修订 5 版），中国政法大学出版社 2011 年版，第 1100 页。

② 参见徐同远：《担保物权论：体系构成与范畴变迁》，中国法制出版社 2012 年版，第 186 页。

③ 参见［日］我妻荣：《新订担保物权法》，申政武、封涛、郑芙蓉译，中国法制出版社 2008 年版，第 544 页以下。

④ 详细分析参见高圣平、张尧：《中国担保物权制度的发展与非典型担保的命运》，载《中国人民大学学报》2010 年第 5 期。

⑤ 董学立：《也论“后让与担保”——与杨立新教授商榷》，载《中国法学》2014 年第 3 期。

者弃赎绝当的经营活动。[①] “以物质钱”“因物称信”的特色，使典当行一方面不在乎当户的信用状况，降低了征信成本；另一方面典当行在对典当物鉴价之后即可放款，手续简便迅速且无额度限制，在一定程度上弥补了融资渠道的不足。[②] 典当交易在当事人、交易结构、权利实现等诸方面均不同于贷款担保交易，具有自己的特征。仅就低价值当物的绝当处理规则而言，当物绝当后，典当行可以直接取得当物的所有权，就其不足清偿的部分，不得向当户追偿；就其超过债权的部分，亦不负返还于当户的义务。[③] 但这一规则明显与《物权法》禁止流质契约的规定[④]之间存在冲突。在物权法定之下，典当行的权利多被界定为担保物权，该规则因违反物权法定之“类型固定”而无效，典当行因典当业务所产生的对当物的“支配”关系不再属于物权关系，[⑤] 直接增加了典当行的交易风险和交易成本。那么，如何突破现有框架，使作为典当权在担保物权体系之中找到一席之地？在物权法定原则之下，如果将典当权界定为质权或抵押权，则其允许流押、流质的内容与《物权法》的规定不合；如果将典当权界定为不同于质权或抵押权的新类型担保物权，则其内容可以另行规定，从而流质契约的规定与《物权法》的规定并不抵触，但现行《典当管理办法》是商务部和公安部联合发布的行政规章，通说上认为不属于物权法定之“法”的范畴，[⑥] 自无权限规定一种新类型的物权。国务院拟制定《典当行管理条例》，在这一行政法规中就典当权作出规定，

---

① 《典当管理办法》（商务部、公安部2005年第8号令）第3条规定：“本办法所称典当，是指当户将其动产、财产权利作为当物质押或者将其房地产作为当物抵押给典当行，交付一定比例费用，取得当金，并在约定期限内支付当金利息、偿还当金、赎回当物的行为。”

② 参见汪琼枝、高圣平：《典当立法中若干争议问题探究》，载《武汉金融》2010年第6期。

③ 《典当管理办法》第43条第（2）项规定：“绝当物估价金额不足3万元的，典当行可以自行变卖或者折价处理，损溢自负。”

④ 《物权法》第211条规定：“质权人在债务履行期届满前，不得与出质人约定债务人不履行到期债务时质押财产归债权人所有。”流质契约，是当事人双方在设立担保物权时约定，当债务人不履行债务时，由债权人取得担保物所有权的合同。债务人举债多处于急迫窘困境地，债权人可利用之迫使债务人以高价之物供作较小债权担保，图谋债务人清偿不能时不经任何程序而取得担保物的所有权，牟取非分利益。因此，流质契约因不利于双方当事人利益的实现与平衡，而受到罗马法以降多数国家立法例所禁止。

⑤ 参见邹海林、常敏：《论我国物权法上的担保物权制度》，载《清华法学》2007年第4期。

⑥ 参见高圣平：《典当的性质与流质契约的效力》，载氏著：《物权担保新制度新问题理解与适用》，人民法院出版社2013年版，第297页。

但行政法规是否可以创设一种新类型物权，仍存争议。[①] 本书作者以为，结合我国目前的立法现状，某一新类型权利要通过法律确定为物权，必将经过漫长的立法程序。将物权法定主义之“法”扩大到包括行政法规、司法解释在内，有利于及时对新类型物权类型予以确认，不失为权宜之计。如此，国务院通过制定《典当行管理条例》，创设一种新的物权种类——典当权，即可解决实践中的许多问题。就这一新类型物权，行政法规中当然可以作出不同于《物权法》上担保物权规则的制度设计，如承认一定范围内的流质契约的有效性，既可以反映典当行业特点、节约交易成本，也可以因不属于《物权法》中的质权而不受流质契约的限制。在国务院出台《典当行管理条例》之前，最高人民法院自可在司法解释中作出相应规定。

四、人保与物保并存时的责任承担机制

商事实践中，债权人总是尽可能地保障商事活动的安全顺畅，因此，多重担保渐成常态。[②] 此际，共同担保规则的设计应当便利于担保权人行使权利，同时顾及担保人之间的利益平衡。根据《物权法》第176条的规定，如果债权人既有保证人又有物上保证人，如无例外约定，债权人既可以选择向保证人主张保证责任，也可以选择向物上保证人主张物上担保责任，被选定的担保人应该承担全部的担保责任。在司法解释起草过程中，争议的焦点主要在于，在主债务人届期不履行债务时，债权人选择权的行使是否应受到保证人承担保证责任方式的限制？债权人行使担保权使其债权得以满足之后，

---

① 参与物权立法的专家认为，物权法定主义的“法”仅指全国人大及其常委会通过的法律，参见全国人大常委会法制工作委员会民法室：《〈中华人民共和国物权法〉条文说明、立法理由及相关规定》，北京大学出版社2007年版，第6～7页。崔建远教授认为适当扩大物权法定主义的“法”的范围，将行政法规包含其中，具有现实意义，参见崔建远：《物权：规范与学说——以中国物权法的解释论为中心》，清华大学出版社2011年版，第26～27页；刘保玉教授认为宜采物权法定缓和说，许可行政法规、司法解释对新类型物权作出规定，参见刘保玉：《物权法学》，中国法制出版社2007年版，第63页。

② Almudena de la Mata Muñoz, *Typical Personal Security Rights in the EU*, Tübingen: Mohr Siebeck, 2010, p. 227.

承担了担保责任的担保人是否可向其他担保人求偿？[①]

（一）保证方式在人保与物保并存时责任承担中的意义

我国《担保法》将保证方式区分为一般保证和连带责任保证，其中，一般保证人享有先诉抗辩权（或称检索抗辩权），担保权人非就主债务人的责任财产强制执行，不得向一般保证人主张保证债权。[②] 在人保与第三人提供的物保并存的情形下，我国《物权法》第176条规定，在当事人之间没有特别约定时，担保权人有选择向保证人和物上保证人主张担保权利的自由。有学者认为，这一规则“非常粗略地忽视了一般保证下保证人的先诉抗辩权，违背了保证责任的补充性与独立性立法原理”，“应体现一般保证人的先诉抗辩权及担保债务的补充性”，[③] “若人的担保属于一般保证，且保证人行使先诉抗辩权，则其结果仍然是物的担保优先”，[④] 并建议增加一般保证与物上保证并存时债权人同时主张保证责任和物上保证责任的前提条件，即“保证人承担一般保证责任的，债权人未先行向债务人请求实现债权，在主合同纠纷未经审判或者仲裁，并就债务人财产依法强制执行仍不能履行债务前，债权人不得同时要求就物的担保实现债权和要求保证人承担保证责任”。[⑤]

本书作者以为，债权人的选择权与保证人的先诉抗辩权是不同层次的两个问题。债权人选择权所欲解决的是，在人保与第三人提供的物保并存时，债权人向谁主张担保责任的问题，反映的是保证人与物上保证人之间的关系；而保证人的先诉抗辩权是出现于债权人向一般保证人主张保证责任时保证人行使其请求债权人先向主债务人主张权利的情形，反映的是保证人与主债务人之间的关系。保证债务仅对于主债务具有补充性，对物上保证并不存

---

① 就保证人和物上保证人的责任顺序，《物权法》第176条前段已经作出安排，相关争议参见高圣平：《混合共同担保之研究》，载《法律科学》2008年第2期，此处不赘。

② 参见《担保法》第17条。

③ 徐磊：《同一债权上保证与物的担保并存之法律分析——兼评〈担保法〉第28条与〈担保法解释〉第38条及〈物权法〉第176条》，载《法学杂志》2008年第3期。

④ 王保民：《〈物权法〉第一百七十六条适用中的三个重要问题》，载《社科纵横》2009年第6期。

⑤ 郭振兰：《物之担保和人之担保并存时责任效力规则的反思与重构》，载《南京社会科学》2013年第6期。

在所谓补充性，[①] 因此，在债权人主张保证债权时，保证人仅得主张债权人先就主债务人的责任财产主张权利，而不得主张债权人先就第三人所提供的物上保证行使其担保物权。准此，在人保与第三人提供的物保并存时并存时，规则的设计无须考虑保证人承担保证责任的方式，债权人的选择权与保证人的抗辩权之间不生抵牾。在第三人提供的一般保证和第三人提供的物保并存的情况之下，如无特别约定，债权人自得选择向保证人或物上保证人主张权利，当其向保证人主张保证债权时，先诉抗辩权并未抛弃或消灭的，保证人自得行使先诉抗辩权，要求债权人先就主债务人的责任财产主张权利。但此时仅构成主债务人的责任财产优先，并不构成物的担保优先。

但应注意的是，在第三人提供的一般保证和第三人提供的物保并存时，债权人选择权虽然不能对抗保证人的先诉抗辩权，但基于保证人行使先诉抗辩权对债权人权利实现的影响，债权人不得不先向没有先诉抗辩权的物上保证人主张权利。[②] 但是，这并不足以使得人保与物保并存时的责任承担规则就此作出强行安排，干预当事人之间的行为自由。更何况，从我国各商业银行公布的示范借款担保合同文本来看，几无约定保证人承担一般保证责任的情形，此际，不考虑保证人承担保证责任的方式，不会造成对一般保证人权利保护的失衡。因此，在无相反安排的情况下，保证人与物上保证人对担保债务连带负责，债权人的选择权并不因保证方式之不同而受到限制。就此而言，《物权法》第 176 条对“人的担保”不加区分，不考虑一般保证的特殊情形，并无不妥。

（二）担保人之间的求偿权

在人保与第三人提供的物保并存的情形下，如被选定的担保人承担了担保责任，主债务消灭，其他担保法律关系也随之消灭，其他担保人的担保责任也就得以免除。接下来的问题是，被选定的担保人承担了担保责任之后，其权利如何保护？被选定的担保人承担担保责任后，是否可以要求其他担保人来分担损失？这是目前争议的最主要的焦点。

《担保法解释》第 38 条第 1 款明确规定了担保人之间的内部求偿关系，

---

① 参见史尚宽：《债法各论》，中国政法大学出版社 2000 年版，第 911 页。

② 参见孙毅：《混合共同担保法律问题之思考》，载《月旦民商法》2009 年第 24 期。

但是《物权法》第176条仅提及“提供担保的第三人承担担保责任后，有权向债务人追偿”，并未承认担保人之间的求偿权。本书作者曾经撰文就担保人之间的求偿权进行论证，[①] 但受到了部分学者的质疑，本文在此作统一的回应。

第一，反对的主要理由在于，认为承认担保人之间的求偿关系欠缺法理基础。[②] 论者认为，“由于各担保人没有共同担保的意思表示，相互之间并非当然的共同担保关系，更不能将各自的担保责任因担保人的复数而简单推定为连带担保责任”，[③] 不宜将并存的人保与物保看作是连带共同债务，[④] 也不能依不真正连带责任理论来合理地解释保证人与物上保证人之间的求偿关系。[⑤]

本书作者认为，在论证担保人之间的求偿关系时，学者间多以连带债务或不真正连带债务为其理论基础。[⑥] 人保和物保并存时，各担保人之间如无约定，在表面上看来确实不存在任何法律关系，但“为同一债务担保”的共同目标实际上已经使他们之间建立了联系。在解释上，债权人对于物上保证人所享有的是就担保物优先受偿的物上请求权，并不是债务履行请求权。由此，物上保证人对于债权人也就并不负有债务，自不会与保证人负同一债务，从而并无成立连带债务的可能。保证人与物上保证人之间并非连带债务人，亦非不真正连带债务人。但是，因为同一债务提供担保的事实而使各担保人与债权人之间构成担保之连带或竞合，[⑦] 这也是债权人在主张担保权利时可以就保证人和物上保证人之间享有选择权的逻辑前提。这一“担保之连带”并无须当事人作出约定，也并不意味着各担保人之间构成相互担保或者

---

① 高圣平：《混合共同担保之研究》，载《法律科学》2008年第2期。

② 参见胡康生主编：《中华人民共和国物权法释义》，法律出版社2007年版，第381～382页。

③ 王昌颖：《人保与物保并存时担保人之间追偿权初探——对物权法第一百七十六条的比较分析》，载《人民法院报》2013年4月3日。

④ 参见李红建、雷新勇：《人保与第三人物保的相互追偿及担保物权未设立的责任问题探讨》，载《法律适用》2014年第8期。

⑤ 参见李红建、雷新勇：《人保与第三人物保的相互追偿及担保物权未设立的责任问题探讨》，载《法律适用》2014年第8期。

⑥ 程啸：《混合共同担保中担保人的追偿权与代位权——对〈物权法〉第176条的理解》，载《政治与法律》2014年第6期。

⑦ 参见郑冠宇：《再论担保之竞合》，载《山东科技大学学报（社会科学版）》2010年第5期。

反担保。在大多数国家，通说认为，数个从属保证人在不存在特别协议且为同一债务提供担保的情况下，一般要像连带债务人那样负担内部责任，[①] 多数连带债务人之间的求偿规则也适用于多数保证人之间，因为所有保证人的处境是一样的。[②] 多数保证人之间的内部求偿规则同样适用或类推适用于物上保证人。[③]《欧洲示范民法典草案》也因此而明定了保证人与物上保证人对于债权人的担保连带关系以及相互之间的求偿关系。[④]

在法理上，还有另外一个论证路径。满足了债权人权利主张请求的担保人，可以代位行使债权人对债务人的权利，包括该债务人为该债务所设定的担保权利。此即所谓担保人的代位权。[⑤] 求偿权人在求偿范围内才代位承受债权人的权利，求偿权人对于其他担保人在求偿范围内，成立多数各别之债，求偿权人不得因其承受债权人的权利而对其他担保人主张全部给付请求权。

第二，反对的第二个理由在于，认为承认担保人之间的求偿关系有违当事人的真实意思。各自独立的担保人之本意在于承担全部担保责任，彼此之

---

① Study Group on a European Civil Code，Research Group on EC Private Law（Acquis Group.），*Principles，Definitions and Model Rules of European Private Law：Draft Common Frame of Reference*（*DCFR*），*Full Edition*，*Volume* 3. Munich：sellier European law publishers GmbH，2009，p. 2563.

② Study Group on a European Civil Code，Research Group on EC Private Law（Acquis Group.），*Principles，Definitions and Model Rules of European Private Law：Draft Common Frame of Reference*（*DCFR*），*Full Edition*，*Volume* 3. Munich：sellier European law publishers GmbH，2009，p. 2558.

③ Study Group on a European Civil Code，Research Group on EC Private Law（Acquis Group.），*Principles，Definitions and Model Rules of European Private Law：Draft Common Frame of Reference*（*DCFR*），*Full Edition*，*Volume* 3. Munich：sellier European law publishers GmbH，2009，p. 2565.

④ 《欧洲示范民法典草案》第 9—7：108 条（多数担保人的连带责任）规定：（1）数个担保物权担保同一债务或某一债务中的相同部分的，担保权人可以选择行使任一、数个或所有担保物权以满足其债权。相应地适用第 4.7—1：105 条（多数保证人：对债权人的连带责任）的规定。（2）除一个或多个担保物权之外，还有一人或多人提供了保证的，准用本条第（1）款的规定。第 9—7：109 条（物上保证人的求偿权）规定：担保债务已通过对担保人的财产实现担保物权得以清偿的，数个物上保证人之间或物上保证人与保证人之间的求偿权，以及担保人对债务人的求偿权，准用第 4.7—2：113 条（保证人履行保证义务之后的权利）、第 4.7—1：106 条（多数保证人：内部求偿权）及第 4.7—1：107 条（多数保证人：对债务人的求偿权）的规定。

⑤ 就我国《担保法》和《物权法》上是否承认担保人的代位权，尚存争议。参见程啸、王静：《论保证人追偿权与代位权之区分及其意义》，载《法学家》2007 年第 2 期。

间并无连带负责及向其他担保人求偿的意思，硬性地令每位担保人连带负责，实际承担担保责任后再向其他担保人追偿，不符合意思自治的原则。[①]承认保证人与物上保证人之间的求偿关系“是以毫无理论根据侵犯其余担保人权益为前提的利益平衡，法律强行地在各个担保人为债权人提供担保时在担保人之间也设立了互相担保。”[②] 担保人在提供担保时就明知其承担担保责任后对债务人的求偿权存在风险，令全体担保人共同分担这种风险并无根据。[③]

本书作者以为，在各自独立提供担保的情形之下，每个担保人根据各自的约定分别承担全部的担保责任，但在担保人得知还有其他担保人时，其真实意思又是什么？难道还是自己完全独自承担担保责任，别的担保人不承担担保责任吗？难道不是：“因为还存在其他担保人，我肯定不会承担全部的担保责任”？此时，承担担保人之间的求偿关系，让他们共同分担风险，并没有超出各担保人提供担保时的预期，因为每个担保人所承担的担保责任均小于其在提供担保时所意欲承担的担保责任。此际，又何来“侵犯其他担保人权益”一说？那是不是说只有其他担保人一点责任没有，把自己是否承担责任完全取决于债权人的选择，才是符合所有当事人的意愿？正如《欧洲示范民法典草案》的起草者所言，“‘一切’责任均由最先履行的保证人承担，而其他保证人并不负担任何责任，是专断的、不公正的。”[④] 在债权人需要向担保人主张权利的时候，债务人的清偿能力实值怀疑，某一担保人承担了担保责任之后，在向债务人求偿之前，可能希望向其他担保人求偿，因为他们

---

① 参见崔建远：《物权：规范与学说——以中国物权法的解释论为中心》，清华大学出版社 2011 年版，第 753 页；

② 江海、石冠彬：《论混合共同担保——兼评〈物权法〉第 176 条》，载《海南大学学报人文社会科学版》2012 年第 3 期。

③ 参见胡康生主编：《中华人民共和国物权法释义》，法律出版社 2007 年版，第 381 页；尹田：《物权法》，北京大学出版社 2013 年版，第 509 页。

④ Study Group on a European Civil Code，Research Group on EC Private Law（Acquis Group.），*Principles，Definitions and Model Rules of European Private Law：Draft Common Frame of Reference*（DCFR），*Full Edition，Volume* 3. Munich：sellier European law publishers GmbH，2009，pp. 2565－2566.

的财务状况可能比债务人更好一些。[①] 债权人的自由选择和担保人之间的风险分担，是有内在关联性的制度构成要素，不可任意取舍。既然我国《物权法》允许债权人任意选向保证人或物上保证人主张权利，又不规定担保人间可透过求偿权分担风险，是规则上的不协调。[②] 基于保证人与物上保证人的平等地位，由二者合理分担风险才符合公平原则。[③]

在比较法上，各自独立的担保人之间是否存在“担保之连带”，各国的处理并不一致。[④] 例如，在英国，各自独立的担保行为，各自独立承担担保责任。[⑤] 在意大利，各自独立的保证人无意实现共同利益时，多数保证人的责任是可分的，然而，承担了责任的保证人可以代位行使债权人对其他保证人的权利。[⑥] 有些国家无视缔约情形，推定各自独立的保证人之间承担连带责任，无论保证人是否共同行动，也无论他们是否知道其他保证人是否存在，均应适用连带责任的一般规则，[⑦] 类似的推定也存在于法国、比利时和

---

① Study Group on a European Civil Code，Research Group on EC Private Law（Acquis Group.），*Principles，Definitions and Model Rules of European Private Law：Draft Common Frame of Reference*（*DCFR*），*Full Edition*，*Volume* 3. Munich：sellier European law publishers GmbH，2009，p. 2682.

② 参见孙毅：《混合共同担保法律问题之思考》，载《月旦民商法》2009 年第 24 期。

③ 孙鹏：《论保证与物的担保并存时之责任——兼析债权人担保维持义务之确立》，载《月旦民商法》2007 年第 16 期。

④ Study Group on a European Civil Code，Research Group on EC Private Law（Acquis Group.），*Principles，Definitions and Model Rules of European Private Law：Draft Common Frame of Reference*（*DCFR*），*Full Edition*，*Volume* 3. Munich：sellier European law publishers GmbH，2009，p. 2550.

⑤ Geraldine Mary Andrews and Richard Millet，Law of Guarantees，4th edition，London：Sweet & Maxwell，2005，4—011.

⑥ Study Group on a European Civil Code，Research Group on EC Private Law（Acquis Group.），*Principles，Definitions and Model Rules of European Private Law：Draft Common Frame of Reference*（*DCFR*），*Full Edition*，*Volume* 3. Munich：sellier European law publishers GmbH，2009，p. 2550.

⑦ 参见《德国民法典》第 769 条、《荷兰民法典》第 7：850 条第 3 项、第 6：6 条第 2 项、《奥地利民法典》第 1359 条、《瑞士商法典》第 10 章第 11 条。Study Group on a European Civil Code，Research Group on EC Private Law（Acquis Group.），*Principles，Definitions and Model Rules of European Private Law：Draft Common Frame of Reference*（*DCFR*），*Full Edition*，*Volume* 3. Munich：sellier European law publishers GmbH，2009，p. 2554.

卢森堡等罗曼语系国家。[①] 在《欧洲示范民法典草案》起草过程中，学者们大多认为，各个担保合同订立的场合或时间的差异，对担保人之间的内部关系的确定没有影响。实际上，所有担保人的处境是一样的：他们都是主债务履行的担保人，应当分担同样的风险。[②] 该草案第 4.7－1：105 条（多数保证人：对债权人的连带责任）第（1）款因此规定“这一规定也适用数个保证人分别独立地提供担保的情形。”该条规定因第 4.7－1：106 条而适用于保证人与物上保证人之间，亦即：即使保证人与物上保证人分别独立地提供担保的，亦应对债权人连带负责，彼此之间也存在求偿关系。

第三，反对的第三个理由在于，认为担保人之间的求偿关系不能类推适用共同保证的相关规则。在共同保证的情形，如各保证人之间没有约定保证份额，则个保证人之间存在连带关系，应担保权人的请求承担了保证责任的保证人，有权要求其他保证人清偿其应当承担的份额。[③] 论者认为，人保与物保性质完全不同，两者之间不宜通约。物保将担保责任限定于特定物，意在“将债权人的追索止步于特定物，从而阻断在自身之外”。担保权人对保证人享有的是（保证）债权，对第三人享有的是担保物权，两者之间权利性质不同，而“在义务内容上，保证人是直接履行给付义务，物上保证人是协

---

① 参见《法国民法典》第 2302 条。Study Group on a European Civil Code，Research Group on EC Private Law（Acquis Group.），*Principles*，*Definitions and Model Rules of European Private Law*：*Draft Common Frame of Reference*（DCFR），*Full Edition*，*Volume* 3. Munich：sellier European law publishers GmbH，2009，p. 2554.

② Study Group on a European Civil Code，Research Group on EC Private Law（Acquis Group.），*Principles*，*Definitions and Model Rules of European Private Law*：*Draft Common Frame of Reference*（*DCFR*），*Full Edition*，*Volume* 3. Munich：sellier European law publishers GmbH，2009，p. 2550.

③ 《担保法》第 12 条规定：“同一债务有两个以上保证人的，保证人应当按照保证合同约定的保证份额，承担保证责任。没有约定保证份额的，保证人承担连带责任，债权人可以要求任何一个保证人承担全部保证责任，保证人都负有担保全部债权实现的义务。已经承担保证责任的保证人，有权向债务人追偿，或者要求承担连带责任的其他保证人清偿其应当承担的份额。”《担保法解释》第 19 条规定：“两个以上保证人对同一债务同时或者分别提供保证时，各保证人与债权人没有约定保证份额的，应当认定为连带共同保证。”（第 1 款）“连带共同保证的保证人以其相互之间约定各自承担的份额对抗债权人的，人民法院不予支持。”（第 2 款）第 20 条规定：“连带共同保证的债务人在主合同规定的债务履行期届满没有履行债务的，债权人可以要求债务人履行债务，也可以要求任何一个保证人承担全部保证责任。”（第 1 款）“连带共同保证的保证人承担保证责任后，向债务人不能追偿的部分，由各连带保证人按其内部约定的比例分担。没有约定的，平均分担。”（第 2 款）

助债权人实现担保物权的义务”。[①] 将两者等同起来，使保证人与物上保证人互负债务，“物保对物上保证人而言将失去屏障作用”，物保与人保就没有区别，物保就是人保。[②] 更有论者指出：“这样的制度设计本身就是缺乏法学理论根据的，因为在多个保证人共存的情形下，如果没有额外约定，每个保证人各自都对全部债务承担保证责任，但仅凭各个保证人对同一债务的债务承担担保责任而推定保证人之间连带，从法律逻辑上显然是说不过去的。”并进而认为：“《担保法》第 12 条共同保证制度中当事人无约定则推定保证人内部连带关系、肯定追偿这两个与《物权法》第 176 条立法精神相冲突的法律规则从实质解释的立场出发，应当作失效的理解。”[③]

本书作者以为，就担保债权实现而言，人保与物保并无实质上的区别，保证人与物上保证人均系以自己的责任财产为债权提供担保，只不过前者提供一般担保，后者提供特别担保而已；债权人均是就担保人的责任财产主张权利，只不过就物上保证人的特定责任财产可以主张优先受偿而已，债权人向保证人主张保证债权，并非就保证人自身主张权利，满足债权的也只能是保证人责任财产的变价款。更何况，信贷实践中多以担保财产能足额清偿债务为前提，保证人与物上保证人的担保范围并无区别，所谓“物保对物上保证人而言将失去屏障作用”仅出现于物上保证人提供不足额担保而言，实无普遍价值。“在实现担保的功能上，物的担保与人的担保并不存在优劣之分，它们被认为是等效的。”[④] 准此，在法律上对人保、物保并存时的担保人求偿关系未作规定的情况下，类推适用共同保证的相关规则并无障碍。在欧洲，

---

① 李红建、雷新勇：《人保与第三人物保的相互追偿及担保物权未设立的责任问题探讨》，载《法律适用》2014 年第 8 期。

② 参见李红建、雷新勇：《人保与第三人物保的相互追偿及担保物权未设立的责任问题探讨》，载《法律适用》2014 年第 8 期。

③ 江海、石冠彬：《论混合共同担保——兼评〈物权法〉第 176 条》，载《海南大学学报人文社会科学版》2012 年第 3 期。作者并专门探讨以《物权法》第 176 条的规则修改《担保法》上共同保证人之间的求偿规则。参见石冠彬、江海：《论共同保证法律规则的重构——兼评〈物权法〉第 176 条》，载陈小君主编：《私法研究》（第 16 卷），法律出版社 2014 年版，第 44 页以下。

④ 薛军：《论“提供担保”义务的履行规则》，载《法学》2006 年第 4 期。

大多数学者认为物上保证人和保证人应作同等对待。[①] 在法国、英格兰、芬兰、比利时法上，物上保证人和保证人地位相当，应负担连带责任；在德国和西班牙法上，由于债务或权利内容不同，保证人和物上保证人之间在技术上不认为是连带债务人，但法院将其认定为不真正连带债务，也达到了同样的效果。[②]《欧洲示范民法典草案》第 4.7—1：105 条（多数保证人：对债权人的连带责任）第（2）款明确规定，保证人与物上保证人并存时准用多数保证人时的规则。

人保、物保并存时的制度构成必须具有内部协调性，包括规则本身的协调性和相关制度之间的协调性，如与共同保证、共同抵押、连带债务等之间应保持协调。“这些制度中的一些规则可以相互援用。”[③] 欧洲统一法上的发展无疑证明了这一点。《欧洲示范民法典草案》上就多数担保人之间的内外部关系做了一体处理，规定保证人之间、保证人与物上保证人之间的求偿关系的第 4.7—1：106 条、[④] 规定物上保证人之间求偿关系第 9—7：109 条，[⑤] 与规定连带债务人之间求偿关系的第 3—4：107 条做到了体系上的一致。现在的关键是，是均承认担保人之间的求偿关系，还是均不承认担保人之间的

---

① Study Group on a European Civil Code，Research Group on EC Private Law (Acquis Group)，*Principles，Definitions and Model Rules of European Private Law：Draft Common Frame of Reference* (*DCFR*)，*Full Edition*，*Volume* 3. Munich：sellier European law publishers GmbH，2009，p. 2553.

② Study Group on a European Civil Code，Research Group on EC Private Law (Acquis Group)，*Principles，Definitions and Model Rules of European Private Law：Draft Common Frame of Reference* (*DCFR*)，*Full Edition*，*Volume* 3. Munich：sellier European law publishers GmbH，2009，pp. 2555—2556.

③ 孙毅：《混合共同担保法律问题之思考》，载《月旦民商法》2009 年第 24 期。

④ 《欧洲示范民法典草案》第 4.7—1：106 条（多数保证人：内部追偿权）第 1 款规定：保证人之间或保证人与物上保证人之间的追偿权，适用第 3—4：107 条（连带债务人之间的追偿）的规定。

⑤ 《欧洲示范民法典草案》第 9—7：109 条（物上保证人的追偿权）规定：担保债务已通过对担保人的财产实现担保物权得以清偿的，数个物上保证人之间或物上保证人与保证人之间的追偿权，以及担保人对债务人的追偿权，准用第 4.7—2：113 条（保证人履行保证义务之后的权利）、第 4.7—1：106 条（多数担保人：内部追偿权）及第 4.7—1：107 条（多数担保人：对债务人的追偿权）的规定。

求偿关系。[①] 本书作者认为，在承认保证人与物上保证人的担保连带关系之下，在体系贯通之下，相关规则更应与连带债务相一致，保证人与物上保证人之间的求偿关系自然迎刃而解。

综上，保证人与物上保证人之间法律地位平等，即双方应平等（绝非数量上平等）的承担责任。[②] 如果不承认物上保证人或保证人之间的求偿权，则最容易导致道德风险，这显然是违反制度设计初衷的。因而，应当承认物上保证人或保证人之间的求偿权。

五、小结

《物权法》上担保物权规则的不明晰，给担保物权司法解释的起草提供了正当性。在当下，司法解释的功用已经不再局限于提供裁判规范，以统一司法适用，其中相关规则的设计关涉当事人之间的权利义务的明确分配，必将影响到当事人之间的担保交易行为，自应慎重斟酌。正如学者所言："担保市场的法律规制，必须坚持效率与安全并重的价值取向。在处理安全与效率的关系时，应充分考虑安全与效率的平衡。"[③] 在兼顾安全与效率的前提下，具体规则的设计更应做好担保交易当事人之间的利益平衡，既要考虑到担保权人为保全自己的权利所作出的努力，又要考虑到保证人或物上保证人无偿提供担保的特点。

---

① 不过，也有学者从解释论的立场出发，认为共同保证人或共同抵押人之间存在内部求偿关系，保证人与物上保证人之间不存在内部求偿关系。参见崔建远：《物权：规范与学说——以中国物权法的解释论为中心》，清华大学出版社 2011 年版，第 753～754 页。

② 参见程啸：《混合共同担保中担保人的追偿权与代位权——对〈物权法〉第 176 条的理解》，载《政治与法律》2014 年第 6 期。

③ 许明月：《论现代担保市场法律规制的理念与模式》，载《中国法学》2013 年第 6 期。

民法典担保物权法编纂：问题与展望[①]

本次中国民法典编纂，在担保物权的主类型上应增加让与担保，在亚类型上应增加营业质权。就章节体系安排而言，中国民法典在维系目前的结构之下增加让与担保权一章，并将其置于法定担保物权留置权之前；在抵押权章内部的分节亦应相应调整。在担保财产的范围上，应明确规定土地承包经营权、土地经营权、宅基地使用权以及海域使用权可以抵押，同时对权利质权的范围采正面列举与反面排除相结合的立法方法。股权质权、知识产权质权、应收账款质权等质权的设定应改采登记对抗主义，以与动产抵押权相统一；同时应构建统一的动产融资登记公示制度，以建立统一的优先受偿次序。在担保物权的特性上，民法典编纂之时亦应作出相应修正，即承认当事人可依约定突破担保物权的从属性；明确代位物并不仅限于金钱，且物上代位所取得的法定质权与原担保物权顺位相同；认可抵押物可自由转让，并承认抵押权的追及效力。就担保物权的实行方式，应在对担保物权人课以强制性清算义务的前提下承认流质契约的效力，同时在公的实行上增设强制管理的方式。

① 本文原载《清华法学》2018 年第 2 期。

一、问题的提出

《中共中央关于全面推进依法治国若干重大问题的决定》提出要“加强市场法律制度建设，编纂民法典”。这为我国未来民事立法工作指明了方向，[①] 也为民法的法典化提供了绝佳的政治环境和坚实的意识形态基础。[②] 虽然我国最高立法机关庄严宣告中国特色社会主义法律体系已经形成，[③] 但民事立法的阶段性、经验性、局限性、简略性特征决定了，我国民法自始无法做到以市民社会为基础、以意思自治为理念的系统构造。[④] 如此，在民法典编纂过程中，如何对现行散乱的民事规范进行全面整理，就成了绕不过去的一个话题。

在民法总则立法已经完成的情况下，民法典各分编的起草工作已经启动。在现行民事单行法之中，担保法是最活跃的领域，在现代经济体系中扮演着不可或缺的角色，借由担保法制以创造信用、降低授信风险，乃是现代社会中拓展经济活动的一大手段。[⑤] 我国担保法制的演进在一定程度上证成了法律因经济而动的基本规律。1981 年《经济合同法》和 1986 年《民法通则》仅对担保制度做了基本规定，内容相当简略，与当时的商品经济发展状况相适应。随着社会主义市场经济的发展，起着保障信贷和商品交易的安全基本作用的担保制度愈发重要。[⑥] 为应对日益严重的“三角债”问题，1995 年《担保法》对保证、抵押、质押、留置、定金等担保方式做了具体规定，初步形成了中国特色的担保法制。2007 年《物权法》在《担保法》的基础

---

① 参见王利明：《民法典的时代特征和编纂步骤》，载《清华法学》2014 年第 6 期。

② 参见朱广新：《超越经验主义立法：编纂民法典》，载《中外法学》2014 年第 6 期。

③ 2011 年 3 月 10 日，全国人大常委会委员长吴邦国在一年一度的全国人民代表大会常务委员会工作报告中宣布，截至 2010 年年底，一个立足中国国情和实际、适应改革开放和社会主义现代化建设需要，由多层次法律规范构成的中国特色社会主义法律体系已经形成。

④ 参见王利明：《民法典的时代特征和编纂步骤》，载《清华法学》2014 年第 6 期；朱广新：《超越经验主义立法：编纂民法典》，载《中外法学》2014 年第 6 期。

⑤ 参见王文宇：《建构资讯时代之担保权法制》，载《月旦法学杂志》2003 年第 4 期。

⑥ 参见顾昂然：《关于〈中华人民共和国担保法（草案）〉的说明——1995 年 2 月 21 日在第八届全国人民代表大会常务委员会第十二次会议上》，载《全国人民代表大会常务委员会公报》1995 年第 5 号。

上，“增加了可以用作担保的财产的规定，进一步完善担保制度”，[①] 由此形成了我国担保制度中物的担保位于物权法、人的担保位于担保法的特有结构。

在“将现有单行法作为未来民法典的组成部分，并在其基础上予以编纂”的思路之下，《担保法》在我国民法典中是否独立成编，是为编纂之初所应考虑的。《担保法》实为应景之作，立法者就此并没有多少体系考量，在《物权法》抽离其中物的担保部分之后，《担保法》中人的担保部分应成为合同编的有名合同。这一体系安排似乎成为目前编纂工作中的当然之理。“鉴于我国《担保法》中担保物权的内容已为《物权法》所取代，剩余的关于保证和定金的有效规定完全可以在修订《合同法》时并入‘分则’中的具体合同类型（如增设‘保证合同’‘定金合同’两章）部分。因此，《担保法》已无独立存在的意义。”[②]立法说明中即反映了这一思想。“民法典将由总则编和各分编组成，目前考虑分为物权编、合同编、侵权责任编、婚姻家庭编和继承编等。”[③]

立法例上，继受《法国民法典》的 1994 年《魁北克民法典》早已将担保物权独立成编；2006 年，极为珍视《法国民法典》这一民族遗产，在修正问题上一直趋于保守的法国，更是增设担保编，改变了三编制的法典体系，成为了古老法典适应新的社会经济秩序的典范。[④] 但这一现象并未影响到我国民法典编纂时的分编构造。本文作者主张，无论将民法典规范定性为裁判规范还是行为规范，担保法均应在中国民法典中独立成编。既定的邦联式分则体系早已在一定程度上摧毁了所谓的法典形式理性，债法制度已被肢解为合同编和侵权责任编，如加上学界热议的债权总则编，已经使得我国民法典

① 王兆国：《关于〈中华人民共和国物权法（草案）〉的说明——2007 年 3 月 8 日在第十届全国人民代表大会第五次会议上》，载《全国人民代表大会常务委员会公报》2007 年第 3 号。

② 李中原：《当代中国法治化进程中的民法典编纂反思——历史使命、现实定位与路径选择》，载《法学》2016 年第 2 期。

③ 全国人民代表大会常务委员会副委员长李建国于 2017 年 3 月 8 日在第十二届全国人民代表大会第五次会议上所作的《关于〈中华人民共和国民法总则（草案）〉的说明》中指出：“民法典将由总则编和各分编组成，目前考虑分为物权编、合同编、侵权责任编、婚姻家庭编和继承编等。”《全国人民代表大会常务委员会公报》2017 年第 2 号。

④ 参见魏磊杰：《新千年前后民法典重构的基本特点与最新趋势》，载《外国法制史研究》2016 年第 19 卷。

的立法技术进一步地导向实用主义。在此总体思想之下，各种担保制度统合在一起构成独立的担保编，既便于立法中提取“公因式”，抽象各种担保制度的共通规则，形成担保编的小总则，达到立法简约的目标，又便于担保交易主体集中了解担保规则，便于法官适用法律，避免在法典内部不同编之间来回穿梭寻找规范基础。不过，我国民法典的分则体系涉及重大的立法政策选择，本文仅就其中担保物权法部分展开分析，无论最终采取哪种立法体例，均不影响本文研究的价值。

二、担保物权种类的增设和章节体系的调整

我国《物权法》担保物权编分一般规定、抵押权（下分一般抵押权和最高额抵押权两节）、质权（下分动产质权和权利质权两节）、留置权等四章，采行意定担保物权与法定担保物权两分的体系，其中意定担保物权依据是否移转标的物的占有再区分为抵押权和质权，法定担保物权仅有留置权一种。依标的物的不同，抵押权有不动产抵押权、动产抵押权和权利抵押权之分；质权有动产质权和权利质权之分。在严格的物权法定主义之下，现存有限的物权类型无法满足经济交易关系的发展，民法典物权编中的物权类型宜丰富多样并相对开放。[①] 根据担保交易实践发展的需要，本文作者建议，在担保物权的主类型上应增加让与担保，在亚类型上应增加营业质权。

（一）增设让与担保

让与担保是指为担保债务的履行，债务人或第三人将担保物的所有权移转予担保权人，债务清偿后，担保物应返还予债务人或第三人；债务不获清偿时，担保权人得就该担保物优先受偿的一种担保形式。[②] 经由实践、学说、判例发展起来的让与担保制度，在我国信贷实践中得到了广泛的采用，裁判实践就相关纠纷并未形成相对一致的解释结论，其隐蔽性、与实定法上物权

---

① 参见崔建远：《民法分则物权编立法研究》，载《中国法学》2017 年第 2 期。

② 参见王利明：《物权法研究》（第四版），中国人民大学出版社 2016 年版，第 1267 页；王闯：《让与担保法律制度研究》，法律出版社 2000 年版，第 20 页；郭明瑞，《担保法》，法律出版社 2000 年版，第 254 页；黄宗乐：《现代物权法之原理及发展——以台湾地区法为例》，载《辅仁法学》1986 年第 15 期。

法定原则和禁止流质契约规定的冲突、实行时可能损及债务人的利益等弊端，已广受诟病。为使让与担保在金融担保交易实践中发挥正面作用，矫正让与担保制度及其实施效果的偏差，应当在本次民法典编纂之际，将其成文化，明定让与担保权的法律构成和公示方法。

就动产让与担保而言，其在功能上与动产抵押均属于非移转占有型的担保物权制度。动产抵押已为《物权法》所明定，并将在民法典中保留，此际，是否还有必要再行规定动产让与担保，是目前动产让与担保成文化的争议核心之所在。从权利构造上来看，动产抵押以限定物权为展开逻辑，即在担保物上设定抵押权，担保物所有权仍属抵押人，而动产让与担保的设立需要移转担保物的所有权。① 从实现方式上来看，动产抵押权体现为就抵押物与抵押人协议折价，或者以拍卖、变卖所得价款优先受偿；动产让与担保是由债权人按照事先的约定取得担保物的所有权，无须经过公权力机构的干预，可以节约担保物权实现的成本。由此可见，动产抵押与动产让与担保各有其制度特点，两者不具有互相替代性。② 在民法典中同时规定两者，增加动产担保的形式，以供当事人参酌具体情形加以选择，有利于促进动产担保交易的达成。③"立法者应知当事人才是其利益的最佳判断者，切不可因立法者的一时不放心，而阻断了人们利用财产的一种新的方式的诞生"。④

与传统的动产担保物权不同，动产让与担保的设立不以移转占有为要件，这种所有权与占有相分离的状态欠缺公示表征，容易引发与不知情第三人间的利益冲突。因此，公示制度的构建是让与担保成文化的关键所在。⑤ 在德国民法上，以占有改定作为让与担保的公示方式，这实际上欠缺形式意义的公示价值，⑥ 几乎等于完全没有公示作用。⑦ 可见，以占有改定的方法

---

① 参见曾大鹏：《商事担保立法理念的重塑》，载《法学》2013 年第 3 期。

② 参见曾大鹏：《商事担保立法理念的重塑》，载《法学》2013 年第 3 期。

③ 参见高圣平：《动产让与担保的立法论》，载《中外法学》2017 年第 5 期。

④ 申卫星：《我国物权立法中论争焦点问题探讨》，载《法学杂志》2006 年第 4 期。

⑤ 参见张英：《关于让与担保登记制度的法律思考》，载《法制与社会发展》1999 年第 6 期；石水根、曹亚峰、胡志清：《关于让与担保在我国物权法中地位的思考》，载《法律适用》2006 年第 9 期。

⑥ 参见［日］我妻荣：《债权在近代法中的优越地位》，王书江、张雷译，中国大百科全书出版社 1999 年版，第 100 页。

⑦ 参见［日］柚木馨、高木多喜男：《担保物权法》（第三版），有斐阁 1994 年版，第 591 页。

公示让与担保并非值得效仿的方式。动产让与担保与动产抵押是功能类似的制度，在登记已经作为动产抵押权的公示方法的前提之下，动产让与担保的公示方法亦应选择登记。至于登记所产生的暴露当事人经济状况[①]和增加当事人交易成本[②]的问题，可由声明登记制（notice filing）所解决。声明登记制之下，登记的内容较少，采行登记公示不会过分暴露当事人的经济状况，同时可起到公示的作用。在登记系统电子化改造之后，登记成本亦在可控范围，不会增加担保交易的总体成本。

不动产让与担保的增设理由与动产让与担保相同，只不过登记是其生效要件。

（二）增设营业质权

营业质权在我国固有法上由来已久，是最具有本土特色的物权制度，[③]但在新中国法制建设过程中，曾一度被视为封建剥削制度的“残渣”予以废止。改革开放之后，为满足信用授受的需要，补充正规金融之不足，典当制度渐受重视。传统意义上的营业质权“乃一般民众筹措临时应急小额资金之简便方法，为我们源远流长之惯行，有其存在价值。”[④] 1996 年《典当行管理暂行办法》、2001 年《典当行管理办法》、2005 年《典当管理办法》先后就典当交易做了界定，使之成为不同于借贷担保交易的一种新类型交易。

营业质权与动产质权的标的虽均为动产，但在制度构成上有其特殊性：第一，营业质权是典当行与当户之间以当物为基础的法律关系。当户将其财产（权利）作为当物出当给典当行，典当行发放当金，收取综合费用，当户支付当金利息、偿还当金以赎回当物或者弃赎绝当。营业质“因物称信”“以物质钱”的特点决定了典当交易仅有两方当事人，即典当行和当户，不存在以第三人之物出当的情形。第二，在权利内容上，营业质权不适用于动产质权的一些规定。首先，营业质权人不享有孳息收取权，在当物产生孳息

---

① 参见王闯：《让与担保法律制度研究》，法律出版社 2000 年版，第 249 页；向逢春：《动产让与担保公示问题研究》，载《求索》2013 年第 5 期。

② 参见向逢春：《让与担保制度研究》，法律出版社 2014 年版，第 72 页。

③ 参见郑玉波：《民法物权》，黄宗乐修订，台湾地区三民书局股份有限公司 2008 年版，第 356 页；杨与龄：《民法物权》，台湾地区五南图书出版公司 1981 年版，第 213 页。

④ 谢在全：《民法物权论》，中国政法大学出版社 2011 年版，第 1008 页。

时，营业质权人负返还之责。其次，即使经出质人同意，营业质权人亦不得转质；最后，若当物灭失，营业质权随之消灭，营业质权不具有物上代位性。[①] 第三，营业质权的实现无需清算，不受禁止流质契约限制。营业质权的实现条件以绝当为前提，逾期不赎当，也不续当的，为绝当。在绝当时，允许典当行径行取得当物所有权，而无须经过清算程序，不受禁止流质契约规定的桎梏。[②] 同时，如若当物价值超过所担保债权额者，典当行不负返还余额之义务；在当物价值不足所担保债权额时，当铺亦不得请求出质人补足差额。[③] 第四，营业质权不适用最高额质押权的规定。最高额质押权是为信用的循环使用而设置，而营业质权是为小额资金的临时筹措而存在，两者在立法目的上不相符。[④] 任何法律制度都有其独特的价值，不可能为其他制度完全替代，[⑤] 基于以上营业质权的独特价值和中华文化特色，应在民法典动产质权章中应对营业质权作出专门规定。

在物权法起草过程中，一直存在规定营业质权的建议，[⑥] 但最终未被《物权法》所采纳，营业质权所产生的对物的“支配”关系游离在物权关系之外。[⑦] 就营业质权的立法模式，有学者主张应在《典当法》中集中规范，[⑧] 但在我国立法任务繁重的情况下，将《典当法》列入全国人大常委会立法规划比较困难。若继续维持现行的立法模式，将营业质权规定在行政规章中，在物权法定原则下又会引起法律适用上的冲突。即使国务院拟制定《典当行

---

① 参见谢在全：《民法物权论》，中国政法大学出版社 2011 年版，第 1009 页。

② 虽然现在流质契约解禁之声日增，但在流质契约的相对解禁下，质权人仍负强制性的清算义务，担保物价值超过担保债权部分，应返还担保人；不足清偿担保债权者，仍得请求债务人清偿。

③ 参见曾品杰：《台湾的非典型担保物权》，载《台湾法学杂志》2015 年第 6 期。

④ 参见谢在全：《民法物权论》，中国政法大学出版社 2011 年版，第 1009 页。

⑤ 参见崔建远：《民法分则物权编立法研究》，载《中国法学》2017 年第 2 期。

⑥ 参见梁慧星主编：《中国民法典草案建议稿附理由·物权编》，法律出版社 2004 年版，第 631～635 页；王利明主编：《中国民法典学者建议稿及立法理由》，法律出版社 2005 年版，第 484～494 页。

⑦ 参见邹海林、常敏：《论我国物权法上的担保物权制度》，载《清华法学》2007 年第 4 期。

⑧ 参见曾大鹏：《典当制度的完善：营业质权与营业抵押权的引入》，载氏著：《商事物权与商事债权制度研究》，中国法制出版社 2012 年版，第 83 页。

管理条例》，但行政法规是否可以创设新类型物权，仍不无疑义。[①] 如在我国台湾地区，营业质权原以行政命令所设，实务中即有观点认为营业质权不具有物权法上质权的效力，不具有对世性。[②] 为期周延明确，我国台湾地区“民法”物权编修正时，增设了营业质权的专门规定。[③] 有鉴于对承认营业质权法律地位的需要，民法典中营业质权应占据一席之地。

（三）担保物权分编的章节体系

就章节体系安排而言，中国民法典物权法担保物权分编在维系目前的结构之下增加让与担保权一章，并将其置于法定担保物权“留置权”章之前，形成五章：一般规定、抵押权、质权、让与担保权、留置权。其中，“一般规定”系担保物权的通则规定，使担保物权立法更具体系性。为立法简约并避免各具体担保物权规则之间的疏漏或矛盾，[④] 担保物权编“一般规定”应就担保物权的其他共通规则进行进一步抽象，如流质（抵）契约的效力、物上保证人的求偿权和代位权、物上代位性、担保物权的行使期间等；此外，在担保法不独立成编且物权法编置于合同法编之前的背景下，所有担保方式的共通规则亦应在“一般规定”中予以规定，合同法编“保证合同”“定金合同”采取准用的方法。如担保的适用范围、反担保、非营利法人和特别法人的担保人资格、越权担保的效果归属等。

在抵押权章内部，就分节亦应作相应调整。我国《物权法》抵押权章原分一般抵押权与最高额抵押权两节，其中“一般抵押权”一节中规定了不动产抵押权、不动产权利抵押权、动产抵押权、动产浮动抵押权，使得该节并

---

① 参与物权立法的专家认为，物权法定主义的“法”仅指全国人大及其常委会通过的法律，参见全国人大常委会法制工作委员会民法室：《〈中华人民共和国物权法〉条文说明、立法理由及相关规定》（第二版），北京大学出版社 2017 年版，第 6～7 页。王利明教授认为，在获得全国人大授权的情况下，行政法规可以创设新的物权类型，参见王利明：《论物权法定原则》，载氏著：《民商法研究》（第 7 辑），法律出版社 2014 年版，第 213 页；崔建远教授认为适当扩大物权法定主义的“法”的范围，将行政法规包含其中，具有现实意义，参见崔建远：《物权：规范与学说——以中国物权法的解释论为中心》，清华大学出版社 2011 年版，第 26～27 页；刘保玉教授认为宜许可行政法规、司法解释对新类型物权作出规定，参见刘保玉：《物权法学》，中国法制出版社 2007 年版，第 63 页。

② 我国台湾地区“高等法院高雄分院”1999 年度上易字第 135 号判决。参见郑冠宇：《民法物权》，台湾地区新学林出版社股份有限公司 2014 年版，第 635 页。

③ 参见我国台湾地区“民法”第 899 条之 2。

④ 陈荣隆：《新民法担保物权修正草案总览》，载《月旦法学杂志》2007 年第 2 期。

非“一般抵押权”，条文略显零乱。如不动产抵押权与动产抵押权之间在设定要件在分别采登记生效主义和登记对抗主义，该节中抵押权效力的条款并不能适用于动产抵押权。建议将本章区分为不动产抵押权（含不动产权利抵押权）、动产抵押权（含动产浮动抵押权）、共同抵押权、最高额抵押权四节，其中不动产抵押权是一般（普通）抵押权，后三者均为特殊抵押权。

对于动产担保物权的立法模式，有学者提出应效仿《美国统一商法典》第九编的立法体例，制定统一的动产担保物权法，将所有具有担保功能的动产交易均纳入其中。[①] 但这种功能主义立法方法与我国权利类型化理论契合不够，现有立法例表明，在大陆法系国家植入功能主义的担保概念将遇到立法技术和方法论上的障碍。[②] 以加拿大魁北克省为例，《魁北克民法典》第六卷“优先权和担保物权”在美国担保交易功能主义立法模式的影响下，采行了一元化的“担保物权”（hypothecs）概念，但仍然保留了大陆法上传统的体系和术语，将动产担保物权区分为移转占有型动产担保物权、非移转占有型动产担保物权、债权上的动产担保物权等亚类型。此外，不同于美国的做法，《魁北克民法典》第6编在使用担保物权以代替其前被广泛使用的大多数担保形态时，并没有将在功能上具有担保性质的所有权保留交易和融资租赁交易包含其中，而是将其置于第五编“债”的部分进行规定。[③] 因此，魁北克所信奉的仅是《美国统一商法典》第九编的部分内容，[④]《美国统一商法典》第九编并未给其提供一个可以效仿的立法模式，而仅提供了一种方法，使之能够将各种不规则、不充分的担保手段整合为更加紧凑的动产担保制度

① 参见董学立：《我国意定动产担保物权法的一元化》，载《法学研究》2014年第6期。

② 就美国法上功能主义下一元化担保权概念的分析，参见高圣平：《动产担保交易比较研究》，中国人民大学出版社2008年版，第162页以下。

③ 例如，所有权保留合同中，动产的出卖人届期只能选择取回财产或向买受人提起给付剩余价款之诉（《魁北克民法典》第1745～1749条），但被用作担保贷款偿还的附买回权的买卖被视为创设了担保物权（魁北克民法典》第1756条第1款）。法典还认为实物租赁与融资租赁是与担保交易完全不同的交易制度（《魁北克民法典》第1851～1881条、第1842～1852条）。魁北克法院显然没有理由认为租赁会像美国模式那样被认定为担保交易。

④ See Jacob S. Ziegel, Canadian Perspectives on How Far isArticle 9 Exp ortable, (1996) 27 Can. Bus. L. J. 228.

体系。[①]

“任何法律都是特定国家或地区社会状况与时代精神的反映和抽象，都以特定国家和地区的法律传统作为前提和基础。”[②] 权利类型化理论在我国沿袭已久，动产担保的学说及实践尚依赖于现有的权利类型化理论，在一元化动产担保的理论储备及实践展开尚不充分的情况下，进行立法模式的转变并不现实。同时，法律的修改应当考虑制度成本，欲在短期内实现从多元动产担保物权到一元动产担保物权的制度变革，其所需要耗费的立法成本及社会成本不容忽视。在将“小修小改，尽量不改”确立为民法典编纂的基本原则的前提下，目前对既有的担保物权体系作革命性的调整不太可能。主张制定一元动产担保物权法的学者认为，现行物权法将动产担保物权分为动产抵押权、动产质权、权利质权三类，导致了动产担保物权的结构性缺陷，具体体现在“统一登记公示制度”和“统一优先受偿次序”的结构性缺失，以及动产担保物权在标的物范围、设立、实现、消灭等制度上的结构性重复。[③] 但对此结构性缺陷，可以通过建立统一的动产融资登记制度，确立统一的公示、优先顺位予以克服。[④] 因此，在一元动产担保物权立法存在障碍，且有中间线路可循的情况下，民法典编纂自无须采功能主义立法方法。

三、担保财产范围的扩充

我国物权法就担保财产的范围，采取了正面列举和反面排除相结合的立法方法。虽然这种方法有重复之嫌，但正面列举有利于为人们的担保行为提供向导；反面排除又有利于克服正面列举无法穷尽所可能带来的遗漏，使更多的财产（权利）的交换价值得以利用。[⑤] 我国民法典编纂应遵循了这一传

---

① See Ronald C. C. Cuming, Article 9 North of 49: The Canadian PP. S Acts and the Quebec Civil Code, 29 Loy. L. A. L. Rev. 974 (1996).

② 王轶：《民法学原理与民法学方法》，法律出版社2009年版，第125页。

③ 参见董学立：《我国意定动产担保物权法的一元化》，载《法学研究》2014年第6期。

④ 关于统一动产融资登记公示制度的构建，详见高圣平：《统一动产融资登记公示制度的构建》，载《环球法律评论》2017年第6期。

⑤ 参见高圣平、张尧：《中国担保物权制度的发展与非典型担保的命运》，载《中国人民大学学报》2010年第5期。

统，但应将担保财产的范围扩及至所有具有经济价值且具有可让与性的财产（权利）。

（一）土地承包经营权、宅基地使用权

就抵押财产而言，我国物权法的限制较为严格，主要体现在禁止以家庭承包方式取得的土地承包经营权、宅基地使用权等不动产权利设定抵押。其立法理由在于，这两种不动产权利是农民安身立命之本，而当时农村社会保障体系未全面建立，放开抵押权限的条件尚不成熟。[①] 随着社会经济的发展，禁止土地承包经营权、宅基地使用权的法政策是否仍具有正当性有待反思。一方面，现今农民就业渠道的多样化弱化了农地的就业保障职能，[②] 农民对土地依赖性的减弱使部分农民有了放弃土地基本生活保障的可能。[③] 另一方面，在城乡统筹的过程中，我国社会保障体系的建设已取得一定成就，[④] 即使农民在土地流转过程中失去土地，也不会丧失基本生活保障。因此，以基本社会保障功能为由否定农地的抵押功能已不足采。在破除城乡二元化体制的过程中，城乡间土地抵押权利的不平等不利于农民获得普惠的金融服务，造成农民贷款难的问题。[⑤] 在农地的社会保障色彩逐渐褪去的今天，农地的财产属性应予置重，农地金融化自是其应有之义。《中共中央关于全面深化改革若干重大问题的决定》明确指出要“赋予……承包经营权抵押、担保权能”“慎重稳妥推进农民住房财产权抵押”，政策导向至为明显。自党的十八大三中全会以来，新一轮土地制度改革已经启动，相关土地权利的市场化和

---

① 王兆国：《关于〈中华人民共和国物权法（草案）〉的说明》，载《理论参考》2007 年第 6 期。

② 参见姜长云：《农村土地与农民的社会保障》，载《经济社会体制比较》2002 年第 1 期。

③ 参见王克强：《农村土地基本生活保障向社会保险过渡存在的困难——兼论农民对土地决策基础从生存伦理向经济理性的转移》，载《社会科学战线》2005 年第 2 期。

④ 到 2012 年年底，基本实现医疗保险全民覆盖，总体实现城乡低保应保尽保，城乡居民社会养老保险人数达 4.84 亿人（不计职工养老保险人数）。参见尹蔚民：《建立更加公平可持续的社会保障制度》，本书编写组：《〈中共中央关于全面深化改革若干重大问题的决定〉辅导读本》，人民出版社 2013 年版，第 294～295 页。《中共中央关于全面深化改革若干重大问题的决定》亦明确指出：“建立更加公平可持续的社会保障制度……整合城乡居民基本养老保险制度、基本医疗保险制度。推进城乡最低生活保障制度统筹发展。”

⑤ 参见国务院发展研究中心农村部课题组：《从城乡二元到城乡一体——我国城乡二元体制的突出矛盾与未来走向》，载《管理世界》2014 年第 9 期。

金融化已为政策文件所许可，[①] 全国人大常委会并就试点地区暂停实施相关法律规定做了决定，[②] 相关试点取得了良好的效果。[③] 为实现赋予农民更多财产权利的改革目标，民法典有必要总结新一轮土地改革的成果，允许土地承包经营权、宅基地使用权抵押。[④]

（二）土地经营权

在农地“三权”分置的改革政策之下，原有的农村土地权利体系中增加了一种新的权利——土地经营权，以达到促进农地流转和担保融资的目标。依据农户是否将土地承包经营权派生出土地经营权，农村土地权利上形成“两权”分离、“三权”分置并存的产权结构，就不流转土地经营权的承包地而言，仍然维系两权分离的结构，即“土地所有权＋土地承包经营权”。在“三权”分置之下，土地经营权只是土地承包经营权所派生出来的一种权利，[⑤] 土地承包权只是已经设定了土地经营权的土地承包经营权的便宜称谓和通俗提法。[⑥] 中共中央办公厅、国务院办公厅《关于完善农村土地所有权承包权经营权分置办法的意见》（以下简称《三权分置意见》）明确允许承包农户的土地承包经营权和新型经营主体的土地经营权都可以设定抵押权，如

---

① 中共中央、国务院于2014年1月19日印发《关于全面深化农村改革加快推进农业现代化的若干意见》，其中明确指出：“在落实农村土地集体所有权的基础上，稳定农户承包权、放活土地经营权，允许承包土地的经营权向金融机构抵押融资”，“在保障农户宅基地用益物权前提下，选择若干试点，慎重稳妥推进农民住房财产权抵押、担保、转让”，“有关部门要抓紧研究提出规范的实施办法，建立配套的抵押资产处置机制，推动修订相关法律法规”。《关于开展农村承包土地的经营权和农民住房财产权抵押贷款试点的指导意见》（国发〔2015〕45号）提出：“认真总结试点经验，及时提出制定修改相关法律法规、政策的建议，加快推动修改完善相关法律法规。”

② 《全国人民代表大会常务委员会关于授权国务院在北京市大兴区等232个试点县（市、区）、天津市蓟县等59个试点县（市、区）行政区域分别暂时调整实施有关法律规定的决定》（2015年12月27日）指出：授权国务院在北京市大兴区等232个试点县（市、区）行政区域，暂时调整实施《物权法》《担保法》关于集体所有的耕地使用权不得抵押的规定；在天津市蓟县等59个试点县（市、区）行政区域暂时调整实施《物权法》《担保法》关于集体所有的宅基地使用权不得抵押的规定。

③ 参见安海燕：《农村土地承包经营权抵押贷款试点效果研究》，中国财政经济出版社2017年版，第204页。

④ 参见王利明：《我国民法典重大疑难问题之研究》，法律出版社2016年版，第395页。

⑤ 参见韩长赋：《土地“三权分置”是中国农村改革的又一次重大创新》，载《光明日报》2016年1月26日。

⑥ 参见高圣平：《农地三权分置视野下土地承包权的重构》，载《法学家》2017年第5期。

此，抵押财产的范围应扩及至土地经营权。从《三权分置意见》的内容来看，将土地经营权界定为债权的政策导向比较明显。有学者反对将土地经营权定位为债权，主张权利抵押权的标的通常是用益物权，债权性质的土地经营权不能作为抵押财产，而只能作为质押财产。[①] 对此，本文作者持反对意见，就权利担保物权的体系定位而言，抵押权和质权的区分以设定担保之后原权利人是否仍然行使着权利（是否构成准占有）为标准，设定担保之后，原权利人仍然行使着自己的权利即为抵押权，否则为质权。[②] 土地经营权设定担保之后，土地经营权人仍然行使着自己的权利，如此，土地经营权应属于抵押财产的范畴。为避免疑义，在民法典中应明确规定土地经营权可以抵押。

（三）海域使用权

海域使用权明定于《物权法》和《海域使用管理法》，但其性质仍存争议。有学者认为，海域使用权是一种准物权或特许物权，因为其取得仍需经海洋行政主管部门审批；[③] 也有学者认为，海域使用权是别异于准物权或特许物权的一种用益物权。[④] 无论海域使用权的性质若何，其应属一种财产（权利），当无疑问。既属财产，则有利用其交换价值以为融资的需要，在物权价值化趋势日益明显的背景下，利用海域使用权的交换价值作为融资担保工具的需要亦日益紧迫。[⑤] 在我国海域使用开发面临着巨大的资金压力的情况下，海域使用权抵押可以加速资金融通，为海域使用权人和银行等金融机

---

① 参见陶钟太朗、杨环：《论“三权分置”的制度实现：权属定位及路径依赖》，载《南京农业大学学报（社会科学版）》2017 年第 3 期；张占斌：《“三权分置”背景下“三权”的权利属性及权能构造问题研究》，载《西南大学学报（社会科学版）》2017 年第 1 期；宋志红：《“三权分置”关键是土地经营权定性》，载《中国合作经济》2016 年第 10 期。

② 参见高圣平、严之：《海域使用权抵押权的体系定位与制度完善》，载《当代法学》2009 年第 4 期。

③ 《海域使用管理法》《海域使用权管理规定》对此作出了明确规定。

④ 参见崔建远：《海域使用权制度及其反思》，载《政法论坛》2004 年第 6 期；刘保玉、吴安青：《民法典物权编的结构设计与内容安排》，载《甘肃政法学院学报》2017 年第 6 期。

⑤ 参见高圣平、严之：《海域使用权抵押权的体系定位与制度完善》，载《当代法学》2009 年第 4 期。

构带来巨大的经济利益。[①]《海域使用管理法》虽对海域使用权的抵押问题未置明文，但该法明确规定“海域使用权可以依法转让”，举重以明轻，海域使用权应当可以抵押。《不动产登记暂行条例》及其实施细则就海域使用权的抵押权登记做了具体规定。《物权法》第 180 条第 7 款虽规定法律、行政法规未禁止抵押的其他财产可以抵押，但登记机构往往以法律虽然没有禁止抵押，但也没有允许抵押为由，而拒不办理抵押登记，从而使海域使用权抵押权无法有效设立。[②] 为了防免海域使用权担保上的争议，民法典中应从正面列举海域使用权可以充作抵押财产，并明确其登记机构、登记效力、设立的特殊规则等。

（四）可以出质的权利

就出质权利而言，金融实践的需要是只要具有财产价值、能够变现且未被法律、行政法规明文禁止转让的财产权利，都可以作为出质财产。[③]《物权法》第 223 条第（7）项虽然规定“法律、行政法规规定可以出质的其他财产权利”可以出质，没有采取反面排除的立法方法，一定程度上限制了金融担保创新的发展。立法往往具有滞后性，法律、行政法规并不能及时规定实践中新出现的新类型权利质权。目前，其他法律、行政法规中明确规定可以出质的财产权利包括：人身保险单的现金价值、[④] 合伙企业的财产份额。[⑤] 实践中，出租车经营权质押、银行理财产品质押、排污权质押等新类型担保模式被广泛用于中小企业贷款担保，但由于法律、行政法规未对之作出明确规定，司法实践中能否承认其物权效力，法理基础和法律依据是什么，在实

① 参见胡家强、刘洋：《海域使用权抵押担保法律问题探析》，载《中国海洋大学学报（社会科学版）》2013 年第 3 期。

② 参见程啸：《担保物权研究》，中国人民大学出版社 2017 年版，第 198 页。

③ 参见刘保玉：《完善我国质权制度的建议》，载《现代法学》2017 年第 6 期。

④ 《保险法》第 34 条第 2 款规定：“按照以死亡为给付保险金条件的合同所签发的保险单，未经被保险人书面同意，不得转让或者质押。”按照反面解释，经被保险人书面同意，人寿保险单的现金价值可以质押。

⑤ 《合伙企业法》第 25 条规定：“合伙人以其在合伙企业中的财产份额出质的，须经其他合伙人一致同意；未经其他合伙人一致同意，其行为无效，由此给善意第三人造成损失的，由行为人依法承担赔偿责任。”

践中和理论界均面临较大争议。[①] 因此，此一封闭式兜底条款的规定与金融实践发展的需要有所脱节，窒碍了权利质权类型的发展。[②]

随着动产质押的衰落，权利质押在世界范围内日益发达，[③] 权利质押的标的亦将随着经济生活的多元化而产生越来越多的新类型担保物权。立法上无法穷尽列举可以出质的财产权利。[④] 在比较法上，对权利质押的标的范围多采概括规定的方式，如《德国民法典》第 1273 条第 1 款规定："质权的标的也可以为权利。"《瑞士民法典》第 899 条第 1 款规定："可让与的债权及其他权利可以出质。"我国台湾地区"民法"第 900 条规定："称权利质权者，谓以可让与之债权或其他权利为标的物之质权。"保持一个开放的立法模式应当是权利质权制度的基本需求。[⑤] 因此，我国民法典编纂之时应同时采取反面排除法，规定"法律、行政法规规定未禁止转让或出质的其他财产权利"均可充作担保财产。

四、担保物权设定规则的修正

在开放性的立法方法之下，相应担保物权的设定、顺位规则不敷使用。例如，以法律上没有明定的财产设定担保物权之时，登记应为其公示方法，但登记机构如何确定，登记在其中究竟是生效要件还是对抗要件，并不明确，直接影响到开放政策的进一步落实。对此，立法应同时对担保物权的设定规则进行相应修正，以寻求担保物权体系化与促进金融担保创新间的价值平衡。

（一）统一动产担保物权公示的效力

我国物权法就物权变动分别采行债权形式主义和债权意思主义两种立法模式，在担保物权中亦然。就不动产抵押权和动产质权、权利质权采取登记

---

① 参见最高人民法院民事审判第二庭新类型担保调研小组：《关于新类型担保的调研——现象·问题·思考》，载《商事审判指导》2012 年第 4 辑（总第 32 辑），人民法院出版社 2013 年版。

② 参见刘保玉：《完善我国质权制度的建议》，载《现代法学》2011 年第 6 期。

③ 参见王利明：《我国民法典重大疑难问题之研究》，法律出版社 2016 年版，第 377 页。

④ 参见朱岩：《物权法草案中"权利质权"规定内容评析》，载《中外法学》2006 年第 2 期。

⑤ 参见朱岩：《物权法草案中"权利质权"规定内容评析》，载《中外法学》2006 年第 2 期。

（交付）生效主义，但就动产抵押权采取登记对抗主义。在同一法典中分别采行不同的物权变动模式，造成了担保物权体系的内部冲突，也增加了担保物权规则解释上的困难。例如，公示在动产抵押权中仅起对抗作用，但在动产质权却是生效要件，同属动产融资方法，公示的法律意义却迥然不同。在此，需要区分公示生效主义与公示对抗主义，“公示生效主义产生的是生成力并在此基础上的对抗力；公示对抗主义仅产生对抗力，不产生生成力。”① 从公示的效力上看，“任何一种权利，只要对其进行了公示，就可以具有对世性、排他性、追及性、优先性之效力。”② 质言之，无论是采取哪种公示立法模式，公示均是其取得对抗力的前提条件。因此，动产质权需要以占有作为公示方式，并且经公示后能够产生对抗第三人的效力，并不意味着动产质权必须以占有作为质权的生效方式。③ 从我国的法律内容看，不动产担保物权变动采公示生效主义，即不动产担保物权的变动经公示生效，并在此基础上取得对抗力；就动产担保物权而言，则同时存在公示生效主义与公示对抗主义。相较于公示生效主义，公示对抗主义更有利于贯彻当事人的意思自治，④ 具有鼓励交易、简化交易手续、减少交易成本的作用。⑤ 在现代社会，动产逐渐取代不动产成为社会财富的主要形态，⑥ 基于动产交易的频繁性和对效率价值的诉求，⑦ 作为担保法制改革核心的动产担保应统一采公示对抗主义，以消弭公示立法模式下引起的体系冲突，减少金融担保创新中的新类型担保权利设定中的争议。

（二）修改部分权利质权登记公示的效力

就权利作为担保物权客体时，除不动产权利之外，均定位于质权，并依入质财产权利的性质而进行下位阶类型化。传统大陆法上抵押权与质权的区

---

① 董学立：《我国意定动产担保物权法的一元化》，载《法学研究》2014 年第 6 期。

② 刘德良：《网络时代物权法的几个基本问题》，载《河北法学》2007 年第 9 期。

③ 董学立：《我国意定动产担保物权法的一元化》，载《法学研究》2014 年第 6 期。

④ 参见郭明瑞：《物权登记应采对抗效力的几点理由》，载《法学杂志》2005 年第 4 期。

⑤ 参见王利明：《关于物权法草案中确立的不动产物权变动模式》，载《法学》2005 年第 8 期。

⑥ See Grant Gilmore, *Security Interests in Personal Property*, Little, Brown and Company, 1965, p. 25.

⑦ 参见刘德良：《网络时代物权法的几个基本问题》，载《河北法学》2007 年第 9 期。

分以是否移转担保物的占有为标准。[①] 就发挥担保作用的机理而言，虽然两者就担保物均具优先受偿效力，但质权更是以留置效力满足其担保作用：担保物上设定质权之后，担保人即丧失对担保物的利用权。“由质权人留置标的物，剥夺债务人之占有，造成债务人心理上之痛苦或生活上之不便，以压迫其从速清偿债务。”[②] 与此相反，担保物上设定抵押权时，担保人并不丧失对担保物的利用权。以此分析目前我国《物权法》上权利质权的相关安排，其中体系定位颇值商榷。就第 223 条第（一）项“汇票、支票、本票”、第（二）项“债券、存款单”、第（三）项“仓单、提单”而言，这些证券债权的凭证的移转占有（记名证券尚需背书），即意味着凭证所表彰的债权由出质人转移于质权人，此类权利作为担保物权的客体时，与动产作为质权的客体无异，适用动产质权的相关规则，亦无疑问。但以同条第（四）～（六）项所称财产权利出质的，情况并非如此。如以股权出质时，质权自出质登记之时设定，移转股权凭证在质权设定上没有意义。出质后，出质人仍然行使着股权，包括共益权（如投票权、选举权）和自益权（如红利分配请求权），并不若动产出质人那样丧失对担保物的利用权。即使出质后，出质人转让股权受到限制，但此规则本属担保物权设定后担保物处分限制的共通规则，在抵押权和质权之间并无差异。由此可见，“在设立此类质权时，其原有的留置功能几乎完全丧失。”[③] 此时，“其担保的作用反近于抵押权，谓之介于一般质权与抵押权之中间区域，亦无不可”，[④] 仍将此类权利担保物权定位于权利质权，过于牵强。

大陆法系诸国将权利质权称为“准质权”，[⑤] 权利质权的设立要件为“移

---

① 参见谢在全：《民法物权论》，中国政法大学出版社 2011 年版，第 615 页；［日］我妻荣：《新订担保物权法》，申政武、封涛、郑芙蓉译，中国法制出版社 2008 年版，第 13 页；王利明：《物权法研究》（第四版），中国人民大学出版社 2016 年版，第 1107 页；梁慧星、陈华彬：《物权法》，法律出版社 2010 年版，第 296 页。

② 谢在全：《民法物权论》，中国政法大学出版社 2011 年版，第 946 页.

③ ［日］我妻荣：《新订担保物权法》，申政武、封涛、郑芙蓉译，中国法制出版社 2008 年版，第 104 页

④ 史尚宽：《物权法论》，中国政法大学出版社 2000 年版，第 288 页。

⑤ 参见郑玉波：《民法物权》，黄宗乐修订，台湾地区三民书局股份有限公司 2008 年版，第 384 页；谢在全：《民法物权论》，中国政法大学出版社 2011 年版，第 1011 页；姚瑞光：《民法物权论》，中国政法大学出版社 2011 年版，第 206～207 页。

转权利凭证”或“权利证书的交付”，[1] 这种观念上的占有即为权利质权人对入质权利的“准占有”。[2] “准占有”的既有规则和学说表明，准占有的构成“以事实上行使其权利为前提”，即依一般交易或社会观念，有使人认识其事实上支配该财产权利的客观事实。[3] 但就证券债权质权之外的权利质权而言，并没有准占有的适用空间。以专利质权为例，质权设立后，专利权人（出质人）仍然行使着专利权，只是在其以转让或者许可他人使用时受到限制。知识产权设定担保后，除了当事人另有约定之外，担保人仍然继续行使着权利，并不因设定担保而丧失其使用权，担保权人也不当然取得担保物之使用权。[4] “从功能的角度来看，毋宁说他们近似于抵押权。”[5]

我国在制定《担保法》之时，即在继受大陆法系传统担保物权体系的基础上，大胆引入了具有体系异质性的动产抵押权，[6] 由此打破了“动产—质权”“不动产—抵押权”的传统担保物权二元化格局，形成了依公示方法的担保物权类型化方法，弱化了标的物的类别在担保物权类型化上的意义。在权利作为担保物权的客体时，不同的权利，其行使或控制模式均不相同，无法统一以“准占有”的方式来公示其上的权利负担。即使在以动产作为担保物权客体时，亦依公示方法的不同将动产担保物权区分为动产抵押权与动产质权。因此，将权利质权悉数归入动产质权的做法不无疑问。在维系以公示方法进行界分的体系化方法下，理想的做法是，权利担保物权依登记和准占有的公示方法的区分，分别定位于权利抵押权和权利质权。从以简单高效方式设定担保权、增强确定性和透明度并确立明晰的优先顺位规则的政策目的出发，《联合国动产担保交易立法指南》建议，针对所有类型的动产（包括权利），法律均应区分担保权的设定效力与对抗效力，统一采行登记对抗主

---

① 参见孙宪忠：《中国物权法总论》，法律出版社 2014 年版，第 314 页。

② 因为以事实管领力为内容的占有，只能在有体物上成立，权利之上至多只有所谓“准占有”。参见谢在全：《民法物权论》，中国政法大学出版社 2011 年版，第 1135 页；蓝蓝、吕凯：《我国权利质权体系的反思与重构》，载《天津大学学报（社会科学版）》2010 年第 3 期。

③ 参见谢在全：《民法物权论》，中国政法大学出版社 2011 年版，第 1242 页。

④ 参见谢在全：《民法物权论》，中国政法大学出版社 2011 年版，第 1037 页。

⑤ ［日］我妻荣：《新订担保物权法》，申政武、封涛、郑芙蓉译，中国法制出版社 2008 年版，第 193 页

⑥ 参见江平：《制定民法典的几点宏观思考》，载《江平文集》，中国法制出版社 2000 年版，第 364 页；高圣平：《动产担保交易制度比较研究》，中国人民大学出版社 2008 年版，第 6 页。

义，担保权依当事人的合意而设定，但未经登记不得对抗第三人。[①] 在无法就权利担保物权的体系进行重构的前提下，在我国民法典编纂中上述建议即可资借鉴，即应明确权利质权的登记对抗主义，将权利质权纳入统一动产融资登记系统的范畴，以解决新类型担保的设定及顺位规则问题。

（三）建立统一动产融资登记公示系统

我国现行动产担保登记制度高度分散，不同的担保财产分别在不同的登记机关登记，各担保登记制之间又多采行地方登记制和纸质登记制。这一模式与1995年《担保法》立法之时的社会经济背景相关，其时考虑到了担保财产行政管理的需要，将登记事务视为行政管理职能，使之与行政管理事务相衔接。时至今日，这一模式的弊端日益显现：（1）分散登记制下，交易相对人需向各登记机关查询才能了解潜在借款人的整体担保情况，且由于各登记机关的登记规则不统一，各担保权之间的优先顺位尚不确定，增加了担保交易的不确定性。（2）地方登记制下，对同一担保人而言，担保财产不同，不仅登记机关不同，登记管辖也存在重大差异，增加了登记申请人和查询者的登记、查询难度。（3）纸质化的登记系统不仅带来了登记机关的存档成本，而且增加了查询的时间，由于人工介入，也增加了登记人员的失误几率。[②] 随着行政体制改革的日益深化，对动产担保登记功能的认识也逐渐清晰。动产担保登记的功能在于为市场主体公示、查询相关财产之上的权利负担提供服务，并不确认动产之上担保权的真实存在，无须借助于所谓行政管理职能。[③] 如办理应收账款质押登记的机关是中国人民银行征信中心，具体负责的是中征（天津）动产融资登记服务有限责任公司，在性质上属于国有企业。由此可见，以担保财产的行政管理需要划分动产担保登记系统的做法值得反思。

从比较法上的趋势看，各国际组织所倡导的动产担保登记制度是以声明

---

① See United Nations Commission On International Trade Law, UNCITRAL Legistrative Guide On Secured Transactions, United Nations, 2010, p. 24.

② 参见高圣平：《统一动产融资登记公示制度的建构》，载《环球法律评论》2017年第6期。

③ 参见高圣平：《统一动产融资登记公示制度的建构》，载《环球法律评论》2017年第6期。

登记制为基础而构建的电子化登记系统，[①] 意在提醒潜在的交易相对人特定的动产之上可能存在权利负担，并确定竞存权利之间的优先顺位。声明登记制的法理基础在于：登记对抗主义之下，担保权的设定取决于担保交易当事人的合意，其证据是当事人之间的担保交易文件；登记并不是担保权设定的生效要件，并不具有证明担保权已经设定的功用。[②] 声明登记制中登记的作用在于确定担保权的优先顺位，而非担保权的设定时间，以此促进担保交易的确定性和透明度。因此，不同于所有权登记系统，声明登记制只是记录担保权人由于未予记录的交易或事件而对声明中所述动产享有或可能享有动产担保权，[③] 并不登记基础交易文件，甚至并不要求提交担保文件以供登记机构核查，需要登记的只是一则记载了必要的基本信息的声明，以提醒查询者注意在声明所述财产之上可能存在担保权。[④] 自美国首开声明登记制的先河以来，凭借其能以低成本解决隐蔽担保、促进融资交易开展的制度价值，越来越多的国家承认声明登记制。在声明登记制已经成为现代动产担保登记的国际趋势的情况下，[⑤] 反观我国目前的动产担保登记制度，存在登记机构高度分散的弊病，且多为纸质化登记系统，相关规则的设计并未体现声明登记制的特点，亟待统一。我国民法典编纂之时，应构建统一的基于互联网的电子化动产融资公示系统，登记类型包括动产抵押权、权利质权等，亦应涵盖在功能上起担保作用的各类交易，如所有权保留、融资租赁。

---

① 《动产担保交易立法指南》建议，所有的动产担保权应集中在统一的电子化登记系统中进行登记，并提供全天候不间断的登记、查询服务。See United Nations Commission on International Trade Law, *UNCITRAL Legislative Guide on Secured Transactions*, United Nations, 2010, P·144.《欧洲示范民法典草案》起草组认为，应当建立统一的、电子化的登记系统，一体化登记动产担保权。

② 参见高圣平：《统一动产融资登记公示制度的建构》，载《环球法律评论》2017 年第 6 期。

③ See United Nations Commission on International Trade Law, *UNCITRAL Legislative Guide on Secured Transactions*, United Nations, 2010, pp. 151－152.

④ 参见高圣平：《统一动产融资登记公示制度的建构》，载《环球法律评论》2017 年第 6 期。

⑤ See United Nations Commission on International Trade Law, *UNCITRAL Legislative Guide on Secured Transactions*, United Nations, 2010, p. 152.

五、担保物权效力规则的修正

（一）主合同效力对担保物权的影响

我国《物权法》第 172 条第 1 款中规定：“担保合同是主债权债务合同的从合同。主债权债务合同无效，担保合同无效，但法律另有规定的除外。”从解释上看，法律另有规定的情形主要是指最高额抵押权中某一具体主合同的无效，不影响抵押合同的效力。和《担保法》第 5 条第 1 款不同，《物权法》否定了当事人例外约定的效力，其理由在于：“法律如果允许当事人作出主债权债务合同无效，担保合同仍有效的约定，那么，即使不存在主债权债务，担保人也要承担担保责任。这不但对担保人不公平，而且可能导致欺诈和权利的滥用，还可能损害其他债权人的利益。”① 此前担保合同的从属性之例外仅在国际贸易中的独立担保被承认，② 但随着实践的发展，现在国内贸易中独立担保的独立性约定亦属有效。③ 担保的从属性仅仅只表明担保从属于主债务，在主合同无效的情形之下，并不能当然否定担保人的担保责任，因为此际，担保人完全可以担保主债务人因主合同被认定无效之后的赔偿责任。由此可见，担保的从属性并非金科玉律，更多是立法政策使然，法律完全可以根据实际生活的需要对担保合同的从属性进行调整。

在物的担保中，也同样存在担保合同独立性的制度需求，例如信贷资产证券化时，进入资产池的抵押权应当不因主合同的无效而受到影响，否则，投资者无法评估信贷资产的价值并进而作出理性的投资决策。“抵押权应确保其独立地位，俾所支配之标的物交换价值，得作为金融交易客体之原则。是以抵押权之从属性应予以适当之限制，甚或否定。”④ 从世界趋势看，抵押

---

① 全国人大常委会法制工作委员会民法室：《〈中华人民共和国物权法〉条文说明、立法理由及相关规定》，北京大学出版社 2017 年版，第 346 页。

② 参见王闯：《冲突与创新——以物权法与担保法及其解释的比较为中心而展开》，载最高人民法院民事审判第二庭：《民商事审判指导》2007 年第 4 辑（总第 12 辑），人民法院出版社 2008 年版，第 71 页。

③ 《最高人民法院关于审理独立保函纠纷案件若干问题的规定》第 23 条。

④ 谢在全：《民法物权论》，中国政法大学出版社 2011 年版，第 633 页。

权的社会作用已从担保债权的实现，转到金钱投资的媒介作用，是为流通抵押权。[①] 我国《物权法》置重于担保物权的保全法理，从而忽略其投资价值，已广受诟病。[②] 在我国目前的信用现状之下，虽然担保物权的保全功能仍应置重，但制度设计上也应为其充任投资工具留下制度空间。基于此，我国《物权法》第 172 条第 1 款但书中应增加“当事人另有约定”的情形。

（二）物上代位效力

我国《物权法》第 174 条规定：“担保期间，担保财产毁损、灭失或者被征收等，担保物权人可以就获得的保险金、赔偿金或者补偿金等优先受偿。被担保债权的履行期未届满的，也可以提存该保险金、赔偿金或者补偿金等。”该条在解释上存在不少疑问，应予明确：

第一，该条中所称之“保险金、赔偿金或者补偿金”，易使人误解为担保财产之代位物仅限于金钱，从全国人大常委会法工委释义书中大抵可以得出这一结论。[③] 但是，担保财产的代位物，在赔偿或其他给付义务人未给付之前，担保物权人对该义务人仅有给付请求权，给付物并未特定，金钱、动产、不动产或其他财产权均有可能。[④] 为避免疑义，本文作者建议将“保险金、赔偿金或者补偿金”修正为“保险金、赔偿金、补偿金或者其他利益”。同时，将“担保物权人可以就获得的”修正为“担保物权人可以就获得的或者可得的”，涵盖物上代位下义务人已经给付或者未为给付的两种情形。

第二，在发生担保财产毁损、灭失或者被征收等情形后，就担保物权人的物上代位权的性质，学说上有担保物权延续说与法定债权质权说两种观点。持担保物权延续说者认为，“物上代位中的物，仍然是原担保物的转换

---

① 参见陈华彬：《从保全抵押权到流通抵押权——基于对德国不动产担保权发展轨迹的研究》，载《法治研究》2012 年第 9 期。

② 参见许明月：《抵押权制度研究》，法律出版社 1998 年版，第 452～454 页。

③ 法工委释义书中将担保财产明列为：担保财产因第三人的侵权行为或者其他原因毁损、灭失时，担保人所获的保险赔偿金；担保人对担保财产有保险的，因保险事故发生而致使担保财产毁损、灭失时，担保人可以请求保险人支付的保险金；担保财产被国家征收时，担保人从国家得到的补偿金。参见全国人大常委会法制工作委员会民法室：《〈中华人民共和国物权法〉条文说明、立法理由及相关规定》，北京大学出版社 2017 年版，第 352 页。

④ 例如，担保财产因添附而发生物上代位的情形时，代位物即有可能为附合物、混合物或加工物，而非金钱。参见程啸：《担保物权研究》，中国人民大学出版社 2017 年版，第 32 页。

形态，而不是法定抵押、法定质押。”① 但从解释上看，物上代位权的性质以法定债权质权说为宜，即在担保物灭失后，担保物权已归于消灭，担保物权人所享有的是对于赔偿金请求权等债权所享有的法定权利质权。② 若采担保物权延续说，原担保物转化为保险金、赔偿金等金钱后，在该金钱被给付于担保人后，必因与担保人的一般财产混同而丧失特定性，难谓担保物权的存在。③ 担保物权人基于物上代位所享有的质权系嗣后发生，不可避免地会与担保财产之上的其他权利发生竞存。基于担保物权的物上代位性，该质权实为原担保物权的替代，因此该质权的顺位应与原担保物权相同。④ 对此，民法典编纂时应明确规定基于物上代位所产生的权利质权与原担保物权顺位相同，以保障担保物权人的利益。

第三，从担保物权的物上代位性出发，担保财产毁损、灭失或者被征收时，负赔偿、补偿或其他给付义务的给付义务人应向担保物权人给付。因此，在民法典编纂中此条应增加一款：“给付义务人如因故意或重大过失向担保人给付的，对担保物权人不生效力”。质言之，担保物权人如向给付义务人请求给付，给付义务人仍负给付义务。⑤ 应当注意的是，担保财产毁损时，担保物权人同时有本条规定的物上代位权以及《物权法》第 193 条所规定的增担保请求权，发生请求权竞合，由担保物权人择一行使。

（三）追及效力

对于抵押物转让的规则，我国立法上前后态度存在差异。《担保法》第 49 条对抵押物的转让采通知告知生效说，即抵押人可以不经抵押权人同意转让抵押财产，但抵押人应当通知抵押权人并告知买受人，否则转让行为不生效力。⑥ 因此，《担保法》就抵押财产的转让，采取了限制的态度，否认抵押权的物上追及效力，改之以转让价金上的代位主义。形成转折的是，《担保

---

① 王利明：《物权法研究》，中国人民大学出版社 2016 年版，第 1137 页。

② 参见史尚宽：《物权法论》，中国政法大学出版社 2000 年版，第 314～315 页。

③ 参见孙鹏、王勤劳、范雪飞：《担保物权法原理》，中国人民大学出版社 2009 年版，第 50 页。

④ 参见谢在全：《民法物权论》，中国政法大学出版社 2011 年版，第 690 页。

⑤ 参见程啸：《担保物权研究》，中国人民大学出版社 2017 年版，第 40～41 页。

⑥ 参见王利明：《抵押财产转让的法律规制》，载《法学》2014 年第 1 期。

法解释》第67、68条则在一定程度上承认了抵押权的物上追及力，取消了对抵押物转让的限制。《物权法》在《担保法》的基础上，对抵押财产的转让做了更为严格的限制。《物权法》第191条规定："抵押期间，抵押人经抵押权人同意转让抵押财产的，应当将转让所得的价款向抵押权人提前清偿债务或者提存。转让的价款超过债权数额的部分归抵押人所有，不足部分由债务人清偿。""抵押期间，抵押人未经抵押权人同意，不得转让抵押财产，但受让人代为清偿债务消灭抵押权的除外。"也就是说，转让抵押财产，必须消除该财产上的抵押权负担。既然受让人取得的是没有物上负担的财产，也就不再有物上追及的问题。对此，法工委释义书给出的解释是，在《担保法》第49条下，抵押物的转让不以抵押权人的意旨为转移，对抵押权人利益的保护不周，要求抵押物转让须经抵押权人事先同意可以保护抵押权人和受让人的利益，以免抵押人利用制度漏洞获得不正当利益，节省经济运行的成本。①

这一否认抵押权的追及效力，代之以价金代位主义的做法，从法律的适用效果上来看，影响了交易实践的展开，在牺牲了抵押人利益的同时并没有实现充分保护抵押权人利益的目的。就交易实践而言，在价金代位主义之下，按揭房屋的买卖，先由买受人支付部分款项，以供出卖人提前清偿按揭贷款，以涂销房屋之上的抵押权登记，达到抵押财产的转让条件，再由买受人与专业银行签订抵押贷款合同，重新办理抵押权登记。② 这一做法增加了交易成本，损及交易的效率。就抵押人利益而言，抵押权是否实现具有或然性，法律上本应存在抵押人就抵押物另行处分的空间，且要求抵押人提前清偿价款损害了其期限利益。③ 就抵押权人而言，价金代位主义亦对其产生了损害：（1）抵押权人仅就抵押财产的价金主张权利，在该价金与抵押人的其他资金相混合时，难以主张某部分资金之上的优先受偿权；④ 在抵押人违背

---

① 参见胡康生主编：《中华人民共和国物权法释义》，法律出版社2007年版，第481～482页。

② 参见葛俊生：《浅谈存量房屋买卖中的转按揭制度》，载《中外企业家》2009年第10期。

③ 参见孙宪忠、徐蓓：《〈物权法〉第191条的缺陷分析和修正方案》，载《清华法学》2017年第2期。

④ 参见实际上，抵押权人对价金主张物上代位时，由于价金的非特定性和易与抵押人一般财产混同的性质，其实质上是对价金请求权的物上代位。参见孙鹏、王勤劳、范雪飞：《担保物权法原理》，中国人民大学出版社2009年版，第183页。

诚信的情况之下，抵押权人更是无从控制抵押财产的转让价金，危及其债权的实现，难以达到抵押权的设立目的。（2）在价金代位主义之下，存在抵押人与受让人互相串通低价转让抵押物的道德风险问题，[①] 如此则抵押权人未必能受充分清偿。（3）在物价上涨时，若抵押物以市场价格转让于第三人之时，所得价金可能不足以清偿担保债权，而提前出售抵押物亦会有损抵押权人利益。[②] 因此，现行《物权法》第191条的做法不仅不利于社会的财产流通，同时对抵押人及抵押权人的利益保护亦未实现妥当的价值平衡。

学说上，所有人不因他物权之设定而丧失所有权，仍然就所有物享有法律上的处分权能，因此，抵押人不因抵押权之设定而丧失抵押物的处分权。[③] 若以牺牲物权变动的制度结构和经验逻辑的方式来维护抵押物转让的交易安全，有悖于《物权法》规定抵押担保制度的基本目的。[④] “抵押权本质上是‘对物’的权利，而非‘对人’的权利”，[⑤] 抵押权的追及效力是其物权本性的体现，无论抵押物辗转落入何人之手，抵押权人均可追及至抵押物所在并行使抵押权。[⑥] 基于此，建议从维系物权的整体效力的角度，赋予抵押权以追及效力。首先，在不动产抵押场合，登记是不动产抵押权的生效要件，且登记簿采物的编成主义，以不动产登记单元为基础而展开。抵押财产的自由流转，仅在登记簿上记载其受让人，抵押权仍在抵押财产上存在，抵押权人在抵押权可得实现之时，仍可实现其抵押权，体现抵押权仅就抵押财产的变价款优先受偿的物权属性，而不管抵押财产登记的名义所有权人是谁。如此，前述按揭房屋的交易即可顺畅展开，无须先清偿再贷款这种复杂的程序，无须提前清偿，维护债务人的期限利益。同时，抵押登记对抵押财产的

---

① 参见王洪亮：《不动产抵押物转让规则新解》，载《财经法学》2015年第2期。

② 参见梁上上、贝金欣：《抵押物转让中的利益衡量与制度设计》，载《法学研究》2005年第4期。

③ 参见谢在全：《民法物权论》，中国政法大学出版社2011年版，第700页。

④ 参见邹海林：《论抵押权的追及效力及其缓和———兼论〈物权法〉第191条的制度逻辑和修正》，载《法学家》2018年第1期。

⑤ 新疆三山娱乐有限公司等与中国农业银行新疆维吾尔自治区分行营业部等金融借款合同纠纷案（最高人民法院〔2012〕民二终字第113号民事判决书）。

⑥ 参见崔建远：《民法分则物权编立法研究》，载《中国法学》2017年第2期。

买受人具有合理警示作用，受让人对登记簿上是否存在抵押登记具有注意义务。[①] 若抵押财产的受让人通过登记簿已经知道其所受让的财产已有抵押权的负担，其自可评估该财产的价值并作出判断，受让人自可在受让之后通过清偿抵押权所担保之债务而涂销抵押权登记。与此相对，若受让人未尽此注意义务，则应自行承担因抵押权的实现而丧失抵押物的不利后果。[②] 如此设计，抵押人的利益也得到了较好的维护。其次，在抵押财产转让之时，不管抵押权人是否同意，均承认抵押权的追及效力，保护抵押权人的利益。同时承认价金物上代位，允许原抵押人将转让所得的价款向抵押权人提前清偿债务或者提存。在承认抵押权的追及效力的前提之下，虽然受让人对于抵押财产的利用不受影响，但同时承认受让人的涤除权，以满足受让人在特定情形下取得清洁的所有权的需求。

六、担保物权实行的修正

我国物权法就担保物权置重于公的实行，就私的实行仅有协议实行一种，且该协议仅限于担保物权可得实行之后达成方为有效。如此，担保物权的实行成本居高不下。学界一直呼吁承认和允许担保物权的私的实行（自力救济）方法，[③] 在兼顾当事人权利及公共利益的范围内，追求明确、简易及效率化，才能最大限度地实现担保物的价值。[④]

（一）相对承认流质契约的效力

《物权法》第 186、211 条对流质（抵）契约[⑤]的禁止在一定程度上已成了交易实践发展的障碍，如存在损及让与担保合法性的问题。本文作者认为，在流质契约的程序效率价值更为凸显的当下，禁止流质契约的理由并不

① 参见孙宪忠、徐蓓：《〈物权法〉第 191 条的缺陷分析和修正方案》，载《清华法学》2017 年第 2 期。

② 参见孙宪忠、徐蓓：《〈物权法〉第 191 条的缺陷分析和修正方案》，载《清华法学》2017 年第 2 期。

③ 参见高圣平：《担保物权实行途径之研究》，载《法学》2008 年第 2 期。

④ 参见谢在全：《民法担保物权之新风貌》，载《法学丛刊》2006 年第 4 期。

⑤ 为使行文简约，除特别指出外，本文所指流质契约包含流抵契约。

足取：首先，在市场交易中，当事人被假定为自身利益的最佳判断者，有权依自由意志订立契约，只有在关涉国家利益和社会公共利益时才得对意思自治予以限制。[①] 随着工商业的变迁，昔日债权人可以借用流质契约对债务人进行暴利盘剥的社会环境已不存在，国家不应强制干预经济生活。债务人身为理性经济人，是否订立流质契约均是基于对自身利益的判断而作出，在只涉及双方当事人利益的情况下，法律应当充分尊重意思自治原则，而不宜直接认定为无效。其次，流质契约与折价协议虽同为担保物权私的实行方法的约定，但折价是一种事后的协商，会给交易增加新的成本，[②] 因此，事先约定担保物权实行方法的流质契约有其独立存在的价值。再次，虽然担保物权是以担保物的交换价值为基础而设定的他物权，但“价值权性”是由担保物权的权能、功能发展出来的概念，不必将之作为担保物权立法的指针。[③] 对于价值权的解释，应着重于使担保债权优先获得清偿的效用。[④] 流质契约是否与价值权属性相合，与流质契约是否有效无关，除了纯粹是概念上自我设限之外，也无法说明和证成为何担保物权可得实现之后可以约定担保物权人取得担保物的所有权。[⑤] 最后，国有资产流失不是流质契约的必然后果，保护国有资产也不是禁止流质契约的应有之义。流质约款并不必然伴随国有资产的转移，即使国有资产经营管理者旨在通过流质条款规避国有资产的监管，也完全可以通过《民法总则》《合同法》上“恶意串通，损害他人合法利益”或者“以合法形式掩盖非法目的”的合同无效之规定加以防范，而不必宣布一切流质契约均为无效。[⑥]

以流质契约实行担保物权，可以有效避免公的实行方法手续繁杂、程序冗长的困扰，在一定程度上充分实现了担保物的价值，防免拍卖担保物往往

① 参见王轶：《论民法诸项基本原则及其关系》，载《杭州师范大学学报（社会科学版）》2013年第3期。

② 参见王明锁：《禁止流质约款之合理性反思》，载《法律科学》（西北政法学院学报）2006年第1期。

③ 参见谢在全：《民法物权论》，中国政法大学出版社2011年版，第619～621页。

④ 参见黄健彰：《流担保契约应否禁止》，载《台湾法学杂志》2006年6月总第83期。

⑤ 参见谢哲胜：《流质（押）契约自由与限制》，载《台湾法学杂志》2005年8月总第73期。

⑥ 参见孙鹏、王勤劳、范雪飞：《担保物权法原理》，中国人民大学出版社2009年版，第64页。

低于市价的弊端，有利于促进担保交易的展开。[①] 但以流质契约实行担保物权之时，担保物权人直接取得担保物的所有权，如担保物的价值超过其担保债权额，担保物权人即受有不当利益；与此同时，担保人的其他债权人亦有可能因流质契约而遭受不利益的后果。由此，我国民法典编纂之时尚不能完全承认流质契约的效力，在绝对禁止和绝对放开之间应有中间道路可循。我国台湾地区的立法例即可参照，即在对担保权人课以强制性的清算义务的前提下承认流质契约的效力。[②] 所谓担保物权人（即流质契约债权人）的“清算义务”，即担保物权人就担保物价值超过担保债权的部分（清算金）应返还担保人。[③] 在承认流质契约作为私的实行方法的前提之下，归属清算自为其应有之义，在比较法上，归属清算型实行方法可以进一步区分为当然归属清算型和请求归属清算型，前者系担保物权人当然地、确定地取得标的物的所有权，无须先为一定的意思表示，而后者须担保物权人请求以标的物充当清偿后，该标的物才确定地归属于担保物权人。[④] 从公平保护担保物权人与担保人利益的角度考虑，在流质契约实现时应采请求归属型清算方法。

在基于契约自由承认流抵契约的效力的同时，因其在性质上为债的关系，也仅在当事人之间发生债权效力。[⑤] 流抵契约以移转担保物的所有权实现担保物权的目的，仅依担保物权的登记尚无法达致，当事人间关于流抵契约的约定构成担保物权的内容，必以担保物权的登记为前提。[⑥] 经由流抵契

---

① 从理论上讲，以拍卖方式处分担保物有利于充分实现其价值，但实务中，拍卖的价格往往低于市价。如此看来，拍卖对于担保交易当事人而言并非最好的方式。参见吴光明：《新物权法论》，台湾地区三民书局股份有限公司 2009 年版，第 636 页。

② 参见台湾地区“民法”第 873 条之 1、第 893 条。法国 2006 年担保法改革在一定程度上缓和了禁止流质契约的法律原则，规定在担保物权设定之时，当事人可以约定债务未获清偿时，可由担保权人取得担保物的所有权，但若担保物价值超出债务额，担保权人应将差额返还担保人或提存。参见《法国民法典》第 2348、2459、2460 条。

③ 参见［日］柚木馨、高木多喜男：《担保物権法》（第三版），有斐閣 1990 年版，第 520 页。

④ 参见刘春堂：《动产让与担保研究》，载氏著：《民商法论集（一）》，1985 年作者自版，第 325 页；陈荣隆：《让与担保之研究——现制之检讨及立法之展望》，辅仁大学法律学系 1999 年博士学位论文。

⑤ 参见谢在全：《民法物权论》，中国政法大学出版社 2011 年版，第 785 页。

⑥ 参见谢在全：《民法物权论》，中国政法大学出版社 2011 年版，第 785 页；古振晖：《论流抵约款之比较适用——以“民法”第 873 条之 1 规定的适用为中心》，载《财产法暨经济法》2010 年第 22 期。

约之登记，可使潜在的交易相对人事先了解流抵事项，以贯彻物权公示效用，维护交易安全。[①] 流抵契约之登记不同于抵押权的设定登记，仅有抵押权的设定登记不足以涵盖流抵契约的登记，但在统一登记的径路之下，同一担保物上抵押权的登记和流抵契约的登记记载于同一登记簿，仅在抵押权登记页上注记或附记流抵契约即可。至于流抵契约登记的效力，我国法上就不动产抵押权采行登记生效模式，但如此即与基于契约自由承认流抵契约在当事人之间发生效力的法政策有违。我国台湾地区就此采取“未经登记，不得对抗第三人”的立法态度，据此，流抵契约有效性的基础，不仅依凭契约自由原则，而且囿于登记效力的现况及公益之兼顾，而必须以抵押权的设定为前提，换言之，应同等看待当事人约定的自主意思及抵押权规定所生之强行法秩序，且互为补充解释的依据。[②] 至于动产质权的设定不以登记为生效要件，其中流质契约也无须登记。在质权可得实现之时，质物虽由质权人占有，但质物所有权并不当然由质权人取得，[③] 尚须质权人向出质人请求，并可依简易交付为质物所有权的移转。出质人在质权人未履行清算义务之前，可行使同时履行抗辩权，拒绝同意移转质物的所有权。[④] 流质契约的其余效力与流抵契约相同，部分不以登记为公示方法的权利质权，亦应作同一解释。

（二）增设强制管理实行形式

就担保物权公的实行方法，我国目前采取拍卖、变卖这两种方式，建议增加“强制管理”方式。强制管理，即通过委托他人管理担保财产，并以其所得收益使债权得以优先受偿。[⑤] 在法史上，强制管理起源于19世纪末的德国，当时其农庄经济较为发达，为避免抵押权的实现妨碍农庄的持续经营，德国法即采取强制管理这一实现方式。[⑥] 我国执行实践中，强制管理方式亦

① 参见程才芳：《流抵及流质契约之解禁》，载《台湾本土法学杂志》2009年总第134期。

② 参见古振晖：《论流抵约款之比较适用——以“民法”第873条之1规定的适用为中心》，载《财产法暨经济法》2010年第22期。

③ 参见谢在全：《民法物权论》，中国政法大学出版社2011年版，第1002页。

④ 参见郑冠宇：《民法物权》，台湾地区新学林出版股份有限公司2014年版，第630页。

⑤ 参见房绍坤：《论土地承包经营权抵押的制度构建》，载《法学家》2014年第2期。

⑥ 参见全国人大常委会法制工作委员会民法室：《物权法立法背景与观点全集》，法律出版社2007年版，第663页。

有采用。在我国目前渐进式农地改革思路之下，土地承包经营权抵押不能使抵押人丧失土地承包经营权，在土地承包经营权抵押权实现时，如当事人不能就抵押权实现达成协议，不宜采取拍卖、变卖等方式处置涉案土地承包经营权，农地金融的地方实践探索了强制管理这种实行方式。如在重庆地区，农地抵押权实现时首先在村集体组织内处置土地承包经营权，如不能处置，则由农村资产经营管理公司对土地承包经营权进行转包、出租等债权性质的流转；而吉林土地收益保证贷款模式中，则是由物权融资公司将涉案土地承包经营权转包，并以转包收益抵偿代偿债务。① 就宅基地使用权抵押而言，在目前保障农户基本住房权利的政策目标下，以强制管理的方式处置抵押的宅基地使用权即可兼顾抵押权人与抵押人之间的双方利益。除农地之外，担保实践中以股权、知识产权、特许经营权等无形财产权利作为担保标的的交易广泛存在，对于这些权利，强制管理可以通过实施许可的方式充分实现其经济价值，同时更灵活地寻求担保人与担保权人间的利益平衡。②

与拍卖、变卖的担保实行方式相比，强制管理的特点在于着眼于担保财产的使用价值，以担保财产的收益为执行对象，可以避免债务人丧失担保财产的所有权。③ 一旦担保财产的收益清偿完债务，担保财产即回复至担保人直接所有。④ 在强制管理模式中，担保物权难以迅速实现，除了就债权数额增加相应期限利益之外，担保权人的利益较受限制。在比较法上，强制管理多应用于债权数额较少而不动产（权利）价值巨大的情形，但法律上对强制管理实现方式加以明确规定，执行法院可以根据具体情形进行选择。⑤ 有学者认为，因强制管理存在执行周期长、效率低的缺点，故只能在经其他措施

---

① 参见高圣平：《农地金融化的法律困境及出路》，载《中国社会科学》2014 年第 8 期。

② 参见张榕、杨兴忠：《执行强制管理制度若干基础理论研究——兼评我国〈民事强制执行法（草案）〉相关规定》，载《现代法学》2004 年第 6 期。

③ 参见江必新主编：《强制执行法理论与实务》，中国法制出版社 2014 年版，第 613 页。

④ 参见赖来焜：《强制执行法各论》，台湾地区元照出版公司 2008 年版，第 408 页。

⑤ 如在德日两国，即可对作为执行标的的不动产采取强制管理措施。参见杨柳译：《德国强制拍卖与强制管理法》，载《执行工作指导》2009 年第 3 辑（总第 31 辑），人民法院出版社 2010 年版，第 208～251 页；［日］中野贞一郎：《日本不动产的管理·担保收益执行》，郎治国译，载《执行工作指导》2007 年第 3 辑（总第 23 辑），人民法院出版社 2008 年版，第 215 页。在我国台湾地区，对于船舶、航空器的执行得准用不动产执行的规定，学说及实务中均认可其得为强制管理的对象。参见赖来焜：《强制执行法各论》，台湾地区元照出版公司 2008 年版，第 408 页。

执行没有效用时，才可以对债务人财产实施强制管理。[①] 本文作者对此不敢苟同，作为担保物权的实现方式，强制管理可以更灵活的途径实现特定政策目标或发挥标的物的经济价值，有其独立存在的价值，而不仅是强制拍卖的补充适用措施。我国民事执行法上采取执行措施法定主义，亦即担保财产的变价方式应由法律加以明确规定。由于缺乏现行法的明确规定，[②] 强制管理的合法性即有疑问，其在实践中的推广亦受阻碍。因此，在民法典担保物权法编纂时，应明确将强制管理增设为担保物权的实行方式。

七、小结

法律乃社会发展的产物，立法自非无中生有的运动，而是从过去创造现在的成果，法律之修订尤然。[③] 按照目前的立法指导思想，中国民法典的编纂实际上是在对各民事单行法进行修订的基础上再进行进一步的统合。是以，在维系既有的法体系、注意法律的安定性、延续性的基础上，根据社会经济发展的新情况、新问题注入源源不断的法律生命力，以使中国民法典能够与时俱进。但中国民法典的编纂仍千秋大业，非能一蹴而就，亦难毕其功于一役，分阶段再接再厉，总有贯通任督二脉的未来。[④]

担保物权的体系构造是民法典编纂中的重要一环，如何在既有的体系框架下，植入现代化的元素，无疑是我们所要着力考量的。在两大法系日益融合的今天，既维系具有体系价值的大陆法传统，又植入普通法系灵活多变的市场化制度，是摆在我们面前的重大课题。我国实定法上的担保物权法制缺失之处不在少数，已经远远不能适应现代信息社会对金融担保创新的需求，

---

① 参见董少谋：《民事强制执行法论纲》，厦门大学出版社2009年，第274页。

② 有学者认为，《最高人民法院关于适用〈中华人民共和国民事诉讼法〉若干问题的意见》第302条（现为《最高人民法院关于适用〈中华人民共和国民事诉讼法〉的解释》第492条所代替）即是我国强制管理的规定，参见孙加瑞：《中国强制执行制度概论》，中国民主法制出版社1999年版，第543页；谭秋桂：《民事执行原理研究》，中国法制出版社2001年版，第247页。但是，这一规定仅将管理作为一种拍卖最后得以顺利进行的手段，是一项暂时性措施，而不是独立的执行措施，并未体现任何“强制性”。同时，从强制管理的特征上看，上述条文规定的“申请执行人管理”与传统意义上的“强制管理”相去甚远。

③ 参见谢在全：《民法物权编修正经纬》，载《台湾本土法学杂志》2007年第11期。

④ 参见谢在全：《民法物权编修正经纬》，载《台湾本土法学杂志》2007年第11期。

只有在满足物权法定主义的类型强制的前提下，赋予当事人更多的意思形成自由，使我国担保物权法制呈现出一种开放的态势，才能充分发挥担保物权法制在我国市场经济发展中的应有作用。

域外担保法制观察

欧洲示范民法典草案动产担保物权编评注（下）[①]

第五章　违约前的规则

第一节　一般原则

第9－5：101条　一般原则

（1）担保人和担保权人可以自由决定与担保财产有关的相互关系，但本示范规则另有规定的除外。

（2）违约前所达成的，担保权人取得担保财产所有权的协议，或有类似效果的协议，均为无效，但另有明确规定的除外。本款不适用于保留所有权交易。

评注

A. 违约前的阶段

第五章规定了调整违约之前的担保物权以及与之相关的权利义务的规则。只要发生违约［参见第9－1：201条（定义）第（5）款］，担保权人的权利及救济由第7章调整。

无论后来是否存在着违约，本章的规定均予适用。违约前的阶段仅仅是

① 本部分为《欧洲示范民法典草案》（DCFR）第九卷“动产担保物权”。原文为“Proprietary security in movable assets”。这里的“movable assets”，既包括了有形动产（goods、movable corporeal assets），又包括了无形动产或无形财产（incorporeal assets、intangibles）。本卷中，除非特别指明，均在此含义下使用动产一语。

第 2 章所称的担保物权的设立与担保物权的消灭之间的或短或长的一段时间。担保物权的消灭情形，包括适当履行担保物权所担保的债务、第 6 章规定的其他情形或者依据第 7 章规定非司法途径实现担保物权。

B. **违约前的规则：担保物权的设立和效力**

本章规定的违约前规则，重点在于担保权人与担保人之间的内部关系（特别是参见第 1 节，第 2 节以及第 4 节）。因此，担保物权或保留所有权交易只需有效设立即可；适用本章规定通常不需要具有第 3 章所规定的对抗效力。

本章第 3 节规定了当事人的变更。担保物权的受让人或者担保财产的受让人受到初始担保物权的约束，因为在这两种情形下，个人的物权地位被让与给了受让人［关于受担保物权或保留所有权交易约束的财产的转让，参见第 9—5：301 条（担保债权的转让）第（2）款］。这不以被转让的担保物权必须依据第 3 章而能有效对抗第三人为前提条件。但是，第 3 节也调整转让后效力的持续。明显地，只有在相关担保物权在担保物权或受担保物权或保留所有权交易约束的财产转让前根据第 3 章的规定而已经取得对抗效力的，才适用这一特别的法律后果。

C. **保留所有权交易**

通常，本章的所有规定不仅适用于担保物权，也适用于保留所有权交易［参见第 9—1：104 条（保留所有权交易：一般规则）第（1）款第（c）项］。

第 1 节以及第 9—5：210 条（担保财产的保管和保险）规定的一般原则，确实没有任何保留。第 2 节第 1 分节所规定的担保人的权利和义务，也适用于保留所有权交易中的买受人、分期付款买受人、承租人或者受寄售人；但是，第 2 节第 2 分节事实上不适用于保留所有权交易的持有人，因为出卖人、供应人或出租人极少占有标的物。最后，根据第 9—5：303 条（担保财产的转让），第 3 节和第 4 节完全准用于保留所有权交易。有关每条适用于保留所有权交易的详细内容，参见相关条款的评注。

D. **当事人确定担保财产上相互关系的自由**

本条第（1）款支持了当事人自由确定他们与担保财产有关的相互关系。当然，合同自由原则已经在第2－1：102条（当事人自治）第（1）款予以庄严地规定。但是，在物权法领域，当事人是否也享有此种自由，并不清晰，这就解释了为什么有必要在本条确认这一原则的原因。

在担保权人和担保人之间，必须区分其彼此之间相互关系的两个不同的基础。第一个基础是物权担保合同，即单纯的合同关系。这一特定类型的合同主要不适用本卷规定，并且不言而喻的是，物权担保合同受包括合同自由原则在内的合同法一般原则的约束。此外，担保权人与担保人之间的关系基于其本身是担保物权，也由物权法基本规则调整。然而本示范规则通常在违约后果方面是强制性的（参见第7章），当事人通常可以自由地确定违约前的担保物权条款，包括约定担保权人或担保人使用财产的权利、保管担保财产的义务或违约前与担保物权或担保财产有关的其他权利和义务。

应当强调的是，这些权利和义务不应仅仅作为物权担保合同的一部分，调整担保人与担保权人之间的相互关系的条款，对可能从原当事人手中取得担保财产或担保物权的第三人也有约束力（参见本章第3节）。担保物权效力的延伸，不能被解释为合同权利让与或合同当事人地位承受的结果，特别是因为，担保物权或担保财产的转让，可能导致未经另一方当事人的同意而替换依本章规定负有相关义务的人。

但是，即使是在违约前的阶段，当事人自由确定他们与担保财产有关的关系，也不是没有限制和例外的［参见第（1）款后句］。第5章明确规定了一些例外规定，特别是本条第（2）款。只有基于明确的相反约定，才可能变更本章的违约规则，这也被视为通过排除默示协议而实现限制的例子。

E. **违约时或违约前不得取得担保财产的所有权**

第（2）款规定了罗马法中的一项已为人熟知的原则（禁止流质约款），尽管各成员国的例外规定日益增多，但仍为各成员国普遍接受。担保人不能根据违约之前订立的约定担保权人直接取得担保财产所有权的合同而被剥夺其财产。如果此类合同旨在将所有权在违约时或违约前转移至担保权人，则第（1）款禁止此类合同；违约后生效的合同由第9－7：105条（流质契约）调整。

禁止的理由在于，直接取得担保财产所有权的合同，即将担保财产所有权直接移转至担保权人，以消灭担保物权所担保的债务，对担保人有巨大的风险。担保财产的价值可能大大超过了担保债权的价值；在违约之前同意担保权人在违约时直接取得担保财产的所有权，担保人会失去相应的保护，担保人可能因少于担保财产价值的债权而失去财产，担保人可能会丧失在违约后可得对担保权人主张的正常权利和救济。

第（2）款规定了这一规则的例外情形。一种例外情形规定于第9—5：208条（以法定孳息抵偿债务）（担保财产上的担保物权的效力所及的法定孳息，即使在违约前也可用来实现担保物权）。另一项明显的例外情形规定于第9—5：207条（有权处分金融财产的银行），经当事人明确同意，该条允许银行处分并取得被担保的金融财产。但是，银行应当依据第9—5：207条（有权处分金融财产的银行）第2款的规定转回同等财产，因此，这仅仅是一个暂时的许可。

最后，应当明确的是，第（2）款绝不是要令动产让与担保及售后回租协议无效。尽管当事人将所有权转让给担保权人，但这些转让只是以担保为目的，并不是本条所称的流质契约。因此，这两种交易形式都只是依本卷被视为设立作为定限物权的担保物权［参见第9—1：102条（动产之上的担保物权）第（4）款］，即担保人继续被视为相关财产的所有人。此外，应当指出的是，在动产让与担保或售后回租合同的情形下，相关财产在订立合同时仍然没有如第（2）款所要求的那样被设定担保物权。

F. 保留所有权交易

如第9—1：104条（保留所有权交易：适用规则）第（1）款第（c）项所规定的，本条第（1）款不仅适用于担保物权，也适用于保留所有权交易。从历史上来看，法律实践推动了保留所有权交易的发展，为了克服传统法上担保物权的特定局限而利用了合同自由。因此，当事人依据本示范规则通常应当也享有合同自由。

第二节　担保财产

第9－5：201条　担保财产的保管和保险

（1）占有担保财产的当事人有义务将这些财产与其他人的财产区别开来保管，且必须善尽合理的注意义务，以保存和维护这些财产。

（2）其他当事人有权在任何合理的时间检查这些担保财产。

（3）担保人有义务像一个审慎的所有人在财产处于相同情形时通常会投保的那样为担保财产投保，以抵御相关风险。应担保权人的要求，担保人必须提供承保范围的证明。没有或仅有不充足的承保范围或没有此类证明的，担保权人有权办理充足的保险，且将相关费用加入担保债权的范围内。

评注

A. 诚实信用原则的具体适用

本条规定了占有担保财产的当事人（即移转占有型担保物权中的担保权人以及非移转占有型担保物权中的担保人）的保管义务。担保财产的所有权与此无关。在其财产上设立非移转占有型担保物权的担保人受约束的方式，与占有受保留所有权交易约束的财产的买受人、分期付款买受人、承租人或受寄售人相同。

保管义务可以被理解为诚实信用原则的具体适用。如果担保人占有担保财产，就担保物权的一般目的而言（即利用担保财产的价值来实现担保物权所担保的债权），为了保护担保权人的担保物权避免变得没有价值，担保人必须确保受担保物权或保留所有权交易约束的财产保存良好。

在移转占有型担保物权的情形下，担保权人对担保人承担保管义务，是基于担保财产仍然为担保人所有这一事实（在保留所有权交易中，担保权人通常不占有标的物）。只有在担保物权的有限目的范围内，担保权人才对担保财产享有权利。因此，担保权人应当向担保人承担保管担保人不占有的财产的义务。

B. 保存和维护

保存和维护义务构成了第（1）款所规定义务的核心内容。占有担保财产的当事人，并不对担保财产的贬值负有严格责任，只有在疏于尽到保存和维护财产方面的合理注意义务而导致财产的损毁时，才承担责任。

C. 区别财产与其他财产的义务

根据第（1）款的规定，占有担保财产的当事人，有义务使受担保物权或保留所有权交易约束的财产与其他财产相区别。这一义务旨在防止其他当事人在担保财产上的物权因担保财产与持有人或第三人所有的同类财产相混合而丧失。但没有必要将受担保物权或保留所有权交易约束的财产单独保管，即使这些财产与其他财产贮存在一起，只要可以与其他财产相区别即可。

D. 检查的权利

由于只有占有担保财产的当事人才能（实际）控制担保财产，为了查明担保财产的状态，另一方当事人总是需要随时检查担保财产。作为一条默示规则，第 9—5：201 条（担保财产的保管和保险）第（2）款赋予了另一方当事人随时检查担保财产的权利。当然，当事人可以自由地约定检查的具体时间或者具体方式。

E. 保险

根据第（3）款第 1 句，担保人有义务为受担保物权或保留所有权交易约束的财产投保。与第（1）款不同，即使担保财产由担保权人占有，担保人也有义务投保。担保财产上的担保物权旨在为担保权人提供从担保财产中实现其担保债权的可能性。如果受担保物权或保留所有权交易约束的财产损毁或灭失，至少有依据保险合同所产生的给付请求权来保护担保权人的利益；这一规定与第 9—2：306 条（添附物之上的担保物权）第（1）款所规定的担保物权的效力及于保险收益相同。

投保义务限于像一个审慎的所有人在财产处于相同情形时通常会投保的那样为担保财产投保，以抵御相关风险。

担保权人有权要求提供承保范围的证明［第（3）款第 2 句］，可以据此证实担保人是否实际上履行了第（3）款第 1 句所称的义务。如果担保人仅有不充足的承保范围或者没有提供承保范围的证明，担保权人可以自己出资办理保险，并由担保人负担费用。

F. **处罚规定**

不履行本条规定的任何义务会导致第3卷第3章所规定的不履行义务的一般救济。最为常见的救济是损害赔偿。如果担保权人不符合第（1）款所要求的标准，则须对担保人遭受的损失承担责任。但是，在确定损害赔偿金的数额时，应当考虑担保权人可以从相关财产中实现其担保物权的数额。担保人向担保权人承担因担保权人可从中实现其担保物权的担保财产价值的减损而导致的损失的责任。此外，关于担保权人的损害赔偿请求权的数额的计算，参见第9—5：205条（未经授权的使用或处分）的评注A 。

G. **例外规定及相反的约定**

本条规定只是一项默示规则，因此，当事人可以自由地做出相反的约定［参见第9—5：101条（一般原则）第（1）款］。而且，下一分节规定了担保财产的持有人使用或处分担保财产的规则。当然，这两种可能的情形，与保存、维持及与其他人的财产区别开来保管的义务相冲突，并优先于这些义务。

第一分节　担保人的权利和义务①

第9－5：202条　一般权利

担保人有权占有担保财产时，担保人才有权以合理的方式使用这些担保财产。

评注

A. **概论**

本条及第1分节的其他条款只针对非移转占有型担保物权。从历史上来看，此类担保物权发展的实际目的，是使担保人继续使用担保财产。担保财产必须由担保人占有（在传统的移转占有型担保物权的情形下），不能适应其经济目的，且使得担保财产成为无产出的、不生息的资本。因此，作为一项默示规则，本条规定了，在非移转占有型担保物权的情形下，担保人有权

---

① 本节主要适用于非移转占有型担保物权。参见 Christian von Bar and Eric Clive（eds），Principles，Definitions and Model Rules of European Private Law，Volume 6（Munich：sellier. European law publishers，2009），p5579.

以合理的方式使用担保财产。

如同第9－1：104条（保留所有权交易：适用规则）第（1）款第（c）项规定的一样，本条不仅适用于担保物权，也适用于保留所有权交易。在此类担保物权中，买受人、分期付款买受人、承租人或受寄售人通常占有标的物，因此将使用权限制为以合理方式使用与此特别相关。

B. **以合理方式使用**

是否属于合理使用，取决于具体情况及担保财产的性质。已设定担保的汽车可以继续用于日常运输（可能不能用于跨境旅程）；固定的机器设备可继续用于担保人的生产（但是，未经担保权人的同意，不能被拆卸并在另一地点重新组装）；汽车租赁公司的车辆可继续出租给客户。这类在合理范围内的使用，会在一定程度上磨损受担保物权或保留所有权交易约束的财产。但是，对标的物的重大改良和处分，都不属于本条所定合理使用的范围，这与以下两条中的更为具体的规则相反。

C. **惩罚规定**

如果担保人的行为超出了合理使用担保财产的范围，则担保权人可以获得一项禁令以禁止此类使用；如果另有约定，未经授权的使用也可能构成违约［参见第9－1：201条（定义）第（5）款第（b）项］。此外，如果担保人的行为导致担保财产贬值，并引起担保权人的损失，则担保权人可以主张损害赔偿。有关担保人对担保权人的责任，详见第9－5：205条（未经授权的使用或处分）的评注。

第9－5：203条　已担保的工业原料的使用

占有已设定担保的工业原料（比如原材料或半成品）的担保人，可以加工这些原料，但当事人明文禁止的除外。

评注

本条规定了担保人占有作为担保财产的工业原料的特定情形，并构成了前两条的例外规定。通常，如同本章的规定一样，本条不仅适用于受担保物权约束的工业原料，也适用于受保留所有权交易的财产［第9－1：104条（保留所有权交易：适用规则）第（1）款第（c）项］。

设立非移转占有型担保物权的目的之一，就是受担保物权或保留所有权交易约束的财产能够为经济目的而继续使用。本条规定的财产的经济目的是担保人用于加工。依据第 9－5：202 条（一般权利），不允许这种使用，因为这通常包括对原担保财产的损毁并因此导致担保权人的担保物权的丧失。但是，允许占有被担保的工业原料的担保人在经营活动中将这些财产用于加工，是不言而喻、经济上合理的，并且在一定程度上符合担保权人自身的利益，因此，本条赋予了担保人这一默示的权利，不要求当事人就此作出明确约定。

当事人可以做出相反的约定，但这种约定必须明文订立，不能仅从协议推断当事人的真实意图是禁止将已担保的工业原料用于加工。

即使担保财产已被用于加工之后，担保人明显地——如果担保人和债务人是同一人——仍然有义务向担保人履行担保物权所担保的债务。经授权加工之后，担保权人权利的效力是否及于加工物，是第 2 章的规定所要解决的问题。依据本示范规则，担保物权的效力通常并不自动地及于原担保财产的加工物，即使是在未经授权的加工的情形下［参见第 9－2：307 条（为加工或附合目的而使用担保财产）及第 9－2：308 条（为加工或附合目的而使用保留所有权交易的标的物）］。第 8 卷第 5 章所规定的被用于加工的原材料的前所有人自动获得的加工物上的物权与此不同，参见第 8－5：201 条（加工）。担保人因未受权的处分而承担的责任由第 9－5：205 条（未经授权的使用或处分）规定。关于担保人因未受权的加工而承担的损害赔偿责任，参见第 9－5：205 条的评注。

第 9－5：204 条　销售者和制造者处分担保财产

（1）在正常的经营活动中，作为销售者或制造者的担保人，可以处分其占有的以下类型的担保财产，并免予担保物权的约束：

（a）意在出售或出租的财产，以及工业原料（存货）；

（b）工业原料的加工物。

（2）销售者或制造者不得处分已设定担保的设备，但担保权人有明确授权的除外。

评注

A. **概论**

本条规定了担保人占有担保财产的另一种特定情形。在本条所规定的情形中，非移转占有型担保物权的经济目的要求允许担保人处分担保财产（与移转占有型担保物权相反）。依据第 9－5：202 条（一般权利）的规定，为保护担保权人的利益，担保人仅能以合理方式使用受担保物权或保留所有权交易约束的财产，但本条与此不同，赋予了担保人处分本条所规定的担保财产的权利，尽管这一处分会使得标的物上的担保权人的权利丧失。

只有占有担保财产的担保人是销售者或制造者的，本条才予适用。这些人占有已担保的存货以及工业原料的加工物，都是为了销售获利而处分标的物，因此，本条规定了这些担保人的默示权利。

理论上，担保人是否有权对抗担保权人而处分担保财产的问题，与受让人是否能从此处分中获得有效的所有权并对抗担保权人的问题，存在着差异。但是，担保权人与担保人之间的关系，通常也会决定担保人与第三人有关的权利。本条涵盖这两方面，并适用相同的规则予以调整。

最后，应当指出的是，尽管本条只涉及担保物权，但是，在相关财产受保留所有权交易约束时，本条也适用［参见第 9－1：104 条（保留所有权交易：适用规则）第（1）款第（1）项］。

B. **加工物或存货的处分——第（1）款**

第（1）款允许销售者或制造者处分已担保的存货［第（a）项］及工业原料的加工物［第（b）项］。“存货”是指意在出售、出租的财产及工业原料，包括原材料及半成品（参见前一条）。此外，担保人也可以处分工业原料的加工物。如果尽管财产上有担保权人的权利，而担保人可以将工业原料用于加工（前一条所允许的），那么这些财产也自然可以被处分。最后，制造者加工工业原料的加工物就是为了销售；因此可以认为，担保人有权处分这些财产。

当事人可以做出相反的约定，即当事人可以约定，制造者没有权利处分已担保的存货或工业原料的加工物。但是，就排除此默示规则的适用，第（1）款并不要求有明文的约定。

C. **处分设备的禁止——第（2）款**

销售者或者制造者可以依据第（1）款处分其已担保的存货，本条第（2）款通过禁止处分已设定担保的设备而限制了这一权利。原因不仅在于设备通常比存货更有价值，更具决定性的因素在于，即使对销售者和制造者而言，也不能认为出售设备是其正常的经营活动中使用设备的典型方式。因此，在设备上设立担保物权或保留所有权交易的担保权人，有权援引担保人不能处分这些财产的假定。

但是，这一推理不应被解释为，排除了担保人处分受担保物权或保留所有权交易约束的设备的所有可能性。这种出售通常有可能在经济上是合理的甚至是必须的，特别是在出售损坏或陈旧的设备并替换成新设备的情形之下。但是，赋予担保人广泛的甚至是处分设备的决定权，将给担保权人带来难以承受的风险。担保权人永远不能确保其担保物权不会面临基于以下原因而丧失的风险：担保人基于担保财产不再符合最新的技术标准而处分担保财产。特别是高价值的工厂机器，航空器或工业发动机等使用年限很长的设备，“过时”标准的模糊性决定了几乎可以适用于全新设备之外的一切旧设备上的担保物权。相反，仅在担保权人明确授权的情形下，担保人才允许处分担保财产，更为合理。这意味着担保人为了处分受到为担保权人设立的担保物权或保留所有权交易约束的设备，必须征得担保权人的同意。仅有默示协议是不够的；为了保护担保权人，必须有其明确的授权。

D. **受让人的地位**

如果依据第（1）款的规定或者基于担保权人的授权，担保人被授权处分担保财产并免受担保物权的约束，则受让人可以取得标的物上的物权（特别是所有权），并免受担保权人的权利的约束。但是，应当注意的是，第三人的既存物权不受影响。如果不符合本条的规定，也不存在当事人授权担保人处分担保财产并不受担保权人的权利约束的协议，则受让人可以基于善意取得而获取相关财产上的免受担保约束的所有权，参见第 9－6：102 条（因所有权的善意取得而导致担保物权的丧失）及第 8 卷第 3 章。但是，如果相关财产上的担保物权或保留所有权交易已登记的，则对于设备来说，几乎不可能适用这些条款所规定的善意取得规则，因为设备的处分（与存货相反）不可能被视为担保人的正常经营活动。

E. 处分后担保人的地位

如果担保人依据此规定而得到了授权或者依据其与担保权人达成的处分担保财产的协议而得到授权，则担保人不承担因处分担保财产而导致的责任。如果担保人是债务人，担保人仍然要履行担保物权所担保的债务。初始担保财产上的担保物权的效力是否及于处分所得的收益，由第 2 章调整。

有关担保人因无权处分而对担保权人承担的责任，参见下一条。

第 9－5：205 条　未经授权的使用或处分

（1）占有担保财产的担保人对担保权人负有不得违反本分节前条的限制性规定使用或处分该担保财产的义务。

（2）除了对因不履行本条第（1）款规定的义务所造成的损害赔偿责任之外，违反这些限制性规定的担保人，还应当向担保权人说明因使用所取得的价值，并返还因处分所得的收益，但以担保债权未受清偿的数额为限。

评注

A. 损害赔偿责任

本条规定了占有担保财产的担保人与担保权人之间因担保人未经授权使用或处分受担保物权或保留所有权交易约束的财产而导致的结果［本条对保留所有权交易的适用，参见第 9－1：104 条（保留所有权交易：法律适用规则）第（1）款第（c）项］。

第（1）款规定，担保人不得违反本分节前条的限制性规定而使用或处分该担保财产。不履行此义务会导致第 3 卷第 3 章所规定的一般救济措施。最常见的救济措施是未经授权使用或处分担保财产所导致的损害赔偿。

损害赔偿责任是向债权人给付的一定数额的款项，并使债权人尽可能地恢复到违约前的状态的责任［参见第 3－3：702 条（一般赔偿标准）］。在本条所称情形下，担保权人可以主张赔偿担保财产上的权利丧失（无论是担保物权还是保留所有权交易）或者主张赔偿因未经授权的处分而使得担保财产的价值贬损并导致的损失。

对于作为定限物权的担保物权来说，以下规则适用于损害赔偿数额的确定。由于只有担保权人自身的担保物权受到了影响，因此必须根据通过实现初始担保财产上的担保物权而假定可以得到的价值，与担保权人依据担保债权从剩余的担保财产或者从其他担保此债权的担保物权实际获得的支付数额之间的差额，来计算相关损失。如果担保权人得到了债务人的全额支付或者可以通过实现其他的担保物权而得到清偿，或者如果担保权人未经授权而使用的担保财产的剩余价值足以清偿担保权人，则不存在损害赔偿请求权。

在未经授权而使用或处分受保留所有权交易约束的财产的情形下，保留所有权交易的持有人有权主张的赔偿数额通常是相同的，即使出卖人、供应人或出租人保留的所有权灭失或受到影响，而不仅仅是担保物权丧失或受到影响。这是因为出卖人、供应人或出租人有提供给买受人、分期付款买受人、承租人或受寄售人相应财产的合同义务。因此，即使财产的价值更高，出卖人、供应人或出租人也只有权要求支付约定的价款，即担保债权。损害赔偿请求权应当使出卖人、供应人或出租人处于义务得到履行时其应处的地位。因此，出卖人、供应人或出租人可以主张赔偿因未授权而使用或处分所导致的损失，这一损失相当于约定的支付价款的不足部分。在买受人、分期付款买受人、承租人或受寄售人违约时，出卖人、供应人或出租人即使有权获得标的物变价款的剩余部分，也不影响这一结果，且这一权利并不限于担保债权的数额。只要基础合同关系在未经授权的使用或处分之前没有实际消灭，出卖人、供应人或出租人就不能因买受人、分期付款买受人、承租人或受寄售人未经授权的使用或处分而获得多于买卖合同、分期付款买卖合同、融资租赁合同或寄售合同项下的应付款项的赔偿数额，即出卖人、供应人或出租人依据基础合同而能合理地期待的支付款项。

B. 说明义务

除了上述的损害赔偿请求权外，本条第（2）款规定，担保人未经授权而使用或处分担保财产，应说明因未经授权的使用所取得的价值，或者说明因未经授权处分而取得的收益，并向担保权人返还所得的收益。这仅仅只是一项债权。第（2）款没有规定担保权人享有对担保人获得的价值或收益的物权。由于担保权人的担保物权的目的只是要实现其担保债权，因此担保权人的对于未经授权的使用或处分担保财产的救济措施，不能脱离这一目标的必要性；因此，返还的数额应当以担保债权未受清偿的数额为限。关于评注A所阐明的原因，保留所有权交易的持有人在买受人或承租人违约后，依据第9—7：301条（保留所有权交易的违约后果）第（3）款主张剩余部分的可能性，并不能对这一特殊类型的担保物权的不同规定做出解释。

第（2）款规定的说明及返还义务，与担保人的损害赔偿责任存在着一些相似之处，前者不同于后者之处在于，前者不限于实现担保权人在相关财产上的担保物权的数额。相反，如果有必要实现担保物权，担保人应当用因为未经授权使用或处分所取得的全部价值或收益承担责任。通过至少剥夺担保人的部分非法收益，第（2）款也实现了作为次要的目的的预防作用。

C. 受让人的地位

受让人是否可以因担保人未经授权而处分担保财产而获得未设定担保的权利，不是本条要规定的问题。有关更详细的内容，参见第 9－5：204 条（制造者和销售者处分担保财产）的评注 D。

第二分节　担保权人的权利和义务

第 9－5：206 条　限定的使用权

占有或控制担保财产的担保权人无权使用担保财产，但仅为保管和保护财产所必须的正当使用除外。

评注

A. 概论

本分节规定了担保权人违约前的权利和义务。本条规定了担保权人对担保财产极其有限的使用权。只有在担保权人占有或控制担保财产，甚至才适用限定的使用权。担保权人不占有或控制担保财产，担保权人行使使用权不切实际。

有鉴于此，在实践中，本分节的规定只适用于担保物权，而不适用于保留所有权交易。在买受人、分期付款买受人、承租人或受寄售人［即被视为担保人的人，参见第 9－1：104 条（保留所有权交易：法律适用规则）第（2）款］不持有担保财产的情形下，极少适用于后一种形式的担保物权。

B. 限定的使用权

占有受担保物权约束或保留所有权交易支配的财产的担保人，享有广泛的使用权甚至是依据前分节处分担保财产的权利，担保权人的权利受到更多的限制。担保权人只有为了保管和保护担保财产而必须使用担保财产时，才有权使用担保财产。显著的例子是一匹需要训练的马。因此，本条所规定的使用权与其说是第 9—5：201 条（担保财产的保管和保险）所称的更为特殊的一类保管义务，还不如说是为担保权人自身利益而使用担保财产的权利。第 1 分节所称的担保人的地位，与第 2 分节所称的担保权人的地位之间存在区别，其原因在于，担保权人占有担保财产不是为了利用担保财产的经济价值，而是为了维系其作为担保权人的地位。由于担保物权的主要目的只是实现担保物权，没有理由允许担保权人一般地使用担保财产，这会不可避免地出现仍被担保人所有的担保财产的贬值（至少是在担保物权作为定限物权的情形下）。

违约之后，规定有所不同。一旦担保物权可得实现，担保权人可以依据第 7 章所规定的条件，为使用收益以清偿担保债权而使用担保财产，参见第 9—7：207 条（变现的一般规则）第（1）款第（b）项。

C. 例外规定和惩罚措施

在第 9—5：101 条（一般原则）第（2）款的范围内（即只要它们不允许担保权人直接取得担保财产的所有权），当事人可以变更本条的默示规定；第 9—5：207（有权处分金融财产的银行）条及第 9—5：208 条（以法定孳息抵偿债务）也规定了本条的一些例外情形。

当担保权人未经授权而使用担保财产时，特别是担保财产的价值丧失或者已被担保人处分，担保人可以采用的惩罚措施包括，限制未授权使用的禁令以及损害赔偿请求权。但是，在计算损害赔偿数额时，必须考虑担保权人可以从相关财产实现其担保物权的数额；此外，如果担保人是担保物权所担保的债务的债务人，可能存在以担保人的赔偿请求权抵偿担保人的债务的可能性。

此外，担保权人可以依据第 8 卷不当得利的规定，而对未授权使用担保人的财产所得到的价值主张不当得利返还请求权。

第 9－5：207 条　有权处分金融财产的银行

（1）经明确同意，作为担保权人持有金融财产的银行或其他金融机构，有权使用、占用和处分这些担保财产。

（2）担保物权一旦实现，担保权人仅负有向担保人移转同种类、同性质和同价值的金融财产的义务。

评注

A. 银行及类似金融机构使用、占用及处分担保财产的权利——第（1）款

第（1）款允许当事人通过明确的协议而同意作为担保权人的银行及其他金融机构使用、占用及处分其持有的作为担保财产的金融财产［参见第9—1：201条（定义）第（6）款和第（7）款］。担保权人与担保人通常可以约定担保权人可使用担保财产，并变更第9—5：206条（限定的使用权）（参见该条的评注C）的默示规定。本条第（1）款构成了第9—5：101条（一般原则）第（2）款的例外，与该条的一般原则相反，第（1）款规定了当事人订立协议直接由担保权人取得担保财产的所有权的有限可能性。

第（1）款仅适用于金融财产，即银行及其他金融机构持有的金融工具和金钱债权。如果当事人对此明确同意的，则担保权人可以处分其所持有的金融财产，也可以无需在先的违约而直接取得财产的所有权，并不受担保人的权利约束。这一规定的立法政策在于，当事人可以约定，担保权人不必将金融财产作为“死的资本”予以保管，可以在正常经营活动中予以使用。银行和其他金融机构通常以这些财产进行交易，这也符合经济目的，不应禁止他们为经营目的而使用其所持有的作为担保财产的金融财产。担保人对此没有优先的利益。金融财产可以替代，担保人在特定种类的财产上没有特定利益，因此，担保权人无须维系初始财产上的权利，只需向担保人转回同种类、同性质和同价值的金融财产［第（2）款］就足够了。而且，银行和金融机构受到定期的监管，并因此比其他担保权人更值得信赖。

B. 担保物权实现后的担保权人的义务

当担保权人根据第（1）款的规定，依当事人明确的协议而直接取得或处分其持有的作为担保财产的金融财产的，一旦担保物权实现，就产生了依据第（2）款向担保人返还相同财产的义务。

第（1）款不要求先前存在违约事件，如果担保债权在担保权人取得担保财产的所有权或处分担保财产之后实现，则担保人有权请求返还与初始金融财产同种类、同性质、同价值的金融财产。当然，担保债权在违约后通过直接取得担保财产的所有权而实现的，即担保权人（银行或其他金融机构）已经从金融财产上实现担保物权的，则不产生返还义务。此外，这一情形已经不属于本章所调整的违约前阶段的范围，因此，不能再产生第（2）款所规定的义务。

如同第（2）款中的“仅”所表明的那样，与第9－6：105条（担保权人清算收益的义务）的一般规则不同，担保权人没有义务清算因处分担保财产而产生的孳息或收益。获得此种利益的可能性正好是第（1）款所称的“占用”这一特殊规定的目的。然而，担保人当然有权主张返还担保权人持有的作为担保财产的金融财产所生的利息及类似款项，但这是银行和客户之间协议所要解决的问题。

C 担保权人混合金融财产的法律结果

银行处分权的一个特殊方面是，作为担保权人，其有权将其持有的客户的金融财产予以混合。这一混合的法律后果，适用第9－2：309条（担保财产的混合）第（4）款和第（5）款中关于混合法律后果的规则。

第9－5：208条　以法定孳息抵偿债务

担保物权的效力及于初始担保财产的法定孳息的，担保权人有权收取并以之充抵担保债权。即使担保债权未届清偿期，也不例外。

评注

A. 担保物权的效力及于法定孳息

只有在担保物权［或保留所有权交易，参见第9－1：104条（保留所有权交易：法律适用规则）第（1）款第（c）项］的效力及于初始担保财产的法定孳息（即，例如，根据允许第三人使用担保财产的协议而获取的租金）的情况下，才适用本条。法定孳息是否为担保物权或保留所有权交易效力之所及，取决于第2章的规定。通常，当事人有必要约定对于担保物权的效力延伸及于标的物之外的财产［第9－2：306条（担保财产的收益）第（3）款］，此时，推定移转占有型担保物权的效力及于初始担保财产的法定孳息及天然孳息［第9－2：306条第（2）款］。

B. 担保权人收取法定孳息并取得法定孳息所有权的权利

如果担保权人权利的效力及于法定孳息（参见评注A），则担保人不仅能收取孳息，还可以取得孳息的所有权并以之充抵担保债权，即使在违约之前或者担保物权未届清偿期，也不例外。这一违约前不得取得担保财产的所有权［参见第9—5：101条（一般原则）第（2）款］的例外规定，是基于担保人对于孳息的关注远远少于对于初始财产的关注，因此，就孳息的保护性规定不那么严格。此外，由于根据本条，只有金钱才能充抵担保债权，因此没有担保权人滥用以物抵债的风险，不会不顾担保人的利益而低价取得担保财产。这一论证甚至可以证明将这一例外规定作为默示规则的合理性，即尽管当事人可以作出相反的约定，但赋予担保权人有限的以物抵债的权利，不需要当事人达成协议。

关于担保权人在违约后出租担保财产并以租金收入实现担保物权的类似权利，参见第9—7：207条（变现的一般规则）第（1）款第（b）项。

第三节　当事人变更

第9－5：301条　担保债权的转让

（1）担保债权转让给其他债权人的，担保物权也随之转让给该债权人。

（2）转让人必须告知受让人担保被转让权利实现的任何担保物权。

（3）担保物权可以通过以下方式取得对抗第三人的效力：

（a）依第9—3：328条（担保物权的转让：一般规则）第（1）款所规定的初始登记；

（b）受让人取得担保财产的占有或控制；

（c）转让人同意为受让人占有或控制；

（d）没有满足第三章规定的要求担保物权也有效的。[①]

（4）担保物权仍然有效的，其优先顺位不受转让的影响。

---

① 主要包括：第9—3：301条（欧洲担保物权登记簿；其他登记或备案系统）第（2）款规定的某些担保物权；第9—3：107条（购置款融资方式的登记）第（4）款规定的消费者财产之上的购置款融资方式；第9—3：333条（登记簿建立之前已设立的担保物权）规定的欧洲担保物权登记簿建立之前的法定和约定担保物权。

评注

A. 担保物权依附于担保债权

第（1）款规定了一个公认的规则，即担保债权如被转让给另一位债权人，则作为从属性权利的担保物权也随之转让这一债权人［参见第 3－5：115 条（移转给受让人的权利）第（1）款］。

这一规则既适用于作为定限物权的担保物权，又适用于保留所有权交易。依据第 9－1：104 条（保留所有权交易：法律适用规则）第（1）款第（c）项，担保物权的规定也适用于保留所有权交易。在一些内国法律制度中，特别是让与担保及保留所有权交易，通常仅仅基于所有权转让规则而被视为可转让，其中也可能涉及其他标准。本示范规则没有采用这一传统方式，而是将担保物权随担保债权转让的规则扩展至这一类担保物权。本示范规则所称的担保物权的从属性，证成了这一解决方法的正当性。而且，根据本示范规则的规定，本质上以合同为基础的所有权转让规则，简化了对保留所有权交易的转让及以担保为目的而转让所有权的传统理解［后一种交易被定性为依据第 9－1：102 条（动产之上的担保物权）第（4）款设立担保物权］。

担保物权取得对抗效力不是转让担保物权的必要条件；即使是没有取得对抗效力的担保物权也能随着担保债权一并转让。第（3）款只是规定了担保物权在转让后是否取得对抗第三人效力的问题。

B. 转让人的告知义务

第（2）款规定了转让人告知受让人存在担保物权［或者保留所有权交易，参见第 9－1：104 条（保留所有权交易：法律适用规则）第（1）款第（c）项］的义务。通常，转让人会为了自身的利益而提供此信息（在转让对抗第三人的债权时，相比于普通债权，受让人会支付给担保债权更高的价格），但是本条所规定的义务必须在其他情形下起到填补漏洞的作用。

C. 担保物权转让后的效力

本示范规则将第 2 章担保物权的设立与第 3 章对抗第三人的效力区分开来，由此产生的另一个问题就是，受让人是否应当采取另外的措施以确保担保物权在转让后继续具有对抗效力。这一问题的产生，尤其是考虑到，第 3 章所规定的取得对抗效力的方法，通常集中于担保权人的地位这一事实，即担保权人必须占有或控制或者为担保权人登记担保物权或保留所有权交易。

第（3）款规定，如果担保物权是通过占有或控制而取得对抗效力的，只有受让人取得担保财产的控制或占有或者转让人同意为受让人控制或占有的，担保物权才保持对抗效力［参见第（3）款第（b）项和第（c）项］。

但是，如果被转让的担保物权是通过初始登记而取得对抗效力的，即作为初始担保权人的转让人在担保物权登记簿上填写了登记事项，则没有必要就担保物权的转让进行补充登记或者转让声明；担保物权根据初始登记而保持对抗效力［参见第（3）款第（a）项和第9—3：328条（担保物权的转让：一般规则）第（1）款］。关于这一规定的解释，参见第9—3：328条的评注。

另一个明显的情形就是，就转让前即不必满足第3章规定的条件而有效的担保物权或保留所有权交易而言，担保物权在转让后无须满足另外的条件而继续有效［参见第（3）款第（d）项］。第9—3：301条（欧洲担保物权登记簿；其他登记或备案系统）第（2）款规定了此类担保物权的一部分；其他的例子包括消费者财产上的购置款融资方式〔第9—3：107条（购置款融资方式的登记）第（4）款］，法定担保物权以及欧洲担保物权登记簿建立前设立的担保物权［第9—3：333条（登记簿建立之前已设立的担保物权）第（1）款］。

D. 担保物权转让后的优先顺位

最后的问题是担保物权转让后的优先顺位。只要担保物权或保留所有权交易继续有效，即如果其在转让前有效并且根据第（3）款继续有效，则第（4）款明确规定其优先顺位不受转让的影响。这与评注A所阐述的一般原则相符，即受让人可以像转让人一样，受到从属性的担保物权及保留所有权交易的保障。

在第（4）款的适用范围之外，即当担保物权转让前没有取得对抗效力或者不符合第（3）款的条件时，转让后的担保物权的优先顺位依据第4章的一般规则确定。如果担保物权转让后不再有效，则它必须让位于所有的有效担保物权［第9—4：101条（优先顺位：一般规则）第（3）款］；它与其他没有对抗效力的担保物权之间的优先顺位由其（初始）设立时间决定［第9—4：101条第（4）款］。如果一项担保物权只在转让后取得对抗效力的，则满足对抗条件的时间对第 9—4：101 条第（2）款的适用有决定作用。

第 9－5：302 条　担保债权的部分转让

由于部分转让担保债权，或将整个担保债权转让给不同的受让人，每人仅取得其中一部分，导致担保债权被分成几个部分的，则：

（a）每部分担保债权的持有人按其担保债权占整个担保债权的比例，享有部分担保物权；（b）每部分担保债权的持有人的担保物权的对抗效力将分别确定；担保财产的占有或控制也可以由部分担保债权人代表其他人实施。

评注

A. **概论**

当担保债权被分为不同部分并由不同担保权人持有时，适用本条。这一结果可能只是由于担保债权的部分转让，或者是由于将整个担保债权转让给不同的受让人，每个受让人仅取得其中一部分。第 3—5：115 条（移转给受让人的权利）第（1）款及第 9—5：301 条（担保债权的转让）都没有规定担保物权的部分转让对于担保债权实现的相应担保物权［无论是担保物权还是保留所有权交易，参见第 9—1：104 条（保留所有权交易：法律适用规则）第（1）款第（c）项］的具体后果。

B. **按比例享有担保物权**

由于每一个担保权人只持有部分担保物权，因此每一个担保权人对于从属性担保物权的权利必须被分为几个部分。包括仍然持有部分担保物权的转让人在内的担保权人，是否应享有比其他担保权人更有利的担保物权，并不明显。本示范规则选择了每一担保权人按比例享有担保物权或保留所有权交易的规则。每一个担保权人的担保物权按其担保债权占整个担保债权的比例，享有部分担保物权。当然，当事人可以对各担保权人持有的担保物权份额作不同的约定。

C. **每一个担保权人的权利的对抗效力**

本条第（b）项规定，每部分担保债权的持有人的担保物权的对抗效力将分别确定。但是，第（b）项的第二句的后半句在一定程度上修正了这一规定的结果。担保权人不仅可以自己占有或控制担保财产，也可以为其他担保权人占有或控制其担保财产。对于登记的担保物权，初始登记依据前条第

（3）款第（a）项及第9－3：328条（担保债权的转让：一般规则）第（1）款足以保证被转让的权利的对抗效力。

D. 优先顺位

本条没有规定任何优先顺位的具体规则。在这里，适用第9－5：301条（担保债权的转让）第（4）款的一般规则，即只要担保物权继续保持对抗效力，即使是担保债权部分转让，担保物权或保留所有权交易的转让也不影响其优先顺位。

第9－5：303条　担保财产的转让

（1）担保财产的所有权移转给其他人的，担保财产之上担保物权的存在和对抗第三人的效力均不受影响。自移转时起，受让人视为担保人。

（2）转让人经授权处分担保财产并免受担保物权的约束的，或受让人基于善意取得该财产并免受担保物权的约束的，不适用前款规定。

（3）在担保财产的所有权移转之前，已在新所有人的未来财产之上为另一担保权人所设立的担保物权，不具有优先于在转让时被转让财产之上担保物权的顺位。

（4）买受人、分期付款买受人、承租人或受寄售人在受既存保留所有权交易的标的物之上的或与该标的物有关的权利的转让，准用本条上述规定。

评注

A. 担保财产的转让不影响担保物权的存在

第（1）款第1句的规定，是本卷规定的担保物权的物权属性的直接后果。担保物权不仅约束初始担保人（物权担保合同的当事人），而且约束担保财产的后来的每一个所有人。担保人可能是（通常是）担保财产的所有人，并且可以将所有权转让给另一个人。但是，担保财产的所有人身份并没有赋予担保人不受担保物权约束而处分担保财产的权限。这一原则既适用于有形担保财产的所有权转让，也适用于担保债权的让与。

第（2）款规定了这一规定的两种例外情形。其一，担保人被授权可以转让没有权利负担的担保财产所有权。转让人即担保人被授权方式，可以是其与担保权人之间的合同，也可以是法律的直接规定。后一类授权如第9－5：204条（销售者和制造者处分担保财产）第（1）款的规定。其二，即使担保人没有被授权处分担保财产，受让人也可依据善意取得规定而取得无权利负担的所有权。依据第9—6：102条（因所有权的善意取得而导致担保物权的丧失）及第8—3：102条（善意取得所有权并免受定限物权的约束）的规定，即使担保物权已登记，担保物权也会灭失。

B. 受让人取得担保人的地位

就本卷而言，第（1）款第二句规定，受让人取得担保人的地位。这是担保物权的物权属性所导致的结果。因担保财产的所有权移转，新所有人承担担保人的义务，且其财产，即被转让的担保财产，被用来实现担保物权。本规定也受到第（2）款例外规定的限制。

C. 担保财产转让后的担保物权的效力

第（1）款所规定的转让的另一结果是，只要担保物权没有因担保财产所有权的转移而灭失，担保物权的效力就不受担保财产的所有权转移的影响。

当然，对于依占有或控制而取得登记效力的担保物权而言，应当指出的是，如果担保权人只有丧失占有或控制才能转让所有权，担保物权可能确实不再具有对抗效力。但是失去效力的原因不是转让本身，而是不符合第3章规定的对抗要件。

对于已登记的担保物权，本示范规则不要求有对抗取代原担保人的担保财产的新所有人的登记，这一新所有人取得了担保人的地位。尽管担保物权的公示可能会被限制（有可能只能查询到对抗原担保人的登记，而不能通过查询对抗新担保人的登记事项而查到担保物权），担保权人不应当承担其一般担保权人地位自动灭失的风险或者承担重新登记对抗新担保人的登记事项的义务。但是，依据目前的解决方法，其他人的利益，特别是受让人的其他担保人，依据善意取得规则［参见第9—3：330条（担保财产的转让：一般规则）的评注B］而受到一定程度的保护。不过，可以在登记簿上补充登记表明转让的登记事项，为担保权人提供额外的保护［参见第9—3：331条（担保财产的转让：转让声明）］。

D. 转让前受让人设立的担保物权的优先顺位

第（3）款规定了与受让人已在其未来的财产（即受让人嗣后取得的担保财产）设立了担保物权，且在转让担保财产前已被登记的此担保物权有关的优先顺位的具体问题。由于这一问题涉及已登记的担保物权，因此依据登记规定来解决这一问题，参见第 9－3：330 条（担保财产的转让：一般规则）。

E. 保留所有权交易

第（4）款规定了买受人、分期付款买受人、承租人或者受寄售人在既存保留所有权交易的标的物上的权利的转让，准用第（1）款至第（3）款的规定。虽然第（1）款至第（3）款所规定的法律后果的规定是相似的，但是保留所有权交易的基本情形及法律构造相当不同，因此有必要单独规定保留所有权交易。

这一主要区别源于保留所有权交易中的买受人、分期付款买受人、承租人或者受寄售人不是标的物的所有人而只是期待权人［第 8－2：307 条（保留所有权交易中受让人的期待权）］。因此，买受人、分期付款买受人、承租人或者受寄售人只能转让各自交易中的标的物之上或与该标的物有关的权利。

依据“不能给付自己没有的东西”（*nemo dat quod non habet*）的原则，由于买受人、分期付款买受人、承租人或者受寄售人没有权利将所有权转让给第三人，因此，出卖人、供应人或出租人所保留的所有权，通常不受买受人、分期付款买受人、承租人或者受寄售人的权利转让的影响。如果保留所有权交易能有效对抗第三人，则买受人、分期付款买受人、承租人或者受寄售人拟将所有权转让给的那个人不能成为所有人，并且必须尊重出卖人、供应人或出租人就相关财产所保留的所有权。这与第（1）款规定的担保财产的转让结果一样；同样，对于保留所有权交易，担保物权的对抗效力不应受到转让的影响。再者，如果买受人、分期付款买受人、承租人或者受寄售人得到了授权或者受让人依据善意取得规则而得到保护，则结果不同：第（2）款所规定的规则也适用于保留所有权交易的标的物的转让。在这种情形下，受让人可以成为相关财产的所有人，并且保留所有权交易的持有人的权利灭失。

但是，只要不是这种情况，受让人，即取得来自于买受人、分期付款买受人、承租人或者受寄售人的标的物之上的或与标的物有关的权利的人，取得了买受人、分期付款买受人、承租人或者受寄售人的地位。受让人受本章

第2节第1分节所规定的义务的约束；依据第9－7：301条（保留所有权交易的违约后果），受让人违约后，保留所有权交易的持有人可以从受让人手中取回占有。

依据第（4）款，第（3）款也可适用于保留所有权交易；但是，只有在保留所有权交易不享有第9－4：102条（超优先顺位）第（1）款所称的超优先顺位时，才需要适用本规定。

第四节　担保权人告知担保物权内容的义务

第9－5：401条　担保权人告知担保物权内容的义务

（1）担保人有权要求担保权人提供，担保权人有义务应担保人的请求提供，与担保债务数额有关的信息。担保人还可以要求将该信息提供给第三人。

（2）担保人不是担保债务的债务人的，担保人依前款规定所享有的权利则取决于债务人的同意。[①]

评注

A. 担保人要求提供担保物权信息的权利

本卷第3章第3节第5分节［特别是第9－3：319条（提供信息的义务）］规定了担保权人专门针对登记担保物权所承担的提供信息的义务。但是，这一提供信息的义务限于特定财产之上是否有已登记的担保物权。另一方面，本条所称的担保权人提供信息的义务涉及的是担保债务的数额［无论是担保物权还是保留所有权交易，参见第9－1：104条（保留所有权交易：法律适用规则）第（1）款第（a）项］。分别规定提供信息的义务的原因以及它们被表述为义务而非责任的原因，参见第9－3：319条（提供信息的义务）的评注A以及第9－3：320条（信息的内容）的评注D。

---

① 原文为“the security provider's right under the preceding Article”，直译为“担保人依前条规定所享有的权利”。疑有误，此处应为“前款”。完整版中已经对本款做了修正。参见Christian von Bar and Eric Clive（eds），Principles，Definitions and Model Rules of European Private Law，Volume 6（Munich：sellier. European law publishers，2009），p5597.

本条所规定的信息与担保人自身的利益没有特别关系，而主要考虑的是与打算向担保人发放更多贷款或试图获得受既存担保物权约束的相关财产上的担保物权的第三人的利益。只有在扣除了这些财产上担保物权所担保的债务数额后，才能确定财产的剩余价值。因此，担保人可以要求将此信息提供给任何与其利益相关的第三人。

B. 债务人的参与

通常，债务人依据基础合同，也有权要求担保权人提供未清偿的债务数额。如果债务人是担保人，那么提供信息的义务是同一的。然而，只有告知担保物权内容的义务由本条规定。当债务人不是担保人，第（2）款规定提供信息的义务取决于债务人的同意。这一规定是要保护债务人事务的机密性。因此，建议担保人最好取得债务人的预先同意，即债务人不可撤销地授权担保人要求担保权人提供担保债务数额的信息。

C. 惩罚规定

违反本条规定的信息告知义务的惩罚规定，及担保权人作出此种声明的其他后果，无需也确实不应在此处规定，而应由一般规则调整。提供信息的最为相关的结果之一就是，担保权人会受到信息的约束，且不能向信息接收者主张数额更大的担保物权。但是，这些效果的准确运行取决于具体情况。担保权人可以提供信息并明确表明信息受到客观发展的约束。因此，适用于第3章第3节第5分节的更为形式化的提供信息的义务的严格结果，不能适用于本条。

第六章　消　灭

第9-6：101条　担保物权消灭的情形

（1）以下情形出现时，担保物权消灭：

（a）担保权人和担保人同意消灭；

（b）担保权人放弃担保物权。担保人回复对担保财产的占有的，推定担保权人放弃担保物权；

（c）担保财产灭失；

（d）担保权人取得担保财产的所有权；

（e）第三人取得担保财产的所有权，并免受该担保物权的约束；

（f）其他规定中规定或隐含的消灭情形，例如担保债权的债务人和债权人因继承或混同等变成同一人。

（2）担保债权完全消灭的，担保物权也消灭，尤其是在担保权人已获足额清偿的情形，但担保物权连同担保债权已移转给另外的人，该受让人向原担保权人所作的清偿除外。

（3）保留所有权交易的消灭准用本条第（1）款第（a）项至第（c）项、第（e）、（f）项和第（2）款的规定。买受人、分期付款买受人、承租人或受寄售人依买卖合同、分期付款买卖合同、融资租赁合同或寄售合同所取得的，对标的物的权利或与该财产有关的权利不再存在的，保留所有权交易也消灭。

评注

A. **概论**

担保物权的消灭在违约后果之前规定（第 7 章）。在实践中，担保物权的消灭是担保物权终止最为常见的原因。除了担保债权的清偿，当事人一方或双方实施或参与的消灭担保物权的自愿行为，是实践中最为常见的例子。然而，担保物权的消灭也可能是法律事件的后果［参见本条第（1）款第（d）项至第（f）项］。

B. **消灭的含义**

担保物权的消灭意味着担保物权的完全消灭。不仅是担保物权对抗第三人的效力消灭了，而且担保物权在当事人之间的效力也消灭了，即担保权人再也不能占有先前受到移转占有型担保物权约束的财产，并且不能在违约时提起执行程序以对抗担保人。更多的担保物权消灭的法律后果的详细内容规定于第 9—6：104 条（消灭的法律后果）。

通常，仅有对抗第三人效力的灭失不意味着担保物权的消灭。就如同虽然不符合第 3 章所称的对抗第三人要件，但是也存在着担保物权的设立一样，担保物权对抗第三人的效力终止，但是担保物权没有消灭。但是，这一规则受到第（1）款第（b）项后半句的限制。

C. **担保物权消灭的情形**

第（1）款和第（2）款列举了担保物权消灭的七种具体情形。这一列举是详尽的，但为了认可其他规定中隐含的担保物权消灭情形，第（1）款第（f）项故意地以开放性措辞来表达（参见下文之 f）。

在第（1）款第（a）项至第（f）项规定的情形中，如同主句所表明的那样，担保物权的消失可能是全部消失，也可能是部分消失。全部消失还是部分消失，取决于每一实例的个别情况，在担保物权部分消失的情况下，消失的部分或比例由每一实例的个别情况确定。

（a）担保权人与担保人之间的合同——第（1）款第（a）项。第（1）款第（a）项规定了担保物权消灭的一种情形，即担保权人和担保人达成消灭担保物权的合同。通过合同而设立的担保物权，可以通过合同而消灭。除了担保权人与担保人有效地达成合同外，通过合同消灭担保物权不需要另外的条件。特别是，不需要移转担保财产的占有［但是，由于担保物权消灭，担保权人有义务再次移转对担保财产的占有，参见第 9－6：104 条（消灭的法律后果）第（2）款］。

（b）担保权人的放弃——第（1）款第（b）项。根据定限物权消灭的传统观点，第（1）款第（b）项规定担保权人单方放弃担保物权的可能性。放弃担保物权可以是明示，也可以是默示的；只有在默示的情形下，才需要简要的解释。由于担保物权的放弃与担保权人的利益相违背，因此不能轻易地推定默示的放弃。但是，具体情况困难非常明显，以至于可以作出明显的推论。一个例子就是，在移转占有型担保物权的情形下，担保权人将担保财产返还给了担保人。在这种情况下，可以推定担保权人放弃担保物权，如担保权人想推翻这一推定，表明自己没有放弃担保物权的意图，是非常困难的。不管怎样，将担保财产返还给担保人占有，移转占有型担保物权的效力消灭。

（c）担保财产灭失——第（1）款第（c）项。除非存在着担保财产，否则没有担保物权的设立［参见第 9－2：102 条（设立担保物权的一般要件）第（a）项］。如果担保财产灭失，则担保物权消灭，这是不言而喻的。担保财产灭失可能是由于事实原因（例如，已担保的汽车在事故中损毁）或者法律原因（例如，物权担保合同被撤销）。然而，即使初始担保财产灭失，如果担保物权的效力及于收益或者其他替代初始担保财产的财产［参见第9－2：306条（担保财产的收益）］，则担保权人的权利没有完全消灭。

（d）担保权人取得担保财产的所有权——第（1）款第（d）项。第（1）款第（d）项规定，如果担保权人取得了担保财产的所有权，则担保物权消失。至少对于动产上的担保物权来说，区分同一人持有的同一财产上的担保物权与所有权似乎没有意义。担保财产所有权的取得可能发生于两种情况。其一，担保权人从担保财产所有人的担保人手上购买财产；其二，担保权人行使以担保财产抵偿债务这一特殊可能性。

第（1）款第（f）项规定了类似的情况。依据第（1）款第（d）项，担保权人和担保财产的所有人是同一人，第（1）款第（f）项规定了因为后来的事件，如继承或混同，而使得担保债权的债权人和债务人变成同一人。

（e）第三人不受担保物权的约束而取得所有权——第（1）款第（e）项。第三人免受担保物权的约束而取得担保财产的所有权，可以消灭担保物权。这可能发生在许多情形之下。其一，转让担保财产所有权的人已得到担保权人的授权，可以免受担保物权的约束而处分财产。即使没有这一合同，担保人有免受担保物权的约束而处分已担保的存货的权利［参见第9－5：204条（销售者和制造者处分担保财产）］。其二，第三人可以依据善意取得原则取得担保财产的所有权。第9－6：102条（因所有权的善意取得而导致担保物权的丧失）规定了善意取得所有权并免受担保物权约束的详细规则。

（f）担保物权消灭的其他情形——第（1）款第（f）项。第（1）款第（f）项保留了规定或隐含的担保物权消灭的其他规定。明确地提到了一个例子——担保物权的债权人和债务人变成同一人，特别是通过继承或混同。这与债务的混同的观念相符［第3－6：201条（依混同而消灭债务）］。

（g）担保债权的消灭——第（2）款。本卷的规定所称的担保物权具有从属性或依附性。担保债权的存在对于担保物权的设立是必要的，如果担保债权消灭，则担保物权消灭。

但是，第（2）款规定了第（1）款的一般制度的重要例外规定，这解释了担保物权消灭的情形单独规定的原因。第（2）款源于一般的公认原则，即担保债权的部分消灭，例如，通过向担保权人部分清偿，本质上并不消灭担保物权的相应部分；相反，担保物权继续完全有效。当然，当事人可以另作约定［因部分清偿而部分消灭的合同由第（1）款第（a）项调整］。关于具体的、重要的担保债权清偿的例子，第（2）款规定，如果债务人以外的人向债权人作出了清偿，则担保物权不消灭，因此担保物权连同担保债权一同移转转让给该债务人以外的人［关于物上保证人的清偿，参见第 9—6：106 条（物上保证人的追偿权）及第 4.7.—2：113 条（保证人履行之后的权利）：移转给物上保证人的其他担保物权］。

D. 保留所有权交易消灭的情形

对于保留所有权交易，第（1）款和第（2）款规定的担保物权消灭的大多数情形均予适用。因此，第（3）款第 1 句规定了广泛地准用这些条款。唯一的例外情形是第（1）款第（d）项。由于保留所有权交易的持有人仍然是标的物的所有人，因此这一条款不适用于保留所有权交易。相反，买受人、分期付款买受人、承租人或受寄售人依买卖合同、分期付款买卖合同、融资租赁合同或寄售合同所取得的对标的物或与该财产有关的权利，构成了保留所有权交易的补充情形［第（3）款第 2 句］。这在一定程度上包括了，例如，通过消灭基础合同关系，保留所有权交易的持有人的债权也消灭的情形，因此这一情形与第（2）款相似。只要买受人、分期付款买受人、承租人或受寄售人的权利消灭（例如，基于权利的放弃），保留的所有权也不再具有担保的功能，因为供应人可以不顾债权是否清偿而收回财产。应当指出的是，保留所有权交易的消灭并不必然地出现买受人、分期付款买受人、承租人或受寄售人成为标的物的所有人的结果，关于详细内容，参见第 9—6：104 条（消灭的法律后果）第（5）款第 2 句。

第 9-6：102 条　因所有权的善意取得而导致担保物权的丧失

（1）第三人善意取得担保财产的所有权并免受担保物权的约束，是否导致担保物权的丧失，适用第 8—3：102 条（善意取得所有权并免受定限物权的约束）的规定。

（2）就第 8—3：102 条（善意取得所有权并免受定限物权的约束）第（1）款第（d）项第 1 句而言，担保物权已依本卷第三章第三节的规定登记的，即视为受让人知道转让人没有权利或权限转让免受担保物权约束的所有权，但以下情形除外：

（a）转让人是在从事正常的经营活动中实施交易行为；

（b）登记簿显示的担保人并非转让人。

（3）第三人善意取得被提供财产的所有权是否导致保留所有权交易的丧失，由第 8—3：101 条（通过没有权利或权限转让所有权的人的善意取得）第（2）款的规定决定。本条第（2）款可予以准用。

评注

A. 概论

如果另一个人不受先前担保物权的约束而获得担保财产的所有权的，则担保物权或保留所有权交易可能丧失。不受既存担保物权或保留所有权交易的约束而获得相关财产可依据善意取得规则。

本示范规则第 8 卷在其第 3 章中规定了所有权善意取得的两个条款。第 8—3：101 条（通过没有权利或权限转让所有权的人的善意取得）规定了通过无权转让所有权的人而善意取得所有权，即典型的从非所有人手中的善意取得；第 8—3：102 条（善意取得所有权并免受定限物权的约束）规定了不受定限物权的约束而善意取得所有权，即转让人不顾既存定限物权而转让其财产的所有权。

第 9—1：102 条（动产之上的担保物权）第（1）款所定义的本卷所称的担保物权，是这一定限物权的主要范例。因此，受让人不受先前担保物权的约束而取得所有权由第 8—3：102 条（善意取得所有权并免受定限物权的约束）调整，本条第（1）款就此规定了转介条款。

但是，在保留所有权交易的情形下，买受人、分期付款买受人、承租人或受寄售人［参见第 9—1：103 条（保留所有权交易：适用范围）第（2）款］依据对这一法律工具的传统理解而被视为非所有人。因此，第三人不顾保留所有权交易的持有人的权利而依据善意取得获得所有权由第 8—3：101 条（通过没有权利或权限转让所有权的人的善意取得）［参见本条第（3）款第 1 句］。然而，除了适用第 8 卷的不同条款这一事实外，在担保物权及保留所有权交易的情形下所要解决的法律问题大部分是相同的。因此，本条第（3）款第 2 句规定了第（2）款关于因所有权的善意取得而导致担保物权丧失的规定，也适用于保留所有权交易的丧失。在以下评注中，两种情况会被一并处理。

B. **登记以及一般的善意取得**

所有权的善意取得的条件和适用范围，通常在本卷的适用范围以外，欧盟担保物权登记簿（第 3 章第 3 节）上的登记对可能的善意取得的影响由本处规定。当受让人知道转让人没有权利或权限不受先前权利的约束而转让相关财产上的物权时，不发生善意取得。当受让人应当知道转让人没有此权利或权限的，也不发生善意取得［参见第 8—3：102 条（善意取得所有权并免受定限物权的约束）第（1）款第（d）项第 1 句（担保物权）及第 8—3：101 条（通过没有权利或权限转让所有权的人的善意取得）第（1）款第（d）项第 1 句（保留所有权交易）］。

作为一项一般规则，已登记的担保物权公示了这一担保物权或保留所有权交易，任何受让人基于此都应当知道转让人没有权利或权限不受担保物权的约束而转让所有权。为了避免有关登记效力的纠纷以及在什么具体情形下受让人应当知道转让人没有权利或权限，第（2）款使用了法律拟制。除了例外情形（参见评注 C 至 E），如果这一权利依据第 3 章第 3 节而被登记，则任何受让人都被视为知道转让人没有权利或权限不受担保物权或保留所有权交易的约束而转让所有权。排除了另一方表明其不知道及不应当知道转让人没有权利或权限的企图的法律拟制的相同法律技术，也被应用在第 9—2：108 条（担保物权的善意取得）第（2）款及第 9—2：109 条（在担保财产之上善意取得担保物权）第（2）款。

C. **登记及正常经营活动中的所有权的善意取得——第（2）款第（a）项**

试图获得相关财产上的担保物权的债权人，受到更为严格的规则的约束，即他们是否可以被期待在登记簿上查询先前的竞存担保物权及保留所有权交易（或者他们是否能被视为已经——应当——知道这一担保物权），与试图获得相关财产的所有权的人有关的规则必定会更为宽松。转让人在其正常经营活动中从事的交易应当被保护；如果当事人不再信赖转让人对财产的占有，并且如果有必要调查相关财产上是否存在着登记的担保物权或保留所有权交易，则会对日常商业构成重大障碍。

因此，第（2）款第（a）项明确地规定，如果转让人是在从事正常的经营活动中实施交易行为，仅有欧盟担保物权登记簿中存在着规定相关财产上的担保物权或保留所有权交易的登记事项这一事实，并没有使试图获得财产的所有权的人被视为知道转让人没有权利或权限不受先前担保物权的约束而转让所有权的效力。

另一方面，如果转让人在正常的经营活动以外从事交易行为，则不适用第（2）款第（a）项规定的例外情形，并且担保物权的登记产生了排除可能的善意取得的法律拟制，即受让人可以被视为知道转让人没有权利或权限不受先前担保物权的约束而转让所有权。如果受让人从其他渠道肯定知道或应当知道转让人没有这一权利或权限，即使转让人在正常的经营活动中从事交易行为，也适用相同的结果。第（2）款规定的法律拟制不适用，但是受让人不能表明他是第 8－3：102 条（善意取得所有权并免受定限物权的约束）第（1）款第（d）项第 1 句或者第 8－3：101 条（通过没有权利或权限转让所有权的人的善意取得）第（1）款第（d）项第 1 句所要求的善意的。

即使转让人在正常的经营活动中从事交易行为，善意取得也可能被排除的特定情形，由第 9－2：108 条（担保物权的善意取得）第（2）款规定：当登记的担保权人已告知受让人相关财产受担保物权的约束时，则受让人不能主张自己是善意的。

D. 登记簿显示的担保人并非转让人——第（2）款第（b）项

欧盟担保物权登记簿上的登记效力的另一限制，规定在第（2）条第（b）项之中。试图获得财产上的物权的人，不必在登记簿上查询规定该财产上的担保物权或保留所有权交易的登记事项，该登记事项显示的不是转让人，而是转让人向其取得该财产的人。在这种情况下，受让人不被视为知道转让人没有权利或权限不顾先前权利而转让所有权。因此，尽管担保物权或保留所有权交易已被登记，也可能存在善意取得。参见第 9－3：330 条（担保财产的转让：一般规则）的评注 B（b）和（c）。

E. 第（2）款规定的其他例外情形

如同第 9－2：108 条（担保物权的善意取得）及第 9－2：109 条（在担保财产之上善意取得担保物权）一样，担保物权或保留所有权交易的登记产生受让人（应当）知道转让人没有权利或权限的效力的规则，受到基于其他规则的一些例外情形的约束。然而，此种例外情形的适用范围非常有限。第 9－3：322 条（担保权人提供错误信息的法律后果）第（1）款明确规定了一种例外情形。当担保物权的持有人错误地告知担保财产上的物权的受让人该财产不是担保财产，则受让人可以不受这一担保物权的约束而取得权利，即使这一担保物权已被登记。第二种例外情形来源于善意取得及公平交易的一般原则。有关这一原则在当前情况下的运行，参见第 9—2：109 条（在担保财产之上善意取得担保物权）的评注 B。

F. 非欧盟担保物权登记簿的登记或备案系统

然而，前款所解释的原则并不必然地适用于非欧盟担保物权登记簿的登记或备案系统中的担保物权的登记或备案的效力。第 9—3：301 条（欧洲担保物权登记簿；其他登记或备案系统）第（2）款及第 9—3：312 条（依内国法建立的其他登记或备案系统中与登记事项有关的过渡性规定）允许这类系统的持续运行，即使这些专门系统是依据成员国的内国法建立的。这些其他的登记簿或备案系统越专门化，就越有可能与相关（内国）立法的目标相符，即依据这些系统上的登记或备案而推定受让人知道，即使是在转让人正常的经营活动中取得相关财产。

第 9－6：103 条　担保债权的消灭时效

即使担保债权已过消灭时效，且担保债权的债务人向债权人提出消灭时效抗辩后两年内，担保物权仍可强制执行。

评注

本条规定的是的一个非常有争议的问题，必须首先予以澄清。

A. 消灭时效的一般效力

本示范规则第 3 卷第 7 章第 2 节规定了消灭时效的期间及其他详细内容。然而，本条的相关规定，只是担保物权的消灭时效对于强制执行担保物权的可能性的影响。

依据第 3—7：501 条（一般效力），消灭时效期间届满后，债务人有权拒绝履行债务。但是，债务人在期间届满后所作的履行不能仅因消灭时效的经过而主张返还。这两条规定表明了债权的消灭时效的期间届满时，并不消灭已过消灭时效的债权，而只是赋予债务人拒绝履行相应债务的权利。

B. 担保物权的消灭时效的效力

欧洲国家在债务人提出担保物权的消灭时效抗辩所产生的效力问题上分

成了两派。大多数国家似乎都否认消灭时效抗辩对担保权人主张其担保物权的权利的影响。但是其他国家，尤其是拉丁语系的国家，如果担保债权的债务人已成功地提出消灭时效的抗辩，则允许担保人提出消灭时效的抗辩。

后一种解决方法的主要理由在于担保物权从属于担保债权并因此与担保债权共其命运的观念［关于保证担保，参见 Drobnig 所著的《保证担保》第 214，222f 的相关内容］。

相反，大多数欧洲国家的相反观点，将担保物权视为加强对通常由债务人自己创设的担保债权的确认，而担保债权优先于担保物权的从属性。相比于基于从属性的更为理论化的观点，后一种理由更令人信服。

不过，在一定程度上吸收另一种观点似乎是可取的。因此，本条的最后一部分规定了担保债权的债务人提出消灭时效抗辩后两年的时间限制。无可否认，这一时间限制是专断的，但它给担保权人在债务人提出抗辩后确定其未来的行动留下了足够的时间。

第 9－6：104 条　消灭的法律后果

（1）担保物权的全部或部分消灭，是指相关财产的权利负担相应地消灭。

（2）担保物权消灭时，担保权人不再有权占有或控制担保财产，以对抗所有人。欧盟担保物权登记簿的登记涂销请求权，适用第 9－3：315 条（担保人的涂销或修正登记请求权）的规定。

（3）担保权人必须告知持有担保财产的第三人有关担保物权消灭的信息，第三人是为担保权人持有该财产的，担保权人必须征求担保人的指示。

（4）给付请求权设定了担保，且已向第三人（给付请求权的债务人）通知了担保事项的，担保权人必须通知该债务人担保物权消灭的信息。

（5）保留所有权交易消灭时，出卖人、供应人或出租人对标的物的所有权不再受本卷规定的约束。买受人、分期付款买受人、承租人或受寄售人取得标的物的所有权或其使用标的物的权利，由当事人的协议调整。欧盟担保物权登记簿的登记涂销请求权，适用本条第（2）款第 2 句的规定。

评注

A. 担保物权自动消灭

担保物权的消灭是指这一作为担保财产的权利负担的物权自动消灭［第（1）款］。这对于典型的担保物权来说，如质权，是显而易见的结果，内国法律制度有时候没有规定担保物权的自动消灭，而是要求担保权人将担保财产上的物权地位再转让给担保人。本条规定没有采用这一方法。作为物权的担保物权自动消灭，仅在某些情形下显得不太合理，但在其他情况下，担保人仅享有解除或撤销担保物权的对抗担保权人的权利（债权）。

显然，如果担保财产灭失，或者担保权人或第三人取得了担保财产［第9－6：101条（担保物权消灭的情形）第（1）款第（c）项至第（e）项］，则这一区分无关紧要。在这种情况下，即使依据前款规定的传统观点，担保权人没有必要，甚至也不可能实施撤销担保物权的行为。在这种情况下（担保权人的担保物权的丧失或者担保人的所有权的丧失），担保权人和担保人之间有无责任，取决于个案的具体情况，即主要是当事人一方是否违反了第5章所规定的义务。

应当指出的是，本条规定了担保物权“完全或部分”消灭［第（1）款〕的结果或者“如果”担保物权消灭的结果〔第（2）款］。这是因为第9－6：101条（担保物权消灭的情形）第（1）款考虑到了担保物权消灭的一些情形，例如，担保物权的放弃，如果事件仅与部分担保物权相关，则是担保物权的部分消灭。然而，通过清偿而消灭担保物权，即只有在全部清偿担保债权后才完成［参见第9－6：101条第（2）款］。因此，为实现担保债权而部分清偿的，本条的结果不予适用。

B. 占有、控制和登记

虽然担保物权本身自动地消失了，但是担保权人实际上仍然占有或控制着担保财产，或者在欧盟担保物权登记簿上仍然可能存在着这一担保物权的登记事项。

第（2）款第1句规定了担保权人在担保物权消灭后不再有权占有原担保财产。显然，如果担保权人基于其他理由而有权占有担保财产，则担保权人仍然可以拒绝其他人返还占有的请求。如果情况不是这样，则占有担保财产的担保权人，必须向作为财产的所有人的担保人返还原担保财产。当担保权人持有的可替换的担保财产被担保权人混合时［参见第 9－2：309 条（担保财产的混合）］，担保权人返还第（1）款所称的担保财产的义务，是指担保人在因混合而导致的混合物或集合物中的不可分的份额。

担保权人对担保财产实施控制时，适用相同的原则。担保权人不再有权控制原担保财产以对抗财产的所有人。由于控制通常是通过持有担保财产的第三人而实施的，因此，担保权人必须指示第三人不再控制担保财产。第（3）款规定了担保权人在担保物权消灭时的义务的详细内容（参见评注 C）。

当欧盟担保物权登记簿中的登记事项不符合（或不再符合）既存的担保物权时，担保权人涂销这一登记事项的义务，来源于本条第（2）款第 2 句所提到的第 9－3：315 条（担保人的涂销或修正登记请求权）中的一般规则。

C. 第三人持有的财产

在许多情况下，担保财产不是由担保权人或担保人持有，而是由第三人持有。典型的例子就是第 9－3：204 条（金融财产的控制）所称的控制协议。在这种情况下，第（3）款规定担保权人必须告知持有金融财产的银行其放弃控制，并且恢复担保人的初始权力。担保人可以处分其“冻结账户”［第 9－3：204 条第（2）款第（a）项］。在第 9－3：204 条第（2）款第（b）项的情况下，担保权人必须征求担保人的指示。

D. 债务人通知的撤销

第（4）款规定了有关撤销担保物权的具体问题。当金钱给付请求权被设定担保时，可以向第三人（给付请求权的债务人）通知担保事项，尽管这对于担保物权的设立或取得对抗效力不是必要的。不过，在实践中，这一通知也很常见。如果已经向第三人（给付请求权的债务人）通知了担保事项，则担保权人必须通知该第三人（给付请求权的债务人）担保物权消灭的信息。否则第三人（给付请求权的债务人）会——至少可以这样说——对其有效履行债务的相对方存在疑虑。

E. 保留所有权交易

第（5）款单独规定了保留所有权交易消灭的法律后果。

对于担保物权来说，消灭意味着这一物权不再有担保功能。但是，由于当事人之间不一定存在着所有权转让的合同（在融资租赁的很多情况下，尤其不存在这一合同，承租人取得所有权，完全是设想的，通常要受到承租人是否行使选择权的制约），规定在任何情形下保留所有权交易的消灭都会使标的物的所有权会自动地从出卖人、供应人或出租人手中转移至买受人、分期付款买受人、承租人或受寄售人确实是过于极端。相反，采用差异化的方式更为可取。保留所有权交易的消灭通常会影响到担保权人的权利有，即如果保留的所有权没有受到导致消灭的事件的影响，则保留的所有权不再受本卷规则的约束［第（5）款第1句］。例如，如果担保债权被全部清偿，则所有权不再有担保功能，并且没有了通常的登记租约的义务（融资租赁除外），似乎不再有任何根据要求遵守本卷规定的公示要件，以作为这一物权对抗第三人的效力的条件。

但是，买受人、分期付款买受人、承租人或受寄售人在导致消灭的事件发生之后是否有权使用标的物，或者上述人是否甚至可以取得标的物的所有权，完全取决于当事人的基础合同的内容以及导致担保物权消灭的事件。

通过仔细研究因担保债权的清偿而导致的所有权的可能取得，可以阐明第（5）款第2句的规定。这取决于当事人之间订立的买受人或分期付款买受人能否自动取得所提供财产的所有权的合同。如果当事人已经约定了价款的全部清偿是所有权转移的停止条件，则所有权会自动取得；如果符合这一条件，则买受人会自动地成为所有人。在分期付款买卖中，相同的结果也会出现，因为租金的全部清偿会导致购买，即所有权的转移。如果缺少这些全部清偿价款时所有权自动转移的条款，则出卖人、供应人或出租人（通常）必须将所有权转让给买受人、分期付款买受人、承租人或受寄售人。没有清偿时，出卖人、供应人或出租人的地位保持不变。

当事人之间的合同也可以包括，在导致保留所有权交易消灭的事件发生之后，保留所有权交易的前持有人是否有权占有标的物的问题。因此，在第（5）款中没有类似于第（2）款第1句的规定。第（5）款第2句与第（2）款第2句一样，也规定了适用第9—3：315条（担保人的涂销或修正登记请求权）。

第9－6：105条　担保权人清算收益的义务

担保物权一旦消灭，担保权人即有义务清算担保财产的收益，并且将其移交给担保人。不管其是否收到、使用或消费这些收益，担保权人均应清算。

评注

本条和下一条规定了担保物权消灭的间接后果。这两条都与违约后实现担保物权领域外的结果相关。第 9—7：215 条（收益的分配）规定了实现担保物权而取得的价款的分配。

当然，担保权人依据本条清算并返还收益的义务，以担保权人已经取得担保财产的收益为前提。根本上，只有担保权人已占有或控制了担保财产，担保权人才有清算并返还收益的义务。

第 9—2：306 条（担保财产的收益）规定了担保物权的效力及于初始担保财产的收益的一般条件。在第 9—2：306 条第（1）款的情形下，收益实际上取代了初始担保财产。尽管收益没有构成额外的价值，但是担保权人有义务清算并返还收益，因为收益已经取代了初始担保财产。

对于担保物权的效力依据第 9—2：306 条（担保财产的收益）所称的当事人合同所及的收益以及法定孳息和天然孳息［第（3）款］而言，情况是一样的。

对于作为担保权人的银行持有的金融财产的收益而言，第 9—5：207 条（有权处分金融财产的银行）规定了这一规则的例外情形。通常，如果收益已被用于清偿担保债权，无论是通过充抵还是抵销的方式，则担保权人没有义务清算收益。

第 9－6：106 条　物上保证人[①]的追偿权

（1）担保人不是担保债权的主债务人（物上保证人），且其清偿了未受清偿的担保债务的，准用第 4.7—2：113 条（保证人履行保证义务之后的权利）、第 4.7—1：106 条（多数担保人：内部追偿权）及第 4.7—1：107 条（多数担保人：对债务人的追偿权）的规定。

（2）物上保证人对债务人的地位与提供从属保证的人相同。

---

① 原文为：“third party security provider”，意即提供物上担保的第三人。

评注

本条规定了一种特殊情况。非债务人的第三人为担保权人设定了担保物权；该第三人通过清偿未受清偿的担保债务而实现了担保权人的担保物权［当担保权人的担保物权是通过执行物上保证人的财产时，适用第9—7：109条（物上保证人的追偿权）］。

在这种情形下，物上保证人通常希望由债务人偿还。如果是这样，则这一情形与保证人应债权人的要求而向债权人清偿的情形相同。将第4.7—2：113条（保证人履行保证义务之后的权利）适用于这一情形是合适的。

如果有多个物上保证人以及/或者保证人，则他们之间以及他们对债务人的相互的追偿权利和义务，都由第4.7—1：106条（多数担保人：内部追偿权）及第4.7—1：107条（多数担保人：对债务人的追偿权）调整。再者，这一情形与保证的相似性构成了适用第4.7章的理由。第4.7—1：105条（多数担保人：对债权人的连带责任）已规定了相同的原则。

本条第（2）款通过表明物上保证人对债务人的地位与提供从属保证的人相同而规定了保证法的广泛补充适用。除了依据第9—6：106条（物上保证人的追偿权）第（1）款而已经适用于物上保证人的第4.7—2：113条（保证人履行保证义务之后的权利）之外，本条也允许将例如第4.7—2：111条（债务人对担保人的救济）及第4.7—2：112条（履行债务之前担保人的通知和请求）的规定适用于债务人和担保人之间。

第七章　违约和担保物权的实现①

第一节　一般规则

第 9－7：101 条　违约后担保权人的权利

（1）违约事件发生后，只要符合当事人约定的其他条件，担保权人即可以行使本章规定的权利。

（2）涉及第 9—3：101 条（对抗第三人的效力）第（1）款所列举的第三人，且符合该条规定条件的，只有在担保物权依本卷第三章的规定具有对抗效力时，担保权人才能行使本章规定的权利。不涉及此类第三人的，只要担保物权已经有效设立就够了。优先顺位的规则不受影响。

评注

A. 第 7 章的概论

本章是调整动产担保物权的第 9 卷中重要的、最后的部分。本章只是很少地规定了违约，即不履行被担保的债务，它在实践中通常是金钱给付请求权（本条）。这是债法特别是合同法中的内容。本章的重点在于债务人不履行被担保的债务所导致的结果，所谓“不履行”，在该领域习惯上被称为“违约”。

实现担保物权的司法途径和非司法途径。如果将担保物权的实现完全交给千差万别的各成员国程序法和规则，则动产担保物权的实体法将不起作用或者无法实现在欧洲范围内协调动产担保物权的目标。另一方面，动产担保物权的实体法不是想要涵盖实现担保物权的司法途径，这一领域基本上应留给成员国规定。

---

①　原文为：“Default and enforcement”。其中，“enforcement”在本示范规则中至少有两种含义：一是强制履行（或强制执行）；二是实现（担保物权）。本卷中，“enforcement”的方式既包括了实现担保物权的司法途径（judicial enforcement），又包括了实现担保物权的非司法途径（extra－judicial enforcement）

因此，本章的规定基本上集中于担保物权实现的一小部分，即担保物权实现的非司法途径。但是，除了在目前的制度设计中需要被尊重的正式的“司法”限制外，还需要实质上考虑构成了这一限制的正当理由。由于实现担保物权的传统途径的耗时、高成本以及差强人意的实施效果，许多欧洲国家越来越多地都在寻找替代传统的实现担保物权的途径。

因此，人们希望本章的规定不仅能满足第 9 卷的迫切需要，而且也能发挥长久的作用。

担保物权和保留所有权交易的实现。值得注意的是，对于担保物权的实现而言，正如担保物权的设立而非第 3 章至第 6 章的规范意旨，担保物权和保留所有权的基本区别再次变得明显且重要。实现规则绝大多数——即使是非司法实现——规定的是担保物权的实现。原因很明显：担保人是担保财产的所有权人，担保物权必须被尊重，即使——特别是如果并且因为——实现担保物权涉及担保人的担保财产的全部或至少是部分的丧失。

相比之下，实现保留所有权交易相对容易。实际上，作为所有人的担保权人只需要取回标的物。只有占有被移转给了债务人，即买受人、分期付款买受人、承租人或受寄售人。这些人仅应当返还他们已购买、租购或租用的财产的占有，用来交换他们已向财产所有人支付的价款，这些财产仅仅只是他们为了将来获得所有权而取得的。仅返还对另一方财产的占有比取回已属于当前占有人所有的财产更为简单，这是不言而喻的。如果买受人已经依据保留所有权交易中的全部清偿的停止条件而取得了所有权，如果出卖人终止出卖人/买受人的关系，则这一附条件的所有权自动地终止。

强制性规定。本章的规定是强制性的，这是不言而喻的，但另有相反规定的除外［第 9—7：102 条（强制性规定）］。

消费者担保人的特殊规则。本章也适用于对消费者的担保物权的实现。但是，在本章的一些例外情形下，必须考虑大多数消费者作为债务人或担保人的特殊条件。

相比之下，就第 9—1：105 条（适用范围的除外规定）第（1）款规定的小额信贷的担保物权的实现，内国特别规定不受本章规定的影响。

B. **违约事件**

本条第（1）款规定了违约事件是导致权利产生的核心条件，并且通常是本章规定的义务的起点。在违约事件发生之前，担保权人只是持有担保财产作为担保，但是不能为了清偿担保债务而实际实现担保物权［第9－5：208条（以法定孳息抵偿债务）规定了这一规则的例外］。

第9－1：201条（定义）第（5）款中就违约事件的定义涉及本卷适用范围之外的要素。根本上，不履行担保债务［第9－1：201条第（5）款第（a）项］即为违约事件；担保债务的设立、条件和期限及其他不履行的要素，受到适用于相关债务的规定的约束。即使不存在对这一债务的不履行，担保权人可以与担保人约定其他的被视为违约的事件或情况［第9－1：201条第（5）款第（b）项］，例如交叉违约条款［参见第9－1：201条第（5）款的评注］。

C. 当事人约定的其他条件

第9－1：201条（定义）第（5）款第（b）项允许当事人约定被视为违约事件的其他条件或情况，本条第（1）款规定了当事人约定的其他条件。换言之，担保人和担保权人可以约定担保权人依据本章行使权利之前必须满足的其他条件。这类补充条件的例子有时间限制（即如果本章所规定的权利只能在约定的时间之前或之后才能行使）或者如果债务人不是担保人的，担保权人必须已经要求债务人清偿债务［关于保证担保中的类似观念，参见第4.7－2：108条（主张保证债权的期间）以及第4.7－2：106条（保证人的补充责任）］。

D. 依据本章行使的权利

本条第（1）款规定了行使本章所规定权利的一般规则。换言之，在违约之后，无论是通过司法途径实现担保物权，还是没有法庭或其他主管机关的救济，担保权人可以行使本章规定的所有的保存、实现担保物权及类似权利。就本示范规则规定的所有权利而言，仅仅违反有效且具有对抗效力的担保物权是不够的；关于本章所称的担保权人的一些权利的补充条件，参见相关条款的评注。

E. 担保物权的设立和对抗效力

本条第（2）款规定了已经依据第2章而有效设立（依据第6章的规定，没有消灭）的担保物权能否足以被实现或者担保物权只要依据第3章的规定而具有对抗效力时，担保权人能否行使本章规定的权利的问题。结果取决于涉及第三人［第（2）款第1句〕还是不涉及第三人〔第（2）款第2句］。

（a）涉及第三人时，必须有对抗效力。本条第（2）款第1句规定了第3章所称的对抗第三人效力的要件与本章所称的担保权人在违约后的权利之间的关系。依据本条款，如果涉及第9—3：101条（对抗第三人的效力）第（1）款所列明的第三人，担保物权除了已经有效设立且没有消灭，还需依据第3章的规定具有对抗效力，担保权人才可以行使本章所规定的权利，。

在以下情形中，涉及第9—3：101条（对抗第三人的效力）所列明的第三人：

（i）当担保权人试图根据财产上的担保物权行使权利时，该财产上还有其他第三人［除了担保人自身之外，参见下述第（b）项］的物权，特别是有对抗效力的担保物权［第9—3：101条（对抗第三人的效力）第（1）款第（a）项］；

（ii）当担保权人试图根据财产上的担保物权行使权利时，另一个债权人已经对该财产启动了强制执行程序并且依据准据法取得了对抗后来的执行程序的地位［第9—3：101条（对抗第三人的效力）第（1）款第（b）项］；

（iii）当担保人破产并且开始了正式的破产程序时，实现担保人的财产上的担保物权涉及破产管理人［第9—3：101条（对抗第三人的效力）第（1）款第（c）项］。

如果涉及上述任何一个第三人并且存在着符合条件的事实，则担保权人不能依据本章的规定作为强制执行的担保权人行使权利，除非其担保物权具有对抗效力。

但是，即使执行担保权人的权利具有对抗效力，他实际得到清偿的机会取决于他对其他具有对抗效力的竞存担保物权的担保权人的优先顺位［参见第（2）款第3句］。必须通过第4章所规定的标准解决此问题。

（b）不涉及第三人时，只要担保物权已经设立就够了。如果不涉及第9—3：101条（对抗第三人的效力）第（2）款第2句所列明的第三人，则执行担保权人的担保物权已经有效设立并且没有消灭就足够了；没有必要满足第3章所规定的对抗第三人的效力的条件［本条第（2）款第1句］。因此，只要不涉及第三人，担保权人就可以对担保人实现其担保物权，即使这一担保物权没有登记或者担保权人没有占有或控制担保财产。在这一情形下，担保权人不限于执行担保债务。

当涉及的唯一第三人是竞存担保权人并且其担保物权也没有对抗效力时，执行担保权人的担保物权不需要有对抗效力。[第 9—3：101 条（对抗第三人的效力）第（1）款第（a）项没有规定无对抗效力的担保物权的持有人]。但是，应当指出的是，如果执行担保权人和竞存担保权人的担保物权都没有对抗效力，在担保物权之间仍然存在着优先顺位的问题，这一问题依据担保物权的设立顺序来决定 [参见第 9—4：101 条（优先顺位：一般规则）第（4）款]。

第 9—7：102 条　强制性规定

就实现担保物权的担保权人和担保人之间，本章的规则是强制性的，但另有相反规定的除外。

评注

本条明确地规定了本章规定的强制性。

与本示范规则的一般处理方式相同，尽管本卷涉及物权法问题，本卷的其他章节依据的仍然是当事人意思自治原则，但是本章中的规定必须不同。就违约的法律后果而言，本章规定背后的不同政策（特别是担保人的保护及保证有效执行程序的一般目标）要求，只有在本章明确规定的情况之下，担保权人和担保人之间才有意思自由。

本章的许多条款都规定了这类例外情形。一方面，担保人可以在与担保权人的合同中放弃其依据本章的违约规定而有权享有的保护；另一方面，担保权人可以约定更有利于保护担保人的实现担保物权的其他条件或形式。

本条只是限制了担保权人和担保人之间的合同自由的可能性；债权人内部的合同，即数个担保权人之间的合同，没有被本条所禁止。

第 9—7：103 条　实现担保物权的司法途径和非司法途径[①]

（1）除非另有约定，担保权人可以以非司法途径实现担保物权。

① 实现担保物权的司法途径，是指担保权人申请法庭或其他相关机关采取措施实现担保物权；实现担保物权的非司法途径，是指由担保权人自己采取措施实现担保物权。参见 Christian von Bar and Eric Clive（eds），Principles，Definitions and Model Rules of European Private Law，Volume 6（Munich：sellier. European law publishers，2009），p5618.

(2) 消费者财产之上的担保物权只能由法庭或其他主管机关实现，但在违约之后，消费者担保人同意以非司法途径实现担保物权的除外。

(3) 就保留所有权交易而言，当事人不得约定排除实现担保物权的非司法途径，本条第 (2) 款不予适用。

(4) 担保权人应以商业上合理的方式实现担保物权，并且尽可能取得担保人的合作；在涉及第三人的情况下，还要尽可能取得第三人的合作。

评注

A．概论

本条规定了在发生本示范规则所规定的违约时，可供当事人选择的主要救济路径。担保权人可以向法庭或其他主管机关申请实现担保物权（实现担保物权的司法途径），或者担保权人自己实现担保物权（实现担保物权的非司法途径）。虽然前一种实现担保物权的方式比后一种实现担保物权的方式更为人们所接受（主要是因为其被认为对担保人的保护程度更高），但是实现担保物权的非司法途径可以以更高效及更低成本的方式展开。由于这一原因，实现担保物权的非司法途径在这里被作为主要规则，除非涉及消费者担保人。

B. 实现担保物权的非司法途径

只有当事人特别约定时，传统的实现担保物权的非司法途径才被内国法所允许。但本条第 (1) 款允许无需任何这方面的约定而由担保权人开始执行程序［除非担保人是消费者的，参见第 (2) 款］。如果当事人另有相反约定的，则不存在着实现担保物权的非司法途径。这一约定可以在一开始就作出，例如，在物权担保合同中，也可以在以后、在实现担保物权开始之前或者甚至是在实现担保物权开始之后作出。

这一主要规则背后的政策，主要不是要特别赋予担保权人有利条件。由于担保人在最后会对担保权人不得不承担实现担保物权的程序的成本，因此，允许担保权人自己实现担保物权，而减少实现担保财产上的担保物权的成本，对担保人也是有利的。

同时，必须存在着一定的保护措施，确保从实现担保物权的非司法途径而提升的效率，不以缺乏对担保人及其他利害关系人的保护为代价。例如，须有具体的规定确保担保人的财产不被贱卖，或者确保在适当的时间通知担保人和其他利害关系人才能出卖担保人的财产。第 2 节的第 1 分节和第 2 分节规定了这些具体规则，本条第（4）款规定了担保权人必须尽可能地与担保人合作并以商业上合理的方式实现担保物权的一般原则。不得为了损害担保人而滥用实现担保物权的非司法途径；担保人不得超过实现担保权人的担保物权的必要性而承担实现担保物权的义务；必须避免担保财产的经济上的浪费。合作的一般义务也及于涉及第三人的财产，特别是执行担保人对第三人的给付给付请求权时。

最后，担保权人通过非司法途径而实现其担保物权，并没有使担保权人丧失依据下一条寻求法庭或其他主管机关救济的可能性。由于总是如此，因此没有必要在这里明确说明。由准据法，即寻求法庭或其他主管机关救济的成员国的法律，规定法庭或其他主管机关救济的准确内容及相应的程序规则。

C. 实现担保物权的司法途径

担保权人总是有可能寻求通过司法途径而实现担保物权，即通过法庭或其他主管机关而实现担保物权，第（1）款规定了当事人可以约定排除适用实现担保物权的非司法途径。如果担保人和担保权人如此约定，只有通过法庭或其他主管机关才能实现此担保物权。有关这一类实现担保物权途径的若干规定，参见第 2 节的第 3 分节。

D. 消费者担保人

对于消费者担保人，有关一般担保人的评注 B 和评注 C 所描述的实现担保物权的司法途径和非司法途径之间的关系是不同的。只有担保权人和消费者担保人之间存在着这方面的约定时，才可能通过非司法途径而实现消费者担保人的财产上的担保物权；而且，这一约定只有在违约后订立才有效［第（2）款］。

选择通过司法途径而对消费者担保人实现担保物权背后的政策，是为了保护消费者担保人。消费者担保人通常对金融和担保问题缺乏了解，如果实现担保物权的程序由法庭或其他主管机关掌握，则消费者担保人可以得到更好的保护。另一方面，实现担保物权的非司法途径不那么程式化并因此成本不那么高。这甚至是消费者至少是在简易案件中接受这一程序的理由。

E. **保留所有权交易**

虽然第（4）款的规定也适用于保留所有权交易［参见第9—1：104条（保留所有权交易：适用规则）第（1）款第（d）项］，但是第（1）款开头前几个字（“除非另有约定”）及第（2）款必须存在着例外。依据第3节，保留所有权交易的持有人不必通过变卖担保财产或其他方式而实现权利；相反，保留所有权交易的持有人终止以担保为目的的买卖合同、分期付款买卖合同、融资租赁合同或寄售合同而产生的法律关系并取回对标的物的占有就足够了。但是，保留所有权交易的持有人可以请求法院救济以取得对标的物的占有［参见上述评注B、第9—7：302条（占有、固定和保存）及第9—7：203条（法庭或其他机关的介入）］。

第9—7：104条　寻求法庭救济的权利和损害赔偿请求权

其权利受到实现担保物权的措施的侵犯或受到对合法的实现措施的抗辩的侵犯的当事人或第三人，可以：

（a）请求管辖法庭或其他机关迅速作出裁决，指令当事人依本章规定采取实现措施；

（b）请求有责任的当事人赔偿损失。

评注

A. **实现担保物权的措施或抗辩对权利的侵犯**

本条规定了当一个人的权利被违法的实现担保物权的措施或者被对合法的实现措施的抗辩而侵犯时，他享有的救济措施的一般规则。实现担保物权的措施（或者对实现担保物权措施的抗辩）既可以发生在实现担保物权的司法程序中，也可以发生于实现担保物权的非司法程序之中。但是，对于实现担保物权的非司法程序，第9—7：203条（法庭或其他机关的介入）存在着对请求法庭或其他机关介入的权利的更为具体的规定。

本条所规定的保护措施可以由可能受到对合法实现担保物权的措施提出抗辩影响的担保权人主张，也可以由担保人或第三人来主张，即法律所保护的利益被实现担保物权的措施影响的人。

B. **请求管辖法庭或其他机关的权利**

本条第（a）项明确规定了，权利受到违法实现担保物权措施或受到对合法实现措施的抗辩的侵犯的人，在实现担保物权的司法途径及非司法途径中，必须享有请求管辖法庭或其他机关指令有责任的当事人依本章规定采取行为的权利。可以指令担保权人停止其实现担保物权的措施，还可以指令担保人或其他担保财产的持有人停止其抗辩。

哪一个法庭或其他机关有管辖权来裁决寻求救济的申请，应当由内国法决定；法庭或其他机关的程序规则，也应当由内国法决定。本条所规定的唯一对程序法领域有轻微侵入的就是，权利被侵犯的当事人可以使用快速裁决这一程序。

C. 损害赔偿请求权

权利被违法的实现担保物权的措施或被对合法的实现措施进行抗辩侵害的人，依据本条第（b）项也有权请求有责任的当事人赔偿损失，即向担保人或者担保权人主张，视具体情况而定。应当注意的是，双方当事人不仅对他们自己的行为负责，而且还被视为对代表他们的第三人的与实现担保物权的程序有关的行为负责。第6－2：206条（侵犯财产权或合法的占有造成的损失）是损害赔偿请求权的法律依据；第6卷规定了详细内容。

第9－7：105条　流质契约

（1）违约前所达成的，在违约后由担保权人取得担保财产所有权的协议，或有类似效果的协议，均属无效。

（2）本条第（1）款的规定不适用于以下情形：

（a）担保财产是在公认的市场上以公开的价格进行交易的可替代物；

（b）当事人事先约定了便于确定合理市场价格的其他方法。

（3）本条第（2）款第（b）项规定对于消费者担保人不适用。

（4）允许以物抵债的，担保权人也仅有权在以物抵债时公认的或同意的市场价格的范围内，取得担保财产的所有权。担保人有权要求返还超过担保债务的剩余部分。债务人对不足部分仍应承担清偿责任。

（5）本条不适用于保留所有权交易。

评注

A. 不得在违约前达成违约后取得担保财产所有权的协议

本条第（1）款规定了由来已久且被普遍认可的原则，即担保权人和担保人在违约前订立的拟向担保权人转让担保财产的所有权（或者有转让的效果）而剥夺担保人的财产的协议无效。

第（1）款规定了违约后所达成的取得担保财产所有权的协议有效，与违约前达成的协议有效有关的问题由第 9—5：101 条（一般原则）第（2）款规定。这两条规则背后的政策是相同的。因此，可以参考第 9—5：101 条的评注 B。

违约之后，担保权人可以依据第 9—7：216 条（担保权人以担保财产抵偿债务）规定的条件取得担保财产的所有权。

B. 例外情形——第（2）款

如同第 9—5：101 条（一般原则）第（2）款的规定一样，本条所规定的禁止违约前达成取得担保财产所有权的协议也受第（2）款所明确（并且详尽）列举的若干例外情形的约束。

第一，如果担保财产是在公认的市场上以公开的价格进行交易的可替代物［第（2）款第（a）项］，则担保人可以与担保权人在违约前达成在违约后生效的取得担保财产所有权的协议。例如，如果担保财产是在证券交易所公开交易的股票，则担保权人以低于市值的价格取得担保财产的所有权的可能性较小。如果担保权人以取得担保财产的所有权作交换，根据实际取得担保财产所有权时的担保财产的公开的市场价格向担保人发放贷款，（或者接受担保财产的所有权，根据担保财产的公开的市场价格而全部或部分地清偿担保债务），这对担保人来说没有损害。

第二，如果当事人事先约定了便于确定合理市场价格的其他方法，则违约前所达成的在违约后取得担保财产的所有权的协议是有效的［第（2）款第（b）项］。再者，这一例外情形的决定性因素在于，尽管担保财产可能没有公开的市场价格，但是存在着便于确定担保财产的价格的另外一种可能性，以避免担保人的财产以低于市值的价格而剥夺其对财产的所有权。这一情形的例子就是，担保权人和担保人约定，对于一辆已担保的二手车，特定的二手车指南上列明的价格具有决定性。

C. 消费者担保人

消费者担保人只是部分地没有约定取得担保财产的所有权的可能。如果担保财产是在公认的市场上以公开的价格进行交易的可替代物，则消费者担保人可以与担保权人在违约之前约定在违约后由担保权人取得担保财产的所有权。事实上，这一规定与违约前以担保财产抵债的情形相似。持有担保人的担保金融财产的作为担保权人的银行可以在违约前占用这些财产，即使担保人是消费者［第9—5：207条（有权处分金融财产的银行）没有规定消费者保护的例外规定］，即在公认的市场上以公开的价格进行交易的可替代物的典型例子。

但是，本条第（2）款第（b）项所规定的禁止流质契约的宽泛例外情形，不适用于消费者担保人［参见第（3）款］。由于消费者担保人通常对金融问题没有经验，因此他们经常不能作出明智决定，以确定担保财产的价值的方式。

D. **被抵债财产的估值**

取得担保财产的所有权的一个重要的方面，就是对被抵债的财产进行估值。只有依据客观的标准进行估值，才能避免担保人遭受不利的风险。

本条第（2）款规定了这一标准。第（a）项和第（b）项规定的两种方式的共同特征在于都是客观标准。第（a）项规定了公认的市场上的公开价格。市场的“公认”可能是官方的，例如，被某个主管机关所认可，或者根植于公众意见之中。而且，公开的价格受公共控制的特定保障。第（b）项规定了较低的要求，但是，当不存在第（a）项的情形时，便于确定“合理的市场价格”的方式是唯一的合理选择。但是，由于目标的确定性程度较低，需要对这一标准进行严格和狭义的解释。

E. **保留所有权交易**

由于在保留所有权交易中，担保权人已经是并将继续是所有人，因此本条不适用于保留所有权交易，这几乎是不言而喻的。

第9－7：106条　担保人的赎回权

（1）即使在违约后，只要清偿了担保债务的未受清偿部分，担保人即可以请求担保权人终止行使本章规定的权利，并返还担保财产的占有。

（2）在以下情况下，本条第（1）款所规定的担保人的权利不再行使：

（a）在第二节规定的实现担保物权的过程中，担保财产已被以物抵债或变卖，或担保权人已与第三人达成了具有拘束力的变卖财产的合同。

（b）在依第三节规定行使权利的情形，保留所有权交易的持有人已经终止了由买卖合同、分期付款买卖合同、融资租赁合同和寄售合同所发生的关系。

评注

A. **担保人的赎回权［第（1）款］**

担保人可以在担保债务到期后的任何时候，以及在担保权人已开始实现担保物权之后，向担保权人清偿担保债务未受清偿的部分。本条解决的主要问题是担保人的清偿是否有以及何时有使担保权人必须停止实现担保物权的程序并返还担保财产的占有的效果。

本条第（1）款规定了赎回权。如果担保人全部清偿了担保债务（部分清偿是不够的），则担保权人不再享有本章所规定的权利，即担保权人必须向担保人返还担保财产的占有并且不能继续实现担保物权的程序。这包括了，例如取消原定的对担保财产的拍卖以及终止为了获取租金收入而依据第4.2章订立的将财产出租给第三人的合同。但是，如果担保权人已经变卖了担保财产或者受到买卖合同的约束，则适用第（2）款第（a）项，并且第（1）款所规定的担保人的权利不再行使。

本条所规定的担保人的赎回权的基础如下所述。如果担保人通过支付而清偿了担保债务，则担保物权消灭［第9－6：101条（担保物权消灭的情形）］。担保权人因此失去了其担保权人的地位，并且不再有权行使本章规定的权利。尽管保留所有权交易在传统上使用的是不同的术语和法律技术，但是这一结果对保留所有权交易也类似。在依据保留所有权条款所进行的买卖中，出卖人通常依据完全清偿价款这一停止条件而转让所有权。一旦买受人支付了价款，买受人就会成为无条件的所有人，并且出卖人不再对出卖的财产享有任何的权利。如果没有使用这一简化的途径，则出卖人有义务将其保留的所有权转让给买受人。

B. **赎回权的限制［第（2）款］**

本条第（2）款规定了赎回权的限制。仅有担保权人已经开始本章规定的实现担保物权的程序这一事实，并没有使担保人在全部清偿担保债务后不能再要求返还担保财产的效果。但是，一旦担保权人已经在行使本章规定的权利的过程中采取了第（a）项和第（b）项所列举的措施，则担保人不得取回担保财产，即使担保人后来清偿了担保债务。

第（a）项规定了担保财产已被担保权人以物抵债或被变卖，或者担保权人受到向第三人变卖担保财产的合同的约束的情形。通常，这些条件的满足会紧密地伴随着因变卖的收益而清偿担保债权以及消灭担保债务［或者在第9—7：105条（流质契约）所规定的取得担保财产所有权的情形下，担保权人接受了担保财产并全部或部分地消灭了担保债务］。如果这一债务在担保财产被变现后已被消灭，则担保人后来的清偿不再有评注A所描述的效果。第（a）项通过明确地规定一旦担保财产已被以物抵债或者被变卖，或者担保权人依据无条件的义务将担保财产出卖给第三人，则第（1）款所规定的担保人的权利不能再行使，而阐明了这一立场。依据这一明确的规定，也明确了担保权人是否已经收到担保财产变现的收益无关紧要；即使担保债务仍然没有消灭，担保人的赎回权也因此消灭。

这一规定背后的政策显而易见。如果担保权人已经处分了担保财产或者取得了担保财产的所有权，或者至少已经作出了变卖担保财产的承诺，担保权人如果在担保人清偿债务后还要承担向担保人返还担保财产的义务，则担保权人至少会潜在地被置于极为不利的地位。但是，如果担保财产的变现收益以及担保人的清偿的总额超过了担保债务的数额或价值，则担保权人显然不能同时保有担保财产的变现收益以及担保人的清偿。但是，担保权人返还担保人多清偿的款项的责任不在担保物权规定的适用范围之内。参见第7卷中不当得利的规定。

第（b）项规定了保留所有权交易。在违约之后，这一法律工具的持有人为了取回标的物的占有并无需另外的实现担保物权的措施，例如通常意义上的取得担保财产的所有权或者变卖相关财产，只需终止因买卖合同、分期付款买卖合同、融资租赁合同或者寄售合同而产生的关系。因此，第（a）项不适用于保留所有权交易。相反，第（b）项规定了在保留所有权交易中，终止因买卖合同、分期付款买卖合同、融资租赁合同或者寄售合同而产生的关系，标志着第（1）款所规定的买受人、分期付款买受人、承租人或受寄售人的权利的消灭。一旦这一关系终止，买受人、分期付款买受人、承租人或受寄售人的未清偿的债务消灭［第3—3：509条（合同债务的效力）第（1）款］；买受人、分期付款买受人、承租人或受寄售人不再履行债务，并且他们不再有权占有出卖人、供应人或出租人提供的担保财产。

第9－7：107条　对消费者实现担保物权的通知

(1) 担保权人至少应在开始实现担保物权之前十日内，以文本形式通知消费者担保人，并且，如担保人不是债务人且债务人也是消费者，还需通知债务人。只有在以上情形下，担保权人才可以依本章规定对消费者担保人行使其权利。

(2) 实现担保物权的通知必须：

(a) 明确指明担保物权所担保的债务，并列明通知发送日之前的未受清偿额；

(b) 说明当事人约定的实现担保物权的其他条件已经满足；

(c) 说明担保权人拟实现担保物权，并指明担保权人拟实现担保物权所针对的担保财产；

(d) 由担保权人签字或代表担保权人签字。

(3) 通知所使用的语言必须是消费者居住地的官方语言。

评注

A. 通知规定的概论

本章规定了担保权人发出的许多不同的通知。为了有助于理解，除了本条所规定的对消费者担保人的实现担保物权的通知，以下简要地介绍了这些通知。

在下述情形中，必须发出通知：

—当实现金钱给付请求权上的担保物权时，第三债务人必须被通知。第三债务人必须被通知应向另一个人而非初始债权人清偿债务［第9—7：204条（给付请求权的担保）］。

—在担保权人被允许处分担保财产之前，必须发出以非司法途径处分担保财产的通知（第9—7：208条至第9—7：210条）。

—如果担保权人拟取得担保财产的所有权，则他必须事先通知其意图［第9—7：216条（担保权人以担保财产抵偿债务）］。

B. 对消费者担保人实现担保物权的通知

本条所规定的实现担保物权的通知，必须在担保权人拟依据本章的规定对消费者担保人行使权利时发出。这一通知是担保权人将要开始实现担保物权的警告。依据担保权人选择的变现类型，对消费者担保人需要额外的通知（参见评注 A 中的概论），有效地为消费者担保人提供了第二次警告。担保权人必须在本章所规定的实现担保物权措施（包括担保财产变现的保护措施）前 10 日通知消费者担保人。因此，消费者担保人为了避免对其财产实现担保物权，消费者担保人有另外的 10 日时间来清偿担保债务。

收件人。如果担保人是消费者，则实现担保物权的通知必须送达至消费者担保人。如果担保人不是债务人并且债务人是消费者，则债务人也应当收到实现担保物权的通知。相反，如果只有债务人是消费者，物上保证人不是消费者，则不需要本条所规定的实现担保物权的通知。

在实现消费者担保人持有的给付请求权时，第三债务人必须也收到实现担保物权的通知的复印件［参见第 9—7：204 条（给付请求权的担保）第（1）款第（a）项（i）］。但是，发送给第三债务人的信息不受本条规定的约束，并且无需在担保权人开始实现担保物权前 10 日发送。

通知时间。通知必须在开始实现担保物权之前 10 日内送达至收件人。通知到达收件人的时间，而非担保权人发送的时间，具有决定作用。

担保债务的说明。依据第（2）款第（a）项，担保权人应当对担保债务作出一些说明。这一要求的目的在于向消费者担保人提供信息。消费者担保人应当能评估在担保权人主张有权实现担保物权的消费者担保人的财产上是否有价值。

实现担保物权的约定条件的说明。第（2）款第（b）项要求担保权人在实现担保物权的通知中表明当事人已经约定的实现担保物权的条件已经满足［参见第 9—7：101 条（违约后担保权人的权利）第（1）款］。

实现担保物权的意图和担保财产的说明。关于第（2）款第（c）项所要求的信息，实现担保物权的通知对消费者担保人的最后警告的作用是这一要求的理由。消费者担保人必须被通知担保权人实际拟开始实现担保物权的程序，并且指明拟实现担保物权所针对的担保人的担保财产。

文本形式和签字。实现担保物权的通知必须是文本形式［第（1）款］，并且由担保权人或代表担保权人签字［第（2）款第（b）项］。这些要求是为了证据目的，并且也强化了实现担保物权通知的警告作用。

语言。第（3）款规定了通知所使用的语言必须是消费者居住地的官方语言。即使消费者居住地所在的成员国在不同区域有多种官方语言，这一要求也可以为消费者提供最高程度的保护。

C. **保留所有权交易**

评注 B 所描述的条件也适用于保留所有权交易的持有人处分的权利的行使［第 9—1：104 条（保留所有权交易：一般规则）第（1）款第（d）项］。在保留所有权交易中，当财产已被提供给消费者买受人、分期付款买受人或者承租人时，保留所有权交易的持有人，即出卖人、供应人或出租人，因此可以终止因买卖合同、分期付款买卖合同或融资租赁合同而产生的关系，并且只有消费者买受人、分期付款买受人或者承租人在行使第 9—7：301 条（保留所有权交易的违约后果）所规定的权利前 10 日内，收到保留所有权交易的持有人发出的实现担保物权的通知的，保留所有权交易的持有人才能取回财产。同样，在此情形中，消费者必须有向出卖人、供应人或出租人清偿未受清偿的数额的另外的最后机会。

D. **担保人的救济措施**

如果担保权人没有遵守本条所规定的实现担保物权通知的条件，或者如果担保权人没有发出实现担保物权的通知，或者发出通知与开始实现担保物权之间不足 10 日，而对消费者担保人开始实现担保物权，则担保人有权享有第 9—7：104 条（寻求法庭救济的权利和损害赔偿请求权）所规定的救济措施。担保人为了获得阻止担保权人没有发出合适的实现担保物权通知而继续进行本章所规定的实现担保物权程序的禁令，可以请求有管辖权的法庭或其他机关；担保人还可以选择主张损害赔偿请求权。

但是，如果担保权人已经处分了担保财产的，第三受让人的地位不受到担保权人没有遵守本条要求的影响［参见第 9—7：213 条（以变卖方式变现后买受人对财产的权利）］。担保人只能对担保权人行使救济措施。

在保留所有权交易中，标的物的消费者买受人、分期付款买受人或者承租人与担保物权项下的担保人享有相同的救济措施。

第 9－7：108 条　多数担保人的连带责任

（1）数个担保物权担保同一债务或某一债务中的相同部分的，担保权人可以选择行使任一、数个或所有担保物权以满足其债权。相应地适用第4.7—1：105条（多数担保人：对债权人的连带责任）的规定。

（2）除一个或多个担保物权之外，还有一人或多人提供了保证的，准用本条第（1）款的规定。

评注

A. 连带责任

如同本条明确适用第4.7—1：105条所表明的一样，本条以第4.7—1：105条（多数担保人：对债权人的连带责任）为典范。本条将其适用的一般规则改为数个担保物权为担保同一债务（或者某一债务的相同部分）而设立的特殊情形。根本的事实情形可能是，除了债务人，一个或多个其他的人（或者只有非债务人的多个人）为同一（部分）债务设立了担保物权。或者，只有非债务人的数人为同一债务（或者同一债务的部分）创设了担保物权。在这所有的情况下，担保权人可以根据其选择对一个、数个或所有的担保物权提起诉讼。他们的物上担保责任是连带的。

B. 担保物权与保证相混合的连带责任

如果一个或多个担保物权与一个或多个保证相混合的，则适用第4.7—1：105条（多数担保人：对债权人的连带责任），参见第4.7—1：105条第（2）款。

第9－7：109条　物上保证人的追偿权

担保债务已通过对担保人的财产实现担保物权得以清偿的，数个物上保证人之间或物上保证人与保证人之间的追偿权，以及担保人对债务人的追偿权，准用第4.7—2：113条（保证人履行保证义务之后的权利）、第4.7—1：106条（多数担保人：内部追偿权）及第4.7—1：107条（多数担保人：对债务人的追偿权）的规定。

评注

本条规定了当担保债务通过对物上保证人的财产实现担保物权时产生的追偿权。本条适用第4.7章的效果在于追偿权与保证人的追偿权相同。

物上保证人可以向债务人追偿［参见第4.7—2：113条（保证人履行保证义务之后的权利）的相关内容］。如果有数个担保人或者既有物上保证人又有保证人的，财产已被担保权人实现担保物权的物上保证人，也可以向依据前条承担连带责任的担保人进行内部追偿。

第二节　担保物权的实现

第一分节　非司法途径：变现前的规则

第9－7：201条　担保权人占有有形财产的权利

（1）担保权人没有权利占有有形担保财产，但以下情形除外：

（a）担保权人行使这一权利时担保人同意；

（b）担保人已依协议规定同意担保权人取得占有，且在担保权人行使这一权利时，担保人或实际持有人均未反对。

（2）在对消费者实现担保物权时，实现担保物权的通知送达十日后，才能依本条第（1）款的规定取得占有。

（3）除非另有规定，本条第（1）款规定的取得占有的同意或协议，包括为取得占有而进入担保人或其他持有人的住所或场所的权利。

评注

A. 第2节的适用范围

如标题所示，第2节只规定了担保物权的实现，不适用于保留所有权交易的“实现”；第3节单独规定了这一问题。但是，第3节的一些规定可以参照第2节。

当所有人例外地将所有权转让给买受人，并且只保留了担保物权以担保出卖人的（剩余的）价款的给付请求权时，适用第2节的规定。由于所有权转让至买受人，因此出卖人处于与为担保权人创设担保物权的其他担保人相同的地位。前所有人仅保留担保权人的地位。

B. 第2节的内容概要

第2节广泛地规定了实现担保物权的非司法途径，并且也简要地规定了实现担保物权的司法途径。第2节的头两分节规定了实现担保物权的非司法途径。第1分节主要规定了担保权人行使对担保财产的占有权的方式或者至少是固定及保存担保财产的权利。第1分节规定的第二个问题是给付请求权的"冻结"，无论是否存在于流通票据之上。第2分节全部规定了担保财产的变现。第3分节只有一条，规定了仅通过适用内国程序法而实现担保物权。通过列举有关实现担保物权的非司法途径的前述分节所规定的一些实体规则而补充了这一适用。

C. 本条的适用范围以及关键问题

本条只适用于有形担保财产，更准确的说，只适用于担保权人不持有的有形财产。换言之，本条适用于实践中最为重要的有形财产上的非移转占有型担保物权。为了使担保人不占有此类财产并且避免不正当处分的风险，取得对担保财产的占有，是担保财产变现的最重要的第一步。

如果占有担保财产的担保人急切地需要担保财产以继续加工或出卖或进行其他商业活动，并拒绝或试图延迟占有的移转，这是经常发生的，则担保权人产生了困境。本条旨在解决这一困境。担保权人的自力救济显然被排除了，而本条并没有对此明确说明。

实现流通票据及流通凭证上的担保物权也受到本条和以下两条的约束。

D. 解决方法

本条规定建立在担保权人只能以平和的方式起诉担保财产的持有人。因此，必须有担保财产的持有人的现有或过去的同意。

第（1）款第（a）项允许在担保权人要求占有担保财产时，担保人同意担保权人占有担保财产的情形下，担保权人占有担保财产。

第（1）款第（b）项规定了在前述协议（特别是当事人订立的物权担保合同）之后，当担保权人要求移转或单方面地占有财产时，"实际持有人"不予反对的情形。即使在担保权人占有时没有经过担保人的同意，实际持有人，可以不是初始担保人，仍然受到自己或初始担保人的前述协议的约束。

本条第（2）款增加了对消费者担保人或对担保财产的消费者持有人实现担保物权的规定。只有在第9－7：107条（对消费者实现担保物权的通知）所规定的正式的实现担保物权的通知送达至少10日之后，担保权人才能要求占有担保财产。此外，第（1）款仍然适用。

这一规定也适用于初始担保人已经出卖或处分担保财产的情形。如果担保物权仍然具有对抗效力，则已经取得担保财产的现在的持有人被视为担保人。

第（3）款扩展了第（1）款所规定的担保人的同意。除非另有规定，这一同意也被视为包括对担保权人进入担保人或者为担保人持有担保财产的第三人的住所的同意（例如，住宅、营业场所或工厂）。

第 9－7：202 条　债权人固定和保存担保财产的权利

（1）担保权人有权采取必要的措施固定担保财产，以阻止未经授权使用或处分担保财产，且从物理上保护此财产。此时，准用前条第（1）款至第（3）款的规定。

（2）担保权人有权：

（a）采取合理的措施保存、维护担保财产或为其投保，并且可以为此向担保人请求偿还；

（b）为保存担保财产的价值而将担保财产出租给第三人；

（c）采取担保人同意的任何其他保护性措施。

评注

概论。本条规定了前述规定的担保权人取得对有形担保财产的占有的方式。担保权人可能有主观或客观方面的原因不希望占有担保财产。可能是担保财产过于庞大或者过重以至于不能轻易地移动，或者担保权人有主观方面的原因不愿移动担保财产，例如移动担保财产多有不便或者移动或保存担保财产的开支过大。

第（1）款。第（1）款规定了担保权人未占有担保财产而希望采取的一些保护担保财产的措施。这一列举仅具有说明作用并且旨在帮助债权人作出明智的决定。适用前条第（1）款和第（3）款旨在确保尊重担保权人与担保人的协议，遵守取得担保人持有的担保财产的所有必要步骤。

第（2）款列举了担保权人可以选择的主要的保护措施。由于采取这些方式与担保人自己的财产利益有关，因此只有让担保人负担这些方式的开支才是合理的。

当事人另一项选择就是将担保财产出租给第三人（参见第 4.2 章）。在这一方面，担保权人出租不是为了获取利益［如第 9－7：207 条（变现的一般规则）第（1）款第（b）项所规定的情形］。相反，出租是为了保存担保财产的价值。以前的典型的例子就是必须锻炼的马，以免它们的健康受损。现在，类似的考虑也适用于特定的技术设备。

流通票据。尽管本条适用于实现流通票据上的担保物权［参见第 9－7：205 条（流通票据）］，但是，在流通票据的情形下，不会产生处理流通票据的物理性的难题。因此，对这一类担保财产来说，本条几乎不会成为一个问题。

第 9－7：203 条　法庭或其他机关的介入

（1）占有财产的担保人或第三人拒绝交付或拒绝担保权人接触的，担保权人可以向管辖法庭或其他机关申请裁定，以取得担保财产的占有或有权接触担保财产。

（2）一旦收到当事人的申请，法庭或其他机关可以裁定采取前条所规定的任何保护性措施。

评注

前两条规定了依据当事人的协议以非司法途径实现担保物权。但是，如果因为当事人不能达成协议而存在僵局，则担保权人有权请求法庭或其他主管机关介入而得到最终的救济。

本条第（1）款规定，为了维护第 9－7：201 条（担保权人占有有形财产的权利）所规定的担保权人的接触以及取走担保财产的权利，在必要时可以请求管辖法庭或其他机关介入。

相比之下，第（2）款通过规定保护性措施而与第 9－7：202 条（债权人固定和保存担保财产的权利）相适应。

第 9－7：204 条　给付请求权的担保

（1）担保财产是担保人对第三债务人[①]所享有的给付请求权的，只有同时符合以下条件的，担保权人才能行使本章规定的权利：

（a）担保权人向第三债务人送达以下通知：

（i）担保人是消费者的，一份符合第 9－7：107 条（对消费者实现担保物权的通知）所有条件的实现担保物权的通知的复印件；

---

① 原文为“the third party debtor”，是指给付请求权的债务人，为与担保债务（主债务）的债务人（debtor）相区别，将前者译为“第三债务人”，将后者译为“债务人”。

(ii) 其他情形的，一份符合该条第（2）款第（a）和（d）项规定所有条件的实现担保物权的通知；

(b) 担保权人尽可能精确地告知第三债务人，担保人对第三债务人的给付请求权的性质、数额和到期日等信息。

(2) 第三债务人必须告知正在实现担保物权的担保权人，其所知的其他担保权人的竞存权利的数额和到期日。

评注

引言。本条规定了一种非常重要的经济财产上的担保物权的实现。金钱是最具有流动性的资产，并且基于这一原因，金钱通常比必须通过变卖而转化为金钱的大量的有形财产，更受欢迎并被广泛采用。给付请求权［第9—7：214条（给付请求权或流通票据之上担保物权的变现）］的收款的简短规定，与有形担保财产（第9—7：207条至第9—7：213条）的变现的复杂规定的对比，生动地反映了这一区别。

但是，如同本条规定所表明的一样，为了从对给付请求权实现担保物权中获益，必须付出轻微的代价。

应当指出的是，本条不适用于流通票据［参见第9—7：205条（流通票据）第二句］。

第（1）款规定了对给付请求权实现担保物权区别于对有形财产实现担保物权的根本特殊之处。对给付请求权实现担保物权的客体，不是作为担保人的给付请求权的债权人持有的有形物体，而是担保人与担保人的债务人即第三债务人之间的关系中的价值。

引言中的前半句表明了事实情况所包含的要素。因此，担保物权以及实现担保物权的客体是担保人对第三债务人的给付请求权。它的本质要素对正在实现担保物权的债权人有约束力。

第（a）项规定了正在实现担保物权的担保权人向实现担保物权的债务人发送两类文件之一，取决于被实现担保物权的给付请求权的持有人，即担保人，是否为消费者。

如果给付请求权的持有人（担保人）是消费者，根据第9—7：107条（对消费者实现担保物权的通知），正在实现担保物权的担保权人已经被要求在实现担保物权开始前向消费者发送实现担保物权的通知［第（a）项（i）］。

在这种情况下，正在实现担保物权的债权人应当向第三债务人发送一份实现担保物权通知的复印件。

如果给付请求权的持有人（担保人）不是消费者，债权人应当向第三债务人发送实现担保物权的通知，此通知必须符合第9—7：107条（对消费者实现担保物权的通知）第（2）款的部分而非全部条件。适用第（2）款各项所规定的条件。第（2）款第（a）项和第（b）项无需说明或解释。

此外，依据第（b）项，被担保权人拟实现担保物权的担保人的给付请求权必须被“尽可能”地清楚地指明。这一规定明显是一个平衡。

另一方面，第三债务人必须知道第三方执行债权人实现担保物权所针对的其债务的可能数额（在商业情形下，数额可能有成千上万）；另一方面，正在实现担保物权的债权人不知道担保人的账簿，并且因此很难完全指明拟实现的给付请求权。必须要求的最低信息是担保人的姓名或名称。

第（2）款要求第三债务人通知正在实现担保物权的担保权人，其所知的其他担保权人的竞存权利的数额和到期日。包括担保债权的数额及到期日的详细内容的其他竞存担保权人的信息，关系到担保权人估计竞存债权人的优先顺位的权利的存在，特别是其价值。由于优先顺位的权利在先，因此给付请求权的剩余经济价值决定了担保物权项下的给付请求权的实际价值。

第三债务人故意或疏忽提供的错误信息会导致第9—1：101条（基本规则）第（1）款所规定的损害赔偿请求权。

第9—7：205条　流通票据

（1）第9—7：201条（债权人占有有形财产的权利）、第9—7：202条（债权人固定和保存担保财产的权利）和第9—7：203条（法庭或其他有机关的介入）的规定，也适用于流通票据的取得占有。

（2）第9—7：204条（给付请求权的担保）的规定不适用于流通票据。

评注

这一条规定了流通票据上的担保物权的实现。必须区分实现担保物权的两个阶段。

在第（1）款所规定的第一个阶段，占有作为凭证的流通票据是待解决的问题。担保权人只有通过这一文书才可能接触到文书上的给付请求权的事实决定了这一途径。由于流通票据是有形财产，因此适用第 9—7：201 条（债权人占有有形财产的权利）及第 9—7：203 条（法庭或其他有机关的介入）对一般有形财产的占有的规定。由于移交凭证是待解决的问题，因此第 9—7：202 条（债权人固定和保存担保财产的权利）几乎不会与此相关。因此，一般不会出现促使担保权人固定和保存担保人手中的担保财产的特殊原因。

在第二阶段，担保权人实现流通票据上的担保物权是待解决的问题。在这里，适用实现给付请求权上的担保物权的一般规定［第 9—7：214 条（给付请求权或流通票据之上担保物权的变现）］。但是，对第三债务人的权利的保护就少了：本条第（2）款不适用前条的规定。

第 9—7：206 条　流通物权凭证

前条规定也适用于流通物权凭证的取得占有。

评注

本条规定了物权凭证上的担保物权的实现。它们的问题与解决方式与实现流通票据上的担保物权的有关方面非常相似。这构成了准用前条规定的理由。

第二分节　非司法途径：担保财产的变现

第 9—7：207 条　变现的一般规则

（1）担保权人有权通过以下方式之一将担保财产变现，并以其收益清偿担保债权：

（a）依第 9—7：211 条（通过强制拍卖、任意拍卖或私下交易而变卖）的规定变卖担保财产，但当事人另有约定的除外；

（b）向第三人出租担保财产并且收取孳息；

（c）依第 9—7：216 条（担保权人以担保财产抵偿债务）的规定取得担保财产的所有权；

（d）依第 9—7：214 条（给付请求权或流通票据之上担保物权的变现）的规定，采取给付请求权和流通票据的变现方法（收款、变卖或以物抵债）。

（2）依第 9—7：107 条（对消费者实现担保物权的通知）的规定应当发

出实现担保物权的通知的，只有在该通知发送 10 日后，才适用本条第（1）款的规定。

（3）担保权人可以聘任私人代理人或向管辖法庭执行官员申请，采取所有或部分措施，以变现担保财产。

评注

A. **概论**

第 7 章第 2 节所规定的实现担保物权的非司法途径分为两个分节。第 1 分节规定了保护措施，包括取得对担保财产的占有或者固定担保财产并向担保人和第三人发出通知。所有的这些措施都是在变现以前。第 2 分节规定了担保财产的实际变现，并包括变现的不同可能性以及变现的条件和结果的规定。

B. **担保财产的变现**

引言。通常，担保财产的变现，是正在实现担保物权的担保权人，基于担保财产上的担保物权，而以担保财产或者担保财产产生的收益清偿担保债权的过程。

担保权人通过变现而获得清偿的方式，取决于其选择的变现方式。如果担保权人以担保财产抵偿债务，则担保财产的所有权（部分）清偿了担保债权或者担保人得到相当于财产价值的贷款（此贷款与担保债务相抵消）。如果担保权人收到了金钱（依据第 4.7 章变卖担保财产，或者收取已担保的给付请求权的款项或者将担保财产出租给第三人），担保权人可以用这些款项清偿担保债权。任何剩余的收益应当依据第 9—7：215 条（收益的分配）规定的原则来分配。

本条第（1）款列举了本示范规则所认可的四种变现的主要方式。对于大多数变现方式来说，第（1）款仅涉及相关具体规定，但是，在本款中也有一些实体规则。

担保财产的变卖。第 9—7：211 条（通过强制拍卖、任意拍卖或私下交易而变卖）所规定的变卖担保财产，是担保财产的变现的最重要的方式。本条第（1）款第（a）项规定至少在以非司法途径实现担保物权的各种情况下都可以变卖担保财产；只有当事人双方约定不适用这种方式的，这一变现方式才被排除。但是，这并不必然意味着在没有这方面的约定的情形下，担保权人可以行使本示范规则所规定的各种可能的变卖方式。通过变卖而变现担保财产可以是通过强制拍卖、任意拍卖或私下交易而变卖担保财产。但是，只有经当事人同意或者担保财产有公开的市场价格时［参见第 9—7：211 条第（2）款］，担保权人才可以以私下交易的方式变卖担保财产。

如果当事人即担保权人和担保人已经约定排除担保权人变卖担保财产的权利，则担保权人仍然可以选择行使本条所列举的其他变现担保财产的方式。而且，担保权人当然可以申请以司法途径实现担保物权，在这一过程中可能由法庭或其他主管机关对担保财产进行变卖。

出租担保财产。第 9—7：202 条（债权人固定和保存担保财产的权利）第（2）款第（b）项规定了担保权人为保存担保财产的价值可以依据第 4.7 章将担保财产出租给第三人，本条第（1）款第（b）项也规定了担保权人可以为了获得租金收入而出租担保财产。在违约之前，依据第 9—5：208 条（以法定孳息抵偿债务），担保权人也有类似的可能性。但是，由于允许担保权人在违约后将担保财产出租给第三人，即使担保物权的效力不及于初始担保财产的法定孳息，第（1）款第（b）项不在第 9—5：208 条的范围内。

将担保财产出租给第三人而变现担保财产，是一个非常简单的过程。与本分节的其他变现方式不同，并不需要其他的具体规定。这一类变现方式的主要因素如下所述。

与其他变现方式相反，将担保财产出租给第三人，不需要以非司法途径处分担保财产时的事先通知［第 9—7：208 条（以非司法途径处分担保财产的通知）］或者取得担保财产的事先通知［第 9—7：216 条（担保权人以担保财产抵偿债务）］。依据第 9—7：202 条（债权人固定和保存担保财产的权利）第（2）款第（b）项，不需要相同的通知，并且由于确定将担保财产出租给第三人的主要目的是保存担保财产还是产生收益通常很困难，因此不应当有不同的通知要求。而且，将担保财产出租给第三人，不会导致担保人的权利的永久的及不可逆的损失，因此，与需要事先通知的变卖担保财产或取得担保财产的所有权相比，在这些情形下较少地需要通知。但是，如果担保人是消费者，只有担保权人依据第 9—7：107 条（对消费者实现担保物权的通知）向消费者担保人发送通知的，担保权人才能行使出租担保财产的权利。

尽管没有可适用于担保权人通过将担保财产出租给第三人而变现担保财产这一情形的相当于第9－7：212条（商业上合理的价格）所规定的商业上合理的价格的条件的具体规定，但是依据第9－7：103条（实现担保物权的司法途径和非司法途径）的一般规则，可以适用类似原则。实现担保物权的非司法途径（包括将担保财产出租给第三人而变现），必须以商业上合理的方式进行，即担保权人绝不能以低于市值出租担保财产，并且必须维持担保财产的价值。

由这一变现方式得到的法定孳息即租金，可以由正在实现担保物权的担保权人间接地清偿担保债权；剩余的收益当然必须给担保人。其他的担保权人不受影响；他们在担保财产上的权利不因为担保财产被出租给第三人而灭失。

取得担保财产的所有权。第三，第（1）款第（c）项规定了依据第9－7：216条（担保权人以担保财产抵偿债务）取得担保财产的所有权而变现担保财产的可能性。这一在违约之后的变现方式必须与通常被第9－7：105条（流质契约）第（1）款［第9－7：105条第（2）款所规定的除外］禁止的流质契约相区分。第9－7：216条所规定的许多保障措施确保避免了流质契约通常所具有的风险。

已担保的给付请求权的收款。最后，第（1）款第（d）项规定，对于给付请求权，可以通过第9－7：214条（给付请求权或流通票据之上担保物权的变现）所规定的全部三种方式而变现。同其他担保财产一样，变卖和以物抵债适用于给付请求权，还有另一种变现方式。收款，即从第三债务人处取得款项，是对给付请求权上的担保物权变现的通常方式。

C. 对消费者担保人的实现担保物权的通知

为明晰起见，本条第（2）款重申了第9－7：107条（对消费者实现担保物权的通知）第（1）款已表明的原则，即只有担保权人在实现担保物权开始前10日发送实现担保物权的通知，才能向消费者担保人实现担保物权。关于通知的详细内容及不遵守实现担保物权通知的条件的后果，参见第9－7：107条的评注B和评注D。

D. 聘任私人代理人或者向法庭执行官员申请执行

本条第（3）款允许担保权人聘任私人代理人或向管辖法庭执行官员申

请执行，采取所有或部分措施，以变现担保财产。担保权人不必亲自变现担保财产，而是可以，例如，利用私人拍卖行的专业知识和服务通过任意拍卖而变卖担保财产。此外，尽管实现担保物权的非司法途径的规定允许担保权人自己实现担保物权，但是担保权人总是可以在此情形下请求法院的介入，例如，在强制拍卖的过程中。

E. 以非司法途径及司法途径实现担保物权而变现

虽然第 9—7：201 条（担保权人占有有形财产的权利）构成了实现担保物权的非司法途径的规定的一部分，但是本条所规定的担保财产的变现的不同方式也与实现担保物权的司法途径相关。第 9—7：217 条（法律适用）第（2）款第 1 句规定了，在以司法途径实现担保物权的过程中，担保权人可以申请法庭或其他主管机关行使实现担保物权的非司法途径中可得行使的权利。担保权人和担保人之间有无此方面的协议，则非所问［参见第 9—7：217 条第（2）款第 2 句］。因此，即使当事人已经排除了变卖担保财产的可能性，并且阻止担保权人在实现担保物权的非司法途径中使用这种变现方式，在实现担保物权的司法途径中仍然可以变卖担保财产。

第 9—7：208 条　以非司法途径处分担保财产的通知

（1）担保权人只有在通知了其处分意图后，才能行使其处分担保财产的权利。

（2）担保财产容易腐烂的，或价值有快速减少之虞的，或是可快速在公认的市场上以公开的价格进行交易的可替代物的，不适用本条第（1）款的规定。

评注

A. 以非司法途径处分担保财产的通知

本条规定，如果担保权人拟处分担保财产，则正在实现担保物权的担保权人应当发送通知。通知确保了收件人在担保财产上的权利可能因处分而消灭之前收到最后的警告。担保人被告知担保权人的意图后，他们可以考虑通过清偿未受清偿的担保债务，或是否应当参与变现即是否应当自己获得担保财产，而避免实现担保物权。

即使担保权人已经依据第 9—7：107 条（对消费者实现担保物权的通

知）向消费者担保人发送实现物权的通知，也应当发送本条所规定的通知。本章所规定的通知通常不是相互排斥的，而且，本条所规定的通知应当向比第 9－7：107 条所规定的实现担保物权的通知更多的收件人发送［参见第 9－7：209 条（通知的收件人）］。

适用范围。本条所规定的通知适用于担保权人有在实现担保物权的非司法途径过程中处分担保财产的意图。对于本条的适用，无论处分即担保财产的变卖是通过强制拍卖还是任意拍卖，抑或私下交易，则非所问。担保财产的种类也非所问。本条适用于已设定担保的有形财产和给付请求权。

但是，当担保权人仅意图将担保财产出租给第三人（参见前条的评注 B）或担保权人依据第 9－7：216 条（担保权人以担保财产抵偿债务）拟以物抵债时，无需发送通知，因为第 9－7：216 条包括了担保权人的通知的单独规定。

本条也不适用于实现担保物权的司法途径。第 9－7：217 条（法律适用）第（2）款第 1 句规定了，担保权人可以申请法庭或其他主管机关行使实现担保物权的非司法途径的分节所规定的权利。这一规定不包括本条所规定的程序性规定。

通知的收件人、时间和内容。以下两条规定了这些事项。

没有通知的救济措施和法律后果。如同以下两条所补充的一样，对于担保权人没有遵守本条所规定的通知时的救济措施，可以适用第 9－7：107 条（对消费者实现担保物权的通知）的评注 D。每一个相关当事人都可以寻求对担保权人的禁令并主张损害赔偿，担保财产的第三买受人的地位不受违反这些条款的程序性规定的影响。

没有通知担保人及债务人的间接但是重要的后果，与实现担保物权的程序的费用相关。依据第 9－2：401 条（被担保的权利）第（2）款，担保物权的效力及于“合理费用”的给付请求权，只要担保权人已在足够的时间内通知担保人其开始实现担保物权的程序的意图，并使担保人能够通过履行未受清偿的债务，而避免这些费用。

B. **被排除的情形**

本条第（2）款规定了无需本条所规定的通知的两种情形。第一，如果担保财产容易腐烂或者价值有快速减少之虞的，则担保权人无需发送此通知。这一例外情形的原因很明显。通知会推迟处分，且会导致担保财产的贬值，并因此减少处分所产生的收益。这明显地在商业上不合理，并对所有相关当事人均有损害，因此与第9—7：103条（强制性规定）第（4）款相冲突。

第二，当担保财产是在公认的市场上以公开的价格交易的可替代财产时，无需通知。这一例外情形的理由，与禁止违约前达成的取得同类财产的所有权的协议的理由类似［参见第9—7：105条（流质契约）的评注B］。如果担保财产是可替代物并且可依据公开的市场价格而轻易并客观地确定其价格，则担保人和其他担保财产的权利的持有人不会因担保权人处分财产而受损，因为最终变现的结果应当与市场价格相符。

第9－7：209条　通知的收件人

前条所规定的通知，必须发至：

（a）担保人、债务人（如果不是担保人）以及担保权人所知道的对担保义务承担责任的其他人；

（b）对担保财产享有权利的下列人员：

（i）其他已经登记了担保物权的担保权人；

（ii）开始实现担保物权时占有或控制担保财产的人；

（iii）担保权人实际知道的对担保财产享有权利的其他人。

评注

本条列举了担保权人意图处分担保财产的通知必须发送到的人。

依据第（a）项，通知必须发送至担保人、债务人（如果不是担保人，即如果担保人是物上保证人的）以及担保权人知道的其他对被担保的债务承担责任的人。最后一类特别包括保证人。由于这些人会受到物上保证人追偿权的约束，因此他们可能会通过清偿担保债务而避免担保物权的实现。担保权人没有通知这些人的绝对义务；相反，通知的要求限于担保权人实际知道的对被担保的债务承担责任的那些收件人。但是，通知被证明对担保权人也有利，因为一些第三人为了取代担保权人的担保物权而愿意自愿地清偿未受清偿的担保债务，这可以强化第三人的追偿地位。

第（b）项进一步扩展了通知送达的人的清单，包括对担保财产持有权利（在最广泛的意义上）的其他人。第（b）项规定了已登记的担保权人及其他对担保财产持有权利的人。正在实现担保物权的担保权人负有通知已登记的担保权人的绝对义务；只有在担保权人实际知道其他对担保财产持有权利的人的权利时，才必须向他们发送通知。这些人应当被通知，因为他们在担保财产上的权利可能受到处分财产的影响，并且因此他们应当能够，尤其是评估他们是否应当自己取得担保财产。最后，必须向开始实现担保物权时占有担保财产的人发送通知［第（b）项（ii)］。尽管这些人并不必然地持有相关财产上的权利，但是他们可能为了继续占有担保财产而选择自己取得担保财产。

第 9－7：210 条　通知的时间和内容

（1）第 9－7：208 条（以非司法途径处分担保财产的通知）所规定的通知必须适时地发出。至少在处分前 10 日送达收件人的，视为适时地发出通知。

（2）该处分通知必须指明：

（a）拟处分担保财产的时间和地点；

（b）拟处分的担保财产的合理描述；

（c）处分担保财产的最低价格以及支付条款；

（d）担保人、债务人和其他利害关系人通过偿付担保债务的未受清偿部分而避免担保财产的处分的权利。

（3）该处分通知必须使用能够预期通知到其收件人的语言。

评注

A. 适时地发出通知

第（1）款第 1 句规定了以非司法途径处分担保财产的通知必须适时发出。如果通知只是在处分前很短的时间才到达收件人，则第（1）款的目的不会实现［参见第 9－7：208 条（以非司法途径处分担保财产的通知）的评注 A］。

为了避免因为对通知的发送何时被视为适时发送而产生纠纷和不确定性，第 2 句规定了通知至少在处分前 10 日送达收件人的，即视为适时发送。担保权人当然可以更早地发送通知。为了能证明收到通知的时间，用挂号信或邮递员发送通知更为可取。

B. **通知的内容**

第（2）款列举了担保权人的以非司法途径处分担保财产的通知必须包括的若干信息。这些大部分是不言而喻且无需进一步评注。第（2）款所规定的所有信息旨在确保通知的收件人知道担保权人拟处分的具体情况，以及通过清偿未受清偿的担保债务而避免担保权人实现担保物权的可能性。

C. **语言**

在整个欧洲的担保物权制度之下产生了不同语言的问题，特别是以非司法途径处分担保财产时，在并不必然会发生交易的当事人之间的通知，就产生了语言问题。第（3）款规定担保权人在起草通知时必须使用能够预期通知到其收件人的语言。实际上，如果收件人有要求的，则使担保权人承担了翻译的义务。但是，应当强调的是，担保权人并不会总是使用相关收件人的居住地或公司所在地所在成员国的语言。至少在商业领域，担保权人通常有权期待收件人会理解以英语为语言的通知。

第9－7：211条　通过强制拍卖、任意拍卖[①]或私下交易而变卖

（1）以变卖的方式变现所有或部分担保财产，可以采取官方监督的拍卖（强制拍卖）或邀请公众参加的拍卖（任意拍卖）的方式。

（2）以变卖的方式变现所有或部分担保财产，可以采取私下交易的方式，不过，此种方式应经当事人同意，或担保财产有公开的市场价格。

（3）依上述规定而变卖担保财产的具体细节，可由担保权人决定。

（4）该转让受既存在先权利的约束的，应买受人的要求，担保权人必须向买受人披露相关细节。

（5）担保权人在强制拍卖或任意拍卖的变卖过程中取得担保财产的，担保人可以在拍卖后十日内撤销交易。

（6）担保财产的所有人作为买受人参加了根据本条规定的担保财产的变

---

① 原文为："public or private auction"，直译为"公开拍卖或私下拍卖"，拍卖都是公开的，为避免歧义，本书将其译为"强制拍卖或任意拍卖"。但在中文中，强制拍卖是指国家机关依照法律的规定，对被查封扣押的财产实行公开竞价、把物品卖给出价最高的竞买人、以清偿债务为目的的一种强制执行行为。而本处的"public auction"是指由官方监督的拍卖，其本意仍为一种实现担保物权的非司法途径，只不过是依第9－7：207条第（3）款的规定在担保财产变现过程中寻求了官方的协助而已，与强制拍卖还是有一定区别。

现活动的，该变现即视为同意解除担保财产之上的担保负担。

评注

A. 概论

至少对于非给付请求权的担保财产来说［依据第9－7：214条（给付请求权或流通票据之上担保物权的变现）］，最重要的变现方式是变卖担保财产。买受人取得担保财产的所有权，正在实现担保物权的债权人以价款清偿担保债权。

同样，担保权人也可以通过强制拍卖或任意拍卖而获得担保财产。担保权人在以非司法途径实现担保物权的过程中，以非拍卖的方式取得担保财产的所有权，不会被视为以私下交易取得担保财产的所有权，而是第9－7：216条（担保权人以担保财产抵偿债务）所规定的以物抵债。通常，担保权人在以非司法途径实现担保物权的过程中购买担保财产的基础法律理念是，担保权人依法被授权处分担保人的财产。只有担保权人是与第三买受人订立的买卖合同的当事人；担保人和取得担保财产所有权的第三人之间没有合同关系；第三人只向担保权人支付价款。

B. 通过强制或任意拍卖而变卖

第（1）款和第（2）款区分了通过变卖而变现担保财产的两种方式。第（2）款规定了私下交易（参见评注C），第（1）款规定了通过拍卖而变卖担保财产，拍卖可以是强制拍卖，也可以是任意拍卖。

第（1）款将强制拍卖定义为官方监督的拍卖。官方的监督并不影响担保权人以非司法途径实现担保物权的性质；第9－7：207条（变现的一般规则）已经规定在以非司法途径实现担保物权的过程中，担保权人在变现担保财产的过程中可以寻求官方的帮助。

在任意拍卖中，没有官方的监督，但公众应当被邀请参与拍卖。这一规定区分了任意拍卖和私下交易：担保权人必须以合理的方式（可能利用法院的帮助）公告拟进行的任意拍卖，并且所有公众必须有充分的机会参与竞价程序。

C. 私下交易

与通过任意拍卖或强制拍卖而变卖相反，只有在担保权人和担保人同意时（无论此协议是在违约前，还是在违约之后）或者担保财产有公开的市场价格时，才可以以私下交易的方式而变卖担保财产。本规则基于以下考虑。通过私下交易而变卖担保财产，可能会产生担保权人以低于市值的价格将担保财产出售的风险。由于与买受人串通或者仅仅因为担保权人设定更低的价格会更容易找到买受人，因此担保权人会试图这么做。尽管这会违反第9—7：212条（商业上合理的价格）所规定的实现商业上合理的价格的义务［以及违反第9—7：103条（实现担保物权的司法途径和非司法途径）第（4）款所规定的商业合理性的一般规定］，但是这一违法行为很难被证明，因此担保权人可能不会被第9—7：104条（寻求法庭救济的权利和损害赔偿请求权）第（b）项所规定的损害赔偿责任所阻止。如果通过拍卖而变卖担保财产，无论此拍卖是任意还是强制的，公众的参与提供了一些保护措施以抵御这些风险，并且可以预期变卖价格与担保财产的市场价值更为接近。

另一方面，拍卖既费时，花费也大。因此，在当事人已经同意私下交易或者担保财产有公开的市场价格的情形下，就没有必要通过拍卖而变卖担保财产了。在这两种情形下，担保人都得到了充分的保护。在第一种情形下，担保人可以依据第9—7：212条（商业上合理的价格）第（4）款所规定的程序；在第二种情形下，公开的市场价格使得更易评价担保权人私下交易的行为的合理性。

D. 通过变卖而变现担保财产的细节

除了区分通过拍卖而变卖担保财产与通过私下交易而变卖担保财产的上述一般规定之外，本条规定了适用于拍卖或私下交易的通过变卖而变现担保财产的细节的两个规则：

第（4）款规定了，如果买受人有要求的，担保权人必须告知买受人该转让是否受既存在先权利的约束。本示范规则的一般观点就是，以非司法途径实现担保物权过程中的变卖，不影响优先于正在实现担保物权的担保权人的权利的担保物权［参见第9—7：213条（以变卖方式变现后买受人对财产的权利）第（2）款第（a）项］。如果相关财产上除了正在实现担保物权的担保权人的权利外还有优先的权利的，则买受人只能取得受优先的担保物权约束的相关财产的所有权。如果与第（4）款相反，担保权人没有通知买受人，则担保权人应当向买受人承担责任。

但是，作为一项一般规则，第（3）款规定担保权人可以自由地确定处分的细节，即地点、时间及其他条件。当然，这一自由受到第 9—7：103 条（实现担保物权的司法途径和非司法途径）第（4）款的一般规定以及第 9—7：212 条（商业上的合理价格）所规定的获得商业上合理价格的具体规定的约束。在实践中，担保权人通常会通过代理人而实施变现行为［参见第 9—7：207 条（变现的一般规则）第（3）款］。

E. **担保权人取得担保财产的所有权**

如果担保权人以强制或任意拍卖中的最高竞买人而自己获得担保财产的所有权，第（5）款规定担保人可以在拍卖后 10 日内撤销交易。撤销交易无需理由，并且不违反程序法或实体法；撤销交易遵循了严格和预防性的方法。撤销交易的结果就是，有必要对担保财产进行新的变现。

F. **担保人取得担保财产的所有权**

通过变卖而变现担保财产的可能性，不限于第三人购买担保财产。担保人也可以作为买受人参与变卖。第（6）款对此予以明确规定。初看之下，担保财产的所有人希望取得自己的财产似乎是荒谬的。但是，这至少是紧密根植于担保财产的拍卖时间，并且可以轻易地转换为担保动产。当然，担保人通过参与拍卖而保留其担保财产的利益值得保护；禁止担保人与其他利害关系人竞争而保护其利益没有正当理由。如果担保人提供了最高价格，则依据拍卖规则，必须认可担保人可以用这一方式保存（重新取得）其财产。如果担保人支付的价格低于担保权人对担保财产的估价，则担保权人必须承担其误判担保财产的市值的后果。参较第 9—7：213 条（以变卖方式变现后买受人对财产的权利）第（4）款。

依据第（6）款，向所有人变卖担保财产被视为（自此）解除担保权人的担保物权［参见第 9—7：213 条（以变卖方式变现后买受人对财产的权利）第（1）款第（b）项］。当然，担保权人的给付请求权也会相应地消减［参见第 9—7：215 条（收益的分配）第（2）款］。

第 9—7：212 条　商业上合理的价格

（1）担保权人必须以商业上合理的价格变现担保财产。

（2）有担保权人可以进入的公开市场，按当时的市价出售，并已适当考虑到担保财产的特征的，该价格在商业上是合理的。

（3）前款规定无法适用时，担保权人如已采取在具体情况下可能采取的措施，则价格在商业上是合理的。

（4）变卖采取私下交易方式的，担保人可请求担保权人告知其预定的价格或价格范围。担保人能够证明此价格范围明显低于强制拍卖或任意拍卖可能合理达到的价格的，担保人即可请求担保权人准备任意拍卖或强制拍卖。除前条第（5）款另有规定之外，通过此种方式形成的价格对当事人均具拘束力。

评注

A. 商业上的合理价格

本条第（1）款要求担保权人以商业上合理的价格而变卖担保财产。这一规定是第9—7：103条（实现担保物权的司法途径和非司法途径）第（4）款所规定的商业合理性的一般规定的具体适用。其政策可以作如下阐述。担保权人变卖担保财产只是为了清偿担保债权。担保人仍然是担保财产的所有人并且有权取得因变现而产生的剩余收益［参见第9—7：215条（收益的分配）第（4）款］。因此，担保权人以与未受清偿的担保债务相等的价格变卖而变现担保财产是不足够的；相反，变卖的收益有必要与买受人取得的担保财产上的权利的实际价值相等。

这并不必然意味着当变现价格与相关财产的实际价值不同时，担保权人变现的价格就绝不在商业上是合理的。这可能是适用第（2）款和第（3）款的部分情形（参见评注B）。而且，变卖可能受到在先的担保权人的既存担保物权的约束［参见第9—7：213条（以变卖方式变现后买受人对财产的权利）第（2）款］。自然地，第三人会在这种情形下只会支付担保财产的实际价值减去担保财产仍然承担的担保债务的数额（不能轻易地从实际债务人或共同担保人手中取回）。

B. 价格被视为商业上合理的特殊情形

第（1）款所规定的实现商业上合理的价格的绝对规定，对担保权人构成了实质风险。如果不符合这一规定，则担保权人可能会依据第9—7：104条（寻求法庭救济的权利和损害赔偿请求权）第（b）项承担对担保人的损害赔偿责任。为了避免出现与担保权人实现的具体价格的商业合理性有关的纠纷，第（2）款和第（3）款规定如果担保权人遵守本示范规则所规定的条件，则取得的价格会被视为在商业上合理。

C. 当预期价格不能达到时要求拍卖而非私下交易的权利

第（4）款规定了当通过私下交易实现无法达到预期价格时，担保人可以要求拍卖。即使存在着私下交易的可能性，即担保权人和担保人已同意或者相关财产有公开的市场价格的，担保人仍然可以要求担保权人告知其预定的价格或价格范围。如果担保人认为这一价格不足够并且能证明此价格明显低于拍卖可能达到的价格的，可以要求担保权人通过拍卖而非私下交易的方式变现担保财产。但是，如果拍卖而实现的价格对于担保人来说也不足够，则担保人必须接受此价格［参见第（4）款第3句］。唯一的例外情形就是担保权人在拍卖中自己取得担保财产。担保人可以行使第9－7：211条（通过强制拍卖、任意拍卖或私下交易而变卖）第（5）款所规定的权利，即在拍卖后10日内撤销交易。

D. 救济措施

当担保权人没有遵守本条规定，并以低于被视为商业上合理的价格将担保财产出卖给买受人时，担保人［以及受到影响的、顺位劣后的权利的持有人，因为依据第9－7：213条（以变卖方式变现后买受人对财产的权利）第（1）款第（c）项，他们的权利会丧失］可以行使第9－7：104条所一般规定的权利，即如果交易还没有完成的，则要求担保权人中止拟进行的交易并主张最终遭受的损害赔偿。

但是，如果交易已经发生了，则买受人的地位不受违反本条规定的影响，参见第9－7：213条（以变卖方式变现后买受人对财产的权利）第（3）款。当担保权人自己获得担保财产的，适用例外规定。在这些情形下，如果交易不是以商业上合理的价格进行的，法庭可以依据第9－7：104条第（a）项命令返还所有权。即使适用于第9－7：211条（通过强制拍卖、任意拍卖或私下交易而变卖）第（5）款所规定的撤销交易的权利的10日期限届满后，也可以行使这一权利。

第9－7：213条　以变卖方式变现后买受人对财产的权利

（1）买受人取得被变卖财产的权利，并不受以下权利的约束：

（a）担保人的权利；

（b）正在实现担保物权的担保权人的权利；

（c）顺位在后的担保权人的权利，无论是担保权人还是保留所有权交易的持有人；

（d）顺位劣后于正在实现的担保物权的其他定限物权的持有人的权利。

（2）除非正在实现担保物权的担保权人经授权处分免受担保物权约束的担保财产，或买受人依第9—6：102条（因所有权的善意取得而导致担保物权的丧失）的规定善意取得担保财产，变卖的财产之上的以下权利在转让后仍然存在：

（a）顺位在先的担保权人的权利，无论是担保物权还是保留所有权交易的持有人；

（b）其他顺位在先的定限物权。

（3）未遵守本章规定的通知要求，或违反了本章规定的拍卖或私下交易的程序性规定，都不影响买受人的地位。

（4）担保权人或担保人作为买受人参加了通过变卖方式的变现活动的，准用本条上述规定中关于变卖后果的规定。

评注

A. 通过变卖而变现担保财产的一般效果

前已述及，在以非司法途径实现担保物权的过程中通过变卖而变现担保财产，建立在担保权人和买受人之间的买卖合同的基础之上［参见第9—7：211条（通过强制拍卖、任意拍卖或私下交易而变卖）］。价款应当向担保权人支付，担保权人应当依据第9—7：215条（收益的分配）所规定的规则使用此价款。本条规定了买受人因为以非司法途径实现担保财产过程中变卖担保财产而对担保人的物权地位。

B. 不受担保权人的权利的约束而取得所有权

依据第（1）款第（a）项，买受人不受担保权人的权利的约束而取得变卖财产上的权利。通常，这意味着买受人可以取得所有权。即使担保人不是买受人与担保权人的买卖合同的当事人一方，担保权人被依法授权将担保人的财产的所有权转移给受让人。但是，如果担保财产实际为第三人所有而非担保人，则规定就不同了。在这一例外情形下，只有担保权人被此第三人授权，这是非常不可能的，或者买受人可以依据第8—3：101条（通过没有权利或权限转让所有权的人而善意取得）所规定的善意取得原则，买受人才能成为所有人。由于这一具体规定是取得所有权的一般问题，因此没有特别规定在第（1）款和第（2）款之中。依据第8－1：101条（适用范围）第（3）款第1句，第8卷的财产所有权的取得及丧失的规定也适用于以非司法途径实现担保物权所导致的所有权取得及丧失。

实现担保物权后，正在实现担保物权的担保权人的权利不再存在［第（1）款第（b）项］。买受人因此可以获得变卖财产上的权利而不受构成变卖基础的实现担保物权的担保权人的担保物权的约束。

C. 顺位在后的权利的丧失

第（1）款第（c）项及第（d）项规定，买受人不受顺位劣后于正在担保物权的担保权人的权利的担保物权，及顺位劣后于正在实现担保物权的担保权人的权利的其他定限物权的约束，而取得变卖财产上的权利。依据本条规定，顺位在后的担保物权的丧失可以是担保物权，也可以是保留所有权交易，如果后者并没有例外地优先于同一财产上的其他担保物权［这可能发生在保留所有权交易根本没有登记，或者在第9－3：107条（购置款融资方式的登记）规定的35天期限届满后才登记的情形下］，或者如果存在这方面的从属合同，或者如果依据善意而取得同一财产上的另一项担保物权［参见第9－4：101条（优先顺位：一般规则）第（5）款］。如果另一项定限物权的顺位劣后于正在实现担保物权的担保权人的权利，则它在转让后不再存在的例子就是用益物权［关于担保物权与其他定限物权的优先顺位的确定，参见第4章的规定，尤其是第9－4：101条第（2）款第（b）项］。

顺位在后的权利丧失的理由如下所述。依据其作为顺位在先的担保权人的地位，正在实现担保物权的担保权人被依法授权不受顺位在后的权利的约束而处分担保财产。当在以非司法途径实现担保物权的过程中变卖担保财产时，担保权人因此可以将不再受顺位在后的权利的约束的变卖财产上的权利转让给买受人。

顺位在后的权利的持有人，无论是否为担保物权，在一定程度通过参与第9－7：215条（收益的分配）第（3）款所规定的担保财产的变现的收益的分配而弥补了他们的损失。但是，如果收益不足以清偿顺位在后的担保债务的未受清偿数额或者其他定限物权的价值的，这些权利的持有人就可能得不到任何东西。这一结果不能被视为不公平，因为这只是他们在接受顺位在后的担保物权时所承担的风险的结果。通常他们会对其顺位在后的担保物权所担保的贷款要求更高的利息，而使其增加的商业风险减少到最低限度。

D. 顺位在先的权利通常不受影响

顺位在先的权利，即特别是优先于正在实现担保物权的担保权人的权利的担保物权，在第（1）款所规定的丧失的权利中没有提到。相反，第（2）款第（a）项和第（b）项规定这些权利通常在转让后继续保持存在。除非存在第（2）款所规定的例外情形，买受人只受顺位在先的担保物权的约束而取得以非司法途径实现担保物权的过程中变卖的财产上的权利。

这一结果与本章的一般原理相符，即担保权人不被禁止因为其他担保权人的担保物权优先于拟实现权利的担保物权的权利这一事实而实现担保物权。第9—7：214条（给付请求权或流通票据之上担保物权的变现）第（2）款规定了这一规则的唯一例外情形。顺位在后的担保权人不能对已担保的给付请求权进行收款。通常，如果顺位在后的担保权人继续实现担保物权，则顺位在先的担保权人的权利不受影响。这是本条第（2）款规定这些权利即使在转让后通常应当继续存在的原因。相应地，顺位在先的权利的持有人不能依据第9—7：215条（收益的分配）参加收益的分配，因为他们仍然可以对担保财产实现担保物权。对于顺位在先的权利的持有人来说，这一情形与担保人将担保财产的所有权转让给第三人并且第三人受既存担保物权的约束的情形相同［参见第9—5：303条（担保财产的转让）］。

当然，优先于正在实现担保物权的担保权人的权利的担保物权继续存在的事实，可能对担保财产的变卖构成了主要的障碍。买受人会偏向于取得没有权利负担的权利；至少变现的价格实质性低于买受人不受担保物权的约束而取得财产的价格。因此，担保物权顺位在后的正在实现担保物权的担保权人寻求与顺位在先的担保物权的持有人协商是明智的［例如在本章之中，债权人内部协议通常是可能的，参见第9—7：102条（强制性规定）的最后评注］。顺位在先的担保权人可以授权正在实现担保物权的担保权人不受担保权人的权利的约束而处分担保财产，并且买受人因此不受顺位在先的担保物权的约束而取得权利［参见第9—7：213条（以变卖方式变现后买受人对财产的权利）第（2）款］。作为交换，正在实现担保物权的担保权人依据协议赋予顺位在先的担保权人依据其优先顺位参与收益的权利。对于顺位在先的担保权人来说，这一协议会提供优先清偿其担保债权的机会，而不用自己对担保人实现担保物权。

除了授权正在实现担保物权的担保权人不受顺位在先的担保物权的约束而处分担保财产，第（2）款规定了第二种可能的情形，即买受人不受担保物权的约束而取得担保财产上的权利：买受人可以依据善意取得原则。特别是，买受人可能受到第9—6：102条（因所有权的善意取得而导致担保物权的丧失）的特别保护，不受在先担保物权约束而善意取得所有权。买受人是否能援引此规定，取决于具体情况。如果买受人不知道担保权人变卖担保财产是在行使以非司法途径实现担保物权的权利，则这一交易可以被视为发生在出卖人的正常经营活动中。因此，即使已登记的顺位在先的担保权人的担保物权也不会使买受人被视为恶意［参见第9—6：102条第（2）款］。但是，在拍卖的情形中，买受人不可能援引第9—6：102条所规定的交易发生在正常的经营活动之中的保护。买受人会被视为已经知道担保物权已对财产通过拍卖而变卖的担保人进行了登记。

如果顺位在先的担保权人的权利因为买受人依据前款所规定的原则而善意取得所有权而丧失，则顺位在先的担保权人不能主张参与第9—7：215条（收益的分配）所规定的变卖的收益的分配。但是，正在实现担保物权的担保权人可能依据第9—7：104条（寻求法庭救济的权利和损害赔偿请求权）的一般规定向顺位在先的担保权人承担损害赔偿责任，并且如果正在实现担保物权的担保权人因为买受人认为权利上没有负担（并实际取得了没有负担的权利）这一事实而获得了更高的价格，他可能还要依据第7卷的不当得利规定承担责任。

E. 担保权人或担保人作为买受人参与变现活动

前款所规定的原则，通常也适用于担保权人或担保人作为买受人参与担保财产的变现的情形［参见第（4）款］。如果担保人取得了担保财产，即与担保权人协商解除了担保权人的担保物权［参见第9—7：211条（通过强制拍卖、任意拍卖或私下交易而变卖）第（6）款］，正在实现担保物权的担保权人在这些财产上的权利丧失。相反，如果担保权人在拍卖中购买了担保财产，担保人的权利丧失。而且，担保权人和担保人在这种情形下不受任何顺位在后的担保物权的约束而取得担保财产上的权利。

另一方面，优先于正在实现担保物权的担保权人的权利的担保物权继续存在。担保权人和正在实现担保物权的担保权人，都不能为了不受顺位在先的担保物权的约束，而依据善意取得规则取得权利。

F. 违反程序性规定无关紧要

第（3）款规定，仅违反本章规定的交易或拍卖的程序性规定的，不影响买受人的地位。买受人依据前款所规定的规则而取得权利，例如，即使正在实现担保物权的担保权人没有遵守本章规定的通知规定或者没有达到商业上的合理价格。

这一规定的例外情形就是第 9—7：104 条（寻求法庭救济的权利和损害赔偿请求权）第（b）项的适用。当担保权人自己在拍卖中取得担保财产并违反了本章规定的程序性规定的，担保权人可以被命令返还担保财产的所有权，只要担保权人没有同时将所有权转让给第三人；但是，在后一种情形下，担保权人可能要承担侵权责任［第 6—2：101 条（具有法律相关性的损害的含义）第（1）款第（b）项］。

第 9—7：214 条　给付请求权或流通票据之上担保物权的变现

（1）担保财产是给付请求权或流通票据的，担保权人可就未受清偿的债务向第三债务人收款，或变卖和转让给付请求权或流通票据，或直接以之抵偿债务。

（2）作为担保财产的给付请求权或流通票据之上还有其他顺位在先的担保物权的，担保权人无权向顺位在先的担保权人主张给付请求权和流通票据。

（3）除流通票据的债务人外，第三债务人可以拒绝偿付，除非担保权人送达了一式两份的写明具体数额的通知，并附有足够证据。

（4）担保权人也可以收款或以其他方式，实现依第 9—2：301 条（金钱债权之上的担保物权）第（4）款的规定，作为给付请求权之上的担保物权效力所及的保证债权和担保物权。

评注

本条规定了变现已担保的给付请求权或流通票据上的担保物权的特殊性。

第（1）款规定，如果担保权人的担保物权在给付请求权或流通票据之上设定的，担保权人可以选择三种方式。担保权人可以收款，或者变卖给付请求权或流通票据，或者直接以之抵偿债务。由于收款通常在实践中是更有效率的方式，因此它被首先提到，因为只要第三债务人有清偿能力，担保权人就可以快速地取得现金。通常这一方式也更为迅速。

第 9－7：204 条（给付请求权的担保）也规定了给付请求权的收款。对流通票据的收款主要适用已发行的特定种类的流通票据的规定，并附属地适用本条。

或者，担保权人可以变卖给付请求权或流通票据，或者直接以之抵偿债务。这一交易受到第 9－7：207 条（变现的一般规则）至第 9－7：213 条（以变卖方式变现后买受人对财产的权利）所规定的相关程序的约束；对于以物抵债，适用第 9－7：216 条（担保权人以担保财产抵偿债务）。

第（2）款依据第 9 卷第 4 章的优先顺位规则而规定了实际结果。如果另一个担保权人或者定限物权的持有人享有优先顺位，则顺位在后的担保权人不能通过收款方式而实现担保物权。

第（3）款旨在保护第三债务人。除非担保权人已经向第三债务人送达了通知，第三债务人无需偿付。通知必须表明担保权人主张的担保债务的数额。数额必须有足够的证据来支撑。担保债务的账单或者表明债务人的负债余额的现金账户的复印件是足够的证据。

当然，如果第三债务人对已担保的给付请求权的存在、到期或可实现担保物权的其他条件提出异议，他也可以拒绝偿付。第三债务人对主张对已担保的给付请求权收款的担保权人的地位，与他对债权全部转让中的债权的受让人的地位相同。

如果实现担保物权在债务到期前开始，则债务人不能被强迫一次性清偿债务。在这种情形下，对给付请求权进行收款因为时间的原因而被排除。担保权人可以等待期限届满，或者如果担保权人想要快速实现担保物权，他可以变卖和转让给付请求权；在这种情形下，正在实现担保物权的担保权人的选择权不起作用。

由于流通票据规定的是严格责任，因此第（3）款不适用于流通票据。

第（4）款适用第 9—2：301 条（金钱债权之上的担保物权）第（4）款，第（4）款将担保权人实现担保物权的权利的效力及于给付请求权所必需的保证债权或担保物权。这些从属性权利构成了保证债权或担保物权的多种形式［第 4.7—2：113 条（保留担保物权的条件）第（3）款第 1 句］。

第 9—7：215 条　收益的分配

（1）依前述规定，以非司法途径变现担保财产所取得的收益，由担保权人根据以下顺序进行分配。

（2）第一，已经实现担保物权的担保权人，可以以该收益清偿担保债权，以及因实现担保物权所发生的费用。

（3）第二，扣除本条第（2）款规定款项之后，收益仍有剩余的，顺位劣后于正在实现的担保物权的担保权人，在其担保物权所担保的债务数额范围内受偿。存在数个顺位劣后的担保权人的，剩余收益将按这些权利之间的优先顺位予以分配。前段规定可准用于其顺位劣后于正在实现担保物权的担保权人的其他定限物权的持有人；这些定限物权的价值，而非担保债务，起着决定性作用。

（4）第三，按照本条第（2）、（3）款的规定扣除后的剩余收益必须返还担保人。

（5）担保权人的受偿额不得超过约定的或登记的该担保权人的担保物权的最高数额。这一限制不适用于因实现担保物权而产生的合理费用。

评注

当然，实现担保物权的收益的分配规定，必须考虑参与或受到实现担保物权的影响的所有当事人的担保物权及其他权利的相关的优先顺位。

第（2）款依据顺位在后的担保权人的存在并不阻止担保权人实现其担保物权的一般规则而规定。第（3）款广泛规定正在实现担保物权的担保权人在实现担保物权之后的义务，确认了这一规定。

本条没有规定担保财产上的顺位在先的担保物权。这隐含地意味着优先于正在实现担保物权的担保权人的担保物权的这些担保物权不受担保财产变卖的影响。相反，它们继续存在于变卖财产之上。因此，如果担保物权已被登记，则善意取得无担保的财产通常被排除，参见第 9—7：213 条（以变卖方式变现后买受人对财产的权利）的评注 D。

就正在实现担保物权的担保权人的权利而言，担保权人可以利用实现担保物权的收益来清偿担保债务。第 9—2：401 条（担保债权）列举了这些债务。

第（3）款规定了不少于三项规则，表明并确认了优先顺位的一般规则。第 1 句和第 2 句所提到的是本卷第 4 章所规定的顺位在后的竞存担保权人。这些顺位在后的担保权人的担保债权从正在实现担保物权的担保债权依第（2）款清偿后的剩余的收益部分获得清偿。如果有数个顺位在后且顺位不同的担保权人（尽管动产担保物权不可能发生这种情形），他们中的每一个在顺位在先的担保权人获得清偿后都有权实现其担保物权。

第（3）款的第三句规定了定限物权的持有人有权分享实现担保物权的收益。由于本条没有规定这些定限物权的范围和数量，因此它们是不确定的；它们根植于内国法。但是，如果依据内国法而确定了它们的顺序，则必须遵守本条规定。动产上的用益物权就是例子。

关于这些权利的顺位和获得清偿，第 9—4：101 条（优先顺位：一般规则）第（2）款第（b）项规定了具体的规则，即这些权利设立的时间决定了它们的顺位。这不仅适用于数个定限物权的内部顺位，也适用于定限物权对担保物权的顺位，这可以从第 4 章的优先顺位的一般规则所援引的规定的观点推断出来。

定限物权的第二个特殊性在于它们并不担保给付请求权这一事实。因此，它们的范围应当分别确定。这些权利的金钱价值与担保物权最相近。第 3 句的第二分句对此予以规定。

第（4）款规定了在先的担保权人获得清偿后的剩余款项必须返还给担保人的一般规则。这一数额代表了担保人所有的担保财产的净值。因此，担保人有权享有因担保财产的变卖而得到的这部分收益。

第（5）款确认并强调了第（2）款所规定的原则，强调正在实现担保物权的担保权人绝不能因为实现其担保物权而额外获利。

第9－7：216条　担保权人以担保财产抵偿债务

（1）在以下条件下，担保权人可以以担保财产全部或部分抵偿担保债权：

（a）担保权人必须事先通知其欲以担保财产全部或部分抵偿担保债权的意图，具体说明相关细节；

（b）该动议必须发送至第9－7：209条（通知的收件人）所规定的人；

（c）必须符合第9－7：210条（通知的时间和内容）第（1）款、第（2）款第（b）、（d）项、第（3）款及第9－7：212条（商业上合理的价格）第（1）款所规定的条件（参照适用）；

（d）该动议必须指明在动议发送前营业日结束时未受清偿的担保数额，以及意欲以担保财产抵偿的债务的数额；

（e）每个收件人在收到该动议十日之内都没有以书面形式反对该动议。

评注

引言。在实践中，以担保财产抵偿债务发挥着不太重要的作用。只有在担保权人自己使用它或者为获利而转卖的情况下，担保权人才会有兴趣取得有形财产的所有权。

不过，由于在一些情形下，这种方式可能非常有用，因而它被接受了。担保权人不用等待可能陷于经济困境的担保人付款，担保权人可以以较低的价格取得担保财产或者转卖给第三人而获得现金而节省开支。

另一方面，允许以物抵债给担保人带来了一定的风险，因为担保权人当然地追求自己的利益。这意味着法律必须同时保护担保人的合法利益。这是本条为担保权人规定条件的原因。

本条的起始句。担保权人可以选择全部或部分地取得担保财产的所有权，这取决于担保权人的意图。本条没有规定，但是隐含在本条之中。这一选择可以但也不必与担保债权全部或部分清偿同时发生。如果担保财产的价值轻易地涵盖了担保债权，则取得担保财产的所有权会使担保权人获得全部清偿。相比之下，如果担保财产失去了大部分的价值，取得它们的所有权只会导致部分清偿。

上述考虑也决定了担保权人决定是否取得担保财产的所有权。

第（a）项。本款规定了担保权人的以物抵债即取得担保财产的所有权的意图的事先通知。就合同法而言，这是担保权人向第（b）项所间接规定的人发出的要约。这一要约需要用第（a）项以及本条起始句的前述评注所规定的两个要素予以量化。第一，担保权人必须说明他拟取得担保财产的全部还是仅一部；当然，在后一种情况下，有必要指明他想要的部分。第二，担保权人必须说明拟以物抵债是全部清偿担保债权还是仅部分清偿担保债权；在后一种情形下，也有必要指明担保权人拟以担保物权抵偿给付请求权的数额比例或部分。

就买卖合同而言，第一个要素指明了变卖财产，第二个要素指明了取得财产所需的价款。

第（b）项。本款指明了担保权人的意图的通知的收件人：第9—7：209条（通知的收件人）列举了这些人，即以非司法途径实现担保物权的通知的收件人。大致说来，这一名单是：

—所有对担保债务承担责任的人［第9—7：209条（通知的收件人）第（a）项］；

—所有对担保财产享有权利的人［第9—7：209条（通知的收件人）第（b）项］。

这两类人显然会间接地被担保权人购买担保财产的全部或部分的动议及取得财产所需的价款所影响。

第（c）项。通过适用多条规定，本款间接地列举了以物抵债应当符合的另外六个条件。在这里简要地概括这些条件。

（i）通知必须被适时发出，即通知必须在处分前10日送达收件人［第9—7：210条（通知的时间和内容）第（1）款］。

（ii）通知必须合理地描述拟处分的担保财产［第9—7：210条（通知的时间和内容）第（2）款第（b）项］。在本条的情形之下，这意味着担保权人必须准确地指明他希望获得的担保财产，除非担保权人拟以全部的财产抵偿债务。

（iii）通知必须说明第9—7：210条（通知的时间和内容）第（2）款第（d）项所规定的人，同时是通知的收件人，通过偿付担保债务未受清偿的部分而避免担保财产处分的权利。

(iv) 第 9—7：210 条（通知的时间和内容）第（3）款所规定的“该处分通知必须使用能够预期通知到其收件人的语言”。关于这一规定，参见该条的评注 C。

(v) 担保权人所提出的价格必须是“商业上合理的”[第 9—7：212 条（商业上合理的价格）第（1）款]。这一标准适用于所有以非司法途径实现担保物权的方式。

第（d）项。为了获得担保物权项下的金钱债务的实际数额的完整和准确的描述，担保权人必须告知在动议发送前“营业日结束时”未受清偿的准确的担保数额。担保权人必须进一步说明担保权人意欲以全部担保财产或部分担保财产抵偿的债务的数额[本条第（d）项]。

第（e）项。依据最后的、重要的第（e）项，如果收件人都没有以书面形式反对担保权人的动议，则担保权人的动议被视为被接受。反对动议的时间限于每一个收件人收到动议的 10 日之内。证明这一时间对担保权人来说很困难。但是，通过挂号信或者邮递员发送通知而非标明日期的收据，可以克服这一困难。

第三分节　以司法途径实现担保物权

第 9—7：217 条　法律适用

(1) 以司法途径实现担保物权，将依担保权人请求执行的法庭或其他主管机关所在地的成员国的程序规则进行。

(2) 担保权人可以请求法庭或其他主管机关行使前述各分节所规定的任何权利。根据前述各分节的规定，无论这些权利是否依赖于当事人协议或同意，或是否被当事人的协议或约定所排除，也无论是否存在担保人或其他人的反对意见，这些权利可由法庭或其他主管机关行使。

评注

A. 实现担保物权的司法途径

担保权人总是可以申请法庭或其他主管机关以司法途径实现其担保物权。无论当事人是否已经同意以非司法途径实现担保物权，或无论担保权人依据本章的默示规定是否可以开始以非司法途径实现担保物权，绝不能剥夺担保权人通过法庭或其他主管机关的诉讼而实现其担保物权的权利。

实践中，特别是在下述情形下，担保权人会寻求以司法途径实现担保物权。第一，第 9－7：103 条（实现担保物权的司法途径和非司法途径）第（1）款所规定的当事人协议已排除了实现担保物权的非司法途径的可能性。第二，在消费者担保人的情形下，违约后，消费者担保人不同意以非司法途径实现担保物权，参见第 9－7：103 条第（2）款。第三，即使以非司法途径实现担保物权是可能的，担保权人可能更倾向于以司法途径实现担保物权，因为可以预见担保人会非常反对非司法途径（因此，即使在以非司法途径实现担保物权的程序的情形下，担保权人应当向法庭或其他主管机关申请帮助）或者因为法律情形过于复杂，为了避免因错误的实现担保物权的措施产生的潜在责任，担保权人更倾向于不自己实现担保物权［参见第 9－7：104 条（寻求法庭救济的权利和损害赔偿请求权）第（b）项所规定的损害赔偿责任］。

B. **适用的程序性规定**

当担保权人向法庭或其他主管机关申请以司法途径实现其担保物权时，法庭或其他主管机关会适用自己的程序法［参见第（1）款］。本示范规则所规定的以司法途径实现担保物权受到请求以司法途径实现担保物权所在地的成员国的内国程序性规定的约束。

前述各分节规定的对以非司法途径实现担保物权的程序性保护措施，不适用于以司法途径实现担保物权。相反，适用的内国程序法专门调整通知规定及类似问题。

C. **可使用的救济措施**

本示范规则绝不能与内国程序法相抵触，本示范规则规定实体法问题，即使这些问题可能产生于以司法途径实现担保物权的情形之中。因此，第（2）款第 1 句规定了担保权人应当能够享有与前述各分节所规定的相同的权利（即在以非司法途径实现担保物权的规则之中）。作为一个实体法问题，担保权人有权享有对变卖担保财产或以担保财产抵偿债务或对将担保财产出租给第三人的收益的权利；担保权人的所有这些权利可能对担保人以司法程序实现。对担保财产的收款应当通过对第三债务人提起诉讼而实现。只要实现担保物权的措施是由法庭或其他主管机关执行的，也适用前述各分节（从根本上规定了担保权人的权利）所规定的收益分配的规定。

由于法庭或其他主管机关行使担保权人的这些权利要受到内国程序法所规定的程序性保护措施的约束，因此无需有担保权人和担保人之间的协议或者担保权人和担保人或其他人［第（2）款第 2 句］的同意（或者没有异议）。法庭和其他主管机关可以从担保人手中取得对担保财产的占有，无论担保人是否同意或反对；即使没有这方面的协议，可以命令采取任何一种保护措施；在以司法途径实现担保物权的情况下，担保权人和担保人之间的排除担保财产的变卖的协议是无效的；通过法庭而以担保财产偿债不取决于没有第 9—7：209 条（通知的收件人）所规定的人的异议。

关于可能受到实现担保物权影响的担保人和其他人的权利，适用第 9—7：104 条（寻求法庭救济的权利和损害赔偿请求权）的一般规则。但是，是否能在独立的诉讼中主张这些权利或者这些权利是否仅能在主要的实现担保物权的程序中被用于抗辩，留由内国程序法去规定。

第三节　保留所有权交易的特殊规则

第 9－7：301 条　保留所有权交易的违约后果

（1）保留所有权交易的持有人，可以通过依第三卷第三章第五节的规定终止买卖合同、分期付款买卖合同、融资租赁合同或寄售合同中的合同关系，而行使其在保留所有权交易中所享有权利。

（2）买受人、分期付款买受人、承租人或受寄售人转让或设立的被提供财产之上的任何权利将终止，除非：

（a）买受人等已经获得授权设立或转让此种权利；

（b）受让人受到第 9—2：108 条（担保物权的善意取得）至第 9—2：111 条（现金、流通票据和物权凭证之上的担保物权）或第 9—6：102 条（因所有权的善意取得而导致担保物权的丧失）的保护；

（c）受让人的权利例外地享有优先于交易的持有人的顺位。

（3）一旦转卖或转租，保留所有权交易的持有人有权获得超过所提供财产可被变现的原始价款的多余部分。

（4）依协议约定或法律规定而受让保留所有权交易的第三人享有本条第（1）款至第（3）款所规定的权利。

评注

A. 问题的起点

本卷的大多数规则不仅适用于普通的担保物权，也适用于保留所有权交易［第9—1：104条（保留所有权交易：适用范围）第（1）款］。但是，主要的例外情形之一与债务人违约的法律后果相关，并且与实现担保物权的领域紧密相联。保留所有权交易的特殊性与此领域相关的主要原因在于，由于作为担保权人的出卖人、供应人或出租人保留了所有权，因此他仍然是标的物的所有人。由此，债权人无需从债务人或物上保证人手中取得担保财产的所有权。相反，他只需从买受人、分期付款买受人、承租人、受让人或财产的其他持有人那里取得对财产的占有。

因此，本条的主要作用在于恢复所有人对标的物的占有。作为其次要的问题，就是尽可能地恢复买卖合同、分期付款买卖合同、融资租赁合同或寄售合同订立前当事人的状态。

B. 取得占有

尽管第（1）款的主要作用是使保留所有权交易的持有人重新占有标的物，但是如果不顾及买受人、分期付款买受人、承租人、受寄售人的既得权利，这一目标就不能达到。

出卖人、供应人或出租人必须采取的第一步就是终止使买受人、分期付款买受人、承租人、受寄售人有权占有标的物的买卖合同、分期付款买卖合同、融资租赁合同或寄售合同所产生的合同关系。如果买受人、分期付款买受人、承租人、受寄售人没有履行应向出卖人、供应人或出租人支付款项的义务，则这一关系会依据合同法的一般规定而终止（通常，参见第3卷第3章第5节）。如果不可能返还标的物（例如，如果标的物不再存在或者已被处分给第三人），则应当向出卖人、供应人或出租人支付标的物的价值［参见第3—3：513条（使用和改良）］。

关于所有人重新占有标的物的措施，参见第9—7：302条（占有、固定和保存）。

另一方面，出卖人、供应人或出租人应当返还其收取的所提供财产的款项，例如，价款或租金，包括利息［参见第 3—3：511 条（当不需要返还时）第（2）款和第（5）款］。

C. 使用财产以及财产价值减损的补偿

出卖人、供应人或出租人也享有对买受人、分期付款买受人、承租人、受寄售人因使用标的物和标的物价值的减损而要求他们公平补偿的权利。这一规定源于第 3—3：513 条至第 3—3：515 条所规定的一般原则。

D. 买受人、分期付款买受人、承租人、受寄售人设立的权利的消灭——第（2）款

基本规定。买受人、分期付款买受人、承租人、受寄售人占有标的物，他们可以各自在其持有的标的物上设立权利。他们可以转卖或转租标的物或者在它们之上设立担保物权。

通常，所有这些权利都会消灭，因为它们都是从通常没有权利设立或转让这些权利的人手中取得的。买受人、分期付款买受人、承租人、受寄售人不是所有人或者——至多——只是附终止条件的所有人。如果出卖人、供应人或出租人已转让所有权，则这一所有权是附条件的所有权，条件是全部清偿价款或者全部租金，且这一条件并未成就。

例外情形。但是，这一基本规定有三个例外情形。

第一，出卖人、供应人或出租人例外地授权买受人、分期付款买受人、承租人、受寄售人转让标的物的所有权［第（a）项］。这与保留所有权交易的商业实践相符合，即买受人有权在正常的经营活动中出售其购买的财产（以在收益上设立担保物权作交换）。第 9—5：204 条（销售者和制造者处分担保财产）第（1）款规定了授权担保人出售担保财产的其他情形。

第二，所有权或定限物权，特别是担保物权的善意取得，可以保护受让人。参见第 9—2：108 条（担保物权的善意取得）至第 9—2：111 条（现金、流通票据和无记名单证上的担保物权）以及第 9—6：102 条（因所有权的善意取得而导致担保物权的丧失）［参见第（b）项］的规定。

第三，即使不适用前两种情形，只要受让人的权利优先于出卖人、供应人或出租人的权利［第（c）项］，他的权利就优先于所有权的顺位。只有在特殊情形下才是这种情况。保留所有权交易的持有人与另一个担保权人订立从属合同就是例子。第二种情形就是保留所有权交易在第 9—3：107 条（购置款融资方式的登记）第（2）款所规定的35日期限届满后才登记而使得保留所有权交易劣后于其他担保物权。在此情形之下，保留所有权交易不享有超优先顺位，因此，标的物上的更早取得效力的担保物权优先于保留所有权交易。第三种情形就是同一财产上的其他担保物权依善意取得规则而获得[参见第9—4：101条（优先顺位：一般规则）第（5）款]。这一情形与第（b）项规定的情形重合。分别规定这些情形是合适的，因为第（b）项也规定了第（c）项没有规定的所有权的善意取得。

E. 转卖或转租

第（3）款解决了实践中产生的争议。为了避免不必要的纠纷，必须对实际情形予以阐述。本款规定了因买卖合同、分期付款买卖合同、融资租赁合同或寄售合同所产生的合同关系终止以及标的物已经适时地返还给了出卖人、供应人或出租人后产生的情形。如果出卖人、供应人或出租人与另一个买受人或承租人订立了新的买卖合同或融资租赁合同，并因变化的市场条件或者更大的个人努力例外地获得了更高的价格，问题就是超出原始的约定价款的多余部分是否应当由出卖人或出租人保留，或者是否应当归于原买卖合同、分期付款买卖合同、融资租赁合同或寄售合同的另一方当事人。

本款所选择的解决方法将额外的收益归于出卖人、供应人或出租人所有。新合同分别并独立于原合同而订立。原买受人、分期付款买受人、承租人、受寄售人没有对实现的额外的收益发挥任何作用，除非因他们违约而间接地实现额外的收益。但是违约怎么能构成报酬的理由？

F. 保留所有权交易的第三方受让人的地位

第（4）款规定了受让保留所有权交易的第三人的地位，特别依据包括担保物权的转让在内的担保债权的转让，涵盖保留所有权交易的转让[第9—5：301条（担保物权的转让）]。

保留所有权交易的受让人与原出卖人、供应人或出租人承受相同的地位。因此，第（1）款至第（3）款也适用于这些人。

第9—7：302条　占有、固定和保存

第9—7：201条（债权人占有有形财产的权利）、第9—7：202条（债权人固定和保存担保财产的权利）、第9—7：203条（法庭或其他机关的介入），根据第 9—1：104 条（保留所有权交易：法律适用规则）第（2）款的规定变通后，适用于保留所有权的交易。

评注

本条的目的在于，使本章的担保权人重新取得占有的规定以及债务人违约后的保护措施的规定，也适用于保留所有权交易。相关规定是第 9—7：201 条至第 9—7：203 条。

美国动产担保交易法①

第一章 总则

[第一节 简称、定义和基本概念]

第 9—101 条 简称

本编可称为“《统一商法典》——动产担保交易”。

第 9—102 条 定义及定义的索引

(a)［第九编定义。］本编中：

(1)“添附物”(accession)，是指与其他有体动产联结在一起且并不丧失其特性的有体动产。

(2)“应收账款”(account)，除了用于“account for”(解释、说明)中之外，是指因以下情形而发生的金钱债务给付请求权，其是否因履行而取得，则非所问：

(i) 财产已经或者将要被出卖(sold)、出租、许可使用、让与(assigned)或者以其他方式被处分；

(ii) 服务已经或者将要被提供；

① 本文根据《美国统一商法典》第九编“动产担保交易”(2017 年版本)翻译，是在本书作者 2006 年出版的《美国统一商法典及其正式评述(第三卷)》的基础上修改而成。感谢北京航空航天大学法学院孙新强教授，他就翻译文本提出了详尽的批评意见，借由本书出版的机会，我修正了其中的错译、误译之处。当然，中美两国之间的商事实践、法律体系存在重大差异，术语之间尚无法精准对译。本书除了在相应术语之后括注英文原文之外，在易生歧义之处，另以脚注形式加以说明。值得注意的是，《美国统一商法典》的官方文本中没有脚注，本书中所使用的脚注均为本书作者所加，特此叙明。

（iii）保险单已经或者将要签发；

（iv）从债务（secondary obligation）已经或者将要发生；

（v）能源已经或者将要提供；

（vi）因租船合同或者其他合同而使用或者承租船舶；

（vii）使用信用卡、借记卡，或者包含于该卡之中或者为使用该卡所需了解的信息所产生的；或者

（viii）在由州、州政府部门或者由州、州政府部门许可或者授权的人所开办或者发起的博彩或者其他依概率取胜的游戏中的中奖。

这一述语包括健康护理保险应收款。

这一术语不包括：

（i）由担保债权凭证或者票据所表彰的金钱给付请求权；

（ii）商事侵权赔偿请求权；

（iii）存款账户；

（iv）投资财产；

（v）信用证权利或者信用证；或者

（vi）因贷放或者出卖的金钱或者资金所生的金钱给付请求权，但因使用信用卡、借记卡或者包含于该卡或者为使用该卡所需了解的信息而生的金钱给付请求权除外。

（3）“应收账款债务人”（account debtor），是指对应收账款、担保债权凭证或者一般无体财产权负有债务的人。这一术语不包括流通票据中的付款义务人，即使该票据构成了担保债权凭证的一部分，也不例外。

（4）“清算账目”（accounting），除了用于“accounting for”（解释、说明）之外，是指以下文件：

（A）由担保权人所确认的；

（B）指出不早于文件日期前35日或者不晚于文件日期后35日的未受清偿的担保债务的总额；

（C）指明债务内容的合理细节。

（5）“农业担保权”（agricultural lien），是指在农产品之上的以下权利：

（A）该权利担保因下列事由所生债务的清偿或者履行：

（i）债务人因其农业生产经营活动获取有体动产或者服务；或者

（ii）债务人因其农业生产经营活动承租不动产的租金；

（B）该权利为一种为以下人设定的法定担保权：

（i）在其正常经营活动中为债务人从事农业生产经营活动提供有体动产或者服务的人；或者

（ii）出租不动产予债务人，用于债务人的农业生产经营活动的人；而且

（C）该权利的生效不以上述担保权人占有动产为必要。

（6）“待开采的担保物”（as—extracted collateral），是指：

（A）受以下担保权约束的石油、天然气以及其他矿物：

（i）该担保权由对该被开采之前的矿物享有权利的债务人所设定；

（ii）该矿物一旦开采出来，该担保权即在其上有效成立；或者

（B）对被开采之前的石油、天然气及其他矿物享有权利的债务人，在井口（wellhead）或者矿口（minehead）出卖石油、天然气及其他矿物而产生的应收账款。

（7）“确认”（authenticate），是指：

（A）签字；或者

（B）签上或者采纳某一代号，或者全部或者部分地把一个文件进行加密或类似的处理，确认者以此验明其身份，并认可或者接受某一文件（的真实性）。

（8）“银行”（bank），是指从事银行业务的组织。这一术语包括储蓄银行、储蓄和贷款协会、信用合作社以及信托公司。

（9）“现金收益”（cash proceeds）是，指金钱、支票、存款账户以及诸如此类的收益。

（10）“所有权凭证”（certificate of title），是指法律规定拟在凭证上指明的担保权作为取得优先于在担保物上法定担保权人（lien creditor）的条件或者结果的所有权凭证。

（11）“担保债权凭证”（chattel paper），是指用以同时表彰金钱债务和下列担保权的一个或者多个文件：特定有体动产之上的担保权，特定有体动产及其中所使用软件之上的担保权、特定有体动产及其中所使用软件的使用权（license）之上的担保权、特定有体动产的租赁，或者特定有体动产及其中所使用软件的使用权的租赁。

本项中，“金钱债务”（monetary obligation）是指由有体动产所担保的金钱债务或者由于有体动产的租赁而引起的金钱债务，且包括与有体动产中所使用的软件有关的金钱债务。

这一术语不包括：(i) 租船合同或者其他与船舶的使用和租赁有关的合同；或者 (ii) 用以证明因使用信用卡、借记卡或者包含于该卡之中的或者为使用该卡所需了解的信息而引起的金钱给付请求权的文件。凡交易被包括有一张票据或者一组票据的文件所证明，这组文件之全部即构成担保债权凭证。

(12)“担保物”（collateral），是指受担保权和农业担保权约束的财产。这一术语包括：

(A) 担保权在其上有效成立（attach）的收益；

(B) 已被出卖的应收账款、担保债权凭证、付款无体财产权以及本票；以及

(C) 作为寄售标的物的有体动产。

(13)“商事侵权赔偿请求权”（commercial tort claim），是指以下因侵权行为而生的损害赔偿请求权：

(A) 请求权人是一个组织；或者

(B) 请求权人是一个自然人且请求权：

(i) 在请求权人的经营过程中或者职业生活中所产生；并且

(ii) 不包括因人身伤害或者死亡而生的请求权。

(14)“商品账户”（commodity account），是指商品中介机构为商品交易客户登载商品合约所开立的账户。[①]

(15)“商品合约”（commodity contract），是指满足以下条件的商品期货合约、商品期货合约期权、商品期权，或者其他合同：

(A) 该合约或者期权依据和遵照商品交易所规则进行交易，该商品交易所依联邦商品交易法被指定作为此类合约的交易市场；或者

(B) 该合约或者期权在外国商品期货商会、交易所或者交易市场进行交

① 就第（14）～（17）项术语的翻译，本书作者曾求教于中国人民大学法学院叶林教授，特此致谢！

易，且该合约或者期权登载于商品中介机构为商品交易客户的账户中。

（16）“商品交易客户”（commodity customer），是指商品中介机构在账户中为其登载商品合约的人。

（17）“商品中介机构”（commodity intermediary），是指以下人：

（A）该人依照联邦商品交易法登记为期货经纪商；或者

（B）该人在其正常经营活动中为商品交易所提供结算或者清算服务，该商品交易所依联邦商品交易法被指定为合约交易市场。

（18）“传送”（communicate），是指：

（A）寄送书面的或者其他有体的文件；

（B）依传送人和接受人同意的方式传送某项文件；或者

（C）在向登记机关传送文件和由登记机关传送文件的情形下，是指依登记机关守则的规定的方式传送文件。

（19）“受寄售人”（consignee），是指在寄售交易中受领有体动产之交付的商人。

（20）“寄售”（consignment），是一种交易，不管其形式若何，该交易中某人将有体动产交付给一个商人出卖，并且：

（A）该商人：

（i）非以交付有体动产的人的名义从事同种类的有体动产的交易；

（ii）不是拍卖商；并且

（iii）其债权人一般不知道其实际上是在出卖他人的有体动产；

（B）每一次交付的有体动产的总价在交付时应不低于1000美元；

（C）有体动产在即将交付之前并非消费品；并且

（D）交易并非创设担保权以担保债务的履行。

（21）“寄售人”（consignor），是指在寄售交易中交付有体动产予受寄售人的人。

（22）“消费者担保人”（consumer debtor），是指消费者交易中的担保人。

（23）“消费品”（consumer goods），是指主要用作或者买来主要用作个人、家庭或者家用的有体动产。

（24）“消费品交易”（consumer－goods transaction），是指符合以下条

件的消费者交易：

（A）个人主要是为个人、家庭或者家用目的而承担债务；并且

（B）在消费品之上的担保权担保该债务的履行。

（25）“消费者债务人”（consumer obligor），是指个人且其承担债务是作为主要是为个人、家庭或者家用目的而达成的交易的一部分的（主）债务人。

（26）“消费者交易”（consumer transaction），是指符合以下条件的交易：

（i）个人主要是为个人、家庭或者家用目的而承担债务；

（ii）担保权担保该债务的履行；以及

（iii）持有或者取得担保物主要是为了个人、家庭或者家用目的。

这个术语包括消费品交易。

（27）“展期声明书”（continuation statement），是指对担保声明书的以下修改：

（A）通过初始担保声明书的登记号指明与之相关的初始担保声明书；而且

（B）表明它是该初始担保声明书的展期声明，或者其登记旨在续展该初始担保声明书的有效期。

（28）“担保人”（debtor）[①]，是指：

（A）对担保物享有除担保权或者其他担保物权（lien）之外的物权利益（interest）的人，其是否为（主）债务人，则非所问；

（B）应收账款、担保债权凭证、付款无体财产权或者本票的出卖人；或者

（C）受寄售人。

---

① “debtor”在《美国统一商法典》各编之间的含义存在差异，即使在第九编之中也是如此（如 account debtor、consumer debtor 等）。本书作者原将其翻译为“债务人”，并相应地将“obligor”翻译为“主债务人”，主要是考虑担保关系与主债权债务关系之间的主从性。但在物上担保关系之中，将担保关系中的义务人称为“债务人”，与担保权人相对而称，虽然他确实是物上债务人，但这一翻译易生解释上的歧义。现遵从孙新强教授的建议，将处于动产担保交易关系中的义务人翻译为“担保人”，也就是相关国际文件中所称的“security provider”。

（29）“存款账户”（deposit account），是指银行所开立的活期账户、定期账户、储蓄账户、存折或者类似的账户。这一术语不包括投资财产或者由票据所表彰的应收账款。

（30）“物权凭证”（document），是指所有权凭证（a document of title）或者第7—201条第（2）款所规定的收据（receipt）。

（31）“电子担保债权凭证”（electronic chattel paper），是指由电子媒介所储存的信息所构成的一个文件或者几个文件所表彰的担保债权凭证。

（32）“（不动产）权利负担”（encumbrance），是指不动产之上除所有权以外的权利。这一术语包括不动产之上的不动产抵押权或者其他担保物权（lien）。

（33）“设备”（equipment），是指除存货、农产品或者消费品以外的有体动产。

（34）“农产品”（farm products），是指除未砍伐的树木之外的，与债务人所从事的农业经营活动有关的有体动产，且包括：

（A）已经长成、正在生长，或者将要长成的农作物，包括：

（i）在树木、藤木和灌木上产出的农作物；

（ii）水产养殖所生产的水产品；

（B）已出生或者未出生的牲畜，包括水产养殖所生产的水产品；

（C）农业经营活动中所使用或者生产的原料（supplies）；

（D）未经加工的农作物或者牲畜的产品。

（35）“农业经营活动”（farming operation），是指养植、种植、繁殖、饲养、放牧以及其他的农业、牲畜业或者水产经营活动。

（36）“登记号”（filing number），是指依照第9—519条第（a）款为初始担保声明书分派的编号。

（37）“登记机关”（filing office），是指第9—501条所规定的登记担保声明书的机关。

（38）“登记机关守则”（filing—office rule），是指依照第9—526条的规定所制定的规则。

（39）“担保声明书”（financing statement），是指由初始担保声明书和与之相关的任何已登记文件所组成的一个或者几个文件。

（40）“不动产附着物登记”（fixture filing），是指涉及已成为或者将成为不动产附着物的有体动产且符合第9－502条第（a）款和第（b）款规定的担保声明书的登记。这一术语包括涉及已成为或者将成为不动产附着物的运输事业（a transmitting utility）的有体动产的担保声明书的登记。

（41）“不动产附着物”（fixtures），是指已成为特定不动产的一部分，其上的权利由不动产法所调整的有体动产。

（42）“一般无体财产权”（general intangible），是指除了应收账款、担保债权凭证、商事侵权赔偿请求权、存款账户、物权凭证、有体动产、票据、投资财产、信用证权利、信用证、货币和待开采的石油、天然气或者其他矿物之外的任何动产（personal property，including things in action）。这一术语包括付款无体财产权和软件。

（43）“善意”（good faith），是指事实上的诚实和对公平交易的合理商业准则的遵守。

（44）“有体动产”（goods），是指在担保权有效成立时一切可移动的物。这一术语包括：

（i）不动产附着物；

（ii）依照不动产转让合同（conveyance）或者买卖合同将被砍伐并运走的未砍伐的树木；

（iii）尚未出生的动物幼崽；

（iv）已经长成、正在生长或者将要长成的农作物，即使该农作物是树上、藤木上、灌木上所产出；以及

（v）活动房（manufactured homes）。

这一术语还包括植入有体动产中的计算机程序以及任何支撑信息（supporting information），这一信息的提供须与该程序相关的交易相联系，且（i）该程序与有体动产的连接方式在习惯上已足以使人认为是有体动产的组成部分，或者（ii）通过成为有体动产的所有人，某人取得了使用与有体动产相连的程序的权利。这一术语不包括仅仅是构成植入程序的媒介的有体动产之中植入的计算机程序。

这一术语也不包括应收账款、担保债权凭证、商事侵权赔偿请求权、存款账户、物权凭证、一般无体财产权、投资财产、信用证权利、信用证、金

钱或者待开采的石油、天然气或者其他矿物。

（45）“政府机关”（governmental unit），是指美国联邦政府、州政府以及外国政府的分支机构、代理机构、部门、郡县、教区、市以及其他机关。这一术语则包括依美国联邦法律可以发行债券，且该债券的利息免征所得税的具有独立法人资格的组织。

（46）“健康护理保险应收款”（health－care－insurance receivable），是指保险单上的利益或者请求权，即因提供或者即将提供健康护理产品或者服务所生的金钱给付请求权。

（47）“票据”（instrument），是指流通票据或者其他用以表彰金钱给付请求权的书面文件。票据本身并非担保合同或者租赁合同，且在正常经营活动中，票据交付转让时须有必要的背书或者让与。这一术语不包括：(i）投资财产，(ii）信用证，(iii）用以表彰因使用信用卡、借记卡以及包含于该卡中的信息或者为使用该卡所必需的信息所生的金钱给付请求权的书面文件。

（48）“存货”（inventory），是指除农产品以外的，满足下列条件之一的有体动产：

（A）被出租人所出租的有体动产；

（B）被人持有以便出卖、出租或者依服务合同即将供给的有体动产；

（C）依服务合同已被供给的有体动产；或者

（D）包括在经营活动中使用或者消耗的原材料、半成品、材料。

（49）“投资财产”（investment property），是指证券（不管其是凭证式证券还是无凭证证券）、证券权益、证券账户、商品合约或者商品账户。

（50）“组织的法域”（jurisdiction of organization），对于已登记组织而言，是指该组织的组建所依据法律的法域。

（51）“信用证权利”（letter－of－credit right），是指信用证上的金钱给付请求权或者履行请求权，受益人是否已提出请求或者受益人是否有权在其时提出请求付款或者履行，则非所问。这一术语不包括受益人依信用证的金钱给付请求权或者履行请求权。

（52）“法定担保权人”（lien creditor）是指：

（A）通过查封、扣押或者其他类似程序，对相应财产已取得法定担保权

（lien）的债权人；

（B）为债权人的利益而为让与，自让与时起的受让人；

（C）在破产程序中，自提出申请时起的受托人；或者

（D）在衡平程序中，自接受指派时的财产管理人（receiver）。

（53）“活动房”（manufactured home），是指一种可以整体或者分块移动的构造物，其在运输时，主体部分的宽度有8英尺或者以上、长度有40英尺或者以上，其在场地安装后，主体面积为320平方英尺或者以上，建在永久性的底盘之上，是否有永久性的地基，则非所问，其设计目的是与特定的公用设施相联结，用来居住，里面包括上下水、暖气、空调和电气系统。这个术语包括能满足上述除了大小要求之外的其他条件的构造物，其制造者按照美国住宅与城市发展部的规定，自愿进行登记，并遵守《合众国法典》第42章所规定的标准。

（54）“活动房交易”（manufactured－home transaction），是指符合以下条件之一的动产担保交易：

（A）该交易在活动房之上创设了价金担保权，活动房作为存货者除外；或者

（B）其中活动房是主要的担保物，活动房作为存货者除外。

（55）“不动产抵押权”（mortgage），是指在不动产（包括不动产附着物）之上合意设立的担保债务清偿或者履行的权利。

（56）“新担保人”（new debtor），是指根据第9－203条第（d）款的规定，作为担保人受另一个人先前订立的担保合同约束的人。

（57）“新对价”（new value），是指：

（i）金钱；

（ii）财产、服务或者新的信用之上的金钱等值物；或者

（iii）受让人放弃以前转让给受让人的财产之上的权利。

这一术语不包括用来替换另一债务的债务。

（58）“非现金收益”（noncash proceeds），是指除了现金收益之外的收益。

（59）“（主）债务人”（obligor），是指在由担保物之上担保权或者农业担保权所担保的债务中：

（i）应当偿付或者履行债务的人；

（ii）提供除担保物之外的财产以担保偿付或者债务履行的人；或者

（iii）其他对偿付或者债务的履行负全部或者部分责任的人。

这一术语不包括信用证下的开证人或者指定人。

（60）“原始担保人”（original debtor），除在第9－310条第（c）款中使用之外，是指签署担保合同使新担保人依第9－203条第（d）款之规定受该合同约束的担保人。

（61）“付款无体财产权”（payment intangible），是指应收账款债务人的主要义务是金钱债务的一般无体财产权。

（62）“利害关系人”（person related to），涉及个人时，是指

（A）该人的配偶；

（B）该人的兄弟、襟兄弟、姐妹或襟姐妹；

（C）该人及其配偶的直系尊血亲或者直系卑血亲；或者

（D）与该人共同居住的该人或者其配偶的其他亲属，血亲抑或者姻亲，在所不问。

（63）“利害关系人”（person related to），涉及组织时，是指：

（A）直接或者间接地控制、共同控制该组织，或者直接或者间接地被该组织控制的人；

（B）该组织的高管人员或者董事或者执行相同职能的人；

（C）第（A）目所述的人的高管人员或者董事或者执行相同职能的人；

（D）第（A）目、第（B）目、第（C）目所述的人的配偶；

（E）与第（A）目、第（B）目、第（C）目、第（D）目所述的人共同居住的血亲或者姻亲。

（64）“收益”（proceeds），除在第9－609条第（b）款中所使用之外，是指以下财产：

（A）由于担保物的出卖、出租、许可使用、互易或者其他方式处分而得到的所有财产；

（B）基于担保物收取的或者分配的所有财产；

（C）由担保物所生的权利；

（D）在担保物价值的限度内，因担保物的灭失、变形或者干扰使用，或

者担保物上的权利瑕疵或者侵害，或者担保物的毁损所生的请求权；或者

（E）在担保物价值的限度以及给应偿付担保人或者担保权人的限度内，因担保物的灭失、变形，或者担保物上的权利瑕疵或者侵害，或者担保物的毁损所生的保险金请求权。

（65）“本票”（promissory note），是指表彰偿付金钱债务的允诺的票据，该票据并没有表彰付款的指令，也不包括银行对于其已收到了一笔金钱或者资金以备偿付的确认。

（66）“建议”（proposal），是指由担保权人确认的包括有担保权人根据第 9—620 条、第 9—621 条和第 9—622 的规定愿意接受担保物以全部或者部分清偿债务的条件的文件。

（67）“公共财政交易”（public—finance transaction），是指与以下事项有关的动产担保交易：

（A）债权证券（debt securities，或译为债券）的发行；

（B）发行的所有或者部分证券最初载明的有效期至少 20 年，并且

（C）担保人、债务人、担保权人、应收账款债务人或者其他在担保物之上承担义务的债务人，担保债务的让与人与受让人，或者担保权的让与人或者受让人，是州政府或者州政府机关。

（68）“依照约定”（pursuant to commitment），与担保权人提供的贷款或者给付的其他对价相关时，是指依照担保权人的义务，而不管其后发生的对方违约事件或者非担保权人所能控制的其他情事，是否已使或者可能使担保权人免除义务。

（69）“文件”（record），除在“for record”、“of record”，“record or legal title”，和“record owner”中使用之外，是指写在有体媒介之上的信息，或者存储于电子或者其他媒介并能以可感知的方式再现的信息。

（70）“已登记的组织”（registered organization），是指依照某个州的法律或者美国联邦的法律组建起来的组织。对之，该州或者美国联邦须保存有一个公开文件以表明组织已经组建。

（71）“从债务人”（secondary obligor），是指以下债务人：

（A）该债务人的义务是第二位的（具有从属性和补充性），或者

（B）就担保物所担保的债务而言，该债务人对担保人、其他债务人或者

他们的财产有求偿权。

(72)“担保权人”(secured party),是指:

(A) 为其利益依照担保合同创设或者规定担保权的人,债务是否已经履行,则非所问;

(B) 享有农业担保权的人;

(C) 寄售人;

(D) 应收账款、担保债权凭证、付款无体财产权或者本票的买受人;

(E) 为其利益创设或者规定担保权或农业担保权的受托人、债券受托人、代理人、担保物代理人或者其他代表人;

(F) 享有依第 2—401 条、第 2—505 条、第 2—711 条第(3)款、第 2A—508 条第(5)款、第 4—210 条或者第 5—118 条规定而生的担保权的人。

(73)“担保合同”(security agreement),是指创设或者规定担保权的合同。

(74)“送达”(send),与文件或者通知相关时,是指

(A) 通过邮寄寄送、交付送达或者以其他通常的传送方式运送,支付规定的邮资或者运送费用,送至在特定情况下合理的地点;或者

(B) 使文件或者通知在第(A)目规定的适当送达方式所需时间内被收到。

(75)“软件”(software),是指计算机程序和与该程序有关的交易中提供的支撑信息(supporting information)。这一术语不包括由有体动产定义所涵盖的计算机程序。

(76)“州”(state),是指美国的某一个州、华盛顿特区、波多黎各岛、美属维吉利亚群岛,或者其他受美国管辖的任何领土或者海岛属地。

(77)“辅助债权”(supporting obligation),是指支持应收账款、担保债权凭证、物权凭证、一般无体财产权、证券或者投资财产的付款或者履行的信用证权利或者从债权。

(78)“有体担保债权凭证”(tangible chattel paper),是指由有体媒介上记载的信息所组成的一个文件或者几个文件所表彰的担保债权凭证。

(79)“终止声明书”(termination statement),是指对担保声明书所作

的如下修改：

(A) 通过初始担保声明书的登记号指明与之相关的初始担保声明书；并且

(B) 指出其是终止声明书或者指出其所指明的担保声明书不再有效。

(80)“运输事业”(transmitting utility)，是指主要从事以下营业的人：

(A) 铁路、地铁、(市内) 有轨电车或者无轨电车的运营；

(B) 电子、电磁或者光线通讯事业；

(C) 通过管道或者排水管运输有体动产；或者

(D) 运输或者生产并运输电力、蒸汽、天然气或者水。

(b) [其他编的定义。] 其他各编中的下列定义适用于本编：

“申请人”(applicant)	第5—102条
“受益人”(beneficiary)	第5—102条
“经纪人”(broker)	第8—102条
“凭证式证券”(certificated security)	第8—102条
“支票”(check)	第3—104条
“清算公司”(clearing corporation)	第8—102条
“买卖合同”(contract for sale)	第2—106条
“客户”(customer)	第4—104条
“权益持有人”(entitlement holder)	第8—102条
“金融资产”(financial asset)	第8—102条
“正当持票人”(holder in due course)	第3—302条
“开证人”(issuer) (在信用证或者信用证权利场合)	第5—102条
“发行人”(issuer) (在证券场合)	第8—201条
“租赁”(lease)	第2A—103条
“租赁协议”(lease agreement)	第2A—103条
“租赁合同”(lease contract)	第2A—103条
“租赁权益”(leasehold interest)	第2A—103条
“承租人”(leasee)	第2A—103条

“正常经营活动中的承租人”（leasee in ordinary course of business）	第 2A—103 条
“出租人”（leasor）	第 2A—103 条
“出租人的剩余权益”（leasor's residual interest）	第 2A—103 条
“信用证”（letter of credit）	第 5—102 条
“商人”（merchant）	第 2—104 条
“流通票据”（negotiable instrument）	第 3—104 条
“指定人”（nominated person）	第 5—102 条
“本票”（note）	第 3—104 条
“信用证收益”（proceeds of a letter of credit）	第 5—114 条
“证实”（prove）	第 3—103 条
“买卖”（sale）	第 2—106 条
“证券账户”（securities account）	第 8—501 条
“证券中介机构”（securities intermediary）	第 8—102 条
“证券”（security）	第 8—102 条
“证券凭证”（security certificate）	第 8—102 条
“证券权益”（security entitlement）	第 8—102 条
“无凭证证券”（uncertificated security）	第 8—102 条

（C）［第一编的定义和原则。］本法典第一编所规定的一般定义和推定、解释的一般原则适用于本编。

第 9—103 条　价金担保权；付款的分配；举证责任

（a）［定义。］本条中：

（1）“价金担保物”（purchase—money collateral），是指担保因该担保物所生的价金债务的有体动产或者软件。

（2）“价金债务”（purchase—money obligation），是指债务人因担保物价金的一部分或者全部或者为使债务人获得担保物上的权利或者使用所应给付的对价所承担的债务，以该对价事实上经债务人利用以获得担保物上的权利和使用为限。

（b）［有体动产之上的价金担保权。］有体动产之上的担保权在以下情况下属于价金担保权：

（1）就担保权而言，有体动产即为价金担保物；

（2）担保权在作为或者曾经作为价金担保物的存货之上时，该担保权还担保由担保权人享有或者曾经享有价金担保权的其他存货所生的价金债务的履行；并且

（3）该担保权担保因担保权人享有或者曾经享有价金担保权的软件所生的价金债务的履行。

（c）［软件之上的价金担保权。］软件之上的担保权同时担保因担保权人享有或者曾经享有价金担保权的有体动产所生的价金债务的履行，且具备以下条件的，则构成软件之上的价金担保权：

（1）担保人软件上的权利是通过与取得有体动产上的权利一体的交易所取得的；而且

（2）担保人取得软件上的权利主要是为了使用有体动产中的软件。

（d）［寄售人的存货价金担保权。］寄售人对作为寄售标的物的有体动产的担保权是寄售人的存货价金担保权。

（e）［非消费品交易中付款的分配。］在不属于消费品交易的交易中，如果某项担保权是否属于价金担保权取决于付款是否被分配用于清偿特定债务，则：

（1）付款必须按照当事人同意的合理分配方式进行分配；

（2）如果当事人之间没有合理分配方式的合意，付款必须按照债务人在付款时或者付款前所表明的意图进行分配；

（3）如果当事人之间没有合理分配方式的合意，且债务人也没有及时表明意图的，付款必须按照下列顺序分配：

（A）无担保的债务；并且，

（B）如果不只担保了一项债务，对由价金担保权所担保的债务，按其发生的先后顺序。

（f）［非消费品交易中不失去价金担保权的地位。］在不属于消费品交易的交易中，价金担保权在以下情形下并未丧失其地位：

（1）价金担保物同时还担保不属于价金债务的债务；

（2）不属于价金担保物的担保物同时还担保价金债务；或者

（3）价金债务已经更新、再融资、合并或者重组。

(g)[非消费品交易的举证责任。]在不属于消费品交易的交易中，主张价金担保权的担保权人有义务举证证明该担保权属于价金担保权。

(h)[非消费品交易；不能类推。]本条第(e)款、第(f)款和第(g)款所规定的规则对非消费品交易的限制，旨在让法院自行确定适用于消费品交易的相应规则。法院不能根据该限制推断出消费品交易的相应规则的性质，法院可以继续适用现有的方法。

第 9－104 条　存款账户的控制

(a)[控制的要件。]只有在以下情况下，担保权人才控制了存款账户：

(1)担保权人是存款账户的开户银行；

(2)担保人、担保权人和银行在一份经确认的文件中约定，银行将遵从担保权人的指令处分存款账户中的资金而无须另经担保人同意；或者

(3)担保权人就该存款账户成为银行的客户。

(b)[担保人指令处分的权利。]即使担保人仍然保有指令处分存款账户中资金的权利，已满足第(a)款所规定条件的担保权人仍然控制了存款账户。

第 9－105 条　电子担保债权凭证的控制

如果构成电子担保债权凭证的文件以以下方式创设、储存或者让与，担保权人即控制了该电子担保债权凭证：

(1)该文件只存在一份权威文本(authoritative copy)，且具有独立性和可识别性，除本条第(4)、(5)、(6)款另有规定外，该文本不可更改；

(2)该权威文本表明担保权人为该文件的受让人；

(3)该权威文本被传送至并保存于担保权人或其指定的保管人；

(4)只有在担保权人参加的情形下，才能制作该权威文本的副本，或增加或者改变该权威文本中的特定受让人；

(5)该权威文本的每一个副本或者其副本的每一份副本，很容易被辩认为不是权威文本；并且

(6)该权威文本的任何修改很容易被辩认为经授权的或者非经授权的修改。

第 9－106 条　投资财产的控制

(a)[根据第 8－106 条的控制。]可以根据第 8－106 条的规定控制凭证

式证券、无凭证式证券或者证券权益。

(b)［商品合约的控制。］在以下情形下，担保权人即控制了商品合约：

(1) 担保权人是登载商品合约的商品中介机构；

(2) 商品客户、担保权人和商品中介机构约定，商品中介机构将依担保权人的指令分配商品合约账户中的任何可分派的价值，而无须另经商品客户同意。

(c)［控制证券账户、商品账户的效果。］已控制证券账户上所登载的所有证券权益或者商品账户上所登载的商品合约的担保权人，即控制了证券账户或者商品账户。

第 9－107 条　信用证权利的控制

如果信用证的开证人或者指定人，根据本法第 5－114 条第（c）款或者其他相关法律或者惯例，同意让与该信用证的收益，担保权人即在开证人或者指定人的金钱给付请求权或者履行请求权的范围内控制了信用证权利。

第 9－108 条　描述的充分性

(a)［描述的充分性。］除第（c）款、第（d）款、第（e）款另有规定外，对动产或者不动产的描述，不管其是否具体，只要能合理地指明其所欲描述的财产，即是充分的。

(b)［合理指明的示例。］除第（d）款另有规定外，如果担保物的描述以以下方式来指明担保物，该描述即合理地指明了担保物：

(1) 具体列举担保物；

(2) 列出担保物的种类；

(3) 除第（e）款另有规定外，按照［《统一商法典》］界定的类别描述担保物；

(4) 说明担保物的数量；

(5) 说明计算或者分配的公式或者步骤；或者

(6) 除第（c）款另有规定外，使用客观上可确定的指明担保物的其他方法。

(c)［超一般的描述不充分。］诸如以“债务人的所有财产”“债务人的所有动产”或者具有类似含义的词语来描述担保物，并不能合理地指明担保物。

(d)［投资财产。］除第(e)款另有规定外，以下对证券权益、证券账户或者商品账户的描述是充分的：

(1) 以这些术语或者以投资财产来描述担保物；或者

(2) 描述了作为其基础的金融资产或者商品合约。

(e)［以类别来描述构成不充分的描述的情形。］仅以［《统一商法典》］界定的担保物类别描述以下担保物，是不充分的描述：

(1) 商事侵权赔偿请求权；或者

(2) 消费者交易中的消费品、证券权益、证券账户或者商品账户。

[第二节　本编的适用]

第9—109条　适用范围

(a)［本编适用范围的一般规定。］除第(c)款、第(d)款另有规定外，本编适用于：

(1) 依合同在动产或者不动产附着物之上设定担保权的交易，其形式若何，在所不问；

(2) 农业担保权；

(3) 应收账款、担保债权凭证、付款无体财产权，或者本票的买卖；

(4) 寄售；

(5) 第9—110条所规定的，根据第2—401条、第2—505条、第2—711条第(3)款或者第2A—508条第(5)款规定所产生的担保权；以及

(6) 根据第4—210条或者第5—118条所产生的担保权。

(b)［担保债务上的担保权。］本编适用于担保债务之上的担保权，不因该债务本身由不适用本编规定的交易或者权益所担保而受到影响。

(c)［本编不适用的范围。］本编不适用以下情形：

(1) 美国的某项成文法、条例或者公约优先于本编而适用；

(2) 本州的其他成文法明确调整由本州政府或其政府机关创设的担保权的设定、公示、优先顺位或者实行；

(3) 除了普遍适用于担保权的成文法之外，另一州、外国、或者另一州、外国的政府机关的成文法明确调整由该州、国家或者政府机关创设的担

保权的设定、公示、优先顺位或者实行；

（4）信用证之上作为受让人的受益人或者指定人的权利，根据第5—114条的规定，具有独立性和优先性。

（d）［本编的不可适用性。］本编不适用于：

（1）地主的除农业担保权以外的法定担保权（lien）；

（2）基于成文法或者其他法律规则，因提供劳务或者材料而取得的留置权（lien），（农业担保权除外），但第9—333条关于优先顺位的规定不在此限；

（3）雇员的工资、薪金或者其他补偿请求权的让与；

（4）构成营业转让的一部分，且由该转让所产生的应收账款、担保债权凭证、付款无体财产权或者本票的买卖；

（5）仅以收款为目的而为的应收账款、担保债权凭证、付款无体财产或者本票的让与；

（6）对于依合同须为对待给付的受让人所为的依该合同所生的金钱给付请求权的让与；

（7）仅以全部、部分清偿既存债务为目的而对受让人所为的单笔应收账款、付款无体财产权或者本票的让与；

（8）保险单上权利的转让或者依保险单享有的请求权的让与，但健康护理保险应收款中的健康护理提供者是让与人或者受让人时，就健康护理保险应收款及其后的金钱给付请求权的让与除外，但第9—315条和9—322条关于收益或者收益之上优先权顺位的规定不在此限；

（9）判决所表彰的权利的让与，但判决所针对的是金钱给付请求权且已作为担保物的，不在此限；

（10）扣除权或者抵销权，但是：

（A）第9—340条关于扣除权或者抵消权对抗存款账户效力的规定仍应适用；

（B）第9—404条关于应收账款债务人的抗辩权或者请求权的规定仍应适用。

（11）不动产权利或者不动产法定担保权（lien）的设定或者转让，包括不动产租赁或者由此而生的租金，但是，关于下列规定的条文不在此限：

(A) 第9—203条和第9—308条关于不动产法定担保权(lien)的规定;

(B) 第9—334条关于不动产附着物的规定;

(C) 第9—501条、第9—502条、第9—512条、第9—516条和第9—519条关于不动产附着物登记的规定;

(D) 第9—604条关于涉及动产和不动产的担保合同的规定;

(12) 商事侵权赔偿请求权之外的因侵权行为而生的请求权的让与,但第9—315条和第9—322条关于收益及收益上优先顺位的规定不在此限;

(13) 消费者交易中存款账户的让与,但第9—315条和第9—322条关于收益及收益上优先顺位的规定不在此限。

第9—110条　基于本法第二编、第二编之一而生的担保权

基于第2—401条、第2—505条、第2—711条第(3)款、第2A—508条第(5)款而生的担保权适用本编规定。但是在债务人占有有体动产之前,且有下列各项情形的,不在此限:

(1) 即使不符合第9—203条第(b)款第(3)项的规定,担保权仍然可得实行的;

(2) 公示担保权不以登记为必要;

(3) 担保权人因担保人违约而生的权利由第二编、第二编之一调整;并且

(4) 该担保权优先于担保人设定的其他竞存担保权。

第二章　担保合同的效力；担保权的有效成立；担保合同当事人的权利

[第一节　效力与有效成立]

第 9－201 条　担保合同的一般效力

(a)［一般效力。］除［《统一商法典》］另有规定外，担保合同依其条款在当事人之间发生效力，并可对抗担保物的购买人和债权人。

(b)［适用消费者法和其他法律。］受本编调整的交易，同时还应遵守规定有针对消费者的不同规则的有关法律和［插入（i）任何调整贷款、赊销或者其他给予信用的利率、费用、合同和惯例的其他成文法或者条例；（ii）任何消费者保护的成文法或者条例］。

(c)［其他相关法律优先适用。］当本编与第（b）款所述的法律规则、成文法、条例相冲突时，这些法律规则、成文法、条例优先于本编而适用。不遵守第（b）款所述的成文法、条例，仅产生这些成文法、条例所规定的后果。

(d)［进一步遵从其他相关法律。］本编并不：

(1) 使任何违反第（b）款所述的法律规则、成文法、条例规定的利率、费用、合同或者惯例有效；或者

(2) 将法律规则、成文法、条例扩张适用于其范围以外的交易。

第 9－202 条　担保物的所有权无关紧要

除关于寄售或者应收账款、担保债权凭证、付款无体财产权或者本票的买卖另有规定外，无论担保物的所有权属于担保权人还是属于担保人，本编关于权利和义务的规定均予适用。

第 9－203 条　担保权的有效成立与可实行性；收益；辅助债权；形式要件

(a)[有效成立(Attachment)。][①] 担保权就担保物对担保人可得实行时,担保权即在担保物之上有效成立,除非合同明示推迟有效成立的时间。

(b)[可实行性。]除第(c)款至第(i)款另有规定外,担保权只有在以下情形下,才能就担保物对担保人或者第三人实行:

(1)已给付对价(value);

(2)担保人对于担保物享有权利,或者担保人有权将担保物上的权利转让给担保权人;并且

(3)满足以下条件之一:

(A)债务人已确认了描述有担保物的担保合同。如果担保权及于待砍伐的树木时,则另须描述有关土地;

(B)担保物不属于凭证式证券,且根据第9-313条的规定,依照担保合同由担保权人占有;

(C)担保物是记名凭证式证券,该证券凭证已根据第8-301条的规定,依照担保合同交付予担保权人;或者

(D)担保物是存款账户、电子担保债权凭证、投资财产或者信用证权利,担保权人根据第9-104条、第9-105条、第9-106条、第9-107条的规定依担保合同已控制了该担保物。

(c)[《统一商法典》的其他规定。]第(b)款受以下规定的约束:第4-210条关于收款银行担保权的规定、第5-118条关于信用证开证人或者指定人的担保权的规定、第9-110条关于基于第二编和第二编之一所生的担保权的规定,以及第9-206条关于投资财产之上的担保权的规定。

(d)[某人受他人的担保合同约束的情形。]依法律(而不是依本编)直接规定或者合同约定,某人在以下情况下将受他人订立的担保合同的约束而成为担保人:

(1)担保合同在该人的财产之上有效地设定了一项担保权;或者

(2)该人概括承担了他人的债务,其中包括担保合同所担保的债务,并取得或者继受了他人人的所有或者大部分的资产。

(e)[新担保人受约束的效力。]如果新担保人受他人订立的担保合同的

① Attachment

约束而成为担保人，则：

（1）该合同就新担保人的现有或者嗣后取得的财产在合同中载明的财产范围内满足了第（b）款第（3）项的要求；并且

（2）该财产上设定的担保权可得实行，不以另行订立合同为必要。

（f）［收益和辅助债权。］担保权在担保物之上的有效成立，使担保权人享有依第9－315条的规定对于收益的权利；担保权在担保物之上的有效成立，同时也构成担保权在担保物的辅助债权上有效成立。

（g）［担保金钱给付请求权的担保权（lien）。］担保权在由动产或者不动产之上的某一担保权或者其他法定担保权（lien）所担保的金钱给付请求权或者履行请求权上的有效成立，同时构成担保权在该担保权、不动产抵押权或者其他法定担保权（lien）之上的有效成立。

（h）［证券账户中登载的证券权益。］担保权在证券账户之上的有效成立，同时构成担保权在证券账户中登载的证券权益之上的有效成立。

（i）［商品账户中登载的商品合约。］担保权在商品账户之上的有效成立，同时构成担保权在商品账户中登载的商品合约之上的有效成立。

第9－204条　嗣后取得的财产；未来贷款

（a）［嗣后取得的担保物。］除第（b）款另有规定外，担保合同可以在嗣后取得的担保物之上设定或者规定担保权。

（b）［不适用嗣后取得财产条款的情形。］担保权并不因某一构成嗣后取得财产条款的约定而在以下担保物之上有效成立：

（1）消费品（作为附加担保的添附物除外），但在担保权人给付对价后10日内担保人取得其上的权利的，不在此限；或者

（2）商事侵权赔偿请求权。

（c）［未来贷款和其他对价。］担保合同可以约定担保物担保未来贷款或者其他对价，或者约定应收账款、担保债权凭证、付款无体财产权或者本票的买卖系担保未来贷款或者其他对价。该贷款或者对价是否依照约定而给予，则非所问。

第9－205条　担保物的许可使用或者处分

（a）［担保权并非无效或者诈欺之情形。］担保权并不能仅依以下情形而无效或者对债权人构成诈欺：

（1）债务人有权利或者有能力：

（A）使用、混合或者处分全部或者部分担保物，包括已返还或者恢复占有的有体动产；

（B）收款、和解、实行或者以其他方式处分担保物；

（C）接受担保物的返还或者恢复占有；或者

（D）使用、混合或者处分收益；或者

（2）担保权人未能要求担保人就收益做出说明或者替换担保物。

（b）[占有要件并未缓和。] 如果担保权的有效成立、公示或者实行以担保权人占有担保物为要件，则本条之规定并没有缓和该占有要件。

第 9—206 条　因买卖或者交付金融资产所生的担保权

（a）[通过证券中介机构买受时的担保权。] 为证券中介机构设立的担保权在以下情况下在某人的证券权益之上有效成立：

（1）该人通过该证券中介机构买受某金融资产，在该交易中，该人有义务在购买时向证券中介机构偿付购买价金；并且

（2）该证券中介机构在该买受人向证券中介机构偿付之前即将该金融资产贷记该买受人的证券账户。

（b）[担保权担保偿付金融资产债务的履行。] 第（a）款所述的担保权担保该人偿付该金融资产的债务的履行。

（c）[因交付而偿付的担保权。] 为交付凭证式证券或者以书面文件表彰的其他金融资产的人所设立的担保权，在以下情况下在该证券或者其他金融资产之上有效成立：

（1）该证券或者其他金融资产：

（A）在正常经营活动中在必要的背书或者让与之后依交付而转让；并且

（B）根据与从事该类证券或者金融资产营业的人之间的协议而交付；并且

（2）该协议要求基于偿付而交付。

（d）[担保因交付而偿付的债务的担保权。] 第（c）款所述的担保权担保因该交付所为的偿付的债务的履行。

[第二节　权利与义务]

第9—207条　占有或者控制担保物的担保权人的权利和义务

(a) [担保权人占有担保物时的注意义务。] 除第（d）款另有规定外，担保权人应当以合理的注意，保管和维护其占有的担保物。如果其占有的是担保债权凭证或者票据，除非另有约定，合理的注意则应包括采取必要步骤以维护得以对抗前手的权利。

(b) [担保权人占有担保物时的费用、风险、义务和权利。] 除第（d）款另有规定外，担保权人占有担保物时：

（1）因保管、维护、使用或者操作担保物所发生的合理费用，包括保险费、税费及其他支出，均可向担保人请求给付，并可以由该担保物担保。

（2）意外灭失或者毁损的风险，在有效保险范围不足的范围内，由担保人承担。

（3）担保权人应当保持担保物可被识别的状态，但担保物是种类物（fungible collateral）时，可以与他物相混合；

（4）担保权人在以下情况下可以使用、操作担保物：

（A）为达到维护担保物或其价值的目的；

（B）为有管辖权的法院的命令所允许；或者

（C）依照债务人所同意的方法和范围（涉及消费品时除外）。

(c) [担保权人占有或者控制担保物时的权利和义务。] 除第（d）款另有规定外，根据第9—104条、第9—105条、第9—106条、第9—107条的规定占有或者控制担保物的担保权人：

（1）可以持有自担保物所收取的金钱、资金之外的任何收益，以作为附加担保（additional security）；

（2）除返还债务人之外，可以用自担保物所收取的金钱或者资金来充抵担保债务；

（3）可以在该担保物上创设担保权。

(d) [特定金钱给付请求权的买受人。] 如果担保权人是应收账款、担保债权凭证、付款无体财产权或者本票的买受人或者寄售人：

（1）第（a）款不予适用，除非担保权人依合同有权：

（A）就担保物未获收款时进行倒账回冲；或者

（B）基于应收账款债务人或者担保物上的其他债务人的未偿付或者其他违约情事，对于担保人或者从债务人享有完全或者有限的求偿权；而且

（2）第（b）、（c）两款不予适用。

第 9—208 条　控制担保物的担保权人的附加义务

（a）［本条的适用。］本条规定适用于担保债务已受清偿，且担保权人并没有承诺发放贷款、承担债务或者以其他方式给付对价的情形。

（b）［担保权人收到担保人的请求后的义务。］收到担保人的已确认的请求后 10 日内：

（1）根据第 9—104 条第（a）款第（2）项的规定控制存款账户的担保权人，应当向该账户的开户银行送达一份业经确认的声明，解除该银行遵守担保权人指令的义务；

（2）根据第 9—104 条第（a）款第（3）项的规定控制存款账户的担保权人，应当：

（a）将存款账户中的存款余额付给担保人；或者

（b）将存款余额转存至以担保人的名义开立的存款账户中。

（3）根据第 9—105 条的规定控制电子担保债权凭证的担保权人（买受人除外），应当：

（A）将电子担保债权凭证的权威文本传送给担保人或者其指定的保管人；

（B）如果担保人指定了保管人，且该保管人是为担保权人存放该担保债权凭证的权威文本，则担保权人应向该保管人传送一份业经确认的文件，解除被指定保管人遵守担保权人指令的义务，并指示保管人遵从担保人的指令；

（C）采取适当措施使担保人或者其指定的保管人能够不经担保权人同意即可复制该权威文本，或者以增加或者改变该权威文本的特定受让人的方式修改该权威文本。

（4）根据第 8—106 条第（d）款第（2）项或者第 9—106 条第（b）款的规定控制投资财产的担保权人，应当向管理该证券权益或者商品合约的证

券中介机构或者商品中介机构送达一份业经确认的文件，解除该证券中介机构或者商品中介机构继续遵从担保权人的权益指示或者指令的义务；而且

（5）根据第9－107条的规定控制信用证权利的担保权人，应当向未向担保权人履行偿付义务或者交付信用证收益义务的每一个人送达一份业经确认的文件，解除其向担保权人继续偿付或者交付信用证收益的义务。

第9－209条　应收账款债务人已被通知转让时担保权人的义务

（a）[本条的适用。] 除第（c）款另有规定外，本条适用于以下情形：

（1）担保债务已受清偿；并且

（2）担保权人并未承诺发放贷款、承担债务或者以其他方式给付对价。

（b）[担保权人收到担保人的请求时的义务。] 担保权人收到债务人的业经确认的请求10日之内，应当向已收到根据第9－406条第（a）款的规定转让给作为受让人的担保权人的通知的应收账款债务人送达一份业经确认的文件，解除应收账款债务人对担保权人的进一步义务。

（c）[不适用于买卖。] 本条不适用于构成应收账款、担保债权凭证或者付款无体财产权的买卖的让与。

第9－210条　清算账目的请求书；有关担保物清单或者账目报表的请求书

（a）[定义。] 本条中：

（1）“请求书”（request），是指本款第（2）、（3）、（4）项所述的文件。

（2）“清算账目的请求书”（request for an accounting），是指由担保人所确认的文件，其中合理地指明请求书所涉及的交易或者关系，以请求受领人提供一份由担保物担保的未受清偿的债务的清算账目。

（3）“有关担保物清单的请求书”（request regarding a list of collateral），是指由担保人所确认的文件，其中合理地指明请求书所涉及的交易或者关系，以请求受领人证实或者更正担保人所列的自认为是担保某一债务的担保物的清单。

（4）“有关账目报表的请求书”（request regarding a statement of account），是指由担保人所确认的文件，其中合理地指明请求书所涉及的交易或者关系，以请求受领人证实或者更正担保人所列的自认为在特定日期内由担保物担保的尚未偿付的债务总额的报表。

(b)［回复请求书的义务。］受第（c）款、第（d）款、第（e）款和第（f）款的约束，担保权人（应收账款、担保债权凭证、付款无体财产权或者本票的买受人或者寄售人除外），应当在收到请求书后 14 日内，以下列方式满足该项请求：

（1）如果是清算账目请求，确认并向担保人送达一份清算账目；

（2）如果是有关担保物清算或者账目报表的请求，确认并向担保人送达一份证实或者更正声明。

（c）［有关担保物清单的请求书；有关担保物种类的声明。］对担保人所有的某类担保物之全部主张担保权的担保权人，应当在收到请求书后 14 日内，向担保人送达一份业经确认的包括大意如此的声明的文件，以满足有关担保物清单的请求。

（d）［有关担保物清单的请求书；无可供主张的权利。］收到有关担保物清单的请求书，但在收到该请求书时对担保物已无可供主张的权利，只在早些时候对担保物可主张权利的人，应当在收到该请求书后 14 日内，向担保人送达一份业经确认的包含以下内容的文件，以满足该请求：

（1）否认在该担保物上享有权利；并且

（2）如果受领人知道，提供受领人在担保物上的权利的受让人或者继受人的姓名或者名称和通讯地址。

（e）［清算账目的请求书或者有关账目报表的请求书；对债务无可供主张的权利。］收到清算账目请求书或者有关账目报表的请求书，但在收到该请求书时对所列债务已无可供主张的权利，只在早些时候对该债务可主张权利的人，应当在收到该请求书后 14 日内向担保人送达一份业经确认的包含以下内容的文件，以满足该请求：

（1）否认在该债务上享有权利；并且

（2）如果受领人知道，提供受领人在债务上的权利的受让人或者继受人的姓名或者名称和通讯地址。

（f）［回复的费用。］担保人有权于每六个月一次为本条所规定的请求，无须为回复支付费用。担保权人对于额外的回复，每份可收取不超过 25 美元的费用。

第三章　公示与优先顺位

[第一节　公示与优先顺位的法律适用]

第 9－301 条　担保权公示与优先顺位的法律适用

除本法第 9－303 条至第 9－306 条另有规定外，担保物之上担保权的公示、公示或者未公示的效力以及优先顺位的法律适用，依以下规则确定：

（1）除本条另有规定外，当担保人位于某个法域，该法域当地的法律，调整担保物之上担保权的公示、公示或者未公示的效力以及优先顺位。

（2）当担保物位于某个法域，该法域当地的法律，调整该担保物之上移转占有型担保权的公示、公示或者未公示的效力以及优先顺位。

（3）除第（4）款另有规定外，当流通物权凭证、有体动产、票据、金钱或者有体担保债权凭证位于某个法域，该法域当地的法律调整：

（A）有体动产之上担保权通过登记不动产附着物登记而为的公示；

（B）待砍伐的树木之上担保权的公示；以及

（C）该担保物之上非移转占有型担保权的公示或者未公示的效力和优先顺位。

（4）井口（wellhead）或者矿口（minehead）所在法域当地的法律，调整待开采的担保物之上担保权的公示、公示或者未公示的效力以及优先顺位。

第 9－302 条　农业担保权公示与优先顺位的法律适用

农产品位于某一法域，该法域当地的法律，调整农产品之上农业担保权的公示、公示或者未公示的效力以及优先顺位。

第 9－303 条　所有权凭证所表彰的有体动产之上担保权的公示和优先位的法律适用

（a）[本条的适用。] 本条适用于由所有权凭证所表彰的有体动产。即使表彰该有体动产的所有权凭证的法域与该有体动产或者债务人之间没有其他关系，也不例外。

(b)［由所有权凭证表彰有体动产的时间。］当签发所有权凭证的有效申请和相关费用被送交给适当的机构之时，有体动产即由所有权凭证所表彰。根据签发凭证的法域的法律的规定所有权凭证不再有效之时，或者该有体动产由后来另一个法域所签发的所有权凭证表彰之时［以两者中较早者为准］，有体动产不再由所有权凭证所表彰。

(c)［准据法。］签发表彰有体动产的所有权凭证的法域当地的法律，调整自有体动产由所有权凭证表彰之时起至有体动产不再由所有权凭证表彰之时止，所有权凭证所表彰的有体动产之上担保权的公示、公示或者未公示的效力以及优先顺位。

第 9—304 条　存款账户之上担保权公示和优先顺位的法律适用

(a)［适用银行所在法域的法律。］银行所在法域当地的法律，调整在该银行开户的存款账户之上担保权的公示、公示或者未公示的效力以及优先顺位。

(b)［银行所在法域。］在本章中，根据以下规则确定银行所在法域：

(1) 如果银行与其客户之间调整存款账户的合同明确规定某一特定法域是本章、本编或者［《统一商法典》］意义上的银行所在法域，该法域即为该银行所在法域。

(2) 如果第（1）项不能适用，且银行与其客户之间调整存款账户的合同明确规定该合同由某一特定法域的法律所调整，该法域即为该银行所在法域。

(3) 如果第（1）项和第（2）项都不能适用，且银行与其客户之间调整存款账户的合同明确规定该存款账户开立于某一特定法域的办公场所，该法域即为该银行所在法域。

(4) 如果前述各项规定都不能适用，银行所在法域是指账目报表中所指明的作为为客户的账户提供服务的办公场所所在的法域。

(5) 如果前述各项规定都不能适用，银行所在法域是指该银行主要行政办公场所所在的法域。

第 9—305 条　投资财产之上担保权公示和优先顺位的法律适用

(a)［法律适用：一般规则。］除第（c）款另有规定之外，适用以下规则：

(1) 证券凭证位于某一法域时，该法域当地的法律，调整凭证式证券之上担保权的公示、公示或者未公示的效力以及优先顺位。

(2) 第 8－110 条第 (d) 款规定的发行人所在法域当地的法律，调整非凭证式证券之上担保权的公示、公示或者未公示的效力以及优先顺位。

(3) 第 8－110 条第 (e) 款规定的证券中介机构所在法域当地的法律，调整证券权益或者证券账户之上担保权的公示、公示或者未公示的效力以及优先顺位。

(4) 商品中介机构所在法域当地的法律，调整商品合约或者商品账户之上担保权的公示、公示或者未公示的效力以及优先顺位。

(b) [商品中介机构所在法域。] 在本章中，根据以下规则确定商品中介机构的所在法域：

(1) 如果商品中介机构与商品客户之间调整商品账户的合同明确规定某一法域是本章、本编或者 [《统一商法典》] 意义上的商品中介机构所在法域，该法域即为该商品中介机构所在法域。

(2) 如果第 (1) 项不能适用，且商品中介机构与商品客户之间调整商品账户的合同明确规定该合同由某一特定法域的法律所调整，该法域即为该商品中介机构所在法域。

(3) 如果第 (1) 项和第 (2) 项都不能适用，且商品中介机构与商品客户调整商品账户的合同明确规定商品账户开立于某一特定法域的办公场所，该法域即为该商品中介机构所在法域。

(4) 如果前述各项规定都不能适用，商品中介机构所在法域是指账目报表中所指明的作为为商品客户的账户提供服务的办公场所所在法域。

(5) 如果前述各项规定都不能适用，商品中介机构所在法域是指该商品中介机构主要行政办公场所所在的法域。

(c) [公示由担保人所在法域的法律调整的情形。] 担保人所在法域当地的法律调整：

(1) 投资财产之上担保权的依登记而为的公示；

(2) 经纪人或者证券中介机构在投资财产之上所设定的担保权的自动公示；以及

(3) 商品中介机构在商品合约或者商品账户之上所设定的担保权的自动

公示。

第 9－306 条　信用证权利之上担保权公示和优先顺位的法律适用

(a)［法律适用：开证人或者指定人所在法域。］受第（c）款的限制，如果开证人所在法域或者指定人所在法域是一个州，发行人所在法域或者指定人所在法域当地的法律，调整信用证权利之上担保权的公示、公示或者未公示的效力以及优先顺位。

(b)［开证人或者指定人所在法域。］在本章中，开证人所在法域或者指定人所在法域，是指调整与第 5－116 条规定的信用证权利有关的开证人或者指定人的责任的法律的法域。

(c)［本条不予适用的情形。］本条不适用于仅根据第 9－308 条第（d）款规定而公示的担保权。

第 9－307 条　担保人所在地

(a)［“营业场所”（Place of business）。］本条中，“营业场所”是指担保人从事其事务的场所。

(b)［担保人的所在地：一般规则。］除本条另有规定外，根据以下规则确定担保人的所在地：

(1) 个人担保人的所在地是其主要居所。

(2) 仅有一个营业场所的组织担保人的所在地是其营业场所。

(3) 不只一个营业场所的组织担保人的所在地是其主要行政办公场所。

(c)［第（b）款适用的限制。］第（b）款仅适用于担保人的居所、营业场所、主要行政办公场所（如果有的话），位于某一法域的情形，该法域的法律通常要求与非移转占有型担保权有关的信息在一般情况下能够在登记簿、登录簿或者登记系统中取得，并且作为担保权取得在该担保物上优先于法定担保权人（a lien creditor）的优先顺位的条件或者结果。如果第（b）款不予适用，则担保人所在地为哥伦比亚特区。

(d)［所在地的持续：不再存在，等等。］不再存在的、不再有居所或者营业场所的人，仍然位于第（b）款和第（c）款所规定的法域。

(e)［根据州法组建的已登记组织的所在地。］根据某个州的法律组建的已登记组织的所在地就是该州。

(f)［根据联邦法组建的已登记组织的所在地；银行的分支机构和代理

机构。] 除第（i）款另有规定外，根据美国联邦法律组建的已登记组织和非依美国或者某州的法律组建的银行的分支机构或者代理机构位于：

（1）美国联邦法律指定的州，如果该法律指定了所在地的州；

（2）已登记组织、分支机构或者代理机构指定的州，如果美国联邦法律授权已登记组织、分支机构或者代理机构指定其所在地的州；或者

（3）哥伦比亚特区，如果第（1）项和第（2）项都不能适用。

（g）[所在地的持续：已登记组织地位的变化。] 尽管出现以下情形，已登记组织仍然位于第（e）款或者第（f）款所规定的法域：

（1）已登记组织在其设立的法域的地位已中止、撤销、丧失或者失效；或者

（2）已登记组织的存在已终止、清理或者取消。

（h）[美国的所在地。] 美国的所在地是哥伦比亚特区。

（i）[仅在一个州获得许可的外国银行分支机构或者代理机构的所在地。] 如果银行的所有分支机构和代理机构仅在一个州获得许可，非依美国或者某州的法律组建的银行的分支机构或者代理机构的所在地是该分支机构或者代理机构获得许可的州。

（j）[外国航空运输公司的所在地。] 根据《1958 年联邦航空法》（随时修订），外国航空运输公司以其指定的代理人办公场所（该代理人代理该运输公司处理文件送达事宜）为其所在地。

（k）[本条仅适用于本章。] 本条仅在本章中而适用。

[第二节　公示]

第 9－308 条　担保权或者农业担保权公示的时间；公示的持续

（a）[担保权的公示。] 除本条和第 9－309 条另有规定外，担保权有效成立并满足第 9－310 条至第 9－316 条所规定的所有相应公示要件时，担保权即为公示。如果在担保权有效成立之前相应的要件已经满足，担保权有效成立之时，担保权即为公示。

（b）[农业担保权的公示。] 农业担保权生效，且满足第 9－310 条所规定的所有相应公示要件时，农业担保权即为公示。如果农业担保权生效之前

相应的要件已经满足，农业担保权生效之时，农业担保权即为公示。

（c）［持续公示；依不同方法而公示。］如果担保权或者农业担保权依本编所定的某种方法原已公示，其后，又依本编所定的另一种方法公示，其间并无未公示的间隔，则该担保权或者农业担保权处于持续公示的状态。

（d）［辅助债权。］担保物之上担保权的公示同时构成担保物的辅助债权之上担保权的公示。

（e）［担保金钱给付请求权的担保权（lien）。］偿付请求权或者履行请求权之上的担保权的公示，同时构成动产或者不动产之上担保该请求权的担保权、不动产抵押权或者其他担保权（lien）之上的担保权的公示。

（f）［证券账户中登载的证券权益。］证券账户之上担保权的公示，同时构成该证券账户之中登载的证券权益之上担保权的公示。

（g）［商品账户中登载的商品合约。］商品账户之上担保权的公示，同时构成该商品账户之中登载的商品合约之上担保权的公示。

第 9—309 条　担保权一旦有效成立即公示

下列担保权于其有效成立时即为公示：

（1）消费品之上的价金担保权，但第 9—311 条第（b）款关于受第 9—311 条第（a）款所述的成文法或者条约所调整的消费品另有规定的，除外；

（2）应收账款或者付款无体财产权的让与，该让与本身或者连同向同一受让人的其他让与并未转让让与人未清偿应收账款或者付款无体财产权的重要部分；

（3）付款无体财产权的买卖；

（4）本票的买卖；

（5）向健康护理产品或者服务的提供者让与健康护理保险应收款所产生的担保权；

（6）根据第 2—401 条、第 2—505 条、第 2—711 条第（3）款或者第 2A—508 条第（5）款规定直到债务人取得担保物的占有才发生的担保权；

（7）根据第 4—210 条所生的收款银行的担保权；

（8）根据第 5—118 条所生的开证人或者指定人的担保权；

（9）根据第 9—206 条第（c）款的规定因交付金融资产所生的担保权；

（10）经纪人或者证券中介机构在投资财产之上所设定的担保权；

（11）商品中介机构在商品合约或者商品账户上所设定的担保权；

（12）为让与人的所有债权人的利益而为的让与以及受让人嗣后所为的再转让；

（13）让与死者遗产之上的用益权益（beneficial interest）所产生的担保权；以及

（14）个人所为的应收账款的出卖，该应收账款属在博彩或者或者其他依概率取胜的游戏中的中奖的金钱给付请求权。

第 9－310 条　公示担保权或者农业担保权需要登记的情形；不适用登记规定的担保权或者农业担保权

（a）［一般规则：因登记而公示。］除第（b）款和第 9－312 条第（b）款另有规定外，所有担保权和农业担保权的公示均须登记担保声明书。

（b）［例外：无须登记。］公示以下担保权无须登记担保声明书：

（1）根据第 9－308 条第（d）款、第（e）款、第（f）款或者第（g）款的规定而公示的担保权；

（2）根据第 9－309 条的规定一旦有效成立即为公示的担保权；

（3）由第 9－311 条第（a）款所述的成文法、条例或者条约调整的财产之上的担保权；

（4）根据第 9－312 条第（d）款第（1）项或者第（2）项的规定而公示的由受托人（bailee）占有的有体动产之上的担保权；

（5）根据第 9－312 条第（e）款、第（f）款或者第（g）款的规定凭证式证券、物权凭证、有体动产或者票据之上的无须登记或者占有即为公示的担保权；

（6）根据第 9－313 条的规定，由担保权人占有的担保物之上的担保权；

（7）根据第 9－313 条的规定凭证式证券之上的通过交付证券凭证予担保权人而公示的担保权；

（8）根据第 9－314 条的规定，存款账户、电子担保债权凭证、投资财产或者信用证权利上的因控制而公示的担保权；

（9）根据第 9－315 条的规定而公示的收益之上的担保权；或者

（10）根据第 9－316 条的规定而公示的担保权。

（c）［已公示担保权的让与。］如果担保权人让与已公示的担保权或者农业担保权，保持担保权已公示的地位以对抗原始担保人的债权人和受让人，不以本编所规定的登记为要件。

第 9—311 条　受特定成文法、条例或者条约调整的财产之上的担保权的公示

(a) [适用其他法律的担保权。] 除第 (d) 款另有规定外，由以下规定调整的财产之上创设的担保权的公示不以登记担保声明书为必要，或者不以其为生效要件：

(1) 规定担保权优先于与该财产有关的法定担保权人 (a lien creditor) 的权利的条件优先于第 9—310 条第 (a) 款而适用的美国成文法、条例或者条约；

(2) [列举任何调整汽车、拖车、房车、船舶、农用拖拉机等等，且规定担保权记载于所有权凭证上是公示的条件或者结果的所有权凭证成文法，以及任何非《统一商法典》的中央登记成文法]；或者

(3) 其他法域的，规定担保权记载于所有权凭证之上是担保权优先于与该财产有关的法定担保权人的权利的条件或者结果的所有权凭证成文法。

(b) [遵守其他法律。] 为取得优先于法定担保权人的权利的地位而遵守第 (a) 款所述的成文法、条例或者条约的要求，其效力等同于根据本编的规定所为的担保声明书的登记。除第 (d) 款和第 9—313 条、第 9—316 条第 (d) 款、第 (e) 款关于所有权凭证所表彰的有体动产另有规定外，由第 (a) 款所述的成文法、条例或者条约所调整的财产之上的担保权可以仅依遵守这些要求而公示，且如此公示担保权将保持公示的状态，即使该担保物的用途发生变化或者转移该动产的占有。

(c) [公示的期间与更新。] 除第 (d) 款和第 9—316 条第 (d) 款、第 (e) 款另有规定外，遵守第 (a) 款所述的成文法、条例或者条约所规定的要求而公示的担保权，其期间与更新应当由这些成文法、条例或者条约调整。在其他方面，该担保权应当受本编的约束。

(d) [不适用于特定存货。] 由第 (a) 款第 (2) 项所规定的成文法所调整的担保物属于存货，且该存货被某人持有以供出卖或者出租，或者已被该人作为出租人而出租，且该人以出卖该种有体动产为业，则在担保物属于此种存货的期间内，该人在该担保物上所创设的担保权不适用本条规定。

第 9—312 条　担保债权凭证、存款账户、物权凭证、物权凭证所表彰的有体动产、票据、投资财产、信用证权利以及金钱之上担保权的公示；依许可的登记而公示；无须登记或者移转占有的暂时公示

(a)［允许依登记而公示。］担保债权凭证、流通物权凭证、票据或者投资财产之上的担保权可依登记而公示。

(b)［特定担保物的控制或者占有。］除第 9—315 条第（c）款和第（d）款关于收益另有规定外：

(1) 存款账户之上的担保权仅需根据第 9—314 条的规定依控制而公示；

(2) 除第 9—308 条第（d）款另有规定外，信用证权利之上的担保权仅需根据第 9—314 条的规定依控制而公示；

(3) 金钱之上的担保权仅需担保权人根据第 9—313 条的规定取得占有即可公示。

(c)［流通物权凭证所表彰的有体动产。］在有体动产由发行表彰该有体动产的流通物权凭证的受托人（bailee）占有期间：

(1) 该有体动产之上的担保权可因该物权凭证之上担保权的公示而公示；

(2) 在该物权凭证上已公示的担保权，优先于任何一个在该期间在该有体动产之上依其他方法公示的担保权。

(d)［非流通物权凭证所表彰的有体动产。］在有体动产由发行表彰该有体动产的非流通物权凭证的受托人（bailee）占有期间，该有体动产之上担保权可依以下方式公示：

(1) 以担保权人的名义签发物权凭证；

(2) 受托人收到关于担保权人权利的通知；或者

(3) 对该有体动产为登记。

(e)［暂时公示：新对价。］凭证式证券、流通物权凭证或者票据之上的担保权，如系依经确认的担保合同给予新的对价而发生的，自其有效成立之日起 20 日内无须登记或者取得占有，即为公示。

(f)［暂时公示：可供担保人使用的有体动产或者物权凭证。］如果担保权人为达到以下目的而使担保人可利用该有体动产或者表彰该有体动产的物权凭证，由表彰有体动产的流通物权凭证的发行人以外的受托人（bailee）

所占有的流通物权凭证或者有体动产之上的已公示的担保权在 20 日内无须登记而保持公示：

（1）最终出卖或者互易；或者

（2）装卸、卸载、存储、运输、转运、生产、加工或者以预备出卖或者互易的方式处分。

（g）［暂时公示：证券凭证或者票据交付给担保人。］如果担保权人为达到以下目的将证券凭证或者票据交付给担保人，该凭证式证券或者票据之上已公示的担保权在 20 日内无须登记而保持公示：

（1）最终出卖或者互易；或者

（2）提示、收款、实行、更新或者登记转让。

（h）［暂时公示的届满。］第（e）款、第（f）或者第（g）款所定的 20 日期限届满后，担保权的公示依照本编的规定。

第 9—313 条　无须登记担保权人依占有或者被交付而公示担保权的情形

（a）［依占有或者交付而公示。］除本条第（b）款另有规定外，担保权人可依取得担保物的占有而公示在其流通物权凭证、有体动产、票据、金钱或者有体担保债权凭证之上的担保权。担保权人可以根据第 8—301 条的规定依受领凭证式证券的交付而公示其在凭证式证券上的担保权。

（b）［所有权凭证所表彰的有体动产。］关于州签发的所有权凭证所表彰的有体动产，担保权人仅在第 9—316 条第（d）款所述的情形下才能依取得该有体动产的占有而公示该有体动产之上担保权。

（c）［担保物由担保人以外的人占有。］关于凭证式证券和物权凭证所表彰的有体动产之外的担保物，担保权人在以下情况下取得由担保人、担保权人或者在担保人的正常经营活动中向担保人承租该担保物的承租人以外的人占有的担保物的占有：

（1）占有人确认了一份文件，承认其是代表担保权人而占有该担保物；或者

（2）在已确认一份文件承认它将代表担保权人而占有担保物之后，占有人取得该担保物的占有。

（d）［依占有而公示的时间；公示的持续。］如果担保权的公示仰赖于担

保权人对担保物的占有，担保权公示的时间不得早于担保权人取得占有的时间，且仅在担保权人保持占有的期间内持续公示。

（e）［依交付而公示的时间；公示的持续。］记名凭证式证券之上依交付而公示的担保权的公示时间，是该凭证式证券依第 8－301 条的规定被交付之时，且在债务人取得该凭证式证券的占有的期间内持续依交付而公示。

（f）［无须承认。］担保物的占有人没有义务承认其是代表担保权人而保持占有。

（g）［承认的效力；没有义务或者确认。］如果某人承认是代表担保权人而占有担保物，则：

（1）根据第（c）款或者第 8－301 条第（a）款的规定，该承认是有效的，即使该承认侵犯了担保人的权利，也不例外；而且

（2）除非该人另外同意或者本编之外的法律另有规定，该人对担保权人不承担任何义务，且没有义务向其他人确认该承认。

（h）［担保权人向担保人之外的人为交付。］占有担保物的担保权人将担保物交付给担保人或者在担保人的正常经营活动中向担保人承租担保物的承租人以外的人，只要该人在交付前或者交付时被指示从事以下行为，担保权人则并不丧失对担保物的占有：

（1）代表担保权人而占有担保物；或者

（2）将担保物返还担保权人。

（i）［根据第（h）款的规定而为交付的效力；没有义务或者确认。］即使根据第（h）款的规定而为的交付侵犯了担保人的权利，担保权人也并不丧失占有。根据第（h）款的规定受领担保物的人对担保权人没有任何义务，且没有义务向其他人确认该交付，该人另外同意或者本编之外的法律另有规定的，不在此限。

第 9－314 条　依控制而公示

（a）［依控制而公示。］投资财产、存款账户、信用证权利或者电子担保债权凭证之上的担保权可以通过根据第 9－104 条、第 9－105 条、第 9－106 条或者第 9－107 条的规定依控制担保物而公示。

（b）［特定担保物：依控制而公示的时间；持续公示。］担保权人取得控制之时，存款账户、电子担保债权凭证或者信用证权利之上的担保权依根据

第 9—104 条、第 9—105 条或者第 9—107 条规定的控制而公示，并在担保权人保持控制期间持续依控制而公示。

(c)［投资财产：依控制而公示的时间；持续公示。］投资财产之上的担保权自担保权人取得控制时起依根据第 9—106 条规定的控制而公示，并持续依控制而公示直到：

(1) 担保权人失去控制；并且

(2) 发生以下情形之一：

(A) 如果担保物是凭证式证券，担保人已经占有该证券凭证或者取得该证券凭证的占有；

(B) 如果担保物是非凭证式证券，发行人已经登记或者登记该担保人为登记所有人；或者

(C) 如果担保物是证券权益，担保人是或者成为权益持有人。

第 9—315 条　担保权人处分担保物的权利及在收益上的权利

(a)［担保物的处分：担保权或者农业担保权的持续；收益。］除本编和第 2—403 条第 (2) 项另有规定外：

(1) 担保物虽经出卖、出租、许可使用、互易，或者以其他方式被处分，其上的担保权或者农业担保权仍然存续，但担保权人授权担保物的处分即为担保权或者农业担保权的消灭的，不在此限。

(2) 担保权在担保物的任何可识别 (identifiable) 的收益之上有效成立。

(b)［混合时可识别的收益。］

与其他财产相混合的收益，在以下情形下属于可识别的收益：

(1) 如果收益为有体动产，达到第 9—336 条规定的程度；以及

(2) 如果收益非为有体动产，担保权人用溯源 (tracing) 的方法，包括适用衡平法原则，可以指明该收益。该方法由除本编之外的其他调整所涉种类的混合财产的法律所认可。

(c)［收益之上担保权的公示。］在原担保物之上担保权已公示的，在其收益之上的担保权亦已公示。

(d)［公示的持续。］自担保权在收益之上有效成立之日起的第 21 日，除有以下情形之一外，收益之上已公示的担保权成为未公示的担保权：

(1) 满足以下条件：

（A）已登记的担保声明书涵盖了初始担保物；

（B）该收益为担保物，该担保物之上的担保权可以通过在已登记担保声明书的登记机关登记而公示；而且

（C）该收益不是现金收益；

（2）收益为可识别的现金收益；或者

（3）担保权在收益之上有效成立之时或者此后20日内，收益之上的担保权非依第（c）款的规定而公示。

（e）[收益上已公示的担保权丧失公示的时间。]

如果已登记的担保声明书涵盖初始担保物，根据第（d）款第（1）项的规定在收益之上持续公示的担保权，在以下时间（以较晚出现者为准）成为未公示的担保权：

（1）已登记的担保声明书的效力根据第9－515条的规定届满之时，或者根据第9－513条的规定终止之时；或者

（2）担保权在收益之上有效成立后第21日。

第9－316条　准据法发生变化后担保权公示的持续

（a）[一般规则：准据法的变化对公示的影响。]依照第9－301条第（1）款或者第9－305条第（c）款指明的法域的法律而公示的担保权，在以下时间或者事件中之最早者出现之前持续公示：

（1）根据该法域法律的规定公示将可能终止的时间；

（2）债务人所在地迁入另一法域之后4个月届满；或者

（3）担保物被转让给因该转让成为担保人且位于另一法域的人之后1年届满。

（b）[担保权根据新法域的法律的规定公示或者未公示。]如果在第（a）款规定的最早时间或者事件出现之前，该款中所述的担保权根据该另一法域的法律的规定而公示的，则此后它将持续公示。如果在最早的时间或者事件出现之前，该担保权没有根据该另一法域的法律的规定而公示的，则它成为未公示的，且被视为从来没有公示过，不能对抗就该担保物已给付对价的购买人。

（c）[移入新法域的担保物之上的移转占有型担保权。]由所有权凭证所表彰的有体动产和构成有体动产的待开采的担保物之外的担保物之上的移转

占有型担保权，在以下情况下，保持持续公示状态：

（1）担保物位于一法域，并受根据该法域法律的规定已公示的担保权效力之所及；

（2）此后担保物被带入另一法域；而且

（3）一旦进入该另一法域，担保权根据该另一法域法律的规定是公示的。

（d）[由本州签发的所有权凭证所表彰的有体动产。] 除第（e）款另有规定外，所有权凭证所表彰的有体动产之上的，在该有体动产为该法域所签发的所有权凭证所表彰之时，根据另一法域的法律的规定依任何方法公示的担保权，持续公示，直至如果该有体动产不为所有权凭证表彰，根据该另一法域法律该担保权可能成为未公示之时。

（e）[第（d）款所述担保权成为未公示，不能对抗购买人之时。] 如果在以下时间中之较早者到来之前，没有满足第9－311条第（b）款或者第9－313条规定的相应公示要件，第（d）款所述的担保权将成为未公示的，并被视为从来没有公示过，不能对抗就该有体动产已给付对价的购买人：

（1）如果该有体动产不为本州所签发的所有权凭证所表彰，该担保权根据另一法域的法律的规定可能成为未公示的时间；或者

（2）该有体动产为本州所签发的所有权凭证所表彰后4个月届满。

（f）[银行、开证人、指定人、证券中介机构或者商品中介机构法域的变化。] 存款账户、信用证权利或者投资财产之上，根据银行所在法域、开证人所在法域、指定人所在法域、证券中介机构所在法域、商品中介机构所在法域（如果有的话）的法律的规定而公示的担保权，持续公示，直至以下时间之较早者到来：

（1）根据该法域法律的规定该担保权本应成为未公示的时间；或者

（2）现有法域（applicable jurisdiction）变成另一法域后4个月届满。

（g）[第（f）款所述担保权根据新法域的法律公示或者未公示。] 如果在第（f）款所述的更早的时间或者期间届满之前，该款所述的担保权根据该另一法域法律的规定而公示的，则此后它将持续公示。如果在更早的时间或者期间届满之前，该担保权没有根据该另外法域法律的规定而公示的，它将成为未公示的，且被视为从来没有公示过，不能对抗就该担保物已给付对

价的购买人。

[第三节　优先顺位]

第 9－317 条　优先于担保权或者农业担保权或者不受担保权或者农业担保权约束的权利

(a)［竞存的担保权以及法定担保权人的权利。］担保权或者农业担保权劣位于以下权利：

(1) 根据第 9－322 条的规定具有优先顺位的人的权利；以及

(2) 除第（e）款另有规定外，在以下时间中之较早者到来之前即成为法定担保权人的人的权利：

(A) 担保权或者农业担保权公示之时；或者

(B) 满足第 9－203 条第（b）款第（3）项所规定的条件之一，且涵盖该担保物的担保声明书被登记之时。

(b)［受领交付的买受人。］除第（e）款另有规定外，有体担保债权凭证、物权凭证、有体动产、票据或者凭证式证券的买受人（担保权人除外），在其上担保权或者农业担保权公示之前，已给付对价并受领担保物之交付，且不知其上该担保权或者农业担保权的负担的，不受担保权或者农业担保权的约束。

(c)［受领交付的承租人。］除第（e）款另有规定外，有体动产的承租人在其上担保权或者农业担保权人公示之前，已给付对价并受领担保物的交付，并不知其上有该担保权或者农业担保权的负担的，不受该担保权或者农业担保权的约束。

(d)［特定担保物的被许可使用人或者买受人。］一般无体财产权的被许可使用人，或者应收账款、电子担保债权凭证、一般无体财产权或者除凭证式证券以外的投资财产的买受人（担保权人除外），在担保权公示之前已给付对价，且不知有担保权的负担的，不受该担保权的约束。

(e)［价金担保权。］除第 9－320 条和第 9－321 条另有规定外，如果在担保人受领担保物的交付之前或者受领之后 20 日内，已就价金担保权登记了一份担保声明书，则该担保权优先于买受人、承租人或者法定担保权人在担保权有效成立之时至登记之时之间所产生的权利。

第 9—318 条　金钱给付请求权被出卖时不再保留任何权利；与债权人和买受人有关的应收账款或者担保债权凭证的出卖人的权利和所有权

(a)［出卖人不保留权利。］出卖应收账款、担保债权凭证、付款无体财产权或者本票的担保人，就被出卖的担保物，不再保有普通法上或者衡平法上的任何权利。

(b)［买受人的担保权未公示时债务人的推定权利。］就确定出卖应收账款或者担保债权凭证的担保人的债权人的权利，以及确定向该担保人以对价买受应收账款或者担保债权凭证的购买人的权利而言，在买受人的担保权未公示时，担保人被视为对其出卖的应收账款或者担保债权凭证仍然享有权利和所有权。

第 9—319 条　与债权人和购买人有关的受寄售人的权利和所有权

(a)［受寄售人享有寄售人的权利。］除第（b）款另有规定外，就确定受寄售人的债权人，以及向寄售人以对价购买有体动产的购买人的权利而言，在受寄售人占有有体动产期间，受寄售人对有体动产的权利和所有权，视为相当于寄售人享有的或者有权转让的权利和所有权。

(b)［其他法律的适用。］就确定受寄售人的债权人的权利而言，如果根据本章的规定，由寄售人享有的已公示的担保权优先于债权人的权利，则除本编之外的其他法律确定有体动产由受寄售人占有时受寄售人的权利和所有权。

第 9—320 条　有体动产的买受人

(a)［正常经营活动中的买受人。］除第（e）款另有规定外，正常经营活动中的买受人，向从事农业经营活动的人买受农产品的人除外，不受该买受人的出卖人所创设的担保权的约束。即使该担保权已公示且买受人已知其存在，也不例外。

(b)［消费品的买受人。］除第（e）款另有规定外，向使用或者买受有体动产主要用于个人、家庭或者家用目的的人买受有体动产的买受人，在以下情况下，不受担保权的约束，即使该担保权已公示，也不例外：

(1) 买受人买受时不知道担保权的存在；

(2) 买受人以对价买受；

（3）买受人买受主要用于买受人本人、家庭、家用目的；而且

（4）在涵盖该有体动产的担保声明书登记之前买受。

（c）［为第（b）款而为登记的效力。］在其影响到担保权根据第（b）款的规定优先于有体动产的买受人的权利的情况下，在出卖人所在的法域里所为的登记的有效期间依第 9－316 条第（a）款和第（b）款确定。

（d）［在井口或者矿口的正常经营活动中的买受人。］在井口或者矿口或者开采后，在正常经营活动中买受石油、天然气，或者其他矿物的买受人，不受由不动产权利负担所生权利的约束。

（e）［移转占有型担保权不受影响。］第（a）款和第（b）款不影响根据第 9－313 条的规定由担保权人占有的有体动产之上的担保权。

第 9－321 条　正常经营活动中一般无体财产权的被许可使用人和有体动产的承租人

（a）［正常经营活动中的被许可使用人。］本条中，“正常经营活动中的被许可使用人”，是指善意且不知道该许可使用侵犯了其他人对一般无体财产权的权利，并在正常经营活动中自以经营同类一般有体财产权许可贸易为业的人那里成为一般无体财产权的被许可使用人的人。如果对某人的许可使用与许可使用人所从事的此种经营的通常实践或者惯例相一致，或者与许可使用人自已的通常实践或者惯例相一致，该人即为正常经营活动中的被许可使用人。

（b）［正常经营活动中被许可使用人的权利。］正常经营活动中的被许可使用人依非独占许可所享有的权利，不受许可使用人在一般无体财产权上所创设的担保权的约束，即使该担保权已公示且被许可使用人知道该担保权的存在，也不例外。

（c）［正常经营活动中承租人的权利。］正常经营活动中的承租人的租赁权益，不受出租人在该有体动产之上所创设的担保权的约束，即使该担保权已公示且承租人知道该担保权的存在，也不例外。

第 9－322 条　同一担保物上竞存的担保权或者农业担保权之间的优先顺位

（a）［优先顺位的一般规则。］除本条另有规定外，同一担保物之上竞存

的担保权或者农业担保权之间的优先顺位按照以下规则确定：

（1）竞存的已公示的担保权和农业担保权，按照登记或者公示的时间先后定其优先顺位。优先顺位始于涵盖担保物的首次登记的时间、担保权或者农业担保权首次公示的时间两者之中的较早者，但以此后该登记或公示没有中断为限。

（2）已公示的担保权或者农业担保权，优先于竞存的未公示的担保权或者农业担保权。

（3）竞存的担保权或者农业担保权均未公示时，首先有效成立或者生效的担保权或者农业担保权优先。

（b）［公示的时间：收益和辅助债权。］在第（a）款第（1）项中：

（1）担保物之上担保权登记或者公示的时间，即为收益之上担保权登记或者公示的时间；

（2）由辅助债权所支撑的担保物之上担保权登记或者公示的时间，即为辅助债权之上担保权登记或者公示的时间。

（c）［特殊优先顺位规则：收益和辅助债权。］除第（f）款另有规定外，担保物之上根据第9—327条、第9—328条、第9—329条、第9—330条或者第9—331条规定优先于竞存担保权的担保权，同样优先于以下竞存的担保权：

（1）担保物的任何辅助债权之上的担保权；以及

（2）担保物的收益之上的担保权，如果

（A）收益之上的担保权已公示；

（B）收益为现金收益或者与担保物属于同一种类；且

（C）如果收益为收益之收益，所有的相关收益均为现金收益，或者与担保物属于同一种类或者属于与担保物相关的应收账款。

（d）［特定担保物上的“先登记者优先”优先顺位规则。］受第（e）款规定的限制，除第（f）款另有规定外，如果担保债权凭证、储蓄账款、流通物权凭证、票据、投资财产或者信用证权利之上的担保权依登记以外的方法而公示，担保物的收益上竞存的已公示的担保权之间，按照登记的时间先后确定其优先顺位。

（e）［第（d）款的适用。］第（d）款仅适用于担保物的收益非为现金收益、担保债权凭证、流通物权凭证、票据、投资财产或者信用证权利的情形。

(f)［第(a)款至第(e)款的限制。］第(a)款至第(e)款的适用受以下限制：

(1) 第(g)款和本章的其他条款；

(2) 第4－210条关于收款银行的担保权的规定；

(3) 第5－118关于开证人或者指定人的担保权的规定；以及

(4) 第9－110条关于根据本法第二编、第二编之一的规定所生的担保权的规定。

(g)［根据农业担保权法规所规定的优先顺位。］如果创设农业担保权的法律如是规定，担保物上已公示的农业担保权具有优先于同一担保物之上竞存的担保权或者农业担保权的效力。

第9－323条　将来货款

(a)［基于货款时间确定优先顺位的情形。］除第(c)款另有规定外，就根据第9－322条第(a)款第(1)项确定已公示担保权的优先顺位而言，在担保权担保以下贷款的情况下，担保权的公示始于贷款发放之时：

(1) 在担保权依以下方式公示时所发放的贷款：

(A) 根据第9－309条的规定在其有效成立时即为公示；

(B) 根据第9－312条第(e)款、第(f)款或者第(g)款的规定而暂时公示；并且

(2) 在担保权以除第9－309条或者第9－312条第(e)款、第(f)款或者第(g)款所定方法以外的方法公示之时或者之前依照所达成的约定没有发放的贷款。

(b)［法定担保权人。］除第(c)款另有规定外，担保权担保在某人成为法定担保权人45日之后所发放的贷款时，担保权劣后于已成为法定担保权人的权利，除非：

(1) 贷款发放时不知道有该法定担保权(lien)的存在；或者

(2) 贷款是依照不知道有该法定担保权(lien)存在时所达成的约定而发放。

(c)［应收款的买受人。］第(a)款和第(b)款不适用于作为应收账

款、担保债权凭证、付款无体财产权或者本票的买受人或者寄售人的担保权人所持有的担保权。

(d)［有体动产的买受人。］除第（e）款另有规定外，在担保权担保在以下时间中的更早者到来后发放的贷款的情况下，有体动产的买受人（正常经营活动中的买受人除外），不受该担保权的约束：

(1) 担保权人得知买受人的买卖的时间；或者

(2) 买卖后 45 日。

(e)［依照约定而发放的贷款：有体动产买受人的优先顺位。］第（d）款不适用于贷款依照在不知道买受人的买卖的情况下且在 45 日期间届满之前所达成的约定而发放的情形。

(f)［有体动产的承租人。］除第（g）款另有规定外，在担保权担保在以下时间中的更早者到来后发放的贷款的情况下，有体动产的承租人（正常经营活动中的承租人除外）的租赁权不受该担保权的约束：

(1) 担保权人得知该租赁时；或者

(2) 租赁合同得以履行之后 45 日。

(g)［依照约定而发放的贷款：有体动产承租人的优先顺位。］第（f）款不适用于贷款是依照在不知道该租赁的情况下且在 45 日期间届满之前所达成的约定而发放的情形。

第 9—324 条　价金担保权的优先顺位

(a)［一般规则：价金优先顺位。］除第（g）款另有规定外，有体动产（存货和牲畜除外）之上已公示的价金担保权，优先于同一有体动产之上竞存的担保权，而且，除第 9—327 条另有规定外，如果担保人接受该担保物的占有之时或者其后 20 日内价金担保权已公示，在可识别的收益之上已公示的担保权，也优先。

(b)［存货价金优先顺位。］受第（c）款的限制，且除第（g）款另有规定外，存货之上已公示的价金担保权，在以下情形下，优先于同一存货之上竞存的担保权，优先于作为存货的收益的担保债权凭证或者票据之上的，担保债权凭证的收益之上竞存的担保权；如果第 9—330 条如此规定，除第 9—327 条另有规定外，在可识别的现金收益在该存货交付予买受人之时或者之前收到的情况下，也在该存货的可识别的现金收益之上享有优先顺位：

（1）债务人受领该存货的占有时，价金担保权已公示；

（2）价金担保权人向竞存的担保权人送达了一份业经确认的通知；

（3）竞存的担保权人在债务人受领该存货的占有之前 5 年内收到了该通知；而且

（4）该通知中表明送达该通知者已经或者期望在担保人的存货之上取得价金担保权，并且对该存货作了描述。

（c）[应予通知的竞存的存货担保权人。] 第（b）款第（2）项至第（4）项仅适用于竞存的担保权在以下时间已登记了涵盖同种类的存货的担保声明书的情形：

（1）如果价金担保权依登记而公示，在该登记日之前；或者

（2）如果价金担保权根据第 9－312 条第（f）款的规定无须登记或者占有即暂时公示，在 20 日期间开始之前。

（d）[牲畜价金优先顺位。] 受第（e）款的限制，且除第（g）款另有规定外，在作为农产品的牲畜之上的已公示的价金担保权，在以下情况下，优先于同一牲畜之上竞存的担保权，而且除第 9－327 条另有规定外，在其可识别的收益和其未经加工的可识别的产品之上已公示的担保权，也优先：

（1）债务人受领该牲畜的占有时，价金担保权已公示；

（2）价金担保权人向竞存的担保权人送达了一份经确认的通知；

（3）竞存的担保权人在债务人受领该牲畜的占有之前 6 个月内收到了该通知；而且

（4）该通知中表明送达该通知者已经或者期望在担保人的牲畜之上取得价金担保权，并且对该牲畜作了描述。

（e）[应予通知的竞存的牲畜担保权人。] 第（d）款第（2）项至第（4）项仅适用于竞存的担保权人在以下时间已经登记了涵盖同种类的牲畜的担保声明书的情形：

（1）如果价金担保权依登记而公示，在该登记日之前；或者

（2）如果价金担保权根据第 9－312 条第（f）款的规定，无须登记或者占有而暂时公示，在 20 日期间开始之前。

（f）[软件价金优先顺位。] 除第（g）款另有规定外，软件之上已公示的价金担保权优先于同一担保物之上竞存的担保权，而且，除第 9－327 条

另有规定外，如果根据本条规定取得其中软件仅为使用的有体动产之上已公示的价金担保权在该有体动产及该有体动产的收益之上享有优先顺位，软件之上已公示的价金担保权在其可识别的收益之上已公示的担保权，也优先。

(g)［竞存的价金担保权。］如果根据第（a）款、第（b）款、第（d）款或者第（f）款的规定，在同一担保物上不只有一个担保权享有优先顺位，则：

(1) 担保由担保物的全部或者一部分价金所生的债务的担保权，优先于担保因给付对价使担保人取得担保物的权利或者使用权而生的债务的担保权；而且

(2) 在所有其他情况下，第 9－322 条第（a）款适用于符合条件的担保权。

第 9－325 条　已转让的担保物之上的担保权的优先顺位

(a)［已转让的担保物之上担保权的顺位劣后。］除第（b）款另有规定外，由担保人所创设的担保权在以下情形下劣后于同一担保物之上由其他人所创设的担保权：

(1) 担保人取得受其他人创设的担保权约束的担保物；

(2) 担保人取得担保物之时，该他人所创设的担保权已经公示；而且

(3) 此后担保权的公示状态没有中断。

(b)［第（a）款的限制。］第（a）款仅在以下情况下才使得担保权顺位：

(1) 该担保权仅根据第 9－322 条第（a）款、第 9－324 条的规定亦将具有优先顺位劣后；

(2) 该担保权仅根据第 2－711 条第（3）款或者第 2A－508 条第（5）款的规定而产生。

第 9－326 条　由新担保人创设的担保权的优先顺位

(a)［由新担保人创设的担保权的顺位劣后。］受第（b）款的约束，由新担保人在新担保人享有或者取得权利的担保物之上创设的，依登记仅根据第 9－508 条规定是有效的担保声明书而公示的担保权，劣后于同一担保物之上以登记仅根据第 9－508 条的规定是有效的担保声明书以外的方式而公示的担保权。

(b)［其他条款下的优先顺位；多个原始担保人。］同一担保物上，依登记仅根据第 9－508 条的规定为有效的担保声明书而公示的竞存担保权之间的优先顺位，依本章其他条款确定。但是，如果新担保人作为担保人受其约束的担保合同不是由同一原始担保人所达成的，竞存担保权之间按照新担保人受约束的时间先后定其优先顺位。

第 9－327 条　存款账户之上担保权的优先顺位

同一存款账户之上竞存的担保权之间的优先顺位，依以下规则确定：

(1) 根据第 9－104 条的规定控制存款账户的担保权人所享有的担保权，优先于没有控制存款账户的担保权人所享有的竞存担保权。

(2) 除第（3）款、第（4）款另有规定外，根据第 9－314 条的规定依控制而公示的担保权之间，按照取得控制的时间先后定其优先顺位。

(3) 除第（4）款另有规定外，存款账户的开户银行所享有的担保权，优先于其他担保权人所享有的竞存担保权。

(4) 根据第 9－104 条第（a）款第（3）项的规定依控制而公示的担保权，优先于存款账户的开户银行所享有的担保权。

第 9－328 条　投资财产之上担保权的优先顺位

同一投资财产之上竞存的担保权之间的优先顺位，依以下规则确定：

(1) 根据第 9－106 条的规定已控制投资财产的担保权人所享有的担保权，优先于没有控制投资财产的担保权人所享有的担保权。

(2) 除第（3）款和第（4）款另有规定外，根据第 9－106 条的规定均已控制的担保权人所享有的担保权之间，按照以下时间的先后定其优先顺位：

(A) 如果担保物是证券，取得控制的时间；

(B) 如果担保物是证券账户上登记的证券权益，且：

(i) 如果担保权人根据第 8－106 条第（d）款第（1）项的规定取得了控制，担保权人成为证券账户的开户人（管理人）的时间；

(ii) 如果担保权人根据第 8－106 条第（d）款第（2）项的规定取得了控制，证券中介机构同意遵守担保权人关于登载于或者将登载于证券账户的证券权益的指令的时间；或者

(iii) 如果担保权人根据第 8－106 条第（d）款第（3）项的规定通过其

他人取得了控制，根据本款的规定确定优先顺位的时间，假如该他人为担保权人；或者

（C）如果担保物是登载于商品中介机构的商品合约，关于登载于或者即将登载于该商品中介机构的商品合约，第 9—106 条第（b）款第（2）项所规定的控制要件满足的时间。

（3）证券中介机构在证券权益或者在证券中介机构处开立的证券账户之上享有的担保权，优先于其他担保权人所享有的竞存担保权。

（4）商品中介机构在商品合约或者在商品中介机构处开立的商品账户之上享有的担保权，优先于其他担保权人所享有的竞存担保权。

（5）记名凭证式证券之上根据第 9—313 条第（a）款的规定通过受领交付而非根据第 9—314 条的规定通过控制而公示的担保权，优先于以控制之外的其他方法公示的竞存担保权。

（6）经纪人、证券中介机构或者商品中介机构所创设的根据第 9—106 条的规定没有控制即公示的竞存担保权之间顺位平等。

（7）在所有其他情形下，投资财产之上竞存担保权之间的优先顺位，依第 9—322 条和第 9—323 条确定。

第 9—329 条　信用证权利之上担保权的优先顺位

同一信用证权利之上竞存的担保权之间的优先顺位，依以下规则确定：

（1）已经根据第 9—107 条的规定控制信用证权利的担保权人所享有的担保权，在其控制的范围内，优先于没有取得控制的担保权人所享有的竞存担保权。

（2）根据第 9—314 条的规定依控制而公示的担保权，按照取得控制的先后定其优先顺位。

第 9—330 条　担保债权凭证或者票据的购买人的优先顺位

（a）［购买人的优先顺位：仅作为收益而主张的担保权。］担保债权凭证的购买人在以下情形下，优先于仅作为受担保权约束的存货的收益而主张的担保债权凭证之上的担保权：

（1）善意且在购买人的正常经营活动中，购买人给付新对价且取得该担保债权凭证的占有或者根据第 9—105 条的规定取得该担保债权凭证的控制；而且

（2）担保债权凭证上并未记载已被转让给购买人以外的某一特定的受让人。

（b）［购买人的优先顺位：其他担保权。］如果购买人善意且在其正常经营活动中给付新对价且取得担保债权凭证的占有或者根据第 9－105 条的规定取得该担保债权凭证的控制，并不知道该购买侵犯了担保权人的权利，则担保债权凭证的购买人，优先于除仅作为受担保权约束的存货的收益以外而主张的担保债权凭证之上的担保权。

（c）［担保债权凭证购买人在收益上的优先顺位。］除第 9－327 条另有规定外，根据第（a）款、第（b）款的规定在担保债权凭证之上享有优先顺位的购买人，如具有以下情形，在担保债权凭证的收益上亦享有优先顺位：

（1）第 9－322 条规定该收益之上的优先顺位，或者

（2）收益包括担保债权凭证表彰的特定有体动产或者该特定有体动产的现金收益，即使购买人在该收益上的担保权尚未公示。

（d）［票据购买人的优先顺位。］除第 9－331 条第（a）款另有规定外，如果票据的购买人善意且不知道该购买侵犯了担保权人的权利，给付对价并取得了该票据的占有，则票据购买人的权利优先于该票据之上依占有以外的其他方法而公示的担保权。

（e）［价金担保权人给付新对价。］在本条第（a）款、第（b）款中，存货之上的价金担保权人为构成存货的收益的担保债权凭证给付了新对价。

（f）［转让记载即构成知道。］在本条第（b）款、第（d）款中，担保债权凭证或者票据记载其已被转让给非购买人的某一特定的担保权人，担保债权凭证或者票据的购买人即知道该购买侵犯了该担保权人的权利。

第 9－331 条　其他各编所规定的票据、物权凭证、或者证券的购买人的权利的优先顺位；第八编所定金融资产和证券权益之上权利的优先顺位

（a）［第三编、第七编和第八编所规定的权利不受限制。］本编不限制流通票据的正当持票人、已合法转让的流通物权凭证的持有人或者证券的受保护的购买人的权利。在第三编、第七编和第八编规定的范围内，这些持票人、持有人或者购买人优先于在先的担保权，即使该担保权已经公示，亦无不然。

（b）［第八编所规定的保护。］本编不限制根据第八编的规定免受权利主

张的人的权利，也不给其强加责任。

（c）［登记不构成通知。］本编所规定的登记，对于第（a）款、第（b）款所述的持票人、持有人、购买人或者受保护的购买人，不构成请求权或者抗辩权的通知。

第 9—332 条　金钱的转让；从存款账户中转移资金

（a）［金钱的受让人。］金钱的受让人不受其上担保权的约束，但非受让人与担保人串通侵害担保权人的权利的，不在此限。

（b）［从存款账户中转移资金的受让人。］存款账户中资金的受让人，不受该存款账户之上担保权的约束，但受让人与担保人串通侵害担保权人的权利的，不在此限。

第 9—333 条　某些法定担保权（留置权）的优先顺位

（a）［留置权（possessory lien）。］本条中，留置权是指除担保权、农业担保权以外的以下权利：

（1）担保某人在其正常经营活动中提供的与有体动产有关的服务或者装备有体动产的材料所生的金钱给付请求权或者履行请求权；

（2）该权利是成文法或者法律规则为该人的利益所创设；而且

（3）该权利的生效仰赖于该人对该有体动产的占有。

（b）［留置权的优先顺位。］有体动产之上的留置权，优先于该有体动产上的担保权，除非创设该留置权的成文法明文作出相反规定。

第 9—334 条　不动产附着物和农作物之上担保权的优先顺位

（a）［根据本编规定的不动产附着物之上的担保权。］本编所定的担保权可在属于不动产附着物的有体动产之上设定，并可在已成为不动产附着物的有体动产上存续。但在已与土地改良物相结合的正常建筑材料之上，根据本编的规定，不存在担保权。

（b）［根据不动产法规定的不动产附着物之上的担保权。］本编并不排斥在不动产附着物之上依不动产法的规定设定不动产权利负担。

（c）［一般规则：不动产附着物之上担保权的顺位劣后。］在不适用第（d）款至第（h）款的规定的情况下，不动产附着物之上的担保权劣后于相关不动产上除担保人之外的不动产担保权人（encumbrancer）或者所有人的竞存权利。

(d)［不动产附着物价金优先顺位。］除第（h）款另有规定外，如果担保人在不动产上享有已登录的权利或者占有不动产，且在以下情况下，不动产附着物之上已公示的担保权，优先于不动产担保权人或者所有人的竞存权利：

(1) 该担保权为价金担保权；

(2) 不动产担保权人或者所有权人的权利发生于该有体动产成为不动产附着物之前；而且

(3) 该担保权在有体动产成为不动产附着物之前或者其后 20 日内已通过不动产附着物登记而公示。

(e)［不动产附着物之上担保权优先于不动产权利的优先顺位。］在不动产附着物之上已公示的担保权，在以下情况下，优先于该不动产之上不动产担保权人或者所有人的竞存权利：

(1) 担保人在该不动产上具有已登录的权利或者占有该不动产，且该担保权：

(A) 在不动产担保权人或者所有人的权利登录之前，即已通过不动产附着物登记而公示；而且

(B) 对于不动产担保权人或者所有人之前手的任何竞存权利具有优先顺位。

(2) 在有体动产成为不动产附着物之前，担保权已依本编所允许的任何方法而公示，且不动产附着物为随时可拆除的：

(A) 工厂或者办公机器；

(B) 非主要用于或者租来用于不动产作业的设备；或者

(C) 属于消费品的家用电器的替代物。

(3) 竞存的权利是不动产之上在担保权依本编所允许的任何方法而公示之后依普通法或者衡平法程序而取得的担保权；或者

(4) 担保权：

(A) 在活动房交易中，在活动房之上创设；而且

(B) 依照第 9－311 条第（a）款第（2）项所述的成文法的规定而公示。

(f)［基于同意、弃权或者拆除权的优先顺位。］在不动产附着物之上的担保权，无论是否公示，只要具有以下情形之一的，即优先于不动产担保权

人或者所有人的竞存权利：

（1）不动产担保权人或者所有人已经在业经确认的文件中同意该担保权或者放弃其在不动产附着物之上的权利；或者

（2）担保人有权拆除该有体动产，以对抗不动产担保权人或者所有人。

（g）［第（f）款第（2）项优先顺位的存续。］如果债务人据以对抗不动产担保权人或者所有人的拆除该有体动产的权利终止，第（f）款第（2）项所规定的担保权的优先顺位，仍于合理期间内存续。

（h）［建筑抵押权（construction mortgage）的优先顺位。］如果已登录的不动产抵押权文件上如此表明，不动产抵押权在其担保因建造土地改良物所生的债务（包括取得土地的成本）的履行时，即为建筑抵押权。除第（e）款、第（f）款另有规定外，如果有体动产成为不动产附着物之前和有体动产在建筑物完成之前成为不动产附着物之前，建筑抵押权已经登录，则不动产附着物上担保权劣后于建筑抵押权。为建筑抵押权再次融资而设定的不动产抵押权，享有与建筑抵押权相同的优先顺位。

（i）［农作物之上的担保权的优先顺位。］如果担保人在不动产上享有已登录的权利或者占有该不动产，生长在不动产之上的农作物之上的已公示担保权，优先于不动产担保权人或者所有权人的竞存权利。

（j）［第（i）款优先适用。］第（i）款优先于下列成文法中的相矛盾条款而适用：

［此处列举含有与本条第（i）款相矛盾的条款的成文法。］

第 9－335 条　添附物

（a）［添附物之上担保权的创设。］担保权可以在添附物之上创设，并可在已成为添附物的担保物之上存续。

（b）［担保权的公示。］如果担保物成为添附物时，担保权已公示，则担保权在该担保物上持续公示。

（c）［担保权的优先顺位。］除第（d）款另有规定外，添附物之上担保权的优先顺位，依本章其他规定确定。

（d）［遵守所有权凭证成文法。］添附物之上的担保权，劣后于整体物之上通过遵守第 9－311 条第（b）款所述所有权凭证成文法的要求而公示的担保权。

（e）［违约后添附物的拆除。］违约（依第六章之规定）发生后，如果添附物之上的担保权优先于每一个在整体物上享有权利的人的权利，则担保权人可以将添附物从其他有体动产中拆除。

（f）［拆除以后的赔偿。］根据第（e）款的规定从其他有体动产中拆除添附物的担保权人，对于任何整体物或者构成整体物的其他有体动产之上担保权或者其他担保权（lien）的持有人或者所有权人（担保人除外），因修复对整体物或者其他有体动产所造成的实际损害所生的费用，立即承担赔偿责任。但该整体物或者其他有体动产因拆除添附物而减少的价值或者为更换其物而支出的必要费用，担保权人无须对其他持有人或者所有权人赔偿。有权请求赔偿的人在担保权人提供充分担保以担保赔偿义务的履行之前，可以拒绝允许其拆除添附物。

第9—336条　混合物

（a）［“混合物”（Commingled goods）。］本条中，“混合物”，是指与其他有体动产为物理上的联合，在产成品或者结合物中已丧失其特性的有体动产。

（b）［在混合物本身之上无担保权。］担保权不存在于混合物本身之上。但是，当有体动产成为混合物之时，担保权可以在产成品或者结合物之上有效成立。

（c）［担保权在产成品或者结合物之上有效成立。］如果担保物成为混合物，则担保权在产成品或者结合物之上有效成立。

（d）［担保权的公示。］如果担保物之上的担保权在该担保物成为混合物之前即已公示，根据第（c）款规定已在产成品或者结合物之上有效成立的担保权即已公示。

（e）［担保权的优先顺位。］除第（f）款另有规定外，根据第（c）款规定在产成品或者结合物之上有效成立的担保权的优先顺位，依本章其他规定确定。

（f）［产成品或者结合物之上竞存的担保权。］如果根据第（c）款的规定在产成品和结合物之上有效成立的担保权不只一个时，依下列规则定其优先顺位：

（1）根据第（d）款之规定公示的担保权，优先于在担保物成为混合物时未公示的担保权；

（2）根据第（d）款之规定公示的担保权不止一个时，其顺位平等，并依各该担保物在成为混合物时的价值的比例分配。

第9—337条　所有权凭证所表彰的有体动产之上担保权的优先顺位

如果在有体动产之上的担保权依其他法域的法律所规定的任何方法公示之时，本州签发的所有权凭证之上没有显示该有体动产受该担保权的约束，或者没有表明它们可能受没有在该凭证上载明的担保权的约束：

（1）如果买受人在该凭证签发后且在不知道该担保权存在的情况下给付对价并受领该有体动产的交付，则该有体动产的买受人，以出卖该类有体动产为业者除外，不受该担保权的约束；而且

（2）该担保权劣后于该有体动产之上在该凭证签发后且在竞存担保权人不知道该担保权的情况下有效成立，且根据第9—311条第（b）款的规定公示的竞存担保权。

第9—338条　通过登记含有虚假信息的担保声明书而公示的担保权或者农业担保权的优先顺位

如果担保权或者农业担保权是以登记担保声明书的方式而公示，但担保声明书在其登记时含有第9—516条第（b）款第（5）项所述的虚假的信息：

（1）如果竞存的担保权人因合理信赖该虚假信息而给付对价，则该担保权或者农业担保权劣后于担保物之上的竞存的已公示担保权；而且

（2）如果购买人因合理信赖该虚假信息而给付对价，且在购买担保债权凭证、物权凭证、有体动产、票据或者证券凭证时，受领该担保物的交付，则担保物的购买人（担保权人除外）不受担保权或者农业担保权的约束。

第9—339条　优先顺位的降低

本编并不排除享有优先顺位的人依合同降低自己的优先顺位。

[第四节　银行的权利]

第9—340条　对存款账户的扣除权或者抵销权的效力

（a）[扣除权或者抵销权的行使。] 除第（c）款另有规定外，存款账户的开户银行可以对在存款账户上享有担保权的担保权人行使扣除权或者抵

销权。

(b)［不受担保权影响的扣除或者抵销。］除第（c）款另有规定外，本编对存款账户上担保权的适用，并不影响担保权人对在其处开立的存款账户的扣除权或者抵销权。

(c)［抵销无效的情形。］如果抵销是基于对担保人的请求权，银行对存款账户抵销权的行使，对存款账户之上根据第 9－104 条第（a）款第（3）项的规定依控制而公示的担保权的担保权人而言，是无效的。

第 9－341 条　银行对存款账户的权利和义务

除第 9－340 条第（c）款另有规定外，银行对在其处开户的存款账户的权利义务，不因以下情形的出现而终止、中止或者修改，但银行在业经确认的文件中另外同意的除外：

(1) 存款账户之上设立、有效成立或者公示担保权；

(2) 银行知道担保权的存在；或者

(3) 银行收到担保权人的指示。

第 9－342 条　银行拒绝签订控制协议或者披露控制协议的权利

本编并不要求银行签订第 9－104 条第（a）款第（2）项所规定的控制协议，即使其客户有此要求或者指令，也不例外。已签署此种合同的银行也没有义务向其他人确认该控制协议的存在，但客户提出这种要求的，不在此限。

第四章　第三人的权利

第 9－401 条　担保人权利的可让与性

(a)［其他调整可让与性的法律；例外规定。］除本条第（b）款和第 9－406 条、第 9－407 条、第 9－408 条和第 9－409 条另有规定外，担保人在担保物上的权利是否可以自愿或者非自愿地让与，由本编之外的其他法律规定。

(b)［合同并不能阻止转让。］即使担保人与担保权人之间所达成的协议禁止担保人让与在担保物上的权利，或者约定该让与为违约，并不能阻止该让与发生效力。

第 9—402 条　担保权人不承担担保人的合同责任或者侵权责任

仅因担保权、农业担保权的存在或者授权担保人处分或者使用担保物，不能使担保权人承担因担保人的作为或者不作为所致的合同责任或者侵权责任。

第 9—403 条　不得对受让人主张抗辩的协议

(a)［“对价”。］本条中，“对价”具有第 3—303 条第（a）款所规定的含义。

(b)［不得主张请求权或者抗辩权的协议。］除本条另有规定外，应收账款债务人和让与人之间关于应收账款债务人不得以其可得对抗让与人的任何请求权或者抗辩权对抗受让人的约定，只有在受让人接受让与时属下列情形的，才是可执行的：

(1) 给付对价；

(2) 善意；

(3) 不知道被让与财产的物权请求权或者占有权。

(4) 不知道根据第 3—305 条第（a）款规定的得以对抗有权实行流通票据的人的扣除权的抗辩权或者请求权。

(c)［不适用第（b）款之情形。］第（b）款不适用于根据第 3—305 条第（b）款的规定得以对抗流通票据的正当持票人的抗辩权。

(d)［消费者交易中必要陈述的遗漏。］在消费者交易中，如果某一文件表彰了应收账款债务人的义务，本编之外的法律又要求该文件应包括这样一种陈述，即受让人的权利受应收账款债务人可得对抗原始债务人的请求权或者抗辩权的限制，但该文件并不包括这种陈述，则：

(1) 该文件与含有这种陈述的文件具有同样的效力；

(2) 应收账款债务人可以对受让人主张如果该文件包括这种陈述时可得主张的请求权和抗辩权。

(e)［其他法律规定适用于自然人的规则。］本条受本编以外的对于作为自然人的应收账款债务人或者主张为个人、家庭或者家务目的所生债务的应收账款债务人规定有不同规则的法律的约束。

(f)［并不取代其他法律。］除第（d）款另有规定外，本条并不取代本编之外的其他有关赋予应收账款债务人不得对受让人主张任何请求权或者抗辩权的协议以效力的法律。

第 9—404 条　受让人取得的权利；对受让人的请求权和抗辩权

(a)［受让人受协议条款约束的权利、请求权和抗辩权；例外。］除应收账款债务人已达成具有执行力的不主张任何抗辩权或者请求权的协议，以及受第（b）款至第（e）款约束以外，受让人的权利受以下各项之限制：

(1) 应收账款债务人和让与人所达成协议的一切条款，以及由该协议的基础交易所生的赔偿损失的任何抗辩权或者请求权；以及

(2) 应收账款债务人在受领由让与人和受让人共同确认的让与通知之前，已经发生的可向让与人主张的任何其他抗辩权或者请求权。

(b)［应收账款债务人的请求权减少对受让人的债务数额。］受第（c）款的约束，除第（d）款另有规定外，应收账款债务人对让与人可得主张的请求权，可以根据第（a）款的规定对抗受让人，但只能减少应收账款债务人的债务数额。

(c)［其他法律适用于自然人的规则。］本条受本编以外的对于作为自然人的应收账款债务人或者主张为个人、家庭或者家务目的所生债务的应收账款债务人规定有不同规则的法律的约束。

(d)［消费者交易中必要陈述的遗漏。］在消费者交易中，如果某一文件表彰了应收账款债务人的义务，本编之外的法律又要求该文件应包括这样一种陈述，即受让人的权利受应收账款债务人可得对抗原始债务人的请求权或者抗辩权的限制，但该文件并不包括这种陈述，则：

(1) 该文件与含有这种陈述的文件具有同样的效力；

(2) 应收账款债务人可以对受让人主张如果该文件包括这种陈述时可得主张的请求权和抗辩权。

(e)［不适用于健康护理保险应收款。］本条不适用于健康护理保险应收款的让与。

第 9—405 条　被让与合同的修改

(a)［修改对受让人的效力。］对被让与的合同依善意作出的修改或者更新，对受让人发生效力。受让人依修改或者更新后的合同取得相应的权利。让与（合同）中也可以规定，让与人修改或者更新构成违约。本款受第（b）款至第（d）款的约束。

（b）［第（a）款的适用。］第（a）款适用于以下情形：

（1）基于被让与的合同所生的金钱给付请求权尚未完全履行；

（2）全部或者部分金钱给付请求权得到了完全履行，且应收账款债务人没有根据第9—406条第（a）款的规定收到让与通知。

（c）［其他法律适用于自然人的规则。］本条受本编以外的对于作为自然人的应收账款债务人或者主张为个人、家庭或者家务目的所生债务的应收账款债务人规定有不同规则的法律的约束。

（d）［不适用于健康护理保险应收款。］本条不适用于健康护理保险应收款的让与。

第9—406条　应收账款债务人的清偿；让与通知；让与的认定与证明；限制让与应收账款、担保债权凭证、付款无体财产权和本票，无效

（a）［应收账款债务人的清偿；通知的效力。］受第（b）款至第（i）款的约束，应收账款、担保债权凭证、付款无体财产权的应收账款债务人可以通过向让与人偿付以清偿其债务，直至（但不是在其后）应收账款债务人受领了一份由让与人或者受让人确认的通知，该通知表明已到期或者将到期的数额已经让与且应向受让人偿付。在受领该通知后，应收账款债务人可以向受让人偿付以清偿债务，向让与人所为的偿付不能清偿债务。

（b）［通知无效的情形。］受第（h）款的约束，根据第（a）款的规定所为的通知，在以下情况下是无效的：

（1）通知未能合理地指明被让与的权利；

（2）应收账款债务人与付款无体财产权的出卖人间的协议，限制了应收账款债务人向出卖人以外的其他人的偿付义务，且该限制根据本编之外的其他法律是有效的。

（3）如果该通知要求应收账款债务人向受让人偿付的数额，小于每次分期或者其他阶段性付款的总额，则由应收账款债务人选择，即使在以下情况下，也不例外：

（A）只有应收账款、担保债权凭证或者付款无体财产权的一部分被让与给该受让人；

（B）一部分被让与给另外一个受让人；或者

（C）应收账款债务人知道对该受让人的让与是有限制的。

（c）［让与的证据。］受第（h）款的约束，应收账款债务人如有请求，受让人应及时提供关于已为的让与的合理证据。如果受让人没有满足这一要求，应收账款债务人可以向让与人偿付以清偿其债务，即使应收账款债务人已根据第（a）款的规定收到了一个通知，也不例外。

（d）［限制让与的条款一般无效。］除第（e）款、第2A－303条和第9－407条另有规定外，受第（h）款的约束，应收账款债务人和让与人的协议中或者本票中的条款，在以下情况下是无效的：

（1）禁止、限制或者要求应收账款债务人或者本票上的债务人同意，应收账款、担保债权凭证、付款无体财产权或者本票的让与或者转让，或者其上担保权的设立、有效成立、公示或者实行；或者

（2）规定该让与或者转让或者担保权的设立、有效成立、公示或者实行将导致应收账款、担保债权凭证、付款无体财产权或者本票项下的不履行债务、违反合同、扣除权、请求权、抗辩权、终止、终止权或者救济。

（e）［第（d）款不适用于某些买卖。］第（d）款不适用于付款无体财产权或者本票的买卖。

（f）［让与的法定限制一般无效。］除第2A－303条和第9－407条另有规定外，受第（h）款、第（i）款的约束，法律规则、成文法或者条例中关于禁止、限制或者要求政府、政府机构或者部门，或者应收账款债务人同意，应收账款或者担保债权凭证的让与或者转让以及设立担保权的规则，在法律规则、成文法或者条例出现以下情形的情况下是无效的：

（1）禁止、限制或者要求政府、政府机构或者部门，或者应收账款债务人同意，该应收账款或者担保债权凭证的让与或者转让，或者在其上设立、有效成立、公示或者实行担保权；或者

（2）规定该让与或者转让或者担保权的设立、有效成立、公示或者实行将导致应收账款、担保债权凭证项下的不履行债务、违反合同、扣除权、请求权、抗辩权、终止、终止权或者救济。

（g）［第（b）款第（3）项不得放弃。］受第（h）款的约束，应收账款的债务人不能放弃或者改变其根据第（b）款第（3）项的选择权。

（h）［其他法律适用于自然人的规则。］本条受本编以外的对于作为自然人的应收账款债务人或者主张为个人、家庭或者家务目的所生债务的应收账

款债务人规定有不同规则的法律的约束。

(i)［不适用于健康护理保险应收款。］本条不适用于健康护理保险应收款的让与。

(j)［本条优先于与之冲突的法律而适用。］本条优先于以下成文法、规则和条例中与本条相冲突的条文而适用：

［此处列示包括与本条相冲突的条文的成文法、规则和条例。］

第 9—407 条　租赁权益或者承租人的剩余权益之上设立或者实行担保权的限制

(a)［限制让与的条款一般无效。］除第（b）款另有规定外，租赁合同中的下列条款是无效的：

(1) 禁止、限制，或者要求租赁当事人同意，转让或者让与一方因租赁合同所生的权益或者出租人对租赁物的剩余权益，或者在租赁权益或者剩余权益之上设立、有效成立、公示或者实行担保权；

(2) 规定该让与或者转让或者担保权设立、有效成立、公示或者实行，将导致租赁合同项下的不履行债务、违反合同、扣除权、请求权、抗辩权、终止、终止权或者救济。

(b)［特定条款的效力。］除第 2A—303 条第（7）款另有规定外，第（a）款第（2）项所述的条款在以下情况下是有效的：

(1) 承租人违反该条款转让其对租赁物的占有权或者使用权；或者

(2) 租赁合同的任何一方当事人违反该条款将其主要义务委托给他人履行。

(c)［担保权非实质性的损害。］在出租人依租赁合同享有的权益或者出租人在租赁物的剩余权益之上设立、有效成立、公示或者实行担保权，并不构成第 2A—303 条第（4）款所述的转让，即该转让没有实质性地损害承租人对获得对待履行的期待，或者实质性地改变承租人的义务，或者实质性地加重承租人的负担或者风险，但有一个惟一的例外，即实行实际上导致出租人将其主要义务委托给他人履行。

第 9—408 条　本票、健康护理保险应收款或者特定一般无体财产权转让的限制无效

(a)［限制转让的条款一般无效。］除第（b）款另有规定外，本票中的条款或者应收账款债务人和与健康护理保险应收款或者一般无体财产权（包括合同、许可证、许可使用或者特许权）有关的担保人之间的协议中的条款，禁止、限制或者要求本票上的债务人或者应收账款债务人同意，本票、健康护理保险应收款或者一般无体财产权的让与或者转让，或者在其上设立、有效成立或者公示担保权，则该条款在以下情况下是无效的：

（1）损害担保权的设立、有效成立或者公示；或者

（2）规定该让与或者转让或者担保权的设立、有效成立或者公示将导致本票、健康护理保险应收款或者一般无体财产权项下的不履行债务、违反合同、扣除权、请求权、抗辩权、终止、终止权或者救济。

（b）［第（a）款对特定偿付请求权买卖的适用。］第（a）款适用于付款无体财产权或者本票之上的担保权，以该担保权因该付款无体财产权或者本票的买卖而生为条件。

（c）［让与的法定限制一般无效。］法律规则、成文法或者条例关于禁止、限制或者要求政府、政府机构或者部门、本票上的债务人或者应收账款债务人同意，让与或者转让本票、健康护理保险应收款或者一般无体财产权（包括应收账款债务人与担保人之间的合同、许可证、许可使用、特许权）或者在其上设立担保权的规则，在法律规则、成文法或者条例出现以下情形的情况下，是无效的：

（1）损害了担保权的设立、有效成立或者公示；或者

（2）规定该让与或者转让或者担保权的设立、有效成立或者公示将导致本票、健康护理保险应收款或者一般无体财产权项下的不履行债务、违反合同、扣除权、请求权、抗辩权、终止、终止权或者救济。

（d）［第（a）、（c）款所定无效情形的限制。］在本票上的应收账款和与健康护理保险应收款或者一般无体财产权有关的担保人之间的协议中的条款，或者第（c）款所述法律规则、成文法或者条例中的规则，根据本编之外的法律可能是有效的，但根据第（a）款或者第（c）款的规定是无效的情况下，本票、健康护理保险应收款或者一般无体财产权之上担保权的设立、有效成立或者公示：

（1）对本票之上的债务人或者应收账款债务人是不可实行的；

（2）不能强加本票之上的债务人或者应收账款债务人以义务或者债务；

（3）不能要求本票之上的债务人或者应收账款债务人确认该担保权，向担保权人偿付或者履行债务，或者受领担保权人的偿付或者履行；

（4）不能使担保权人取得使用或者让与担保人在本票、健康护理保险应收款或者一般无体财产权之上的权利，包括担保人在本票、健康护理保险应收款或者一般无体财产权的基础交易中所取得的任何相关信息或者资料的权利；

（5）不能使担保权人取得使用、让与、占有或者有机会接触本票债务人或者应收账款债务人任何商业秘密或者保密信息的权利；且

（6）不能使担保权人取得实行本票、健康护理保险应收款或者一般无体财产权之上担保权的权利。

（e）［本条优先于与之冲突的法律而适用。］本条优先于以下成文法、规则和条例中与本条相冲突的条文而适用：

［此处列示包括与本条相冲突的条文的成文法、规则和条例。］

第 9－409 条　信用证权利让与的限制无效

（a）［限制让与的条款或者法律一般无效。］信用证条款中的条款或者适用于信用证的法律规则、成文法、条例、习惯或者惯例中的规则，如禁止、限制或者要求申请人、开证人或者指定人同意，受益人让与信用证权利或者在其上设立担保权，则该条款或者法律规则、成文法、条例、习惯或者惯例在以下情况下是无效的：

（1）损害信用证权利之上担保权的设立、有效成立或者公示；或者

（2）规定该让与或者担保权的设立、有效成立或者公示将导致信用证权利项下的不履行债务、违反合同、扣除权、请求权、抗辩权、终止、终止权或者救济。

（b）［第（a）款所定无效情形的限制。］在信用证条款根据本条第（a）款的规定无效，但根据本编之外的其他法律或者适用于信用证、信用证项下的提款权或者请求履行的权利的转让，或者信用证收益权的让与的习惯或者惯例却有效的情况下，信用证权利之上担保权的设立、有效成立或者公示：

（1）对于申请人、开证人、指定人或者受益人的受让人不能实行；

（2）不能强加申请人、开证人、指定人或者受益人的受让人以义务或者债务；且

（3）不能要求申请人、开证人、指定人或者受益人的受让人确认该担保权，向担保权人偿付或者履行债务，或者受领担保权人的偿付或者其他履行。

第五章　登记

[第一节　登记机关；担保声明书的内容和效力]

第9—501条　登记机关

（a）[登记机关。] 除第（b）款另有规定外，如果某州的地方法律调整担保权或者农业担保权的公示，登记担保声明书以公示担保权或者农业担保权的机关是：

（1）受指定登记或者登录相应不动产抵押权文件的机关，如果：

（A）担保物是待开采的担保物或者待砍伐的树木；或者

（B）担保声明书被作为不动产附着物登记而登记，而且担保物是已成为或者即将成为不动产附着物的有体动产；或者

（2）在其他所有情况下，包括担保物是已成为或者即将成为不动产附着物的有体动产但担保声明书不作为不动产附着物登记而登记的情况，[　　] 机关 [或者由（　　）所授权的机关]。

（b）[运输事业的登记机关。] 登记担保声明书以公示运输事业的担保物（包括不动产附着物）之上的担保权的登记机关是 [　　　] 机关。对于担保声明书中指明的已成为或者即将成为不动产附着物的担保物而言，担保声明书也构成不动产附着物登记。

立法提示：各州应当指定括号中的登记机关。登记机关可以是政府部门（例如，州务卿）或者管理州的登记系统的私人团体。

第9—502条　担保声明书的内容；不动产抵押权文件作为担保声明书；担保声明书的登记时间

（a）[担保声明书的充分性。] 受第（b）款的约束，担保声明书仅在以下情况下才是充分的：

（1）记载了担保人的姓名或者名称；

（2）记载了担保权人或者其代表人的姓名或者名称；而且

（3）指明了该担保声明书所涵盖的担保物。

（b）［与不动产有关的担保声明书。］除第9—501条第（b）款另有规定外，涵盖待开采的担保物或者待砍伐的树木的担保声明书，或者作为不动产附着物登记而登记的且涵盖已成为或者将成为不动产附着物的有体动产的担保声明书，只有在满足第（a）款的条件，以及在以下情况下，才是充分的：

（1）表明担保声明书涵盖此种担保物；

（2）表明担保声明书将被登记［或登录］在不动产登录簿上；

（3）描述了与担保物有关的不动产［依本州法律，如果该描述包含于不动产抵押权文件之中，即足以构成不动产抵押权的推定通知］；

（4）如果担保人对不动产不享有已登录利益，记载登录所有人的姓名或者名称。

（c）［不动产抵押权文件作为担保声明书。］不动产抵押权文件作为不动产附着物登记而登记的担保声明书，或者涵盖待开采的担保物或者待砍伐的树木的担保声明书，在以下情况下，自其登录之日起发生效力：

（1）该文件表明了其所涵盖的有体动产或者应收账款；

（2）该有体动产已成为或者将成为与该文件中所描述的不动产有关的不动产附着物；或者该担保物与该文件中描述的不动产有关且为待开采的担保物或者待砍伐的树木；

（3）该文件除表明其将在不动产登录簿上登记之外，该文件满足了本条所规定的担保声书的条件；而且

（4）该文件已经［适当］登录。

（d）［在担保合同订立或者担保权有效成立之前的登记。］担保声明书可于担保合同签订之前，或者担保权有效成立之前登记。

第9—503条　担保人和担保权人的姓名或者名称

（a）［担保人姓名或者名称的充分性。］担保声明书记载的担保人姓名或者名称，在以下情形下是充分的：

（1）如果担保人为已登记的组织，担保声明书只需记载该担保人在表明担保人已成立的组织法域的公开记录中显示的名称，即可；

（2）如果担保人为死者的遗产（decedent's estate），担保声明书只需记载死者的姓名，并表明担保人为遗产，即可；

（3）如果担保人为信托或者从事与信托中财产有关的行为的受托人，担保声明书只需：

（A）记载该信托在组织文件（organic documents）中的具体名称，或者，如果没有具体名称的，记载信托人（settlor）的姓名或者名称以及其他足以使担保人与其他有一个或者更多同样的信托人的信托相区别的信息；而且

（B）在担保人的姓名或者名称或者其他信息中，表明担保人是一个信托或者从事与信托中财产有关的行为的受托人。

（4）在其他情形下：

（A）如果担保人有姓名或者名称，只需记载担保人的个人姓名或者组织名称；且

（B）如果担保人没有名称，则需记载合伙人、成员、联合体企业以及其他组成担保人的人的姓名或者名称。

（b）［与担保人有关的其他信息。］根据第（a）款的规定记载担保人的姓名或者名称的担保声明书不会因以下信息的缺失而被认定为无效：

（1）商标名称或者担保人的其他名称；或者

（2）除第（a）款第（4）项第（B）目另有要求外，合伙人、成员、联合体企业以及其他组成担保人的人的姓名或者名称。

（c）［担保人的商号不充分。］只记载担保人的商号的担保声明书，没有充分地记载担保人的姓名或者名称。

（d）［代表人身份（representative capacity）。］没有表明担保权人的代表人身份或者担保权人的代表人，不影响担保声明书的充分性。

（e）［多数担保人和担保权人。］担保声明书可以记载多数担保人和担保权人的姓名或者名称。

第 9－504 条　担保物的指明

担保声明书符合以下条件的，即充分地指明了它所涵盖的担保物：

（1）根据第 9－108 条的规定描述了担保物；或者

（2）表明担保声明书及于所有财产或者所有动产。

第 9—505 条　寄售、租赁、其他寄托以及其他交易的登记与对其他成文法和条约的遵守

（a）［“担保人”和“担保权人”以外的术语的使用。］寄售人、出租人、或者动产的其他寄托人（bailor）、许可使用人，或者付款无体财产权或者本票的买受人，可以使用“寄售人”“受寄售人”“出租人”“承租人”“寄托人”“受寄托人”“许可使用人”“被许可使用人”“所有人”“登记所有人”“买受人”“出卖人”，或者类似含意的词语，以代替“担保权人”和“担保人”来登记担保声明书，或者可以遵守第 9—311 条第（a）款所述的成文法或者条约的规定。

（b）［依本条第（a）款规定的担保声明书的效力。］本章适用于根据第（a）款规定的担保声明书的登记，且在适当的情况下适用于第 9—311 条第（b）款的遵守，即通过遵守该款所述的成文法和条约，取得相当于登记担保声明书的效力，但是该登记或者遵守本身，并不构成判断担保物是否用于担保债务履行的因素。如果因其他原因确定该担保物系担保债务的履行，寄售人、出租人、寄托人、许可人、所有人或者买受人所享有的在担保物之上有效成立的担保权依该登记或者遵守规定而公示。

第 9—506 条　错误或者遗漏的后果

（a）［细微的错误和遗漏。］担保声明书在实质上满足了本章规定的条件，即使其内容上有细微的错误或者遗漏，仍然是有效的，但该错误和遗漏使担保声明书产生严重误导者除外。

（b）［严重误导的担保声明书。］除第（c）款另有规定外，担保声明书没有根据第 9—503 条第（a）款的规定充分地记载担保人姓名或者名称的，即构成严重误导。

（c）［不构成严重误导的担保声明书。］如果利用登记机关的标准检索规则（如有的话），以担保人的正确姓名或者名称检索登记机关的文件，可以检索出没有根据第 9—503 条第（a）款的规定充分地记载担保人姓名或者名称的担保声明书，则所记载的姓名或者名称并不能使该担保声明书构成严重误导。

（d）［“担保人的正确姓名或者名称。”］在第 9—508 条第（b）款中，第（c）款所述的“担保人的正确姓名或者名称”，是指新担保人的正确姓名或者名称。

第 9—507 条　特定事件对担保声明书效力的影响

(a)［处分。］已登记的担保声明书，对于已被出卖、互易、许可使用或者其他此类处分的且其上担保权或者农业担保权仍然存续的担保物，仍是有效的，即使担保权人知道或者同意该处分，亦不例外。

(b)［成为严重误导的信息。］除第（c）款和第 9—508 条另有规定外，如果担保声明书登记后，其上记载的信息根据第 9—506 条的规定构成严重误导的，该担保声明书并不因此而无效。

(c)［担保人姓名或者名称的变更。］如果因担保人变更其姓名或者名称，致使已登记的担保声明书根据第 9—506 条的规定构成严重误导时，则：

(1) 该担保声明书有效地公示担保人于变更前或者变更后 4 个月内取得的担保物之上的担保权；

(2) 该担保声明书不能有效地公示担保人于变更 4 个月后取得的担保物之上的担保权，除非在变更后 4 个月内登记一份不致引起严重误导的担保声明书的修正声明书。

第 9—508 条　新担保人受担保合同约束时担保声明书的效力

(a)［列明原始担保人的担保声明书。］除本条另有规定外，列明原始担保人的已登记的担保声明书，能够有效地公示在如果原始担保人取得了担保物上的权利担保声明书即为有效的情况下，新担保人享有或者取得其上权利的担保物之上的担保权。

(b)［担保声明书变成严重误导。］如果原始担保人与新担保人的姓名或者名称上的差异造成了依第（a）款规定为有效的已登记担保声明书，根据第 9—506 条的规定即成为严重误导，则：

(1) 该担保声明书能有效地公示新担保人在其依第 9—203 条第（d）款的规定被约束之前或者之后 4 个月内所取得的担保物之上的担保权；而且

(2) 该担保声明书不能有效地公示新担保人在其依第 9—203 条第（d）款的规定被约束之后 4 个月之后所取得的担保物之上的担保权。但在该期限届满之前登记了记载有新担保人姓名或者名称的初始担保声明书的，除外。

(c)［本条不予适用的情形。］本条规定不适用于依第 9—507 条第（a）款的规定对新担保人仍然有效的已登记担保声明书所及的担保物。

第 9—509 条　有权登记文件的人

(a)［有权登记文件的人。］某人在以下情况下可以登记初始担保声明书、增加担保声明书所涵盖的担保物的修正声明书，或者增加担保声明书的债务人的修正声明书：

(1) 担保人以一份业经确认的文件，或者根据第 (b) 或者 (c) 款的规定，授权登记；或者

(2) 该人保有农业担保权，该农业担保权在登记之时即生效，且担保声明书仅涵盖该农业担保权效力之所及的动产。

(b)［担保合同作为授权。］担保人或者新担保人，通过确认担保合同或者作为担保人受担保合同的约束，授权涉及以下财产的初始担保声明书及其修正声明书的登记：

(1) 担保合同中所述的担保物；且

(2) 根据第 9—315 条第 (a) 款第 (2) 项的规定成为担保物的财产，不管担保合同是否明确及于收益。

(c)［担保物的取得作为授权。］担保人通过取得根据第 9—315 条第 (a) 款 (1) 项的规定担保权或者农业担保权在其上持续存在的担保物，授权涵盖该担保物及根据第 9—315 条第 (a) 款 (2) 项的规定成为担保物的财产的初始担保声明书及其修正声明书的登记。

(d)［有权登记特定修正声明书的人。］某人在以下情况下才能登记除增加担保声明书所涵盖的担保物的修正声明书或者增加担保声明书中的担保人的修正声明书以外的修正声明书：

(1) 登记担保权人授权登记；或者

(2) 该修正声明书是对担保声明书的终止声明书，其中登记担保权人没有登记或者送达第 9—513 条第 (a) 款或者第 (c) 款要求的终止声明书，担保人授权登记，而且终止声明书指明担保人授权登记终止声明书；

(e)［多数登记担保权人。］如果担保声明书的登记担保权人不只一人，则每个登记担保权人均可根据第 (d) 款的规定授权修正声明书的登记。

第 9—510 条　已登记文件的效力

(a)［若经授权，已登记的文件有效。］已登记的文件只有在由依第 9—509 条的规定可以登记该文件的人登记时，才是有效的。

（b）［一个登记担保权人授权。］某一登记担保权人授权的文件，不影响与其他登记担保权人有关的担保声明书的效力。

（c）［没有及时登记的展期声明书。］没有在第9—515条第（d）款规定的6个月期间内登记的展期声明书，无效。

第9—511条　登记担保权人

（a）［登记担保权人。］与某一担保声明书有关的登记担保权人，是指在已登记的初始担保声明书中其姓名或者名称，作为担保权人的姓名或者名称，或者担保权人的代表人的姓名或者名称予以记载的人。如果初始担保声明书依第9—514条第（a）款而登记，初始担保声明书列明的受让人即为与该担保声明书有关的登记担保权人。

（b）［列明登记担保权人的修正声明书。］如果将某人的姓名或者名称作为担保权人或者其代表人予以记载的修正声明书已登记，该修正声明书中列明的该人即为登记担保权人，如果该修正声明书依第514条第（b）款而登记，则该修正声明书中所列明的受让人即为登记担保权人。

（c）［删除登记担保权人的修正声明书。］某人在其被删除的修正声明书登记之前，一直是登记担保权人。

第9—512条　担保声明书的修正

［备选方案之一］

（a）［担保声明书中信息的修正。］可以通过登记以下修正声明书的方式，受第9—509条的约束，增加或者删除担保声明书所涵盖的担保物，或者延展或者终止担保声明书的效力，或者受第（e）款规定的约束，修正担保声明书中记载的其他信息：

（1）该修正声明书通过初始担保声明书的登记号识别与该修正声明书有关的初始担保声明书；

（2）如果该修正声明书涉及在第9—501条第（a）款第（1）项所述的登记机关登记［或者登录］的初始担保声明书，该修正声明书记载了第9—502条第（b）款所规定的信息。

［备选方案之二］

（a）［担保声明书中信息的修正。］可以通过登记以下修正声明书的方式，受第9—509条的约束，增加或者删除担保声明书所涵盖的担保物，或者延展或者终止担保声明书的效力，或者受第（e）款规定的约束，修正担保声明书中记载的其他信息：

（1）该修正声明书通过初始担保声明书的登记号识别与该修正声明书有关的初始担保声明书；

（2）如果该修正声明书涉及在第9－501条第（a）款第（1）项所述的登记机关登记［或者登录］的初始担保声明书，该修正声明书记载了初始担保声明书登记［或者登录］的日期［或者时间］以及第9－502条第（b）款所规定的信息。

［备选方案结束］

（b）［有效期间不受影响。］除第9－515条另有规定外，修正声明书的登记并不延长担保声明书的有效期间。

（c）［增加担保物的修正声明书的效力。］增加担保物的修正声明书所修正的担保声明书，对于增加的担保物，自该修正声明书登记之日起发生效力。

（d）［增加担保人的修正声明书的效力。］增加担保人的修正声明书所修正的担保声明书，对于增加的担保人，自该修正声明书登记之时起发生效力。

（e）［特定的修正声明书无效。］在以下情况下，修正声明书无效：

（1）旨在删除所有担保人，且未记载担保声明书所涉及的担保人的姓名或者名称的修正声明书；

（2）旨在删除所有登记担保权人，且未记载新登记担保权人姓名或者名称的修正声明书。

立法提示：其不动产登记机关要求在修正声明书中增加额外信息且不能以担保人的姓名和登记号来检索其文件的州应当通过第9－512条第（a）款、第9－518条第（b）款、第9－519条第（f）款和第9－522条第（a）款的备选方案之二。

第9－513条　终止声明书

（a）［消费品。］如果担保声明书涉及消费品，且满足以下条件，担保权人应要求担保声明书的登记担保权人登记该担保声明书的终止声明书：

（1）没有债务可供担保声明书所涉及的担保物担保，且没有发放贷款、

承担债务或者给付对价的承诺；或者

（2）担保人没有授权初始担保声明书的登记。

（b）［遵守第（a）款规定的时间。］为遵守第（a）款的规定，担保权人应在下列时间内要求登记担保权人登记终止声明书：

（1）没有债务可供担保声明书所涉及的担保物担保，且没有发放贷款、承担债务或者给付对价的承诺后1个月内；或者

（2）如果更早，在该担保权人收到担保人的业经确认的请求后20日内。

（c）［其他担保物。］在不受第（a）款调整的情形下，担保权人收到担保人业经确认的请求后20日内，应要求担保声明书的登记担保权人向担保人送达一份担保声明书的终止声明书，或者在登记机关登记该终止声明书，如果：

（1）除担保声明书涵盖已被出卖的应收账款或者担保债权凭证以及作为寄售标的物的有体动产之外，没有发放贷款、承担债务或者给付对价的承诺后1个月内；或者

（2）担保声明书涵盖已被出卖的应收账款或者担保债权凭证，但应收账款债务人或者其他债务已经清偿其债务；

（3）担保声明书涵盖曾是寄售给担保人的标的物，但担保人并不占有该有体动产；或者

（4）担保人没有授权初始担保声明书的登记。

（d）［登记终止声明书的效力。］除第9－510条另有规定外，一旦终止声明书在登记机关登记，与终止声明书有关的担保声明书即行失效。除第9－510条另有规定外，在第9－519条第（g）款、第9－522条第（a）款、第9－523条第（c）款之中，在登记机关登记与担保人是运输事业的担保声明书有关的终止声明书登记之时，担保声明书亦即行失效。

第9－514条　登记担保权人权力的让与

（a）［初始担保声明书表明的让与。］除第（c）款另有规定外，初始担保声明书上可以通过记载受让人的姓名或者名称及通讯地址作为担保权人的姓名、名称或者地址的方式，来表明担保权人授权修正担保声明书的所有权力的让与。

（b）［已登记担保声明书的让与。］除第（c）款另有规定外，登记担保

权人可以通过在登记机关登记含有以下内容的修正声明书，来让与全部或者部分授权修正担保声明书的权力：

（1）该修正声明书通过初始担保声明书的登记号识别与之相关的初始担保声明书；

（2）记载了让与人的姓名或者名称；且

（3）记载了受让人的姓名或者名称和通讯地址。

（c）［不动产抵押权文件的让与。］同时构成能有效地根据第 9－502 条第（c）款的规定作为不动产附着物登记而登记的担保声明书的不动产抵押文件，所涵盖的不动产附着物之上的担保权的文件的让与，只能依本州的［《统一商法典》］以外的法律所规定的方式，通过让与不动产抵押权文件来进行。

第 9－515 条　担保声明书的有效期限，失效担保声明书的后果

（a）［五年有效。］除第（b）款、第（e）款、第（f）款、第（g）款另有规定外，已登记的担保声明书自登记之日起 5 年内有效。

（b）［公共财政或者活动房交易。］除第（e）款、第（f）款、第（g）款另有规定外，如果担保声明书指明其登记与公共财政交易或者活动房交易相关联，则该与公共财产交易或者活动房交易相关联而登记的初始担保声明书，自登记之日起 30 年内有效。

（c）［担保声明书的失效与存续。］除在失效之前另有依第（d）款规定的展期声明书的登记之外，已登记担保声明书在其有效期间届满之时即行失效。一旦失效，担保声明书的效力终止，且依该担保声明书而公示的担保权或者农业担保权即不再公示，除非该担保权另外得到公示。如果担保权或者农业担保权因失效而变为未公示，则视为其从来没有公示过，不能对抗就担保物已给付对价的购买人。

（d）［展期声明书的登记时间。］展期声明书可以在第（a）款规定的 5 年期间或者第（b）款规定的 30 年期间（视具体情形而定）届满前 6 个月内登记。

（e）［登记展期声明书的效力。］除第 9－510 条另有规定之外，展期声明书一旦及时登记，初始担保声明书的效力，将自若不登记担保声明书将失效之日起延展 5 年。该 5 年期间届至之时，该担保声明书依与第（c）条规定的方式同样的方式失效，除非在失效之前，另外一份展期声明书依第（d）款的规定登记。后续的展期声明书可以与延展初始担保声明书的效力同样的方式登记。

（f）[运输事业的担保声明书。] 如果债务人为运输事业且已登记的担保声明书亦作如此记载，担保声明书将一直有效，直至登记终止声明书时止。

（g）[不动产抵押权文件作为担保声明书。] 同时构成能有效地根据第9－502条第（c）款的规定作为不动产附着物登记而登记的担保声明书的不动产抵押权文件，将一直作为不动产附着物登记的担保声明书而有效，直至该不动产抵押权解除或者实现，或者其在不动产上的效力以其他方式终止。

第9－516条　登记的手续；登记的效力

（a）[登记的手续。] 除第（b）款另有规定外，向登记机关传送文件、交纳登记费或者登记机关接受该文件，即完成登记。

（b）[拒绝接受文件；登记未发生。] 登记机关因以下原因拒绝接受文件时，不发生登记：

（1）该文件不是依登记机关授权的传送方式或者媒介而传送；

（2）没有交纳等于或者高于规定金额的相应登记费用；

（3）因以下原因登记机关不能将该文件编入索引：

（A）在涉及初始担保声明书时，文件没有记载担保人的姓名或者名称；

（B）在涉及修正或者更正声明书时，该文件：

（i）没有指明第9－512条或者第9－518条（视具体情况）所要求的初始担保声明书；或者

（ii）所指明的初始担保声明书根据第9－515条的规定已经失效。

（C）在涉及记载了个人担保人的姓名的初始担保声明书时，或者涉及记载了此前与该文件有关的担保声明书中没有记载的个人担保人的姓名的修正声明书时，该文件没有指明担保人的姓（last name）；或者

（D）涉及在第9－501条第（a）款第（1）项所述的登记机关登记[或者登录]文件时，该文件没有记载与之有关的不动产的充分描述。

（4）在涉及初始担保声明书或者增加登记担保权人的修正声明书的情形，该文件没有记载该登记担保权人的姓名或者名称和通讯地址。

（5）在涉及初始担保声明书时，或者涉及记载了此前与该修正声明书有

关的担保声明书中没有记载的担保人的姓名或者名称的修正声明书时，该文件：

（A）没有记载担保人的通讯地址；

（B）没有表明担保人是个人还是组织；或者

（C）如果担保声明书指明担保人是组织，没有记载：

（i）担保人的组织类型；

（ii）担保人的组织法域；或者

（iii）担保人的组织识别代码，或者表明担保人没有组织识别代码。

（6）在涉及根据第9—514条第（a）款的规定记载于初始担保声明书中的让与声明书，或者根据第9—514条第（b）款登记的修正声明书时，该文件没有记载受让人的姓名或者名称和通讯地址；或者

（7）在涉及展期声明书时，该文件没有在第9—515条第（d）款规定的6个月期间内登记。

（c）［适用于第（b）款的规则。］在第（b）款中：

（1）如果登记机关无法阅读或者辨认某信息，则视为文件中没有记载这一信息；且

（2）没有指明是其修正声明书或者没有指明与之相关的初始担保声明书（正如第9—512条、第9—514条、第9—518条所要求的那样）的文件，是初始担保声明书。

（d）［拒绝接受文件；文件被作为已登记的文件而有效。］向登记机关连同交纳的登记费用而传送的，但被登记机关以第（b）款所规定理由以外的理由而拒绝接受的文件，为有效的登记文件，但不能对抗因合理地信赖登记文档中该文件的缺失，而就担保物支付了对价的购买人。

第9—517条　索引错误的后果

登记机关未能正确地将文件编入索引，并不影响已登记文件的效力。

第9—518条　与不准确的或者不当登记的文件有关的请求权

（a）［更正声明书。］如果某人认为以其姓名或者名称编入索引的文件登记不准确，或者被不当登记，它可以就此在登记机关登记更正声明书。

［备选方案之一］

（b）［更正声明书的充分性。］更正声明书必须：

（1）通过与该文件相关的初始担保声明书的登记号指明与之相关的文件；

（2）指明其是更正声明书；而且

（3）载明该人认为该文件不准确的依据，且表明该人认为修正该文件以纠正不准确之处的方法，或者载明该人认为文件被不当登记的依据。

［备选方案之二］

（b）［更正声明书的充分性。］更正声明书必须：

（1）以以下方式指明与之相关的文件：

（A）与该文件相关的初始担保声明书的登记号；且

（B）如果更正声明书与在第9—501条第（a）款第（1）项所述的登记机关登记［或者登录］的文件相关，初始担保声明书的登记［或者登录］日期以及第9—502条第（b）款规定的信息；

（2）指明其是更正声明书；而且：

（3）载明该人认为该文件不准确的依据，且表明该人认为修正该文件以纠正不准确之处的方法，或者载明该人认为文件被不当登记的依据。

［备选方案结束］

（c）［不受更正声明书影响的文件。］更正声明书的登记不影响初始担保声明书或者其他已登记文件的效力。

立法提示：其不动产登记机关要求在修正中增加额外信息且不能以担保人的姓名和登记号来检索其文件的州应当通过第9—512条第（*a*）款、第9—518条第（*b*）款、第9—519条第（*f*）款和第9—522条第（*a*）款的备选方案之二。

［第二节　登记机关的职责与运行］

第9—519条　编号，保存，及将文件编入索引；传送文件中所记载的信息

（a）［登记机关的职责。］对于每件登记于登记机关的文件，登记机关应当：

（1）为已登记的文件分派一个独一无二的编号（登记号）；

（2）创建一个文件，该文件上写明已登记文件的编号及登记的日期和时刻；

（3）保存已登记文件以供公众查阅；而且

（4）根据第（c）款、第（d）款、第（e）款的规定将已登记文件编入索引。

（b）［登记号。］登记号［2002年1月1日起分派的］必须包括下列一个数字：

（1）该数字在数学上由登记号的其他数字中导出，或者与登记号的其他数字相关；而且

（2）该数字有助于登记机关确定作为登记号传送的数字是否存在单个数字或者位置排列的错误。

（c）［编入索引：一般规则。］除第（d）款、第（e）款另有规定外，登记机关应当：

（1）根据担保人的姓名或者名称将初始担保声明书编入索引，并将与该初始担保声明书有关的所有已登记文件，以一种初始担保声明书与与之相关的所有已登记文件彼此相联系的方式，编入索引。

（2）将记载有担保人的姓名或者名称但该姓名或者名称没有记载于此前与该文件有关的担保声明书中的文件，也根据以前未作记载的姓名或者名称编入索引。

（d）［编入索引：与不动产有关的担保声明书。］如果担保声明书作为不动产附着物登记而登记或者涉及待开采的担保物或者待砍伐的树木，［担保声明书必须在不动产登录簿上登记且］登记机关应当依以下方式将其编入索引：

（1）按照担保声明书上记载的担保人和每个登录所有权人的姓名或者名称，就像他们是所述的不动产抵押权中的不动产抵押人一样；而且

（2）在本州的法律要求按照不动产抵押权人的姓名或者名称将不动产抵押权文件编入索引的情况下，按照担保权人的姓名或者名称，就像担保权人是其中的不动产抵押权人一样，或者，在依描述而编入索引的情况下，就像担保声明书是所述的不动产抵押权文件一样。

（e）［编入索引：与不动产有关的让与。］如果担保声明书作为不动产附

着物登记而登记或者涉及待开采的担保物或者待砍伐的树木，登记机关应当依以下方式将依第9—514条第（a）款登记的让与声明书或者依第9—514条第（b）款登记的修正声明书编入索引：

（1）按照让与人（作为设定人）的姓名或者名称；且

（2）在本州的法律要求按照受让人的姓名或者名称将不动产抵押权的让与文件编入索引的情况下，按照受让人的姓名或者名称。

［备选方案之一］

（f）［检索和连接的能力。］登记机关应当维持以下能力：

（1）以担保人的姓名或者名称，以及以分派给与文件有关的初始担保声明书的登记号，能够检索到该文件；而且

（2）在初始担保声明书和与初始担保声明书有关的每一个登记文件间，能够彼此连接和相互检索。

［备选方案之二］

（f）［检索和连接的能力。］登记机关应当维持以下能力：

（1）以担保人的姓名或者名称，且以以下方式能够检索到文件：

（A）如果登记机关由第9—501条第（a）款第（1）项所规定，以分派给与该文件有关的初始担保声明书的登记号以及该文件的登记［或者登录］日期［和时刻］；或者

（B）如果登记机关由第9—501条第（a）款第（2）项所规定，以分派给与该文件有关的初始担保声明书的登记号；且

（2）在初始担保声明书和与初始担保声明书有关的每一个登记文件间，能够彼此连接和相互检索。

［备选方案结束］

（g）［担保人姓名或者名称的消除。］登记机关在列明担保人的担保声明书根据第9—515条的规定对所有登记担保权人失效后1年内，不得从索引中消除担保人的姓名或者名称。

（h）［登记机关履行职责的及时性。］登记机关应当在登记机关守则规定的时间内（但不得晚于登记机关收到文件后两个工作日），以登记机关守则规定的方式完成第（a）款至第（e）款规定的行为。

（i）［不适用于与不动产相关的登记机关。］第［（b）］款和第［（h）］款

不适用于第9—501条第（a）款第（1）项所述的登记机关。

立法提示：

1. 其登记机关现在分派的登记号中包括有一个确认数字（俗称“确认码”），或者能在本编实施日期之前执行这一要求的州应当省去第（*b*）款括号中的文字。

2. 除非实际登录，不动产登录簿和索引中不出现书面文件的州，应当使用第（*d*）款括号中的文字。

3. 其不动产登记机关要求在修正中增加额外信息且不能以担保人的姓名和登记号来检索其文件的州，应当通过第9—512条第（*a*）款、第9—518条第（*b*）款、第9—519条第（*f*）款和第9—522条第（*a*）款的备选方案之二。

4. 选择不要求不动产登记机关遵守第（*b*）款和第（*h*）款两者之一或者全部的州，可以通过第（*i*）款的相应修改，并在相应条文中增加“除第（*i*）款另有规定外”。

第9—520条　接受和拒绝接受文件

（a）[文件的法定拒绝接受。] 登记机关应当因第9—516条第（b）款规定的原因拒绝接受某一文件的登记，且仅因第9—516条第（b）款规定的原因才能拒绝接受某一文件的登记。

（b）[与拒绝有关的传送。] 如果登记机关拒绝接受某一文件的登记，它应当传送给提交该文件的人，表明登记机关拒绝接受的事实和理由，以及假如登记机关接受的话，该文件的登记日期和时刻。该传送应在登记机关守则所规定的时间内，以登记机关守则所规定的方式进行，但[在第9—501条第（a）款第（2）项所述的登记机关的情形下] 无论如何不能超过自登记机关收到该文件后两个工作日。

（c）[已登记担保声明书生效的情形。] 满足第9—502条第（a）款、第（b）款规定的条件的已登记担保声明书有效，即使登记机关根据第（a）款的规定应当拒绝接受该文件。但只要第9—516条第（b）款第（5）项所述的信息在担保声明书登记时是错误的，第9—338条即适用于已登记的担保声明书。

（d）[多数担保人的分别申请。] 如果传送给登记机关的文件记载了与多个担保人有关的信息，本章的规定分别适用于每个担保人。

立法提示：选择不要求不动产登记机关遵守第（*b*）款规定的州，应当批准括号中的文字。

第 9－521 条　书面担保声明书和修正声明书的统一格式

（a）［初始担保声明书格式。］接受书面文件的登记机关，不得拒绝接受以下格式或者表格的书面初始担保声明书，但出现第 9－516 条第（b）款所规定的原因除外：

《统一商法典》担保声明书

请仔细阅读前面及背面之提示

A 登记者的姓名或者联系电话［可填可不填］	以上空白之处仅供登记机关使用
B 确认书送至：（姓名和地址）	

1. 担保人的准确全称——只填入一个担保人的姓名或者名称（1a 或者 1b）——不要缩写或者联合姓名或者名称

或者	1a 组织的名称					
	1b 个人的姓		名	当中的名字		词尾
1c 通讯地址			城市	州	邮政编码	国家
1d 税号	组织担保人的其他信息	1e 组织的类别	1f 组织的法域	1g 组织的登记号（如有的话） □无		

2. 其他担保人的准确全称——只填入一个担保人的姓名或者名称（2a 或者 2b）——不要缩写或者联合姓名或者名称

或者	2a 组织的名称					
	2b 个人的姓		名	当中的名字		词尾
2c 通讯地址			城市	州	邮政编码	国家
2d 税号	组织担保人的其他信息	2e 组织的类别	2f 组织的法域	2g 组织的登记号（如有的话） □无		

3. 担保权人的姓名或者名称（或者完全受让人的姓名或者名称）——只填入一个担保权人的姓名或者名称（3a 或者 3b）

或者	3a 组织的名称				
	3b 个人的姓	名	当中的名字		词尾
3c 通讯地址		城市	州	邮政编码	国家

4. 本担保声明书涵盖以下担保物：

5. 可选择的称呼 [适当时填]	□承租人/ 出租人	□受寄售人/ 寄售人	□受托人/ 寄托人	□出卖人/ 买受人	□农业 担保权	□非 UCC 登记

6. □本担保声明书将登记（登录）于在不动产登录簿 粘附录　　[适当时填]	7. 画框以请求与担保人有关的检索报告 [另外收费] [可填可不填]　□所有担保人　□担保人 1　□担保人 2
8. 可选择的登记者参照数据	

全美《统一商法典》担保声明书（表式 UCC1 附录）（1998 年 7 月 29 日修正）

《统一商法典》担保声明书附录

请仔细阅读前面和背面之提示

9. 相关担保声明书中第一担保人的姓名或者名称（9a 或者 9b）			
或者	9a 组织的名称		
	9b 个人的姓	名	当中的名字，词尾
10. 特别情况			

以上空白之处仅供登记机关使用

11. 其他担保人的准确全称——只填一个姓名或者名称（11a 或者 11b）——不要缩写或者联合姓名或者名称						
或者	11a 组织的名称					
	11b 个人的姓		名	当中的名字		词尾
11c 通讯地址			城市	州	邮政编码	国家
11d 税号	组织担保人的其他信息	11e 组织的类别	11f 组织的法域	11g 组织的登记号（如有的话）□无		
12. □其他担保权人或者□让与人的姓名或者名称——只填入一个姓名或者名称（12a 或者 12b）						
或者	12a 组织的名称					
	12b 个人的姓		名	当中的名字		词尾
12c 通讯地址			城市	州	邮政编码	国家

13. 本担保声明书涉及□待砍伐的树木，或者□待开采的担保物，或者将作为□不动产附着物登记	16. 其他担保物描述
14. 不动产的描述	17. 只在适当的时候画框并只画一个框 担保人是一个□信托或者□信托财产的受托人或者□死者遗产
15. 上述不动产的登录所有权人的姓名或者地址 （如果担保人无登录利益）	18. 只在适当的时候画框并只画一个框 □担保人是从事运输事业的实体 □与活动房交易相关的登记——有效期 30 年 □与公共财政交易相关的登记——有效期 30 年

全美《统一商法典》担保声明书附录（表式 UCC1 附录）（1998 年 7 月 29 日修正）

（b）［修正声明书格式。］接受书面文件的登记机关，不得拒绝以下格式和表格的书面文件，但出现第 9－516 条第（b）款所规定的原因除外：

《统一商法典》担保声明书之修正

请仔细阅读前面及背面之提示

A. 登记者的姓名或者联系电话［可填可不填］	以上空白之处仅供登记机关使用
B. 确认书送至：［姓名和地址］	

1a. 初始担保声明书登记号	1b. 本担保声明书修正 □将不动产登录簿中登记或者登录

2. □终止：上述担保声明书的效力对于授权终止声明书的担保权人的担保权终止。
3. □展期：上述担保声明书的效力对于授权展期声明书的担保权人的担保权再延展相应法律规定的时间
4. □让与（全部或者部分）：在第 7a 或者 7b 栏中填入受让人的姓名或者名称；在第 7c 栏中填入受让人的地址；在第 9 栏中填入让与人的姓名或者名称。
5. 修正（当事人信息）：本修正影响□担保人□或者□登记担保权人。两框中只画一框。以下三框中也只画一框并在第 6 栏和/或者第 7 栏中记载相应信息：

□变更姓名或者名称和/或者地址。在第 6a 或者 6b 栏中填入现在的登记姓名或者名称；在第 7a 或者 7b 栏中填入新的姓名或者名称（如发生变更）；且/或者在第 7c 栏中填入新的地址	□删除姓名或者名称。在第 6a 或者 6b 栏中填入拟删除的姓名或者名称	□增加姓名：填写第 7a 或者 7b 栏；也填第 7c 栏；填写第 7d－7g 栏（如有的话）

<table>
<tr><td colspan="8">6. 当前文件信息</td></tr>
<tr><td rowspan="2">或者</td><td colspan="7">6a 组织的名称</td></tr>
<tr><td colspan="3">6b 个人的姓</td><td>名</td><td colspan="2">当中的名字</td><td>词尾</td></tr>
<tr><td colspan="8">7. 经变更的（新的）或者增加的信息</td></tr>
<tr><td rowspan="2">或者</td><td colspan="7">7a 组织的名称</td></tr>
<tr><td colspan="3">7b 个人的姓</td><td>名</td><td colspan="2">当中的名字</td><td>词尾</td></tr>
<tr><td colspan="4">7c 通讯地址</td><td>城市</td><td>州</td><td>邮政编码</td><td>国家</td></tr>
<tr><td colspan="2">7d 税号</td><td>组织担保人的其他信息</td><td>7e 组织的类别</td><td>7f 组织的法域</td><td colspan="3">7g 组织的登记号（如有的话）
□无</td></tr>
<tr><td colspan="8">8. 修正（担保物变化）：只画一个框
描述担保物 □已删除的 或者 □增加的，或者重新全部描述 □担保物，或者描述 □被让与的担保物</td></tr>
<tr><td colspan="8">9. 授权本修正的登记担保权人姓名或者名称（如果是让与，让与人的姓名或者名称）。如果本修正是担保人所授权的增加担保物或者增加授权担保人的修正，或者本修正是担保人所授权的终止，划此处□并填入授权本修正的担保人的姓名或者名称</td></tr>
<tr><td rowspan="2">或者</td><td colspan="7">9a 组织的名称</td></tr>
<tr><td colspan="3">9b 个人的姓</td><td>名</td><td colspan="2">当中的名字</td><td>词尾</td></tr>
<tr><td colspan="8">10. 可选择的登记者参照数据</td></tr>
</table>

全美《统一商法典》担保声明书之修正（表式 UCC3）（1998 年 7 月 29 日修正）

<table>
<tr><td colspan="4">《统一商法典》担保声明书之修正附录
请仔细阅读前面和背面之提示</td><td rowspan="6">以上空白之处仅供登记机关使用</td></tr>
<tr><td colspan="4">11. 初始担保声明书登记号（与修正表式第 1a 栏相一致）</td></tr>
<tr><td colspan="4">12. 授权本修正的当事人的姓名或者名称（与修正表式第 9 档相一致）</td></tr>
<tr><td rowspan="2">或者</td><td colspan="3">12a 组织的名称</td></tr>
<tr><td>12b 个人的姓</td><td>名</td><td>当中的名字，词尾</td></tr>
<tr><td colspan="4">13. 以下空白之处供填其他信息之用</td></tr>
</table>

全美《统一商法典》担保声明书修正附录（表式 UCC3 附录）（1998 年 7 月 29 日修正）

第9—522条　文件的保管与销毁

[备选方案之一]

(a)［失效后的保管及信息的检索。］登记机关对于已登记担保声明书中记载的信息的文件，在担保声明书根据第9—515条规定对所有登记担保权人失效之后，至少保管1年。通过使用担保人的姓名或者名称，以及文件有关的初始担保声明书的登记号，必须能够检索出该文件。

[备选方案之二]

(a)［失效后的保管及信息的检索。］登记机关对于已登记担保声明书中记载的信息的文件，在担保声明书根据第9—515条的规定对所有登记担保权人失效之后，至少保管1年。通过使用担保人的姓名或者名称以及以下方式，必须能够检索出该文件：

(1) 如果该文件在第9—501条第(a)款第(1)项规定的登记机关予以登记［或者登录］，通过使用分派给与该文件相关的初始担保声明书的登记号，以及该文件的登记［或者登录］日期［以及时刻］；或者

(2) 如果该文件在第9—501条第(a)款第(2)项规定的登记机关予以登记，通过使用分派给与该文件相关的初始担保声明书的登记号。

[备选方案结束]

(b)［书面文件的销毁。］除有关处理公开文件的成文法另有规定外，登记机关可以立即销毁证明担保声明书的任何书面文件。但是，如果登记机关销毁了一个书面文件，它将保存符合第(a)款要求的担保声明书的另外一份文件。

立法提示：其不动产登记机关要求在修正中增加额外信息且不能以债务人的姓名和登记号来检索其文件的州，应当通过第9—512条第(*a*)款、第9—518条第(*b*)款、第9—519条第(*f*)款和第9—522条第(*a*)款的备选方案之二。

第9—523条　登记机关提供的信息；文件的买卖或者许可使用

(a)［登记书面文件的确认。］如果登记书面文件者请求确认该登记，登记机关应当向该人送达一份文件的影印件(image)，显示根据第9—519条第(a)款第(1)项的规定分派给该文件的编号以及该文件的登记日期和时刻。但是，如果该人向登记机关请求该文件的副本的，登记机关应当：

（1）在副本上注明根据第 9－519 条第（a）款第（1）项的规定分派给该文件的编号和该文件的登记日期和时刻，且

（2）将该副本送达于该人。

（b）［登记其他文件的确认。］如果某人登记了书面文件之外的文件，登记机关应当向该人转送一份确认书，其中载明：

（1）该文件中的信息；

（2）根据第 9－519 条第（a）款第（1）项的规定分派给该文件的编号；以及

（3）文件的登记日期和时刻。

（c）［被请求的信息的传送。］登记机关应当向任何提出请求的人，传送下列信息或者在文件中能取得以下信息：

（1）在登记机关规定的日期和时间内（但不得早于登记机关收到请求的前 3 个工作日），登记簿上是否存在符合以下条件的担保声明书：

（A）指定特定的担保人［或者，如果该请求如此陈述，指定该请求中规定的地址的特定担保人］；

（B）根据第 9－515 条的规定没有对所有登记担保权人失效；而且

（C）如果该请求书如此陈述，虽已根据第 9－515 条的规定失效，但其文件根据第 9－522 条第（a）款的规定仍由登记机关保管；

（2）每个担保声明书的登记日期与时刻；以及

（3）每个担保声明书中所记载的信息。

（d）［传送信息的媒介。］只要遵守第（c）款规定的义务，登记机关可以以任何媒介传送信息。但是如果申请者请求，登记机关应当以签发［书面证明书］［一份在没有证明其真实性的外来证据时能被该州法院采纳为证据的文件］的方式传送信息。

（e）［登记机关履行职责的及时性。］登记机关应当在登记机关守则规定的时间内（但不得晚于登记机关收到请求后两个工作日），以登记机关守则规定的方式完成第（a）款至第（d）款规定的行为。

（f）［文件的公众查阅。］［填入相应的官方或者政府机构］［登记机关］应当至少每周一次，以登记机关当时可以采用的任何媒介，非独占地向公众批量出卖或者许可使用依本章规定登记于其处的所有文件的副本。

立法提示：

1. 其登记机关没有提供答复局限于某一特定地址的检索请求的额外服务的州，应当省去第（*c*）款第（1）项第（*A*）目中括号中的文字。

2. 选择不要求不动产登记机关遵守第（*e*）款和第（*f*）款中之一或者两者的州，应当在相应的款中仅规定第9－501条第（*a*）款第（2）项中规定的登记机关。

第9－524条　登记机关的迟延

因登记机关的迟延而超过了本编所定时间限制，登记机关在以下情况下就该迟延不承担责任：

（1）该迟延是由于传送的中断、计算机设备的故障、战争、紧急情事、设备的失灵或者其他非登记机关所能控制的原因所造成的；而且

（2）根据当时的情况，登记机关已尽合理的注意义务。

第9－525条　费用

（a）［初始担保声明书或者其他文件：一般规则。］除第（e）款另有规定外，根据本章规定登记文件和将其编入索引的费用，除第（b）款规定的初始担保声明书之外，是［第（c）款中规定的金额，如有的话，加上］：

（1）__［X］__美元，如果文件以书面形式传送，且只有一页或者两页；

（2）__［2X］__美元，如果文件以书面形式传送，且有两页以上；以及

（3）__［1/2X］__美元，如果文件以登记机关守则授权的其他媒介传送。

（b）［初始担保声明书：公共财政和活动房交易。］除第（e）款另有规定外，登记以下种类的初始担保声明书和将其编入索引的费用，是［第（c）款中规定的金额，如有的话，加上］：

（1）______美元，如果担保声明书表明其登记与公共财政交易相关；

（2）______美元，如果担保声明书表明其登记与活动房交易相关。

［备选方案之一］

（c）［姓名或者名称的数量。］编入索引时所要求的姓名或者名称的数量不影响第（a）款和第（b）款所定费用的数额。

［备选方案之二］

（c）［姓名或者名称的数量。］除第（e）款另有规定外，如果文件是以

书面形式传送，编入索引时所要求的两个以上的姓名或者名称，每个姓名或者名称的费用是________美元。

［备选方案结束］

(d)［信息请求的答复。］向登记机关请求信息的答复费用，包括［签发证明书，表明］［传送］登记簿中是否存在列明特定担保人的担保声明书的费用，是：

(1) ______美元，如果该请求以书面形式传送；以及

(2) ______美元，如果该请求以登记机关守则授权的其他媒介传送。

(e)［不动产抵押权文件。］如果不动产抵押权文件，同时构成根据第9—502条第(c)款的规定能有效地作为不动产附着物登记而登记的担保声明书，或者作为涉及待开采的担保物或者待砍伐的树木的担保声明书，本条没有要求收取担保声明书的费用。但是，不动产抵押权文件应收取的登录费用和解押费用(satisfaction fees)应予收取。

立法提示：

1. 为保持一致，将本条规定与调整提供其他服务收费的成文法一起规定的州，应当不予修改而适用。

2. 除非其索引系统在将额外的姓名或者名称编入索引时须实质性地付出额外的成本，各州应当批准第(*c*)款备选方案之一，并省去第(*a*)款和第(*b*)款括号中的文字。

第9—526条　登记机关守则

(a)［登记机关守则的制定。］［填入相应的政府机关或者机构］应当制定并公布守则以贯彻本编。登记机关守则必须：

(1) 与本编保持一致；且

(2) 根据［填入相应州的行政程序法］的规定制定和公布］。

(b)［守则的一致性。］为了统一登记机关的守则和实践与实质性地采纳本章的其他法域的登记机关的守则和实践，且为使登记机关所使用的技术与实质性地采纳本章的其他法域的登记机关所使用的技术相互兼容，［填入相应的政府机关或者机构］，只要与本编的宗旨、目的和规定相一致，在制定、修改和废止登记机关守则时，应当：

(1) 与实质性地采纳本章的其他法域的登记机关商议；而且

（2）查阅公司管理者国际联盟（the International Association of Corporate Administrators）或者其承继组织所公布的示范守则的最新文本；而且

（3）参考实质性采纳本章的其他法域的登记机关守则和实践以及其所使用的技术。

第9－527条　报告义务

［填入相应的政府机关或者机构］应当［每年在________时或者在_____之前］向［行政长官和立法机关］报告登记机关的运行状况。报告必须包括含有以下内容：

（1）登记机关守则与实质性地批准本章的其他法域的登记机关守则不一致之处，及这些变化的原因；

（2）登记机关守则与公司管理者国际联盟或者其承继组织所公布的示范守则最新文本不一致之处，及这些变化的原因。

第六章　违约

［第一节　违约与担保权的实行］

第9－601条　违约后的权利；司法执行；寄售人或者应收账款、担保债权凭证、付款无体财产权或者本票的买受人

（a）［违约后担保权人的权利。］违约发生之后，担保权人有权根据本章的规定或者当事人的约定行使权利，但第9－602条另有规定的除外。担保权人：

（1）可以就其主张请求法院作出判决（reduce a claim to judgment）、取消回赎权（foreclose）或者依其他可行的司法程序实行其请求权、担保权或者农业担保权；

（2）如果担保物为物权凭证，可以处分物权凭证或者物权凭证能表彰的有体动产。

（b）［占有或者控制担保物的担保权人的权利和义务。］根据第9－104条、第9－105条、第9－106条或者第9－107条的规定占有或者控制担保物的担保权人，具有第 9—207 条所规定的权利和义务。

(c)［权利的累积；同时行使。］第（a）、（b）款规定的权利可以累积，并可以同时行使。

(d)［担保人和债务人的权利。］除第（g）款和第 9—605 条另有规定外，违约发生之后，担保人和债务人依本章的规定和当事人间的约定行使权利。

(e)［判决后通过扣押而取得的担保权（lien）。］如果担保权人已就其主张请求判决，则因执行判决通过扣押担保物而取得的担保权的效力，可溯及至下列时间中之最早者：

(1) 担保物之上担保权或者农业担保权公示之时；

(2) 涵盖有该担保物的担保声明书登记之时；或者

(3) 成文法所定农业担保权设立之时。

(f)［执行程序中的变卖。］在本条中，执行程序中的变卖，是指担保权或者农业担保权通过司法程序得以变现。担保权人在该变卖程序中可以购买担保物，且此后对于该担保物的持有不受本编其他规定的限制。

(g)［寄售人或者特定偿付请求权的买受人。］除第 9—607 条第（c）款另有规定外，本章并不为作为担保权人的寄售人或者应收账款、担保债权凭证、付款无体财产权或者本票的买受人设定义务。

第 9—602 条　权利和义务的抛弃和变更

除第 9—624 条另有规定外，在为担保人或者债务人设定权利或者为担保权人设定义务的范围内，担保人或者债务人不得抛弃或者变更以下所列各条所述的规则：

(1) 第 9—207 条第（b）款第（4）项第（C）目关于担保权人使用或者操作担保物的规定；

(2) 第 9—210 条关于清算账目和有关担保物列表和账目报表的请求的规定；

(3) 第 9—607 条第（c）款关于担保物的收款和实行的规定；

(4) 第 9—608 条第（a）款和第 9—615 条第（c）款中关于收款、实行或者处分所得的非现金收益的分配或者偿付的规定；

(5) 第 9—608 条第（a）款和第 9—615 条第（d）款中关于要求计算或

者偿付担保物的剩余收益的规定；

（6）第 9－609 条中关于其为不经过司法程序而取得担保物的占有的担保权人设定的不得妨碍公共秩序的义务的规定；

（7）第 9－610 条第（b）款、第 9－611 条、第 9－613 条和第 9－614 条关于担保物的处分的规定；

（8）第 9－615 条第（f）款关于处分给担保权人、担保权人的利害关系人或者从债务人时差额或者结余的清算的规定；

（9）第 9－616 条关于结余或者差额的计算的说明的规定；

（10）第 9－620 条、第 9－621 条和第 9－622 条关于接受担保物以清偿债务的规定；

（11）第 9－623 条关于担保物的回赎的规定；

（12）第 9－624 条关于允许的抛弃的规定；以及

（13）第 9－625 条和第 9－626 条关于担保权人未遵守本编规定的责任的规定。

第 9－603 条　与权利义务有关的标准的合意

（a）［合意的标准。］当事人可以通过协议确定标准，以衡量依第 9－602 条所明定的规则担保人或者债务人权利的行使和担保权人义务的履行，该标准应当不是明显不合理。

（b）［合意的标准不适用于妨碍公共秩序（breach of peace）。］第（a）款的规定不适用于第 9－609 条所规定的不得妨碍公共秩序的义务。

第 9－604 条　担保合同涉及不动产或者不动产附着物的程序

（a）［实行：动产与不动产。］如果担保合同同时涉及动产与不动产，担保权人可以：

（1）在不侵犯与不动产有关的任何权利的情况下，依本章的规定处分动产；或者

（2）依与不动产有关的权利同时处分动产与不动产，此时本章的其他规定概不适用。

（b）［实行：不动产附着物。］受第（c）款规定的限制，如果担保合同涉及已成为或者即将成为不动产附着物的有体动产，担保权人可以：

（1）依本章规定而处分；

（2）依与不动产有关的权利而处分，此时，本章的其他规定概不适用。

（c）［不动产附着物的拆除。］受本章其他条款的限制，如果在不动产附着物上享有担保权的担保权人具有优先于不动产所有权人或者不动产担保权人（encumbrancers）的顺位，则在违约发生后，担保权人有权从不动产上拆除该担保物。

（d）［由拆除所致的损害。］拆除担保物的担保权人应当立即向不动产担保权人或者不动产所有权人（债务人除外）赔偿因拆除所造成的有形损害（physical injury）的修复费用。担保权人对于因已拆除的有体动产的缺失或者必须替换该有体动产所造成的价值贬损，没有义务向不动产担保权人或者不动产所有权人赔偿。在担保权人对赔偿义务的履行提供充分的担保之前，有权请求赔偿的人可以拒绝其拆除担保物。

第 9—605 条　未知担保人或者从债务人

担保权人不因其担保权人的地位而对以下人承担义务：

（1）作为担保人或者债务人的人，除非担保权人知道：

（A）该人即为担保人或者债务人；

（B）该人的身份；以及

（C）该人的联系方式。

（2）已登记了担保声明书以对抗他人的另一担保权人或者法定担保权人（lienholder），除非该担保权人知道：

（A）该他人即为担保人；以及

（B）该他人的身份。

第 9—606 条　农业担保权的违约发生时间

在本章中，与农业担保权有关的违约发生的时间，即担保权人有权依该担保权的设立所依据的成文法的规定实行该担保权之时。

第 9—607 条　担保权人的收款和实行

（a）［一般情形下的收款与实行。］担保权人因担保人的任何违约，根据合同的约定：

（1）有权通知应收账款债务人或者担保物上的其他债务人向担保权人偿付或者履行，或者为担保权人的利益而偿付或者履行；

（2）有权收取依第 9—315 条的规定有权主张的任何收益；

（3）有权实行应收账款债务人或者担保物上的其他债务人的债务；且就应收账款债务人或者担保物上的债务人对担保人所负金钱给付义务或者履行义务，就与担保应收账款债务人或者担保物上的其他债务人的义务的履行的任何财产，有权行使担保人的权利；

（4）如果担保权人享有存款账户之上根据第9－104条第（a）款第（1）项的规定依控制而公示的担保权，则有权利用该存款账户的余额（balance）清偿由存款账户所担保的债务；而且

（5）如果担保权人享有存款账户之上根据第9－104条第（a）款第（2）项或者第（3）项的规定依控制而公示的担保权，则有权指示银行向担保权人或者为担保权人的利益而支付存款账户的余额。

（b）［非依司法程序执行不动产抵押权。］如果有必要赋予担保权人行使第（a）款第（3）项所定非依司法程序行使担保人不动产抵押权的权利，担保权人可以在不动产抵押权文件登录的机关登录以下文件：

（1）创设或者规定不动产抵押权所担保的债务之上担保权的担保合同的副本；以及

（2）担保权人在可登录的格式中的誓词，表明：

（A）已发生违约；且

（B）担保权人有权非依司法程序实行该不动产抵押权。

（c）［商业上合理的收款与实行。］担保权人应当依商业上合理的方式为之，如果担保权人：

（1）着手向应收账款债务人或者担保物上的其他债务人收款或者实行债务；以及

（2）有权就担保物未获收款时进行倒账回冲，或者以其他方式向担保人或者从债务人行使完全的或者有限的求偿权。

（d）［收款和实行的费用。］担保权人可以从其依第（c）款规定所收的款项中扣除合理的收款和实行费用，包括担保权人发生的合理的律师费用和法定费用。

（e）［对担保权人的义务不受影响。］本条并未确定应收账款债务人、银行或者担保物上的其他债务人是否对担保权人承担义务。

第 9－608 条　收款或者实行的收益的分配，对差额的责任和对结余的权利

（a）［债务受担保时收益的分配、结余和差额。］担保权或者农业担保权担保债务的偿付或者履行时，应当适用以下规则：

（1）担保权人按以下顺序分配或者偿付依第 9－607 条的规定收款或者实行所得的现金收益：

（A）合理的收款和实行费用，以及担保权人所支出的在合同约定的范围内并不受法律禁止的合理的律师费用和法定费用；

（B）清偿收款或者实行所依据的担保权或者农业担保权所担保的债务；以及

（C）如果担保权人在收益分配完毕之前即收到了一份业经确认的收益请求，清偿受收款或者实行所依据的担保权或者农业担保权的约束的担保物之上后顺位担保权（lien）或者其他担保权所担保的债务。

（2）应担保权人的要求，后顺位担保权或者其他担保权（lien）的持有人，应当在合理的期间内提供其权利存在的合理证据。如果持有人不能提供，担保权人无须遵守持有人依第（1）项第（C）目所提出的请求。

（3）担保权人无需分配或者偿付依第 9－607 条的规定收款和实行所得的非现金收益，但不分配或者不偿付将导致商业上的不合理，不在此限。分配或者偿付非现金收益的担保权人应当以商业上合理的方式而为之。

（4）担保权人应当就结余向担保人做出说明，并予返还，（主）债务人并对任何差额承担责任。

（b）［在某些金钱给付请求权买卖中无结余和差额。］如果基础交易是应收账款、担保债权凭证、付款无体财产权或者本票的买卖，担保人对任何结余没有权利，（主）债务人对任何差额亦无义务。

第 9－609 条　违约发生后担保权人的占有权

（a）［占有；使设备无法使用，在担保人财产所在地处分。］违约发生后，债权人：

（1）有权取得担保物的占有；且

（2）有权不移动担保物而使之无法使用，并依第 9－610 条的规定在担保人财产所在地处分担保物。

（b）［司法和非司法程序。］担保权人可依以下方式行使第（a）款规定的权利：

（1）依司法程序；或者

（2）在不违反公共秩序的前提下，可不经过司法程序。

（c）［担保物的汇集。］如果有约定，担保权人可于违约发生后要求债务人汇集担保物，并在担保权人指定的且对双方当事人均属便利的地点交付于担保权人。

第9—610条　违约发生后担保物的处分

（a）［违约发生后的处分。］违约发生后，担保权人可以以担保物当时的状况，或者依任何商业上合理的准备或者处理，出卖、出租、许可使用或者以其他方式处分担保物的任何部分或者全部。

（b）［商业上合理的处分。］处分担保物的每个方面，包括方法、方式、时间、地点或者其他条件，在商业上必须是合理的。如果在商业上是合理的，担保权人可以依公开或者非公开的程序，通过一个或者多个合同，在任何时间、任何地点和任何条件下，整体或者分批地处分担保物。

（c）［担保权人购买。］担保权人在以下情形下可以购买担保物：

（1）在任何公开处分中；或者

（2）在非公开处分中，但以担保物是那种习惯上均在公认的市场上出卖或者其价格合于众所知悉的标准的物为限。

（d）［处分时的瑕疵担保。］出卖、出租、许可使用或者其他处分合同，包括了对所有权、占有、平静享有（quiet enjoyment）等此类的瑕疵担保。根据法律规定，该瑕疵担保与依合同对此类财产的自愿处分如影随形。

（e）［瑕疵担保的否认。］担保权人可以以以下方式否认或者变更依第（d）款的瑕疵担保：

（1）以一种能有效地否认或者变更受处分合同约束的此类财产的自愿处分中的瑕疵担保的方式；或者

（2）通过向购买人传送一个文件，证实处分合同，并且载明了瑕疵担保的明确否认和变更。

（f）［足以否认瑕疵担保的文件。］只要某一文件表明“本次处分中，对所有权、占有、平静享有等诸如此类无瑕疵担保”，或者使用与此同样重要的语言，则该文件足以依第（e）款的规定否认瑕疵担保。

第 9—611 条　担保物处分之前的通知

（a）［“通知日期”。］本条中，“通知日期”，是指以下日期中之较早届至者：

（1）担保权人向担保人和任何一个从债务人送达一份业经确认的处分通知；或者

（2）担保人和任何一个从债务人抛弃了受领通知的权利。

（b）［必要的处分通知。］除第（d）款另有规定外，依第 9—610 条的规定处分担保物的担保权人，应向第（c）款规定的人送达一份合理的业经确认的处分通知。

（c）［受领通知的人。］为遵守第（b）款的规定，担保权人应向以下人送达一份业经确认的处分通知：

（1）债务人；

（2）任何一个从债务人；以及

（3）如果担保物非为消费品：

（A）担保权人曾在通知日期之前已收到其发出的经确认的主张担保物上的权利的通知的其他任何人；

（B）其他任何担保权人或者法定担保权人（lienholder），其在通知日期之前 10 日还享有担保物之上依登记担保声明书的方式而公示的担保权或者农业担保权，该担保声明书：

（i）指明了该担保物；

（ii）在该日期之前以担保人的名义编入索引；而且

（iii）在该日期之前已在对担保人登记涵盖担保物的担保声明书的机关登记；以及

（C）其他任何担保权人，其在通知日期之前 10 日还享有担保物之上依遵守本法第 9—311 条第（a）款所述的成文法、条例或者条约而公示的担保权。

（d）［第（b）款不予适用：易腐坏的担保物；公认的市场。］如果担保物易腐坏或者有急剧贬值之虞，或者属于那种习惯上在公认的市场上出卖的有体动产，则不适用第（b）款。

(e)［遵守第（c）款第（3）项第（B）目的规定。］在下列情形下，担保权人即遵守了第（c）款第（3）项第（B）目所规定的通知要求：

(1) 在通知日期之前不晚于20日或者早于30日内，担保权人以商业上合理的方式要求提供信息，该信息与在第（c）款第（3）项第（B）目所述的登记机关以担保人姓名或者名称编入索引的担保声明书有关；且

(2) 在通知日期之前，担保权人：

(A) 没有收到所请求信息的任何答复；或者

(B) 收到了所请求信息的答复，且向该答复中列明的其担保声明书涵盖该担保物的每个担保权人或者其他法定担保权人（lienholder）送达一份业经确认的处分通知。

第9—612条　处分担保物之前通知的及时性

(a)［合理时间是事实问题。］除第（b）款另有规定外，通知是否在合理时间内送达，是个事实问题。

(b)［在非消费者交易中，10日期间足够。］在消费者交易以外的交易中，违约发生后，处分通知在通知中确定的处分的最早时间之前10日或者更长时间送达的，即为在处分前合理时间内送达的通知。

第9—613条　处分担保物之前通知的内容和格式：一般规则

除消费品交易之外，适用下列规则：

(1) 处分通知包含以下内容即为已足：

(A) 载明担保人和担保权人；

(B) 载明作为拟处分标的的担保物；

(C) 阐明拟处分的方法；

(D) 表明担保人有权清算未偿债务，并说明清算费用（如有的话）；以及

(E) 表明公开处分的时间或者地点或者此后另一处分的时间。

(2) 缺少第（1）项所规定的任一信息的处分通知是否充分，是一个事实问题。

(3) 实质上含有第（4）项所定的信息的处分通知是充分的，即使该通知包含：

(A) 该项没有规定的信息；或者

(B) 不致引起严重误导的细微错误。

（4）通知无须特别措辞。

（5）只要填写下列通知格式，或者第 9－614 条第（3）项所列格式，通知即为充分的。

担保物处分通知

至：[担保人、债务人或者其他本通知拟送达之人的姓名或者名称]

自：[担保权人的姓名或者名称、地址和电话号码]

担保人的姓名或者名称：[仅在担保人不是收件人时填]

[公开处分时：]

我们将公开出卖［或者出租或者许可使用，视具体情况而定］[载明担保物]［给适当的出价最高者］如下：

日期：______

时间：______

地点：______

[非公开处分时：]

我们将在[日期]之后非公开出卖［或者出租或者许可使用，视具体情况而定］[载明担保物]。

您在支付［______美元］后，有权要求一份由我们意欲出卖［或者出租或者许可使用，视具体情况而定］的财产所担保的未受清偿债务的结算清单。您可以致电[电话号码]。

［格式结束］

第 9－614 条　处分担保物前通知的内容与格式：消费品交易

在消费品交易中，适用以下规则：

（1）处分通知必须载明以下信息：

（A）第 9－613 条第（1）项所规定的信息；

（B）被通知人对差额的责任的描述；

（C）电话号码，以便了解依第 9－623 条的规定回赎担保物所应向担保权人偿付的金额；以及

（D）电话号码或者通讯地址，以便了解与处分及担保债务有关的其他信息。

（2）通知无须特别措辞。

（3）填写下列通知格式，即为充分的通知：

[担保权人的姓名或者名称以及地址]

[日期]

财产出卖方案的通知

[同时为担保人的债务人的姓名或者名称以及地址]

主题：[交易的类型]

我们占有您的[载明担保物]，同时您违反了我们协议中的约定。

[公开处分时：]

我们将公开出卖[载明担保物]。出卖可能包括出租或者许可使用。出卖将在以下时间和地点举行：

日期：________________________

时间：________________________

地点：________________________

如您愿意，可以参加变卖，并可以带人参加竞价。

[非公开处分时：]

我们将在[日期] 之后非公开地出卖[载明担保物]。出卖可能包括出租或者许可使用。

我们将从出卖所得款项首先扣除变卖费用，然后扣除您所欠债务的数额。如果我们所得款项少于您所欠债务，您[将仍欠或者将不欠，视具体情况而定] 差额部分。如果我们所得款项多于您所欠债务，您将得到超额部分，但我们必须将其支付给其他人的，除外。

您可在我们出卖之前的任何时候偿付您所欠的足额债务（不仅仅是过去到期的款项），包括我们的开支，而回赎财产。如您欲了解您必须偿付的准确数额，请致电[电话号码]。

如您要求我们书面解释我们是如何计算您欠我们的债务数额的，您可以致电[电话号码] [或者致函(担保权人的地址)]，并请求书面解释。[如果我们在过去六个月内向您送达了另外一份债务数额的书面解释，我们将因本次解释收取______美元的费用。]

如您需要了解本次出卖的更多信息，请致电[电话号码] [或者致函(担保权人的地址)]。

我们同时向以下其他在［载明担保物］享有权利的人或者依您的协议欠款的人送达本通知：

［其他所有担保人和债务人的姓名或者名称，如有的话］

［格式结束］

（4）即使该格式的底部记载了其他信息，采用第（3）项所定格式的通知仍是充分的。

（5）即使记载了错误的信息，但该信息非为第（1）项所要求，采用第（3）项所定格式的通知仍是充分的，但该错误在依本编规定所生权利方面产生误导的除外。

（6）如果依本条规定的通知没有采用第（3）项规定的格式，记载第（1）项未要求的信息的效力由本编之外的其他法律确定。

第 9－615 条　处分所得收益的分配，对差额的责任和对结余的权利

（a）［收益的分配。］担保权人对于根据第 9－610 条的规定处分担保物所得的现金收益，应当按以下顺序分配或者偿付：

（1）取回（retaking）、持有（holding）、准备处分、处理，以及处分所支出的合理费用，及在合同约定范围内而为法律所不禁止的由担保权人支付的合理律师费用和法定费用；

（2）据以处分担保物的担保权或者农业担保权所担保的债务的清偿；

（3）担保物之上后顺位担保权或者次顺位法定担保权（lien）所担保的债务的清偿，如果：

（A）在分配程序终结之前，担保权人已收到来自后顺位担保权人或者其他法定担保权（lien）人的业经确认的对收益的请求；且

（B）寄售人对担保物享有权利时，后顺位担保权或者其他担保权（lien）须优先于寄售人的权利；以及

（4）作为担保物的寄售人的担保权人，如果担保权人在分配程序终结之前收到来自寄售人的业经确认的对收益的请求。

（b）［后顺位权利的证据。］应担保权人的请求，后顺位担保权人或者其他法定担保权（lien）人应在合理时间内提出其权利的合理证据。否则，担保权人无须遵行其依第（a）款第（3）项规定提出的请求。

（c）［非现金收益的分配。］担保权人无须分配或者偿付根据第 9－610

条的规定处分担保物所得的非现金收益，但不分配或者不偿付将导致商业上的不合理的，不在此限。分配或者偿付非现金收益的担保权人应依商业合理的方式为之。

(d)［有担保债务时的结余或者差额。］如果据以处分担保物的担保权担保债务的偿付或者履行，在依第（a）款所要求和第（c）款所许可的偿付和分配后：

(1) 除非第（a）款第（4）项要求担保权人向寄售人分配或者偿付现金收益，担保权人应清算并将结余返还于担保人；且

(2) 债务人对差额承担责任。

(e)［特定金钱给付请求权买卖中无结余或者差额。］如果基础交易是应收账款、担保债权凭证、付款无体财产权或者本票的买卖，则：

(1) 担保人对任何结余没有权利；且

(2) 债务人对任何差额不承担责任。

(f)［向担保权人的利害关系人处分时结余或者差额的计算。］担保物处分后的结余或者差额的计算，基于依本章规定处分给担保权人、担保权人的利害关系人或者从债务人以外的受让人时本可以实现的收益的数额，如果：

(1) 处分中的受让人是担保权人、担保权人的利害关系人或者从债务人；且

(2) 处分所得收益的数额明显地低于依照规定处分给担保权人、担保权人的利害关系人或者从债务人以外的人时所得的收益额。

(g)［后顺位担保权人收到的现金收益。］如果担保权人善意收到处分担保物的现金收益，且不知道该受领侵犯了非劣位于据以处分担保物的担保权或者农业担保权的担保权持有人的权利，则：

(1) 担保权人取得的现金收益不受担保权或者其他担保权（lien）的约束；

(2) 担保权人没有义务将处分所得的收益用于清偿担保权或者其他担保权（lien）所担保的债务；且

(3) 担保权人无义务向该担保权人或其者其他担保权（lien）人清算或者偿付任何结余。

第 9－616 条　结余或者差额的计算的解释

(a)［定义。］本条中：

(1)“解释”(explanation)，是指载有以下内容的书面文件：

(A) 载明结余或者差额的数额；

(B) 解释担保权人依第 (c) 款的规定计算结余或者差额的方法；

(C) 如果可能，表明未来的负债、贷款、费用(包括额外的信贷服务费或者利息，退款)和支出可能会影响结余或者差额的数额；以及

(D) 载明电话或者通讯地址，以便获取与交易有关的其他信息。

(2)“请求”(request)，是指一份文件：

(A) 由担保人或者消费者债务人所确认；

(B) 请求受领者提供解释；以及

(C) 在根据 9－610 条的规定处分担保物后送达。

(b)［计算的解释。］在根据第 9－615 条的规定担保人对结余享有权利或者消费者债务人对差额承担责任的消费品交易中，担保权人应当：

(1) 在处分担保物后并于下述时间，向担保人或者消费者债务人(如有)，送达一份解释：

(A) 在担保权人向担保人清偿并将结余返还给担保人或者在处分后向消费者主债务人首次提出书面要求其偿付差额之时或者之前；以及

(B) 在收到请求后 14 日内。

(2) 涉及应对差额承担责任的消费者债务人时，应当在收到请求后 14 日内，向该消费者债务人送达一份文件，表明放弃担保权人对差额的追索权。

(c)［必要的信息。］为遵守第 (a) 款第 (1) 项第 (B) 目的规定，一份书面文件必须按下列顺序提供以下信息：

(1) 据以处分担保物的担保权所担保的债务的总额(aggregate amount)且，如果该数量反映了返还的利息或者信贷服务费，应当指出该事实，并计算至以下特定日期：

(A) 如果违约发生之后担保权人取得或者受领担保物的占有，在担保权人取得或者受领古有之前 35 日内；或者

(B) 如果违约发生之前担保权人取得或者受领担保物的占有，或者没有

取得担保物的占有，在处分之前35日内；

（2）处分担保物所得收益的金额；

（3）扣除收益金额之后债务的总额；

（4）担保权人知悉的与目前处分有关的担保物所担保的费用的数额（以总和或者分类的形式）和种类，包括取回、持有、准备处分、处理或者处分担保物的费用、律师费用；

（5）主债务人知道对之有权享有且没有反映在第（1）项所定数额之中的贷款的数额（以总和或者分类的形式）和种类，包括返还的利息或者信贷服务费；以及

（6）结余或者差额的数额。

（d）［实质上的遵守。］不要求解释有特定的方式。实质上遵守第（a）款所定要求的解释即为已足，即使它包括了不致引起严重误导的细微错误。

（e）［答复的费用。］在担保权人不依第（b）款第（1）项的规定向债务人或者消费者债务人送达解释的六个月期间内，该债务人或者消费者债务人有权依本条免费获得一次对请求的答复。对于每份额外的答复，担保权人可以收取不高于25美元的费用。

第9—617条　担保物的受让人的权利

（a）［处分的效力。］违约发生后，担保权人对担保物的处分：

（1）向支付了对价的受让人转让担保人在担保物上的所有权利；

（2）解除据以处分担保物上的担保权负担；以及

（3）解除任何后顺位担保权或者其他后顺位担保权（lien）的负担，依［填入规定有不被解除的担保权（lien）的法律或者成文法（如果有的话）］规定所创设的担保权除外。

（b）［善意受让人的权利。］即使担保权人没有遵守本编的规定或者任何司法程序的要求，善意受让人不受第（a）款所述权利和利益的限制。

（c）［其他受让人的权利。］受让人不能免受第（a）款所述权利和利益的限制时，取得担保物的受让人受以下权利的限制：

（1）担保人在担保物上的权利；

（2）据以处分担保物的担保权或者农业担保权；

（3）其他任何担保权或者其他担保权（lien）。

第 9—618 条　某些从债务人的权利和义务

(a)［从债务人的权利和义务。］从债务人在以下情况下，取得担保权人的权利并有义务履行担保权人的义务：

(1) 担保权人向从债务人让与担保债务；

(2) 担保权人向从债务人转让担保物，从债务人并同意接受担保权人的权利承担担保权人的义务，或者；

(3) 从债务人代位行使担保权人与担保物有关的权利。

(b)［让与、转让或者代位的后果。］本条第 (a) 款所述的让与、转让或者代位：

(1) 不是根据第 9—610 条规定所为的担保物的处分；以及

(2) 使担保权人免除本编所规定的其他义务。

第 9—619 条　文件或者法定所有权的转让

(a)［“转让声明书”。］本条中，“转让声明书”，是指由担保权人确认的载明以下内容的文件：

(1) 表明担保人已经违约，该违约与特定担保物所担保的债务有关；

(2) 表明担保权人已经行使了违约后与该担保物有关的救济权；

(3) 表明因救济权的行使，受让人已取得担保人在担保物上的权利；以及

(4) 载明担保权人、担保人和受让人的姓名或者名称和通讯地址。

(b)［转让声明书的效力。］转让声明书使受让人有权受让声明中指明的、由涵盖担保物的官方登记 (filing)、登录 (recording)、登记 (registration) 或者所有权凭证系统 (certificate—of—title system) 记载的担保人对担保物所享有的所有权利。如果转让声明书连同相应的费用和请求书（格式）向负责管理该系统的官员或者机关提交，该官员或者机关应当：

(1) 接受该转让声明书；

(2) 立即修正其文件以反映这一转让；而且

(3) 如果可能的话，签发一份新的以受让人为权利人的相应所有权凭证。

(c)［转让并非处分；不减轻担保权人的义务。］根据第 (b) 款或者其他规定将担保物的文件或者法定所有权转让予担保权人本身，并非本编所规

定的担保物的处分，其本身并不能减轻担保权人依本编规定应承担的义务。

第 9－620 条　接受担保物以全部或者部分清偿债务；担保物的强制处分

(a)［接受担保物以清偿债务的条件。］除第（g）款另有规定外，在以下情形下担保权人可以接受担保物以全部或者部分清偿担保物所担保的债务：

(1) 担保人依第（c）款规定同意该以物抵债；

(2) 担保权人在第（d）款规定的时间内没有收到由以下人确认的对这一建议提出的异议通知：

(A) 担保权人被要求根据第 9－621 条的规定向其送达建议的人；或者

(B) 担保人之外的在担保物上具有劣后于作为建议对象的担保权的权利的任何其他人；

(3) 如果担保物为消费品，当担保人同意以物抵债之时，担保物不由担保人占有；以及

(4) 第（e）款并不要求担保权人处分担保物或者担保人根据第 9－624 条的规定放弃了这一要求。

(b)［宣称的以物抵债无效。］根据本条规定，宣称的或者表见的以物抵债，无效，但以下情况除外：

(1) 担保权人在业经确认的文件中同意以物抵债，或者向担保人送达一份建议；以及

(2) 满足第（a）款规定的条件。

(c)［债务人的同意。］在本条中：

(1) 只有在违约发生后担保人在业经确认的文件中同意以物抵债的条件时，担保人才同意担保权人接受担保物以部分清偿担保物所担保的债务；而且

(2) 只有在违约发生后担保人在业经确认的文件中同意以物抵债的条件，且担保权人发生以下情形时，担保人才同意担保权人接受担保物以全部清偿担保物所担保的债务：

(A) 违约发生后向担保人送达一项建议，该建议为无条件的，或者仅受这一条件的限制，即保存或者维护未由担保权人占有的担保物；

（B）在该建议中，建议以担保物全部抵偿该担保物所担保的债务；以及

（C）建议送达后 20 日内没有收到担保人业经确认的异议通知。

（d）［通知的生效。］担保权人必须在以下期间内收到异议通知，第（a）款第（2）项所述的异议通知始生效力：

（1）如涉及依第 9—621 条向其发送建议的人时，向此人发出通知后 20 日内；以及

（2）在其他情况下：

（A）根据第 9—621 条送达最后通知之后 20 日内；

（B）如果没有送达通知，在债务人根据第（c）款的规定同意该以物抵债之前。

（e）［消费品的强制处分。］已占有担保物的担保权人，可以根据第 9—610 条的规定在第（f）款规定的时间内，处分担保物，如果：

（1）涉及消费品之上的价金担保权时，已支付现金价款的 60%；或者

（2）涉及消费品之上的非价金担保权时，已支付所担保的主债务数额的 60%。

（f）［遵守强制处分要求。］为遵守第（e）款的规定，担保权人应当在以下时间内处分担保物：

（1）在取得担保物占有后 90 日内；或者

（2）在担保人和所有从债务人于违约发生后签署和确认的协议中约定的更长的时间内。

（g）［消费者交易的部分清偿的禁止。］消费者交易中，担保权人不能接受担保物，以部分清偿担保物所担保的债务。

第 9—621 条　以物抵债建议的通知

（a）［建议的受送达人。］意欲接受担保物以全部或者部分清偿担保债务的担保权人，应当向以下人送达其建议：

（1）任何一个在担保人同意以物抵债之前担保权人收到其发出的一份业经确认的主张担保物上权利的通知的人；

（2）其他任何在担保人同意以物抵债之前 10 日前仍享有该担保物上的依照登记以下担保声明书的方式而公示的担保权或者其他担保权（lien）的担保权人或者法定担保权人（lienholder）：

（A）指明了该担保物；

（B）在该日期之前以担保人的姓名或者名称编入索引；以及

（C）在该日期之前在对担保人登记涵盖担保物的担保声明书的登记机关登记。

（3）任何在担保人同意以物抵债之前10日前对担保物仍享有依遵守第9—311条第（a）款所述的成文法、条例或者条约而公示的担保权的担保权人。

（b）［被送达至从债务人以部分清偿的建议。］意欲接受担保物以部分清偿担保物所担保的担保债务的担保权人，应当向第（a）款规定的人以外的任何从债务人送达其建议。

第9—622条　以物抵债的效力

（a）［以物抵债的效力。］担保权人接受担保物以全部或者部分清偿担保物所担保的债务：

（1）在担保人同意的范围内免除债务；

（2）担保人在担保物之上的所有权利移转于担保权人；

（3）解除作为担保人同意的对象的担保权或者农业担保权以及任何后顺位担保权或者其他后顺位担保权（lien）；以及

（4）终止任何其他后顺位权利。

（b）［虽然未遵守但仍解除后顺位权利。］即使担保权人未遵守本编的规定，后顺位担保权并因第（a）款的规定而解除或者终止。

第9—623条　回赎担保物的权利

（a）［回赎权人。］担保人、任何从债务人或者任何其他担保权人或者法定担保权人（lienholder）均有权回赎担保物。

（b）［回赎的条件。］为回赎担保物，某人必须：

（1）足额清偿担保物所担保的所有债务；以及

（2）支付第9—615条第（a）款第（1）项所规定的合理费用和律师费用。

（c）［回赎的时间。］在以下时间之前的任何时间，均可回赎：

（1）担保权人已根据第9—607条的规定收取担保物；

（2）担保权人已根据第9—610条的规定处分担保物或者达成处分担保

物的合同；或者

（3）担保权已根据第 9－622 条的规定接受担保物以全部或者部分清偿担保债务。

第 9－624 条　弃权

（a）[处分通知的弃权。] 担保人或者从债务人只能以在违约发生后达成且确认的合同，抛弃第 9－611 条规定的受领担保物处分通知的权利。

（b）[强制处分的弃权。] 担保人或者从债务人只能以在违约发生后达成且确认的合同，抛弃第 9－620 条第（e）款所定的请求处分担保物的权利。

（c）[回赎权的弃权。] 除消费品交易之外，担保人或者从债务人只能以在违约发生后达成且确认的合同，抛弃第 9－623 条所规定的回赎担保物的权利。

[第二节　不遵守本编规定]

第 9－625 条　担保权人未能遵守本编规定的救济

（a）[与未遵守本编有关的司法裁定。] 如果已证明担保权人没有依本编规定行事，法院可以依适当的条件裁定或者限制收款、实行或者处分担保物。

（b）[未遵守本编时的赔偿。] 受第（c）款、第（d）款、第（f）款规定的限制，某人应对未遵守本编规定所致的任何损失承担赔偿责任。未遵守规定所致的损失，包括担保人不能取得另外的融资或者取得另外的融资而增加的费用所致的损失。

（c）[有权请求损害赔偿的人；消费品交易中的法定赔偿。] 除第 9－628 条另有规定外：

（1）未能遵守规定时的担保人、债务人或者在担保物上享有担保权或者其他担保权（lien）的人，可以根据第（b）款的规定请求赔偿其损失；以及

（2）如果担保物为消费品，担保权人未能遵守本章规定时的担保人或者债务人在任何情况下均有权请求赔偿因未遵守规定所致损失，其赔偿数额不少于信贷服务费加主债务数额的 10％或者时价差额加现金价格的 10％。

（d）[差额消除或者降低时的赔偿。] 其差额根据第 9－626 条的规定而消除的担保人，可以请求赔偿任何结余的损失。但其差额根据第 9－626 条

的规定而消除或者降低的担保人或者债务人，不能根据第（b）款的规定另外请求赔偿因不遵守本章有关收款、实行、处分、或者以物抵债的规定所致的损失。

（5）长期或者一贯不遵守第9—616条（b）款第（1）项的人；

（6）未遵守第9—616条（b）款第（2）项的人。

（e）［法定损害：未遵守特定规定。］除第（b）款规定的可请求赔偿的损害以外，担保人、消费者债务人或者在已登记的文件中列明为担保人的人，如果有的话，可以向以下人各别请求赔偿500美元：

（1）未遵守第9—208条规定的人；

（2）未遵守第9—209条规定的人；

（3）登记了一份根据第9—509条第（a）款的规定无权登记的文件的人；

（4）未能使登记担保权人登记或者送达第9—513条第（a）款或者第（c）款所要求的终止声明书的人；

（5）习惯性或经常性地不遵守第9—616条第（b）款第（1）项的规定的人；或者

（6）未遵守第9—616条第（b）款第（2）项的规定的人。

（f）［法定损害：未遵守第9—210条的规定。］担保人或者消费者债务人可以根据第（b）款的规定请求损害赔偿之外，还可以分别向无正当理由未遵守第9—210条所规定的请求的人请求500美元的赔偿。收到根据第9—210条的规定所作出的请求的人，如果从未主张担保物之上的权利或者作为该条所规定的请求对象的债务，则对未遵守本款意思上的请求有正当原因。

（g）［担保权的限制：未遵守第9—210条的规定。］如果担保权人未能遵守第9—210条所定的与担保物清单或者财务报表有关的请求时，担保权人仅在该请求所记载清单或者报表中所示的范围内享有对抗被该未遵守所合理误导的人的担保权。

第9—626条　对差额或者结余存有争议的诉讼

（a）［差额或者结余的数量存有争议时的适用规则。］在除消费者交易以外的交易所引起的诉讼中，如果差额或者结余存在争议，应适用以下规则：

（1）担保权人无须证明其遵守了本章有关收款、实行、处分或者以物抵债的规定，但担保人或者从债务人对担保权人的遵守提出质疑的除外；

（2）如果担保权人的遵守被质疑，担保权人有义务举证证明收款、实行、处分或者以物抵债均依本章规定进行；

（3）除第 9－628 条另有规定外，如果担保权人未能证明其收款、实行、处分或者以物抵债均依本章有关收款、实行、处分或者以物抵债的规定进行，担保人或者从债务人对差额的责任则局限于担保债务的数额、支出和律师费用等的总和超过以下较高者的金额：

（A）收款、实行、处分或者以物抵债所得的收益；或者

（B）如果未遵守规定的担保权人依照本章有关收款、实行、处分或者以物抵债的规定行事本应实现的收益金额。

（4）在第（3）款第（B）项中，本应实现的收益金额，等于担保债务的数额、支出和律师费用之总和，但担保权人证明该金额少于该总和的除外。

（5）如果差额或者结余根据第 9－615 条第（f）款的规定而计算，担保人或者从债务人有义务举证证明处分所得的收益的数额显著地低于依照规定处分给担保权人、担保权人的利害关系人，或者从债务人以外的人所得的价值。

（b）［非消费者交易；禁止类推。］第（a）款规定的对消费者交易之外的交易的规则的限制，旨在由法院确定消费者交易中的适当规则。法院不能从该限制中推导出消费者交易中适当规则的性质，并可以继续适用现有的方法。

第 9－627 条　行为在商业上是否合理的判断

（a）［在其他情形下可能获得更高价金；不构成对商业上合理性的排除。］以担保权人选定的方法以外的方法，在担保权人选定的时间以外的时间，收款、实行、处分或者以物抵债可能获得更高价金的事实，并不足以证明担保权人未依商业上合理的方式收款、实行、处分或者以物抵债。

（b）［在商业上合理的处分。］在以下情形下处分担保物，即为商业上合理的处分：

（1）以在任何公认市场上通常的方式；

（2）以处分时通行于任何公认市场的价格；或者

（3）符合经营与处分的标的物同种类的财产的商人间的合理商业惯例。

（c）［法院的认可或者代表债务人利益的认可。］在以下情形下，收款、实行、处分或者以物抵债在商业上是合理的：

（1）在司法程序中被认可；

（2）为善意的债权人会议（bona fide creditors' committee）所认可；

（3）为债权人的代表人认可；或者

（4）由受让人为债务人的利益而认可。

（d）［第（c）款所定认可并非必须；没有认可并非无效。］并非必须获得第（c）款规定的认可，且未经认可并不表明收款、实行、处分或者以物抵债在商业上是不合理的。

第9—628条　担保权人无责任及责任限制，从债务人的责任

(a)［担保权人因未遵守本编规定所致责任的限制。］除非担保权人知道某人为担保人或者债务人，知道该人的身份，并知道该人的联络方式：

(1) 担保权人不因未遵守本编的规定而对该人，或者对该人已登记担保声明书的担保权人或者法定担保权人（lienholder）承担责任；以及

(2) 担保权人未遵守本编规定并不影响该人对差额的责任。

(b)［基于担保权人地位的责任限制。］担保权人并不因担保权人的地位，而对以下人承担责任：

(1) 担保人或者债务人，除非担保权人知道：

(A) 该人为担保人或者债务人；

(B) 该人的身份；以及

(C) 该人的系方式；或者

(2) 对某人已登记担保声明书的担保权人或者法定担保权人（lienholder），除非担保权人知道：

(A) 该人是担保人；以及

(B) 该人身份。

(c)［合理地确信交易非消费品交易或者消费者交易的责任限制。］因为任何作为或者不作为起因于担保权人对交易不是消费品交易或者消费者交易或者有体动产非为消费品的合理确信，如果担保权人的确信是基于对以下事项的合理信赖，则担保权人对任何人不承担责任，且某人对差额的责任不受影响：

(1) 担保人的与使用、取得、保管担保物的目的有关的表述；或者

(2) 债务人的与担保债务发生之目的有关的表述。

(d)［法定损害赔偿的责任限制。］担保权人并不因未遵守第9—616条的规定而依第9—625条第(c)款第(2)项的规定对任何人承担责任。

(e)［法定损害赔偿的多重责任的限制。］担保权人对一笔担保债务不依第9—625条第(c)款第(2)项的规定承担一次以上的责任。

第七章　过渡条款

第 9－701 条　生效日期

本［法］自 2001 年 7 月 1 日起生效。

第 9－702 条　保留条款

（a）［生效日之前的交易或者担保权（lien）。］除本章另有规定外，即使交易或者担保权（lien）订立或者创设于本［法］生效之前，本［法］仍适用于其适用范围之内的交易或者担保权（lien）。

（b）［持续有效。］除本条第（c）款和第 9－703 条至第 9－709 条另有规定外：

（1）非由［前第九编］调整的交易和担保权（lien）有效地订立或者创设于本［法］生效之前，且如果其订立或者创设于［本］法生效之后即会受本［法］约束，则由这些交易和担保权（lien）所生的权利义务和利益在本［法］生效之后仍然有效；而且

（2）这些交易和担保权（lien）可依本［法］或者如果本［法］不生效即予适用的其他法律的要求或者允许终止、履行、完成和实行。

（c）［生效日之前的程序。］本［法］不影响在本［法］生效之前即已启动的诉讼、案件或者程序。

第 9－703 条　生效日之前已公示的担保权

（a）［持续优先于法定担保权人：公示条件的满足。］如果本［法］生效之时，无须采取更进一步的行为即可满足本［法］所规定的相应可实行性和公示的要件，则在本法生效之前即具有可实行性且当时即具有优先于已成为法定担保权人（a lien creditor）的人的权利的顺位的担保权，构成依本［法］规定的已公示的担保权。

（b）［持续优先于法定担保权人：公示条件不满足。］除第 9－705 条另有规定外，如果在本［法］生效之前的时刻，担保权具有可实行性且当时即具有优先于已成为法定担保权人的人的权利的顺位，但在本［法］生效之时没有满足本［法］所规定的相应可实行性和公示的要求，则该担保权：

（1）在本［法］生效后 1 年内属于已公示的担保权；

（2）仅在该担保权在该1年期间届满之前根据第9－203条的规定成为可实行的情况下仍保留可实行性；以及

（3）仅在在该1年期间届满之前满足本［法］所规定的相应公示要求的情况下仍保留公示的状态。

第9－704条　生效日之前的未公示担保权

在本［法］生效之前即具有可实行性但当时具有劣后于已成为法定担保权人的人的权利的顺位的担保权：

（1）在本［法］生效后1年内仍属于可实行的担保权；

（2）如果该担保权在本［法］生效时或者生效后1年内根据第9－203条的规定成为可实行的，则仍保留可实行性。

（3）在以下时间成为公示的担保权：

（A）在本［法］生效之时而无须采取更进一步的行为，如果其在生效之前或者当时满足了本［法］所规定的相应公示要求；或者

（B）在满足了相应的公示要求之时，如果在生效后满足该要求。

第9－705条　生效日之前所采取的行为的效力

（a）［生效日之前的行为；1年的公示期除非再次公示。］如果在本［法］生效之前采取了行动，登记担保声明书除外，且如果担保权在本［法］生效之前已具有可实行性，则该行为将产生该担保权优先于已成为法定担保权人的人的权利的后果，则在本［法］生效后，1年内该行为能有效地公示依本［法］规定已有效成立的担保权。已有效成立的担保权在本［法］生效1年后即成为未公示的担保权，但该担保权在该期间届满之前根据本［法］规定成为已公示担保权的除外。

（b）［生效日之前的登记。］在本［法］生效之前的担保声明书的登记如满足了本［法］所规定的相应公示要求，该登记则可有效地公示担保权。

（c）［生效日之前在以前调整公示的法域的登记。］本［法］并不认为，在本［法］生效之前已根据［前第9－103条］所规定的调整公示的法域的法律的规定登记的，且满足相应公示要求的有效担保声明书，是无效的。但是，除第（d）款和第（e）款以及第9－706条另有规定之外，担保声明书在以下时间之更早时间到来之时即失去效力：

（1）担保声明书根据其被登记所在的法域的法律的规定应当失去效力的

时间；或者

（2）2006年6月30日。

（d）［展期声明书。］本［法］生效后，展期声明书的登记并不延展在本［法］生效之前已登记的担保声明书的效力。但是，一旦在本［法］生效之后及时登记展期声明书且遵守了第三章所规定的调整公示的法域的法律的规定，在本［法］生效之前在该法域的同一登记机关登记的担保声明书的效力在该法域的法律所规定的期限内仍然存续。

（e）［第（c）款第（2）项对运输事业担保声明书的适用。］在本［法］生效之前根据［前第9—103条］所规定的调整公示的法域的法律的规定已对某运输事业登记且满足了相应公示要求的担保声明书，仅在第三章规定担保声明书登记的法域以外的法域的法律调整该担保声明书所涉及的担保物之上的担保物的公示的情况下，才适用第（c）款第（2）项。

（f）［第五章的适用。］包括了在本［法］生效之前已登记的担保声明书和在本［法］生效之后已登记的展期声明书的担保声明书，在其满足了第五章关于初始担保声明书的要求的情况下，是有效的。

第9—706条　初始担保声明书足以延续担保声明书效力的情形

（a）［初始担保声明书替代展期声明书。］在第9—501条所规定的登记机关登记初始担保声明书，在以下情况下，延续了在本［法］生效之前登记的担保声明书的效力：

（1）在该登记机关登记初始担保声明书，根据本［法］的规定能有效地公示担保权；

（2）生效日之前的担保声明书登记于其他州的登记机关或者本州的其他登记机关；以及

（3）初始担保声明书满足了第（c）款的要求。

（b）［延续效力的期间。］根据第（a）款的规定登记初始担保声明书，在以下期间内延续了生效日之前的担保声明书的效力：

（1）如果初始担保声明书在本［法］生效之前登记，［前第9—403条］所规定的与担保声明书有关的期间；以及

（2）如果初始担保声明书在本［法］生效之后登记，第9—515条所规定的与初始担保声明书有关的期间。

（c）［第（a）款所规定的初始担保声明书的要求。］为有效地达到第（a）款规定的目的，初始担保声明书必须：

（1）满足第五章所规定的初始担保声明书的要求；

（2）通过指明登记担保声明书的登记机关并记载担保声明书及与该担保声明书有关的最近登记的展期声明书的登记日期和登记号，如有的话，来识别生效日之前的担保声明书；以及

（3）表明生效日之前的担保声明书仍然有效。

第9—707条　生效日之前的担保声明书的修正

（a）［“生效日之前的担保声明书”。］本条中，“生效日之前的担保声明书”，是指在本［法］生效之前登记的担保声明书。

（b）［适用的法律。］在本［法］生效后，只能依据第三章所规定的调整公示的法域的法律，增加或者删除生效日之前的担保声明书所涵盖的担保物，或者延续或者终止生效日之前的担保声明书的效力，或者以其他方式修正生效日之前的担保声明书中所记载的信息。但是，生效日之前的担保声明书的效力还可依照担保声明书登记所在的法域的法律而终止。

（c）［修正的方法：一般规则。］除第（d）款另有规定外，如果本州的法律调整担保权的公示，只有在以下情况下，生效日之前的担保声明书中的信息能在本［法］生效后修正：

（1）生效日之前的担保声明书及修正在第9—501条所规定的登记机关登记；

（2）修正与满足第9—706条第（c）款要求的初始担保声明书同时或者在后者登记之后在第9—501条所规定的登记机关登记；或者

（3）记载有修正后的信息且满足第9—706条第（c）款要求的初始担保声明书在第9—501条所规定的登记机关登记。

（d）［修正的方法：展期。］如果本州的法律调整担保权的公示，生效日之前的担保声明书的效力仅依第9—705条第（d）款和第（f）款或者第9—706条的规定而得以延续。

（e）［修正的方法：其他的终止规则。］不管本州的法律是否调整担保权的公示，在本州登记的生效日之前的担保声明书的效力，可以通过在生效日之前的担保声明书登记所在的登记机关登记一份终止声明书而终止，但满足

了第9—706条第（c）款要求的初始担保声明书已在第三章作为登记担保声明书的机关而规定的调整公示的法域的法律所规定的登记机关登记的，除外。

第9—708条　有权登记初始担保声明书或者展期声明书的人

某人可以根据本章规定登记初始担保声明书或者展期声明书，如果：

（1）登记担保权人授权登记；以及

（2）根据本章规定，登记是以下事项的必要条件：

（A）延续在本［法］生效前登记的担保权的效力；或者

（B）公示或者持续公示担保权。

第9—709条　优先顺位

（a）［调整优先顺位的法律。］本［法］确定担保物之上竞存权利之间的优先顺位。但是，如果权利之间的相对优先顺位已在本［法］生效之前确定，由［前第九编］确定优先顺位。

（b）［担保声明书根据第9—203条的规定成为可实行时的优先顺位。］在第9—322条第（a）款中，如果担保权在本［法］生效之前根据本［法］规定通过登记根据［前第九编］的规定不能有效地公示担保权的担保声明书的方式得以公示，根据本［法］第9—203条的规定成为可实行的担保权的优先顺位自本［法］生效之日起确定。本条不适用于每个竞存担保权都是通过登记此类担保声明书而公示的情形。

附录一　其他各编的相应修改（略）

附录二　生产—金钱优先顺位示范条文

立法提示：批准这些示范条文的州，应当在第9—102条第（*a*）款“收益”（proceeds）的定义之后和“本票”（promissory note）之前增加以下定义，并对第9—102条第（*a*）款的序号相应地进行重编：

（　　）“生产—金钱农作物”（Production—money crops），是指担保因该农作物的生产所生的生产—金钱债务的履行的农作物。

（　　）“生产—金钱债务”（Production—money obligation），是指债务人因新对价的给付以使债务人能生产农作物所生的债务，以该对价事实上用作农作物的生产为限。

（　　）“农作物的生产”（Production of crops），是指耕作和以其他形式为生长、种植、养殖、施肥、灌溉、收获和收拾农作物而整理土地，以及保护其免受损害或者灾害。

［示范条文第 9－103 条之一］　“生产－金钱农作物”；“生产－金钱债务”；生产－金钱担保权；举证责任

(a) 在农作物属于生产－金钱农作物的情况下，该农作物之上的担保权即为生产－金钱担保权。

(b) 如果某担保权是否构成生产－金钱担保权，取决于对特定债务的付款的分配，则付款必须按照以下方法进行分配：

(1) 按照当事人约定的合理分配方法；

(2) 如果当事人之间没有合理分配方法的约定，按照债务人在付款之时或者之前所表明的意图；

(3) 如果没有合理方法的约定以及债务人及时表明的意图，按以下顺序：

(A) 未受担保的债务；以及

(B) 如果不只担保了一项债务，对由生产－金钱担保权所担保的债务，按其发生的先后顺序。

(c) 即使在以下情形下，生产－金钱担保权并未丧失其地位本身：

(1) 生产－金钱农作物同时担保不属于生产－金钱债务的债务；

(2) 不属于生产－金钱农作物的担保物同时担保生产－金钱债务；或者

(3) 生产－金钱债务已经更新、再融资或者重组。

(d) 主张生产－金钱担保权的担保权人，有义务举证证明该担保权属于生产－金钱担保权。

立法提示：本条是供选择的条文。批准本条的州应将本条置于第 9－103 条和第 9－104 条之间并相应为之编号，如第 9－103 条之一或者第 9－103.1 条。

［示范条文第 9－324 条之一］　生产－金钱担保权和农业担保权的优先顺位

(a) 除第 (c) 款、第 (d) 款和第 (e) 款另有规定外，在满足第 (b) 款的要求的情况下，生产－金钱担保物之上已公示的生产－金钱担保权，优先于同一农作物上竞存的担保权，且除第 9－327 条另有规定之外，也在其可识别的收益之上享有优先顺位。

（b）在以下情况下，生产—金钱担保权根据第（a）款的规定取得优先顺位：

（1）当生产—金钱担保权人首次给付新对价以使债务人生产农作物之时，生产—金钱担保权依登记而公示；

（2）如果在生产—金钱担保权人所为的登记的日期之前，竞存担保权人已登记了一份涉及农作物的担保声明书，在生产—金钱担保权人首次给付对价以使债务人生产农作物之前不少于10日或者不长于30日内，生产—金钱担保权人向该竞存的担保权人送达一份业经确认的通知；以及

（3）该通知表明生产—金钱担保权人已经取得或者希望取得担保人农作物之上的生产—金钱担保权并描述了农作物。

（c）除第（d）款或者第（e）款另有规定外，如果不只一个担保权人根据第（a）款的规定在同一担保物上具备取得优先顺位的资格，担保权之间按照其依第9—322条第（a）款的规定登记的时间先后而定其优先顺位。

（d）在构成生产—金钱担保权的标的物的生产—金钱农作物之上享有已公示担保权的人，给付新对价以使债务人生产—金钱农作物，且该对价事实上被用作生产—金钱农作物生产的情况下，担保权之间按照其依第9—322条第（a）款的规定登记的时间先后而定其优先顺位。

（e）在某人在担保同一债务的同一担保物之上既享有农业担保权又享有生产—金钱担保权的情况下，适用于农业担保权的优先顺位规则调整优先顺位问题。]

立法提示：本条是供选择的条文。批准本条的州应将本条置于第9—324条和第9—325条之间并相应为之编号，如第9—324条之一或者第9—324.1条。

后 记

学术积累到一定程度，将已经发表的文献结集出版，好像已经成了学界的惯例。虽然我个人学养还远未到理想的高度，但也不免落入俗套。借由出版之机，对既有研究进行整理，思考其中得失，为重新起航提供一个基础，也不失为一大乐事。感谢人民法院出版社的厚爱，给了我进一步完善自己作品的机会。

自 2004 年迈入学界以来，我主要关注私法上的担保和土地两个领域。其中，担保制度实为金融法制建设之核心，对于资本市场的发展和经济增长的推动均起着重大作用；而土地法制建设又关涉广大农民切身利益，在农村社会稳定和农业经济的发展中具有基础性地位。这两大领域可谓一个天上，一个地下，但都主要以物权制度为核心。虽然我本人的偏好多在债法制度，但却阴差阳错，把十几年来的研究都放在了物权制度：先是在导师杨振山教授带领之下参与物权立法和论证，后是导师江平教授推动的博士论文选题（动产担保交易制度比较研究），再有博士后导师王利明教授指导之下的担保物权体系化研究。所有这些，不断催生和强化着自己的物权意识，可以说我个人的学术成长伴随着我国物权立法的全过程。

本书大抵反映了我对我国担保法制的一些思考，主要目的在于推动担保法制度在信贷实践、登记实践和司法实践中的准确适用以及相关司法解释、登记规章、民法典物权编的起草或修改。其中部分内容是在总结裁判分歧的基础上所提出的法律解释方案，大抵属于解释论的范畴；部分内容是在梳理比较立法例和学说的前提下所提出的制度建构方案，大抵属于立法论的视角；还有些内容是应立法机关和决策机构的邀请所整理与翻译的域外立法资料。如今看来，许多已经成型的文字还略显稚嫩，在时间允许的前提下，也作了相应修改，但就其中争议问题，还是保留原样，以反映自己的思考过程，留待以后再作研讨。

感谢在不同阶段教我、育我的老师们，尤其是杨振山、张俊浩、姚新华、方流芳、江平和王利明等各位教授。作为中国法学会民法典物权法编课题组成员，我具体参与担保物权编修订工作，感谢召集人崔建远、陈小君、尹田、王轶等诸位教授的提携；也感谢刘保玉、孙鹏两位教授及课题组其他成员的评论。本书大部分内容已以专论的形式见诸报端，感谢这些期刊的领导和编辑们。本书还是中国人民大学科学研究基金（中央高校基本科研业务费专项资金资助）研究品牌计划基础研究项目《中国民法典担保法立法研究》（17XNI001）的阶段性研究成果，感谢各位评审专家。感谢我的学生们，尤其是秦鑫、张尧、王琪、申晨、何颖来、罗帅、范佳慧和叶雄彪，帮助我通读和校阅书稿，不辞辛苦。本书中部分内容还是与他们合作完成的。

本书仍是我研习担保法的一部初步作品，欢迎理论家和实务家不同视角的批评。

高圣平

2018 年 11 月 15 日

于中国人民大学明德法学楼 1010A 室